novum  pro

Der Feldherr des Inka
HANNES BLASCHEK

novum pro

*Für meine Frau Eveline,
ohne die dieses Buch nie entstanden wäre.*

Bibliografische Information
der Deutschen Nationalbibliothek:

Die Deutsche Nationalbibliothek
verzeichnet diese Publikation in der
Deutschen Nationalbibliografie.
Detaillierte bibliografische Daten
sind im Internet über
http://www.d-nb.de abrufbar.

Alle Rechte der Verbreitung, auch
durch Film, Funk und Fernsehen, fotomechanische Wiedergabe, Tonträger, elektronische
Datenträger und auszugsweisen
Nachdruck, sind vorbehalten.

© 2010 novum publishing gmbh

ISBN 978-3-99003-002-8
Lektorat: Mag. Dr. Margot Liwa

Gedruckt in der Europäischen Union
auf umweltfreundlichem, chlor- und
säurefrei gebleichtem Papier.

www.novumpro.com

AUSTRIA · GERMANY · SWITZERLAND · HUNGARY

Vorbemerkungen – Worterklärungen

Ayllu = Familie, Sippe, Clan
Cachasca = Abgesandter des Inka
Chasqui = Bote, Läufer
Coya = Königin
Curaca = Häuptling, Gemeindevorsteher
Huachacuya = Wohltäter (mit diesem Titel wurde ein Inka üblicherweise angeredet)
Makana = Streitkolben
Mallqui = Mumie eines verstorbenen Inka
Mascapaicha = ausschließlich dem Herrscher vorbehaltener Kopfschmuck
Nusta = Prinzessin
Pachacamac = Gott Con Ticci Viracocha
Suyuyoc Apucuna oder Apo = Gouverneur eines Reichsviertels
Tahuantinsuyu = Land der vier Weltgegenden (= das Inkareich)

Militärische Befehlshaber:
Apo Quisquay = Oberbefehlshaber eines Heeres
Aposquin Rantin = Anführer eines Armeekorps
Hatun Apo = Führer eines Regiments

Maßeinheiten:
Tupu = Flächenmaß, ca. ein halber Hektar
Tupu = Längenmaß, ca. 7,5 km
Rucana = Finger
Yucu = Handspanne
Ricra = ca. eine Körperlänge
Cullupocha = Hohlmaß, ca. 30 Liter

Personen
(historische Personen sind kursiv geschrieben)

Inka *Viracocha* – Herrscher im Inkareich
Inka *Urcon* – sein Lieblingssohn
Cori Chulpa – Urcons Mutter

„Inka" bezeichnet sowohl das Volk als auch den Herrscher.

Prinz *Cusi Yupanqui* – später Inka *Pachacuti*
(„Veränderer der Welt")
Prinz *Roca* – Bruder Pachacutis
Prinz *Tupac Huarochiri* – Bruder Pachacutis, Hohepriester
(Huillac Umu) des Sonnentempels
Prinz *Capac Yupanqui* – Heerführer, Bruder Pachacutis

Söhne Pachacutis:
Tupac Yupanqui (Thronfolger) – Titu
Amaru (abgelöster Thronfolger) – Acoya
Titu Cusi Hualpa
Hatun Tupac (später General gegen Ollantay)

Cusi Qoylyor – Tochter Pachacutis, Geliebte Ollantays
Cori Chulpa – Mutter Cusi Qoylyors

Feldherr *Apo Mayta* – gegen Chanca
Feldherr *Vicaquirao* – gegen Chanca

Cusi Chimbo – Edeldame, „unwürdige Liebesaffäre" mit Amaru

Curaca *Huaranca* – Häuptling von Quilliscancha
Chanan Koka – Huarancas mutige Frau
Qoylyor – Tochter Curaca Huarancas
Poma – Ehemann Qoylyors
Ollantay – Sohn Pomas und Qoylyors, als Kind „Cusi" genannt

Hatun Apos (Regimentskommandanten) Ollantays:
Titu Huaman
Acoya-napa
Hacaroca, Vetter Acoya-napas, Wache im Königspalast

Sinchi Yupanqui – oberster Priester in Ollantaytambo (Pachamarca)

Tanta Carhua – eine Wahrsagerin

Contor
Koka – Frau Contors
Titu Acoya – Vater Kokas
Micay – Mutter Kokas
Timu – Nebenbuhler Contors
Curaca Hacaroca – Vater Timus, Häuptling von Pachamarca

Qispi – Goldschmied in Cuzco

Occlo – Vorsteherin des Acclahuasi
Hilpay – eine Sonnenjungfrau, Heilerin

Chanca:
Hasta Huaranca
Tomayu Huaranca
Amaru – Anführer der Gesandtschaft
Anco Ayllu – Heerführer im Dienste Pachacutis (Feldzug im Norden)
Cori Accla – Schwester Anco Ayllus,
Geliebte Capac Yupanquis

Collo:
Chuchi Capac – Herrscher der Collo
Hatuncolla – Hauptstadt des Collo-Staates

Tukana: Urwaldindianer
Mato – Blutsbruder Contors

Namen und ihre Bedeutung

Capac – der Reiche, der Vornehme
Sinchi – der Mächtige
Titu – der Freie
Yupanqui – der Angesehene
Huaman – Habicht, Raubvogel
Contor – Kondor
Amaru – Schlange, Drachen
Cusi – Glücklicher
Tumi – Messer
Poma – Puma

Coya – Kaiserin
Nusta – Prinzessin
Koka – Kokablatt
Qoylyor – Stern
Runto – Ei
Cori – Gold
Occlo – die Reine, Keusche
Accla – die Auserwählte

Die geografischen Bezeichnungen, Worte und Namen, denen der Leser in diesem Roman begegnet, stammen durchwegs aus der Sprache der Inka, dem Quechua.

Da die deutsche Transkription der Quechua-Worte nicht einheitlich ist, wird zumeist die spanische Schreibweise und Aussprache verwendet (z. B. wird „qu" wie „k", „ch" wie „tsch" oder „ca" wie „ka" ausgesprochen).

Nur in einigen sehr häufig vorkommenden und weitgehend eingedeutschten Wörtern wird die gebräuchliche deutsche Schreibweise verwendet (z. B. „Inka" statt „Inca").

Zum besseren Verständnis wurden von mir geografische Namen gebraucht, die den Inka natürlich unbekannt waren (z. B. Anden, Dschungel, Waldindianer, …)

Teil I.

Pachacuti, der Veränderer der Welt

Die dumpfen Schritte der Männer waren jetzt im Thronsaal deutlich zu vernehmen. Stark und selbstbewusst klangen sie. Wie eine Lawine, die auf ihrem Weg ins Tal alles mit sich riss und von keiner Macht aufzuhalten war. Immer näher kamen sie. Das Echo des drohenden Geräusches hallte durch die Gänge und verunsicherte die versammelten Männer. Dem Inka trat man barfuß gegenüber, die Fremden würden es doch nicht wagen, ihre Sandalen anzubehalten? Die schwüle Luft verstärkte noch die Spannung, die wie ein drohendes Gewitter in der Luft hing. Die große goldene Sonne, die an der Wand angebracht war, spendete mit ihren warmen Strahlen diesmal keinen Trost. Es schien, als ob dunkle Wolken des Zweifels, der Verunsicherung, ja der Angst die Kraft der Sonne zum Erliegen brachten. Alle Augen blickten erwartungsvoll zum großen Herrscher Viracocha, doch dessen Mienenspiel verriet nichts von den Gedanken, denen er gerade nachhing. Starr und ohne mit der Wimper zu zucken, blickte er auf die Tür. Da der Inka völlig regungslos saß, bewegte sich auch sein wunderbarer Kopfschmuck nicht, die Krone Mascapaicha, leuchtend rote Quasten, die an kleinen Goldröhrchen befestigt waren und an einem bunten Band hingen, welches fünfmal um den Kopf des Herrschers gewunden war. Nur wer genauer hinsah, bemerkte, dass sich die Hände des alten Mannes krampfhaft um die Lehne seines Stuhles schlossen.

Sein Lieblingssohn und Mitregent, Prinz Urcon, konnte seine wachsende Nervosität nicht so gut verbergen. Unruhig wippte er mit den Beinen auf und ab und spielte nervös mit dem goldenen Ohrstecker seines rechten Ohres. Der Schweiß brach in der schwülen Atmosphäre aus seinen Poren und die Feuchtigkeit auf seinem fetten Leib verstärkte noch sein Unwohlsein. Urcon mochte den Palast in Cuzco nicht. Er weilte viel lieber in Pisac, wo Viracocha auf einer Anhöhe eine uneinnehmbare Festung, Caquia Jaquiahuana, hatte erbauen lassen. Dort genoss der Prinz mit seinem alternden Vater die Freuden des Lebens. Urcon interessierte sich nicht besonders für die Geschäfte des Reiches, er hatte einzig und allein Liebesabenteuer im Sinn.

Doch jetzt erforderte es eine gefährliche Entwicklung der politischen Lage, dass Inka Viracocha und sein Sohn Urcon in Cuzco anwesend sein mussten. Die Chanca, die Todfeinde der Inka, hatten die Gunst der Stunde genützt. Während sich Viracocha und Urcon in ihrem Palast in Pisac mit ihren Konkubinen vergnügten, hielten die Chanca die Zeit für gekommen, den Entscheidungskampf gegen die Inka zu wagen. Ihre beiden Regenten, Hastu Huaranca und Tomayu Huaranca, gingen davon aus, dass die Macht ihres Volkes nun groß genug sei, um das Reich der verhassten Sonnensöhne zu vernichten. Deshalb hatten sie beschlossen, den Inka den Krieg zu erklären, und ein riesiges Heer aufgestellt.

Urcon biss sich krampfhaft angespannt auf die Lippe und zupfte wiederum an seinem Ohrläppchen. Boten aus den Grenzregionen sprachen von hunderttausend Kriegern. „Das kann einfach nicht stimmen! So viele Männer unter Waffen können die Chanca doch nicht aufbieten", ließ Urcon seinen Gedanken freien Lauf. Energisch straffte er sich und musste plötzlich lächeln. „Die Bauern sind sicher beim Anblick der Feinde panisch davongelaufen und haben die Zahlen maßlos übertrieben." Aber dass die Chanca einen Angriff auf das mächtige Tahuantinsuyu, das Land der vier Weltgegenden, wie die Inka ihr Land nannten, wagten, stimmte Urcon doch nachdenklich. Und noch etwas beunruhigte ihn aufs Äußerste. Die Chanca hatten den strategisch wichtigen Vilcanoga-Pass überschritten und der Weg nach Cuzco stand für sie offen. Außerdem hatten sie so überraschend schnell angegriffen, dass noch nicht genügend Krieger in Cuzco versammelt waren, dass man erfolgreich an Widerstand denken konnte. Und jetzt erwarteten Urcon und sein Vater, der große Inka Viracocha, eine Gesandtschaft der Chanca. Was würden die Abgesandten von Hastu Huaranca und Tomayu Huaranca fordern? Urcon würde es bald erfahren, denn in diesem Augenblick betraten die Männer aus Chanca den Thronsaal.

Stolz und scheinbar ohne Furcht näherten sich zehn vor Selbstbewusstsein strotzende Männer dem Inkaherrscher. Ihre Augen versprühten die Blitze des nahenden Sieges und ihre Gesichtszüge waren starr und unnachgiebig. Sie trugen prächtige Gewänder aus Vikunjawolle, die mit Gold- und Silberschmuck sowie bunten Federn exotischer Vögel verziert waren. Diese Kleidung deutete auf die hohe gesellschaftliche Position der Abgesandten hin. Die sorgfältig gekämmten schwarzen Haare waren zu einem Zopf geflochten, der unter einem Kopfschmuck, welcher an eine Federkrone erinnerte, auf den Rücken der Männer fiel. Die Chancakrieger fühlten sich anscheinend nicht als Unterhändler, sondern schon als die zukünftigen Herren von Cuzco. Wie auf ein Kommando blieben jetzt alle gleichzeitig stehen, nur der Anführer, ein kraftvoller Recke, ging, ohne seine Schritte zu verlangsamen, weiter. Erst kurz vor dem Inkaherrscher deutete er eine leichte Verbeugung mit dem Kopf an. Welch eine Beleidigung für Viracocha, der es gewohnt war, dass sich seine Untertanen, ja selbst die hohen Würdenträger nur mit gebeugtem Rücken näherten. Wegen der tödlichen Gefahr für sein Reich saß er ausnahmsweise mitten unter seinen höchsten Ratgebern. Gewöhnlich verbarg ein Vorhang das Antlitz des Inkaherrschers, denn sein göttliches Angesicht durfte ein gewöhnlicher Sterblicher nur in Ausnahmefällen erblicken. Ein Leibwächter trat energisch vor, um den Frevler in die Schranken zu weisen, doch Viracocha winkte ärgerlich ab. Der Chanca straffte seinen Körper und begann mit lauter Stimme: „Ehrwürdiger Viracocha!

Die mächtigen Herrscher des Chanca-Reiches, Hastu Huaranca und Tomayu Huaranca, senden Euch aufrichtige Grüße. Wir Chanca haben die Waffen gegen Euch erhoben und sind bisher auf keinen ernsthaften Widerstand gestoßen. Alle unsere Feinde sind beim Anblick unseres unbesiegbaren Heeres, dessen Krieger so zahlreich sind wie die Steine der Berge, Hals über Kopf davongelaufen, so wie das Lama, wenn es den Puma wittert. Wir haben uns unaufhaltsam wie eine Lawine den Weg über Gebirge und durch Täler gebahnt und lagern nun am Vilcanoga-Pass. Der Weg nach Cuzco steht uns offen. Um ein sinnloses Blutvergießen zu vermeiden, fordern wir von Euch die bedingungslose Kapitulation. Ihr habt Eure Waffen niederzulegen, uns das Inkareich und Eure Hauptstadt Cuzco auszuliefern und die unumschränkte Oberherrschaft der Chanca anzuerkennen. Erfüllt Ihr diese Bedingungen, sind wir Euch wohlgesonnen und erlauben Euch, in einem Eurer Paläste außerhalb Cuzcos zu leben. Lehnt Ihr aber unser Angebot ab, werden wir mit unserem siegreichen Heer nach Cuzco marschieren, die Stadt dem Erdboden gleichmachen und alle Inka als Gefangene mit uns führen. Dies, ehrwürdiger Inka, ist die Botschaft, die unsere mächtigen Herrscher Euch mitzuteilen haben. Hastu Huaranca und Tomayu Huaranca bitten Euch, ihre Vorschläge anzunehmen, damit die Waffen ruhen mögen und alle Menschen friedlich im mächtigen Chanca-Reich leben können. Wir erwarten morgen, wenn die Sonne ihren höchsten Stand erreicht hat, Eure Antwort."

Die atemlose Stille, die dieser Rede folgte, war mit den Händen greifbar. Viracocha verriet mit keiner Miene, was er zu tun gedachte. „Wir werden das Angebot, welches Ihr uns überbracht habt, prüfen. Jetzt begebt Euch auf Eure Zimmer, stärkt Euch und ruht Euch aus. Morgen werdet Ihr erfahren, wie wir entschieden haben", antwortete der Inka schließlich mit leiser Stimme. Schon der Klang seiner Worte ließ erkennen, dass Viracocha nicht kämpfen wollte. In diesem Augenblick hatte er das Reich seiner Ahnen bereits aufgegeben. Er wollte nur noch sein Leben und das seines Lieblingssohnes Urcon retten. Der Chanca verneigte sich kurz, drehte sich siegessicher um und verließ mit seinen Leuten den Thronsaal. Ihre Schritte klangen in der sich wieder ausbreitenden resignierenden Stille des Saales viel beschwingter als noch wenige Minuten zuvor. Minuten, die das Schicksal des Inkareiches besiegelt hatten. So dachten zumindest die meisten Anwesenden. Jeder hing bedrückt seinen Gedanken nach, alle blickten beschämt zu Boden. So war also das Ende.

„Nein, niemals!", zerriss plötzlich ein Aufschrei die brütende Stille. „Wir dürfen das Erbe unserer Ahnen nicht ohne Gegenwehr aufgeben! Wir müssen kämpfen! Was ist mit unserer Ehre? Lieber sterben, als ein Sklave der Chanca zu sein!" Alle Köpfe blickten in die Richtung des mutigen Sprechers. „Hat Cusi Yupanqui während der drei Jahre, die er als Lamahirte auf dem Lande zubringen musste, verlernt, dass auf dem Hofe in Cuzco Sitte und Anstand herrschen?", zischte Urcon giftig seinen jüngeren Bruder an. „Unser weiser und gütiger Vater, Inka Viracocha, wird schon wissen, was zu geschehen hat. Schließlich hat er viel mehr Erfahrung in heiklen diplomatischen Angelegenheiten als du Lamahirte." Urcon hatte noch das selbstbewusste Auftreten der Chanca in unliebsamer Erinnerung. Er wollte sein Leben retten. Lieber auf das Reich Tahuantinsuyu verzichten als auf seine Vergnügungen. Regierungsgeschäfte und die Pflichten eines Herrschers waren Urcon seit jeher verhasst. Wenn er weiterhin mit seinen Frauen und Konkubinen in Frieden in Pisac das süße Leben genießen konnte, war er sogar bereit, die Herrschaft über sein Vaterland den Chanca zu überlassen. Die kühne und mutige Wortmeldung seines verhassten Bruders konnte ihm einen Strich durch die Rechnung machen. Urcon wollte nicht kämpfen und sterben. Er musste seinen Vater überzeugen, dass die Flucht nach Pisac die beste Entscheidung war. Dort ließ es sich in Sicherheit leben, selbst wenn die Chanca Pisac angreifen würden. Der Caquia-Juquihuana-Palast bot allen erdenklichen Luxus und galt als uneinnehmbares Adlernest. Nein, Urcon durfte nicht zulassen, dass Cusi Yupanqui die zaudernden Inka überzeugte, dass sie kämpfen müssten.

„Hört auf, euch zu streiten!", ergriff Viracocha das Wort, „die Lage ist ernst genug. Wir müssen einen kühlen Kopf behalten und in Ruhe überlegen, wie wir weiter vorgehen. Harte und unüberlegte Worte helfen uns nicht. Hier im Thronsaal ist die Luft zu stickig. Jeder soll auf sein Zimmer gehen und darüber nachdenken, was wir den Gesandten aus Chanca antworten sollen." „Ganz einfach, wir schlagen ihnen die Köpfe ab und schicken diese ihren Herrschern. Das wird die Chanca lehren, in Zukunft keine unverschämten Forderungen mehr zu stellen", rief Cusi Yupanqui den Anwesenden zu. Ablehnendes Zischen, aber auch beifälliges Gemurmel war zu hören. „Schweig, Cusi!", donnerte Viracocha „Verlass auf der Stelle den Raum! Wer hat dir übrigens die Erlaubnis erteilt, Chita zu verlassen und nach Cuzco zurückzukehren? Du bist immer noch ein Verbannter. Verschwinde aus meinen Augen! Urcon, du kommst mit mir. In meinen Privatgemächern können wir uns ungestört beraten." „Und unsere Heimat den Chanca ausliefern!", schrie Cusi Yupanqui enttäuscht und verbittert seinem Vater nach, bevor er zornig seine Fäuste ballte und auf sein Zimmer stürmte. Panik brach im Thronsaal aus. Nachdem Inka Viracocha offensichtlich beschlossen hatte, sich den Feinden zu ergeben, dachten auch die meisten hohen Würdenträger nur noch daran, ihr Heil in der Flucht zu suchen.

Cusi Yupanqui fühlte sich elend. Cuzco sollte an die Feinde verloren werden. Nie würde er solch eine schmähliche Tat zulassen. Ja, er war unerlaubt aus Chita zurückgekehrt. Aber nur, weil er von Boten erfahren hatte, dass sich ein riesiges Heer der Chanca auf Cuzco zubewegte. In diesem Augenblick der höchsten Gefahr musste er einfach zurück in seine Heimatstadt. Und nun diese erniedrigende Beleidigung durch die Chanca. Aber was konnte er tun? Er war nur einer der vielen Söhne des Herrschers und hatte auf die Entscheidungen, die sein Vater treffen würde, keinen Einfluss. So zerwühlte er mit seinen kräftigen Fingern die wollene Bettdecke und warf sich unruhig auf seiner Lagerstatt hin und her. „Diese Feiglinge, die nur ihr Leben retten wollen! Ihre Weiber, mit denen sie sich vergnügen, haben wahrscheinlich viel mehr Ehre im Leib als mein Bruder und mein Vater. Ha, Bruder und Vater, wie ich die beiden verachte. Ich schäme mich dafür, ein Inka zu sein. Ehe ich mich als Gefangener von den Chanca abführen lasse, fliehe ich in die Berge. Hätte doch mein Vater so viel Mut wie früher. Aber Urcons Mutter, diese falsche Schlange Cori Chulpa, hat Viracocha verhext. Er ist völlig ihren Reizen verfallen. Nur so konnte es kommen, dass Vater diesen Bastard Urcon zu seinem Mitregenten ernannt und bereits jetzt zu seinem Nachfolger erklärt hat. Urcon aber genießt nur die schönen Dinge des Lebens, aufgeblasen und fett, wie er ist. Dass Vater nun auf diesen Feigling hört, hätte ich mir nicht träumen lassen. Tod und Schande über euch!", keuchte Cusi Yupanqui und warf seine Decke mit einem zornigen Aufschrei gegen die Wand. Ein plötzlicher Schatten ließ ihn zusammenzucken. Da trat sein älterer Bruder, Tupac Huarochiri, der Huillac Umu, der Hohepriester des Sonnentempels, durch die Tür in Cusi Yupanquis Zimmer. „Entschuldige, wenn ich dich erschreckt habe, das war nicht meine Absicht. Darf ich eintreten? Ich muss unbedingt mit dir sprechen. Nach dem, was sich heute im Thronsaal ereignet hat, ist schnelles Handeln erforderlich. Vater will nicht kämpfen und wird Cuzco den Chanca ausliefern. Zurzeit hat er schon den Befehl erteilt, alle nötigen Dinge zusammenzupacken und nach Pisac bringen zu lassen. Er und Urcon werden wahrscheinlich heute im Schutz der Dunkelheit aus Cuzco fliehen. Cusi, ich denke so wie du! Wir dürfen unsere Heimat den Chanca nicht kampflos ausliefern. Aber ehe wir etwas unternehmen, müssen wir überlegen, ob es Sinn hat, den aussichtslosen Kampf zu wagen." „Danke, Bruder, dass du zu mir kommst. So gibt es wenigstens noch jemanden, der Ehre in seinem Herzen trägt. Aber was können wir zwei schon gegen diese Übermacht ausrichten? Wenn es doch mehrere Männer gäbe, die denken wie wir!" Tupac Huarochiri ließ sich langsam auf dem niedrigen Hocker nieder, der im Zimmer stand, und musterte seinen Bruder. „Cusi, glaubst du wirklich, dass wir den Kampf gegen die Chanca wagen sollen? Oder hat dein unfreiwilliges Exil in Chita deine Sinne getrübt? Sprichst du vielleicht solch mutige Worte nur aus, um Vater und Urcon zu erniedrigen? Willst du ihren Tod, damit du in Cuzco herrschen kannst?" „Etwa als Handlanger der Chanca! Tupac, was hältst du von mir? Was Viracocha und Urcon machen, ist mir gleichgültig. Sie sollen sich in ihrem Mauseloch in Pisac verkriechen. Wenn ich nur tausend tapfere Krieger hätte, würde ich Cuzco schon zu verteidigen wissen. Die Mauern unserer Stadt sind unüberwindlich, das weißt du so gut wie ich. Selbst wenn die Chanca tatsächlich hunderttausend Mann unter Waffen haben, mit tausend beherzten Männern ließe sich Cuzco so lange halten, bis aus den Provinzen genügend Krieger mobilisiert wären, um die Angreifer vertreiben zu können. Hätte ich doch nur tausend Gleichgesinnte!" Cusi Yupanqui war aufgesprungen und wanderte ruhelos im Zimmer auf und ab. Immer wieder stieß er die Faust gegen seine offene Handfläche. Tupac Huarochiri erkannte den entschlossenen Ausdruck im Gesicht seines Bruders. Jetzt öffnete der Hohepriester seine Arme und sprach: „Du sollst die tausend Mann bekommen, Cusi!" Ungläubig drehte dieser sich um: „Was sagst du da? Lüg mich nicht an!" „Ich sagte, du sollst die tausend Mann bekommen. Mehr haben wir im Augenblick nicht. Aber Chasquis sind schon im ganzen Reich und zu unseren Verbündeten unterwegs, um alle verfügbaren Krieger nach Cuzco zu holen. Du hast in Chita zu Recht befürchtet, Vater könnte nichts gegen die Chanca unternehmen. Er hat bis zuletzt gezaudert und keine entsprechenden Befehle erteilt. Nur wegen seiner Untätigkeit hat es so weit kommen können, dass unsere Feinde jetzt den Vilcanoga-Pass überschritten haben und Cuzco bedrohen. Aber nicht alle hier haben diese Politik ruhig hingenommen. Zwar durften ohne Vaters Zustimmung keine Männer alarmiert werden, aber die Vorkehrungen dafür wurden schon seit einiger Zeit heimlich getroffen. Unser besonnener Bruder Roca und die erfahrenen Feldherren Apo Mayta und Vicaquirao haben ebenfalls beschlossen, Widerstand bis zum Äußersten zu leisten. Du, als Angehöriger des Königsgeschlechtes, sollst die Verteidigung leiten. Ich habe den Auftrag erhalten, dich von unseren Plänen in Kenntnis zu setzen, falls ich dich für würdig erachte, unser Befehlshaber zu sein. Cusi Yupanqui, der Angesehene, mache deinem Namen alle Ehre und führe uns an. Wir wollen lieber sterben, als Sklaven der verhassten Chanca zu werden!" Cusi Yupanqui riss erstaunt die Augen auf und stürzte seinem Bruder in die Arme. „Tupac, ich danke dir. Ich danke dir für dein Vertrauen. Zwar bin ich noch jung, Apo Mayta und Vicaquirao haben viel mehr Erfahrung im Kriegsdienst als ich. Aber wenn ihr meint, ich solle euch anführen, dann erfüllt mich dieser Auftrag mit großem Stolz und ich sehe es als eine große Ehre an. Das werde ich euch nie vergessen. Deine Worte erfüllen mich mit neuer Zuversicht. Nun, da ich weiß, dass es gleichgesinnte und zu allem entschlossene Männer gibt, bin ich überzeugt, dass es uns gelingen wird, Cuzco erfolgreich zu verteidigen und unsere Feinde zu besiegen." Cusi Yupanqui löste sich wieder von seinem Bruder. „Los, führe mich zu Apo Mayta und Vicaquirao, damit ich mit ihnen die ersten nötigen Schritte besprechen kann!"

Die beiden Inkabrüder verließen Cusi Yupanquis Zimmer und machten sich auf den Weg, die beiden in Ehren ergrauten und durch viele Schlachten gestählten Feldherren aufzusuchen. Überall im Palast war die Panik, die die meisten Inka erfasst hatte, mit den Händen greifbar. Hastende Männer und Frauen strebten mit ihren Dienern dem Ausgang zu und trafen Anstalten, Cuzco vor dem Eintreffen der Chanca zu verlassen. Die Gesandtschaft der Chanca war nirgendwo zu erblicken, doch Cusi Yupanqui konnte sich ausmalen, dass sie über die Entwicklung der Lage im Bilde waren. Wahrscheinlich würden sie mit reichlich Chicha, einer Art Maisbier, schon jetzt ihren Sieg feiern. „Sollen sie nur", dachte Cusi, „dann merken sie nicht, dass es noch entschlossene Männer gibt, die ihnen einen Strich durch ihre Rechnung machen werden."

Cusi Yupanqui und Tupac Huarochiri trafen ihren Bruder Roca und die beiden Feldherren auf einem Beobachtungsturm der mächtigen Stadtmauer. Zyklopische Felsblöcke waren in jahrelanger mühevoller Arbeit herangeschafft und aufgetürmt worden. Es schien, als ob die Götter den Inka Beistand geleistet hätten, um dieses gigantische Bauwerk zu vollenden. Hier heroben waren die Männer ungestört. Bevor er zu sprechen begann, blickte sich Cusi Yupanqui um. Die Häuser der Stadt sahen von diesem Aussichtspunkt aus, als ob sie nur Spielzeug wären. In den Straßen eilten verstörte Menschen umher. Die Bewohner Cuzcos spürten die Unruhe, die vom Palast ausging. Immer mehr hohe Beamte, ja selbst Anführer des Militärs bereiteten sich auf die Flucht vor. Die wichtigsten Ausfallstraßen der Stadt waren bereits verstopft. Aber so war es ja immer: Schlechte Nachrichten fanden ihren Weg selbst durch verschlossene Türen und waren schneller als ein Buschfeuer. Da erblickte Cusi Yupanqui die goldene königliche Sänfte. Inka Viracocha wollte tatsächlich die Flucht ergreifen. Eine große Anzahl von Leibwächtern bahnte dem Herrscher und seinem Gefolge einen Weg durch das Gedränge. „Der Inka flieht! Die Chanca kommen! Alles ist verloren! Rette sich, wer kann!" Die verstörten Schreie, die die Einwohner von Cuzco ausstießen, als sie das Gefolge des Inka erblickten, konnten die Männer auf dem Befestigungsturm vernehmen. „Lauft nur davon, ihr Feiglinge", murmelte Cusi Yupanqui leise vor sich hin, „wir werden den Chanca schon zeigen, dass es Inka gibt, die so tapfer kämpfen wie der Puma." Dann wandte er sich den Männern zu, die etwas abseits von ihm standen und ihn genau beobachteten. „Seid gegrüßt, ehrenwerte Feldherren, Apo Mayta und Vicaquirao! Ebenso erfreut bin ich, dich zu sehen, mein geliebter Bruder Roca! Inti, unser mächtiger Sonnengott, möge euch beschützen." Die angesprochenen Männer erwiderten den Gruß und folgten seiner Handbewegung, näher zu treten. „Ich bedanke mich für die Ehre, die ihr mir erwiesen habt, indem ihr mich zu eurem Anführer auserkoren habt. Teilt mir bitte eure Vorschläge mit, wie wir unser geliebtes Tahuantinsuyu am besten retten können. Welche Maßnahmen sollen zuerst ergriffen werden?" Cusi Yupanqui ermutigte die Feldherren zu sprechen. „Deine Worte im Thronsaal waren Balsam auf die Wunden der Schmach, die die Chanca mit ihren Beleidigungen meinem Herzen zugefügt haben", begann Apo Mayta und Vicaquirao nickte zustimmend. „Ich bin schon alt und habe viele Jahre unserem Inka Viracocha und dessen Vater, Inka Yahuar Huacac, treu gedient. Doch heute vergoss meine Soldatenseele blutige Tränen. Unser Inka hat leider seinen ganzen Mut verloren. Ihr, Prinz Cusi Yupanqui, habt uns alle mit neuer Zuversicht erfüllt. Mein Arm ist vielleicht nicht mehr so stark, um die Streitaxt zu schwingen, und mein Auge nicht mehr so scharf, um mit einer Huaraca, der Wurfschleuder, einen gezielten Wurf zu tun, aber die Erfahrungen meiner jahrelangen Kriegszüge und die Ratschläge meines Freundes Vicaquirao werden dazu beitragen, die schamlosen Feinde zu besiegen. Viele Bewohner Cuzcos können sich noch an den tapferen und unbekümmerten Prinzen Cusi Yupanqui erinnern. Wenn die Leute erfahren, dass Ihr wieder in der Stadt seid, werden sie ihre verlorene Zuversicht wieder bekommen." „Ich danke Euch für die herzlichen Worte", erwiderte der Prinz, doch was sollen wir Eurer Meinung nach zuerst tun?"

Ein bitterer Schrei der Verzweiflung ließ die Männer zusammenfahren und zur Stadt blicken. Inka Viracocha und sein Gefolge hatten soeben das Stadttor passiert und Cuzco verlassen. Doch nicht nur der Herrscher, sein Sohn Urcon und ihre vielen Frauen hatten die Flucht ergriffen, sondern auch viele hohe Würdenträger, zahlreiche Befehlshaber und Krieger schlossen sich dem fliehenden Inka an und schwächten dadurch die ohnehin geringe Verteidigungskraft Cuzcos. Wie eine kopflose Masse irrten zahlreiche Männer und Frauen durch die Straßen und Gassen. Es war selbst von hier heroben zu spüren, dass die Leute eines energischen Anführers bedurften, der ihnen sagte, was sie tun sollten. Langsam, wie ein gespenstischer Nebel, machte sich in der Stadt Panik breit. Eine zahllose Menge strömte zum Palast, während andere zum Sonnentempel zogen.

Vicaquirao räusperte sich: „Als Erstes müssen wir die aufkommende Panik im Keim ersticken. Wir müssen den Befehl geben, die Stadttore zu schließen und diese von zuverlässigen Kriegern bewachen lassen. Niemand darf ohne ausdrücklichen Befehl die Stadt verlassen oder betreten. Ich werde sogleich meiner Garde die entsprechenden Anweisungen erteilen. Diesen Männern kann ich bedingungslos vertrauen. Der Hohepriester des Sonnentempels soll zum Heiligtum eilen und durch ein Opfer die Gnade Intis erflehen. Seine Anwesenheit im Tempel wird auf die Menge beruhigend wirken. Prinz Roca, geht bitte zum Palast. Euer Erscheinen wird die Leute beruhigen. Sie werden dann wissen, dass nicht alle Ayllu, Angehörige der Inkafamilie, geflüchtet sind. Doch Prinz Cusi Yupanqui hat die gefährlichste Aufgabe vor sich. Er muss mit einem kleinen Gefolge durch die Straßen und Plätze der Stadt gehen und versuchen, die Frauen und Männer zu beruhigen. Viele Menschen haben Vertrauen zu ihm. Wenn ihn die Leute erkennen, wird sich die Lage wieder normalisieren. Prinz, sprecht zu ihnen, erteilt Befehle, vor allem aber verlangt, dass die Einwohner in ihre Häuser zurückkehren. Die Männer sollen ihre Waffen überprüfen und sich morgen eine Stunde nach Sonnenaufgang vor dem Sonnentempel einfinden. Euer Weg durch die Stadt ist nicht ungefährlich, denn in der sich ausbreitenden Panik ist es leicht möglich, dass ihr von der Masse nicht erkannt, niedergestoßen, verletzt oder sogar getötet werdet. Darum wird Euch Apo Mayta mit seinen besten Kriegern begleiten. Geht alles gut, treffen wir uns eine Stunde vor Sonnenuntergang im Königspalast wieder. Ich wünsche uns allen viel Glück!" Die angesprochenen Männer eilten davon, in der Hoffnung, ihre Vorhaben würden gelingen.

Wenig später schritten Cusi Yupanqui und seine Begleiter durch die Straßen von Cuzco. In dem hektischen Gewühle war ein Fortkommen beinahe unmöglich. Der Inkaprinz rief allen Vorbeihastenden freundliche Worte zu. Bald zeigten sich die ersten positiven Anzeichen, denn einige Leute wurden aufmerksam. „Cusi Yupanqui ist zurück! Er wird uns helfen! Inti sei Dank, das ist unsere Rettung! Cusi, Cusi, Cusi!", erscholl es von allen Seiten. Die Menschen drängten sich heran, um ihren Hoffnungsträger zu berühren. Cusi ging zielstrebig auf den großen Marktplatz und stellte sich auf den Rand eines Brunnens. Mit lauter Stimme sprach er von seiner erhöhten Position zu den versammelten Bewohnern Cuzcos und machte ihnen neuen Mut. „Jetzt, wo Cusi Yupanqui zurückgekehrt ist, wird alles gut gehen. Wir werden die Chanca schon besiegen." Mit diesen Worten der Zuversicht zerstreute sich einige Zeit später die Menge. Die waffenfähigen Männer hatten zugesagt, sich am nächsten Tag zeitgerecht zum Treffpunkt am Sonnentempel einzufinden. Auf dem Weg zum Palast spürten Cusi Yupanqui und Apo Mayta, dass sich die Stimmung in der Stadt langsam besserte. Die ärgste Panik wich langsam einer sich ausbreitenden Hoffnung, die Häuser strahlten wie ihre Bewohner wieder den Keim der Zuversicht aus. Man wollte sich nicht in das Schicksal fügen wie ein Opfertier, sondern sich seiner Stärken besinnen und den Angreifern mit der Waffe in der Hand entgegentreten.

Der riesige Königspalast wirkte verlassen. Hatte noch am Morgen geschäftiges Treiben die zahllosen Gänge und Räume erfüllt, herrschte nun gähnende Leere. Nur ab und zu sah man einen verlorenen Schatten durch die Anlage hasten. Die Abgesandten der Chanca saßen in ausgelassener Stimmung in einem Raum zusammen und begossen den Erfolg ihrer Mission mit Chicha. „Inka Viracocha und Urcon sind aus Cuzco geflüchtet. Wir sind praktisch schon die neuen Herren von Tahuantinsuyu. Unsere beiden Herrscher werden mit uns sehr zufrieden sein. Dass die Inka solche Feiglinge sind, hätte ich trotzdem nicht für möglich gehalten." Die Gespräche der Männer waren von freudiger Erwartung geprägt. Was sollte nun noch schiefgehen. Ja, bald würden die Chanca das mächtigste Volk unter der Sonne sein. Immer wieder riefen die Männer nach den Dienern, damit diese mehr Chicha brachten. Gerade war ein weiterer Krug geleert und der Anführer der Chanca brüllte: „Ihr Faulpelze dort draußen! Wir haben Durst! Bringt etwas zu trinken! Wir wollen feiern!" Immer fordernder und bedrohlicher klangen seine Worte. Wer hätte es ihm verdenken können, schließlich war es nur noch eine Frage von Stunden oder höchstens Tagen, bis die Chanca die neuen Herren hier im Palast des Inka waren. „Wo bleibt die Chicha! Wenn nicht sofort etwas zu trinken gebracht wird, werdet ihr mich kennen lernen!", grollte der Chanca.

Da betrat ein junger, hochgewachsener Mann den Raum. Sein ganzes Wesen erweckte nicht den Eindruck, dass es sich um einen Bediensteten handelte. Mit einem Male saßen die Männer ganz still und musterten den Fremden mit zusammengekniffenen Augen. Die feuchtfröhliche Ausgelassenheit wich einer nervösen Angespanntheit. „Was willst du hier? Bringst du uns etwas zu trinken?", herrschte ihn der Anführer an, nachdem dieser seinen ersten Schrecken überwunden hatte. Irgendwie strahlte der Unbekannte eine unsichtbare Macht aus, die auf den Chanca bedrohlich wirkte. „Nein, Amaru, ich bringe keine neue Chicha, aber etwas anderes", antwortete der Neuankömmling und um seine Mundwinkel huschte ein flüchtiges Lächeln. Er hatte bemerkt, dass die Stimmung im Raum nach seinem Auftauchen merklich abgekühlt war. Die Siegesgewissheit der Gesandten hatte sich jäh verflüchtigt. „Warum kennst du meinen Namen und was willst du hier? Scher dich fort oder du wirst unsere Macht kennen lernen!" Mit einem betont strengen und forschen Auftreten wollte Amaru wieder Herr der Lage werden. Doch das gelang ihm nicht, denn der junge Fremde ließ sich nicht einschüchtern. „Los, Männer, ergreift ihn!", brüllte Amaru, doch noch ehe einer seiner Begleiter auf die Beine kam, betraten einige gut bewaffnete Inkakrieger den Raum. „Wir sind Abgesandte der Herrscher von Chanca und genießen diplomatischen Schutz", protestierte Amaru, der die gefährliche Entwicklung der Lage erkannt hatte. „Aber ihr benehmt euch nicht wie Unterhändler, sondern ihr stellt maßlose Forderungen. Eure Zeit in Cuzco ist abgelaufen. Ich, Prinz Cusi Yupanqui, toleriere euer Benehmen nicht mehr. Wenn die Chanca Krieg wollen, sollen sie ihn bekommen. Wir sind zum Kämpfen bereit und weisen eure Forderungen, die ihr dem Inka unterbreitet habt, auf das Energischste zurück. Wir Inka wollen lieber sterben als eure Sklaven werden. Sagt das euren Anführern. Verlasst innerhalb einer Stunde die Stadt. Wenn ihr nach Sonnenuntergang noch in Cuzco angetroffen werdet, behandle ich euch nicht mehr als Abgesandte, sondern als Kriegsgefangene. Ihr, Amaru, habt mein Volk und mich durch Euer Auftreten im Thronsaal tödlich beleidigt. Wenn ich Euch auf dem Schlachtfeld begegne, dürft Ihr von mir keine Gnade erwarten. Nun geht! Diese Krieger hier", damit wies Cusi Yupanqui mit einer ausladenden Handbewegung auf die bewaffneten Inka, „werden euch sicher zum Stadttor geleiten." Noch ehe Amaru Protest einlegen konnte, drehte sich der junge Inkaprinz würdevoll um und verließ den Raum. Die Chanca sandten ihm aus ihren Augen giftige Blitze nach, aber sie hatten keine Wahl. Grollend standen sie auf, suchten ihre Habseligkeiten zusammen und machten sich auf den Weg. Nun würden sie mit ihrer riesigen Übermacht an Kriegern Cuzco angreifen und erobern müssen. „Diesem Cusi Yupanqui werden seine Worte noch leidtun", dachte sich Amaru, während er und seine Männer durch die Straßen der Stadt schritten. Ihre Siegeszuversicht hatte allerdings einen kleinen Dämpfer erlitten.

Die Schreie der jungen Frau wurden stärker. Ihre Stirn war schweißgebadet. „Ja, weiter so, fest pressen, dann hast du es bald überstanden." Eine neuerliche heftige Wehe ließ Qoylyor schmerzhaft zusammenfahren. Aber sie presste tapfer weiter, so wie es ihr ihre Mutter Chanan Koka geraten hatte. „Gut, das machst du gut so, mein Stern", ermunterte Koka ihre Tochter. Rund um die Liegestatt Qoylyors standen mehrere Frauen, die Tücher und Wasser bereithielten. Eine alte Frau trug die kleine Statue einer Schutzgottheit in den Händen und murmelte beschwörende Worte. Inmitten des ganzen Trubels huschten überall auf dem Boden Meerschweinchen umher und suchten nach Getreidekörnern. Eine weitere Wehe erschütterte die werdende Mutter. Qoylyor keuchte schwer und presste tapfer im Rhythmus der Wehen. Dann ließ sie sich erschöpft zurückfallen. „Nicht aufgeben, weitermachen!" Beruhigend und zugleich fordernd tönte Kokas Stimme durch den Raum. Immer kürzer hintereinander stellten sich die Wehen ein. Chanan Koka konnte keinerlei Zeichen feststellen, dass Komplikationen zu befürchten wären. Den Göttern sei Dank. Was für ein Tag für eine Geburt! Überall außerhalb des Hauses waren Zeichen der Unruhe zu bemerken gewesen, seit die Unterhändler der Chanca aufgetaucht waren. Die schlimmsten Gerüchte schwirrten herum. Von der Flucht des Inka war die Rede gewesen. Doch für all das, was in der Stadt vor sich ging, hatte Chanan Koka keine Zeit, seit am frühen Nachmittag die ersten Wehen bei Qoylyor eingesetzt hatten. Ihre ganze Konzentration galt jetzt der bevorstehenden Niederkunft ihrer Tochter. Die Männer würden nachher schon erzählen, was im Palast des Inka und in Cuzco vorgefallen war. Wieder erschütterte eine heftige Welle den Körper der jungen Frau. „Ich kann den Kopf schon erkennen, nur noch ein klein wenig, dann hast du es geschafft! Bei der nächsten Wehe presst du so fest, wie du kannst!" Wie hinter einem Nebelschleier vernahm Qoylyor die Stimme. Ihre Hände hielten sich krampfhaft an den Schultern ihrer Mutter fest. Eine Nachbarin stemmte sich gegen den Rücken Qoylyors, um diese bei ihren Bemühungen zu unterstützen. Da, eine weitere Wehe stellte sich ein. Qoylyor atmete stoßweise und hatte plötzlich das Gefühl, als ob ihre Gedärme zerrissen würden. Mit einem qualvollen Schrei auf den Lippen presste sie ein letztes Mal und dann überkam sie ein unbeschreibliches Glücksgefühl. „Es ist ein Junge. Ein hübscher kleiner Kerl", hörte sie die Frauen freudig durcheinander rufen. Im selben Moment zeigte das Neugeborene, dass es auch gesund und kräftig war, denn sein lautes Protestgeschrei übertönte alle anderen Geräusche. Qoylyor lächelte erschöpft, aber überglücklich. Chanan Koka nahm den neuen Erdenbürger und wusch ihn sorgfältig mit kaltem Wasser. Das, so glaubte man, würde die Kinder an Kälte und Mühsal gewöhnen und ihre Glieder stärken. Aus demselben Grund wickelte man die Arme des Säuglings. Danach wurde der Junge in Schals gehüllt und in eine Wiege gelegt. Erst jetzt bekam die junge Mutter das Neugeborene, um es zu stillen. Doch selbst dabei blieb das Kind in der Wiege, denn eine Inkamutter nahm ihr Baby nie in den Arm oder auf den Schoß. Die erfahrenen Mütter meinten, intensive Zärtlichkeiten würden nur bewirken, dass die Kinder unablässig schreien würden. Qoylyor war versucht, ihr Baby ganz nah zu sich zu legen, aber die Vernunft siegte. So betrachtete sie ihren kleinen Sohn, während dieser gierig an ihren Brüsten saugte. „Was wird nur aus dir werden, wenn jetzt Krieg und Not herrschen", dachte die junge Mutter bekümmert, „ich werde dich jedenfalls immer beschützen und nie verlassen."

Eine der Frauen ging zur offenen Haustür und rief den nervösen Vater herein. Poma stürmte aufgeregt in das Zimmer, umarmte seine Frau und betrachtete stolz seinen Sohn. „Ist er nicht schön?" Glückselig reichte Qoylyor die Wiege ihrem Mann. „Er sieht noch ein bisschen runzlig aus, aber das wird sich in ein paar Tagen legen." Erleichtert atmete Poma auf, als er die Worte seiner Schwiegermutter vernahm. „Er ist ganz der Vater. Er hat deine Gesichtszüge und wird dir sicher viel Ehre machen." Poma jubelte innerlich, dann stürzte er mit seinem Sohn ins Freie, zeigte ihn stolz seinen Freunden und rief: „Jetzt wird gefeiert! Alle sind zu einem großen Festmahl und reichlich Chicha eingeladen." Mit beifälligen Worten näherten sich die Männer und gratulierten dem jungen Vater. Poma brachte die Wiege ins Haus zurück und holte einen Krug voll mit Chicha. Bevor er den ersten Schluck tat, dankte er mit einer demütigen Bewegung den Göttern und vergoss einige Tropfen des Getränkes als Opfergabe an die Unsterblichen. Dann setzte er den Krug an die Lippen, trank mit tiefen Zügen und reichte schließlich das Gefäß dem Nächststehenden. Alle ließen der Reihe nach die jungen Eltern und das Neugeborene hochleben. Die Männer saßen auf dem sandigen Boden und zogen ihre Umhänge aus Lamawolle fest um sich. Sie hatten ein paar Fackeln angezündet, denn die Sonne war bereits hinter den Bergen verschwunden und in der Nacht konnte es in diesen großen Höhen empfindlich kalt werden. Noch bevor der Chicha zur Neige ging, erschien Chanan Koka mit einem weiteren Krug. „Trinkt nur und freut euch! Nur noch ein wenig Geduld, dann ist das Essen fertig. Wo ist eigentlich mein Mann?", fragte sie, nachdem sie sich in der Runde umgeschaut hatte. „Curaca Huaranca hat das Warten nicht mehr ausgehalten und ist in die Stadt gegangen. Er wollte erfahren, welche Neuigkeiten es gibt. Hier in Quilliscancha schwirren die Gerüchte über den Angriff der Chanca und die Flucht des Inka nur so herum. Angeblich soll auch Cusi Yupanqui aus seiner Verbannung zurückgekehrt sein. Curaca Huaranca hat sich aufgemacht, damit er sich Klarheit verschaffen kann. Er hat versprochen, gleich zurückzukommen, wenn er etwas Neues erfahren hat." „Das sieht ihm wieder ähnlich. Was gibt es heute Wichtigeres als die Geburt seines Enkels. Nun gut, er ist der Häuptling und hat auch andere Pflichten. Auch ich bin schon gespannt, was an den Gerüchten dran ist. Wenn Cusi Yupanqui tatsächlich hier in Cuzco ist, scheint mir die Lage nicht allzu schlimm zu sein." Nach diesen Worten verschwand Chanan Koka wieder im Haus. Bald darauf brachten die Frauen den feiernden Männern einige Teller und Schalen mit dampfendem Mais, Kartoffeln und Quinoa, einer genügsamen Getreidesorte. Daneben wurden unterschiedliche Chilisorten, Guaven, Tomaten, Avocados, verschiedene Kürbissorten, Bohnen, Maniok und Erdnüsse aufgetragen. Zur Feier des besonderen Ereignisses wurde ausnahmsweise Fleisch gereicht, das nicht von den allgegenwärtigen Meerschweinchen stammte. Curaca Huaranca hatte den Befehl gegeben, ein Lama zu schlachten. Lamafleisch ist sehr wohlschmeckend, da aber die Lamas als Lasttiere gehalten und wegen ihrer Wolle kostbar waren, kamen die meisten Menschen nur äußerst selten zu diesem Genuss. Darum griffen alle herzhaft zu und lobten ihren großzügigen Gastgeber, der gerade rechtzeitig zum Essen erschien.

Nachdem sich alle die Bäuche vollgeschlagen hatten, begann der Häuptling zu berichten. Ja, Inka Viracocha und die meisten hohen Würdenträger hätten aus Angst vor den Chanca die Stadt verlassen. Mit deren Angriff sei in Kürze zu rechnen. Zum Glück sei Cusi Yupanqui tatsächlich nach Cuzco geeilt. Er habe ihn selbst gesehen und sprechen gehört. Alle waffenfähigen Männer sollten sich morgen nach Sonnenaufgang zum Sonnentempel begeben. Cusi Yupanqui, seine Brüder Roca und Tupac Huarochiri und die beiden Feldherren Apo Mayta und Vicaquirao hätten sich entschlossen, Widerstand zu leisten und das Reich Tahuantinsuyu zu verteidigen. Diese Nachricht stimmte die Männer nachdenklich. Das bedeutete Krieg. Noch schlimmer aber war, dass die Übermacht der Chanca beinahe erdrückend war. Wie sollten so wenige gegen so viele etwas ausrichten können? Trotzdem, es war noch immer besser, einen ehrenvollen Tod auf dem Schlachtfeld zu finden, als ein Leben unter der Knute der Chanca zu führen. Oder sollte man dem Beispiel des Herrschers folgen und Cuzco verlassen? Diese Möglichkeit verwarfen die Männer sogleich wieder. Früher oder später wäre man in diesem Fall doch ein Gefangener der Chanca geworden. Die Männer versprachen Curaca Huaranca, sich rechtzeitig am nächsten Morgen einzustellen. Nach Feiern war niemandem mehr zumute. Auch Poma dachte sorgenvoll an die Zukunft und wie das Leben seines Sohnes werden würde. Als hätte er die Gedanken seines Schwiegersohnes erraten, trat Curaca Huaranca zu ihm, packte in an der Schulter und sprach: „Wir sorgen schon dafür, dass deinem Sohn nichts passiert. Hier in Quilliscancha werden sich die Chanca die Zähne ausbeißen. Wir werden jedes Haus erbittert verteidigen. Die Gassen sind eng, da können die Chanca mit ihrer zahlenmäßigen Überlegenheit nicht so viel ausrichten. Nun lasst uns schlafen gehen, wir werden unsere Kräfte in den nächsten Tagen noch brauchen."

Da drängte sich die alte Wahrsagerin Tanta Carhua nach vorne. „Ich kann ergründen, ob die Götter uns gewogen sind. Curaca Huaranca erlaubt mir bitte, dass ich einen Blick in die Zukunft werfe." Die Männer schauderten vor diesem Gedanken, aber schließlich überwog die Neugier und man forderte die Wahrsagerin auf, die übernatürlichen Mächte zu befragen. Tanta Carhua setzte sich und füllte mit geheimnisvoll beschwörenden Worten und Gesten zwei kleine, mythisch verzierte Gefäße mit Kohle und zündete diese an. Mit leisem Gesang versuchte die Alte, die Geister zu rufen. Unentwegt kaute sie dabei Kokablätter und atmete den Rauch ein, der von den brennenden Gefäßen aufstieg. Die Männer und Frauen umstanden sie ehrfurchtsvoll. Durch kein noch so leises Geräusch wagte man die magische Handlung zu stören. Immer schneller wurde der Gesang der Alten. Die Flammen züngelten in der Dunkelheit. Alle Augen waren auf die beiden hellen Feuerscheine gerichtet. Da vernahmen plötzlich alle Anwesenden eine geheimnisvolle, übernatürlich klingende Stimme. Die Geister sprachen zu Tanta Carhua. Atemlose Stille herrschte. Nur das Knistern des Feuers und die leisen Worte waren zu hören. Einige nervenaufreibende Augenblicke später war der Spuk vorbei. Die Wahrsagerin erhob sich vom Boden und sprach zu der vor Spannung reglos lauschenden Menge: „Die Götter sind uns gnädig gestimmt. Cusi Yupanqui wird Cuzco retten und zum Herrscher aufsteigen." Allen fiel dank dieser guten Nachricht ein Stein vom Herzen. Doch was war, mit dem zweiten Teil der Botschaft? Hatten sich die Götter geirrt oder die Leute verhört? Cusi Yupanqui konnte doch nicht der neue Inka werden. Wenn sein Vater starb, würde sein Bruder Urcon der alleinige Herrscher sein. Schon jetzt war er der Mitregent seines Vaters. Doch das war nicht das Problem der Einwohner von Quilliscancha. Zuerst musste man die Chanca vertreiben, dann würde man schon sehen, was die Zukunft brachte. Mit neuer Zuversicht erfüllt, aber auch ein bisschen nachdenklich, zerstreuten sich die Leute und suchten ihre Häuser auf.

Zur selben Zeit versammelten sich Tupac Huarochiri, Roca, Apo Mayta, Vicaquirao und Cusi Yupanqui im Königspalast. Apo Mayta blickte zufrieden drein. „Die Stimmung in der Stadt hat sich gebessert, als die Leute Prinz Cusi Yupanqui erkannt haben. Viele sehen in ihm den Hoffnungsschimmer, um die Chanca zu besiegen. Trotzdem wird der Sieg nur äußerst schwer zu erringen sein, denn die Übermacht der Feinde ist erdrückend. Aber ich glaube, wir werden es schaffen." Die Übrigen nickten zustimmend. „Wie gehen wir weiter vor?" Diese Frage plagte den jungen Inkaprinz. Vicaquirao antwortete: „Zunächst einmal müssen wir die Götter befragen, ob sie uns für den bevorstehenden Krieg gewogen sind. Ich bitte den Hohepriester, alles dafür vorzubereiten. Da die Abgesandten der Chanca heute noch die Stadt verlassen mussten, gehe ich davon aus, dass der Angriff sehr bald erfolgen wird. Den morgigen Tag müssen wir daher nützen, um uns auf den Kampf vorzubereiten. Wir haben den Vorteil, das Gelände genau zu kennen. Da uns die Feinde zahlenmäßig überlegen sind, halte ich es für das Beste, die Entscheidung vorerst nicht auf dem Schlachtfeld zu suchen, sondern im Schutz der Stadt abzuwarten, ob wir von unseren Bundesgenossen Hilfe bekommen. Die Stimmung in Cuzco hat sich durch Cusi Yupanquis Erscheinen gebessert, doch könnten viele Krieger dem Beispiel Viracochas gefolgt sein und die Stadt verlassen haben. Darum hoffe ich, dass sich morgen möglichst viele Männer vor dem Sonnentempel einfinden werden. Je mehr waffenfähige Männer erscheinen, desto größer ist die Chance eines Erfolges für uns." Apo Mayta unterbrach jetzt seinen Freund und Kampfgefährten: „Die feigen Schwächlinge sind geflüchtet. Morgen werden nur mutige Krieger anwesend sein. Diese sind unsere besten Kämpfer. Daher bin ich optimistisch, dass wir die Chanca abwehren können. Wir müssen den Leuten befehlen, keine unbedachten Handlungen zu wagen, sondern sich auf den Stadtmauern zu verteidigen. Einige tapfere Kundschafter sollen zuvor ausgesandt werden, um alles Wissenswerte über den Gegner zu erfahren." Cusi Yupanqui fuhr mit seiner Hand zum Kinn und überlegte. „Eure Ratschläge sind weise. Ich werde sie befolgen. Wir verteidigen die Stadt mit all unseren Kräften. Die Zeit spielt für uns. Je länger die Chanca vergeblich angreifen, desto eher werden uns unsere Verbündeten zu Hilfe eilen. Morgen werde ich den Männern die entsprechenden Befehle erteilen. Doch nun wollen wir die Götter befragen, was die Zukunft bringen wird."

Die Männer erhoben sich und folgten Tupac Huarochiri in den Sonnentempel. Der Hohepriester hatte bereits die Anweisung gegeben, ein makelloses Lama für die Opferung vorzubereiten. Ein schwarzes männliches Jungtier wurde von einem Priester in den Tempel geführt. Es schien sein Schicksal zu ahnen, denn es zerrte ängstlich an seinem Strick. Doch die Beine des Tieres waren so eng zusammengebunden, dass es keine hastigen Bewegungen machen konnte, sondern nur kleine Schritte. So brachte man es vor die Opferstätte. Auf dem steinernen Altar brannte ein Feuer, das die Szene nur spärlich erhellte. Die Gesichter der Männer leuchteten im flackernden Feuer gespenstisch rot, während goldene Verzierungen an den Wänden immer wieder aufblitzten. Rund um den Opfertisch spielten jüngere Priester einfühlsame Melodien mit ihren Blockflöten. Der aufsteigende Rauch der brennenden Kokablätter und die sanften Töne der Musikinstrumente machten Cusi Yupanqui leicht benommen. Nur mehr leicht verschwommen konnte er die Bewegungen des Hohepriesters wahrnehmen. Dieser ergriff eben ein scharfes Steinmesser, welches man für solche Zeremonien verwendete. Er betete zu Inti, dem Sonnengott, und beschwor ihn, den Inka im Krieg gegen die Chanca beizustehen. Cusi Yupanqui wagte, genau wie die übrigen Männer, kaum zu atmen, denn er wollte die heilige Handlung nicht entweihen. Plötzlich stieß Tupac Huarochiri blitzschnell zu und schnitt die linke Flanke des noch lebenden Lamas auf. Dann riss er mit einer geschickten Bewegung Herz und Lunge des Tieres heraus. Das Blut besudelte das Gewand des Hohepriesters und spritzte auf den Altar und den Boden. Das Herz und die Lunge zuckten wild, als sie in die vorbereiteten Opferschalen gelegt wurden. „Das ist ein besonders günstiges Zeichen", versprach der Huillac Umu, „der allmächtige Inti verheißt uns den Sieg." Zufrieden wendete sich der Hohepriester um und betrachtete die anwesenden Männer. In ihren Gesichtern spiegelte sich die Freude über die erfolgversprechende Prophezeiung. Über ihren Köpfen strahlte eine vergoldete Sonnenscheibe an der Tempelwand und versprach einen großartigen neuen Morgen.

Am nächsten Tag hatten sich zahlreiche Männer vor dem größten Heiligtum Cuzcos, dem Sonnentempel, eingefunden. Natürlich waren auch Curaca Huaranca, Poma und viele andere aus der Vorstadt Quilliscancha gekommen. Im dichten Gedränge machte sich gespannte Stimmung breit und die Gesprächsfetzen, die man vernehmen konnte, drehten sich um den geflohenen Inkaherrscher, um den bevorstehenden Angriff der Chanca und um Cusi Yupanqui. Der ohrenbetäubende Lärm verstummte ganz plötzlich, als der Huillac Umu aus dem Inneren des Tempels trat. Ihm folgten seine Brüder, die Prinzen Roca und Cusi Yupanqui sowie die beiden Feldherren Apo Mayta und Vicaquirao. Der Hohepriester wirkte schon auf den ersten Blick höchst würdevoll. Er trug eine prächtige, ärmellose Tunika und als Zeichen seines hohen Amtes zierte seinen Kopf eine Krone, Vilachuco genannt, auf der das Bild der Sonne prangte. Zusätzlich hatte sich der Huillac Umu mit einem Figürchen der Mondgöttin Quilla geschmückt. Zu dem besonderen Anlass des heutigen Tages waren seine Wangen mit dem bunten Gefieder von Papageien bedeckt. Der Hohepriester schritt gemessen nach vorne, hob den Arm und begann zu sprechen: „Unser geliebtes Tahuantinsuyu schwebt in großer Gefahr. Zürnen uns die Götter und haben sie unseren Untergang beschlossen? Die Chanca sind mit einer mächtigen Kriegerschar aufgebrochen und wollen uns vernichten. Inka Viracocha hat uns schmählich in Stich gelassen und ist mit den Seinen geflohen. Doch in dieser Stunde der höchsten Not ist Prinz Cusi Yupanqui aus seinem Exil zurückgekehrt und möchte unsere Heimat retten. Alle, die ihm im Kampf gegen die Feinde beistehen wollen, mögen das jetzt mit einem Handzeichen kundtun." Dabei wies Tupac Huarochiri mit einer beschwörenden Handbewegung auf Cusi Yupanqui. Ein vielstimmiger Schrei als Antwort ließ den Platz erbeben. Curaca Huaranca, Poma und all die anderen Männer fuhren mit ihren Händen in die Luft und riefen: „Prinz Cusi Yupanqui soll unser Anführer sein! Es lebe Cusi Yupanqui!" Die Rufe donnerten über alle Köpfe hinweg und verdichteten sich zu einem einzigen ohrenbetäubenden Laut. Die Männer brüllten vor Begeisterung, bis ihre Kehlen heiser klangen. Da hob Cusi Yupanqui beide Arme und trat einige Schritte vor. Langsam verebbten die Rufe und atemlose Spannung machte sich breit. Der Prinz verneigte sich leicht vor den versammelten Männern und begann mit lauter, klarer Stimme: „Ich danke euch, ihr tapferen Männer! Wir sind nicht viele, die dem Feind entgegentreten werden. Unsere Bundesgenossen haben Hilfe versprochen. Aber bis diese eintrifft, müssen wir alleine Widerstand leisten und Cuzco mit unserem Blut verteidigen. Ihr habt den Göttern soeben bewiesen, dass es noch mutige Krieger bei den Inka gibt. Deswegen werden sie uns im Kampf beistehen. Der Huillac Umu hat gestern die Götter um ihren Beistand gebeten. Die Zeichen waren günstig, die Götter haben uns den Sieg prophezeit. Mag der Feind noch so zahlreich sein, unsere Herzen sind stark und wir werden so unbarmherzig und furchtlos kämpfen wie ein Puma." Die Männer schrien begeistert auf: „Wir werden kämpfen wie der Puma! Führe uns an und wir werden siegen!" Dann trommelten alle mit den Keulen auf ihre Schilde. Cusi Yupanqui wartete einige Augenblicke, dann machte er wieder ein Zeichen, dass er weitersprechen wollte. Die Männer hielten in ihren Bewegungen inne. „Tapfere Inkakrieger! Geht nun zurück in eure Häuser und bereitet euch auf den Kampf vor. Die Häuptlinge und Anführer erwarte ich nach dem Opfer, das wir dem Sonnengott Inti darbringen wollen, im Palast. Dort werden sie die entsprechenden Befehle erhalten. Jetzt gibt es nur noch Sieg oder Tod!" Nach diesen Worten trat Cusi Yupanqui zurück und neuerlich brandete der ohrenbetäubende Lärm der Zustimmung gegen den Himmel. Dann verbeugten sich die Männer tief und streckten dabei ihre Arme gerade nach vorn aus. Sie hielten diese einige Zentimeter über ihren Kopf und wendeten die Handflächen nach außen. Nun formten sie ihre Lippen zum Kuss, wobei sie ihre Hände an den Mund führten und die Fingerspitzen küssten. Dieses Zeichen der größten Ehrerbietung galt ihrem Idol Prinz Cusi Yupanqui. Anschließend verließen die Menschen langsam den Platz und gingen zurück in ihre Häuser. Curaca Huaranca und andere Anführer bewegten sich Richtung Palast.

Cusi Yupanqui, Roca, Apo Mayta und Vicaquirao folgten Tupac Huarochiri in das Innere des Sonnentempels. Dort hatten einige Priester bereits alles für die Zeremonie vorbereitet. Wie am vorigen Abend wurde auch diesmal ein Lama geopfert. Danach nahm der Huillac Umu ein Gefäß mit Chicha und reichte dieses Cusi Yupanqui. Der Prinz tauchte einen Finger in das Getränk und versprengte einige Tropfen in Richtung der Sonne und auf die Erde, bevor er selbst einen Schluck trank. „Großmächtiger Inti, verleihe unseren Herzen Mut und Stärke, damit wir die Feinde besiegen können", betete er um den Beistand des Sonnengottes.

Doch Cusi Yupanqui war selbst die Hilfe Intis zu wenig. In seinem Exil hatte er erfahren, dass viele Indianer dem alten Schöpfergott Pachacamac aus Tiahuanaco eine besonders innige Verehrung entgegenbrachten. Aus diesem Grund beugte er seine Knie und wandte den Blick, nachdem er mit seinem Gefolge den Sonnentempel verlassen hatte, Richtung Himmel und flehte voller Inbrunst zu Pachacamac: „Schenke deinem unwürdigen Diener deinen Segen und beschütze Cuzco vor dem schrecklichen Feind. Ich gelobe dir feierlich, oh großer Schöpfergott des Lebens, dir und deinem Kult in Tahuantinsuyu eine besonders große Wertschätzung entgegenzubringen. Falls du uns den Sieg schenkst, dann verspreche ich, für dich einen Tempel errichten zu lassen, der sich deiner himmlischen Macht würdig erweist. Rette uns vor dem Feind und gewähre uns deine Hilfe, darum bitte ich dich von ganzem Herzen." Der Schutz und die Unterstützung Pachacamacs und Intis waren bitter nötig, denn trotz der Bereitschaft der Männer aus Cuzco zu kämpfen, blieben Cusi Yupanqui kaum tausend Krieger, um den Chanca entgegenzutreten. Dann machte er sich mit seinen Feldherren auf den Weg, um zu seinen Anführern zu sprechen.

Cusi Yupanqui redete mit überzeugender Stimme. Diejenigen Unterführer, die noch Zweifel in ihren Herzen gehegt hatten, wurden durch die Ausführungen des Prinzen mit neuer Siegeszuversicht erfüllt. „Wer meldet sich freiwillig, um die Absichten der Chanca auszuspionieren?" Viele Männer waren dazu bereit, doch Poma schrie am lautesten: „Lasst mich gehen! Gestern haben mir die Götter einen Sohn geschenkt. Das war ein gutes Zeichen. Meine Mission wird deshalb sicher gelingen." Cusi Yupanqui winkte den jungen Vater zu sich. „Keine voreiligen Heldentaten! Nimm dir ein paar Männer und dann sieh zu, was du Wichtiges über die Feinde herausfinden kannst. Bringe uns dann davon auf dem schnellsten Weg Kunde!" Poma verneigte sich gehorsam, suchte sich eine Handvoll Begleiter aus und machte sich auf, um seinen Auftrag zu erfüllen. Die übrigen Männer verließen, nachdem sie ihre taktischen Anweisungen erhalten hatten, ebenfalls den Palast und teilten den Untergebenen mit, wie man den Angriff der Feinde abzuwehren plante.

Einige Stunden später erreichten Poma und seine Begleiter die Ausläufer der Berge. Die Männer nützten die Geländeformen aus, um sich nahezu unsichtbar zu machen. Bis hierher waren sie in einem leichten Laufschritt unterwegs gewesen, doch nun bestand große Gefahr, von den Angreifern entdeckt zu werden. Die Sonne verschwand mit einem dunklen Rot hinter den Kämmen der Anden. Die Kundschafter rasteten einige Minuten, tranken ein paar Schluck Wasser und stärkten sich mit Maisbrot und Dörrkartoffeln. Nachdem die Helle des Tages der Dunkelheit gewichen war, schlichen sie vorsichtig weiter Richtung Vilcanoga-Pass. Die Chanca mussten sich ihres Sieges vollkommen sicher sein, denn nirgends waren Wachtposten aufgestellt. Sie rechneten einfach nicht damit, dass es die Inka wagen würden, in ihre Nähe zu kommen. Poma und seine Leute konnten solche Nachlässigkeiten einfach nicht fassen. Trotzdem blieben sie auf der Hut und vermieden sorgfältig jedes Geräusch. Da hoch am Himmel der Mond stand, trachteten sie danach, im Schatten zu bleiben. Immer höher stiegen die Männer, die schon lange die gut ausgebaute Straße verlassen hatten. Alle waren von Kindheit an gewohnt, sich wie Lamahirten zu bewegen. Darum kamen sie auch im unwegsamen Gelände gut voran.

Schließlich überquerten sie den letzten Hügelkamm und konnten das Heerlager der Chanca überblicken. Was sie sahen, ließ ihnen das Blut in den Adern gefrieren. So weit das Auge reichte, erblickten sie brennende Lagerfeuer und dicht gedrängt stehende Zelte. „Die ersten Berichte waren leider nicht übertrieben", flüsterte Poma, „hier sind tatsächlich an die hunderttausend Mann versammelt." Wie kann man es nur mit solch einer Übermacht aufnehmen? Dieser Gedanke kreiste in den Köpfen der Kundschafter. Gebannt blickten sie auf die versammelte Macht der Feinde. Lautes Gegröle drang an ihre Ohren. „Wir haben genug gesehen, machen wir, dass wir wieder fortkommen", meinte einer der Männer. Doch Poma widersprach: „Nein, wir bleiben noch bis morgen Früh. Vor den Chanca sind wir vorläufig sicher. Es dauert sicher Stunden, bis ihr Heer marschbereit ist. Ich möchte abwarten, ob wir bei Tageslicht mehr erkennen." Dieser Vorschlag fand die Zustimmung der Männer. Sie hüllten sich eng in ihre Umhängetücher, rollten sich zusammen und schliefen auf dem Boden bis zum Sonnenaufgang.

Die ersten zaghaften Sonnenstrahlen weckten die Schläfer. Bei Tageslicht sah das Feldlager der Feinde noch imposanter aus. Langsam entstand zwischen den Zelten Bewegung. Es ging so geschäftig zu wie in einem Ameisenhaufen. Befehle wurden gebrüllt und die Chanca begannen, ihre Zelte abzubauen. Nachdem dies geschehen war, stellten sich die Krieger marschbereit auf. Da bewegte sich ein seltsamer Zug von der Mitte des Lagers an die Spitze des Heeres. Poma und seine Männer sahen genau hin, um das rätselhafte Schauspiel deuten zu können. Einige kostbar gekleidete Männer trugen eine prächtige Sänfte. Darin saß eine reglose Gestalt, die in Goldgewänder gekleidet und mit funkelnden Smaragden geschmückt war. Wer mochte das nur sein? Die Chanca hatten zwei gleichberechtigte Herrscher, doch von diesen konnte keiner in der Sänfte sitzen, das hätte nur zu Eifersucht, Zank und Hader geführt. Die Chanca mussten jemand anders an der Spitze ihres Heeres tragen. „Wir müssen herausfinden, wer das ist. Das kann für die Kämpfe von entscheidender Bedeutung sein", besprach sich Poma mit seinen Leuten. Dann erteilte er seine Befehle: „Titu und Huaman laufen zurück und erstatten Bericht. Das Heer der Chanca wird frühestens übermorgen kampfbereit vor Cuzco versammelt sein. Wir anderen versuchen, einen der Chanca gefangen zu nehmen. Dann werden wir erfahren, wer die prächtig gekleidete Person in der Sänfte ist." Titu und Huaman brachen sogleich auf, die übrigen Männer beobachteten den ganzen Tag über das feindliche Heer, das ohne Zwischenfall die weite Ebene vor Cuzco erreichte.

Noch vor der Abenddämmerung errichteten die Chanca bei Ichupampa, ungefähr eineinhalb Tupu von Cuzco entfernt, einen Stützpunkt. Morgen, ja morgen würde man es diesen stolzen Inka schon zeigen. Dann würden die Chanca keine Feinde mehr zu fürchten haben und die unumschränkten Herrscher der Anden sein. Eine Nacht galt es noch zu schlafen, dann würde man den Lohn für die Mühsal dieses Feldzuges erhalten. Viele anstrengende Wochen waren sie unterwegs gewesen, jetzt lag das Ziel greifbar nahe. Wenn die wenigen Inka, die noch nicht geflüchtet waren, das mächtige, unbesiegbare Heer vor ihrer Stadt sahen, dann würden sie sich sogleich ergeben. Der Sieg war schon so gut wie sicher. Wie gesagt, einmal musste man noch schlafen.

Ulpa hatte heute Glück gehabt, er war zur ersten Wache eingeteilt. Der Chancakrieger träumte vor sich hin und malte sich bereits aus, was er mit seiner Kriegsbeute alles anfangen könnte. Die Sterne strahlten über ihm. So würde morgen das Gold funkeln, das er in Cuzco zu gewinnen hoffte. Gegen Mitternacht wurde er abgelöst. „Keine besonderen Vorkommnisse!", meldete er. Da er einen heftigen Drang verspürte, ging er ein paar Schritte weg, um sich hinter einem Strauch zu erleichtern. Das zufriedene Lächeln Ulpas erstarb, als er von kräftigen Händen gepackt wurde. Noch ehe ein Laut von seinen Lippen kam, löschte ein Schlag auf den Kopf sein Bewusstsein aus. Als Ulpa wieder zu sich kam, lag er auf dem Erdboden und konnte weder Arme noch Beine rühren. Ein dumpfer, stechender Schmerz hämmerte gegen seine Schläfen. Er stöhnte qualvoll auf und stellte fest, dass er nicht nur gefesselt, sondern auch geknebelt war. „Der Bursche wird wieder munter, der Schlag war doch nicht zu fest", vernahm er eine unbekannte Stimme. Ulpa versuchte sich herumzuwälzen, um den Sprecher zu sehen. Vor Anstrengung wurde ihm schwarz vor den Augen und in seinem Schädel summte ein Bienenschwarm. Der Chanca keuchte und schnappte gierig nach Luft. Durch die Bewegung war der Knebel weiter nach hinten gerutscht und er drohte zu ersticken. Ulpa hustete verzweifelt, doch es gelang ihm nicht, den Gegenstand in seinem Rachen loszuwerden. Verzweifelt schüttelte er den Kopf hin und her, vergeblich, der Knebel rutschte noch weiter zurück. „Bleib still liegen, Bursche!", vernahm er wieder die Stimme. „Ich werde deinen Knebel jetzt entfernen, doch bei dem geringsten Laut bist du tot, verstanden!" Ulpa nickte mit letzter Kraft und spürte, wie ihm das Tuch aus dem Mund entfernt wurde. Im selben Moment spuckte er auch schon den Stofffetzen aus, der ihn am Atmen gehindert hatte. Mit heftigen Zügen pumpte er Sauerstoff in seine Lungen. Vor Erleichterung, dem Tod noch einmal entkommen zu sein, kullerten ihm Tränen über die Wangen. „Was wollt ihr von mir?", fragte er ängstlich. „Still, habe ich gesagt!" Im selben Moment fühlte Ulpa kräftige Hände an seiner Kehle. Er erstarrte und wagte sich kaum zu rühren. Der Druck an seinem Hals ließ nach. „Die Fragen stellen wir, verstanden!" Ulpa nickte zustimmend und ergab sich seinem Schicksal. Angestrengt starrte er in die Dunkelheit und erkannte, dass er der Gefangene mehrerer Inka war. „Jetzt wirst du auf unsere Fragen ganz leise antworten. Sind wir mit deinen Antworten zufrieden, kannst du vielleicht dein erbärmliches Leben retten." Ulpa machte ein unterwürfiges Zeichen und versprach, alles wahrheitsgemäß zu sagen. „Wie viele Leute seid ihr?", fragte der Anführer der Inka. „Unsere beiden Befehlshaber haben alle verfügbaren Krieger mobilisiert. Alles in allem könnten wir hundertmal tausend Männer sein", antwortete der Gefangene ängstlich. „Wer führt euch an?", folgte auch schon die nächste Frage. „Da sie ihres Sieges sicher sind, begleiten sowohl Hastu Huaranca als auch Tomayu Huaranca das Heer." Dieses Mal klang die Antwort schon ein bisschen selbstbewusster. „Wer wird in der Sänfte eurem Heer vorangetragen?", wollte jetzt der fragende Inka wissen. „Wie ich euch bereits gesagt habe, sind unsere beiden Herrscher völlig überzeugt, einen vollständigen Sieg zu erringen. Aus diesem Grund haben sie, als wir ins Feld zogen, angeordnet, die Mumie unseres Staatsgründers Uscohuilca reich zu schmücken und an der Spitze des Heeres vor den Kriegern zu tragen. Uscohuilca soll symbolisch die Herrschaft über das Inkareich übernehmen. Außerdem ist er der Garant dafür, dass der Krieg für uns siegreich enden wird." Jetzt wussten die Inka genug. Die Mumie des Staatsgründers saß also in der Sänfte. Poma entschied: „Zurück nach Cuzco! Unsere Mission war erfolgreich. Den Chanca nehmen wir mit. Aber wehe, du machst uns Schwierigkeiten!" Mehr brauchte der Inka nicht zu sagen. Ulpa beteuerte, alles zu tun, was die Männer von ihm forderten. Man löste seine Fußfesseln und band ihm dafür einen Strick um den Leib, dessen Ende Poma in die Hand nahm. Im Schutz der Dunkelheit entfernten sich die Inka vom Lager der Chanca und erreichten ohne Schwierigkeiten noch vor dem Morgengrauen Cuzco.

Fasziniert und erschrocken zugleich beobachteten die Inka den Aufmarsch des feindlichen Heeres vor ihrer Hauptstadt. Soweit das Auge reichte, erblickte man überall Chancakrieger. Selbst der mutige Cusi Yupanqui bekam angesichts der gewaltigen Übermacht Zweifel, ob eine siegreiche Verteidigung Cuzcos überhaupt möglich war. Von den weit entfernten Garnisonen waren noch keine Verstärkungen eingetroffen und auch die Bundesgenossen hatten bis jetzt keine Hilfstruppen gesandt. Diese warteten vorerst noch ab und verfolgten mit ihren Einheiten auf den umliegenden Bergen, wie sich der Kampf zwischen den Inka und den Chanca weiter entwickeln würde.

Zwar bot die mächtige Stadtmauer einen ausgezeichneten Schutz, doch einem konzentrierten Angriff konnte man kaum erfolgreich Widerstand leisten. Plötzlich ertönte ein gewaltiger Aufschrei und das Heer der Chanca setzte sich in Bewegung. Noch immer wurde Uscohuilcas Mumie vorangetragen.

Cusi Yupanqui erkannte, dass der Hauptangriff gegen die Vorstadt Quilliscancha, ein Randviertel Cuzcos, geführt werden sollte. Sofort beorderte er seine besten Krieger dorthin. Doch auch Curaca Huaranca hatte bereits erkannt, dass sein Bezirk das Ziel der Feinde war. Er gab mit fester Stimme den Befehl, sich zur Verteidigung bereit zu machen. Als jetzt die Angreifer nahten, wurden sie von einem wahren Hagelsturm aus Steinen empfangen. Die Bewohner Quilliscanchas hatten sich mit Schleudern bewaffnet und feuerten unablässig und mit tödlicher Präzision auf die feindlichen Krieger. Der erste Ansturm der Chanca blieb im Steingewitter stecken. Sie zogen sich aus der Reichweite der Schleudern zurück, um sich neu zu formieren.

Der Anblick der Mumie entfachte jedoch ihren Mut aufs Neue. Geschützt von ihren Schilden stürmten sie wieder gegen die Mauern der Stadt. Doch erneut riss der steinerne Geschoßhagel tiefe Lücken in ihre Reihen. Aber für einen gefallenen Angreifer trat sofort ein anderer hervor und nahm dessen Stelle ein. So brandete die Flut der Chanca ungebrochen vorwärts. Auf Seiten der Verteidiger wurde die Situation langsam kritisch, denn immer mehr sanken getroffen zu Boden. Mit dem Mute der Verzweiflung stemmten sich die Inka gegen die drohende Niederlage, doch alle Anstrengungen schienen vergebens, als es den ersten Chancakriegern gelang, mit Hilfe von Sturmleitern die Mauern zu erklimmen. Curaca Huaranca behielt die Nerven. „Nicht weglaufen!", schrie er so laut er konnte. Mit seiner Streitkeule schlug er unablässig auf die Feinde ein. Dieses Beispiel spornte seine Untergebenen zu neuen Heldentaten an. Die Chanca erlitten furchtbare Verluste, doch immer mehr ihrer Krieger überwanden die Stadtmauer.

Bevor die Verteidiger überwältigt werden konnten, brüllte Curaca Huaranca einen neuen Befehl. Sofort verließen alle Bewohner Quilliscanchas ihre unhaltbar gewordene Stellung und eilten in die engen Gassen ihrer Vorstadt. Hier zwischen den Häusern hatten sie weitere Hindernisse für die Angreifer vorbereitet. Die Chanca stießen überall auf Barrikaden, die kaum zu überwinden waren. Gelang es doch, wartete schon die nächste. Der Kampf geriet jetzt zum verbissenen Ringen um jedes Haus und zog sich stundenlang hin. Längst hatte die Sonne ihren Zenit überschritten, doch die Entscheidung war noch immer nicht gefallen.

Ihre zahlenmäßige Überlegenheit geriet hier im Häusermeer den Chanca zum Nachteil. Durch die nachdrängenden Männer behindert, verloren sie an Beweglichkeit. Darauf hatten die Inka gewartet. Von den Dächern der Häuser schleuderten sie Steine, Speere, Pfeile und heißes Wasser auf die Feinde. Panik breitete sich bei den Angreifern aus. Das Schreien der Sterbenden und Verwundeten vermischte sich mit den Angstrufen der vergeblich zurückdrängenden Krieger. Eingekeilt in den restlos verstopften Straßen waren sie wehrlose Opfer der unbarmherzig kämpfenden Inka. Selbst die Frauen beteiligten sich am heldenhaften Widerstand. Huarancas Frau, Chanan Koka, wütete wie eine Furie unter den Chanca. Sie schwang über ihrem Kopf einen Strick, an dem ein sechszackiger Morgenstern befestigt war. Mit dieser furchtbaren Waffe ausgerüstet brachte sie ihren Gegnern Tod und Verderben. Ihr Vorbild beflügelte die übrigen Inka und der Kampf wurde immer heftiger. Die Gassen der Vorstadt färbten sich rot vom Blut der getroffenen Chanca. Langsam machten sich ihre schweren Verluste bemerkbar, denn die Reihen der Angreifer waren längst nicht mehr so dicht wie noch vor wenigen Stunden. Als schließlich die Dämmerung einsetzte, verloren die Chanca in der beginnenden Dunkelheit den letzten Mut und wandten sich schließlich zur Flucht. Curaca Huaranca, Chanan Koka und die anderen Verteidiger Quilliscanchas eilten ihnen nach und erschlugen noch viele. Nur wenige Angreifer konnten sich in Sicherheit bringen und die weite Ebene vor Cuzco erreichen. Hier gelang es den Anführern, die flüchtenden Krieger zum Stehen zu bringen und neu zu ordnen. Heute war der Angriff gescheitert, doch morgen würde man einen neuen Versuch wagen, der besser vorbereitet war. Denn die Überlegenheit der Chanca war trotz der Katastrophe von Quilliscancha noch immer schier erdrückend. Die Männer wurden mit neuer Siegeszuversicht erfüllt, als sie die Mumie Uscohuilcas in ihrer Mitte sahen. Ja, morgen war der Tag der Abrechnung, dann war es aus mit den Inka.

Cusi Yupanqui schickte im Verlauf des Tages immer wieder Boten zu Curaca Huaranca. Selbst konnte er den Leuten in Quilliscancha nicht zu Hilfe eilen, denn die Chanca hatten nicht nur die Vorstadt angegriffen, sondern auch versucht, entlang der Hänge des Carmenca-Berges Cuzco zu stürmen. Da hier im Schutz des Berges die Stadtmauer nicht so stark befestigt war, befürchteten die Inka, die Feinde könnten an dieser Schwachstelle in die Stadt eindringen. Deshalb hatten sie beschlossen, den Chanca außerhalb Cuzcos entgegenzutreten. Das felsige Gelände ausnützend leisteten sie den Angreifern auch hier heldenhaften Widerstand. Die Feldherren Apo Mayta und Vicaquirao waren in den vergangenen Tagen nicht untätig geblieben und hatten hervorragende Verteidigungsstellungen bauen lassen. Dagegen brandeten nun die Angriffe der Chanca. Welle auf Welle rollte heran, um die Befestigungsanlagen einzunehmen. Durch das gebirgige Terrain behindert, konnte sich das übermächtige Heer der Angreifer nicht entfalten. Doch immer wieder versuchten besonders mutige Krieger, eine Lücke in den Reihen der Inka zu finden. Sie trafen aber auf einen besonders zähen und wilden Streiter. Denn Cusi Yupanqui kämpfte an vorderster Front und ermunterte seine Leute zu immer hartnäckigerem Widerstand. Doch trotz allen Heldenmuts der Inka drangen die Chanca immer weiter vor. Auf dem Höhepunkt der Schlacht wurde Apo Mayta von einem Wurfspeer getroffen. Schwer verwundet brach der verdiente Feldherr zusammen. Cusi Yupanqui und Vicaquirao schafften es dennoch, die Stellung bis zum Einbruch der Dunkelheit zu halten. Dann zogen sie sich mit ihren Kriegern hinter die schützenden Stadtmauern zurück, während sich die Chanca bereit machten, am nächsten Tag von den Hügeln des Carmenca-Berges hinabzustürmen und ins Zentrum von Cuzco vorzudringen.

Cusi Yupanqui eilte mit Vicaquirao auf schnellstem Weg zum Palast. Die Nachrichten, die er von seinen Anführern erhielt, nahm er mit gemischten Gefühlen auf. Zwar war es überall gelungen, die Angriffe der Chanca aufzuhalten oder zurückzuschlagen und ihnen obendrein sehr schwere Verluste zuzufügen, aber die Lage war immer noch nahezu hoffnungslos. Morgen war mit einem neuen Sturmangriff zu rechnen, dem man kaum etwas entgegenzusetzen hatte. Denn auch die Inka hatten viele Krieger verloren. Am schwersten wog der Ausfall Apo Maytas. Seine Verletzung war, Inti sei Dank, nicht lebensgefährlich, doch der Feldherr musste in den nächsten Tagen das Bett hüten. Doch auch Cusi Yupanqui und die übrigen Männer waren von den Strapazen des Tages gezeichnet. In ihren müden Gesichtszügen konnte man noch deutlich die übermenschlichen Anstrengungen und die Schrecknisse der Kämpfe ablesen.

Bei einem einfachen Mahl besprachen die Inka die militärische Lage. Trotz des großartigen Abwehrerfolges des heutigen Tages war die Niederlage absehbar. Nur ein Wunder konnte in dieser verzweifelten Situation helfen. „Bleibt uns also nur die bedingungslose Kapitulation", meinte Cusi Yupanqui zerknirscht. „Jedes weitere Blutvergießen ist sinnlos und verschlimmert nur die Leiden der Untertanen. Falls wir in der Nacht keine Verstärkung von außerhalb bekommen, werde ich mich morgen in der Früh den Chanca auf Gedeih und Verderben ausliefern." Resigniert nickten seine Brüder Roca und Tupac Huarochiri sowie General Vicaquirao. „Es war schon ein Wunder, dass wir heute die Angriffe der Chanca zurückgeschlagen haben." „Cusi Yupanqui hat recht", stimmte Vicaquirao zu, „wir haben heldenhaft gekämpft, doch ich sehe wie der Prinz keine Möglichkeit, die Feinde zu besiegen. Wir müssen uns ergeben." Nachdenklich starrten die Männer vor sich hin. Alles war umsonst gewesen. Jetzt würde die Rache der Chanca furchtbar werden. Auf Milde und Gnade durften sie nicht hoffen. Nervös spielte Cusi Yupanqui mit seinem verzierten Ohrstecker. Dann ließ er seine Schultern sinken und schüttelte verzweifelt den Kopf.

Da meldete sich Poma zu Wort, der bisher schweigend zugehört hatte. „Verzeiht, Prinz, dass ich unaufgefordert zu Euch spreche! Aber ich sehe eine kleine Möglichkeit, wie wir der Kampfmoral der Chanca einen entscheidenden Schlag versetzen können. Sicher, mein Plan ist äußerst tollkühn, und ob er gelingen wird, hängt sehr von Glück ab. Darf ich fortfahren?" Cusi Yupanqui war aus seiner gebückten Haltung hochgefahren. Dieser Mann, den er vor wenigen Tagen als Kundschafter den Chanca entgegengesandt hatte, wusste womöglich einen Ausweg. „Komm her, Poma, und teile uns mit, was du vorzuschlagen hast!" Der Angesprochene trat näher an den Prinzen heran und verneigte sich. „Keine Förmlichkeiten, berichte uns von deinem Plan!" „Wie gesagt, mein Vorschlag ist sehr gefährlich und es ist keineswegs sicher, dass wir dann wirklich siegen. Aber ich meine, einen Versuch ist es wert, denn sonst haben wir verloren. Der Gefangene, den wir bei den Chanca gemacht haben, hat uns etwas sehr Wertvolles mitgeteilt. Immer wenn die Strapazen des Marsches für das Heer zu groß wurden, zeigte man den Männern die Mumie Uscohuilcas. Bei ihrem Anblick fassten alle neuen Mut und die Stimmung besserte sich schlagartig. Aus diesem Grund tragen sie die Chanca an der Spitze des Heeres. Uscohuilca ist der Garant für den Erfolg des Feldzuges. Das glauben zumindest die Chanca. Wenn es uns gelingt, die Mumie zu rauben und nach Cuzco zu bringen, verlieren die Feinde ihr heiliges Symbol des Sieges. Ihr Kampfesmut, der schon heute einen argen Dämpfer erlitten hat, wird ausgelöscht sein. Bemächtigen wir uns der Mumie, können wir vielleicht noch siegen." Alle Augen hingen gespannt an Poma und wandten sich jetzt, da er geendet hatte, neugierig dem Prinzen zu. Cusi Yupanqui war den Ausführungen mit wachsendem Interesse gefolgt. Nun überlegte er fieberhaft und wog in Gedanken alle Möglichkeiten ab. „Das machen wir! Der Plan muss funktionieren. Poma hat gezeigt, dass wir noch eine Chance haben, das Schicksal zu unseren Gunsten zu wenden. Oder hat jemand eine bessere Idee? Ich selbst werde diesen Gegenangriff leiten." „Doch was ist, wenn du getötet oder gefangen wirst?", warf Roca ein. „Wenn wir die Mumie nicht erbeuten, werde ich ohnehin sterben. Entweder auf dem Schlachtfeld oder als Gefangener der Chanca", antwortete Cusi Yupanqui, „da ist mir der Tod als Krieger lieber." Die Männer stimmten dem Prinz zu und meldeten sich sogleich zahlreich, um ihren Anführer bei der gefährlichen Mission zu begleiten. Dieser wählte eine Handvoll seiner tapfersten Kämpfer aus, natürlich war auch Poma unter ihnen. „Poma, du hast einen Sohn an dem Tag bekommen, als uns die Chanca zur Kapitulation aufgefordert haben. Dein Schwiegervater und deine Schwiegermutter haben mehr Feinde getötet als die anderen Inka. Wenn dein Plan gelingt und wir die Feinde besiegen, werde ich dafür sorgen, dass dein Sohn so erzogen wird wie meine Söhne. Ist er alt genug, um als Krieger ausgebildet zu werden, dann bring ihn zu mir. Ich werde einen guten Inka aus ihm machen", versprach Cusi Yupanqui.

Im Schutz der Dunkelheit kletterten die Männer mit Hilfe eines dicken Seiles über die Stadtmauer. Die Gesichter waren geschwärzt, damit im Mondlicht keine verräterischen Streifen der Haut sichtbar waren. Sie packten ihre Waffen fester, denn kein Geräusch sollte zu früh von ihrer Anwesenheit zeugen. Langsam und vorsichtig schlichen sie näher an das Lager heran. Lautlos arbeiteten sie sich vorwärts, kein dürrer Ast und kein welkes Blatt raschelten unter ihren Füßen. Die Männer drückten sich ganz nah an den Boden und nützten jeden kleinen Graben oder Strauch aus, um für die Wachtposten der Chanca unsichtbar zu bleiben. Nach einer guten Stunde befanden sie sich im Lager und bewegten sich jetzt zwischen den schlafenden Feinden. Dabei verhielten sich Cusi Yupanqui und seine Getreuen wie abgelöste Wächter, die auf dem Weg zu ihren Schlafstätten waren. Niemand wurde misstrauisch, das Vorhaben klappte besser als erwartet. Da stockten die Inka plötzlich. Sie hatten die Mumie beinahe erreicht, doch kurz vor dem Ziel bemerkten sie, dass diese von Chancakriegern gut bewacht war. Mitten unten ihnen stand Amaru, den Cusi Yupanqui vor einigen Tagen aus der Stadt gewiesen hatte. Der Prinz erkannte sofort, mit List ließ sich nun die Mumie nicht mehr rauben, jetzt half nur noch Tollkühnheit. Die Inka sprangen auf sein Kommando vor und überraschten ihre Gegner vollständig. Amaru riss ungläubig die Augen auf, als er den vorlauten Inka erkannte. Bevor er an Gegenwehr denken konnte, spaltete ihm Cusi Yupanqui mit einer Streitaxt den Schädel und auch Poma und die übrigen Krieger hieben auf die Chanca ein. Nur wenige Sekunden hatte das blutige Gemetzel gedauert, dann lagen die überrumpelten Feinde blutüberströmt auf der Erde. Die Mumie Uscohuilcas war in der Hand der Inka. Vier Männer schnappten die Stangen der Sänfte, die anderen bildeten einen Schutzkreis rundherum. So wollten sie versuchen, aus dem Lager zu entkommen.

Doch der Kampfeslärm hatte einige Chanca alarmiert. Im Nu waren die Inka von wilden Kriegern umringt. Cusi Yupanqui stellte sich an die Spitze seiner Gefährten und schwang mit grimmigem Mut die Streitaxt. Sofort folgten die anderen seinem Beispiel. Entschlossen stürzten sie sich auf ihre Feinde, die entsetzt zurückwichen und eine schmale Gasse öffneten. Die Inka eilten weiter und hieben alle Chanca nieder, die sich nicht rechtzeitig vor ihren Waffen in Sicherheit gebracht hatten. Cusi Yupanqui wunderte sich, weil keine Gegenwehr erfolgte. Aber die Chanca wagten es nicht, die Waffen zu erheben. Wäre einer der Sänftenträger verletzt oder getötet worden und gestürzt, hätte die Mumie zu Boden fallen und Schaden nehmen können. Aus diesem Grund wurden auf die Inka auch keine Steine geworfen oder Speere geschleudert, denn eine verirrte Waffe hätte Uscohuilca treffen können. So groß war die Furcht, ihr heiliges Symbol zu entweihen, dass die Chanca nur tatenlos zusahen, wie die Inka die Mumie ihres Urvaters entführten. Selbst die rasch herbeigeeilten Führer Hastu Huaranca und Tomayu Huaranca konnten die Lage nicht verbessern. Ungläubig verfolgten die Chanca mit ihren Blicken die Handvoll Inka, die zielstrebig auf Cuzco zusteuerten.

Auf den Mauern der Stadt standen der Huillac Umu und seine Priester und beteten zu Inti. Als die ersten Sonnenstrahlen hinter den Berggipfeln hervorbrachen, erreichten Cusi Yupanqui und seine Getreuen die Stadt, nur verfolgt vom ohnmächtigen Wutgeheul der Chanca. Inti war den Sonnensöhnen gewogen gewesen und hatte über das Unternehmen seinen Schutzmantel gebreitet. Die Zeichen für die Inka standen günstig wie nie. Sie erfreuten sich der Gunst der Götter, die in dieser Stunde die Chanca endgültig verlassen hatten. Die Mumie Uscohuilcas wurde auf die Stadtmauer gestellt, gut sichtbar für alle Chanca, die vor Erstaunen unfähig waren, einen klaren Gedanken zu fassen, und gebannt auf ihr heiliges Symbol blickten.

Cusi Yupanqui erkannte seine Chance. Er gab den Befehl, die erstarrten Chanca sofort anzugreifen. Mit neuem Mut warfen sich die Inka auf ihre völlig apathisch wirkenden Gegner. Der Verlust der Mumie, ihres übernatürlichen Garanten für den Sieg, raubte den Chanca den Kampfgeist. Sie zauderten und wankten, dann war es schon zu spät. Wie eine Sturmflut brachen die Inka über ihre Feinde herein. Unfähig, sich zu wehren, geriet das Heer der Chanca in Panik und floh Hals über Kopf. Wer sich nicht rechtzeitig zur Flucht wandte, wurde von den Streitäxten und Kriegskeulen der entfesselten Inka niedergemacht. Cusi Yupanqui und die Seinen wüteten wie von Sinnen. Die zahlenmäßig noch immer unterlegenen Inka gerieten in einen berserkerhaften Blutrausch und kannten keine Gnade. Hunderte, ja Tausende Chanca fielen dem großen Gemetzel zum Opfer. Immer weiter stürmten die Inka voran, verfolgten die geschlagenen Feinde und fügten ihnen durch immer neue Schläge gewaltige Verluste zu. Schließlich erlahmten die Kräfte der Inka und sie mussten in ihrem Treiben innehalten. Den restlichen Chanca gelang es, sich zu ihrem Stützpunkt Ichupampa zu retten. Doch das weite Feld von Cuzco bis Ichupampa war übersät von erschlagenen Chanca.

Cusi Yupanqui wischte sich erschöpft den Schweiß von der Stirn und blickte zufrieden um sich. Dann wandte er sich zu seinen Kriegern: „Lasst es gut sein für heute. Ruht euch aus und sammelt neue Kräfte. Morgen werden wir die restlichen Feinde vernichten. Zum Gedenken an unseren heutigen großen Sieg wollen wir das Schlachtfeld Yahuarpampa das blutige Feld nennen." Die Inka brachen in lauten Jubel aus. Sie selbst hatten kaum Opfer zu beklagen. Es war offensichtlich, dass die Götter den Untergang der Chanca beschlossen hatten.

Die Krieger ließen sich auf den Erdboden nieder und stärkten sich. Cusi Yupanqui hatte bereits während der Schlacht angeordnet, dass den Kämpfern genügend Lebensmittel nachgebracht würden. Jetzt ging der Prinz durch das Lager, lobte seine Leute für die geleisteten Heldentaten, spornte sie an und versprach den Verwundeten rasche Hilfe. Den Angehörigen der wenigen Gefallenen spendete er Trost, so gut er konnte. Er war überall zu finden und schien keine Müdigkeit zu kennen.

Selbst Curaca Huaranca und Poma spürten Zeichen der Erschöpfung und waren froh, sich endlich erholen zu können. Während der Kämpfe hatten sie enorme Energien freigesetzt und nicht gefühlt, dass die Muskeln langsam erlahmten, doch jetzt spürten sie jeden einzelnen Knochen im Leib. Erst in diesem Augenblick bemerkte Poma, wie furchtbar müde er war. Am liebsten wäre er auf der Stelle eingeschlafen. Er streckte seine Glieder und gähnte herzhaft. Dann nahm er aus dem Krug, den ihm Huaranca gereicht hatte, einen tiefen Schluck. „Ah, das tut gut!" Auf einem Feuer brodelte in einem Kessel ein Eintopf, bestehend aus Kartoffeln, Kürbissen und Meerschweinchenfleisch. Das Essen duftete verführerisch und Pomas Magen begann zu knurren. Hungrig wie ein Bär holte er sich eine große Portion und tauchte seinen Maisfladen in die nahrhafte Brühe. Die anderen Männer aßen ebenfalls und schmatzende Geräusche verbreiteten sich im Lager. Als der Hunger gestillt war, erzählten die Leute, welche Heldentaten sie heute vollbracht hatten. Langsam wurde es ruhig, die Männer schliefen in ihre Decken gehüllt und auch Poma fielen die Augen zu.

Plötzlich war er wieder hellwach. Schreie drangen an sein Ohr. Poma riss die Waffen an sich und sprang auf. Hatten die Chanca einen überraschenden Überfall gewagt? Angestrengt lauschte er in die nächtliche Dunkelheit. Die Rufe pflanzten sich von einem Ende des Lagers bis zum Zentrum fort, doch Poma konnte keinen Waffenlärm ausmachen. Die Schreie klangen auch nicht nach Verwundung oder Tod, sondern wie eine Botschaft, die mündlich weitergegeben wurde. „Was hat das zu bedeuten?", fragte er Curaca Huaranca, der leise zu ihm getreten war. „Ich weiß es nicht. Komm, wir wollen nachsehen!" Die beiden gingen dem Lärm entgegen und erreichten bald die Mitte des Nachtlagers. Hier hatte Cusi Yupanqui sein Zelt aufgeschlagen.

Der Platz war mit Fackeln hell erleuchtet. Unbekannte Krieger standen vor dem Prinzen. Poma und Huaranca drängten sich näher heran, um zu verstehen, was die fremden Männer und ihr Anführer sprachen. Es waren Abgesandte der Vasallen und Verbündeten der Inka. Sie bedauerten, nicht früher kampfbereit gewesen zu sein, aber jetzt boten sie an, die Streitkräfte Cusi Yupanquis verstärken. Der Inkaführer zeigte sich über diesen Machtzuwachs höchst erfreut. Auch bisher neutrale Völker und Stämme erklärten sich bereit, den Inka im Kampf gegen die Chanca beizustehen. Das Blatt hatte sich durch den großen Sieg dieses Tages gewendet, nun waren die Inka ihren Gegnern zahlenmäßig überlegen. Cusi Yupanqui hatte nicht nur einen militärischen, sondern auch einen diplomatischen Erfolg errungen.

Curaca Huaranca und sein Schwiegersohn gingen wieder zu ihrem Lagerplatz zurück. „So war es immer", klärte der Ältere den Jüngeren auf, „die Zaudernden warten ab und schlagen sich dann auf die Seite des vermeintlichen Siegers. Wir können den Verbündeten und Neutralen keinen Vorwurf machen, weil sie so gehandelt haben. Darum hat ihnen Cusi Yupanqui auch nicht gezürnt. Im Gegenteil, er hat sie wie Freunde behandelt. Das sichert uns ihre Hilfe. So kann es gelingen, die Feinde zu schlagen. Denn morgen werden sich die Chanca nicht mehr so leicht geschlagen geben wie heute. Der Verlust Uscohuilcas hat sie gelähmt. Jetzt wissen sie aber, dass sie keine Gnade zu erwarten haben. Darum werden sie morgen ihre Haut so teuer wie möglich verkaufen. Cusi Yupanqui weiß, dass die Entscheidungsschlacht besonders heftig sein wird. Deshalb war er so erfreut, dass die Vasallen und Verbündeten noch rechtzeitig für diesen Waffengang aufgetaucht sind." Poma hatte zuerst deren feiges Verhalten kritisieren wollen. Die Worte seines Schwiegervaters bewirkten aber, dass er über das Gehörte nachdachte und zum selben Schluss kam wie Curaca Huaranca. Um eine neue Erfahrung klüger rollte er sich in seine Decke und schlief ein.

Bei Sonnenaufgang war das mächtig angewachsene Heer der Inka zum Angriff auf die in Ichupampa verschanzten

Chanca bereit. Cusi Yupanqui rief seine Befehle, dann stürmten die Männer los. Im Gegensatz zum vergangenen Tag leisteten die Chanca diesmal entschlossen Widerstand. Immer wieder flutete Angriffswelle auf Angriffswelle gegen den gegnerischen Stützpunkt, doch die Chanca hielten stand. Die Schleuderer schossen Salve auf Salve gegen die Feinde, die meisten Geschosse prallten aber wirkungslos an den Schilden ab und richteten keinen nennenswerten Schaden an. Der Steinhagel wurde von den Chanca beantwortet und die Inkakrieger mussten auf der Hut sein. So ging der Vormarsch äußerst schleppend voran. Nur wenige tapfere Kämpfer erreichten die feindliche Stellung, um im Nahkampf Keule oder Streitaxt zu gebrauchen. Dort mussten sie sich aber vor der gegnerischen Übermacht bald wieder zurückziehen. Was immer auch die Inka unternahmen, alle Mühe schien vergeblich. Die Sonne brannte unbarmherzig vom Himmel und Poma fühlte, dass er allmählich müde wurde. Schon zweimal war er im Nahkampf gestanden und wäre jedes Mal beinahe von den feindlichen Kriegen umzingelt worden. Nur mit äußerster Mühe war es ihm gelungen, der tödlichen Umklammerung zu entkommen und sich wieder zu den Seinen zurückzukämpfen. Langsam erlahmte der Schwung der Inka. Cusi Yupanqui erkannte die gefährliche Situation, in die sein Heer geriet. Er riss seine Streitaxt in die Höhe, hob den Schild, brüllte laut auf und rannte auf den Feind zu. Die umstehenden Krieger folgten seinem Beispiel und mit einem Male stürmte die Inkastreitmacht mit neuen Kräften auf die Chanca los.

Poma lief an vorderster Front. Immer wieder wich er den geworfen Speeren geschickt aus und fing die geschleuderten Steine mit seinem Schild auf. Dann prallte er voll Schwung auf einen ersten Gegner. Er duckte sich und eine tödlich geschwungen Keule sauste über seinen Kopf hinweg. Blitzschnell schlug Poma zu und der Chanca sank getroffen zur Erde. Den feindlichen Hieben ausweichend und um sich schlagend arbeitete sich Poma vorwärts. Er erkannte, dass ihm links und rechts Inkakrieger folgten. Plötzlich sah er vor sich einen vornehm gekleideten Chanca, der eine prächtige Federkrone auf dem Haupte trug und mit befehlenden Gesten die Verteidigung lenkte. Leise hörte er Cusi Yupanqui neben sich: „Das ist Tomayu Huaranca, einer der beiden Herrscher der Chanca. Wir müssen ihn in unsere Gewalt bringen oder unschädlich machen." Poma war schon unterwegs. Mit aller Kraft kämpfte er sich näher an den Würdenträger heran. Nach wenigen Minuten hatte er sein Ziel erreicht und stand dem Chancaführer von Angesicht zu Angesicht gegenüber. „Wirf deine Waffen weg und ergib dich", keuchte er vor Anstrengung. Doch der Chanca hob nur seine Keule und schlug mit aller Macht zu. Poma konnte gerade noch den Schild hochheben und den furchtbaren Schlag abblocken, dann strauchelte er und ging zu Boden. Unerbittlich hieb Tomayu Huaranca auf den vor ihm knienden Inka ein. Poma gelang es instinktiv, der todbringenden Waffe auszuweichen. Bevor der nächste Schlag des Chanca auf ihn niedersauste, griff Poma mit der rechten Faust in den staubigen Boden und schleuderte seinem Gegner eine Handvoll Sand ins Gesicht. Dieser schrie vor Schmerz auf und fuhr sich mit den Fingern in die Augen. Poma nützte den kleinen Vorteil, er kam wieder auf die Beine, und noch ehe sein Feind reagieren konnte, ließ er die Streitaxt gegen dessen Schläfe krachen. Hellrotes Blut quoll aus einer furchtbaren Kopfwunde. Tomayu Huaranca wankte, dann lief ein Zucken durch seinen ganzen Körper. Er stürzte, ohne einen Laut von sich zu geben, zu Boden und hauchte sein Leben aus.

Als die Chanca sahen, dass ihr Anführer gefallen war, schrien sie vor Wut und Schmerz auf. Doch nicht kopflose Flucht wie gestern war die Folge, sondern sie verteidigten nun noch verbissener ihren Stützpunkt. Aber auch die Inka verdoppelten ihre Anstrengungen. Die Schlacht wurde zu einem Alptraum für die vielen Männer. Tausende sanken verwundet oder tot zu Boden. Das Geschrei der Getroffenen vermischte sich mit dem Gebrüll der Kämpfenden zu einem höllischen Inferno, das vom vergossenen Blut rot umrahmt wurde. Egal, ob Freund oder Feind, alle litten gleichermaßen, sie schlugen zu, wehrten ab und sanken getroffen nieder. Die Nerven der Krieger waren bis zum Zerreißen gespannt. Gab es noch Sieger und Besiegte? Die Hölle der Unmenschlichkeit hatte ihre Pforten weit geöffnet. In diesem blutigen Gemetzel waren taktische Anordnungen kaum noch auszuführen. Cusi Yupanqui gelang es aber, seine besten Truppen zu einem konzentrierten Angriff gegen das feindliche Zentrum zu führen. Allmählich begann die Front der Chanca zu wanken. Ihr zweiter Anführer, Hastu Huaranca, stand wie ein Fels in der Brandung und feuerte seine Männer an, wenigstens bis zur Dämmerung auszuhalten. Doch plötzlich war für die Chanca alles zu Ende. Hastu Huaranca stürzte, von einem geschleuderten Stein tödlich getroffen, zu Boden. Das war zu viel. Die noch lebenden Chanca warfen ihre Waffen weg, hoben die Hände und baten um Gnade. Die Inka hatten einen überwältigenden Sieg errungen.

Cusi Yupanqui zeigte sich in dieser Stunde als unerbittlicher Triumphator. Weil sein Leben mehr als einmal am seidenen Faden gehangen hatte und die Inka ebenfalls große Verluste erlitten hatten, demütigte er die besiegten Chanca. Er gab die Anweisung, aus ihren toten Leibern grausige Kriegstrophäen zu machen. Man zog den gefallenen Führern des besiegten Volkes die Haut vom Leibe, stopfte die Häute mit Berggras aus und stellte die so präparierten Toten in Cuzco aus. Die geschändeten Leichen der Würdenträger der Chanca dienten allen Völkern und Stämmen, die sich den Inka noch nicht unterworfen hatten, als unausgesprochene, aber wohlverstandene Warnung: „So ergeht es jedem, der es wagen sollte, sich der Macht der Sonnensöhne in den Weg zu stellen." Die Mumie Uscohuilcas musste in Cuzco bleiben, wo sie einen Ehrenplatz bekam. Dann schloss er mit den Chanca einen Bündnisvertrag. Diese mussten in Zukunft die Oberherrschaft der Inka anerkennen, jährlich Tribut zahlen und im Kriegsfall Hilfstruppen abstellen. Von nun an sollten die Inka keinen Feind mehr zu fürchten haben. Niemand mehr würde es wagen, das Reich der Inka herauszufordern.

Im Palast versammelten sich die Edlen des Reiches, unter ihnen die beiden mit Kriegsruhm bedeckten Feldherren Apo Mayta und Vicaquirao, Prinz Tupac Huarochiri, Prinz Roca und die Anführer und Häuptlinge des Heeres wie Curaca Huaranca und Poma. Mit einem großen Festmahl feierten sie ihren überwältigenden Triumph. Dabei floss natürlich reichlich Chicha. Zu vorgerückter Stunde erhob sich Tupac Huarochiri, der Huillac Umu des Reiches, und rief mit lauter Stimme in den Festsaal: „Unser allmächtiger Sonnengott Inti hat ein Zeichen gegeben. Vor dem Kampf gegen die Chanca prophezeite er unseren Sieg. Ich frage euch nun: Soll dieser Erfolg sinnlos gewesen sein? Cusi Yupanqui war unser Anführer. Er hat den Abwehrkampf geleitet, eine Arbeit, die eigentlich Viracocha oder Urcon hätten leisten müssen. Doch diese beiden haben uns in der Stunde der Not feige im Stich gelassen. Sie verdienen es nicht, jetzt wieder als Herrscher in Cuzco Einzug zu halten. Inti hat seinen Beistand Cusi Yupanqui gewährt. Wir müssen unserem obersten Gott folgen. Ich fordere daher: Cusi Yupanqui, der Retter des Reiches, soll unser neuer Inka sein! Viracocha und Urcon erkläre ich kraft meines Amtes als Hohepriester für abgesetzt!"

Den Anwesenden stockte der Atem. Das war etwas Unerhörtes, etwas noch nie Dagewesenes. Viele Leute im Saal erinnerten sich in diesem Moment, dass der Prinz der eigentliche Thronfolger hätte sein müssen. Doch Urcons Mutter hatte die Schwäche des alternden Viracocha ausgenützt und ihren Sohn Urcon als Thronfolger und Mitregenten durchgesetzt. Der unbequem gewordene Cusi Yupanqui war verbannt und auf diese Weise aus dem Weg geschafft worden. Doch der Prinz war in der Stunde der höchsten Not des Reiches freiwillig zurückgekehrt, hatte die Verteidigung organisiert, selbst mitgekämpft und durch seinen Einsatz Tahuantinsuyu gerettet. Dieses Verhalten musste belohnt werden.

Nach einer kurzen Schrecksekunde brauste gewaltiger Jubel auf. Der Beifall in der Halle wollte kein Ende nehmen. „Cusi Yupanqui soll unser Inka sein! Cusi Yupanqui soll Inka sein!", scholl es ununterbrochen durch den Festsaal. Tupac Huarochiri hatte sein Ziel erreicht. Zufrieden vor sich hin lächelnd setzte er sich nieder. Jetzt war Cusi Yupanqui am Zug. Als die Rufe der Zustimmung nicht enden wollten, erhob er sich von seinem Platz. Schlagartig wurde es still. In seinem vornehmen Festgewand, mit einer bunten Federkrone geschmückt, sah er edel und erhaben aus wie ein geborener Herrscher. Mit würdevollem Blick überschaute er die Menge. „Freunde, Kameraden, Mitkämpfer! Wenn ihr es wünscht, dass ich der Herrscher sein soll, wie kann ich mich diesem Urteil widersetzen? Ich danke euch von ganzem Herzen und bitte euch im gleichen Atemzug, mir auch weiterhin eure Unterstützung zu gewähren. Viracocha und Urcon werden diese Entscheidung sicher nicht freiwillig hinnehmen. Wir müssen uns auf einen Bruderkrieg gefasst machen."

Die Menge unterbrach die Rede des Prinzen. Mit lauten Jubelrufen gaben sie ihm zu erkennen, dass sie auch in Zukunft auf seiner Seite stehen würden. „Urcon, dieser Feigling soll nur kommen. Er wird es nicht einmal bis in die Nähe von Cuzco schaffen", höhnten die Leute. Auch Poma und Curaca Huaranca fieberten in der Menge mit. Für Pomas Sohn taten sich plötzlich völlig neue Perspektiven auf. Er würde nicht unter dem Schutz eines verbannten, unbedeutenden Prinzen stehen, sondern der Inka selbst würde für seine Ausbildung und sein Fortkommen sorgen. Der Häuptling Quilliscanchas und sein Schwiegersohn brüllten daher ihre Zustimmung am lautesten hinaus. Doch das Schicksal hatte schon entschieden. Cusi Yupanqui würde der zukünftige Inka sein, sein Bruder, der Huillac Umu, würde ihn ohne Zaudern im Sonnentempel krönen. Die Begeisterung der Menschen im Saal kannte keine Grenzen. Immer wieder ließen sie ihren geliebten Prinzen hochleben.

Wie ein Lauffeuer verbreitete sich diese Nachricht in der Metropole und im ganzen Reich. Urcon schnaubte in Pisac vor Wut. Er sammelte in aller Eile ihm ergebene Truppen und marschierte gegen Cusi Yupanqui, doch er sollte nie in

Cuzco ankommen. Vicaquirao lockte Urcon in den Bergen in einen Hinterhalt. Ein gezielter Wurf mit einer Schleuder beendete das Leben des einstigen Thronfolgers. Ihre aussichtslose Lage einsehend, gaben Urcons Männer den ungleichen Kampf auf. Jetzt war der Weg für die Krönungsfeier Cusi Yupanquis frei.

Nicht nur die ganze Hauptstadt war bei diesem Ereignis auf den Beinen, auch die Vertreter aller Regionen von Tahuantinsuyu wurden zu der Zeremonie der Thronbesteigung des neuen Herrschers geladen. Die Verwalter der vier Reichsviertel, die Gouverneure der einzelnen Provinzen, alle niedrigen Adeligen und die Verwalter der meisten Dörfer waren in Cuzco anwesend. Jetzt warteten sie alle gespannt auf das Erscheinen des Huillac Umu und natürlich auf Prinz Cusi Yupanquis. Endlich näherte sich aus dem Sonnentempel eine Prozession von Männern. Voran schritten Priester, die auf Flöten spielten, dann kamen welche, die rauchende Gefäße in ihren Händen hielten. Durch die Musik und die Rauchopfer sollten die Götter und ganz besonders Inti milde und gnädig gestimmt werden. Dann brandete unbeschreiblicher Jubel auf. Cusi Yupanqui trat im Rhythmus der Flötenklänge auf den Festplatz, hinter ihm erschien Tupac Huarochiri. Beide waren in ihre schönsten Festgewänder gehüllt.

Zu Beginn der Feierlichkeiten defilierten die Verwalter, Gouverneure, niederen Adeligen und Beamten barfuß und mit gesenktem Haupt auf dem „Platz der Freude" vor dem Herrscher und überreichten ihm die Federn einer seltenen Papageienart, die wegen ihres edlen Aussehens das Symbol der Erhabenheit und der Auserwähltheit des Inka darstellte. Dann streckten sie dem neuen Regenten zum Beweis ihrer Ergebenheit und untertänigen Demut ihre Arme entgegen. Im Namen des Herrschers nahm der Zeremonienmeister des Hofes die Federn entgegen und verbrannte sie feierlich. Anschließend folgte der grausamste Teil des Festtages. Der Huillac Umu opferte der göttlichen Sonne, deren Sohn der Inka in den Augen der Bewohner seines Reiches war, eine Anzahl goldener Gefäße, ausgesuchte Meeresmuscheln, Lamas, aber auch zweihundert Kinder. Erst durch dieses grausame Menschenopfer, Capacocha genannt, war der Zyklus der Zeremonien anlässlich der Krönung des neuen Inka vollendet. Die eigens dafür ausgewählten Kinder, die man im ganzen Reich zusammengesucht hatte, mussten einen makellosen, reinen Teint haben. Kein einziges Muttermal, kein einziger Pigmentfleck durfte sie verunzieren. Ihre Eltern betrachteten es als große Ehre, dass ihre Kinder den Göttern geopfert werden sollten. Die Familien waren außerdem vom neuen Inka fürstlich für den schmerzlichen Verlust belohnt worden. Die für das Capacocha-Opfer bestimmten Kinder wurden auf den Berg Chuquicancha am Rande Cuzcos geführt. Doch die Knaben und Mädchen bekamen nicht mehr mit, was mit ihnen geschah. Man hatte sie zuvor mit einer starken Dosis eines aus zerstampften Kokablättern gewonnenen Pulvers betäubt. Cusi Yupanqui schritt auf sie zu und berührte sie mehrmals mit seinen Händen, ehe sie von den Priestern erdrosselt wurden. Die getöteten Kinder wurden zusammen mit den geopferten Lamas auf dem Chuquicancha-Berg feierlich beigesetzt. Der Huillac Umu wandte sich bei der Opferung der Kinder nicht an Inti, sondern an den Gott Viracocha, den Schöpfer der Welt. Tupac Huarochiri bat ihn mit lauter, andächtiger Stimme, den neuen Inka vor allem Bösen zu beschützen und ihn zu segnen, auf dass er den Gang der Dinge in Tahuantinsuyu mit Erfolg lenke. Jetzt tauchte er seine rechte Hand in Lamablut und zog auf Cusi Yupanquis Stirn eine lange rote Linie. Nachdem das Blut getrocknet war, ersetzte der Hohepriester das symbolische rote Blutband durch die rote königliche Mascapaicha, die ausschließlich dem Herrscher vorbehalten war. Der Huillac Umu setzte sie dem neuen König vorsichtig auf und sprach dabei, sodass ihn alle Umstehenden hören konnten: „Steh auf, Inka! Nicht mehr länger bist du Prinz Cusi Yupanqui. Von jetzt an sei dein königlicher Name Inka Pachacuti!" Der neue Inka erhob sich feierlich und wandte sich seinen Untertanen zu. Das Volk und das Reich jubelten. Denn ein weiterer in der Reihe jener, die einzig von sich sagen konnten, sie seien wahre Intip Churin, göttliche Söhne der Sonne, hatte den erhabenen Thron von Cuzco bestiegen. Pachacuti war der neunte Herrscher der Inka.

Doch Pachacuti hatte an diesem Tag noch etwas Besonderes vor, um seine Macht zu demonstrieren. Unter den geladenen Gästen war auch sein Vater, der immer noch regierende Herrscher Tahuantinsuyus. Inka Viracocha wusste allerdings, dass seine Zeit abgelaufen war. Während die Menge dem neu gekrönten Inka zujubelte, bangte er um sein Leben. Nachdem Pachacuti die Herrscherinsignien aus der Hand des Huillac Umu entgegengenommen hatte, verließ er den Sonnentempel und trat ins Freie. Die Frauen und Männer gebärdeten sich schier verrückt vor Freude, als sie ihren neuen Inka sahen. Der junge Herrscher genoss das Bad in der Menge und strahlte glücklich über das ganze Gesicht. Dann erhob er seine Arme und die Leute verstummten. Pachacuti dankte mit herzlichen Gesten seinen Untergebenen für den überwältigenden Empfang. Dann sprach er: „Vor wenigen Tagen schien das Ende unseres Reiches gekommen. Der alte Inka hat feige die Flucht ergriffen und uns schmählich in Stich gelassen. Er verdient eine gerechte Strafe." Viracocha war schweißgebadet, als er diese Worte hörte, und er begann am ganzen Körper zu zittern. „Komm her, Verräter!", befahl Pachacuti mit donnernder Stimme. Viracocha wankte nach vorne und warf sich vor seinem Sohn in den Staub. „Vergebung, großmächtiger Inka und edler Huachacuya! Ich bitte dich um Gnade!", wimmerte der alte Mann. „Selbst jetzt vor der versammelten Menge benimmst du dich wie ein Feigling. Wer feige ist, soll auch wie ein Feigling behandelt werden." Der junge Inka klatschte in die Hände und ein Untergebener brachte ihm ein stinkendes Gefäß. Die Frauen und Männer starrten unbehaglich auf das entwürdigende Schauspiel. Solch ein irdener Krug wurde von den Bewohnern Tahuantinsuyu als Nachttopf verwendet, um die Exkremente zu sammeln. Pachacuti füllte Chicha in das Gefäß und überreichte es seinem Vater. „Trink aus, damit wir sehen, dass noch ein bisschen Mut in deinem armseligen Leib ist!" Viracocha nahm das ekelerregende Gebräu und würgte es bis zur Neige hinunter. „Ich will alles tun, was du befiehlst, aber verschone mein Leben", bat er, nachdem er den Topf bis auf den letzten Tropfen geleert hatte. „Ich will die Götter nicht verärgern, indem ich an meinem Krönungstag meinen Vater töte. Doch ich verbanne dich bis an dein Lebensende aus Cuzco. Du kannst weiterhin den Caquia-Jaquihuana-Palast in Pisac bewohnen. Aber komme mir nie wieder unter die Augen." Viracocha erhob sich mit Tränen in den Augen: „Ich danke dir, Inka Pachacuti, für deine Güte. Mögen die Götter immer mit dir und mit Tahuantinsuyu sein." Dann verließ er Cuzco auf dem schnellsten Weg, um die letzten Jahre seines Lebens in Ruhe und Frieden in seinem ländlichen Palast zu verbringen.

Pachacuti, der Veränderer der Welt, war nun der unumschränkte Herrscher im Land der Sonnensöhne. Von heute an würde er sein Reich und die ganze bekannte Welt verändern und Cuzco zum Nabel der Welt machen.

Teil II.

Ollantay
Die Kindheit Ollantays

Völlig geräuschlos legte der Junge das Geschoß in die Schleuder. Dann visierte er mit scharfem Auge sein Ziel an. Eine kräftige Drehung mit dem Arm und genau im richtigen Moment schoss der Stein durch die Luft. Ein leises Geräusch zeigte an, dass Cusi wieder getroffen hatte. „Gut gemacht", vernahm er das Lob seines Vaters, „die Vögel sind heuer besonders lästig. Wenn du nicht so ein guter Schütze wärst, hätten sie die Aussaat bestimmt schon aufgepickt." Cusi freute sich über das Lob. Lachend lief er zu der Stelle, wo der tote Vogel lag, hob ihn auf und verstaute ihn in einem kleinen Korb. Das gab wieder viele Federn, die seine Mutter gut für das Schmücken der Kleider verwenden konnte. Jetzt lief der Junge stolz zu einer Kürbisflasche. Er war durstig und wollte einen Schluck trinken. Überall auf den Feldern sah er Männer und Frauen bei der anstrengenden Arbeit. Einer von ihnen hatte das Fell eines Andenfuchses umgebunden. Damit wollte er Vögel und kleine Nagetiere vertreiben. Dazwischen liefen Kinder umher, verscheuchten Vögel oder versuchten ihr Glück mit der Schleuder. Doch Cusi war der Geschickteste von allen. Immer wenn er auf einen Vogel zielte, war es um den bunten Sänger geschehen.

Für heute war das Tagewerk vollbracht, denn die Sonne näherte sich bereits den Bergspitzen und würde bald untergehen. Der Vater und die beiden Schwestern Cusis machten sich auf den Heimweg. Er lief ihnen rasch nach. Bald hatten sie ihr Haus erreicht. Vor dem Eingang spielten seine beiden kleinen Brüder. Sie waren noch zu jung, um auf den Feldern zu helfen. Die Mutter war bereits früher nach Hause gegangen und hatte in der Zwischenzeit das Essen zubereitet.

Nach der Mahlzeit saßen die Männer beisammen und tranken Chicha. Auch Cusis Großvater, der Häuptling von Quilliscancha, gesellte sich zu ihnen. Curaca Huaranca nahm einen herzhaften Schluck und lobte seinen Enkel: „Ich habe gehört, du bist ein geschickter Jäger. Ein Mann kann nie früh genug das Waffenhandwerk erlernen. Vor allem, wenn er wie du dazu ausersehen ist, in den Dienst des Inka zu treten. Ich war heute im Palast. Pachacuti hat gemeint, es sei an der Zeit, Cusi zur Ausbildung zu ihm zu schicken. Wir haben vereinbart, dass Poma morgen Cusi in den Palast bringen wird." Cusi blicke seinen Großvater und seinen Vater ungläubig an. Er hatte zwar gewusst, dass der mächtige Inka nach dem Sieg über die Chanca versprochen hatte, sich seiner anzunehmen und ihn wie seine eigenen Söhne ausbilden zu lassen, doch er hatte nie so richtig daran geglaubt. Jetzt sollte das alles Wirklichkeit werden. Stolz erfüllte Cusis Herz, doch auch eine leichte Spur Trauer mischte sich darunter, denn er würde von nun an seine Familie nur noch ganz selten sehen. „Ich verspreche, meiner Ayllu keine Schande zu machen. So tapfer wie mein Großvater und mein Vater gekämpft haben, so mutig und standhaft werde auch ich sein. Der Inka soll seine Freude an mir haben." Die Männer lobten das Versprechen des Knaben und er durfte einen kleinen Schluck Chicha nehmen. Dann schickten sie Cusi schlafen. Während er sich in seine Decke hüllte, überlegte der Junge, ob dies wohl die letzte Nacht in seinem Elternhaus sein würde. Von Vorfreude erfüllt, aber auch von Ängsten und Zweifeln geplagt, wälzte sich Cusi noch lange unruhig hin und her, ehe er einschlafen konnte.

Obwohl Quilliscancha ein Vorort Cuzcos war, hatte Cusi die eigentliche Metropole noch nie betreten. Die meisten einfachen Untertanen des Inkavolkes, Hatun Runa genannt, verließen Zeit des Lebens kaum ihren unmittelbaren Wohn- bzw. Arbeitsbereich. Ausnahmefälle für einen männlichen Bürger bildeten die Arbeit für den Staat und die Teilnahme an Feldzügen. Während dieser öffentlichen Dienste konnte es geschehen, dass ein junger Mann Tausende Kilometer von zu Hause fort war. So war es nicht verwunderlich, dass jetzt Cusi seinem Vater mit aufgerissenen Augen folgte und den Mund vor Staunen weit geöffnet hatte. Die Straßen der Hauptstadt verliefen schnurgerade und besaßen in der Mitte Rinnen, damit das Regenwasser ablaufen konnte. Die Häuser waren um einen Hof angelegt, auf den sich die Innenräume öffneten. Es gab keine Fensteröffnungen zur Straße, und nur ein Eingang führte in das Innere.

Cuzco war eine riesige Stadt, in der man viele Wunder bestaunen konnte. Sie lag auf einer weiten Hochebene, eingebettet zwischen den kleinen Flüssen Huatanay und Tullumayo. Den langgestreckten unteren Teil Cuzcos, einer Zunge gleichend, der zwischen den beiden Gewässern liegt, nannten die Inka „Tumachunam", „Pumaschwanz". In der Festung „Sacsayhuaman", dem Schutzschild der Stadt, deren Baubeginn Pachacuti nach seiner Thronbesteigung veranlasst hatte, sahen sie den Kopf des Pumas. Mächtige Steinblöcke wurden zum Bau der Festung verwendet, die hoch über den Dächern der Stadt aufragte. Cusi beobachtete die unzähligen Arbeiter, die die tonnenschweren Blöcke zur Baustelle bewegten. „Der Name unserer Hauptstadt bedeutet zwar ‚Nabel der Welt', sie ist aber auch das Herz von Tahuantinsuyu", erklärte Poma seinem Sohn, „wir Inka vergleichen den Grundriss der Stadt mit dem Leib eines Pumas. Ursprünglich bestand Cuzco aus den Stadtvierteln Saricanancha, Quintacanancha, Chumbicanancha und Yarambucanancha. Doch Inka Pachacuti hat die Stadt während seiner bisherigen Regierung großartig ausbauen lassen. So gründete er zehn neue, abgegrenzte Stadtviertel. Jedes von ihnen steht unter dem besonderen Schutz der Panaca, der Mumie eines der verstorbenen Inka-Herrscher. Viele neue Bauwerke entstanden in den letzten Jahren. Ich werde dir einige der bedeutendsten auf unserem Weg zeigen. Wir beginnen mit dem „Huacapata", dem „Platz der Freude". Das ist das eigentliche Zentrum von Cuzco. Rund um den Platz und in den umliegenden Gassen liegen die wichtigsten Gebäude. Dort wirst du dich in den nächsten Jahren aufhalten und dich gut auskennen müssen." Cusi hörte seinem Vater aufmerksam zu und beide schritten nebeneinander durch die Straßen der Stadt, die von den verschiedensten Menschen bevölkert waren. Trotz der Vielfalt der Volksstämme, die hier ihre Waren oder Dienstleistungen anboten, sprachen alle dieselbe Sprache, die Reichssprache Quechua.

Sie verließen „Hunan Cuzco", das „Obere Cuzco", welches mit seinen Tausenden ebenerdigen oder einstöckigen Häuser aus sonnengetrockneten Ziegeln den Angehörigen der niederen Volksschicht vorbehalten war, und betraten „Hurin Cuzco", das „Untere Cuzco", wo die dünne Oberschicht der herrschenden Elite der Inka-Gesellschaft lebte. Pachacuti hatte durch einen königlichen Befehl angeordnet, dass nur Mitglieder des königlichen Ayllu das Privileg besaßen, in Hurin Cuzco zu wohnen. Nur als Beweis außergewöhnlicher Gunst und Gnade des Inka durften mitunter auch Angehörige des niederen Adels sich hier ein Haus erbauen. Wegen dieser Maßnahme des Inka waren viele alte Häuser abgerissen und zahlreiche Bewohner umgesiedelt worden.

Cusi erfüllte es mit Freude und Stolz, dass er von nun an hier mit den Söhnen Pachacutis erzogen werden sollte. Er nahm all die neuen Eindrücke mit der Neugier und Wissbegier auf, die jungen Menschen eigen ist. So klein und verlassen kam er sich inmitten des Häusermeeres vor, dass er sich manchmal heimlich wünschte, geborgen bei seiner Familie in der vertrauten Umgebung zu sein. Doch schon an der nächsten Straßenkreuzung bestaunte er die neuen Wunder, die sich seinen Sinnen darboten. Nein, er wollte seine Eltern und Großeltern nicht enttäuschen und alles tun, was man von ihm verlangte. Gehorsam und Fleiß waren die wichtigsten Tugenden der Inka und er, Cusi, würde gehorsam und fleißig sein, das schwor er sich, während er neben seinem Vater einherschritt. Plötzlich blieb Cusi staunend stehen. Die beiden hatten eben Huacapata erreicht, den „Platz der Freude". Dieses Herzstück der Stadt hatte man auf recht mühsame Weise gewonnen, nämlich durch die Kanalisierung der beiden durch Cuzco strömenden Flüsse und die Trockenlegung der Sumpfgebiete an ihren Ufern. Das Flussbett des Huatanay hatte Pachacuti ganz mit Steinblöcken zudecken und das so neu gewonnene Stück Land dann in den großen, zweiteiligen zentralen Marktplatz Cuzcos verwandeln lassen. Die Trennungslinie zwischen seinen beiden Hälften bildete der nun unter den Platz verbannte, zugemauerte Flusslauf. Die eine Hälfte des Platzes, so hatte der Herrscher entschieden, sollte der Veranstaltung großer Volksfeste dienen. Die andere, „Cusipata" genannt, war Militärparaden und Triumphzügen der siegreich heimgekehrten Heere der Sonnensöhne vorbehalten. Von dem Hauptplatz gingen die vier wichtigsten Straßen aus, die in die vier Weltgegenden – die vier Reichsviertel – führten, welche zusammen Tahuantinsuyu bildeten. Das Herz des Reiches, der symbolische Meilenstein namens „Null", war auf dem Zentralplatz durch den sogenannten „Capac usno" markiert, einen besonders sorgfältig bearbeiteten Steinwürfel, auf dem der Herrscher bei religiösen Festen saß. Durch diesen Capac usno war der Inka auch symbolisch mit Inti und mit den Göttern überhaupt verbunden. Dies alles erklärte Poma seinem aufmerksam zuhörenden Sohn.

Neben dem Platz erstreckte sich ein ganzer Komplex von Heiligtümern und Tempeln, über denen sich majestätisch das Nationalheiligtum der Inka, der große und prächtige Sonnentempel „Coricancha" erhob. Das Bauwerk war aus glatten, vierkantigen Steinen errichtet. Weder Mörtel noch Kalk waren dabei benutzt worden. Der Tempel besaß zahlreiche Tore mit Pfeilern, die man mit großer Kunst verziert hatte. Auf halber Mauerhöhe verlief ein goldener Streifen. Sowohl die Pfeiler als auch die Tore waren mit Goldplatten bedeckt. Vier auf die gleiche Weise geschmückte Bauwerke wurden von einer Mauer umschlossen. Zwei Bänke, die von der aufgehenden Sonne bestrahlt wurden, waren in die Mauer gebaut. Sie waren ausschließlich für den Inkaherrscher bestimmt, und allen anderen Sterblichen war es unter Androhung der Todesstrafe verboten, sich dort hinzusetzen.

Staunend näherte sich Cusi, geblendet vom Glanz der Sonnenstrahlen, die sich in den zahlreichen goldenen Kultgegenständen spiegelten. Dieser Haupttempel war Inti, dem Sonnengott, geweiht. Daher waren die Wände des Sonnentempels außen von oben bis unten mit Goldplatten bedeckt. Im Inneren des Tempels stand der Hauptaltar mit einem gewaltigen Bildnis der Sonnenscheibe, von der nach allen Richtungen lange goldene Strahlen ausgingen. Um den Glanz und die Erhabenheit noch zu erhöhen, waren in die Ost- und in die Westwand des Tempels große Tore eingelassen, durch die die Sonnenstrahlen in das Heiligtum drangen und die massive Goldscheibe des Altars in tausend Feuern auflodern ließen. Doch nur die höchsten Priester und die nächsten Familienangehörigen Pachacutis durften den Tempel betreten. Für das Volk ließ der Herrscher ein Bild des Sonnengottes in Gestalt eines anmutigen Jünglings gießen, dessen ebenmäßiger Körper mit Goldblech bedeckt war. Dieser goldene Gott in Menschengestalt wurde vor der Coricancha aufgestellt und hier vom Volk wirklich und andächtig angebetet.

Im Inneren des Nationalheiligtums wurden außer dem gewaltigen Sonnenbildnis aber auch die Mumien der verstorbenen Herrscher verehrt, die an den beiden Längsseiten des Tempels aufgereiht saßen. Die Königsthrone der Mumien waren aus purem Gold gefertigt. Außerdem standen sie auf einer Unterlage, einem ebenfalls aus Gold gewebten Teppich.

An den Sonnentempel schloss sich ein Palast an, wo der Hohepriester, der Huillac Umu, residierte. Dieser musste immer ein naher Verwandter des regierenden Inka sein. Tupac Huarochiri, der dieses Amt seit vielen Jahren bekleidete, war der Bruder Pachacutis. Eine Versammlung von Adeligen und Häuptlingen hatten ihm sein Amt verliehen. Der Huillac Umu durfte nicht heiraten und musste jeden Geschlechtsverkehr meiden. Auch war es ihm nicht erlaubt, Fleisch zu essen und oder etwas anderes zu trinken als Wasser. Poma wusste auch, dass Tupac Huarochiri häufig fastete und ein asketisches Leben führte. Der Huillac Umu trug stets eine prächtige ärmellose Tunika. Als Zeichen seines hohen Amtes zierte seinen Kopf eine nicht sehr große, Vilachuco genannte Krone, auf der natürlich das Bild der Sonne prangte. Der Hohepriester schmückte sich zusätzlich mit einem Figürchen der Mondgöttin Quilla und bedeckte seine Wangen zu gewissen Anlässen mit dem bunten Gefieder von Urwaldpapageien. Sein Haus und fünf weitere prächtige Gebäude, in denen die Gehilfen des Hohepriesters lebten, waren mit Dächern aus schneeweißem Stroh gedeckt, durchwirkt mit Fäden aus Golddraht. Cusi staunte mit offenem Mund, als er die ganze Pracht in der Sonne glitzern und gleißen sah.

In dem Coricancha-Bezirk wurde nicht nur die Sonne verehrt, sondern in einem Nachbartempel auch die silberne Mondgöttin Quilla, nach den Vorstellungen der Inka Gemahlin und zugleich Schwester ihres Nationalgottes. Auf dem Altar des Mondtempels glänzte eine massive Mondscheibe aus Silber, dem Erz des Mondes. Entlang der Wände des Mondtempels saßen auf silbernen Thronen die Mumien der verstorbenen Hauptgemahlinnen der toten Herrscher.

Die Inka waren leidenschaftliche Sternenanbeter. Daher war das dritte der Heiligtümer in diesem Bezirk, ein zweiteiliger Tempel einem weiteren Himmelskörper, der Venus, dem Morgen- bzw. Abendstern, geweiht. Auf der anderen Seite des Gebäudekomplexes standen weitere kleinere Tempel, in einem verehrte man den Donner, in einem anderen den Blitz und in einem dritten den Regenbogen. Neben diesen Haupt- und Nebentempeln gehörte zum Coricancha-Viertel auch eine Opferstatt. Unweit des Sonnentempels erhob sich ein höchst geheimnisvoller Bau. Poma hatte davon reden hören, dass Pachacuti in diesem Palast einen goldenen Garten anlegen ließ. Hier sollten alle Pflanzen, Tiere und Menschen, die in Tahuantinsuyu lebten, aus Gold nachgebaut werden. „Vielleicht wird dir einmal die Erlaubnis erteilt, dieses Wunderwerk zu betrachten, falls es dir gelingt, die Gunst des Inka zu erringen", sagte Poma zu seinem Sohn. Für Cusi bedeutete das einen weiteren Ansporn, fleißig zu sein, zu lernen und zu gehorchen, um den Inka nicht zu enttäuschen.

Hinter dem goldenen Garten der Coricancha ragte das Kloster der Sonnenjungfrauen, Acclahuasi genannt, empor. Diese Mädchen waren aus allen Teilen des Imperiums nach Cuzco gekommen, um hier der göttlichen Sonne zu dienen sowie ihrem Sohn, dem großen Inka. Dieses Gebäude durfte außer denen, die darin wohnten, und natürlich außer dem Inka, seiner Hauptfrau und deren Tochter kein Sterblicher betreten. Wer es gewagt hätte, die Unantastbarkeit des Klosters zu verletzen, wäre mit dem Tod bestraft worden. Die gleiche Strafe drohte einer Sonnenjungfrau, einer Accla, falls sie sich durch den intimen Verkehr mit einem Mann befleckte. Poma wusste zu berichten, dass in einem solchen Fall auch die Heimatgemeinde der Frau furchtbar bestraft würde. Um die schreckliche Verfehlung ihrer ehemaligen Mitbewohnerin zu büßen, wurde das ganze Dorf dem Erdboden gleichgemacht.

Sich selbst behielt Pachacuti den Stadtteil Condorcancha vor. Hier erbaute er einen langgestreckten Palast, die Casana. Dahinter erblickte Cusi ein ausgedehntes Gebäude namens Yachahuasi. Dies war die Schule, wo die Sprösslinge des Hochadels ausgebildet wurden. Hier würde er in den nächsten Jahren mit den edelsten Jünglingen des Reiches all das erlernen dürfen, was die Inka an Wissen besaßen. Die Knaben erlangten durch den Unterricht aber nicht nur theoretische Kenntnisse, sondern sie studierten auch die Staatskunst und eigneten sich diese praktisch an. Die Yachahuasi war vom sechsten Herrscher, Inka Roca, gegründet worden. Auf seine Weisung hin sollten dort die Amautu, die traditionellen Gelehrten und Weisen des Sonnenstaates, lehren. Auf Inka Roca ging auch der Ausspruch zurück: „Sollte ich außer den Göttern jemand verehren und hochschätzen, so würde ich einen gebildeten Menschen schätzen und verehren. Denn Bildung und Wissenschaft bringen allen und jedem Nutzen."

Das Studium an der Inka-Universität dauerte vier Jahre und umfasste vier Hauptstudienfächer. Das erste Fach war die Staatssprache des Reiches, das Runa Simi oder Quechua, das zweite die Sonnenreligion des Landes, das dritte die Beherrschung der Knotenschrift Quipu und das vierte die Kriegskunst mit dem Nebenfach Geschichte. Die Geschichtswissenschaft sollte offenbar die militärischen Erfolge der früheren Inka dokumentieren und bezeugen, gleichzeitig aber auch – zusammen mit der Religion – die wissenschaftliche Basis für die künftigen Eroberungszüge der Sonnensöhne liefern. Neben den vier Hauptfächern wurden zusätzlich noch andere Wissenschaftsdisziplinen gelehrt. Zur Kriegskunst gehörte außer Geschichte auch Erdkunde, die Kenntnis von den geografischen Verhältnissen der Welt, über die die Zöglinge dieser Adelsschule einmal herrschen und die sie einst regieren sollten. Zum Unterricht in Quipu gehörte natürlich auch das Studium der Mathematik und der Grundlagen der Statistik. Im Rahmen des Religionsstudiums wurden die Grundlagen der indianischen Philosophie gelehrt. Zur Religion gehörten aber auch – in einer Welt, die von Himmelsgestirnen als Gottheiten gelenkt wurde – verständlicherweise das Fach Astronomie und das damit verbundene Kalendersystem der Inka. Daneben wurden auch die Poesie und die dramatische Kunst sowie die Medizin gefördert. Die Lehrer der Yachahuasi hatten zum Teil außergewöhnliche Hilfskräfte, nämlich Dichter und Sänger, die den Lehrstoff zum besseren Verständnis für die Studenten in Verse setzten und den Hörern vorsangen.

Überall in der Stadt wurde gebaut, erneuert und renoviert. Pachacuti hatte für seine gewaltigen Bauvorhaben nach und nach über fünfzigtausend Werkleute der verschiedensten Berufe zum Umbau nach Cuzco beordert. Die Mita, der Arbeitsdienst, zu dem die Bevölkerung verpflichtet war, umfasste auch die Mitarbeit an Bauprojekten. Cusi staunte, wie unter den sachkundigen Händen der Männer, die Gebäude wie Pilze aus dem Boden schossen. „Wenn Pachacuti die Chanca nicht besiegt hätte, gäbe es all diese prächtigen Tempel und Paläste nicht", erklärte Poma seinem Sohn. „Doch du warst maßgeblich beteiligt, dass der Inka gewonnen hat", antwortete Cusi stolz. „Nur aus diesem Grund ist es möglich, dass ich zusammen mit vielen adeligen Söhnen im Yachahuasi ausgebildet werde."

Erst jetzt spürte der Knabe, dass ihn der Erkundigungsgang durch die Stadt müde und hungrig gemacht hatte. Der Vater schien das zu ahnen, denn er lenkte die Schritte zum Palast des Inka. Ein Pförtner hielt die beiden an. Poma zog unter seinem Umhang ein Quipu hervor, das ihnen den Eintritt erlaubte. Dann betraten beide ehrfurchtsvoll das riesige Bauwerk. Weitläufige Gartenanlagen, in denen sich auf Bäumen und Pflanzen Tausende Vogelarten tummelten, umgaben die Gebäude. Außerdem erblickte Cusi alle Arten von Tieren, die man im Inkareich fand. Die Wände der großen und geräumigen Gemächer des Palastes waren mit sehr sorgfältig gearbeiteten Schnitzereien bedeckt, mit viel Gold verziert und mit Bildern oder Stichen, auf denen die Taten der Ahnen des Inka zu sehen waren. Oberlichter und Fenster waren mit Silber und Gold sowie mit Edelsteinen geschmückt. Cusi, der nur das eigene Haus und die Hütten in seiner Umgebung kannte, kam sich innerhalb der hohen Mauern verloren vor. Und die vielen Gänge, das reinste Labyrinth.

Ein eingeweihter Bediensteter nahm die beiden schließlich in Empfang. Er brachte Cusi zu einem Raum, in dem sich eine Liegestatt und ein Hocker befanden. Auch hier waren die Wände bunt bemalt. Nachdem sich Vater und Sohn gestärkt hatten, führte sie der Diener durch den Palast und zeigte ihnen die wichtigsten Räumlichkeiten. Inka Pachacuti legte großen Wert auf Reinlichkeit. Er selbst diente als Vorbild für seine Untertanen und nahm alle zwei Tage ein Bad. Von den Bewohnern seines Palastes erwartete er natürlich dieselbe Körperpflege. Aus diesem Grund gab es mehrere spezielle Baderäume.

Überall im Palast patrouillierten Soldaten, die die Sicherheit des Herrschers und seiner Familie garantieren sollten.

Mit ihren hellen und glänzenden Kleidern rundeten sie das Bild ab, das sich Cusi an diesem Tag von der herrlichen Metropole gemacht hatte. Den Höhepunkt des Tages hatte der Junge allerdings noch vor sich. Inka Pachacuti wünschte Pomas Sohn zu sehen.

Mit zitternden Knien betrat Cusi mit seinem Vater den Raum, in welchem sich der Herrscher mit einigen seiner Kinder gerade aufhielt. Dankbar und unterwürfig verneigten sich Vater und Sohn. Pachacuti winkte Cusi zu sich und musterte ihn ganz genau. „Ich hoffe, du wirst deinem Vater keine Schande machen. Poma war im Krieg gegen die Chanca einer meiner besten Kämpfer. Wenn du ihm nacheiferst, bin ich zufrieden mit dir. Du wirst mit meinen Söhnen, die du hier siehst, und den Söhnen der höchsten Adeligen in der Yachahuasi ausgebildet werden. Bewährst du dich, steht dir eine große Karriere bevor, versagst du aber, wirst du der niederste Untertan meines Reiches werden." Cusi versprach dem Inka, alles zu unternehmen, um dessen Wünschen und Anforderungen zu entsprechen. Dann entließ Pachacuti die beiden, erfreut darüber, dass der Junge seinen Vorstellungen entsprochen hatte. Ein Knabe in Cusis Alter lief ihnen nach und stellte sich vor: „Ich heiße Titu und freue mich, dass du ab jetzt bei uns bist. Vater hat uns oft von den Heldentaten Pomas erzählt. Ich möchte auch einmal so ein berühmter Kämpfer werden wie er. Wenn du etwas brauchst oder etwas nicht weißt, will ich dir gerne helfen. Morgen nach Sonnenaufgang werde ich dich abholen und in die Schule begleiten, falls du es wünschst." Cusi war höchst erfreut darüber, schon so bald einen Freund gefunden zu haben. Dankbar lächelte er Titu zu und antwortete: „Dein Angebot ehrt mich. Ich werde in der Früh bereit sein." Titu zwinkerte ihm noch einmal verschwörerisch zu und rannte davon.

Dann war der Augenblick des Abschiednehmens gekommen. Vater und Sohn umarmten sich. So oft es die karg bemessene Freizeit erlauben würde, wollte Cusi die Familie in Quilliscancha besuchen.

Früh am nächsten Morgen schaute Titu in Cusis Zimmer. Dieser war schon lange wach und hatte ungeduldig auf den jungen Inka gewartet. Vor lauter Aufregung und gespannter Erwartung, was dieser Tag bringen würde, hatte Cusi in der Nacht kaum ein Auge zugetan. Trotzdem spürte er keine Müdigkeit, sondern steckte voller jugendlicher Energie. Gemeinsam verließen beide den königlichen Palast und schlenderten zur Schule. Titu zeigte auf das vor ihnen liegende Gebäude und erklärte seinem neuen Freund: „Inka Pachacuti ist ein großer Freund der Wissenschaften. Er hat die größten Gelehrten Tahuantinsuyus ins Yachahuasi berufen. Diese weisen Männer, Amautu genannt, sind unsere Lehrer und versuchen uns all das beizubringen, was wir wissen sollten. Pachacuti beabsichtigt nämlich, eine Elitegruppe aus hochintelligenten Leuten zu schaffen. Ihr Wirken soll dem gesamten Volk von Tahuantinsuyu großen und dauernden Nutzen bringen. Darum kommt Pachacuti immer wieder ins Yachahuasi, um sich von unseren Fortschritten zu überzeugen. Der Inka ist ein strenger Herrscher, der Faulheit nicht toleriert. Schüler, die ihre Arbeiten nicht erledigen, werden bestraft. Du wirst hier viele Schüler treffen, denn mein Vater hat für die Söhne aller Edelleute, auch für die der Vasallen und der Würdenträger der unterworfenen Reiche die Schulpflicht eingeführt. Wir alle sollen nämlich einmal zur Elite des Reiches gehören. Unterrichtet wird natürlich in der Staatssprache Quechua. Da von uns viel gefordert und verlangt wird, können einige ihr tägliches Pensum nicht erfüllen. Körperliche Züchtigungen stehen daher an der Tagesordnung. Allerdings dürfen uns die Lehrer nicht mehr als einmal täglich schlagen, wobei die Schläge auf die Fußsohlen verabreicht werden. Manchmal gibt es auch Störenfriede. Mein Bruder Hatun unterdrückt gerne die Schwächeren, auch mich mag er nicht. Nimm dich vor ihm bloß in Acht."

Neugierig wurde Cusi von den anderen Schülern bestaunt. Hatun baute sich vor dem Neuling auf. „Hier gehorcht jeder meinem Befehl, verstanden!", herrschte er Cusi an. Hatun war ebenfalls ein Sohn Pachacutis. Cusi verneigte sich daher gehorsam, doch Titu kam ihm zu Hilfe. „Hier in der Yachahuasi sind wir alle gleichberechtigt. Es zählt nur die Leistung, Hatun, das weißt du ganz genau. Befehlen kannst du später immer noch, hier aber haben die Amautu zu bestimmen und nicht du." „Das sollst du mir büßen, du Ratte", zischte Hatun seinen kleinen Bruder an. Bevor die Streithähne aufeinander losgehen konnten, tauchte der alte Apo Mayta auf. Der ehemalige Feldherr lehrte an der Eliteschule Kriegskunst in Praxis und Theorie. „Das Wichtigste, was ein Offizier lernen muss, ist kühle Berechnung. Dazu kommen Geduld und die Fähigkeit, die Gefühle zu beherrschen. Zorn ist ein schlechter Ratgeber. Ihr beide solltet diese Lektion schon begriffen haben. Du bist also der Neue. Dein Vater Poma ist so ein kühler Taktiker. Er hat im rechten Augenblick geraten, was wir gegen die Chanca unternehmen sollen. Und Inka Pachacuti hat diesen Ratschlag beherzt befolgt. Hätten wir damals nur auf unsere Gefühle gehört, wir wären jetzt nicht hier. Zorn verleitet nur zu unüberlegten Handlungen. Mut beweist man nicht dadurch, dass man gegen einen stärkeren Gegner kämpft, mutig ist auch jemand, der den ungleichen Kampf vermeidet, dafür aber im richtigen Augenblick zuschlägt. Du, Hatun, beweist keinen Mut, wenn du deinen jüngeren Bruder angreifst und dir des Beistands der anderen Schüler sicher bist. Titus Kampfbereitschaft hat ebenfalls nichts mit Mut zu tun. Seine Niederlage war ihm sicher, denn sein Zorn war ihm ein schlechter Ratgeber." Mit offenem Mund stand Cusi da und starrte den Kriegshelden zahlreicher Schlachten an. So einfach hatte Apo Mayta die streitenden Inkasöhne zurechtgewiesen. Mit roten Köpfen blickten sie verlegen zu Boden.

Dann forderte der greise Feldherr die Knaben auf, ihm zu folgen. Er liebte es, im Freien zu unterrichten. Die stickige Luft der Gebäude ist etwas für die Gelehrten, doch Krieger müssen sich an die verschiedenen Wetterlagen gewöhnen. Egal, ob es regnete oder die Sonne vom Himmel brannte, Apo Mayta gab den Schülern seine Erfahrungen auf dem großen Innenhof der Schule weiter. Hier lockerte er seine theoretischen Vorträge immer wieder durch praktische Waffenübungen auf. Zu diesem Zweck begleiteten ihn meist ein paar Krieger, die die Jugendlichen im Gebrauch der Waffen unterwiesen. Cusi begann sofort, den Unterricht Apo Maytas zu lieben. Er hörte ganz genau hin, wenn der Feldherr erzählte, und prägte sich das Gehörte gut ein. Da er ein Meister der Schleuder war, gewann er auch recht bald das Ansehen der übrigen Schüler. Nur Hatun zürnte ihm, denn Cusi war zwar höflich, doch er wollte nie Hatuns Freund werden. Dafür waren Cusi und Titu bald unzertrennlich und ihre Leistungen wurden von den Amautu aufs Höchste gelobt. Am meisten Respekt bei den Lehrern verschaffte sich aber Acoya, der älteste Sohn Pachacutis. Acoya war gebildet, ritterlich und romantisch. Er wusste, dass er einmal seinem Vater als Herrscher von Tahuantinsuyu nachfolgen würde, darum strengte er sich im Unterricht besonders an. Hatuns Herrschsucht ignorierte Acoya. Es widerstrebte ihm nämlich, gegen seinen Bruder vorzugehen. Hatun wiederum kannte diese Schwäche und nützte sie aus, so wie er alle seine Mitschüler wann und wo es möglich war, schikanierte. Nur Cusi, der ihm körperlich überlegen war, ließ er in Ruhe.

So vergingen die Tage und Wochen. Cusi fühlte sich im Palast und im ganzen Coricancha-Bezirk bald heimisch. Meist streifte er nach dem Unterricht zusammen mit Titu in der Gegend umher. Zu Acoya, dem zukünftigen Herrscher, verhielt er sich höflich, aber auch reserviert. Er wusste zwar, dass es ein Fehler war, sich Acoya nicht zum Freund zu machen, doch die herzliche Art von Titu ließ ihm keine andere Wahl. „Wenn Acoya einmal Inka ist, werden wir seine besten Feldherren sein." Das war jedenfalls die Meinung von Titu und Cusi und so stellten sie sich auch ihre Zukunft vor.

So wie Pachacuti liebte auch Cusi die Geschichte Tahuantinsuyus. Der Inka hatte in der Coricancha große Leinwände in goldenen Rahmen aufhängen lassen, auf denen alles aus der Geschichte der Inka aufgezeichnet war, was der Nachwelt überliefert werden sollte. Daneben war auf Weisung des Herrschers eine Weltgeschichte verfasst worden. Natürlich verstand Pachacuti darunter die Geschichte des Inka-Reiches. In der Puquincancha genannten Bilder-Bibliothek wurden ebenfalls große Leinwände an den Wänden aufgehängt, die die Taten Pachacutis und seiner Vorgänger verherrlichten. Zutritt zu diesem historischen Archiv hatten nur der Herrscher und die Amautus. Cusi freute sich immer, wenn sie die Puquincancha aufsuchten, und einer der Lehrer über die Vergangenheit Tahuantinsuyus erzählte. An den prächtigen Bildern konnte er sich nicht sattsehen und bewunderte besonders die Darstellung, auf der zu sehen war, wie Pachacuti mit einigen Männern die Mumie Uscohuilcas entführte. Er meinte dann immer, in einem der Krieger seinen Vater zu erkennen. Auch heute stand Geschichte auf dem Unterrichtsprogramm. Die Schüler sollten alles über die Ursprünge des Inka-Reiches erfahren. Gespannt hockte sich Cusi neben Titu und sie lauschten den Ausführungen des Amautu.

Einst lebten Menschen an den grauen Wassern des von Bergen umschlungenen Titicacasees. Der Sonnengott Inti beobachtete mit Wehmut, dass sie von Elend geplagt und von Unwissenheit heimgesucht wurden. Deshalb sandte er seine eigenen Kinder, seinen Sohn Manco Capac und seine Tochter Mama Occlo, damit sie dem in Unkenntnis lebenden Menschengeschlecht Wissen brachten. Manco Capac und Mama Occlo waren nicht nur Geschwister, sondern auch Mann und Frau. Inti trug seinen Kindern auf: „Steigt zur Erde hinab und richtet dort eure Herrschaft auf. Doch nicht ein Regiment der Stärke und der Unterdrückung, sondern eine Herrschaft der Freundlichkeit, der Toleranz, der Erkenntnis und der Erleuchtung. Ihr sollt auch die Unwissenden lehren, die Felder zu bestellen und die Tiere zu züchten und verschiedenes Handwerk auszuüben. Du, meine Tochter, lehre sie, Stoffe zu weben und am heimischen Herd zu wirken. Und bringt, meine Kinder, den Menschen das Licht der wahren Erkenntnis, unterweiset sie in der rechten Religion. Und gebt ihnen Gesetze, gebt ihnen eine Ordnung. Denn ohne Gesetz und Ordnung ist kein Leben auf Erden möglich."

Der Sonnengott versah seine Kinder für den langen Weg nicht nur mit Weisungen und guten Ratschlägen, sondern gab ihnen auch einen goldenen Zauberstab mit. An dem Ort, wo der goldene Stab sich von selber in die Erde bohren würde, dort sollten die göttlichen Geschwister verweilen und ihr Reich gründen.

So wanderten Manco Capac und Mama Occlo Tag für Tag, Monat um Monat von den Gestaden des Titicacasees fort, und überall versuchten sie, den eine halbe Elle langen und zwei Zoll starken Goldstab in den Boden zu stoßen. Doch stets vergebens. So zogen sie immer weiter nach Norden, durch das Land der Uru und das Land der Collo. Doch nirgends wurde ihnen ein freundlicher Empfang bereitet. Im Gegenteil, die hier im Norden des heiligen Sees lebenden Menschen waren den seltsamen Gotteskindern keineswegs gewogen. So verbarg sich das Geschwister-Ehepaar in Höhlen und wanderte nur des Nachts.

Von der Tambotoco-Höhle in Pacaritambo, dem „Ort der Morgenröte" oder auch „Ort des Ursprungs" genannt, traten Manco Capac und Mama Occlo in Begleitung von sechs weiteren Geschwistern den Weg nach Cuzco an. Auch diese Brüder waren mit ihren Schwestern vermählt. Die vier Männer, die Brüder, nannten einander „Ayar", die Schwestern fügten ihrem Namen die Bezeichnung „Mama" hinzu. Neben Ayar Manco Capac und Mama Occlo gehörten noch der starke Ayar Cachi, das heißt Salz, und seine streitbare Frau Mama Huaco, weiter der Ayar Ucho, das heißt Pfeffer, mit seiner Frau Mama Rahua und Ayar Auca, das heißt Kämpfer, und seine Frau Mama Cora zu den Heimatsuchenden.

Führer der Geschwisterschar war weiterhin der Ayar Manco, der als Beweis seiner vornehmen Abstammung einen in den Anden nie gesehenen goldenen Falken, den sie Inti nannten, in einem Käfig mit sich trug. Die vier Brüder und ihre Frauen waren in prächtige Gewänder gehüllt und mit goldenen Kleinodien geschmückt. Auf ihrem Weg von Pacaritambo wurden sie anfangs von einer kleinen Schar von Anhängern begleitet, später von immer mehr Angehörigen einer Reihe in dieser Gegend lebender Indianerstämme wie der Mara, Sanoc, Tarpuntay, Huacaitaqui, Masca, Cuicusa und vor allem von den Chavin.

Die Chavin-Krieger standen unter dem Befehl des heroischen Ayar Cachi, der von seiner Frau, der ebenso streitbaren Mama Huaco, unterstützt wurde. Auf ihren Wunsch hin bat Manco seinen Bruder, nach Pacaritambo zurückzukehren, damit er die Saatkörner einer Pflanze holte, die sie dort, in einem goldenen Gefäß aufbewahrt, in der Tambotoco-Höhle verborgen hatten. Diese Saat sollten Manco und seine Gefährten auf Befehl Intis in dem gelobten Land in die Scholle senken.

Cachi weigerte sich zunächst, die Ayaren zu verlassen und die Höhle aufzusuchen. Als jedoch Mama Huaco ihn der Feigheit und der Trägheit beschuldigte, blieb ihm keine Wahl, und er machte sich auf den Weg, nur von einem treuen Diener Mancos, dem alten Tambo Cachay, begleitet.

Tambo Cachay war fast ebenso stark wie der sehr jähzornige und zudem unverträgliche Ayar Cachi. Deshalb wollte Tambo Cachay diesen loswerden und nutzte die günstige Gelegenheit, als der stärkste der Ayaren in die Höhle hinabstieg, indem er einen gewaltigen Felsblock vor den Höhleneingang wälzte und sich mit aller Macht dagegen stemmte. Als Cachis Versuch, den Stein fortzuwälzen, scheiterte, rief er aus der dunklen Tiefe der Höhle dem Tambo Cachay noch einen schrecklichen Fluch zu und verwünschte ihn. Daraufhin verwandelte sich der treue Diener Mancos in einen Stein. Ayar Cachi aber vermochte sich aus der Höhle nicht mehr zu befreien.

Manco Capac setzte mit dem übrigen Gefolge ungestört den Weg über Huaynacacacho und Tamboquiro fort, wo Mama Occlo ihm einen Erben, den Sohn Sinchi Roca, gebar. Bald erreichten sie das eigentliche Cuzco, wohnten aber für lange Zeit am Hange des Huanacauri, den damals ein in den Fels gehauenes Standbild eines Andengeiers schmückte. Die Ayaren zweifelten nicht daran, dass es sich hierbei um einen hochheiligen Ort handelte, den die ansässigen Bergindianer Huaca nannten. Darum beauftragte Manco seinen Bruder Ucho, dem auf wunderbare Weise Flügel gewachsen waren, sich in die Lüfte zu erheben und den steinernen Vogel aus nächster Nähe in Augenschein zu nehmen. Der Ayar Ucho flog wirklich empor und landete auf dem steinernen Leib des heiligen Standbilds. Doch kaum hatte er es berührt, erstarrte er zu Stein.

Von den Ayaren lebten jetzt nur noch zwei Brüder, der erstgeborene Sohn Manco und der Ayar Auca. Beide beratschlagten lange, ob sie nach dem tragischen Tod ihrer Brüder nicht lieber nach Pacaritambo zurückkehren sollten. Aber dann beschlossen sie doch, die Suche nach dem gelobten Land nicht aufzugeben, und führten ihre Schar auf dem eingeschlagenen Weg weiter. Nach einiger Zeit ließen sie sich in Matahue nieder. Hier zelebrierte der künftige Inka zum ersten Mal die Huarichica-Zeremonie, bei der dem Nachfolger Mancos, Sinchi Roca, die Ohrläppchen durchbohrt wurden, ebenso die Rutuchicu-Zeremonie, bei der den Kindern das Haar geschoren wurde, und die Quisuchica, eine Zeremonie anlässlich der ersten Menstruation der Mädchen.

Von Matahue führte Manco Capac seine Gruppe direkt in das Tal von Cuzco. Wie überall versuchten die Sonnensöhne bei jeder Rast auch hier, ihren goldenen Stab in die Erde zu pflanzen, doch immer vergebens. An einem Huaynapata genannten Ort, zwischen den Flüsschen Huatanay und Tullumayo, nahm die Erde aber zum ersten Mal den goldenen Sonnenstab auf. Das Schicksal hatte entschieden. Das war das Land, das Manco Capac, Mama Occlo und ihr Gefolge so lange gesucht hatten, das gelobte Land der Sonnensöhne. Hier würden sie einst ihre Paläste und Tempel errichten und von hier aus die Welt regieren.

Das Tal von Cuzco war aber nicht menschenleer, vielmehr siedelten hier auch andere Stämme und Völkerschaften. Nicht alle empfingen die neuen, ungebetenen Gäste mit offenen Armen. Die Umgebung von Cuzco wurde zur Zeit der Ankunft unserer Ahnen von den Angehörigen des Hualla-Stammes bewohnt.

Die Ayaren und die Huallas begannen um das Tal zu kämpfen. Dabei zeigte sich, dass bei unseren Vorfahren auch die Frauen großen Mut bewiesen. So wie Cusis Großmutter gegen die Chanca kämpfte, stritt auch Mama Huaco gegen die Feinde und ihr Verhalten sollte sich schließlich als entscheidend erweisen.

Mama Huaco tötete nämlich einen Hualla-Krieger im Kampf. Sie schnitt dem Sterbenden mit einem Tumi, einem steinernen Messer, Herz und Lunge aus der Brust. Dann blies sie die Lunge auf und schwenkte diese hoch über ihrem Kopf, als Fanal, dass es allen so ergehen würde, die es wagen sollten, sich den Ayaren in den Weg zu stellen. Diese Tat verfehlte ihre Wirkung auf die Feinde nicht. Die Hualla flohen, von Schrecken ergriffen, aus dem Dorf Cuzco und dem ganzen umliegenden Tal und wichen Manco Capac und seinem Gefolge.

Bald darauf erstarrte auch Ayar Auca, der letzte noch lebende Bruder des legendären Manco zu Stein. Einziger Führer der Ayaren-Gruppe war nun Manco Capac, der fortan nicht nur mit seiner legitimen Coya, Mama Occlo, sondern auch mit seinen übrigen drei Schwestern, den Witwen seiner verstorbenen Brüder, zusammenlebte.

An der Stelle, wo der goldene Stab zum ersten Mal in den Boden eingedrungen war, unweit des Zusammenflusses der beiden Wasserläufe, die das Tal von Cuzco durchfließen, erbaute der Inka einen ersten Palast, von dem ein Teil zum Heiligtum des göttlichen Vaters der Inka, der goldenen Sonne, bestimmt wurde. Darum nannte man diese älteste Burg Cuzcos Inticancha oder Sonnenhof. An ihrer Stelle steht heute unser Nationalheiligtum, der Sonnentempel Coricancha.

Den kleinen Acker, der an den Sonnenhof grenzte, zerfurchte der Inka Manco Capac mit dem goldenen Stab und säte die mitgebrachten Maiskörner in den Boden. Bis heute erinnern die Sonnensöhne ihre Untertanen Jahr für Jahr durch eine Zeremonie an diese Tat. Der Inka eröffnet symbolisch die Feldbestellung im ganzen Reich, wenn er mit dem Pflanzstock in die Schollen des Maisfeldes stößt, welches neben dem Sonnentempel liegt.

Der erste Inka unterwies die Bewohner des Tals von Cuzco also im Maisanbau. Mit seiner Hauptfrau, Mama Occlo, erfüllte er nun auch alle übrigen Aufgaben, die ihm sein Vater, der Sonnengott Inti, aufgetragen hatte. So brachte er den Menschen des Tals außer Pflanzenanbau bei, welchen Genuss das Kauen der Koka-Blätter den Menschen verschafft. Er gab den Bewohnern des Tals auch die ersten Gesetze, schuf eine Rechtsordnung, lehrte sie, Gut von Böse zu unterscheiden, und bestrafte die schlimmsten Frevel, nämlich Götzendienst, Mord und Diebstahl, sehr streng.

Mama Occlo erfüllte ebenfalls die ihr aufgetragenen Aufgaben. Sie lehrte die Frauen schöne Stoffe weben, bis zu jener Zeit unbekannte Gewänder nähen, ihre Kinder besser zu pflegen und bildete sie außerdem in vielen anderen Dingen des Haushaltes aus.

Die Wanderung des goldenen Stabes von den Gestaden des heiligen Titicacasees endete also an den Ufern der beiden Bergflüsse Huatanay und Tullumayo. Hier besetzten die Inka das alte Dorf Cuzco, brachten es unter ihre Herrschaft und machten es schließlich wirklich zum Nabel der Welt. Unter den Nachfolgern Manco Capacs spross und erwuchs aus dem goldenen Stab ein wahrhaft goldenes Reich, auf dessen prächtigem Thron die Söhne und Enkel des Mannes sitzen, der als Erster vom Himmel herabgestiegen war. Unser schönes Tahuantinsuyu ist wahrlich das Reich der Sonnensöhne. Tut alles in eurer Macht Stehende, damit es noch strahlender und größer wird.

Mit diesen Worten endete die Erzählung des Amautu. Während der Geschichte hatte Cusi immer wieder verstohlen auf die Gemälde geblickt, die Manco Capac und sein Gefolge zeigten. In seinem jugendlichen Elan bewunderte er die grausige Tat Mama Huacos und dachte nicht an das Leid und die Not, die die Kriege mit sich gebracht hatten. Er wollte gemeinsam mit Titu in unbekannte Weiten vorstoßen und die Macht Tahuantinsuyus vergrößern. Cusi träumte davon, ein so berühmter Kämpfer zu werden, dass alle Feinde schon vor Furcht erblassten, wenn sein Name genannt würde. Darum liebte er den Geschichtsunterricht, denn hier bekam seine Fantasie Flügel und er erstrahlte als lichter Held im Reich der Sonnensöhne.

In Pachamarca, einem kleinen Dorf im Reichsviertel Antisuyu, herrschte seit den frühen Morgenstunden eine aufgeregte Stimmung. Der Provinzverwalter war gestern mit einem kleinen Gefolge eingetroffen, um die lange herbeigesehnte Heiratszeremonie zu leiten. Contor konnte es kaum erwarten endlich mit Koka verbunden zu werden. Koka war das schönste Mädchen weit und breit und von vielen jungen Männern begehrt. Auch Tumi, der Sohn des Dorfhäuptlings, hatte ein Auge auf die junge Frau gerichtet. Doch Koka hatte sich für Contor entschieden. Tumis Familie galt zwar im Dorf als wohlhabend, doch Contor war fleißig, intelligent und stark. Er war überdies Soldat im Heer des Inka gewesen und hatte seine Tapferkeit auf mehreren Feldzügen bewiesen. Viele heiratsfähige Mädchen hatten gehofft, von Contor erwählt zu werden, doch der junge Mann hatte sich unsterblich in Koka verliebt und auch sie in ihn. Koka und Contor planten deshalb schon seit längerer Zeit, gemeinsam einen Haushalt zu gründen. Heute war endlich der Tag gekommen. Beide jungen Menschen konnten es kaum noch erwarten, bis die Zeremonie beginnen sollte.

Schon kurz vor Sonnenaufgang hatten sich Koka und Contor an ihrem Lieblingsplatz getroffen. Sie umarmten sich leidenschaftlich und küssten sich immer wieder. „Bald schon wirst du auf ewig mir gehören, meine wunderschöne Koka", flüsterte Contor seiner Geliebten in das Ohr und suchte mit seinen Lippen ihren leicht geöffneten Mund. Koka kam ihm entgegen und ihre Zungen berührten sich. Immer fordernder wurden ihre Küsse und Contor ließ seine

Arme sanft über die Rundungen der jungen Frau gleiten. Er fühlte, wie sich seine Männlichkeit langsam aufrichtete und fest und hart wurde. Auch Koka bemerkte eine verräterische Ausbuchtung bei Contors Kittel. Sie kicherte leise und schob sich näher an ihn heran. Contor stöhnte leicht auf, als er Koka spürte. Er konnte sich kaum noch beherrschen. Seine Finger tasteten sich langsam unter ihren Kittel und wanderten an den Innenflächen ihrer Oberschenkel nach oben. Er berührte ihre warme, weiche Haut und glitt mit seinen Fingerspitzen sanft darüber. Koka drängte sich noch näher an den Geliebten und öffnete leicht ihre Beine. Sie erschauderte wohlig, als er ihr Schamdreieck erreichte. Die Kuppe seines Mittelfingers streichelte über den Eingang zu ihrer Liebeshöhle. Koka fühlte, wie sie feucht wurde. Eine unsagbare Sehnsucht überkam sie. Sie wollte und musste Contor haben, jetzt auf der Stelle. Kokas Hand fuhr unter Contors Kittel und suchte seinen harten und großen Liebesspeer. Unter ihrem Griff richtete sich dieser noch weiter auf und nahm an Festigkeit zu. Die Bewegungen der Liebenden wurden immer leidenschaftlicher. Ihren Geliebten fest umschlungen, ließ sich Koka langsam auf den Boden nieder und führte Contors Penis zu ihrer Scheide. Sie konnte es kaum noch erwarten, ihn in ihrem Leib aufzunehmen. Sie wälzte sich auf den Rücken und zog Contor energisch zu sich. Im selben Moment zischte ein Stein haarscharf an der Schläfe des jungen Mannes vorbei. Contor reagierte blitzschnell. Mit der Gewandtheit des geübten Kriegers war er schon auf den Beinen, zog Koka mit sich und suchte gemeinsam mit ihr hinter einem Baum Deckung. Mit scharfen Blicken, die seinem Namen alle Ehre machten, suchte er die Gegend ab, um irgendeine Spur zu entdecken. Doch nichts geschah. Alles blieb ruhig.

Nachdem sie ein paar Minuten reglos gewartet hatten, verließen die beiden ihre Deckung und wanderten vorsichtig Richtung Dorf, immer bereit, sich bei jeder verdächtigen Bewegung oder beim leisesten Geräusch schutzsuchend auf den Boden zu werfen. Ein hasserfülltes Augenpaar folgte ihnen. Hinter einigen Kokasträuchern verborgen blickte Tumi den Verliebten nach. Verzweifelt musste er zur Kenntnis nehmen, dass sich Koka heute endgültig für Contor entscheiden würde. Tumi hatte eine unruhige Nacht hinter sich. Er hatte kaum geschlafen und war beim leisesten Geräusch hochgeschreckt. So hatte er beschlossen, einen Spaziergang zu unternehmen, um seine wirren Gedanken zu ordnen. Nachdem er ziellos umhergeirrt war, hörte er plötzlich das Liebesgeflüster von Koka und Contor. Von schrecklicher Eifersucht gepeinigt hob er einen Stein auf und warf diesen nach Contor. Als er erkannte, dass er sein Ziel verfehlt hatte, versteckte sich Tumi hinter ein paar Sträuchern, um von seinem Kontrahenten nicht bemerkt zu werden. Als das Liebespaar nicht mehr zu sehen war, stand Tumi auf und schlenderte enttäuscht in das Dorf zurück. Selbst sein Vater, der als Häuptling der mächtigste und einflussreichste Mann in der Umgebung war, konnte ihm nicht mehr helfen, die Liebe Kokas zu erringen.

Rund um den Dorfplatz Pachamarcas hatten sich alle Einwohner des Ortes versammelt. Aufgeregte Gesprächsfetzen wogten über die staubigen Gassen und vermischten sich mit lustigen Flötenklängen zu einer ausgelassenen Volksfeststimmung. Die älteren Männer und Frauen versuchten neugierig zu ergründen, welche Paare sich zusammenfinden und in den Stand der Ehe treten würden. Dazwischen liefen Kinder umher, spielten, stritten und versöhnten sich, nur um diesen ewigen Kreislauf der Unbekümmertheit Augenblicke später wieder von Neuem zu beginnen. Flötenspieler untermalten das ganze Spektakel mit ihren melancholischen Klängen. Inmitten des Gedränges standen die jungen unverheirateten Frauen und Männer des Dorfes. Ihnen galt die ganze Aufmerksamkeit der Leute. Viele Monate hatten sie auf diesen Tag warten müssen. Denn im streng zentralistisch regierten Inkareich unterlag auch die Ehe der Kontrolle der Obrigkeit. Die Hochzeitsfeierlichkeiten wurden von den Beauftragten des Inkaherrschers als Massenveranstaltung organisiert. Niemand durfte sich weigern, an den öffentlichen Heiratszeremonien teilzunehmen, die regelmäßig stattfanden. Außerdem waren alle Menschen verpflichtet zu heiraten. Ein Paar sollte möglichst bald Nachwuchs bekommen, denn das rasch wachsende Inkareich benötigte zahlreiche Arbeitskräfte und Krieger. Die Männer mussten mindestens 25 Jahre alt sein, um heiraten zu dürfen, und die Mädchen nicht jünger als 18 Jahre. Doch ohne die Zustimmung der Eltern erlangte keine Verbindung Gültigkeit, und diese suchten die Ehepartner ihrer heiratsfähigen Kinder oft auch selbst aus. Manchmal übernahm der Mann die Initiative und warb um ein Mädchen. Da Koka so begehrt gewesen war, hatten viele junge Männer um sie geworben, aber Koka hatte sich mit freudigem und leichtem Herzen für Contor entschieden, der in ihren Augen der beste der Männer war. Kokas Eltern hätten zwar lieber Tumi als Schwiegersohn begrüßt, doch schließlich den Bitten ihrer Tochter nachgegeben. Heute nun würde die große Hochzeitszeremonie stattfinden, bei der sich Koka und Contor das Jawort geben sollten.

Plötzlich ertönten dumpfe Trommelschläge und der Provinzverwalter erschien in Begleitung des Häuptlings auf dem Dorfplatz. Sofort verstummten alle Gespräche und gespannte Ruhe senkte sich über die Menschenmenge. Der Verwalter bat mit lauter Stimme den Sonnengott um seinen Segen und verschüttete ihm zu Ehren einige Tropfen Chicha. Dann streckte er seinen Stab hoch in die Luft. Auf dieses Zeichen hin traten die heiratsfähigen Frauen und Männer in die Mitte des Platzes und bildeten zwei Reihen, die sich gegenüberstanden. Sie waren mit ihren schönsten Gewändern bekleidet und hatten um ihre Haare ein Stirnband geschlungen. Tumi war nicht unter ihnen. Er hielt sich im Gefolge seines Vaters auf. Der Provinzverwalter forderte nun die jungen Leute auf, sich zu Paaren zusammenzuschließen. Contor hatte nur darauf gewartet. Sofort eilte er auf Koka zu, ergriff zärtlich ihre Finger, die sie ihm schon sehnsüchtig entgegenstreckte, und führte sie zu seinem Platz, wo sie sich hinter ihm auf den Boden setzte. Auch jeder der anderen jungen Männer stand auf und ging zu derjenigen, die ihm am besten gefiel, nahm sie bei der Hand und ging mit ihr zurück zu seinem Platz. Schließlich saßen alle Paare hintereinander auf dem Dorfplatz, doch nur wenige von ihnen strahlten vor lauter Glück wie Koka und Contor.

Nach Abschluss der Wahl trat der Provinzverwalter in die Mitte der Brautleute. Alle Frauen und Männer bekamen einen Krug voll mit Chicha. Zuerst opferten die Frischvermählten ein paar Tropfen dem Sonnengott Inti und der Mondgöttin Quilla, die als göttliches Ehepaar den jungen Menschen Glück und reichen Kindersegen bescheren sollten. Dann ergriff der Verwalter das Wort und sprach zu den Eheleuten: „Ihr Frauen, ehrt und achtet stets eure Ehemänner, und ihr Männer, liebt eure Frauen und behandelt sie gut! Bedenkt, dass ich im Auftrag und als Stellvertreter des großen Inka handle. Tatsächlich ist es der Herrscher selbst gewesen, der euch eure Frauen oder eure Männer gegeben hat. Seid dem mächtigen und weisen Inka deshalb für immer dankbar! Weiters ermahne ich euch, nicht faul zu sein, sondern fleißig und gewissenhaft auf euren Feldern zu arbeiten und eure Pflichten als brave und treue Untertanen zu erfüllen. Die Faulen werden nämlich zu Dieben am Besitz des ganzen Reiches. Seid euch gewiss, dass der Inka und sein göttlicher Vater, der Sonnengott Inti, euch für eure guten Taten belohnen, für Böses jedoch mit größter Härte bestrafen werden!" Die Ehepaare schworen dem Provinzverwalter, alle Pflichten sorgfältig und fleißig zu erfüllen.

Nach der Massentrauung gingen die jungen Männer in das Elternhaus ihrer Frau und teilten den Eltern mit, dass sie ihre Tochter geheiratet hatten. Contor begleitete Koka zum Haus ihrer Familie. Immer wieder zog der junge Mann seine Frau an sich und küsste sanft ihre roten Lippen. In ihren dunklen Augen spiegelten sich die Strahlen der Sonne, wenn Koka ihren geliebten Mann anblickte. Diesen Tag und die Hochzeitszeremonie würde sie nie vergessen, solange sie lebte, das schwor sie sich. Heute war sie die glücklichste Frau in Tahuantinsuyu, und das wollte sie ihr Leben lang bleiben. Von allen Seiten regnete es Glückwünsche auf die Frischvermählten. Contor wurde an der Eingangstür von Kokas Vater, Titu Acoya, willkommen geheißen. Er bat seinen Schwiegersohn in das Haus. Hier reichte Micay, die Mutter Kokas, Contor einen Krug Chicha. Der junge Mann trank den Becher mit einem langen Schluck leer. Dann überreichte man sich gegenseitig eine Reihe von Geschenken. Koka hatte für ihren Ehemann ein Gewand aus feiner Wolle angefertigt, außerdem gab sie ihm noch ein Schmuckstück aus Metall und ein Stirnband, ein Llauto. Der Bräutigam nahm die Gaben entgegen, legte das Gewand an und schmückte sich mit den übrigen Geschenken. Jetzt zog sich die Braut mit ihren älteren Verwandten in einen Raum zurück, um über ihre ehelichen Pflichten unterrichtet zu werden. Auch der Bräutigam wurde von seinen Verwandten über die Aufgaben im Leben eines Ehemannes unterrichtet. Dann versammelten sich alle auf dem Hof vor dem Haus. Dem jungen Paar wurden bei Einbruch der Nacht Geschenke überreicht und dann folgten die Festlichkeiten, bei denen viel und gut gegessen und noch mehr Chicha getrunken wurde. Koka und Contor hatten nur auf den Beginn der Feier gewartet. Beide blickten sich aufmuntert an, erhoben sich von ihren Plätzen und zogen sich unter dem Gelächter und anrüchigen Bemerkungen ihrer Verwandten in einen besonderen Raum des Hauses zurück. Endlich waren sie allein.

Seit dem Erlebnis am frühen Morgen hatte Contor an nichts anderes denken können, als mit Koka die ehelichen Freuden ungestört genießen zu dürfen. Jetzt näherte er sich freudig erregt seiner hübschen Frau. Koka erwartete ihn bereits sehnsüchtig. Voll Glück sank sie ihm in die Arme. Beide küssten sich leidenschaftlich und streiften dabei ihre Kittel ab. „Wie schön du bist", flüsterte Contor und streichelte sanft die vollen Brüste seiner Frau. Sie stöhnte bei seiner Berührung lustvoll auf und beugte ihren Körper weit zurück. Contor küsste Kokas Hals und fuhr mit den Lippen langsam abwärts. Er näherte sich mit seiner Zungenspitze ihrer Brustwarze, die sich steil aufrichtete und seinen Liebkosungen entgegenreckte. Behutsam nahm er sie zwischen seine Lippen und begann daran zu saugen. Er spielte damit, einmal biss er leicht mit den Zähnen hinein, dann leckte er genüsslich mit der Zungenspitze darüber. Koka wand sich vor Lust und klammerte sich noch fester an ihn. Beide verloren das Gleichgewicht und fielen kichernd auf die Decken, die sie als ihre Ruhestatt auf dem Boden aufgebreitet hatten. Koka legte sich auf den Rücken und zog Contor zu sich heran. „Du lieber, starker, sanfter Mann, nimm mich, mach mich zu deiner Frau und Geliebten!", forderte sie ihn auf. Contor schlang seinen linken Arm um Koka und küsste sie immer wieder. Ihre Zungen erforschten sich gegenseitig. Beide genossen die Berührungen des anderen und wähnten sich im Himmel. Sein Glied richtete sich steil in die Höhe, doch er wollte seine Lust noch ein wenig auskosten. Mit seiner rechten Hand kreiste er langsam und unendlich sanft um den Bauchnabel seiner jungen Frau, dann wanderten die Finger vorsichtig tiefer. Schließlich erreichte er ihre Schamhaare und begann diese spielerisch zu zwirbeln. Koka hatte in der Zwischenzeit begonnen, seinen Penis ganz behutsam zu streicheln. Immer wieder schob sie ihre Handfläche darüber und bewegte diese auf und ab. Dann spielte sie mit seinem Hodensack und drückte sanft, dann auch fester dagegen. Schließlich nahm sie sein Glied zwischen ihre Finger und spielte mit seiner Männlichkeit. Contor stöhnte vor Lust laut auf. Er löste seine Finger aus ihrer Schambehaarung und glitt mit dem Mittelfinger zu ihrer Scheide. Als er sie erreichte, spürte er eine feuchte Wärme. Sofort fuhr er einige Zentimeter in die Spalte. Koka schrie auf und drückte gleichzeitig seinen Penis ganz fest zusammen. Contor zuckte leicht, dann erforschte er vorsichtig ihre Liebeshöhle und entdeckte dabei ihren Kitzler. Neugierig drückte er gegen die erbsengroße Erhebung. Koka wand sich unter ihm und öffnete ihre Beine ganz weit. Sie packte energisch sein Glied und führte es zu ihrer Liebeshöhle. Mit ihren Beinen umschlang sie Contor und drückte gleichzeitig seinen Penis immer tiefer in ihre Öffnung. Der junge Mann stieß zuerst vorsichtig, nach einigen Augenblicken aber heftiger werdend zu. Beide fanden einen gemeinsamen Rhythmus und bewegten sich gleichzeitig auf und ab. Immer schneller wurden ihre Bewegungen, immer lustvoller ihre Schreie. Plötzlich glitt eine unbeschreibliche Woge heißen Erschauerns durch ihren Körper und sie bäumte sich, von unsagbarem Lustgefühl durchflutet, auf. Im selben Moment konnte sich Contor nicht mehr zurückhalten und ein Strom warmer, Leben spendender Flüssigkeit ergoss sich in Kokas Leib. Beide stöhnten noch einmal, übermannt von einer überwältigenden Welle des Glücks, auf und sanken dann erschöpft, aber unsagbar glücklich, auf dem Bett zusammen. „Ich liebe dich, ohne dich kann ich nicht mehr leben", flüsterten sie sich gegenseitig ins Ohr. Sie schlossen sich fest in die Arme und schliefen dann gemeinsam ein, behütet vom geliebten Ehepartner, um von jetzt an für immer gemeinsam glücklich zu sein.

Da Cusi und die anderen Jungen auch die Grundlagen der Verwaltung beherrschen sollten, mussten sie den Gebrauch der Knotenschrift erlernen. Unter der Herrschaft Pachacutis erfreuten sich die Quipucamayoc genannten Verwaltungsbeamten der besonderen Gunst des Staates. Ihre gesellschaftliche Stellung wurde durch zahlreiche Privilegien erhöht. Da das Reich eine immer größere Ausdehnung erlangte, war der Inka besonders interessiert zu erfahren, welche neuen Ressourcen sich für ihn erschlossen. Mit Hilfe von Quipus, Knotenschnüren, wurden die Bestände der Herden, die Ernteerträge in den einzelnen Verwaltungsbezirken, die Anzahl der hergestellten Stoffe und Gewänder, die Ausbeute an Edelmetallen, vor allem an Gold aufgezeichnet. Die Verwaltungsbeamten des Herrschers wussten, wie viele Vorräte in allen Lagerhäusern aufbewahrt wurden, und sie hatten Kenntnis von den Fortschritten bei großen Bauprojekten. Ein Quipucamayoc verstand es auch, durch seine Aufzeichnungen eine Bevölkerungsstatistik aufzustellen und zu führen sowie eine Übersicht über die Steuerpflichten der

Landesbewohner und deren Erfüllung. Vor allem aber konnten durch die Quipu-Knoten auch Informationen über den Stand der Streitkräfte ermittelt werden.

Jedes Quipu bestand aus einem Hauptstrang, an dem weitere Schnüre unterschiedlicher Länge und Farbe geknüpft waren, von denen selbst eine zusätzliche Gruppe von kleinen Schnüren abgehen konnte. Zahlreiche Knoten auf den Schnüren lieferten ebenso Informationen wie die Farbe und die Länge der Schnüre. Die dünnen Schnüre dienten als die eigentlichen Datenträger, vor allem für Zahlenangaben. Die Aufzeichnungen gingen von dem Dezimalsystem der Inka aus, wobei der Wert der durch einen Knoten in eine Schnur geknüpften Ziffer von ihrer Lage auf der Schnur abhing. Es war entweder ein Einer, Zehner, Hunderter, Tausender oder Zehntausender. Ein einfacher Knoten bedeutete dabei eins, ein doppelter zwei, ein dreifacher drei. Der Schlüssel, nach dem die Knoten zu lesen waren, hing aber nicht nur von der Position des Knotens auf der Schnur, sondern auch von der Farbe der betreffenden Schnur ab. So bedeutete eine rote Schnur, dass die Aufzeichnung die Armee betraf, eine weiße stand für Silber, eine gelbe natürlich für Gold.

Titu hatte nur kurz eine lustige Bemerkung zu Cusi geflüstert, schon war ein Fehler passiert und er hatte einen Knoten zu wenig geknüpft. Der Amautu schimpfte über diese Gedankenlosigkeit. Hatun lächelte schadenfroh, als der Lehrer Titu packte und ihm ein paar kräftige Schläge auf die Fußsohlen verpasste. Cusi hielt die Luft an. Er verabscheute es, wenn ein Schüler auf diese Art bestraft wurde. Titu gesellte sich nach der körperlichen Züchtigung wieder zu seinem Freund und bebte innerlich vor Zorn. Nicht die Bestrafung hatte ihn wütend gemacht, sondern das Grinsen seines Bruders. Zum Schmerz kam noch das Gefühl der Schande. Irgendwann würde er diese Beleidigung Hatun schon einmal heimzahlen.

Inzwischen beherrschten die Jungen die Kunst, ein Quipu zu knüpfen, recht gut und ihre Lehrer und auch Inka Pachacuti lobten ihre Fortschritte. Die besten Zöglinge sollten als Belohnung für ihren Lerneifer in die Geheimnisse des Inka-Kalenders eingeweiht werden. Die Knotenschrift diente ursprünglich auch zur Festlegung der Monate. So folgten Cusi, Titu, Hatun, Acoya und einige andere Knaben dem Amautu. Sie durften ausnahmsweise den Mondtempel betreten. Hier schien der geeignetste Platz zu sein, damit den Knaben die Bedeutung des Jahresablaufes nahegebracht werden konnte. Der Name der Mondgöttin Quilla bedeutete nämlich auch die Bezeichnung für das Mondjahr im Inka-Kalender. Der Amautu erklärte vorerst die vier Mondphasen und kam schließlich auf den Jahreskreis zu sprechen. Der Kalender der Inka richtete sich vor allem nach der Sonne. Die Bewohner Tahuantinsuyus kannten ein Huata genanntes Sonnenjahr von 365 Tagen, das sich in zwölf Monate zu dreißig Tagen gliederte, auf sie folgten fünf, im Schaltjahr sechs Jahresendtage, die auf Quechua „Allca conquis", „arbeitsfreie Tage", hießen. Die Einteilung des Jahres in Monate spielte im Leben des Reiches eine große Rolle. Die straffe Organisation Tahuantinsuyus zeigte sich auch hier, gab es doch genaue Bestimmungen darüber, welche Landarbeiten in dem betreffenden Monat auszuführen waren. Der Kalender war der Arbeit des Bauern angepasst und zog den Anbau der wichtigsten Kulturpflanzen ins Kalkül. Viele der Monate erinnern schon durch ihren Namen daran. Die Sonnensöhne waren freilich auch klug genug, ein bisschen Abwechslung in das eintönige Leben der Bewohner ihres Landes zu bringen. So schrieben sie gesetzlich vor, dass beinahe in jedem der zwölf Monate des Jahres ein Fest stattfand oder ein Feiertag begangen wurde.

„Passt gut auf", begann er seine Ausführungen, „wenn ich euch jetzt von den Monaten und den wichtigsten Zeremonien und Festen berichte, die wir im Jahresablauf feiern. Wir Inka unterteilen das Jahr in zwölf Monate, die sich nach dem Zu- und Abnehmen des Mondes richten. Der erste Monat heißt *Capac Raymi* („großes Fest; Dezember): In diesem Monat feiern wie das große und hohe Fest von Inti, dem Sonnengott. Große Mengen Gold und Silber und wertvolles

Geschirr werden zu Ehren der Sonne vergraben. Außerdem findet das feierliche Reifefest der jungen Männer statt. In diesem Monat werden die Kartoffeln gesetzt und Quinoa gesät. Anschließend folgt der *Camay* („Monat der Reife; Januar"): Dieser Monat ist nach dem großen Fasten benannt, das in seinem Verlauf abgehalten wird. Opfer werden dargebracht und die Menschen bestreuen ihre Köpfe und die Eingänge ihrer Häuser mit Asche. Darauf kommt der *Hatun Pucuy* („große Reife"; Februar): In ihm wird ein feierliches Opfer von Meerschweinchen zu Ehren der Sonne veranstaltet. In dieser Zeit regnet es oft und die Erde verwandelt sich in Schlamm. In den Bergen fällt leicht Schnee. Am besten arbeitet man in dieser Zeit ausschließlich im Haus und wagt sich nicht ins Freie hinaus. Der nächste Monat ist der *Pacha Pucuy* („Zeit des Fastens"; März): Es ist üblich, während dieses Monats eine bestimmte Anzahl von Tagen zu fasten. Man verwendet kein Salz und isst kein Obst, man hat keinen Geschlechtsverkehr und auch das Singen ist verboten. Der *Arihuaquis* („Blütenreife"; April) ist der Monat der herrlichen Blumen und des Glücks. Das Obst ist nun reif und saftig. Tiere, Vögel und sogar die Fische werden fett und wohlgenährt und überall herrscht Überfluss. Sein Name erinnert daran, dass sich zu dieser Zeit die Bergwiesen von den zahllosen blühenden Blumen bunt färben. Die Ernten werden im Monat *Almoray* („Haupternte"; Mai) eingebracht. Die Götter erhalten zum Dank Tieropfer. Nun folgt *Inti Raymi* („Sonnenfest"; Juni), in dem unser bedeutendstes Sonnenfest gefeiert wird. Außerdem führen die Beamten und Richter in jedem Haushalt des Landes eine umfangreiche Bestandsaufnahme durch. Der *Chaqua Huarquis* („Zeit der Rast"; Juli) ist die Jahreszeit der wolkenverhüllten Berge. Die Hitze beginnt wieder nachzulassen. Im Monat *Yapaquis* („Zeit der großen Reinigung"; August) erfolgt die Saat des Maises und anschließend wird im *Coya Raymi* („Fest der Königinnen"; September) das große Fest des Mondes gefeiert. Der Monat *Uma Raymi* („Zeit der Wasser"; Oktober) ist durch seine Zeremonien und Gebete um Regen gekennzeichnet. Alle Menschen, Männer und Frauen, Kranke und Verkrüppelte, Blinde und Alte, weinen und stöhnen in der Hoffnung, dem Himmel Regen zu entlocken. Zum Abschluss des Jahreskreises folgte der *Ayamarca* („Totenfest"; November). In diesem Monat erweist man den Toten ihre Ehre. Dabei ist es Brauch, die Leichen aus den Gräbern zu holen. Man stellt Essen und Trinken neben sie, zieht ihnen ihre besten Kleider an und steckt ihnen Federn in den Kopf. Die Menschen singen und tanzen in Gegenwart der Toten."

Der Amautu beendete seine Ausführungen über den Jahreskreis. Er blickte auf seine Schülerschar und stellte mit einem zufriedenen Lächeln fest, dass die Jungen alle aufmerksam gelauscht hatten. Für die Inka war die Kenntnis des Jahreskreises äußerst wichtig, gerade die Elite des Reiches sollte bei den Festen, aber auch beim Fasten Vorbildwirkung auf die einfache Bevölkerung ausüben.

Um das genaue Datum der vier wichtigsten Stunden des Sonnenjahres, der Sonnenwenden und der Äquinoktien – der Tagundnachtgleichen – zu ermitteln, errichteten die Astronomen des Reiches an vielen Orten Bauwerke, die wir heute als Observatorien bezeichnen würden. Das wichtigste dieser Sonnenobservatorien war natürlich jenes, das sich in Cuzco befand. Es bestand aus zwölf Pfeilern, die Hälfte davon stand am Westrand, die andere am Ostrand der Stadt. Andere Typen einfacher Sternwarten waren die „Intihuatana", „die Orte, an denen die Sonne gefesselt ist". Sie waren stets in den Felsen gehauen, in ihrer Mitte stand ein kleiner steinerner Pylon, der Gnomon, der durch seinen Schatten die Uhrzeit anzeigte. Zu Mittag warf er keinen Schatten, am Vormittag war der Schatten kürzer, am Nachmittag dagegen länger. Die Inka-Astronomen observierten in erster Linie die Bahn der heiligen Sonne am Firmament, daneben aber auch andere Himmelskörper wie den Mond, die Venus und einige weitere Planeten wie Mars, Merkur und Saturn. Ihr Interesse bezog sich aber auch auf Sternbilder, namentlich die Plejaden, darüber hinaus auf das der Waage, der Fische, der Zwillinge, der Jungfrau und natürlich auf das Kreuz des Südens.

Da die zukünftigen Verwaltungsbeamten für ihre verantwortungsvolle Arbeit auch die wichtigsten Maßeinheiten beherrschen mussten, lehrte ein Amautu die Schüler mit diesen umzugehen und sie richtig anzuwenden. Zu den wichtigsten Maßeinheiten in Tahuantinsuyu zählte das Tupu. Als Flächenmaß entsprach es dem Landbesitz, den ein Ehepaar für seinen Lebensunterhalt benötigte. Häufig war dies ein halber Hektar, in weniger fruchtbaren Gebieten konnte ein Tupu jedoch auch ein Vielfaches dieser Fläche umfassen. Als Längenmaß, das vor allem auf den großen Überlandstraßen des Reiches angewendet wurde, entsprach das Tupu vermutlich etwa 7,5 Kilometern, doch auch hier konnte es einige Abweichungen geben, je nachdem, wie das Gelände beschaffen war und wie lange es dauerte, eine bestimmte Strecke zurückzulegen.

Zahlreiche Maßeinheiten richteten sich nach Körperteilen. Hierzu zählten das Rucana, der Finger, und das Yucu, die Handspanne. Darüber hinaus maß man mit dem Ricra, das etwa einer Körperlänge entsprach und das in zwei Siquira unterteilt war. Es gab sogar Stöcke, die sorgfältig auf die Länge eines Ricra geschnitten waren und die von Beamten verwahrt wurden. Solche Stöcke wurden beispielsweise eingesetzt, um die Größe von einem Grundstück festzulegen. Auch in strittigen Fällen griff man auf diese Stöcke zurück. Als Maßeinheit für Getreide diente das Cullupocha, das ungefähr einer Menge von 30 Litern, dem Inhalt einer Kalebasse, entsprach.

Nach dem Unterricht schlenderten Cusi und Titu gerne in der Stadt umher. Das lebhafte und rege Treiben auf den Marktplätzen und in den Gassen der Handwerker faszinierte die Knaben. Alle Produkte des Inkareiches konnte man erwerben. Lautstark priesen die Händler ihre Waren an und wetteiferten mit ihren Konkurrenten um die Gunst der Käufer. Die bunten Gewänder und Umhänge der Männer und Frauen boten ein farbenfrohes Bild. Für Cusi und Titu war das eine willkommene Abwechslung nach der Eintönigkeit der Schulstunden, obwohl sie dem Unterricht in der Regel mit großer Aufmerksamkeit folgten. Heute lenkten sie ihre Schritte in die Straße, in der die Goldschmiede ihre kunstfertigen Arbeiten verrichteten. Auf ihren Streifzügen durch Cuzco hatten sie vor einiger Zeit den jungen Goldschmied Qispi kennen gelernt, der sich immer freute, wenn sie ihn in seiner Werkstatt besuchten.

Als Qispi die beiden Freunde erblickte, nickte er ihnen zur Begrüßung kurz zu. Doch im selben Moment schoss ein stechender Schmerz durch seine Hand und er ließ das große Blatt gehämmerten Goldes, an dem er gerade gearbeitet hatte, und den würfelähnlichen Kupferblock, der ihm als Hammer diente, fallen. Er hatte eine Sekunde lang die Konzentration verloren und sich auf den Finger geschlagen. Qispi steckte den verletzten Finger kurz in seinen Mund und krümmte sich für einen Moment. Dann schüttelte er die Hand durch und prüfte, ob sein Finger ernsthaft verletzt war. Cusi und Titu hoben bedauernd ihre Schultern. Sie fühlten sich schuldig an Qispis Schmerzen. Von dem Wehlaut irritiert, blickten die anderen Goldschmiede kurz auf. Doch Qispi bedeutete ihnen, dass er keine größeren Verletzungen erlitten hatte, und die anderen wandten sich wieder ihrer Arbeit zu. Es war eine schlechte Zeit für Unachtsamkeiten und Fehler, denn das Capac-Raymi-Fest stand kurz bevor, zu dem viele hohe Würdenträger nach Cuzco kommen würden. Sie mussten ihren Tribut abliefern und bekamen dafür als Gegenleistung Geschenke, zu denen auch kleine Schmuckstücke aus Gold zählten. Es war die Aufgabe von Qispi und seinen Verwandten, die begehrten Kleinode für die vornehmen Gästen zu fertigen und Pachacuti stellte besondere Ansprüche an die Handwerker.

Mit einem Seufzer der Erleichterung stellte Qispi fest, dass das Stück, an dem er gerade arbeitete, eine goldene Platte mit Verzierungen, unbeschädigt geblieben war. Sein verletzter Finger pochte noch immer leicht, doch dies konnte ihn nicht von der Arbeit abhalten. Er hob seinen Hammer auf und war bald wieder in die behutsame Bearbeitung des Goldes vertieft. Obgleich er noch ein junger Mann war, der erst kürzlich geheiratet hatte, zählte Qispi bereits zu den besten Kunsthandwerkern der Stadt. Cusi und Titu beobachteten fasziniert, wie die Goldplatte unter den geschickten Händen des Goldschmiedes immer mehr die gewünschte Form annahm. Schließlich war Qispi mit dem Ergebnis seiner Arbeit zufrieden und begann Verzierungen an einem Trinkbecher anzubringen.

Als die Sonne im Westen schon tief stand, kamen einige Regierungsbeamte, um die Goldschmiede zu überprüfen. Sie machten eine Aufstellung von deren Gold- und Silbervorräten und von den Platten, Kelchen, kleinen Statuen und anderen Artikeln, welche die Handwerker in letzter Zeit fertiggestellt hatten. Als sie ihre Inspektion abgeschlossen hatten, war es Zeit, Feierabend zu machen. Qispi streckte seinen verspannten Glieder, räumte die Werkzeuge auf und ging durch eine Tür in den Innenhof des kleinen Anwesens, wo die Frauen der Goldschmiede bereits das Abendessen zubereiteten. Er lud die beiden Jungen ein, mit ihnen zusammen die Mahlzeit einzunehmen. Obwohl die Tafel im Palast reichhaltiger war, nahmen die Freunde dankbar an.

Das Kochen erforderte von den Frauen äußerste Sorgfalt, denn die Verschwendung bei der Zubereitung von Speisen war durch ein Edikt Pachacutis verboten: „Niemand soll Mais auf den Boden verschütten oder Gemüse, wie die Kartoffel, schälen oder verstümmeln, denn wenn diese Früchte einen Verstand hätten, würden sie Tränen darüber vergießen, wie man sie behandelt. Wer sich solcher Verfehlungen schuldig macht, soll bestraft werden."

Cusi sah den arbeitenden Frauen zu und erkannte eine Vielzahl von Küchengeräten. Ein kleines Mädchen saß vor einer flachen Steinplatte und zerkleinerte Korn mit einem halbrunden Stein. Diese Arbeit erforderte nur eine geringe Kraftanstrengung, darum konnte das Kind sie auch ausführen und seine Mutter entlasten. Andere Arbeitsgeräte im Haushalt waren Mörser und Stößel aus Flusssteinen, die man zum Zermahlen kleinerer Mengen von Gewürzen verwendete, und niedrige Lehmherde. Diese waren sehr klein, sodass man wenig Brennmaterial, entweder Holz oder Lamamist, benötigte. Vorn hatten sie ein Schürloch und oben Löcher für die irdenen Kochgefäße. Zum Kochen verwendete man auch Töpfe mit Dreifußunterteilen, die man über ein offenes Feuer stellte, das mit einem Stock angefacht wurde.

Die Menschen setzten sich zum Essen auf den Boden und die Speisen standen in Gefäßen vor ihnen. Wie fast jeden Tag gab es auch heute Motepatasca, ein mit Kräutern und Paprika vermischter Mais, der so lange gegrillt wurde, bis der Mais aufplatzte, dazu Pisqui, eine Art Suppe, die hauptsächlich aus Quinoa bestand, und Locro, ein mit Paprika gewürzter Eintopf mit getrockneten Kartoffeln sowie Meerschweinchenfleisch. Die Menschen benutzten Messer in der Form eines Halbmondes, die aus Silber, Bronze oder Kupfer gefertigt waren, und hölzerne Schöpflöffel. Das unverzichtbare Chicha wurde aus Holzbechern getrunken. So wie alle anderen aßen Cusi und Titu aus Kürbisschalen, die auch als Wasserbehälter dienten. Die kostbaren Trinkgefäße aus Gold und Silber, die sie sonst im Palast des Herrschers verwendeten, vermissten sie nicht. Von Qispis Frau ermuntert, griffen sie immer wieder zu. Nach Beendigung des Mahles verabschiedeten sich die Jungen und eilten durch die nächtlichen Straßen Cuzcos dem Palast und ihren Zimmern zu.

Wie beinahe jeden Morgen erwachte auch heute Koka eher als Contor. Sie schmiegte sich eng an ihren Mann, der von der sanften Berührung seiner Frau erwachte. Beide küssten sich leidenschaftlich und Contor zog seine Frau noch enger an sich, während seine Hand zwischen ihre Schenkel fuhr. „Nein, wir müssen bald aufstehen", widersprach sie seinem Drängen. „Ich begehre dich mehr als je zuvor. Du wirst von Tag zu Tag schöner. Ein paar Minuten haben wir noch für uns", bat er und blickte sie mit treuherzigen Augen an. Koka fühlte, wie sie feucht wurde, und öffnete die Beine. „Dir gelingt es doch tatsächlich, mich immer wieder schwach werden lassen." Dann setzte sie sich auf ihren Mann und umschloss sein Glied mit ihrer Scheide. Vorsichtig ritt sie auf ihm, bis sie beide einen wunderschönen Höhepunkt erreichten. Einige Minuten lagen sie noch nebeneinander und hielten sich fest umschlungen. „Jetzt müssen wir aber aufstehen", meinte Koka und kroch unter ihrer Decke hervor. Sie hantierte mit ihren Küchengeräten und hatte im Nu ein einfaches Essen zubereitet. Auch Contor kletterte nun aus seiner Schlafstätte. In der Dunkelheit des kleinen, fensterlosen Hauses glättete er rasch seine Kleider, in denen er geschlafen hatte, bückte sich und ging durch die niedrige Türöffnung hinaus in den Hof. Er lauschte einige Augenblicke dem Kindergeschrei, das aus den anderen Häusern, in denen die verheirateten Geschwister seiner Frau lebten, auf das Grundstück herüberdrang. Contor wurde sich bei den vertrauten Geräuschen schmerzhaft dessen bewusst, dass Koka noch immer kein Kind erwartete. Er beschloss, Inti ein besonders schönes Stück aus seinem Besitz zu opfern, damit seine Frau endlich guter Hoffnung wurde.

Wenigstens war die Maisernte zufriedenstellend verlaufen, und nun, in der Trockenzeit, mussten alle Familien zusammenhalten, damit das Ausbessern der Bewässerungskanäle und die Instandhaltung der Anbauterrassen bald erledigt werden konnte. Der Häuptling des Dorfes, Curaca Hacaroca, hatte gestern eine Versammlung einberufen, um die nötigen Arbeiten zu besprechen, und die Einteilung der Gruppen vorgenommen. Täglich konnten Beamte aus der Provinzhauptstadt eintreffen, um zu sehen und kontrollieren, wie Pachamarca verwaltet wurde. Hacaroca sah der Inspektion gelassen entgegen. Die Lagerhäuser für die religiösen Opfergaben waren gut gefüllt, und auch die Scheunen, in denen die Erträge für den Herrscher aufbewahrt wurden, waren bis zum Rand hin voll. Die Bewohner Pachamarcas hatten im vergangenen Jahr sehr gute Arbeit geleistet. Das sollte so bleiben, darum waren die gemeinschaftlichen Arbeiten an den Kanälen und Terrassen so wichtig. Niemand durfte dabei fehlen, auf Müßiggänger warteten harte Strafen. Verweigerte ein Gemeindemitglied seine Mitarbeit an der Pflege der Anlagen, drohte dafür das Auspeitschen mit Weidenruten. Doch während Curaca Hacaroca dem Dorf als Häuptling vorstand, hatte noch niemand von ihm bestraft werden müssen.

Jetzt berührten die ersten Sonnenstrahlen die Berggipfel, höchste Zeit, mit der Arbeit zu beginnen. Aus allen Häusern tauchten die Männer und Frauen auf, schulterten ihre Werkzeuge und machten sich auf den Weg zu den Bewässerungskanälen. Auch Koka und Contor schlossen sich den Arbeitsgruppen an. Ihre Abteilung wurde von Tumi befehligt, der wiederholt begehrliche Blicke auf Koka warf. Die weiblichen Formen der jungen Frau zeichneten sich vorteilhaft unter ihrem Kittel ab.

Nach einem kurzen Marsch erreichten sie ihren Einsatzort. In einer Verzweigung zweier Kanäle hatten sich im Laufe des Jahres Schlamm, Steine und größere Äste abgelagert und drohten die Zufuhr des Leben spendenden Wassers aus den Bergen zu blockieren. Die Frauen und Männer stiegen in die gemauerten Kanäle und begannen im knietiefen Wasser, den Schlamm und die Steine in große Holzschüsseln zu schaufeln. War eine Schüssel voll, wurde sie eine Steinwurfweite von der Grube entfernt ausgeleert. Die Menschen schufteten in der immer größer werdenden Hitze und entfernten den Unrat aus dem Kanal, während Tumi seine Anweisungen gab. Bald waren alle Leute verschwitzt und ihre Kleider nass und schlammverschmiert. Tumi suchte auffallend oft die Nähe von Koka, deren weibliche Formen sich unter ihrem feuchten Kittel besonders deutlich abzeichneten. War eine Arbeit besonders schwierig, teilte Tumi häufig Contor ein, um Koka bewusst werden zu lassen, dass er, der Sohn des Häuptlings, eine weitaus bessere Partie gewesen wäre als der einfache Puric, den sie erwählt hatte.

Als Contor beim Hochstemmen eines großen Steinbrockens das Gleichgewicht verlor und der Länge nach in das Wasser fiel, konnte Tumi seine Schadenfreude nicht mehr länger zurückhalten. „Du siehst aus wie ein Meerschweinchen, das durch eine Regenpfütze gelaufen ist", verspottete er den Gestürzten. Koka war blitzschnell zu ihrem Ehemann geeilt, denn sie befürchtete, er würde sich wutentbrannt auf den Lästerer stürzen. Doch Contor schüttelte nur das Wasser ab und erwiderte dann mit schneidender Stimme: „Ein Ayusca bringt es nicht einmal fertig, ein Meerschweinchen zu beleidigen, geschweige denn einen Mann, der schon mehrere Feldzüge in der Armee mitgemacht hat." Erschrocken hielten die übrigen Männer und Frauen in ihren Tätigkeiten inne und blickten entsetzt auf Contor und dann auf Tumi. Dieser war vor Schmach und Zorn rot angelaufen und sein Gesichtsausdruck verzog sich zu einer hasserfüllten Fratze.

Die Inka nannten ein unterernährtes, kränkliches Kind Ayusca. Dieses Wort an einen Erwachsenen zu richten, zählte zu den schwersten Beleidigungen, die sich ein Inka vorstellen konnte. Wer es wagte, einen verheirateten Mann als Ayusca zu bezeichnen, wurde daher mit äußerster Härte bestraft. Jedoch mussten junge Männer, die in den Augen der Öffentlichkeit als Schwächlinge galten, weil sich ihre Freundinnen mit anderen Jünglingen abgaben, diese Beschimpfung hinnehmen, ohne dass sie sie ahnden lassen konnten. In Pachamarca hatte Koka lange Zeit als die Freundin von Tumi gegolten, doch als Contor nach dem letzten Kriegszug heimgekehrt war, hatte die junge Frau ihr Herz dem jungen Kriegshelden geschenkt. Weder die Drohungen Tumis und seines Vaters, Curaca Hacaroca, noch die Beschwörungen ihrer Eltern und Verwandten hatten bei Koka gefruchtet. Sie wollte nur noch Contor heiraten, und als vor einigen Wochen der Provinzverwalter das Dorf besucht hatte, war die Ehe zwischen den beiden jungen Leuten besiegelt worden. Tumi wollte diese Niederlage nicht so einfach hinnehmen und suchte nach Möglichkeiten, Contor, wann immer möglich, zu schikanieren. Bis heute hatte Contor auf die Herausforderungen seines Nebenbuhlers aber nicht reagiert, darum kam der Ausdruck Ayusca für alle Anwesenden so überraschend.

Tumis Adern pochten gegen seine Schläfen und er wollte bereits einen Stab heben, um auf Contor einzuschlagen. Dieser wiederum ergriff eine Holzschaufel, damit er den erwarteten Angriff abwehren konnte. Wie zwei Wölfe, die um die Führung im Rudel kämpften, standen sich die beiden Kontrahenten gegenüber. Koka und die übrigen Frauen und Männer wagten sich kaum zu rühren, und die Spannung stand ihnen ins Gesicht geschrieben. Mit blutunterlaufenen Augen, die Fäuste fest um den Stock gekrallt, näherte sich Tumi Contor, der noch immer im Kanal stand, und hob langsam den Arm, um mit aller Kraft zuzuschlagen. Doch noch ehe es dazu kam, zerriss plötzlich ein Schrei die bedrohliche Situation. Ein Bote kam vom Dorf auf die Arbeitsgruppe zugeeilt und winkte schon von weitem. Tumi sollte so schnell als möglich heimkommen, um als Sohn des Häuptlings der Inspektion beizuwohnen, denn die Beamten aus der Provinzhauptstadt waren soeben eingetroffen. „Wir sprechen uns später noch", knurrte Tumi, dann warf er den Stock zu Boden und schritt auf das Dorf zu. Koka umarmte ihren Mann und flüsterte: „Was hast du nur gesagt, Liebster? Tumi kann dir gefährlich werden." „Der Feigling wird es nicht wagen, die Hand nach mir auszustrecken. Für ihn ist der Bote gerade zur rechten Zeit aufgetaucht. Doch wenn er dir weiterhin nachstellt, werde ich ihn schon noch zur Rechenschaft ziehen. Wie er dich heute angestarrt hat, war eine Zumutung und eine Ehrenbeleidigung für dich und mich. Doch jetzt genug davon. Machen wir uns wieder an die Arbeit!"

Der Tag war aber schon weit fortgeschritten und die Arbeitsgruppe hatte ihr heutiges Pensum bereits erfüllt, so beschlossen die Frauen und Männer, ebenfalls in ihre Häuser zurückzukehren. Koka bereitete ein einfaches Mahl, das sich die beiden gut schmecken ließen. Dabei kam die Sprache wieder auf Tumi und den heutigen Vorfall. Koka beschwor ihren Mann, vorsichtig zu sein, denn der Sohn des Häuptlings wurde von vielen schon als dessen Nachfolger betrachtet. Contor aber maß dem Streit mit Tumi nicht so viel Bedeutung bei. Er war körperlich stärker als sein Kontrahent und hatte außerdem bereits als Soldat in vielen Kämpfen Erfahrung gesammelt. „Ich habe keine Furcht vor Tumi und auch er wird sich hüten, dich oder mich noch einmal zu beleidigen." „Aber sein Vater ist das Dorfoberhaupt und hat viel Einfluss", befürchtete Koka, „wie leicht kann er einen Vorwand finden, um dich zu verderben." „Pah, was kann er uns anhaben? Wir leisten unsere Arbeit so gut wie alle anderen Mitglieder des Dorfayllus."

Der Ayllu, ein Clan oder eine Sippe bzw. die Dorfgemeinde, war in Vor-Inka-Zeiten der Eigentümer des Ackerbodens, den seine Mitglieder gemeinsam bestellten und dessen Ertrag sie untereinander teilten. Zur Zeit der Inka wurde die fundamentale Frage, wem der Boden gehöre, durch eine neue Verordnung geregelt: Der Boden gehörte nun – wie alle anderen Produktionsmittel des Reiches – rechtlich dem Inka. Das gesamte nutzbare Land einer Ayllu wurde in drei Teile geteilt: Der erste hieß „Land des Inka". Über die Verwendung des daraus erzielten Ertrages verfügte der Herrscher selbst, in der Regel mittels der von ihm beauftragten Beamten. Der zweite Teil des landwirtschaftlichen Bodens wurde als „Land der Sonne" bezeichnet. Sein Ertrag sollte alle Bedürfnisse der Priester und des Kultes decken. Und erst der Ertrag aus dem dritten Teil des Ackerlandes eines jeden Ayllu, dem sogenannten „Land des Volkes", war für die Dorfbewohner bestimmt. In Tahuantinsuyu wurde jedem erwachsenen männlichen Gemeindeangehörigen, dem Puric, alljährlich ein Stück Land zur Bestellung übergeben. Diese Zuteilung, „Tupu" genannt, war verschieden groß und richtete sich danach, wie viel Land eine Gemeinde besaß. Ein verheirateter Mann bekam meist einen Tupu, eine Fläche von etwa dreißig Ar, jede Frau hatte Anrecht auf einen halben Tupu. Jeder Puric bewirtschaftete seinen Tupu mit seiner Familie. Aufgrund der in den Anden traditionell üblichen Nachbarschaftshilfe unterstützten ihn aber auch die übrigen Ayllu-Angehörigen. Die Felder des Staates und der Priester wurden jedoch von allen Angehörigen des Ayllu bestellt. Diese gemeinsame Arbeit hieß „Minca". Obwohl nicht alle Mitglieder eines Ayllu blutsverwandt waren, blieb dennoch der Ayllu die Basiseinheit der Gesellschaftsstruktur. Maßgeblich war die territoriale Zusammengehörigkeit, also die Zugehörigkeit zu dem gleichen Wohnort. An der Spitze eines peruanischen Ayllu stand ein Curaca, der jeden Ayllu mit den höheren Einheiten des administrativen Systems der Inka verband. Der Ayllu selbst rekrutierte sich aus einer Anzahl Familien, an deren Spitze stets eine Art Patriarch, der Puric, stand, ein erwachsener Mann, der bereits seinen Wehrdienst in der Armee des Staates geleistet, nach seiner Entlassung aus dem Heer in seiner Gemeinde geheiratet hatte und nun das Leben seiner Familie lenkte. Ein gewöhnlicher Mensch war zeit seines Lebens an seinen Ayllu gebunden, ausgenommen das Reich rief ihn, anderenorts oder auf andere Weise seine Pflicht gegenüber dem Staat zu erfüllen, etwa durch den Militärdienst oder durch die Mita, die Arbeitsdienstpflicht.

Contor beruhigte seine Frau, denn sie beide hatten sich als Ehepaar sehr gut in die Ayllu des Dorfes eingefügt, befolgten alle Verordnungen des Curaca und leisteten wertvolle Gemeinschaftsarbeit. Trotzdem blieb Koka beunruhigt. Sie kannte Tumi und wusste, dass er nicht so leicht aufgeben würde. Contor verstand es aber, dass seine hübsche Frau ihre Sorgen und Zweifel an diesem Abend bald vergaß. Er nahm sie in seine Arme, küsste sie innig und zog sie auf die Schlafstelle. Zärtlich und stürmisch zugleich liebten sie sich, bis beide erschöpft, aber glücklich, eng umschlungen einschliefen.

Am nächsten Morgen machten sich alle Ayllu-Mitglieder wieder bereit für den neuerlichen Arbeitseinsatz. Sie versammelten sich auf dem Dorfplatz und warteten auf die Gruppenführer. Da erschien der Häuptling in Begleitung der Inspektionsbeamten. Curaca Hacaroca stellte sich mitten auf den Platz und machte ein Zeichen, dass er etwas mitzuteilen habe. „Die Beamten des Inka sind mit der geleisteten Arbeit unseres Dorfes sehr zufrieden. Sie erwarten, natürlich genau so wie ich, dass die Pflichten auch im kommenden Jahr entsprechend gut erfüllt werden. Allerdings werden in den nächsten Wochen oder Monaten einige Männer fehlen. Der Inka hat nämlich beschlossen, einen Kriegszug in die weiten und dichten Wälder des großen Flusses zu unternehmen. Von dort überfallen immer wieder wilde Krieger die Grenzdörfer. Aus unserem Dorf haben zehn Mann die Ehre, an dem Feldzug teilzunehmen. Die Männer Pachamarcas wird Contor anführen, denn er hat schon einige Male bewiesen, dass er ein hervorragender Krieger ist."

Koka zuckte zusammen, dies war also die Falle, die man ihrem Mann stellte. Er musste seine Pflicht erfüllen, sonst wäre er mit dem Tode bestraft werden. Doch die Kämpfe mit den wilden Waldvölkern des großen Flusses zogen sich schon jahrelang dahin, ohne dass es dem Heer Tahuantinsuyus gelungen wäre, diesen Feind zu besiegen. Im Gegenteil, dieser Krieg war besonders gefährlich und bisher äußerst verlustreich für die Truppen des Inka verlaufen. Contor hingegen teilte die Bedenken seiner Frau nicht. Er platzte förmlich vor Stolz, weil er zum Anführer der Kriegerschar ernannt worden war. Das bedeutete für ihn, dass er in der Hierarchie des Dorfes aufgestiegen war. Wenn er nach dem siegreichen Feldzug heimkehren würde, durfte er mit einer größeren Landzuteilung rechnen. Außerdem wäre er dann auch der Anführer einer Gruppe von Leuten und hatte nicht mehr die Befehle und Schikanen Tumis zu befürchten. Dass ihm auf dem Feldzug etwas zustoßen würde, diese Sorgen Kokas teilte er nicht. Triumphierend blickte er sich um und genoss es, im Mittelpunkt der Menge zu stehen. Contor nahm in seiner Freude nicht wahr, dass auch andere Frauen bei der Nachricht vom bevorstehenden Feldzug um ihre Ehemänner oder Söhne zitterten, und er bemerkte nicht das hämische Grinsen in Tumis Gesicht.

Koka war außer sich vor Verzweiflung und Sorge um ihren Ehemann. Sie kannte Contor nur zu gut und wusste, dass er keiner Gefahr aus dem Weg gehen würde. „Ich bitte dich, sei vorsichtig! Was habe ich schon von einem toten Helden? Komm nur lebend wieder zu mir zurück!" „Ach,

Koka, du kennst die Feldzüge des Inka nicht. Wo wir hinkommen, überall erzittern die Feinde vor unserem ruhmreichen Heer und ergreifen meist schon bei unserem Anblick die Flucht." „Aber die Männer des großen Waldes sind anders. Noch niemand konnte sie besiegen." „So werden wir das jetzt eben nachholen. Du wirst schon sehen, auch dieser Krieg wird ein großer Triumph für unseren Inka werden. Und ich bin der Anführer unseres Dorfes. Ha, die Beamten des Inka haben nicht Tumi erwählt, sondern mich. Tumi wird nicht einmal am Feldzug teilnehmen, welch eine Schmach für ihn." „Nein, Contor, ich sehe das anders. Tumi will dich loswerden und er hofft, dass du nicht mehr zurückkehrst. Nicht die Beamten des Inka haben dich zum Anführer bestimmt, das war Curaca Hacaroca, der seinem Sohn hilft. Er hat auch veranlasst, dass Tumi nicht mit in den Krieg muss. Du hast seine Macht unterschätzt, jetzt nehmen sie Rache an dir. Darum bitte ich dich, pass gut auf dich auf!" Langsam dämmerte es Contor nach diesen Worten, dass er tatsächlich in großer Gefahr schwebte. Wer würde auf Koka achten und sie beschützen, wenn er nicht mehr da war? Nun ja, Kokas Eltern würden schon die Ehre ihrer Tochter verteidigen, dessen war sich Contor sicher. Selbst der Sohn eines Häuptlings konnte es nicht wagen, sich an einer verheirateten Frau zu vergreifen. Contor versuchte seine Frau zu trösten. Er würde bald wieder heimkehren, mit Ruhm beladen, dann war er ein angesehener Mann im Dorf.

Früh am nächsten Morgen nahmen die Männer Abschied vom Dorf und begleiteten die Beamten in die Provinzhauptstadt, wo sich die Truppen sammeln sollten, bevor der Vorstoß in die Wälder am großen Fluss beginnen sollte. Koka blickte ihrem Mann traurig nach. Sie hatte ihm nicht mehr mitteilen können, dass sie ein Kind von ihm erwartete. Das machte sie besonders unglücklich, denn mit diesem Wissen wäre Contor wahrscheinlich nicht so draufgängerisch gewesen.

Am Beginn des heutigen Unterrichts erwartete die Schüler ein würdevoll gekleideter Priester, den Cusi noch nie zuvor gesehen hatte, obwohl er schon oft an den Zeremonien im Sonnentempel hatte teilnehmen dürfen. „Wer ist das?", raunte er Titu zu, doch auch sein Freund zuckte nur mit den Schultern. Der Priester blickte streng in Cusis Richtung und der Junge blickte beschämt zu Boden. Nach dieser stummen Zurechtweisung wagte er es nicht noch einmal, unaufgefordert das Wort zu ergreifen. Gespannt warteten die Zöglinge, was der geistliche Würdenträger mit ihnen vorhatte. Dieser ergriff schließlich das Wort, sprach aber mit einem eigenartigen, fremden Klang in der Stimme: „Folgt mir!", drehte sich schnell um und eilte mit großen Schritten davon. Cusi und seine Freunde hatten Mühe, mit dem Priester mitzuhalten.

Nach einigen Minuten hatten sie ihr Ziel erreicht. Vor ihnen lag ein erst vor kurzem fertiggestellter Tempel – die Quechuacancha. Diese heilige Stätte war auf Befehl des Inka Pachacuti zu Ehren des Schöpfergottes Pachacamac in den letzten Jahren erbaut worden. Der Inka hatte damit sein Versprechen eingelöst, das er dem Gott für einen Sieg über die Chanca gegeben hatte. Cusi erkannte blitzschnell den Zusammenhang. Dieser Priester war mit anderen Geistlichen erst vor wenigen Tagen aus Tiahuanaco, dem heiligen Ort des Schöpfergottes, nach Cuzco gekommen, um hier das neue Heiligtum zu betreuen. Darum hatte niemand von ihnen diesen Priester gekannt. Wieder erklang dieser fremdartige Laut, als der Mann zu sprechen begann: „Ihr seid von mir auf Befehl des Inka hierher geführt worden. Vor einigen Wochen berief Inka Pachacuti die führenden Geistlichen des Reiches nach Cuzco, um genaue Thesen einer Glaubenslehre für die Herrenklasse ausarbeiten zu lassen. Das einfache Volk soll weiterhin Inti anbeten, doch die Vornehmen, die über ein höheres Maß der Fähigkeit zum abstrakten Denken verfügen, müssen zu tiefschürfenden religiösen Vorstellungen fähig sein. Der mächtige Herrscher Pachacuti hat gelobt, den geheimnisvollen Schöpfer der Menschen, den altehrwürdigen Gott Pachacamac anzubeten. Nur wenige weise Leute sind in der Lage, das Mysterium dieses

Gottes zu begreifen. Ihr werdet einmal zur Elite des Reiches gehören und dank eurer Ausbildung seid ihr eines tieferen Nachdenkens fähig. Denn anbeten und verehren können Pachacamac nur jene, die mit einer großen Vorstellungskraft begabt sind und eine höhere Bildung mit umfangreichen Kenntnissen erworben haben. Der Sonnengott Inti ist für alle Einwohner Tahuantinsuyu sichtbar, im Gegensatz zum Schöpfergott, den man mit all seinen Gedanken begreifen muss. Pachacuti hat vor den versammelten Priestern die Allmacht Intis angezweifelt und drei fundamentale Einwendungen gegen den Sonnengott erhoben: Erstens ist die Sonne kein allmächtiger Gott, denn mit ihren Strahlen wärmt sie nur manche, während andere frieren. Zweitens kann die Sonne nicht vollkommen sein, da sie sich niemals ausruhen kann, fortwährend muss sie am Himmel ihre Bahn ziehen. Drittens kann die Sonne auch schon deshalb nicht allmächtig sein, denn schon das kleinste Wölkchen vermag ihr goldenes Antlitz zu verdunkeln. Darum muss es einen Gott geben, der noch mächtiger ist als die Sonne. Inka Pachacuti hat diesen Gott nach langem Überlegen gefunden, es ist Pachacamac."

Cusi und die anderen schauten sich erstaunt an. In Tahuantinsuyu beteten die Menschen zahlreiche Götter an und verehrten unzählige heilige Stätten, doch dass Inti nicht der oberste Gott sein sollte, das erfuhren sie erst jetzt durch diesen Priester. Noch bevor sie einen Einwand anbringen oder Fragen stellen konnten, fuhr der Geistliche fort: „Hört mir weiter zu, denn ihr sollt das alles verstehen lernen und wie der Inka ebenfalls Pachacamac als höchstes Wesen und Schöpfergott verehren! Am Anfang der Zeiten gab es nichts und niemand als den allmächtigen, selbst nicht erschaffenen, seit ewigen Zeiten existierenden Pachacamac. Das große, finstere Nichts, das er bewohnte, missfiel ihm aber, darum erschuf er zuerst das Licht – den hellen Tag. Dann schuf er auch die Erde. Um diese nicht nur öde und leer, ohne jegliches Leben zu lassen, schuf er ein besonderes Menschengeschlecht, die Riesen. Mit seinem ersten Schöpfungswerk war der Gott aber nicht zufrieden. Diese Menschen schienen ihm zu groß, zu grobschlächtig und ohne Anmut. Zudem missachteten sie die Gebote, die der weise Weltenschöpfer ihnen gegeben hatte. Darum vertilgte Pachacamac das missratene erste Menschengeschlecht vom Antlitz der Erde, indem er die Riesen in Steine verwandelte. Über die versteinerten Giganten ließ Pachacamac dann eine gewaltige Sintflut hereinbrechen. Die alles verschlingende Katastrophe dauerte sechzig Tage. In der großen Flut versanken fast alle Spuren der von ihm geschaffenen ersten Menschen. Nachdem die Sintflut zurückgegangen und der Boden wieder trocken geworden war, setzte Pachacamac sein Schöpfungswerk fort. Er ließ sich an einem Ort namens Tiahuanaco am Ufer des Titicacasees nieder. Hier brachte der Schöpfer dann die Sonne und nach ihr weitere Gestirne hervor, den Mond und auch alle anderen Planeten, Sterne und Sternbilder. Schließlich versuchte er nochmals, ein neues Menschengeschlecht zu erschaffen. Mit diesem neuen Menschenschlag war der Schöpfer endlich zufrieden. Dann schied Pachacamac die von ihm geschaffenen Männer und Frauen in Stämme und Völker und bestimmte, wo und an welchem Ort sie sich niederlassen sollten. Ebenso formte und belebte er am Titicacasee alle Tiere und wies ihnen die Gegenden zu, wo sie künftig zu leben hatten. Den Menschen gab der Schöpfergott nicht nur eine Heimat, sondern auch Gesetze. Dann verließ Pachacamac den Titicacasee und Tahuantinsuyu und zog nach Norden. Er wanderte durch die Anden und lernte das Land kennen, das die von ihm geschaffenen Menschen bevölkerten. Er selbst verwandelte sich vom Schöpfer zum Lehrer des Volkes und brachte den Männern und Frauen allerlei nützliche Künste und Handfertigkeiten bei. Zufrieden mit seinem Werk entschwand er schließlich in die Tiefen des Meeres. Doch er versprach, einst zu den Inka zurückzukehren."

Der Priester endete nun mit seiner Erzählung und betrachtete würdevoll die Schüler, die ihn betreten anblickten. Acoya fasste sich als Erster. „Wir haben aber gehört, dass

Inti seine Kinder, Manco Capac und Mama Occlo, nach Tahuantinsuyu gesandt hat, um den Menschen alles Lebensnotwendige, vor allem aber den Maisanbau beizubringen. Darum verehren wir Inti als unseren obersten Gott."

„Ja", erwiderte der Priester, „das ist schon richtig. Doch das ist die Version für die einfachen, ungebildeten Leute. Die können nur glauben, was sie sehen. Die Sonne ist allgegenwärtig, ihre Macht ist zu spüren. Ihr als Vertreter der Elite seid aber in der Lage, abstrakte, unsichtbare, nur mit dem Verstand greifbare Dinge zu verstehen. Pachacamac ist der Anfang alles Sichtbaren. Er ist der höchste, souveräne Gott, selbst nicht geschaffen, der aber alle und alles geschaffen hat. Vergesst nicht, auch Inti wurde von ihm erschaffen. Pachacamac lebt allein, schafft allein und zeugt allein, und zwar ohne weibliche Partnerin, also anders als alle anderen Wesen. Das ist nur schwer zu begreifen, wie das möglich ist, denn alle Götter und Menschen brauchen Partner, um Leben zu zeugen. Pachacamac thront irgendwo in der Unendlichkeit, in den urfernen Tiefen des Kosmos. Trotzdem kommen gerade durch diesen den Menschen so fernen Schöpfer Segen, Gesundheit und Frieden zu den Einwohnern Tahuantinsuyus."

Cusi musste diese Aussagen erst einmal in seinem Gehirn verarbeiten. Ein unsichtbarer Gott, der alles schafft und keine Frau benötigt, um Leben zu zeugen. Wie sollte man Pachacamac verehren, wenn man kein Bild vom Schöpfergott besaß? Bevor er noch eine Frage stellen konnte, hörte er bereits den wissbegierigen Acoya: „Wie können wir diesem Gott die gebührende Ehre erweisen, ist er doch unsichtbar und fern von Tahuantinsuyu?" Der Priester lächelte dem Fragesteller freundlich zu und antwortete: „Das versuchte ich euch schon klarzumachen. Inti ist für alle da, die ihren Verstand nicht einsetzen können, überall im Reich findet man seine Tempel, in denen die goldene Sonnenscheibe abgebildet ist. Jeder weiß, wie Inti aussieht und welchen Segen er für die Inka bereithält. Pachacamac kann man nicht sehen, man muss ihn begreifen. Er ist für unsere Augen unsichtbar, nur mit dem Herz und dem Verstand kann man ihn fühlen. Inka Pachacuti verehrt den Schöpfergott und hat ihn zum obersten Gott des Reiches erhoben. Er hat ein Gebet verfasst, mit dem ihr euch an Pachacamac wenden könnt." Voller Inbrunst begann der Priester zu beten:

„Oh, Pachacamac, der du Wunder vollbringst
und nie gesehene Dinge.
Gütiger Pachacamac, groß und unvergleichlich.
Gib, dass die Menschen sich vermehren.
Gib, dass Kinder geboren werden!
Und dass unsere Äcker, unsere Gemeinden
frei seien von aller Gefahr.
Du, der du das Leben gibst, sorge für sie.
Halte deine schützende Hand über sie.
In alle Ewigkeit. Oh Pachacamac!"

Andächtig hatten Cusi und die anderen Jungen den Worten des Priesters gelauscht. Was sie gehört hatten, versetzte sie in eine feierliche, nachdenkliche Stimmung. Stille breitete sich im Tempel aus, der Priester hatte die Augen geschlossen und stand vollkommen regungslos da. Die Schüler rührten sich ebenfalls nicht, dachten über seine Worte nach und verarbeiteten langsam das Gehörte. Nichts störte die absolute Ruhe in diesem heiligen Ort, nur das Flackern vieler kleiner Flammen verriet, dass doch noch Leben im Tempel war. Nach einiger Zeit öffnete der Priester die Augen und entzündete eine Lampe. Jetzt regten sich langsam auch die Zöglinge aus ihrem nachdenklichen Schweigen. „Nicht nur dieses Gebet alleine stammt von dem großen Herrscher Pachacuti. Er hat auch zahlreiche Hymnen gedichtet, um den Schöpfergott gebührend würdigen zu können", teilte der Priester den Jungen voller Stolz mit und sein Gesicht spiegelte sich geheimnisvoll in den Flammen der Opferlampe. „Ehrenwerter Priester, du kennst sicherlich viele dieser Hymnen. Bitte, sage uns eine davon jetzt auf, damit wir die Größe Pachacamacs noch besser begreifen und verehren können", bat Cusi und blickte den Priester mit leuchtenden Augen an. Der Geistliche nickte zustimmend, kreuzte die Arme vor seiner Brust und rezitierte mit feierlicher Stimme:

„Oh, Pachacamac, Herrscher der Welt,
seiest du Mann,
oder seiest du Weib.
Oh, du, durch den die Menschheit sich vermehrt.
Seiest du, wer du seiest.
Du, König,
wo thronest du?
Vielleicht über mir?
Vielleicht unter mir?
Oder ist dein Thron überall um mich her?
Und auch deine Keule, dein Zepter,
sind auch sie überall um mich?
Erhöre mich!
Schöpfer der Welt!
Erhöre mich droben am Himmel!
Erhöre mich, wo immer du seiest!
Aus den finsteren Tiefen des Ozeans – erhöre mich!
Auch dort könntest du weilen.
Oh, König der Könige!
Wie wünschte ich mir, dich zu schauen.
Doch meine Augen sehen dich nicht.
Ach, dürfte ich dich doch gewahren,
und dürfte ich dir ins Antlitz sehen.
Ach, verstünde ich dich!
Oh, schaue auf mich von deinen Himmeln.
Denn du sorgst für mich.
Nicht vergebens schufest du,
Pachacamac,
Sonne und Mond,
die Nacht und den Tag,
den Herbst und den Frühling.
Und all das

bewegt sich dahin, wohin du bestimmt hast,
an den vorbezeichneten Ort.
Ja – es nähert sich seinem Ziele,
aus deinem Willen, auf deinen Befehl.
Ach, erhöre mich.
Gib, dass auch ich zu deinen Auserwählten gehöre!
Und lass mich nicht schwach werden,
lass mich nicht sterben!"

Die letzten Worte verhallten im Tempel. Der Priester hatte mit all seiner Inbrunst gesprochen und die Jungen standen still und mussten erst langsam das Gehörte verarbeiten. Nicht Inti, die Sonne, war das höchste Himmelswesen, sondern der Schöpfergott Pachacamac war der oberste Gott in Tahuantinsuyu. Dies hatte der Inka angeordnet und sie mussten den Befehl befolgen, so schwer es auch fiel. Inti war der Gott der Untertanen, die Elite des Reiches sollte fortan Pachacamac verehren.

Noch immer verwirrt und aufgewühlt lag Cusi in seinem Bett und ließ die Ereignisse des vergangenen Tages noch einmal vor seinem inneren Auge ablaufen. Was er heute gehört hatte, war von fundamentaler Bedeutung. Bisher hatte er Inti als oberste Gottheit verehrt, wie alle Menschen in Tahuantinsuyu. Ja, selbst die Angehörigen besiegter Völker mussten Inti ihre Opfergaben darbringen. Neben der Anbetung der Sonne spielte noch die Verehrung von Huacas eine bedeutende Rolle. Huacas waren Gegenstände oder Orte, Flüsse, Bäche, Hügel und Steine, denen man übernatürliche Kräfte zuschrieb. In der Umgebung jeder Siedlung gab es zahllose heilige Stätten. Auch Gebäude oder Teile davon konnten ein Huaca sein, wie z. B. der Palasteingang, der als die Wohnung des Windes galt. Andere Huacas waren kleine Steinamulette, welche die Menschen bei sich trugen, Grenzsteine, mit denen die Felder des Inka und der Religion in jeder Ayllu-Gemeinde abgesteckt waren, oder ungewöhnlich geformte Maiskolben oder Kartoffeln. Die Kraft, die in den Huacas wirkte, wohnte auch einigen bedeutenden Menschen inne, darunter neben dem Herrscher auch manchen Curacas, die in ihren Gemeinden besondere Verehrung genossen. Auch die Körper Verstorbener waren von übernatürlichen Kräften beseelt, und daher durfte von Toten nur mit großer Achtung gesprochen werden. Neben Inti gab es zahlreiche weitere Götter, die für viele Andenbewohner von großer Bedeutung waren. Jetzt sollte diese Ordnung nicht mehr stimmen. Der unsichtbare, nur schwer zu begreifende Pachacamac war als Schöpfergott noch mächtiger als Inti. Cusi grübelte verzweifelt darüber nach. Der Priester mit seiner seltsam klingenden Stimme hatte ihnen am Ende des Tages zwar noch erklärt, dass sie weiterhin Inti und die anderen Göttern verehren könnten. Die Riten des Jahreslaufes würden so bleiben, wie sie seit allen Zeiten gefeiert worden waren. Doch sollten sie bedenken, dass über allem noch der mächtige Schöpfergott throne.

Endlich fasste Cusi den Entschluss, sein religiöses Leben nicht besonders zu ändern. Er würde auch in Zukunft Inti und die anderen Götter verehren, aber daneben natürlich auch zu Pachacamac beten und ihm Opfer darbringen.

Die drückende, schwüle Luft machte den Männern schwer zu schaffen. Die Kleider klebten feucht an ihren Körpern und sie kamen nur noch schleppend langsam voran. Vor wenigen Tagen erst waren sie voller Zuversicht aufgebrochen, um die Stämme, die in den dichten Wäldern an den Ufern des Urubamba lebten, für ihre wiederholten Überfälle auf die Grenzdörfer zu bestrafen. Viele Tausend Krieger umfasste die Streitmacht der Inka, die von Capac Yupanqui, einem Bruder des Herrschers, befehligt wurde. Siegesgewiss waren sie losmarschiert, von ihrer eigenen Stärke überzeugt, denn die Heere der Inka hatten in den letzten Jahren zahllose Siege errungen und das Reich enorm vergrößert. Und dieser Feldzug wurde gegen einen Feind geführt, der nicht einmal eine reguläre Armee besaß. Wilde Krieger waren es, die feige aus dem Hinterhalt zuschlugen, aber einer offenen Feldschlacht immer aus dem Weg gingen. Diesmal würden die Inka die Feinde zu einer Schlacht zwingen, das war jedenfalls der Plan Capac Yupanquis. Er wollte zur Hauptstadt der wilden Waldbewohner marschieren, dann müssten sich diese schon zur Schlacht stellen. Die Männer des Inkaheeres waren überzeugt, dass die Taktik ihres Feldherren von Erfolg gekrönt sein würde. Sie malten sich schon aus, wie sie ruhmbedeckt und mit reichen Schätzen beladen im Triumphzug durch Cuzco paradierten.

Doch der rasche Vormarsch war jäh zum Erliegen gekommen, als man das Hochland verlassen und die Niederungen des Urubamba erreicht hatte. Die Luft wurde heiß und trieb den Männern den Schweiß aus allen Poren. Entlang des großen Flusses erschwerten die dichten Wälder das Vorankommen. Nur mühsam konnte sich die Inkaarmee einen Weg durch das Gewirr aus Ästen und Blättern bahnen. Zu allem Überfluss schwirrten Millionen von Mücken über ihren Köpfen, sie ließen sich auf den Körpern der erschöpften Männer nieder und quälten diese mit ihren schmerzhaften Stichen. Contor schleppte sich müde und abgekämpft durch das dumpfe Grün des undurchdringlichen Urwaldes. Zum wiederholten Male klatschte die Hand auf seinen Nacken, um die lästigen Quälgeister zu verscheuchen. Doch dies war ein vergebliches Unterfangen. Immer neue Wolken stechender Insektenschwärme senkten sich auf das Inkaheer herab. Schon waren einzelne Männer verzweifelt in das Wasser des Flusses gesprungen, um auf diese Weise die Mücken zu vertreiben. Doch kaum tauchten ihre Köpfe aus den Fluten auf, stürzten sich die Plagegeister schon wieder auf die Männer. Der Fluss barg auch noch andere Gefahren. Krokodile und riesige Schlangen lauerten auf ihre ahnungslosen Opfer und schon mancher Inkakrieger war im gefährlichen Wasser spurlos verschwunden. Contor beschloss, lieber die Mückenstiche geduldig zu ertragen, als zu riskieren, von einem der grässlichen Ungeheuer verschlungen zu werden. Weiter entfernt vom Flussufer wäre der Weg nicht ganz so beschwerlich gewesen, doch die beiden Führer, die dem

Inkaheer den Weg wiesen, hatten darauf bestanden, sich nahe dem Wasser zu bewegen, um sich nicht zu verirren. Außerdem musste die Siedlung der Waldindianer am Flussufer liegen. Denn nur mit Hilfe des Wasserweges konnten sich die Menschen, die im Dschungel lebten, einigermaßen schnell fortbewegen. Doch die Inka hatten keine Boote mit, denn die vielen tausend Soldaten konnten unmöglich alle gemeinsam auf dem Fluss transportiert werden. So stolperte Contor wie die anderen weiter, setzte müde einen Fuß vor den anderen und versuchte an seine Frau zu denken. Immer wenn er Koka vor sich sah, vergaß er für kurze Momente die Pein und die Erschöpfung, bis ihn ein besonders schmerzhafter Insektenstich wieder in die Realität des Kriegszuges zurückholte.

Contor sehnte sich nach der Ruhe und Beschaulichkeit der heimischen Bergwelt zurück. Hier im Dschungel herrschte ein beständiger, ohrenbetäubender Lärm. Das Gekreische der Affen, die hoch über ihren Köpfen in den Ästen der Urwaldriesen umherturnten, übertönte die Klagelaute der geschundenen Männer. Die Siegeszuversicht der ersten Tage war längst einer monotonen Gleichgültigkeit gewichen. Gegen welchen Feind sollte man in dieser grünen Hölle auch kämpfen? Seit sie Tahuantinsuyu verlassen hatten, waren die Spuren menschlichen Lebens immer seltener geworden und jetzt hatten sie schon seit Tagen weder einen Pfad gefunden, noch eine ärmliche Behausung gesehen. Nur die grünen Pflanzen der dichten Vegetation versperrten ihnen den Weg und die zurückschnellenden Zweige hinterließen ihre schmerzhaften Spuren auf der Haut. Immer wieder mussten sie kleine Bäche durchwaten oder gerieten ganz nahe an den Fluss, wo der morastige Boden den Männern die letzten Kräfte raubte. Überall lauerten neben den Myriaden von Stechmücken Spinnen und Blutegel, die unter die Kittel der Männer krochen und sich an deren Blut labten. Das waren die Feinde, gegen die das Inkaheer im riesigen Urwald ankämpfen musste. Von den primitiven Waldindianern waren weit und breit keine Spuren zu entdecken.

Plötzlich stockte der mühselige Vormarsch und von vorne drangen aufgeregte Schreie nach hinten. Contor, der mit seinen Leuten der Vorhut zugeteilt war, kämpfte sich vorbei an erschöpften Soldaten zur Spitze der Einheit. Die beiden Führer gestikulierten aufgeregt miteinander und zeigten auf zwei überkreuzte Pfeile, die an einem Baum befestigt waren. „Was bedeutet das?", fragte Contor und wies darauf. „Das ist eine Warnung der Tukuna. Sie bedrohen alle, die weiter in den Urwald vordringen, mit dem Tod." Betreten schwiegen die Männer und ein unheimliches Gefühl machte sich breit. Contor ertappte sich dabei, wie er die Bäume nach verborgenen feindlichen Kriegern absuchte. Von hinten kam ein Vorgesetzter und besah sich das kriegerische Zeichen der Urwaldindianer. Dann gab er einen Befehl und die Männer setzten sich neuerlich in Bewegung, trotz der Müdigkeit aufmerksam die Umgebung beobachtend. Doch nirgends waren Spuren der Tukuna auszumachen. So wich die Anspannung bald wieder der Erschöpfung und die Inkasoldaten trotteten schweigend und matt immer weiter in den Urwald hinein.

Als die Dämmerung hereinbrach, suchten die Männer nach einem halbwegs trockenen Lagerplatz. Weit aufgesplittert lagerte das Heer im dichten Wald. Einige Abteilungen hatten das Glück, eine kleine Lichtung in der dichten Vegetation gefunden zu haben, die ein erst kürzlich umgestürzter Urwaldriese geschaffen hatte. Hier konnten die Soldaten ein notdürftiges Feuer entfachen und versuchen, die feuchten Kleider zu trocknen. Das schwüle Klima zerrte nicht nur an den Kräften der Inka, sondern es höhlte auch die Gesundheit der Bergbewohner aus. Immer mehr Männer lagen schwach und kraftlos, mit fiebrig glänzenden Augen und schweißgebadet auf ihren Decken und stierten teilnahmslos in die anbrechende Dunkelheit. Sie waren erst wenige Tage im Dschungel unterwegs, trotzdem litt bereits ein Großteil des Heeres an den Krankheiten, die das tropische Klima mit sich brachte.

Unentwegt kauten die Anführer Kokablätter, die zuvor mit der Asche verbrannter Tierknochen oder Pflanzen und etwas Kalk vermischt und zu kleinen Kugeln gerollt worden waren. Beim Kauen wurde Kokain freigesetzt. Man schluckte den Saft, der sich beim Kauen bildete, worauf Hunger- und Durstgefühle nachließen, die Empfindlichkeit gegen Hitze und Kälte abnahm und Müdigkeitserscheinungen vermindert wahrgenommen wurden. Capac Yupanqui und seine Unterführer fühlten sich durch den Genuss der Kokablätter noch immer gesund und stark und wunderten sich, dass ihre Männer zunehmend schwächer wurden. Doch die einfachen Soldaten durften die Kokablätter nicht kauen. Ihnen fehlte das stimulierende Aufputschmittel ihrer Anführer. So verbreitete sich im Heer langsam das Gerücht, dass Inti die Inkasoldaten in Stich ließ und für eine begangene Sünde bestrafen wollte. Unter dem Blätterdach der riesigen Bäume hatten sie tatsächlich schon tagelang die Sonne nicht mehr zu Gesicht bekommen und meinten wirklich, dass ihnen Inti zürnte und ihnen ein alles verzehrendes Fieber schickte, um die Männer an seine Allmacht zu erinnern.

Die Andenbewohner glaubten nämlich nicht an den natürlichen Ursprung von Krankheiten. Jedes Leiden brachten sie mit übernatürlichen Mächten in Verbindung, Hexen, bösen Geistern oder Göttern, die man durch eine Sünde verärgert hatte. Deshalb betrauten die Adeligen besonders ausgebildete Priester mit ihrer Heilung. Die Ausbildung der Fachleute, welche die Elite behandelten, erfolgte in Cuzco, wo neben den praktischen Fähigkeiten auch die religiösen Grundlagen für eine erfolgreiche Bekämpfung von Krankheiten gelehrt wurden. Das einfache Volk vertraute den Künsten von Medizinmännern, Zauberern und Wunderheilern.

Aufgrund der Erfahrung aus vorangegangenen Feldzügen gegen die Urwaldindianer hatten die Priester und Medizinmänner zahlreiche wirksame Kräuter und Heilpflanzen in ihrem Gepäck. Mit der gemahlenen Rinde des Chinarindenbaums bekämpften sie die Malaria und aus dem Hochlandstrauch Chilca gewannen sie ein Antiseptikum zur Behandlung der Wunden, die von den Kämpfen herrührten.

So eilten die Heiler, nachdem die Nachtlager aufgeschlagen worden waren, zwischen den Männern umher und flößten den Kranken eine Medizin ein. Gleichzeitig brachte man den Göttern Opfer dar, um zukünftigen Erkrankungen vorzubeugen und die Genesung aller bereits Erkrankten herbeizubitten.

Auch Contor und seine Einheit hatten sich auf die Suche nach einem geeigneten Lagerplatz begeben. Heute schienen sie Glück zu haben. Ein Mann entdeckte eine kreisrunde Lichtung mit einem Durchmesser von über fünfzig Metern. In der Mitte der Fläche stand ein mächtiger Baum, dessen weit ausladende Äste und Zweige die beinahe vegetationslose Fläche überdachten. Hier konnte man nach vielen unbequemen Nächten endlich wieder ein ordentliches Feuer entfachen. Frohgelaunt betraten die Männer die einladende Lichtung. Heute würden sie ihre nassen Kleider trocknen können und auch etwas Warmes in ihre Mägen bekommen. Kaum waren sie ein paar Schritte weit gegangen, brach schon der vorderste Mann laut schreiend zusammen und krümmte sich schmerzverzerrt auf der Erde. Er fuchtelte wie wild mit seinen Armen und Beinen und versuchte verzweifelt, sich die Kleider vom Leib zu reißen. Contor, der im ersten Moment an einen Überfall der Waldindianer gedacht und sogleich Deckung gesucht hatte, sprang auf und eilte zu dem tobenden Mann. „Was ist los mit dir, Tumi?", schrie er laut, um seine eigene Angst zu übertönen. Die übrigen Inka folgten ihm, hielten aber erschrocken inne, als sie sahen, was den armen Mann so quälte. Riesige, schwarze Ameisen, jedes Exemplar über zwei Zentimeter lang, bedeckten zu Tausenden den Inkakrieger. Contor hatte sich inzwischen über den Mann gebeugt und schlug mit seinen Händen auf die großen Insekten ein, um diese zu vertreiben, während sich Tumi mit grotesk anmutenden Bewegungen über den Boden wälzte. „Nicht bewegen, bloß nicht mehr bewegen!", schrie da einer der Führer. „Die Ameisen verteidigen den Baum und attackieren alles, was sich bewegt. Bleibt ganz ruhig, dann lassen sie von ihm ab!" Contor hörte auf, auf die

Ameisen einzuschlagen, und stand da, steif wie ein Stock. Auch Tumi versuchte ganz ruhig zu bleiben. Er spannte jeden einzelnen Muskel seines Körpers an und lag vollkommen regungslos auf der Erde. Seine geschundene Haut war voller Bisse, aus vielen Wunden tropfte Blut und überall bildeten sich große, hässliche Beulen. Langsam krabbelten die Ameisen von Tumi und verschwanden in ihrem Baum. Jetzt erst brüllte Tumi seine Schmerzen in den Wald, doch war ihm auch die Erleichterung anzumerken, dass die Plagegeister von ihm abgelassen hatten.

„Ich hätte nicht gedacht, dass es so etwas wirklich gibt", schüttelte der Führer den Kopf. „Was war das?", fragte Contor, sichtlich geschockt von dem eben Erlebten. Die übrigen Männer bildeten einen Kreis um den Führer und blickten ihn fragend an. „Mein Dorf liegt am Urubamba", begann dieser schließlich, „meist sind die Tukana friedlich. Hin und wieder tauchen einige von ihnen auf, um Handel mit uns zu treiben. Dabei erzählen sie von geheimnisvollen Lebewesen und Dingen, die es im Urwald geben soll. Mir schienen diese Erzählungen übertrieben. Ich dachte mir, die Schauermärchen der Tukana sollten uns davon abhalten, in den großen Wald zu gehen. So berichteten sie von riesigen Schlangen, die über sechs Ricra lang werden, ihre Opfer umschlingen und erwürgen, bevor sie diese hinunterschlingen. Stellt euch das nur vor, sechs Ricra lang. Das entspricht der Größe von sechs erwachsenen Männern. Ich jedenfalls habe das immer für eine maßlose Übertreibung gehalten. Ebenso soll es in den Flüssen Schwärme von etwa handgroßen Fischen geben, die in sekundenschnelle ein Wildschwein bis auf die Knochen abnagen können. Sagt selbst, klingt das nicht wie eine Lüge?" „Ja, ja, du hast recht, das ist kaum zu glauben, aber was ist mit den Ameisen?", wollte Contor wissen. „Die Ameisen, die riesengroßen Ameisen!", begann der Führer wieder zu sprechen. „Einige Tukana lachten über die kleinen Ameisen, die überall in unserem Dorf herumkrabbeln. Sie sagten, im Dschungel gebe es so viele unterschiedliche Arten wie Sterne am Himmel. Die meisten von ihnen seien harmlos, doch es gebe auch Ameisen, die riesige Schwärme bilden und als unbesiegbare Armee umherziehen würden. Alles, was ihnen auf ihrem Marsch begegne, werde von den Ameisen aufgefressen, egal, ob es sich um Pflanzen oder um Tiere handle. Niemand könne die gefräßigen Insekten aufhalten. Sie würden sogar über Bäche und kleine Flussläufe schwimmen können, haben die Tukana erzählt. Und schließlich berichteten sie von den Ameisenbäumen. Ich glaube, der mächtige Baum auf der Lichtung ist so einer." Der Mann zeigte auf den Urwaldriesen, der einsam seine Zweige zum Himmel reckte. „Die Ameisen leben in diesem Baum. Sie verteidigen ihn und greifen alle Lebewesen an, die dem Baum zu nahe kommen. Selbst Pflanzen werden von den Ameisen gefressen. Überall im Dschungel sieht man auf den Bäumen Schlingpflanzen, doch niemals auf einem Ameisenbaum. Keine Vögel bauen auf ihm ihre Nester und selbst die Affen machen einen großen Bogen um ihn. Darum nennen die Tukana die vegetationslose Lichtung, die einen solchen Baum umgibt, einen Teufelsgarten. Bisher habe ich geglaubt, das wäre eines der Märchen der Tukana, doch nun habe ich mit eigenen Augen gesehen, dass es den Ameisenbaum und den Teufelsgarten tatsächlich gibt."

Contor nickte zustimmend: „Wir sollten uns besser in einem Sicherheitsabstand von dem Baum aufhalten. Ein verletzter Mann genügt." Tumi war inzwischen von einem Medizinmann behandelt worden, der seinen ganzen Körper mit Chilca eingerieben hatte und nun ein Gebet murmelte, damit die Götter ihren Teil zur Heilung beitrugen. Der Verletzte sah bedauernswert aus, über und über war er mit großen Schwellungen bedeckt, die einen fürchterlichen Juckreiz verursachten. „Du darfst dich nicht kratzen, dann heilen die Insektenbisse schneller." Tumi versprach, sich zusammenzunehmen und die Wunden nicht anzurühren. Einen Vorteil hatte der Teufelsgarten, das stellten die Männer jetzt fest. Nirgends schwirrten Stechmücken durch die Luft, ebenso krabbelten weder Spinnen noch andere unangenehme Plagegeister auf dem Boden umher. Wenigstens davor waren die Männer in dieser Nacht geschützt, sonst wäre vor allem Tumi den blutsaugenden Insekten fast schutzlos ausgeliefert gewesen. „Der Urwald steckt voller Überraschungen", überlegte Contor, „womöglich existieren auch die Riesenschlangen und die anderen Ungeheuer, von denen der Führer erzählt hat." Dann teilte er seine Männer zum Wachdienst ein und schärfte ihnen ein, besonders vorsichtig zu sein und dem Ameisenbaum nicht zu nahe zu kommen. Ein großes Tier oder die feindlichen Tukana konnten sich nicht von dieser Seite dem Lagerplatz des Inkatrupps nähern.

Am nächsten Tag quälten sich die Männer wieder durch den Urwald weiter, nur langsam, unendlich langsam kamen sie voran. Wie eine kilometerlange Schlange wand sich das Inkaheer durch die dichten Wälder am Urubamba. Die Kranken hatte man an einem zentralen Lagerplatz zurückgelassen, trotzdem stockte der Vormarsch unentwegt. Umgestürzte Baumriesen, morastige Stellen oder das dichte Blätterwerk verhinderten ein rascheres Vorankommen. Die hohe Luftfeuchtigkeit und das mühsame Marschieren durch das unwegsame Gelände ließ die Soldaten bald ermüden. Einen Teil trug auch das ständig diffuse Licht bei, denn die Sonnenstrahlen vermochten sich nicht durch das Gewirr von Pflanzen bis zum Erdboden durchzukämpfen. Einer hinter dem anderen bewegten sich die Männer durch die feuchtheiße, grüne Hölle. Jeder sah nur den Rücken seines Vordermannes oder links und rechts von sich die eintönig und im schummrigen Licht grau scheinenden Pflanzen des Urwaldes. Immer wieder ließen sich blutsaugende Schmarotzer von den Bäumen auf die Männer fallen und verursachten mit ihren Stichen oder Bissen juckende Wunden auf der gepeinigten Haut. Näherte man sich zu sehr dem Flusslauf des Urubamba, stürzten sich sogleich Myriaden von Stechmücken auf die Inka. Besonders zu leiden an diesen Quälgeistern hatten die Lamas, die man als Tragtiere mitgenommen hatte. Sie waren förmlich mit Insekten und Blutegeln übersät und schon manches brave Tier war in dieser für sie ungewohnten Umgebung zusammengebrochen.

Die Aufmerksamkeit der Soldaten ließ immer mehr nach und schon bald war das gestern gefundene Warnzeichen der Tukana vergessen.

Die Männer der Vorhut, zu denen auch die Leute aus Pachamarca gehörten, mühten sich ab, für die nachfolgenden Einheiten möglichst gangbare Pfade zu erkunden. Contor musste schon wieder an Koka denken und vergaß für kurze Momente die Strapazen, denen er ausgeliefert war. Seine Frau hatte ihm eingeschärft, besonders wachsam zu sein und gut auf sich aufzupassen. Er hatte ihre Warnungen in den Wind geschlagen, da er angenommen hatte, dieser Feldzug würde genauso verlaufen wie alle anderen, die er bisher mitgemacht hatte. Was war das für ein Irrtum gewesen. Hier im Dschungel war nichts so wie in der reinen Atmosphäre der Bergwelt. Sogar der Feind schien sich in Luft aufgelöst zu haben. Nirgends waren Anzeichen der Tukana zu sehen, abgesehen von ihrem Warnzeichen, den beiden gekreuzten Pfeilen, die sie gestern gefunden hatten. Wie sollte man gegen einen Feind kämpfen, der anscheinend beschlossen hatte, einer Schlacht, ja sogar einem kleinen Scharmützel aus dem Weg zu gehen.

Plötzlich schrie einer der Männer auf und brach zusammen. Sofort war alle Müdigkeit verschwunden und die Inka packten ihre Waffen und machten sich kampfbereit. Doch außer den Schmerzenslauten des auf dem Boden Liegenden war nichts zu hören. Contor eilte zu dem verletzten Mann und sah, dass ein kleiner Pfeil in dessen Oberschenkel steckte. Mit einem kräftigen Ruck zog er das gefiederte Geschoss aus der Wunde. Schon war einer der Führer zur Stelle. „Tukana", flüsterte er, „sie kämpfen mit Blasrohren und Pfeil und Bogen. Dieser kleine Pfeil wurde von einem Blasrohr abgeschossen. Wahrscheinlich ist er vergiftet. Die Tukana stellen nämlich äußerst wirksames Gift her, das binnen weniger Augenblicke bei ihren Beutetieren zum Tod führt. Ich fürchte, auch diesem Mann wird nicht zu helfen sein." Kaum waren diese Worte verklungen, als der verwundete Mann von einem heftigen Zucken befallen wurde.

Sein Brustkorb bebte, er röchelte laut hörbar nach Atemluft und seine Finger verkrampften sich, verzweifelt nach Halt suchend, im Erdboden. Ein letztes Aufbäumen und schon sank der Kopf kraftlos nach hinten, während die glasigen Augen starr auf einen Punkt weit in der Ferne gerichtet zu sein schienen. Der Mann war tot, das Pfeilgift hatte binnen Sekunden seine Wirkung getan.

Erschrocken musterten die Männer den Toten, während sie sich in den Schutz des Dickichts zurückzogen. Aber wo sollte man sich verstecken? Der unsichtbare Feind konnte überall lauern und aus einem sicheren Versteck einen nach dem anderen töten. Ein Unterführer Capac Yupanquis kam nach vorne und erkundigte sich, warum es eine Stockung gegeben hatte. Er befahl den Männern der Vorhut weiter vorzustoßen. Man musste doch bald die Siedlung der Tukana erreichen, wenn sie jetzt begannen, das Inkaheer zu bekämpfen. Vorsichtig pirschten sich Contor und seine Leute vorwärts, auf das leiseste Geräusch achtend und die geringste Bewegung wahrnehmend. Die Sinne der Soldaten waren auf das Äußerste gespannt, jeden Augenblick befürchteten sie, in einen neuen Hinterhalt zu geraten. Die Müdigkeit war wie weggeblasen. Die Tatsache, dass endlich ein Kampf bevorstand, wirkte auf die Männer erlösend und befreiend.

Vorsichtig arbeiteten sich die Inka durch das Dickicht. Erst jetzt wurde ihnen bewusst, dass im Urwald ein ständiges Kreischen zu hören war. Immer wieder peitschten Contor zurückschnellende Äste ins Gesicht. Er unterdrückte die Schmerzenslaute, damit ihm kein ungewöhnlicher Ton entgehen konnte. Da hielt der Führer vor ihm mitten in der Bewegung inne und deutete stumm geradeaus. Contor folgte mit seinen Augen der ausgestreckten Hand und konnte eine kleine Lichtung ausmachen. Dort standen sie, besser gesagt, dort stand ein Tukanakrieger. Endlich hatten sie einen Feind gesichtet. Contor wandte sich um und machte den nachfolgenden Inka ein Zeichen. Regungslos verharrten alle auf ihren Plätzen und wussten im ersten Moment nicht, was sie unternehmen sollten. Der Unterführer schlich sich vorsichtig zur Spitze der Vorhut und nahm den Tukana mit eigenen Augen ins Visier. Einem gezielten Schleudereinsatz standen zu viele Bäume und Sträucher im Wege. Der Tukana schien zu ahnen, dass ihm keine Gefahr drohte. Er stand am anderen Ende der Lichtung, etwa fünfzig Meter von den Inka entfernt und verzog keine Miene, wie eine unbewegliche Statue. Die Inka starrten zu ihm hinüber und er blickte zurück, stolz und verächtlich, so kam es Contor zumindest vor.

Plötzlich, nach unendlich lang dauernden Minuten, kam Leben in den versteinert dastehenden Krieger. Er hob einen Arm trichterförmig an seinen Mund und schrie etwas zu ihnen herüber. Dann setzte er sich in Bewegung. Langsam und vorsichtig trat er ein paar Schritte vor, ständig auf der Hut vor ihren Waffen und jeden Augenblick zur Flucht bereit. Als er sich einige Meter auf die Lichtung hinaus gewagt hatte, hielt er unverwandt an. Noch einmal schrie er, so laut er konnte, dann drehte er sich um, bückte sich, hob seinen Lendenschurz und zeigte den Inkas sein blankes Hinterteil. Ein wütendes Geschrei der Bergbewohner folgte dieser beleidigenden Geste. Ohne den Befehl ihres Anführers abzuwarten, stürzten die Inka auf die Lichtung und wollten den Tukana töten. Dieser jedoch war schneller als ein Pfeil im dichten Unterholz verschwunden. Ohnmächtig vor Wut folgten ihm die Inkasoldaten. „Rache, Rache für diese Schmach!", das war ihr einziges Ziel.

Da gab mit einem Male der Boden unter den Füßen der Männer nach und sie versanken bis zur Brust in einem schlammigen Morast. Einige der nachfolgenden Soldaten konnten nicht mehr abbremsen und stürzten ebenfalls in die Grube, die sich urplötzlich aufgetan hatte. „Treibsand!", schrie einer der Führer. „Schnell, bringt Seile, damit wir die Männer herausziehen können!" Zwölf Inka waren in diese Falle der Tukana geraten. Verzweifelt versuchten sie, sich aus dem Treibsand zu befreien. Doch je mehr sie sich bewegten und abmühten, desto tiefer und schneller versanken sie im tödlichen Sumpf. „Ruhig bleiben, ihr müsst ganz ruhig bleiben!", schrie ihnen Contor zu. „Versucht die Seile zu erreichen, die wir euch zuwerfen." Schon klatschten die ersten Stricke auf die trügerische Oberfläche und die versinkenden Männer griffen gierig danach. Drei Glückliche hatten ein Seil erhascht und wurden bereits zum rettenden Grubenrand gezogen, während immer mehr Stricke zu den im Treibsand Steckenden geworfen wurden. Da zischte es plötzlich und ein Hagel von Pfeilen ergoss sich über die Inka. „Zurück, die Tukana schießen mit Giftpfeilen auf uns!" Von panischer Furcht erfüllt flohen die Soldaten hinter die schützenden Bäume, doch ein paar von ihnen blieben, von Pfeilen getroffen, reglos auf der Lichtung zurück. Als das die Männer im Treibsand bemerkten, schrien sie, von Todesangst gepackt, qualvoll auf. Sie bemühten sich mit all ihren Kräften, aus der Falle zu entkommen, streckten ihre Arme in die Höhe und wollten mit aller Gewalt zum rettenden Ufer gelangen. Aber sie spürten keinen Grund unter den Fußsohlen und versanken immer tiefer. Schon reichte den ersten der Morast bis zum Hals. Verzweifelt riefen sie ihren Kameraden zu, ihnen doch zu helfen. Zwei Inka hielten das Elend nicht mehr aus. Sie verließen die schützende Deckung, sanken aber im selben Augenblick, von Giftpfeilen getroffen, tödlich verwundet zu Boden.

Contor verschloss seine Ohren und Augen. Was sich vor ihm abspielte, war schrecklich. Er konnte nichts tun, um seinen Freunden, die im Treibsand einem schrecklichen Ende entgegensahen, zu helfen. Wer sich den Unglücklichen näherte, war selbst des Todes. Contor weinte still vor sich hin. Dieser verdammte Urwald würde noch das Grab von allen werden. Niemand konnte die Tukana wirksam bekämpfen. Sie waren die Herren des Dschungels und die stolzen Inka waren ihnen auf Gedeih und Verderb ausgeliefert. Es würde keine große Schlacht geben, die Tukana würden weiterhin aus dem Hinterhalt angreifen, wann und wie es ihnen beliebte. Dem stolzen Heer der Inka blieb nur der schmachvolle Rückzug. Das hatte Contor jetzt eingesehen. Seine Frau hatte recht gehabt. Dieser Feldzug war nicht so wie die anderen. Hier kämpfte ein Feind, der grausam und gnadenlos aus seinem sicheren Versteck heraus zuschlug.

Dann war es schlagartig still, totenstill. Selbst die unentwegt über ihren Köpfen hoch oben in den Bäumen kreischenden Affen hielten für einige Augenblicke in ihrem Lärmen inne. Eine tödliche Stille senkte sich über das Inkaheer. Vorsichtig spähte Contor zwischen ein paar Zweigen auf die Lichtung. Ruhig und glatt lag der Treibsand vor ihnen. Nichts erinnerte mehr an die Tragödie, die sich vor wenigen Minuten dort abgespielt hatte. Aber auf dem festen Boden lagen die von den Giftpfeilen getöteten Inka mit weit aufgerissenen Augen, in denen sich noch die Überraschung über den unerwarteten Todes widerspiegelte. Hie und da hörte man einen vereinzelten Vogellaut. Schließlich erwachte der Urwald wieder aus der Stille des Todes und die Tiere lärmten, als ob sich nichts Besonderes ereignet hätte.

Langsam löste sich auch bei den Inkas die furchtbare Lähmung. Noch immer erschüttert über den qualvollen Tod ihrer Kameraden beratschlagten sie, was weiter zu unternehmen sei. Contor und die meisten Männer der Vorhut hatten längst die Illusionen verloren. Zu den physischen Qualen des Dschungelmarsches kamen nun noch die psychischen Ängste wegen der ständigen Bedrohung durch einen unsichtbaren Feind hinzu. Umkehren, nur schnell weg aus dieser Todesfalle! Das waren die einzigen Gedanken der Männer. Doch der Feldherr wollte noch nicht aufgeben. Capac Yupanqui befahl den Leuten, immer weiter in die grüne Hölle vorzustoßen. Die Inka hatten von Kindesbeinen an gelernt, ohne Widerspruch den Befehlen der Vorgesetzten zu gehorchen. So marschierten sie vorwärts, jedoch ohne Siegeszuversicht und mit hängenden Köpfen. Contor und seine Einheit waren allerdings abgelöst worden. Sie bildeten nicht mehr die Vorhut, sondern reihten sich am Ende des Heerwurmes ein.

Zwei Tage später erkannte Capac Yupanqui die Sinnlosigkeit seines Unternehmens. Das Heer der Inka war in weitere Hinterhalte geraten und hatte laufend Verluste erlitten. Jetzt schäumte der General vor Wut: „Was soll ich nur meinem Bruder, dem großen Inka, berichten, wenn er mich nach dem Verlauf des Feldzuges fragt? Soll ich ihm sagen, dass wir keinen einzigen Feind getötet oder gefangen haben? Im Gegenteil, das bis jetzt unbesiegbare Heer hat eine Niederlage nach der anderen erlitten. Wir sind im sumpfigen Morast versunken, wir haben viele gute Soldaten verloren und der Großteil des Heeres ist an Fieber erkrankt. Wir haben versagt! Nein, ich der oberste General habe versagt!" Vor Wut schrie und tobte Capac Yupanqui und seine Unterführer versuchten ihn zu beruhigen. „Einen Erfolg können wir doch vermelden, erhabener Feldherr. Wir haben die Siedlung der Tukana erobert und völlig zerstört." „Ha, die Siedlung! Diese armseligen Holzhütten kann man doch nicht als Siedlung bezeichnen. Nicht einmal ein elender Bettler würde in Tahuantinsuyu in so einer Behausung wohnen wollen. Wenn wir abgezogen sind, haben die Tukana ihre Hütten binnen weniger Stunden wieder aufgebaut. Und nichts war in diesem Dorf zu finden außer Ungeziefer. Nein, wir stehen mit leeren Händen da." „Zumindest haben wir die Tukana aus ihren Hütten vertrieben. Sie sind vor uns geflohen", warf ein Unterführer ein. „Geflohen nennst du das", brauste Capac Yupanqui erneut auf, „sie sind nicht geflohen. Sie haben uns in den Urwald gelockt, in der Absicht, uns hier zu vernichten." Capac Yupanqui nahm einen großen Schluck Chicha und warf das leere Gefäß wütend zu Boden. „Aber sie sind doch einer Schlacht ausgewichen. Die Tukana haben Angst vor dem mächtigen Inkaheer", versuchte ein anderer Anführer zu beschwichtigen. „Angst haben sie vielleicht vor uns, aber ich glaube nicht, dass sie feige sind." „Warum kämpfen sie dann nicht wie richtige Männer, sondern verstecken sich vor uns und beschießen uns mit ihren Giftpfeilen?" „Sie wissen, dass sie in einer offenen Feldschlacht hoffnungslos unterlegen wären. Daher weichen sie dem ehrlichen Zweikampf aus. Ihre Taktik besteht darin, uns im Kreis durch den Urwald zu führen, bis wir alle von ihren verdammten Giftpfeilen getroffen, in Sümpfen ertrunken, von den Insekten aufgefressen oder am Fieber zugrunde gegangen sind." Zornig zertrat Capac Yupanqui einen Tausendfüßer, der vor seinen Beinen auf dem Boden dahinkrabbelte. „Wenn ich einen dieser elenden Tukana in die Finger bekomme. Bei lebendigem Leib würde ich ihm die Haut abziehen. Jeden Knochen in seinem Leib ließe ich ihm einzeln brechen. Er würde schon merken, was es heißt, einen Inka zu beleidigen." Der Feldherr spuckte aus und ließ sich resigniert auf einem Hocker nieder, der für ihn aufgestellt worden war. Er stützte sein schweres Haupt in die Hände und überlegte krampfhaft nach einem Ausweg aus diesem Albtraum. Mehrmals schüttelte er seinen Kopf heftig hin und her, sodass die langen Haare wie ein schwarzes Tuch sein Gesicht umrahmten, und ballte wiederholt die Fäuste so fest zusammen, dass sich die Fingerknochen unter der dunklen Haut weiß abzeichneten.

Schließlich erhob er sich und sagte mit gepresster Stimme: „Es nützt alles nichts. Jedes weitere Vorrücken würde nur unnötige Menschenleben kosten. Wir haben verloren. Lasst uns diesen grauenvollen Dschungel auf dem schnellsten Weg verlassen und in die geliebte Bergwelt zurückkehren." Wie ein Lauffeuer verbreitete sich die Nachricht im ganzen Heer: „Rückzug! Der Oberbefehlshaber hat den Rückzug angeordnet!"

Erleichtert nahmen die Männer diese Botschaft zur Kenntnis. Endlich konnten sie den tödlichen Urwald wieder verlassen. Der Rückmarsch würde leichter werden. Sie brauchten nur dem Pfad folgen, den sie bei ihrem Vormarsch in den Dschungel in die dichte Pflanzendecke geschlagen hatten.

„Geht schon weiter, ich komme gleich nach", sagte Contor zu seinen Leuten, „ich muss mich nur schnell erleichtern." „Jetzt brauchst du doch keine Angst mehr zu haben, es geht wieder heimwärts", machte einer der Männer einen Witz. Contor lachte kurz auf: „Wenn man dich zur Begleitung hat, muss man immer auf der Hut sein." Dann verschwand er hinter dem nächsten Busch und hob seinen Kittel. Inti sei Dank, bald würden sie den verfluchten Urwald hinter sich lassen und wieder die reine Luft der heimischen Berge atmen. Wenn er noch länger hier bliebe, würde er in der feuchten Luft vermodern. Unablässig prasselte ein feiner Sprühregen durch das Blätterdach. Das Trocknen der Kleider über dem nächtlichen Feuer war ein sinnloses Unterfangen. „Verfluchter Regenwald! Verdammte Tukana!", dachte sich Contor, während er sich erleichterte. Er freute sich schon auf Koka. Bei der Erinnerung an seine Frau fühlte er, wie sich sein Glied zu versteifen begann. „Das ist jetzt aber ein ungünstiger Zeitpunkt, das erschwert nur das Wasserlassen." Trotzdem konnte er sich nicht davon lösen, an Koka und ihre herrlichen Rundungen und ihre einladende Öffnung zu denken. Endlich war er fertig und wollte seinen Kameraden folgen.

Da vernahm er einen erstickten Schrei, der sogleich in ein verzweifeltes Keuchen überging. Contor spannte alle Sinne an und hörte ein leises Rascheln, keine zehn Schritte von ihm entfernt. „Wer oder was kann das sein?" Contor spürte, wie sich die Härchen an seiner Hand vor Spannung aufstellten. Er verhielt sich mucksmäuschenstill und lauschte gespannt in das Dickicht. Sollte er seinen Freunden auf dem schnellsten Wege folgen oder sollte er nachschauen, was sich hinter der dichten Pflanzendecke verbarg. Schließlich siegte seine Neugier.

Was er sah, ließ seinen Atem stocken. Eine riesige Schlange hatte einen Tukana gepackt und drohte ihn mit ihrem Körper zu erwürgen. Mit aller Kraft versuchte sich dieser gegen den übermächtigen Gegner zu wehren, doch seine Mühen waren vergeblich. Die Bewegungen des Tukana wurden immer langsamer und er rang angestrengt nach Luft. Die Schlange schlang ihren Leib ringförmig um den sich verzweifelt abmühenden Indianer und begann ihn langsam zu ersticken. Die Waffen des Tukana waren zu Boden gefallen. Contor erblickte ein Blasrohr und einen Behälter mit Giftpfeilen. Das war also einer der Feinde, der wahrscheinlich in den vergangenen Tagen viele seiner Kameraden getötet hatte.

Doch Contor vergaß in diesem Augenblick alle Rachegedanken. Vor ihm kämpfte ein Mensch gegen ein schreckliches Tier um sein Leben. Da gab es für den Inka nur einen Gedanken: „Ich muss diesem armen Kerl helfen! Aber wie?" Contor überwand seine Furcht, legte sein Bündel ab und stürmte auf die Schlange los. Er griff mit seinen Händen nach dem Leib des Tieres. Erstaunt stellte er fest, dass die Haut nicht nass und rutschig war, wie er sich das vorgestellt hatte, sondern rau. Contor riss und zerrte mit aller Kraft, damit die Riesenschlange von ihrem Opfer abließ, aber ohne Erfolg. Der Inka erkannte die enorme Stärke des Reptils und auch, dass er gegen diese gewaltigen Muskeln alleine nichts ausrichten konnte. Der Tukana röchelte nur mehr ganz schwach und war bewusstlos geworden.

Verstimmt über die plötzliche Störung wandte die Schlange ihren Kopf Richtung Contor, riss das gewaltige Maul auf und zischte bösartig. Der Inka ließ das Reptil los und wich einige Schritte zurück. Dabei stolperte er über den Köcher mit den Giftpfeilen. Im selben Moment hatte Contor die rettende Idee. „Wenn die Pfeile für uns Menschen tödlich sind, wird das Gift hoffentlich auch bei der Schlange wirken." Vorsichtig nahm er einen der Pfeile an sich und näherte sich wiederum dem Ungetüm. Die Riesenschlange bewegte ihren Kopf hin und her und stieß ihn gegen den neuen Gegner, ohne dabei den eisernen Würgegriff, mit dem sie den Tukana umschloss, zu lockern. Contor wich dem Kopf des Riesentieres geschickt aus und umklammerte den Giftpfeil mit seiner rechten Hand. Jetzt kam es auf den richtigen Augenblick an. Als die Schlange neuerlich mit ihrem weit geöffneten Rachen auf den Inka zuschnellte, wartete Contor auf die passende Gelegenheit, sprang wie ein Jaguar nach vorne und bohrte den Pfeil tief unter ihre Haut, während er sich geschickt abrollte und sofort wieder auf seinen Beinen stand. Er nahm einen neuen Pfeil aus dem Köcher und drehte sich sogleich Richtung Schlange. Diese zuckte plötzlich wie wild und öffnete endlich die tödliche Umklammerung. Dann rollte sie über den Waldboden und versank schließlich in einem kleinen Flusslauf. Ein letztes Zucken und die Riesenschlange war nicht mehr zu sehen.

Contor eilte auf den Tukana zu, kniete neben ihm nieder und fühlte, ob dessen Herz noch schlug. Ganz schwach bewegte sich die Brust des Bewusstlosen auf und ab. Ein gutes Zeichen, das bedeutete, dass er noch lebte. Contor blickte sich um, er suchte einen Behälter, mit dem er dem Indianer Wasser einflößen konnte. „Kaum braucht man in diesem elenden Regenwald Wasser, ist natürlich nichts zu finden." Er stand auf und lief zu seinem Bündel, in dem er ein Trinkgefäß aufbewahrte, nahm es an sich und ging wieder zu dem Tukana. Doch ehe er ihn erreicht hatte, wurde er hinten von kräftigen Händen gepackt. Noch bevor er richtig reagieren konnte, löschte ein Schlag auf das Hinterhaupt sein Bewusstsein aus.

Als Contor wieder zu sich kam, spürte er ein pochendes Hämmern an seinen Schläfen. Vor Schmerz stöhnte er auf und wollte sich zur Seite drehen, stellte aber im selben Moment fest, dass er an Händen und Füßen gefesselt war. Mühsam öffnete er die Augen und erkannte, dass er in einer Hütte lag. Doch da schlossen sich seine bleischweren Lider auch schon wieder und er fiel binnen Sekunden in einen tiefen Schlaf, aus dem er erst Stunden später erwachte. Die Fesseln schnitten in sein Fleisch und die Zunge klebte an seinem Gaumen. Sein Kopf fühlte sich an, als hätte ein Bienenschwarm eine neue Behausung gefunden. Rote Sterne und funkelnde Blitze tanzten vor seinen glasigen Augen. Wie aus weiter Ferne hörte er seine Stimme heißer krächzend hervorstoßen: „Wasser! Bitte Wasser!" Irgendjemand hielt ihm ein hölzernes Gefäß an die aufgesprungenen, rissigen Lippen. Contor saugte und schluckte gierig das Leben spendende Nass in seinen Körper. Langsam kehrten die Lebensgeister zurück und die Sterne und Blitze verschwanden aus seinem Blickfeld. Er stellte fest, dass er noch immer in der Hütte lag. Mitten im Raum brannte ein Feuer und der rötliche Schein erleuchtete gespenstisch die Umgebung. Der Inka erkannte mehrere Personen, Männer, Frauen und Kinder, die ihn feindselig anblickten und in einer fremdartigen Sprache miteinander tuschelten. „Wo bin ich? Was ist geschehen?" Doch nur ein verständnisloses Kopfschütteln war die einzige Antwort, die er erhielt. Ein Mann verließ die Hütte, als er bemerkte, dass der Inka wieder zu sich gekommen war.

Nachdem Contor seinen ärgsten Durst gelöscht hatte, verspürte er in seinen Eingeweiden ein nagendes Hungergefühl. Wie lange er wohl schon in der Hütte lag? Wie war er eigentlich hierhergekommen. Er zermarterte sein Hirn, das trotz der Kopfschmerzen funktionierte. Langsam kehrte die Erinnerung zurück. Ein Tukana war von einer riesigen Schlange angefallen worden und er hatte versucht, dem armen Mann zu helfen. Lebte dieser Mann eigentlich noch? Contor vermeinte sich zu entsinnen, dass der Waldindianer noch geatmet hatte. Dann war es mit einem Male ganz schwarz um ihn geworden und jetzt lag er gefesselt in einer Hütte. Contor strengte sich an, aber er konnte sich keinen Reim darauf machen, wie er zu den Tukana gekommen war. Plötzlich dämmerte es ihm. Die Tukana waren seine Feinde und er war mit einem Inkaheer in den Urwald gezogen, um sie zu töten. Jetzt war er in ihrer Gewalt. Was würden sie mit ihm anstellen? Contor überkam auf einmal Todesangst. Der Führer hatte viel von den Gefahren des Waldes erzählt, von den Schrecknissen der Tierwelt, aber auch von den Grausamkeiten der Indianer. Sie unterzogen sich selbst furchtbaren Qualen, um schmerzunempfindlich zu werden. Welche Torturen hatten sie da mit einem todgeweihten Gefangenen vor. Contor schauderte, als er daran denken musste. Wäre es nicht besser und barmherziger gewesen, von der Riesenschlange verschlungen zu werden oder schon in den Tagen zuvor an einem vergifteten Pfeil zu sterben. Nun erwartete ihn ein wahrscheinlich äußerst qualvolles Ende. Darum blickten ihn die Frauen und Kinder in der Hütte so feindselig an und die Männer musterten ihn abschätzend.

Nein, er wollte noch nicht sterben, nicht hier und nicht auf diese Weise. Wieder kamen ihm die Worte seiner Frau in den Sinn: „Timu möchte dich loswerden. Du bist sein Nebenbuhler. Er begehrt mich auch. Sei vorsichtig!" Und er hatte geglaubt, vor Stolz und Ehre zu vergehen, als ihm der Häuptling den Befehl über die Krieger Pachamarcas anvertraut hatte. Curaca Hacaroca hatte gewusst, dass dieser Feldzug ein langwieriges und verlustreiches Unternehmen würde. Darum hatte er Contor zum Anführer der Männer des Dorfes bestimmt und nicht seinen Sohn. Jetzt schien der Plan der beiden aufzugehen. Contors Knochen würden im Dschungel vermodern und Timu würde Koka als Ehefrau bekommen. Ein stählerner Ring der Bitternis und des Verlorenseins schloss sich um Contors Brust und sein Herz begann vor Trauer und Eifersucht zu bluten, als er an seine wunderschöne Frau dachte. Er schluchzte wild auf und riss an seinen Fesseln, dass die Tukana zusammenfuhren und ihn erstaunt anstarrten. Contor sah sie der Reihe nach an und grimmige Blicke zuckten aus seinen Augen. Er würde um sein Leben kämpfen, wie noch nie ein Inka gekämpft hatte. Das nahm er sich vor. So lange sein Herz schlug, würde er nichts unversucht lassen, um zu entkommen. „Wenn es Nacht wird, muss ich einen Weg finden, um die Fesseln loszuwerden, dann muss ich fliehen. Der Führer hat gesagt, die Tukana fürchten die Geister der Dunkelheit. So bekomme ich einen großen Vorsprung und kann vielleicht noch das Inkaheer einholen. Ja, in der Nacht werde ich flüchten." Von neuer Zuversicht erfüllt, atmete Contor langsam ein und aus und allmählich beruhigte sich sein aufgewühlter Zustand.

Da öffnete sich der Bastvorhang, mit dem die Hütte verschlossen war, und einige finster blickende Männer betraten den Raum. Sie kamen auf Contor zu und ehe sich dieser versah, hatten sie ihn auch schon unsanft gepackt und rissen ihn von seiner Liegestatt hoch. Dann nahmen sie ihn in ihre Mitte und zerrten ihn aus der Hütte. Contor versuchte mit ihnen Schritt zu halten, doch die enge Beinfesselung behinderte seine Bewegungen. So stolperte er und wurde von den Tukana grob mitgeschleift. Er stöhnte vor Schmerz auf, doch das schien sie nicht zu bekümmern. Im Freien nahm

Contor wahr, dass mehrere Hütten kreisförmig auf einer kleinen Lichtung standen. In der Mitte der freien Fläche wartete der Häuptling mit den anderen Männern. Contor erkannte ihn an seinem bunten Federschmuck. Alle Krieger waren mit Blasrohren oder mit Pfeil und Bogen bewaffnet und blickten feindselig, als der Inka zu ihnen gebracht wurde. Der Häuptling rief etwas, sofort ließen die Männer Contor los und dieser fiel kopfüber auf den Boden. Wie versteinert betrachteten ihn die Waldindianer, als er sich abmühte, auf die Knie zu kommen. Endlich gelang es ihm, seinen Oberkörper aufzurichten. Kniend musterte er die Krieger, die ihn umringten. Er spürte ihre hasserfüllten Blicke und ihn fröstelte trotz der Schwüle, die schwer auf dem Dorfplatz lastete. Der Häuptling begann zu sprechen und seine Leute nickten zustimmend. Als er mit seiner Rede fertig war, schrien alle auf und schauten den gefangenen Inka voll kalter Wut an. Einer der Männer ergriff das Wort: „Elender Wurm von einem Inka. Hast du die Worte unseres Häuptlings verstanden?" Contor schüttelte verneinend seinen Kopf: „Nein, ich verstehe eure Sprache nicht. Aber warum sprichst du Quechua?" „Wir suchen manchmal eure Marktplätze auf, um Handel zu treiben. Darum können sich einige von uns in Quechua unterhalten. Unser Häuptling hat mich beauftragt, dir zu dolmetschen, was er über dich gesagt hat. Höre dir seine Fragen an und beantworte sie: Warum dringt ihr in unseren Wald ein? Warum zerstört ihr unsere Siedlungen? Warum wollt ihr uns töten?" Contor senkte überlegend seinen Kopf, biss sich auf die Lippen, blickte schließlich die Krieger der Reihe nach an und richtete endlich den Blick auf den Häuptling: „Nicht wir haben den Krieg begonnen. Zuerst habt ihr Dörfer und kleine Siedlungen in Tahuantinsuyu überfallen, die Einwohner getötet und beraubt. Deswegen hat der großmächtige Inka beschlossen, seine Soldaten zu euch zu schicken, um euch für eure schlechten Taten zu bestrafen. Doch die meisten von uns Bergbewohnern vertragen das feuchte und schwüle Klima des Dschungels nicht, darum sind viele an Fieber erkrankt. Trotzdem sind wir weiter marschiert, um euch zum Kampf herauszufordern. Dabei gerieten wir in eure Hinterhalte und erlitten große Verluste. Als wir einige Hütten entdeckten, haben wir sie aus lauter Zorn darüber, dass wir euch nicht finden konnten, zerstört. Dann gab unser Feldherr den Befehl zum Rückzug. Jetzt bin ich euer Kriegsgefangener und ihr könnt mich töten. Doch ich bin ein Inka und liebe den ehrlichen Kampf, nicht das feige Abschießen von Giftpfeilen, wie ihr es bevorzugt." Verächtlich spuckte Contor aus und die Tukana blickten nach dieser Geste noch mürrischer drein.

Als der Dolmetscher Contors Worte übersetzt hatte, riefen die Waldindianer wild durcheinander und hoben drohend ihre Fäuste. Ein paar von ihnen wollten sich auf den Inka stürzen, doch der Häuptling hob seine Arme und schrie einige laute Befehle. So verstummten die wütenden Krieger wieder. Das Stammesoberhaupt sprach weiter und gab dem Übersetzer einen Wink. Dieser wandte sich wieder an Contor: „Der Häuptling versteht, dass im Krieg gekämpft wird. Doch wir sind nicht feige. Wir sind nur wenige, ihr Inka seid uns hundertmal überlegen. Jeder Kampf gegen euch, so wie ihr ihn führt, wäre Selbstmord für uns. Deshalb kämpfen wir so, wie wir es im Urwald gelernt haben. Der Wald ist unser Verbündeter und ihr seid blind in alle Fallen gelaufen, die wir euch gestellt haben. Selbst kleine Kinder wissen im Wald besser Bescheid als ihr. Darum habt ihr es auch verdient, dass ihr in euer Verderben lauft. Wenn eure Krieger es wagen sollten, uns noch einmal anzugreifen, werden sie wieder eine Niederlage erleiden, so wie bei allen euren vergeblichen Versuchen in den letzten Jahren." Der Indianer verstummte und blickte seinen Häuptling an. Der Stammesführer ergriff wieder das Wort. Diesmal zischten die Krieger voll Zorn, als er geendet hatte. „Unser Häuptling hat jetzt nur noch eine Frage. Warum hast du unseren Mann so entsetzlich zugerichtet? Kampf und Tod ist etwas anderes als die Qualen, die du Mato zugefügt hast." Contor sah erstaunt auf: „Ich habe eurem Mann nichts zuleide getan. Im Gegenteil, ich versuchte ihm zu helfen. Eine riesige Schlange hatte ihn in ihrem Todesgriff. Es gelang mir, die Schlange mit einem Giftpfeil zu töten. Dann beugte ich mich über den Mann und stellte fest, dass er noch lebte. Was weiter geschah, weiß ich nicht mehr, da ich erst in der Hütte wieder zu mir gekommen bin." Der Mann übersetzte Contors Worte und die Tukana sahen ihn erstaunt an. „Wir haben aber keine Schlange gefunden, sondern nur dich gesehen, wie du dich über Mato gebeugt hast." „Die Riesenschlange ist in dem kleinen Fluss versunken, der gleich neben der Stelle fließt. Aber euer Mann kann meine Geschichte sicherlich bestätigen", gab Contor zurück. Der Dolmetscher schüttelte seinen Kopf: „Nein, Mato hat deine Geschichte nicht bestätigt. Er kann nichts sagen, denn er ist noch immer bewusstlos. Der Medizinmann ist bei ihm und versucht, die bösen Geister aus seinem Körper zu vertreiben. Wenn Mato stirbt, wirst du verfluchen, geboren worden zu sein. Wir werden dich nämlich langsam, ganz langsam zu Tode quälen." Nach diesen Worten gab der Häuptling einen Wink und die Indianer banden Contors Hände und Beine kreuzförmig an vier kleine Pfähle, die in der Erde befestigt waren. Dann ließen sie ihn alleine zurück und suchten eine etwas abseits liegende Hütte auf, in der sich der Verletzte und der Medizinmann befanden. Contor wand sich verzweifelt hin und her, doch die Fesseln schnitten bei jeder seiner Bewegung noch tiefer in sein Fleisch. Der Gedanke an eine Flucht schwand von Sekunde zu Sekunde und schließlich ergab er sich in sein Schicksal.

Contor hatte jegliches Zeitgefühl verloren. Stundenlang lag er jetzt schon gefesselt mitten auf dem Dorfplatz. Anfangs hatte er noch die Tukana bei ihren täglichen Arbeiten beobachtet, doch ihre unmissverständlichen Gesten des Abscheus und der Rache erschreckten ihn zutiefst. So starrte er in den Himmel, bis seine Lider zu schwer wurden. Er schloss die Augen und dachte über seine aussichtslose Lage nach. Wenn der verletzte Krieger wieder zu sich kam, konnte er das Missverständnis aufklären. Vielleicht würden ihn die Tukana dann verschonen. Immer wieder versuchte er seine gestreckten Gliedmaßen mit leichten Bewegungen in eine andere Stellung zu bringen und sein Körpergewicht zu verlagern. Seine Muskeln schmerzten unerträglich und er fühlte kaum noch seine Finger und die Zehen. Hin und wieder bewegte er diese leicht, um sich zu überzeugen, dass sie seinem Gehirn noch gehorchten. Ameisen, Käfer und Würmer huschten über seinen gepeinigten Körper, belästigten und plagten ihn zusätzlich. Außerdem verspürte er großen Durst und der Hunger zog seine Gedärme zusammen. Ein leichter Regenschauer, der die Dorfbewohner kurz in ihre Hütten getrieben hatte, benetzte seine aufgerissenen und rauen Lippen und stillte seinen ärgsten Durst.

Nun bahnte sich die Sonne einen Weg durch die Wolken und ein heller Strahl blendete sein Auge. Die Sonne durchbrach das dämmrige Zwielicht, das im Urwald herrschte. Contor sammelte seine Gedanken und konzentrierte sich: „Was ist mit der Sonne? Warum ist die Sonne für mich so wichtig? Wer bin ich?" Dann antwortete er sich selbst: „Du bist Contor, ein Inka. Die Sonne ist unser Lebensspender. Inti, der Sonnengott, beschützt alle Einwohner von Tahuantinsuyu." Da fiel es ihm wie Schuppen von den Augen. Wenn einer helfen konnte, dann Inti. Contor fielen die Gebete ein, die er schon als Kind gelernt hatte, um den Segen und die Hilfe Intis zu erflehen. Doch er konnte sich nicht entsinnen, ob es auch ein Gebet für zum Tode Verurteilte gab. Wahrscheinlich nicht, denn in Tahuantinsuyu galten alle Verbrechen als Verstoß gegen die göttliche Ordnung. Er aber war doch kein Verbrecher, sondern ein unglücklicher Krieger, der in die Hände seiner Feinde gefallen war. Er musste zu Inti ein Gebet sprechen, damit ihn der Gott nicht vergaß und ihm helfen konnte. Jetzt war die Gelegenheit besonders günstig, denn die Sonne stand hoch über dem Dorf. Das erste Mal seit vielen Tagen bewunderte Contor die so lange vermisste Schönheit der goldenen Scheibe, die wärmend und strahlend am Himmel ihre Bahn zog. So begann er voller Inbrunst zu beten:

„Oh Inti, du Leben spendender Gott,
der du den Himmel und die Erde beherrschest.
Alle Menschen Tahuantinsuyus verehren dich,
sie bitten dich um deinen Segen
und deine Hilfe,
wenn sie deiner bedürfen.
So flehe ich dich an,
in meiner großen Not.
Komm und beschütze
deinen unwürdigen Diener!
Sende deine segnenden Strahlen
über mein Haupt!
Du alleine bist mein Zeuge,
dass ich die riesige Schlange getötet habe,
um den Tukana zu retten.
Gib diesen Menschen die Einsicht,
damit sie erkennen,
dass ich die Wahrheit gesagt habe.
Oh, Inti, erhöre meine Bitten,
oh, Inti, erhöre mein Flehen!"

Contor spürte die Sonnenstrahlen auf seiner Haut, blinzelte in die gleißende Helligkeit und schloss zufrieden die Augen. Inti würde ihn nicht in Stich lassen, davon war er jetzt felsenfest überzeugt.

Als die Sonne hinter den Urwaldriesen verschwand, wurde es schnell dunkel. Contor begann zu frösteln. Solange er die goldene Scheibe am Himmel hatte sehen können, hatte er sich von Inti beschützt gefühlt. Doch im Dunkel der beginnenden Nacht tauchten in seinem Kopf neue Zweifel auf. Waren die Mächte der Finsternis stärker als der Sonnengott? Gespenstisch loderte ein Feuer auf dem Dorfplatz und warf drohende Schatten auf Contor. Viele Tausende Funken stoben in die Höhe und tauchten alles in ein orangerotes Licht. Die Umrisse der Männer und Frauen verschmolzen mit dem Hintergrund. Die weißen Augäpfel leuchteten auf, wenn ein Indianer zu dem gefangenen Inka blickte. Da setzte leichter Trommelschlag ein. Die Gespräche auf dem Platz verstummten und alle wandten sich einem Langhaus zu, aus dessen Öffnung der Häuptling mit seinen Kriegern trat. Ihnen folgte der Schamane des Dorfes, der in seiner rechten Hand eine Rassel im Rhythmus der Trommelschläge bewegte. Dabei stimmte der Schamane einen beschwörenden Singsang an. Der Zug kam langsam auf Contor zu. Die Rasselklänge wurden immer schneller und die Trommeln immer lauter, bis die Töne in einer ohrenbetäubenden Geräuschwolke gipfelten und dann mit einem Schlag verstummten. Der Schamane schritt zu Contor. Trotz der Dunkelheit konnte der Inka ein von vielen Falten zerfurchtes Gesicht erkennen. Der Medizinmann hob neuerlich seinen Arm und begann knapp über Contors Kopf zu rasseln. Dann fuhr er mit der Rassel langsam über den Körper des Inka und murmelte dabei unablässig Beschwörungen. Die übrigen Indianer bildeten einen Kreis um die beiden und sahen mit gespannter Aufmerksamkeit zu. Contor bekam eine Gänsehaut und schloss die Augen, um den gespenstisch wirkenden Greis nicht ansehen zu müssen. Ihm wurde unbehaglich zumute, der Schweiß trat aus seinen Poren und die Furcht lähmte seine Glieder. Plötzlich stieß der Alte einen lauten und schrillen Schrei aus und fuchtelte mit der Rassel über Contors Herzen. Sofort setzten die dumpfen Trommeln wieder ein und der Häuptling brüllte einen Befehl, worauf sich zwei Krieger von der Gruppe lösten und in der Dunkelheit verschwanden. „Was ist los? Was wollt ihr von mir?", fragte Contor und versuchte, seine Angst zu verbergen. Der Dolmetscher antwortete, nachdem er vom Häuptling einen Wink bekommen hatte: „Mato ist noch immer ohne Besinnung. Der Medizinmann will die bösen Geister, die in deinem Herzen sitzen, vertreiben. Marapunta reinigt die verwesten Knochen, vielleicht reinigt Marapunta auch dein vergiftetes Herz. Marapunta können Matos Leben retten." „Was ist Marapunta?", fragte der Inka. „Das wirst du schon bald zu sehen und spüren bekommen", antwortete der Dolmetscher hämisch lächelnd. Verzweifelt stöhnte Contor auf. Er war doch nicht von bösen Geistern besessen. Das musste ein Irrtum des Schamanen sein. Und diesen Tukana – wie war noch sein Name? – Mato hatte er vor einer Riesenschlange gerettet. Wenn er nicht so neugierig gewesen und nicht dem Geräusch gefolgt wäre, würde er diesen schrecklichen Urwald wahrscheinlich schon verlassen haben. Warum hatte er nicht auf den Ratschlag Kokas gehört und seinen Mut nicht gezügelt? Jetzt musste er für eine Tat büßen, die er nicht begangen hatte. Das war so furchtbar ungerecht. Contor schrie vor Verzweiflung und Zorn auf und riss an seinen Fesseln, aber vergeblich. Die Tukana starrten ihn nur mit hasserfüllten Gesichtern an. Dieser verdammte Inka würde bald erkennen, dass man die Bewohner des Regenwaldes nicht ungestraft herausforderte.

Da ging ein Raunen durch die Menge und die zwei Krieger tauchten wieder aus der Dunkelheit auf. Sie trugen eine etwa brustgroße Bastmatte. Contor versuchte zu erkennen, welche Bewandtnis es mit diesem Gegenstand hatte. Trotz der Finsternis sah er etwa fingergroße Ameisen, die an der Matte festgemacht waren und er bemerkte gleichzeitig, dass diese riesigen Insekten furchterregende Zangen besaßen. „Oh, nein", fuhr es durch Contors Gehirn, „was wollen diese Unmenschen mir antun?" Doch plötzlich wurde er ganz ruhig. „So sollen sie erfahren, wie mutig ein Inka der Gefahr ins Auge sehen kann. Bitte, großer Inti, hilf mir! Mach mich stark und verleihe mir Mut, damit ich die Qualen, die die Tukana für mich vorgesehen haben, tapfer und standhaft wie ein Mann ertragen werde."

„Marapunta! Marapunta!" Unentwegt stießen die Indianer diese Worte aus, ehrfurchtsvoll erklangen sie in der nächtlichen Stille des Urwaldes, die nur hin und wieder vom Todesschrei eines Tieres zerrissen wurde. Doch jetzt übertönten die lauten Stimmen der Tukana alle anderen Geräusche der Natur. Die Trommeln und die Rassel des Schamanen gaben den Takt an, und der Gesang wurde immer lauter. Die beiden Indianer näherten sich mit der Bastmatte dem Inka, der leise seine Gebete zu Inti sprach. Der Schamane trat ganz nahe heran und fuhr in einer schnellen Bewegung mit der Rassel über Contors Brust. Dann hielt er sie hoch über sein Haupt und verharrte ganz still. Im selben Moment verstummte der Gesang und das Schlagen der Trommeln hörte auf. Für wenige Augenblicke war es ruhig, nur das Säuseln der Blätter im Abendwind und das Schwirren von Insektenflügeln war zu hören. Der Medizinmann legte die Rassel beiseite und ergriff einen kleinen Behälter. Er fuhr mit der Hand hinein und bestrich Contors Brust mit einer klebrigen Masse. Dabei murmelte er ein Gebet und blickte, nachdem er diese Arbeit erledigt hatte, hinauf zum weiten Sternenhimmel. Dann trat er zurück und winkte die beiden Männer zu sich. Diese drückten die Bastmatte auf Contors Brust. Fast gleichzeitig brannten Tausende glühende Nadeln in das Fleisch des Inka. Am liebsten hätte Contor laut aufgeschrien, aber er betete weiter zu Inti, obwohl der Schmerz beinahe unerträglich war. Ihm war, als würden auf seiner Haut viele kleine Feuer brennen, die ihn verzehren wollten. Aus seinen Augen schossen Tränen und er wand verzweifelt seinen Körper, um die Verursacher seiner Höllenqualen loszuwerden. Aber so sehr er sich auch bemühte, die Fesseln ließen keine großen Bewegungen zu und die Bastmatte blieb auf seinem Brustkorb liegen. Die riesigen Ameisen zwickten ihn mit ihren gewaltigen Zangen und trieben immer neue Feuerstiche in seine zum Zerreißen gespannten Muskeln. Schließlich hielt es Contor nicht mehr aus und ein langer Schrei der Verzweiflung entfuhr seiner Kehle. Je mehr er schrie, desto stärker verspürte er die Schmerzen. Langsam verließen ihn die Kräfte, sein Atem wurde immer stockender und der laute Schrei verwandelte sich zu einem leisen Röcheln. „Die Ameisen fressen mich bei lebendigem Leibe auf", waren seine letzten Gedanken, dann wurde es schwarz vor seinen Augen.

„Wir müssen warten, Contor kommt gleich wieder!" „Er müsste aber längst zurück sein. Was ist, wenn ihn die verdammten Tukana erwischt haben?" „Kommt mit, wir schauen nach!" Vorsichtig gingen einige Inkasoldaten zu der Stelle, an der Contor verschwunden war. Sie sahen einige Spuren auf dem Boden und riefen laut nach ihrem Kameraden. Doch sie bekamen keine Antwort, nur die Geräusche des Dschungels drangen an ihre Ohren. „Lasst uns schnell zur Truppe zurückkehren, hier ist es unheimlich", meinte schließlich einer von ihnen und schweren Herzens traten sie den Rückzug an. Wieder hatte der grausame Urwald ein Opfer gefordert, diesmal war es ihr Anführer aus Pachamarca gewesen. Traurig trotteten sie den anderen Inka nach und verwünschten die grüne Hölle, die sie in ihrem unerbittlichen Würgegriff gefangen hielt. Ein falscher Schritt konnte schon das Ende bedeuten. Wenn sie doch erst wieder die klare, frische Luft der heimischen Bergwelt atmen könnten. Diesen Feldzug würden sie nie vergessen. Sie hatten keine einzige Schlacht geschlagen und waren von einem Gegner besiegt worden, der aus dem Hinterhalt zugeschlagen und die Natur des Urwaldes gnadenlos für sich ausgenützt hatte.

Als Contor wieder zu sich kam, vermeinte er, Tausende Ameisen auf seiner Haut zu spüren. Müde und erschöpft öffnete er die Augen und schaute zu seiner Brust. Die Bastmatten waren verschwunden, doch unzählige rote Male zeugten von den Bissen der Insekten. Erleichtert ließ Contor seinen Kopf zurückfallen und stellte im selben Augenblick fest, dass er nicht mehr gefesselt war. Verwundert blickte er sich um. Er lag in einer Hütte auf einer Hängematte. Da eilte auch schon eine Frau herbei und flößte ihm ein bitter schmeckendes Getränk ein. Contor hustete und wollte seinen Mund wegdrehen. „Trink nur, das lindert deine Schmerzen und hilft dir, bald wieder auf die Beine zu kommen." Contor erkannte, dass der Dolmetscher neben die Frau getreten war. Gehorsam folgte er den Anweisungen und trank einige Schlucke der Medizin. Dann brachte ihm eine andere Frau etwas zu essen. Gierig vor lauter Hunger schlang der Inka das Fleisch und die Früchte hinunter. „Warum tut ihr das?", fragte er, nachdem er seinen ärgsten Hunger gestillt hatte. „Die Götter waren dir gnädig. Die bösen Geister wurden von Marapunta vertrieben. Mato ist wieder zu sich gekommen. Er hat bestätigt, was du erzählt hast. Eine Riesenschlange hatte ihn angefallen und du hast ihm das Leben gerettet. Jetzt steht Mato in deiner Schuld, wir alle stehen in deiner Schuld. Dir wird kein Leid mehr geschehen. Wir werden dich gesund pflegen und dann aus dem Wald begleiten." Contor stiegen die Tränen der Dankbarkeit und des Glücks in die Augen, als er das hörte. Inti hatte ihn aus seiner großen Not gerettet. Er würde weiterleben und Koka wiedersehen. Zufrieden schloss er die Augen und schlief ermattet ein.

Die Wochen und Monate verflogen im Nu. Cusi kam es immer noch wie ein Traum vor, dass er einen Sohn des Inka zum Freund gewonnen hatte. Er und Titu spornten sich gegenseitig an und die Lehrer waren mit ihren Leistungen sehr zufrieden. Gelegentlich besuchte er auch seine Familie. Poma und Curaca Huaranca waren auf ihn sehr stolz. Immer wieder schärften sie Cusi ein, fleißig zu lernen und zu üben. Diese Mahnungen waren nicht nötig, denn Cusi war einer der besten Schüler. Trotzdem versprach er seinem Vater und dem Großvater, weiterhin gehorsam und strebsam zu sein und seinem Ayllu keine Schande zu machen.

Inzwischen verstanden es die Jungen schon recht gut, mit den Quipus umzugehen. Eines Tages löste Hatun absichtlich ein paar Knoten von Titus Schnur, ohne dass dieser es bemerkte. Als ein Amautu die Arbeiten der Schüler überprüfte, stach ihm der Fehler in Titus Quipu sofort ins Auge. Der Lehrer tadelte den vermeintlich unaufmerksamen Schüler. Titu wurde vor Scham rot und beteuerte, alles richtig gemacht zu haben. „Spar dir deine Ausreden", fuhr ihn der Gelehrte an, „und stelle deine Knotenschnur in Ordnung!" Verwirrt und beschämt machte sich Titu an die Arbeit. Er konnte sich den Fehler nicht erklären. Auch Cusi schaute verwundert auf, hatten sie doch beide ihre Aufzeichnungen gemeinsam kontrolliert. Da bemerkte Titu ein schadenfrohes Lächeln in Hatuns Gesicht. „Na warte, du warst das also. Das wirst du später büßen", schwor er sich.

Während einer Pause stellte er seinen Bruder zur Rede. Ein Wort gab das andere und schon lagen beide raufend auf dem Boden. Acoya wollte die Kampfhähne trennen, doch zu spät. Einer der Amautus war bereits auf den Wirbel aufmerksam geworden und schritt energisch ein. Mit einem Stock verabreichte er den zwei Jungen eine schmerzhafte Tracht Prügel auf die Fußsohlen. „Gerade ihr, die Söhne des Inka, solltet für die Untertanen ein Vorbild sein, ihr müsst Streit vermeiden und besonnen sein. Ihr seid alt genug, um die Gesetze Tahuantinsuyus kennen zu lernen. Deswegen werde ich jetzt zu euch über Recht und Ordnung in unserem Reich sprechen. Und wehe, ihr wagt es noch einmal, eure üblen Späße hier in der Yachahuasi zu machen." Er versammelte die Schüler um sich und begann mit seinen Erklärungen:

„Die Ordnung in unserer Welt soll durch drei Grundpfeiler geschützt und gesichert werden: die Gesetze, die Armee und die Religion. Eine Verletzung gültiger Gesetze ist ein Beweis des Ungehorsams gegen den Inka, gegen dessen geheiligte Person. Ein Gesetzesbruch ist deshalb auch Sakrilegium und Gotteslästerung, Blasphemie, Beleidigung der Ordnung, die sich auf die Religion stützt und durch diese geheiligt ist. Unser Recht gründet sich auf genaue und klare Prinzipien. Dazu gehört der Grundsatz, und jetzt hört genau zu, vor allem Titu und Hatun, dass eine Straftat, die ein Angehöriger der Würdenträger oder Adeligen begeht, ein schlimmerer Frevel ist als das gleiche Vergehen eines schlichten Volksangehörigen. So werden Edelleute leichter für Verbrechen mit dem Tode bestraft als die Angehörigen des Hatun Runa. Ein ähnlicher Grundsatz gilt, wenn jemand einen anderen zu einer Straftat anstiftet. Der Anstifter zum Rechtsbruch wird bestraft, nicht aber der Täter selbst. Für jede Straftat wird überdies auch der Vorgesetzte mit zur Rechenschaft gezogen, zu dessen Verwaltungseinheit der Täter gehört.

Den Anstoß zur Eröffnung eines Strafverfahrens gibt eine Anzeige, die entweder der Geschädigte selbst oder jeder andere bei einem zuständigen Staatsbeamten erstattet. Der Beschuldigte wird dann bis zum eigentlichen Gerichtsverfahren gefangen gesetzt. Die Hauptverhandlung muss aber spätestens fünf Tage nach der Festnahme eröffnet werden. Die Gerichtsverhandlungen sind fast immer öffentlich und sollen so schnell wie möglich abgewickelt werden. Als Zeugen kommen natürlich nur Männer in Frage. Gegen ein gefälltes Urteil gibt es nach dem Recht der Inka keine Berufung.

Über Schuld und Unschuld und über das Strafmaß entscheiden die dafür Verantwortlichen, auch ihr werdet das in ein paar Jahren sein. In den einzelnen Gemeinden und zur Aburteilung für die Sicherheit des Staates weniger gefährlicher Vergehen sind die örtlichen Curacas zuständig. Schwerwiegendere Straftaten werden von eigens ausgebildeten Beamten geahndet, die regelmäßig alle Ortschaften des Reiches besuchen. Bei Verbrechen gegen die Staatssicherheit, vor allem bei solchen, die Angehörige der Elite begangen haben, ist der Inka selbst der Gerichtsherr, der unter Mitwirkung einiger weiterer hoher Beamten das Urteil fällt. Zum Schluss der Verhandlung verkündet das Gericht sein Urteil, was in den meisten Fällen die Todesstrafe bedeutet. Die Strafen für die Schuldigen fallen zu Recht hart aus, denn jede Untat, auch eine scheinbar unbedeutende ist in unseren Augen eine Verletzung der heiligen und unantastbaren Ordnung."

„Hat der mächtige Herrscher Pachacuti auch Gesetze erlassen?", wollte Cusi wissen. „Ja, natürlich", antwortete der Gelehrte, „einige der wichtigsten werde ich euch aufzählen:

Richter, die heimlich Geschenke von den einen Rechtsstreit führenden Menschen annehmen, sind als Diebe anzusehen und mit dem Tode zu bestrafen.

Wer versucht, die Sterne und nicht die Knoten und Aufzeichnungen in der Knotenschrift zu zählen, der ist es wert, verspottet zu werden.

Ein Arzt oder Kräutersammler, der die Eigenschaften der Pflanzen nicht kennt oder nur die Eigenschaften einiger und sich nicht bemüht, die Eigenschaften aller zu ergründen, weiß wenig oder gar nichts.

Ungeduld ist das Zeichen eines verachtenswerten und niedrigen Charakters. Der Neid ist ein Wurm, der die Eingeweide des Neiders zernagt und zerstört.

Trunksucht, Zorn und Narretei sind einander gleich, allein die ersten beiden sind freiwillig und unbeständig, doch die letztere dauert immer an.

Wenn die Untertanen ohne Widerspruch oder Widerstand gehorchen, sollen die Herrscher großmütig und freundlich zu ihnen sein, sonst aber streng und gerecht. Stets aber auch weise.

Doch auch das Familienleben hat der Inka mit Verordnungen und Gesetzen geregelt. Denn der Zusammenhalt in der Familie ist die wichtigste Grundlage, damit das Leben in der Gemeinschaft möglichst reibungslos funktioniert. Da ihr noch nicht erwachsen seid, werden euch vielleicht einige der Regeln streng oder gar grausam erscheinen. Doch bedenkt, dass dem Inka stets das Wohl des Volkes am Herzen liegt, Einzelschicksale müssen sich stets der Gesamtheit unterordnen:

Ein Vater, der einen Sohn hat, soll als ehrbarer Mann gelten. Der Vater von zwei Söhnen soll bevorzugt behandelt werden. Gärten, Felder und andere Ländereien werden dem Vater von drei Söhnen zugeteilt. Der Vater von vier Söhnen soll als bedeutender Mann gelten. Wenn ein Mann sogar mehr als zehn Kinder hat, soll er das Recht haben, sich selbst Ländereien auszusuchen, entweder im Dorf oder auf unbebautem Gebiet, um sich mit seiner Familie dort niederzulassen.

Kinder und junge Menschen sollen ihrem Vater und ihrer Mutter gehorchen. Für die erste Ungehorsamkeit sollen sie geschlagen und für die zweite zur Arbeit in den Gold- und Silberminen gezwungen werden.

Wenn eine Frau die Abtreibung eines männlichen Kindes vornimmt, soll sie zum Tod verurteilt werden. Treibt sie ein weibliches Kind ab, soll sie mit zweihundert Hieben bestraft und anschließend verbannt werden.

Wenn ein Mann eine Frau vergewaltigt, wird er mit dem Tod bestraft. Gibt die Frau allerdings zu, mit ihm eine unrechtmäßige Verbindung eingegangen zu sein, sollen beide an ihren Haaren aufgehängt werden, bis sie sterben.

Eine verwitwete Frau soll weder ihr Gesicht zeigen noch ihr Haus verlassen, bevor nicht sechs Monate nach dem Tod ihres Mannes vergangen sind. Sie soll keusch und umsichtig sein, sich mit der Erziehung ihrer Kinder und der Verwaltung ihres Eigentums und ihrer Obstgärten und Gemüsebeete befassen. Sie soll zurückgezogen leben und weinend ihr Elend beklagen.

Unmoralische Frauen, Frauen, die sich verführen lassen oder zu Huren werden, sollen bei lebendigem Leib sterben, indem man sie an ihrem Haar und ihren Händen aufhängt, bis sie gestorben sind.

Niemand soll seine Schwester, seine Mutter, seine Cousine ersten Grades, seine Tante, seine Nichte oder Großmutter oder eine andere nahe Verwandte heiraten. Wer dieses Gesetz missachtet, dem werden die Augen ausgestochen, er wird geviertelt und am Berghang liegen gelassen, sodass man der Strafe noch lange gedenken wird. Denn nur der Inka selbst darf seine eigene Schwester heiraten, damit das Blut der Erben und Nachkommen des Sonnengottes rein und unbefleckt bleibt."

Eine kurze Stille folgte den Ausführungen des Gelehrten. Dann sprach der Amautu weiter: „Die schlimmsten Verbrechen sind Verstöße gegen die Staatssicherheit und gegen die Staatsreligion, danach folgt Mord in den verschiedensten Arten: Die schrecklichste Mordart, der Mord an den eigenen Eltern oder Kindern, wird mit Erhängen bestraft. Die Mörder fremder Kinder werden gesteinigt, der eines Würdenträgers des Reiches, wie etwa des Curacas einer Gemeinde, wird jedoch geviertelt. Auch die Vergewaltigung von Frauen wird, wie ich es euch bereits kundgetan habe, mit der Todesstrafe geahndet. Der Täter kann aber der Strafe entgehen, wenn er die Vergewaltigte vor der Eröffnung des Hauptverfahrens zur Ehefrau nimmt. Mit dem Tode wird freilich auch Ehebruch bestraft. Angehörige des Volkes werden vorher noch gefoltert. Erwischt ein Ehemann seine Frau ‚in flagranti', kann er die Untreue straflos töten. Hat er dagegen nur erfahren, dass seine Frau ihn betrügt, muss er sich an den Staat wenden und von diesem ihre Bestrafung verlangen. Unser Recht in Tahuantinsuyu verurteilt auch Abtreibungen scharf, da unser Reich dadurch um künftige Arbeitskräfte, also auch um die Soldaten von morgen gebracht wird. Unter diesem Gesichtspunkt differenziert man auch das Strafmaß: Ist die Frucht, die die Mutter abgetrieben hat, weiblichen Geschlechts, wird sie nur zu zweihundert Peitschenhieben verurteilt, ist das Ungeborene aber ein Knabe, wird die unwürdige Mutter hingerichtet. Blutschande ist ebenfalls streng verboten. Nur der Inka hat das Recht, seine eigene Schwester zu ehelichen, damit das göttlich-königliche Blut rein bleibt. Alle anderen Bewohner des Reiches werden hingerichtet, wenn sie Liebesbeziehungen mit zu nahen Verwandten eingehen."

Der Lehrer machte eine kurze Pause, um seinen Schülern Gelegenheit zu geben, das Gehörte zu verarbeiten. „Ihr werdet das, was ihr heute über die Gesetze vernommen habt, noch oft wiederholen, damit ihr wisst, was recht und unrecht ist. Doch lasst mich noch ein paar Straftaten aufzählen! Natürlich möchten wir durch die Gesetze auch das Eigentum schützen. Diebstahl an Staatseigentum, also dem Besitz des Inka, wird mit dem Tode bestraft. Besonders streng geahndet wird auch der Diebstahl in Tempeln, in öffentlichen Vorratshäusern und Kornkammern. Erweist es sich aber, dass ein Angehöriger des einfachen Volkes aus Not Mundraub begeht, weil sein unmittelbarer Vorgesetzter ihn nicht mit dem zum Leben Nötigsten versorgt hat, wird der unwürdige Beamte anstelle des eigentlichen Täters bestraft. Die Todesstrafe sieht das Gesetz auch bei Brandstiftung an öffentlichen Gebäuden sowie bei vorsätzlicher Beschädigung gemeinnütziger Bauten vor, auf die von Straßen und vor allem Brücken steht laut Gesetz ebenfalls die Todesstrafe. Doch auch Faulheit und Müßiggang werden durch das Gesetz drakonisch bekämpft, denn nach der Rechtsauffassung in Tahuantinsuyu wird durch diese Tat der Herrscher und das ganze Reich bestohlen, wenn die Arbeiten nur schlecht oder gar nicht ausgeführt werden. Merkt euch das Vorgetragene gut", endete der Amautu, „da ihr schon bald in die Gemeinschaft der Männer aufgenommen werdet, zeige ich euch morgen die Orte, wo die Verbrecher ihre schändlichen Taten zu büßen haben." Daraufhin erhob er sich und ließ die Schüler alleine zurück.

Acoya ermahnte seine Brüder Hatun und Titu, die Worte ihres Lehrers gut im Gedächtnis zu behalten und sich nicht wegen jeder Kleinigkeit in die Haare zu kriegen. Auch Cusi wirkte mäßigend auf seinen Freund ein. Denn gerade die Bestrafung der Elite war besonders hart. Jugendlicher Leichtsinn sollte nicht zu Unheil führen.

Am Abend lag Cusi auf seinem Lager und grübelte über die Gesetze der Inka nach. Für den Fortbestand Tahuantinsuyus waren Kinder überlebenswichtig. Daher zielten viele Verordnungen dahin, die Bewohner des Reiches zu ermutigen, für eine zahlreiche Nachkommenschaft zu sorgen. Mehrere Kinder verhießen für die Zukunft viele Männer und Frauen, die den Boden urbar machen konnten. Das bedeutete eine Ausdehnung des Machtbereiches der Inka. Zahlreiche männliche Kinder ergaben später eine größere und schlagkräftigere Armee, die die Grenzen und den Wohlstand des Reiches leichter verteidigen konnte.

Das Leben in Tahuantinsuyu war nicht einfach, sondern erforderte den Fleiß und den Einsatz aller Einwohner. So hart wie die Lebensbedingungen in den Bergen waren auch die Regeln für die Gemeinschaft. Die raue Schönheit der Anden verzieh keine Fehler, wollte man in der gewaltigen Gebirgskulisse nicht untergehen. Und auch die Menschen waren gezwungen, sich der Umwelt anzupassen. Wenn alle gemeinsam den Unbilden der Natur trotzten, konnte das

Überleben der Menschen gesichert werden. Doch Nachlässigkeit und Faulheit führten zum Untergang und in das Verderben. Nur der Zusammenhalt der Gemeinschaft und die Nachbarschaftshilfe schufen die Voraussetzungen für die ausreichende Versorgung mit Lebensmitteln. Denn oft war es für eine Bauernfamilie allein schwierig, an den Berghängen genügend Ackerland für Gemüse und Getreide zu gewinnen. Auch die Bewässerung der Felder erforderte in vielen Fällen das Anlegen und die Instandhaltung von kilometerlangen Kanälen. Verweigerte ein Gemeindemitglied die Mithilfe, konnte kostbares Ackerland verloren gehen und die ganze Ernte gefährdet sein. Cusi erkannte trotz seiner Jugend die komplizierten Regeln, die das Überleben des Inkavolkes sicherten. Die Gesetze mussten streng sein und hart geahndet werden, weil das Versagen des Einzelnen den Tod aller bedeuten konnte. Cusi nahm sich vor, immer die Regeln einzuhalten und bei Gesetzesvorstößen mit aller Härte gegen die Übeltäter vorzugehen.

Vorsichtig und lautlos bewegten sich die Männer durch den Regenwald, einer hinter dem anderen. Der Anführer blieb manchmal stehen und ahmte geschickt das Gekreische der Affen nach. So ging es stundenlang auf fast unsichtbaren Pfaden durch das Gewirr der Pflanzen dahin. Endlich antwortete auf die Lockrufe des Häuptlings eines der scheuen Tiere. Sofort waren alle hellwach und machten ihre Blasrohre schussfertig. Die Männer spähten mit ihren scharfen Augen nach oben und konnten schließlich eine ganze Herde von Affen auf einem mächtigen Urwaldriesen ausmachen. Zwei besonders zielsichere Schützen nahmen die Tiere ins Visier. Sie schoben einen vergifteten Pfeil in die lange Waffe, legten sie an die Lippen, holten tief Luft und bliesen mit aller Kraft in das Rohr. Nur ein ganz leises Zischen verriet, dass die Giftpfeile ihren tödlichen Kurs auf ein Opfer nahmen. Schon hörte man einen schmerzverzerrten Angstlaut eines der Tiere und wenige Sekunden später stürzte ein Affe tot aus dem Baum auf die Erde nieder. Als der Häuptling den toten Affen aufhob, dankte er seinen Göttern dafür, dass sie ihm ein Tier geschenkt hatten. Durch die Gnade der Götter konnte sein Volk überleben, doch musste man die Waldgötter um Verzeihung bitten, wenn man ein Tier aus ihrem Reich erlegt hatte. Bisher waren die Götter freundlich zu den Tukana gewesen, darum musste man sich als besonders dankbar erweisen. Contor staunte, wie leicht die Jagd verlaufen war. Mato, einer der Schützen, sagte stolz zu dem Inka: „Nicht immer geht es so leicht, ein Tier zu erbeuten, diesmal haben wir Glück gehabt. Heute am Abend werden wir ein Fest feiern, und du bist unser Ehrengast."

Der Inka konnte kaum glauben, was er gesehen und gehört hatte. Noch vor wenigen Tagen war er ein Todfeind der Tukana gewesen, doch jetzt war er ihr Gast und ihm zu Ehren würde heute ein Fest gefeiert.

Auch die Frauen waren in der Zwischenzeit fleißig gewesen und hatten zahlreiche Früchte, Kräuter und Beeren gesammelt. Mit dem Gast aus dem fernen und geheimnisvollen Inkareich würde man ein würdiges Fest feiern. Während die Frauen jetzt die zahlreichen Köstlichkeiten der Urwaldküche zubereiteten, unterhielten sich die Männer über die erfolgreiche Jagd. Contor, der ein paar Brocken ihrer Sprache erlernt hatte, lobte ihre Geschicklichkeit und war vor allem von den Blasrohrschützen angetan. Außerdem interessierte ihn brennend der Gebrauch von Pfeil und Bogen. Neugierig hielt er eine dieser Waffen in seinen Händen und berührte vorsichtig die Bogensehne. Dann drehte er den Bogen nach allen Seiten und betrachtete ihn genau. Mato trat zu ihm und ermunterte den Gast aus dem Inkareich, einen Schuss zu versuchen. Contor legte einen Pfeil ein und suchte sich einen abgestorbenen Baumstamm als Ziel aus. Er spannte die Sehne, hielt den Atem an, visierte kurz und ließ den Pfeil los. Die zurückschnellende Sehne klatschte gegen seinen Unterarm. Erschreckt von dem plötzlichen Schmerz zuckte der Inka kurz zusammen und bemerkte, dass der Pfeil knapp am Ziel vorbeiflog. Ärgerlich erwartete Contor, dass die Tukana ihn auslachen würden. Doch Mato nickte ihm nur freundlich zu und sprach: „Das war für deinen ersten Versuch schon ganz gut. Doch wenn du mit dem Bogen schießt, muss die Waffe Teil deines Körpers werden. Nichts und niemand darf dich ablenken. Dein Auge, die Hände und der Pfeil müssen genau auf das Ziel gerichtet sein. Verlässt der Pfeil die Sehne, musst du den Bogen weiterhin festhalten. Sonst kann es passieren, dass der Pfeil im letzten Moment noch abgelenkt wird und am Ziel vorbeischießt. Du hast nicht damit gerechnet, dass die zurückschnellende Sehne die Haut deines Unterarmes aufkratzen würde. Deswegen bist du kurz zusammengezuckt. Diese kleine Bewegung war schuld daran, dass du das Ziel nicht getroffen hast. Unsere Bogenschützen wickeln sich deswegen Lederbänder um die Unterarme, damit sie sich beim Gebrauch des Bogens nicht verletzen. Nimm noch einmal den Bogen und lege einen Pfeil in die Sehne!" Contor tat, wie ihm sein Freund geheißen hatte. Er holte einen Pfeil aus dem Köcher. Die Spitze bestand aus einem scharf geschliffenen Stein, der mit den Fasern einer klebrigen Pflanze an dem glatten Schaft aus Holz angebracht war. Am Ende war neben einer Kerbe eine kleine Feder angebracht. Contor strich vorsichtig mit seinem Zeigefinger darüber. „Die Feder dient dazu, dass die Flugbahn des Pfeils stabil bleibt", erklärte Mato. „Halte nun den Bogen fest in deiner linken Hand. Nimm nun den Pfeil in die rechte, leg die Sehne in die Kerbe und ziehe den Pfeil vorsichtig zwischen Zeigefinger und Mittelfinger mitsamt der Sehne zurück. Je weiter du die Sehne zurückziehst, desto stärker wird der Bogen gespannt. Dadurch kannst du weiter schießen oder mehr Durchschlagskraft erzeugen. Halte das linke Auge geschlossen und ziele nur mit dem rechten Auge. Dein linker Arm, der Pfeil und das rechte Auge müssen eine gerade Linie bilden und genau mitten in das Ziel zeigen. Halte nun deinen Atem an und stehe ganz ruhig da. Schon ein leichtes Zittern kann bewirken, dass du das Ziel verfehlst. Hebe die linke Hand leicht, wenn du ein Ziel in größerer Entfernung treffen willst. Doch bis zum Baumstamm brauchst du den Arm nur leicht zu heben. Wenn du völlig ruhig bist, dann lasse den Pfeil los, bewege dich aber sonst nicht. Halte den Bogen weiterhin fest. Erst wenn der Pfeil das Ziel erreicht, kannst du dich bewegen. Jetzt versuch es!"

Contor zog die Sehne zurück und hielt die Luft an. Auge und Pfeil zeigten genau in das Ziel. Da er doch ein bisschen nervös war, zitterten seine Knie leicht. Doch er zwang sich ruhig zu bliuben. Er konzentrierte sich und ließ los. Der Pfeil schnellte von der Sehne und sauste auf einer kerzengeraden Bahn durch die Luft. Mit einem dumpfen Laut fuhr er in den Baumstamm und blieb zitternd darin stecken. „Gut, sehr gut gemacht!", lobte Mato. „Versuche es gleich noch einmal!" Contor war zufrieden und strahlte vor Stolz. Er nahm sich einen neuen Pfeil aus dem Köcher und wiederholte die Anweisungen seines Freundes. Diesmal spürte er, dass er seine beiden Finger nicht genau zugleich geöffnet hatte. Der Pfeil schoss durch die Luft und traf den Baumstamm diesmal nicht in der Mitte, sondern nur am Rand. „Ich weiß, was ich falsch gemacht habe", sagte der Inka und legte sogleich einen weiteren Pfeil ein. Er spannte die Sehne und fühlte, wie sein Körper mit dem Bogen und dem Pfeil eine Einheit wurde. Bei diesem Versuch stimmte alles und der Pfeil bohrte sich neben dem ersten in der Mitte des Baumstammes in das morsche Holz. „Du lernst sehr schnell", lobte Mato, „und du scheinst auch keinen Schmerz mehr zu spüren, seitdem die Marapunta deine schlechten Säfte aus dem Körper gesaugt haben. Doch sieh nur, du blutest bereits an deiner linken Hand. Für heute lass es genug sein. Wenn du morgen weiterüben möchtest, werde ich dir zuvor ein Armband schenken." Contor legte den Bogen weg und bemerkte, dass ihn die übrigen Tukanakrieger anerkennend anblickten. Wenn er so weitermachte, würde er bald ein großer Krieger sein.

Die Sonne verschwand hinter den Bäumen und es wurde dunkel. Da setzte der Rhythmus von Trommeln ein und die Männer und Frauen versammelten sich auf dem Dorfplatz. Sie setzten sich kreisförmig zusammen und klatschten im

Takt der Instrumente mit. Der Häuptling stand nach einiger Zeit auf und wartete, bis es ruhig wurde. Dann ergriff er das Wort und dankte Contor überschwänglich dafür, dass er einen der Ihren aus dem Würgegriff einer Riesenschlange gerettet hatte. Für diese Heldentat sollte Contor als Ehrenmitglied in den Stamm aufgenommen werden. Die Frauen und Männer nickten beifällig und bedachten den Inka mit freundlichen Blicken. Da erhob sich Mato. Er trat in die Mitte des Kreises und begann zu sprechen: „Noch vor wenigen Tagen war es unser einziges Ziel, alle Inka zu töten. Auch ich habe mich begeistert daran beteiligt, diese Feinde zu bekämpfen. Ich schlich ständig hinter den Inka her und achtete für kurze Zeit nicht auf die Zeichen, die mir die Natur gab. Das Jagdfieber und der Wille, die Eindringlinge zu vertreiben, hatten mich in ihren Bann gezogen. So konnte es passieren, dass ich von einer Anakonda erwischt wurde, als ich gerade auf einen der Feinde schießen wollte. Verzweifelt versuchte ich mich zu wehren, doch ich war hoffnungslos unterlegen. Als ich kaum noch atmen konnte, sah ich den Inka, den ich kurz zuvor hatte töten wollen. Er zog und zerrte an der Riesenschlange, um mich zu befreien. Dann wurde es dunkel vor meinen Augen und ich verlor das Bewusstsein. Ich kam erst wieder hier im Dorf zu mir. Der Medizinmann beschwor gerade die bösen Geister, damit sie meinen Körper wieder verlassen würden. Er hatte mit seiner Heilmethode Erfolg und ich bin wieder gesund. Da erst erfuhr ich, dass ein Inka gefangen genommen geworden war, weil er mich hatte töten wollen. Doch nicht der Inka wollte mich töten, im Gegenteil, er hat mich vor dem sicheren Tod bewahrt. Dieser Inka, Contor ist sein Name, hat bewiesen, dass er wie ein Tukana handelt. Er hat es verdient, in unser Volk aufgenommen zu werden." Wieder nickten die übrigen Frauen und Männer und sprachen Worte der Zustimmung. Mato wartete, bis neuerlich völlige Ruhe herrschte. „Ich verdanke Contor mein Leben und möchte gerne sein Bruder werden. Contor, ich bitte um die Ehre, mit dir Blutsbrüderschaft schließen zu dürfen."

Dieses ehrenvolle Angebot kam für den Inka überraschend. Alle Indianer schauten gespannt auf ihn und warteten auf seine Antwort. Contor erhob sich und fühlte alle Augen auf sich gerichtet. Kein Laut war zu hören, alle hingen an den Lippen ihres Gastes. Dem Inka liefen Tränen der Freude und Rührung über die Wangen und hinterließen eine feuchte Spur in seinem Gesicht. Noch vor wenigen Wochen war er mit der Überzeugung zu dem Feldzug aufgebrochen, die Eingeborenen des Urwaldes wären nichts anderes als höher entwickelte Tiere, gemein und primitiv, zu keinen sozialen Handlungen fähig. Die Tage, die er jetzt hier als Gast im Lager der Tukana weilte, hatten ihn eines Besseren belehrt. Nicht nur in Tahuantinsuyu lebten Menschen, sondern auch in den Weiten des sich unendlich ausdehnenden Dschungels wohnten Frauen und Männer, die zwar nicht die technische Entwicklung des Inkareiches erreicht hatten, aber genau wie die Bewohner seiner Heimat Freundschaft, Ehre, Liebe, Gemeinschaft hochhielten und Recht und Unrecht voneinander zu unterscheiden wussten. Das Angebot Matos kam ohne Falschheit aus einem reinen Herzen, wie es nur den Naturvölkern eigen ist. Contor freute sich unbeschreiblich, er brachte vor Glück und Dankbarkeit kein Wort aus seiner heiseren Kehle. Schließlich, als die lange Pause des Schweigens schon unheimlich wurde, trat er auf Mato zu und umarmte den Tukana. „Wie gerne möchte auch ich dein Bruder werden", stieß er mit erstickter Stimme hervor. Darauf blickten sich beide lächelnd an und fielen sich erneut in die Arme.

Da begannen die Trommeln zu dröhnen und der Medizinmann trat beschwörend zu den beiden in die Mitte des Kreises. Im Takt der Musik begannen die Frauen und Männer einen Gesang, der Contor durch Mark und Bein ging. Er wurde vom Rhythmus angesteckt und bewegte sich gemeinsam mit Mato zu den durchdringenden Klängen. Immer schneller wurden die Trommelschläge und immer wilder der Tanz der beiden, bis sie schweißüberströmt waren und ihre Körper im Schein der brennenden Feuer glänzten.

Plötzlich hörten die Musik und der Gesang auf und Mato und Contor blieben keuchend stehen. Contors Herz hämmerte laut gegen seine Brust und er rang nach Atem. Als er Mato anblickte, bemerkte er, dass dieser genauso gierig nach Luft schnappte wie er. Doch langsam beruhigten sich ihre Körper wieder von der Anstrengung. Der Medizinmann streckte einen Stab in die Höhe, der die Form eines Jaguarkopfes aufwies. Dann berührte er die beiden jungen Männer damit an ihrer Brust und am Kopf. Das war das Zeichen für den Häuptling. Dieser trat nun ebenso in den Kreis. In seinen Händen trug er eine hölzerne Schale und ein scharfes Steinmesser, dessen Griff aus dem Oberschenkelknochen eines Jaguars geschnitzt war. Der Medizinmann ergriff das Messer und näherte sich damit den vom Tanz noch immer schwitzenden Männern. Mato streckte seinen linken Arm vor und forderte Contor auf, dasselbe zu machen. Der Schamane bedeutete dem Häuptling, mit der Schale ganz nahe zu kommen. Dann nahm er Contors Unterarm und machte mit dem Messer einen tiefen Schnitt, ohne dass der Inka einen Schmerz spürte. Sofort begann die Wunde zu bluten. Der Häuptling hielt die Schale an Contors Hand und fing damit das Blut auf. Der Medizinmann wiederholte diese Zeremonie bei Mato und auch dessen Blut rann in die Schale und vermischte sich mit Contors. Zusätzlich rührte der Schamane mit dem Jaguarstab die rote Flüssigkeit um und murmelte bei dieser Tätigkeit einige geheimnisvolle Sätze, deren Inhalt Contor nicht verstehen konnte. In der Zwischenzeit waren zwei Frauen dazugetreten, bestrichen die blutigen Schnitte der jungen Männer mit einer klebrigen Masse und verbanden die Wunden. Als das geschehen war, nahm der Medizinmann den Jaguarstab wieder aus der Schale und versprühte die Bluttropfen, die daran hafteten, über Contor und Mato, sodass es aussah, als hätten die beiden nach ihrem Tanz Blut geschwitzt. Dann reichte er ihnen das Gefäß und sie tranken abwechselnd kleine Schlucke daraus, bis es leer war. „Ihr habt euer Blut vermischt und seid ab heute Blutsbrüder. Der Jaguargott hat euren Bund besiegelt und ihr steht unter seinem Schutz. Erweist euch würdig als Brüder und helft euch gegenseitig, wie es die Familienbande verlangen!" Laut verkündete der Medizinmann das neue Band, das im Lager der Tukana geschlossen worden war. Contor war nun endgültig einer von ihnen, er würde von heute an den Schutz und die Hilfe des ganzen Stammes genießen. Mato und Contor reichten einander die Hände und umarmten sich, nicht mehr nur als Freunde, sondern als Blutsbrüder. Lachend kamen nun die übrigen Tukana und freuten sich mit den beiden. Nachdem sie die herzlichen Glückwünsche aller Frauen und Männer entgegengenommen hatten, durfte Contor als heutiger Ehrengast als Erster zu den vorbereiteten Speisen treten und sich das beste Stück auswählen. Nach ihm war Mato an der Reihe, dann folgten die restlichen Stammesangehörigen. Alle freuten sich, denn nichts liebten die Tukana so sehr wie das Feiern eines Festes. Heute würde man feiern, bis es nichts mehr zu essen und trinken gab.

„Du beherrscht Pfeil und Bogen beinahe schon so gut wie ein echter Tukana", lobte Mato seinen Blutsbruder, als sie einige Tage später miteinander auf der Jagd waren, „aber ich sehe auch, dass dein Herz traurig ist. Was bedrückt dich, mein Bruder? Bist du bei uns nicht glücklich? Gibt es vielleicht jemanden, der dir nicht die nötige Achtung entgegenbringt?" Contor seufzte auf: „Nein, Mato, das ist es nicht. Ich bin gerne bei euch, aber meine Heimat sind die hohen Berge. Ich habe Heimweh nach der strahlenden Sonne, der klaren Luft und den kühlen Temperaturen. Auch war mir nie klar, dass ich sogar den Schnee vermissen könnte. Doch am meisten sehne ich mich nach meiner Frau Koka. Sie wird wahrscheinlich glauben, dass ich schon längst gestorben bin. Mato, mein Bruder, sei mir bitte nicht böse, aber ich möchte zurück nach Tahuantinsuyu. Mir wird zwar das Herz schwer, wenn ich meinen neuen Bruder und sein Volk verlassen muss, aber meine Heimat ist nun einmal das Inkareich. Ich werde dich und die Tukana nie vergessen. Wenn ihr etwas braucht oder meine Hilfe benötigt, dann sende Boten in das

Dorf, in dem ich lebe." Mato ließ sich schwer auf den Boden nieder und blickte Contor traurig an: „Ich habe gewusst, dass du eines Tages zu den Deinen zurückkehren würdest, und mich vor diesem Tag gefürchtet. Du hast recht, der Wald ist nicht deine Heimat, du liebst den hellen Sonnenschein und nicht den düsteren Schatten, der unter dem Blätterdach der großen Bäume herrscht. Mein Herz wird mir schwer, wenn ich daran denke, dass du fern von mir bist. Doch du gehörst zu deiner Frau und deiner Familie im fernen Land der hohen Berge, in dem die Luft so dünn ist, dass wir Tukana kaum zu atmen vermögen. Geh zurück in deine Heimat und vergiss Mato und die Tukana nicht."

Contor beschleunigte seine Schritte. Er ahnte bereits das Ende des großen Waldes und konnte es kaum erwarten, das ewige Dämmerlicht hinter sich zu lassen. Endlich lichtete sich die üppige Vegetation und die Männer verließen das schützende Dunkel des Waldes. Mato und Contor umarmten sich noch ein letztes Mal und dann trennten sich ihre Wege. Der Inka eilte mit freudigen Schritten den Bergen entgegen und der Tukana blickte ihm lange schweigend nach, ehe auch er sich umwandte und wieder zwischen den Bäumen verschwand.

Contor atmete erstmals seit Monaten wieder befreit auf und schritt kräftig aus. Als Abschiedsgeschenk hatte er von Mato Pfeil und Bogen erhalten. Wenn es ihm gelang, in Pachamarca die jungen Männer für diese Waffe zu begeistern, dann waren sie allen künftigen Feinden überlegen. Die Vorfreude auf Koka tat ein Übriges und Contor erhöhte sein Marschtempo, um die Entfernung zu seiner Heimat bald hinter sich zu bringen. Hoch in den Lüften kreiste ein mächtiger Kondor und der Inka deutete es als gutes Zeichen, von dem Beherrscher der Lüfte, von dem er seinen Namen hatte, in Tahuantinsuyu begrüßt zu werden.

Mit einem flauen Gefühl in der Magengegend schlenderte Cusi neben Titu her. Auch seinem Freund war nicht wohl in seiner Haut. Zwar wollten sie nicht als Schwächlinge gelten, aber irgendwie gruselte es die Jungen bei dem Gedanken, heute die düsteren Orte Cuzcos aufsuchen zu müssen. Acoya gab sich selbstbewusst: „Hatun und Titu, passt nur gut auf, was ihr heute zu sehen bekommt. So enden nämlich Leute, die zu oft streiten und wegen ihrer Pflichtvergessenheit bestraft werden müssen." „Ha, ich fürchte mich nicht", gab Hatun großspurig zurück. Dass auch er innerlich zitterte, versuchte er sich nicht anmerken zu lassen. Allein seine hektischen Bewegungen und die zu schnelle Antwort verrieten seine Beklemmung. „Wegen ein paar Streitigkeiten mit dem Bruder wird man schon nicht hingerichtet und das Gefängnis fürchte ich nicht. Ich bin wilder als alle wilden Tiere und giftiger als alle Insekten und Schlangen Tahuantinsuyus. Mir wird schon nichts passieren." Cusi mischte sich in die Unterhaltung ein: „Am giftigsten und wildesten bist du zu deinem Bruder." Alle lachten befreit auf, nur Hatun drohte: „Wenn du weiterhin solchen Unfug von dir gibst, wirst du schnell merken, dass ich auch dich nicht fürchte." „Du hast schon Angst, wenn dich Cusi nur anschaut", hänselte Titu, „denn Cusi ist nun einmal der Stärkste von uns." Hatun brummte etwas Unverständliches, während die Schüler langsam ihrem Lehrer folgten, der sie zur berüchtigten Sankahuasi führte. In dieser Folterkammer wurden jene verhört, die die Staatssicherheit bedrohten, vor allem diejenigen aus den Reihen der eigentlichen Elite. Die Unglücklichen, die in die Fänge des Staatssicherheitsdienstes der Inka gerieten und im Sankahuasi verhört wurden, mussten meist, falls sie nicht hingerichtet wurden, den Rest ihres Lebens in einem anderen Bau verbringen, in der Bimbilla, einem Kerker. Häftlinge aus dem Sankahuasi, die keine Gnade fanden, hauchten sodann auf der staatlichen Hinrichtungsstätte ihr Leben aus, die Pachacuti in Arahua, am Rande Cuzcos, einrichten ließ. Diese grausigen Orte standen heute auf dem Lehrprogramm der Jungen. Einerseits wollten sie sich als richtige Männer beweisen und keine Furcht zeigen, andererseits bildete sich allein schon beim Gedanken an diese berüchtigten Stätten eine Gänsehaut am ganzen Körper. Begleitet wurden der Amautu und seine Schüler von einer Handvoll Soldaten.

Bald hatten sie ihr erstes Ziel erreicht und die Mauern des düsteren Gebäudes ragten vor ihnen auf. Wehe den Unglücklichen, die hinter den Eingangstüren verschwanden. Nur in seltenen Ausnahmefällen stellte sich die Unschuld der Verdächtigen heraus und diese sahen das Sonnenlicht wieder. Im Regelfall verließ kein Angeklagter mehr diesen schaurigen Ort als freier Mann. Man konnte zu Recht behaupten: Sankahuasi bedeutete, die Schuld war erwiesen.

Die Folterwerkzeuge wirkten auf die Jungen faszinierend und beängstigend zugleich. Einer der Wachen in Sankahuasi erklärte den Gebrauch der Geräte. Cusi konnte sich gut vorstellen, dass selbst ein mutiger und starker Mann unter der Folter seine Untaten zugab. Von hier gab es einfach kein Entrinnen. Der Amautu bemerkte das schaurige Entsetzen der ihm anvertrauten jungen Leute. „Warum ich euch ausgerechnet heute hierher führe, hat einen ganz besonderen Grund. Es findet nämlich eine Gerichtsverhandlung statt, an der wir als Zuseher teilnehmen. Wegen des bedeutenden Sachverhaltes wird der Inka persönlich das Verfahren leiten."

Bei diesen Worten fühlte Cusi mit einem Schlag erwartungsvolle Neugier. Das beklemmende Gefühl der Angst vor diesem unheimlichen Ort verebbte allmählich und machte einem wissbegierigen Lerneifer Platz. „Eine Gerichtsverhandlung! Inka Pachacuti höchstpersönlich wird Recht sprechen. Ich werde dabei sein!" Cusi war mit einem Male wie ausgewechselt. Auch in den Mienen von Titu und den anderen Jungen war zu erkennen, dass die Furcht vor dem gruseligen Ort des Schreckens verschwunden war. Cusi kam sich plötzlich richtig erwachsen vor. So eine Auszeichnung erhielten in der Regel nur die höchsten Würdenträger des Reiches. Von allen Seiten hörte er die durcheinander murmelnden Stimmen seiner Mitschüler, die ebenso dachten wie er. Als Cusi Titu, Hatun und

Acoya anblickte, stellte er fest: „Das sind ja die zukünftigen hohen Würdenträger des Reiches." Er selbst würde in einigen Jahren auch dazugehören, wenn er nicht das Missfallen des Herrschers oder dessen Nachfolgers erregte. In diesem Augenblick erkannte Cusi, dass er dieselbe Schule besuchte wie die Söhne der Reichselite und mit ihnen freundschaftlich verkehrte. Er war sogar der beste Freund von Pachacutis Sohn Titu. Cusi erschauderte bei dem Gedanken, dass er auch ein Teil der Elite Tahuantinsuyus war oder zumindest in ein paar Jahren sein würde. Dann waren Gerichtsverhandlungen natürlich ebenfalls ein wichtiger Teil der Ausbildung. Er würde heute ganz besonders scharf achtgeben und sich ganz genau merken, wie der Inka das Verfahren leiten würde.

Cusi war so in Gedanken versunken, dass ihn Titu mehrmals anstoßen musste, ehe er bemerkte, dass sein Freund zu ihm sprach. „Was ist los mit dir? Zitterst du schon beim Gedanken, dass jemand gefoltert werden wird?" Vor Aufregung sprudelten die Worte aus Titu nur so heraus. Der Sohn Pachacutis konnte den Beginn der Verhandlung kaum noch erwarten.

Die Schüler folgten dem Amautu in den Innenhof der Sankahuasi. Hier ließen sie sich auf kleinen Hockern nieder und blickten sich aufmerksam um. Zahlreiche Wachen hatten bereits um einen erhöhten Thron Aufstellung genommen und mehrere würdig blickende Männer standen beisammen und unterhielten sich leise. Der Lehrer war zu ihnen getreten und nahm an ihrer Diskussion teil. Plötzlich vernahm Cusi Schritte, die sich dem Innenhof näherten. Dann ertönte ein knapper Befehl und alle Anwesenden standen auf und verneigten sich. Der Inka war mit einem kleinen Gefolge erschienen und steuerte auf den Thron zu. Pachacuti war dem Anlass entsprechend mit einem prächtigen Gewand bekleidet und trug ein Stirnband aus bunten Vogelfedern. Auf sein Zeichen durften sich alle wieder setzen. Der Inka winkte kurz, und einige Wachen eilten fort, um die Angeklagten zu holen. Wenige Augenblicke später waren sie wieder zur Stelle. In ihrer Mitte befanden sich eine junge Frau und zwei Männer, Vater und Sohn, wie Cusi bald merkte. Man schlang ein Seil um jeden einzelnen und band sie mit den Händen an drei Pfähle, die sich im Hof befanden. Die Frau sank sofort auf die Knie und schluchzte immer wieder auf. Wenn sie kurz den Kopf hob, sah Cusi die bitteren Tränen, die ihr die Wangen hinunterliefen. Sofort erfasste den Jungen Mitleid mit der Frau. „Was soll dieses armselige Wesen verbrochen haben?", dachte er sich. Mit den Männern verhielt es sich anders. Auch sie hatten ihre Köpfe gesenkt, doch nur, weil es die Etikette verlangte, dass man den Inka nicht direkt anblickte. Aber ihre Körperhaltung verriet Entschlossenheit. Sie hatten sich noch nicht in ihr Schicksal ergeben und wollten um ihre Unschuld und somit um ihr Leben kämpfen.

Pachacuti musterte die drei mit einem langen Blick und strich sich dabei mit Zeigefinger und Daumen über seine Wange. Dann nahm er eine straffe Haltung an und fragte einen der Richter: „Welcher Untaten beschuldigt man die Angeklagten?" Der Gefragte erhob sich, verbeugte sich ehrenhalber und antwortete: „Der Frau Koka wird vorgeworfen, Ehebruch begangen zu haben. Der junge Mann, sein Name lautet Tumi, soll sie verführt haben. Der Vater Tumis, Curaca Hacaroca, der Häuptling Pachamarcas, war den beiden bei ihrem Verbrechen behilflich. Er hat sie durch seine Entscheidung sogar erst ermöglicht. Erschwerend kommt hinzu, dass diese Handlung in Pachamarca geschah, wo die Herzen der verstorbenen Herrscher aufbewahrt werden. Denn wird dort eine schändliche Tat verübt, wird das Andenken an die Sonnensöhne mit Schande befleckt."

Bedenklich wiegte der Inka sein Haupt, dann wandte er sich zuerst an Hacaroca: „Was sagst du zu diesem schwerwiegenden Vorwurf?" Der Häuptling zögerte ein wenig mit der Antwort, doch dann erwiderte er mit leiser Stimme und gesenktem Blick: „Die Beschuldigungen stimmen nicht. Das alles war nur eine Verkettung von unglücklichen Umständen. Mein Sohn ist ebenso unschuldig, wie ich es bin."

„Das herauszufinden wird die Aufgabe des Gerichtes sein", schnitt ihm Pachacuti das Wort ab. „Koka, was sagst du zu der ganzen Sache?", fragte der Inka die junge Frau. Bei dieser Frage wurde Koka von einem neuerlichen Krampf geschüttelt. „Mein armer Mann, was habe ich ihm nur angetan. Ich hoffe, er kann mir einmal verzeihen. Ich wollte das alles nicht. Ich bin so schlecht und habe eine gerechte Strafe verdient", stieß sie mühsam unter lautem Schluchzen hervor. Die beiden Männer warfen ihr einen wütenden Seitenblick zu und ihre Mienen verfinsterten sich. Wenn die Frau plötzlich Reue zeigte, schwanden die Möglichkeiten der Männer, sich ohne Bestrafung aus dem Verfahren zu retten. „Verzeiht, mächtiger Inka", mischte sich Curaca Hacaroca schnell ein, „die Worte der Frau könnten deinen Gerechtigkeitssinn beeinflussen. Doch ihr offensichtliches Schuldbekenntnis hat mit der Unschuld meines Sohnes und mit meinem Handeln nicht das Geringste zu tun. Ihr sündiges Verhalten beweist im Gegenteil, dass mein Sohn und ich keine Schuld auf uns geladen haben." „Sei still", herrschte ihn einer der Richter an, „du wirst noch früh genug die Gelegenheit bekommen, auf die Anschuldigungen, die man gegen dich erhoben hat, zu antworten. Hiermit ermahne ich dich auf das Strengste. Wenn du noch einmal sprichst, ohne dazu aufgefordert worden zu sein, wird dir einer der Wachen fünfzig Schläge verpassen." Sofort verstummte der Angeklagte und verbiss sich eine Entgegnung.

Pachacuti wandte sich erneut der Frau zu. „Berichte mit deinen Worten, was sich zugetragen hat. Aber ich warne dich, lass nichts aus, lüge nicht und schildere uns keine erfundenen Tatsachen!" Mit rotgeweinten Augen, den Blick flehend auf den Inka geworfen, fiel Koka auf die Knie und begann mit ihrer Geschichte: „Im Vorjahr erreichte ein Läufer unser Dorf und brachte die Botschaft, dass unser Häuptling zehn Männer nennen sollte, die das Heer auf einen Kriegszug begleiten mussten. Mein Mann, Contor ist sein Name, wurde von Curaca Hacaroca ausgewählt die Männer anzuführen. Contor freute sich über diese Ehre, doch ich hegte die Befürchtung, Hacaroca wollte ihn in den Tod schicken. Sein Sohn Tumi begehrte mich nämlich und konnte es nicht verwinden, dass ich nicht ihn, sondern Contor als Mann genommen habe. Contor tat meine Befürchtungen aber leichtfertig ab. Viele Wochen vergingen, ohne dass wir eine Nachricht von den Kriegern bekamen. Tumi, der Sohn unseres Dorfhäuptlings, war während dieser Zeit sehr zuvorkommend zu mir. Da mein Mann fehlte, half er mir öfters bei der Bestellung der Felder. Schließlich teilte mir Tumi eines Tages mit, dass Contor von den Feinden getötet worden sei. Die heimgekehrten Soldaten hatten die schreckliche Neuigkeit erzählt, dass Contor im dichten Urwald umgekommen sei. Ich war wie von Sinnen, als ich diese schreckliche Nachricht vernahm. Das Gesetz schreibt vor, dass eine Witwe mindestens ein Jahr um ihren Mann trauern muss, doch Tumi war so liebenswürdig. Er tröstete mich in dieser schweren Zeit und schwor mir ewige Liebe. Sein Vater, der Häuptling, unterstützte sein Werben. Doch ich blieb standhaft. Wenn Contor für den Inka und Tahuantinsuyu gefallen war, dann würde ich ewig seine Witwe bleiben und alles in meiner Macht Stehende tun, um unseren noch ungeborenen Sohn zu einem untadeligen Mann zu erziehen. Contor zog nämlich in den Krieg, ohne dass ich ihm sagen konnte, dass die Mondgöttin meinen Leib gesegnet hatte. Tumi wurde immer zudringlicher und meine Schwangerschaft hinderte ihn nicht daran, mir weiter den Hof zu machen. Nachdem die Ernte glücklich eingebracht worden war, feierten wir in unserem Dorf ein Fest. Dabei wurde viel Chicha getrunken. Als der Mond hoch am Himmel stand, ging ich in meine Hütte und legte mich zu Bett. Da hörte ich ein Geräusch. Ehe ich nachsehen konnte, was es war, stand Tumi im Raum. Er war ziemlich betrunken und warf sich auf mich. Er drohte, wenn ich um Hilfe schreie, würde er allen erzählen, dass ich ihn verführt hätte. Da er der Sohn des Häuptlings sei, würde man seinen Worten eher Gehör schenken als den Worten einer Witwe. Dann riss er mir die Kleider vom Leib und vergewaltigte mich. Es war so schrecklich, ich wäre am liebsten gestorben. Nur der Gedanke an Contors ungeborenes Kind gab mir die Kraft, diese schlimmen Stunden zu überstehen. Am nächsten Morgen brüstete sich Tumi auch noch damit und stellte die Situation so dar, dass ich ihn ermutigt hätte. Sein Vater unterstützte ihn und beide forderten mich auf, endlich Tumi zu heiraten, denn Contor würde nie mehr nach Hause kommen. Doch ich wollte nicht. Aus Angst vor Tumi schlief ich seit diesem Tag wieder in der Hütte meiner Eltern. Mich auch dort zu behelligen, wagte er doch nicht. Schließlich kam Contors Sohn zur Welt. Ich war glücklich darüber, aber gleichzeitig unsagbar traurig, dass das Kind nie seinen Vater sehen würde. Doch der Kleine war in dieser schweren Zeit mein ganzer Trost und eine große Stütze. Langsam überwand ich meinen Schmerz und dachte nicht bei jeder Gelegenheit an Contor. Eines Tages, ich arbeitete gerade auf dem Feld, lief der Nachbarsjunge zu mir und rief schon von weitem, dass Contor aus dem Krieg zurückgekehrt sei. Bei dieser Nachricht ließ ich alles liegen und stehen und eilte nach Hause, um ihm um den Hals zu fallen. Tatsächlich, da stand mein totgeglaubter Mann. Er sah abgemagert und krank aus. Ich werde nie vergessen, wie Contor mich mit traurigen Augen anblickte. Im selben Moment wusste ich, dass er bereits von meinem Fehlverhalten erfahren hatte. Am liebsten wäre ich tot umgefallen, um die Schmach, die ich ihm angetan hatte, ungeschehen zu machen. Verzweifelt wollte ich mich ihm in die Arme stürzen, doch er wies mich von sich und verstieß mich. Er hörte mir nicht zu, sodass ich keine Möglichkeit erhielt, mein schändliches Verhalten zu rechtfertigen. Selbst seinen Sohn wollte er nicht sehen, da er annahm, Tumi wäre der Vater. Aber das stimmt nicht! Tumi und Curaca Hacaroca haben gelogen. Mein Sohn ist nicht Tumis Sohn, mein Sohn ist der Sohn Contors! Oh, großmächtiger Inka! Ich bereue zutiefst, was ich getan habe. Bestrafe mich so hart wie möglich, denn ich habe mein Lebensglück verwirkt. Ohne das Verzeihen und die Liebe meines Mannes möchte ich nicht mehr leben. Ich habe schwer an ihm gesündigt und muss nun die Folgen meines Ehebruches tragen. Wenn er mir verzeihen würde, dann könnte ich beruhigt sterben. Wie sehne ich mich nach einem tröstlichen Blick aus seinen Augen. Alles würde ich dafür geben, noch einmal seine sanften Arme zu spüren und seine milde Stimme zu hören." Wieder wurde Koka von einem heftigen Weinkrampf geschüttelt. Sie sank zusammen, unfähig noch ein Wort zu sprechen.

Pachacuti vernahm die Worte der Angeklagten ohne erkennbares Mienenspiel. Scheinbar ungerührt richtete er seine Aufmerksamkeit auf Tumi. „Du hast gehört, was Koka gesagt hat. Erzähle uns nun deine Sicht der Geschichte!" Der Angesprochene blickte kurz zu der schluchzenden Frau und dann zu seinem Vater. Für einen Moment schien es ihm nicht klar zu sein, wie er sich verhalten sollte. Doch schließlich straffte er seine Gestalt und begann: „Wie bereits Koka erwähnte, tauchte im Vorjahr ein Bote des mächtigen Inka auf und überbrachte den Befehl, dass aus unserem Dorf zehn Männer für den Kriegsdienst abzustellen seien. Mein Vater, der Häuptling, wählte diese sorgfältig aus. Einer von ihnen war Contor, den ich um diese Ehre sehr beneidete. Gerne hätte ich die Krieger begleitet, um im unbezwingbaren Heer des Inka zu dienen. Doch mein Vater meinte, ich wäre zu unerfahren dafür. Mit wehmütigen Augen blickte ich den Männern nach, als sie mit stolzen Schritten unser Dorf verließen. Nach einigen Monaten erreichte meinen Vater die Kunde, dass Contor gefallen sei. Er trug mir in den nächsten Tagen auf, Koka bei ihrer Arbeit auf den Feldern zu helfen, da ja ihr Mann verstorben sei. So ging ich zu ihr und half bei der Arbeit, so gut es ging. Dabei suchte Koka immer öfter meine Nähe. Wenn niemand zu uns blickte, berührte sie mich und sah mich auffordernd an. Ich versuchte zwar, ihren Aufforderungen zu widerstehen, aber eines Abends lud sie mich nach der anstrengenden Arbeit zum Essen ein. Dabei trank ich wahrscheinlich zu viel Chicha, denn ich kann mich nicht erinnern, was alles in dieser Nacht passiert ist. Als ich wieder zu mir kam, lag ich nackt unter Kokas Decke und sie hielt mich fest umschlungen. Erschrocken wollte ich aufspringen, doch Koka ließ das nicht zu. Sie drohte, mich anzuklagen, eine verheiratete Frau verführt zu haben, wenn ich ihr nicht weiterhin zu Willen sei. So kam es, dass ich in der Folge beinahe jede Nacht bei ihr verbrachte. Eines Tages tauchte völlig unerwartet Contor wieder im Dorf auf. Er erfuhr von Kokas Fehlverhalten und beschuldigte mich des Ehebruches. Diese Anschuldigung muss ich zurückweisen, da ich wissentlich keinen Ehebruch begangen habe. Erstens hat mich Koka verführt und zweitens dachte ich, Contor sei tot. Darum bitte ich den weisen Inka, mich von den haltlosen Anschuldigungen freizusprechen." Tumi hatte seine Entscheidung getroffen. Aus Furcht vor einer strengen Bestrafung durch den Inka hatte er das Geschehen so dargestellt, dass er als junger, unerfahrener Mann von einer verwitweten Frau verführt worden sei.

Nachdem Tumi geendet hatte, blickte ihn Koka mit verwunderten Augen an. Was der junge Mann erzählte, vor allem über ihr Verhalten während der Abwesenheit ihres Mannes, klang so, als ob die alleinige Schuld bei ihr läge. Koka schüttelte den Kopf vor Enttäuschung. In diesem Augenblick wollte sie nur noch sterben. Die Worte Pachacutis, der nun die Stimme erhob, vernahm sie nur noch wie durch einen nebeligen Schleier. Der Inka sprach mit ernster Miene: „Deine Geschichte klingt anders als die von Koka. Herauszufinden, wer von euch beiden die Wahrheit gesprochen und wer gelogen hat, ist die Aufgabe dieses Gerichtes. Vielleicht kann Curaca Hacaroca Licht in die Sache bringen. Nun, Hacaroca, fordere ich dich auf, deine Version der Geschichte zu erzählen. Doch wehe, du wagst es zu lügen. Überlege gut, was du diesem Gericht zu erzählen hast. Bedenke, dass du hier nicht die Rolle des Vaters eines Angeklagten hast, sondern dass du in deiner Eigenschaft als Curaca, als Oberhaupt Pachamarcas, hier deine Aussage tätigst! Wer hat die größere Schuld auf sich geladen, dein Sohn Tumi oder Koka, die Frau Contors?" Die letzten Worte des Inka waren bedrohlich leise gesprochen und seine Augen sprühten voller feuriger Blicke. Doch Curaca Hacaroca achtete nicht auf das Mienenspiel des Inka. Er wollte seinem Sohn helfen und dafür die junge Frau opfern, wenn es sein musste. So räusperte er sich und begann zu sprechen: „Mein Sohn hat die Wahrheit gesagt. Die Frau hat ihn verführt, indem sie ihn mit zu viel Chicha gefügig gemacht hat. Sie wollte die Frau des Sohnes und Nachfolgers eines Curaca werden."

Koka blickte ihn nach diesen Worten ungläubig an. Langsam dämmerte ihr, worauf die beiden Männer hinauswollten. Ihre Augen zogen sich zu schmalen Schlitzen zusammen und sie biss sich so fest auf die Lippen, dass ein hellroter Blutstropfen zum Vorschein kam. Sie sollte die böse Verführerin sein und als alleinige Schuldige gelten. In diesem Moment der Erkenntnis versiegten ihre Tränen, und ihre Enttäuschung über Tumis Verhalten verwandelte sich in Abscheu. Was musste in diesen erbärmlichen Männern vorgehen, die eine arme Frau dem Henker preisgaben, um sich selbst ihr Leben zu bewahren.

Der Herrscher hatte Koka während der Aussage Hacarocas genau beobachtet und registrierte ihr Mienenspiel, welches sich soeben verändert hatte und anstelle von Verzweiflung nun Verachtung widerspiegelte. Pachacuti wandte nach einer Weile den Blick von der jungen Frau und musterte Curaca Hacaroca: „Warum hast du den Befehl über die Krieger deines Dorfes nicht deinem Sohn Tumi übertragen, sondern hast Contor damit betraut? Tumi hat uns soeben geschildert, wie enttäuscht er war, dass nicht er mit dem Heer des Inka in den Krieg ziehen durfte. Als dein Sohn und Nachfolger hätte er doch diese Gelegenheit nützen müssen, um Erfahrungen zu sammeln und ruhmbeladen aus dem Feldzug heimzukommen. Alle meine Berater und Generale haben mir versichert, die Tukana seien nur ein Haufen Wilde, die ohne viel Aufwand im Handumdrehen besiegt werden könnten. Unser Feldzug sollte im Gegensatz zu anderen Kriegen ein Spaziergang werden. So eine günstige Gelegenheit, relativ gefahrlos Kampferfahrung zu sammeln und Führungsqualitäten zu beweisen, wird so schnell nicht wiederkommen."

Hacaroca zuckte bei dieser Frage des Inka leicht zusammen,

aber er hatte sich schnell wieder in der Gewalt: „Mein Sohn hat bisher noch keine Erfahrung auf einem Feldzug gesammelt, daher habe ich den Beschluss gefasst, nicht ihm den Befehl über die Männer Pachamarcas zu geben, sondern die Leute Contor anzuvertrauen. Dieser war nämlich schon auf einigen Kriegszügen und hat dort immer wieder seinen großen Mut bewiesen." „War das wirklich der einzige Grund?", bohrte der Inka nach. Nur wer ganz genau hinsah, bemerkte, dass sich auf Curaca Hacarocas Antlitz eine leichte Röte ausbreitete und er am ganzen Körper zu schwitzen begann. „Ja, großmächtiger Inka, dies war der einzige Grund!" Pachacuti lehnte sich in seinem Sessel zurück und fuhr sich mit den Fingern über die Stirn. Er schien nachzudenken. Gespannte Stille breitete sich auf dem ganzen Platz aus und auch die Jungen, die der Gerichtsverhandlung aufmerksam gefolgt waren, wagten sich kaum zu rühren. „Was wird der Herrscher wohl beschließen?", fragte sich Cusi und spürte, dass auch Titu äußerst nervös war.

Der Inka ließ sich Zeit, bevor er mit der Befragung fortfuhr. Nachdenklich wiegte er sein Haupt hin und her und zupfte scheinbar gedankenverloren an seinem prächtigen Ohrstecker, während ein geheimnisvolles Lächeln seine Mundwinkel umspielte. Dann klatschte er in die Hände und einer der anwesenden Richter eilte zum Herrscher. Dieser flüsterte ihm ein paar Worte in das Ohr und der Richter winkte einen der Bewaffneten zu sich und gab diesem einen Befehl, worauf der Krieger sogleich in das Gebäude schritt. Nach einer kurzen Zeit kam er in Begleitung eines königlichen Beamten wieder zurück. Der Beamte sank vor dem Inka ehrfurchtsvoll in die Knie und beugte sein Gesicht tief zur Erde nieder. „Berichte von deiner letzten Inspektionsreise nach Pachamarca! Was wurde dort zwischen dir und dem Curaca vereinbart? Du kannst dich sicher noch daran erinnern?", forderte der Inka den Beamten auf. Dieser hob leicht seinen Kopf und begann zu sprechen: „Wie in den vergangenen Jahren hatte ich auch im letzten Jahr den Auftrag bekommen, die Ernteerträge und die königlichen Einrichtungen in Pachamarca zu inspizieren. Den Curaca kenne ich schon seit langem recht gut. Hacaroca ist ein fleißiger und rechtschaffener Mann, der seine Pflichten als Ortshäuptling immer zur vollsten Zufriedenheit erfüllt hat." Bei diesen lobenden Worten huschte ein zufriedenes Lächeln über das Gesicht des Häuptlings. Die Worte des Beamten würden seine Glaubwürdigkeit erhöhen, davon war er überzeugt. Dann musste ihn der Inka freisprechen und Koka stand als Lügnerin da und würde als Ehebrecherin verurteilt werden. Doch noch während Hacaroca zufrieden dreinblickte, sprach der Beamte weiter und die Miene des Häuptlings verdüsterte sich wieder. „So war es auch bei der letzten Inspektion. Die Terrassen für den Anbau der Feldfrüchte waren in Ordnung, die Bewässerungskanäle wurden gerade ausgebessert und gereinigt und die Lagerhäuser waren nach einer ausgezeichneten Ernte vollgefüllt. Meine Mitarbeiter und ich waren mit dem Gesehenen sehr zufrieden. Wenn alle Dörfer so ihre Pflichten erfüllen wie Pachamarca, dann wird Tahuantinsuyu weiterhin blühen und gedeihen. Nach dem Ende der Inspektion überbrachte ich dem Curaca noch den Befehl, zehn Männer auszuwählen, die das Dorf für den geplanten Feldzug gegen die Tukana stellen musste. Ich nahm natürlich an, dass Curaca Hacaroca seinen Sohn Tumi mit dem Befehl über diese Krieger betrauen würde. Umso mehr war ich erstaunt, als er Contor nannte. Dieser Mann hatte zwar schon einige Kriege mitgemacht, doch deswegen gleich als Befehlshaber ausgewählt zu werden, schien mir etwas sonderbar. Als ich deswegen einen Einwand vorbrachte, versuchte Curaca Hacaroca seine Entscheidung zu begründen. Er meinte, dass dieser Feldzug sehr gefährlich und verlustreich werden könnte. Pachamarca liege an der Grenze von Tahuantinsuyu und in das Waldland der Tukana seien es nur wenige Tagesmärsche. Der Curaca könne sich erinnern, dass schon einige Strafexpeditionen in dieses Gebiet stattgefunden hätten, doch bisher ohne Erfolg. Im Gegenteil, das sonst siegreiche Heer des Inka habe im ungesunden Klima des Regenwaldes ungewöhnlich hohe Verluste erlitten, die nicht so sehr durch Kampfhandlungen, sondern durch die Krankheiten des Urwaldes verursacht worden seien. Hacaroca befürchtete nun, dass sein unerfahrener Sohn sehr leicht getötet werden könnte. Da er nur diesen einen Sohn habe, der als sein Nachfolger auserkoren sei, bitte er darum, Tumi vom Kriegsdienst zu befreien. Tumi war bei diesem Gespräch anwesend und bat ebenfalls darum, nicht in den tödlichen Dschungel geschickt zu werden. Auch er schlug Contor als den geeignetsten Anführer des Aufgebotes von Pachamarca vor. Contor sei noch kein Familienvater und seine junge Frau würde im Falle von Contors Tod sicher bald einen neuen Mann finden, der für sie sorgen würde. So stimmte ich dem Vorschlag Hacarocas zu und ernannte Contor zum Befehlshaber der Krieger Pachamarcas. Als dieser von dieser Ehre erfuhr, zeigte er sich hochzufrieden und war sehr stolz, doch seine Frau war verzweifelt und befürchtete, er würde von Curaca Hacaroca und Tumi, der ihn loswerden wollte, in den Tod geschickt. Als ich die Worte der Frau hörte, beschlich mich das eigenartige Gefühl, dass meine Entscheidung schlecht gewesen war. So interessierte ich mich sehr für den Verlauf des Feldzuges und insbesondere Contors Schicksal. Als ich hörte, er sei im Urwald verschollen und umgekommen, musste ich an Tumi und Hacaroca denken. Aber ich verschloss schließlich meine Augen vor diesem Unglück, denn auch viele andere junge Krieger waren ums Leben gekommen. Contor hatte schließlich nur seine Pflicht erfüllt. Doch als ich vor wenigen Tagen die Nachricht erhielt, Contor sei völlig überraschend wieder aufgetaucht und beschuldige seine Frau und Tumi des Ehebruches, hielt ich es für meine Pflicht, von diesen zurückliegenden Ereignissen Zeugnis abzulegen." Der Beamte senkte nach seinem Bericht wieder die Augen zu Boden und wirkte zerknirscht und schuldbewusst.

Cusi bemerkte, dass auch Curaca Hacaroca bleich geworden war. Der Bericht des Beamten hatte den Häuptling schwer belastet. Wie es jetzt aussah, hatten Hacaroca und Tumi den Feldzug gegen die Tukana benützt, um Contor aus dem Weg zu räumen. Beinahe wäre ihr Plan gelungen. Was Cusi aber noch immer nicht verstand, war die Frage, warum Contor nicht mit den Soldaten des Inka zurückgekehrt und für tot erklärt worden war. Soviel hatte er bei der heutigen Gerichtsverhandlung mitbekommen. Doch was war im Urwald mit Contor geschehen? Cusi interessierte das brennend und er wollte darüber gerne mehr erfahren. Ohne sich zu besinnen, rief er plötzlich laut über den Gerichtsplatz: „Was kann uns Contor zu dieser Sache erzählen? Das möchte ich gerne wissen." Ein Amautu, der in seiner Nähe saß, funkelte den Jungen böse an, weil er die Verhandlung unterbrochen und dem Inka ins Wort gefallen war. Sein Blick verhieß Cusi nichts Gutes. Verlegen senkte der Schüler den Kopf und befürchtete eine schlimme Bestrafung. Er hatte durch seine unüberlegte Wortmeldung das Missfallen seines verehrten Herrschers erregt und schämte sich nun sehr. Cusi fühlte viele verärgerte Blicke auf sich gerichtet und wurde bis zu den Haarwurzeln rot. Am liebsten wäre er in diesem Augenblick im Erdboden versunken. Doch Inka Pachacuti war nicht zornig über die vorlaute Äußerung. Er wandte sich an den jungen Zwischenrufer: „Mein etwas vorwitziger Cusi! Deine Amautus haben mir berichtet, dass du sehr fleißig und wissbegierig bist. Eines hast du aber noch nicht gelernt, nämlich deine Zunge im Zaum zu halten. Da du aber ein so großes Interesse an diesem Fall hast, willst du nicht an meiner Stelle die Gerichtsverhandlung weiterführen?" Cusi machte sich noch kleiner und krümmte sich zusammen. Titu weidete sich am Unbehagen seines Freundes und hätte am liebsten lauthals losgeprustet, aber er hielt sich tapfer zurück.

Die Richter atmeten erleichtert auf, als sie erkannten, dass der Herrscher trotz der Störung oder vielleicht sogar gerade deswegen gut gelaunt war. Auf ein Zeichen des Inka stand einer von ihnen auf und begab sich zu Cusi. „Der Inka hat vorhin nicht gescherzt. Komm mit mir mit und nimm bei uns Richtern Platz!" Darauf nahm er den erstaunten Knaben und geleitete ihn zu Pachacuti. „Also, Cusi, nun führst du den Vorsitz. Die Schüler der Yachahuasi müssen früh genug lernen, wie man Tahuantinsuyu verwaltet. Ordne an, was als Nächstes zu geschehen hat!" Cusi fühlte sich wie in einen Traum versetzt. Er hatte den ersten Schock überwunden und genoss es, plötzlich im Mittelpunkt zu stehen. Als er zu seinen Mitschülern schaute, blinzelte ihn Titu aufmunternd an, während Hatun ungläubig die Augen zusammenkniff und seinen Neid nur schwer verbergen konnte. Der Amautu hingegen wusste noch nicht, was er von der ganzen Sache halten sollte. War es ein Scherz des Herrschers oder hatte Inka Pachacuti den Vorsitz tatsächlich an Cusi abgetreten? Und wie würde sich der Schüler verhalten? Er war ja noch so jung und unerfahren. Jedenfalls beschloss der Lehrer, das Strafmaß, welches Cusi zu erwarten hatte, von dem weiteren Verlauf der Verhandlung abhängig zu machen.

„Vorhin hast du dich brennend für das Schicksal Contors interessiert", wandte sich der Herrscher an den Schüler, „willst du noch immer erfahren, wie es ihm im Urwald ergangen ist?" Cusi zuckte zusammen, als ihm bewusst wurde, dass ihn der Inka angesprochen hatte. Jetzt wandelte sich seine Freude darüber, plötzlich die Aufmerksamkeit Pachacutis erregt zu haben, wieder in ein leichtes Unbehagen. „Was wird wohl der Amautu zu meiner Neugier sagen?", fragte sich Cusi und begann zu fürchten, dass er am Ende der Verhandlung mit einer strengen Strafe zu rechnen hatte. Was hatte ihn der Inka gefragt? Ja, ihn interessierte wirklich das Schicksal Contors. Warum war dieser so lange verschollen gewesen, hatte für tot gegolten und war plötzlich wieder daheim aufgetaucht? Welche Abenteuer hatte dieser Krieger im Urwald erlebt? Das wollte Cusi schon sehr gerne erfahren. Während er nervös dasaß und vor sich hin grübelte, fühlte er unzählige Blicke auf sich gerichtet. Cusi schaute sich verlegen um und erkannte, dass der Inka tatsächlich darauf wartete, dass er das Zeichen für die Fortsetzung des Prozesses gab. Mit belegter und krächzender Stimme sprach Cusi: „Man bringe Contor und befrage ihn zu den Ereignissen." Sofort eilten zwei Krieger davon und kamen kurze

Zeit später in Begleitung des Genannten zurück. Contor verneigte sich vor Pachacuti und dann suchten seine Blicke Koka, die er mit verweinten Augen an einen Pfahl gebunden vorfand. Vorwundert nahm er zur Kenntnis, dass ein Junge die Verhandlung zu führen schien, denn dieser forderte ihn nun auf, alles über sein Verhältnis zu Curaca Hacaroca und Tumi zu berichten. Außerdem wollte der Knabe wissen, wie es ihm auf dem Kriegszug im Lande der Tukana ergangen und warum er erst so spät wieder zurückgekehrt sei. Contor wusste nicht, wie er auf diese Aufforderung reagieren sollte, und blickte den Inka hilfesuchend an. Als dieser leicht nickte, begann Contor zu erzählen. Gebannt hörten alle Menschen zu, als er von den Strapazen und Gefahren, die der tödliche Urwald dem Heer des Inka bereitet hatte, erzählte. Contor ließ nichts aus und er beschönigte nichts. Er würdigte die Leistung des Befehlshabers Capac Yupanqui, der den Männern immer wieder neuen Mut zugesprochen hatte, doch letzten Endes an einem Gegner gescheitert war, der einer Schlacht aus dem Weg gegangen war und die feindliche Natur ausgenützt hatte, um das Heer aus Tahuantinsuyu zu zermürben. Cusi konnte förmlich miterleben, wie das Fieber die Krieger geschwächt hatte und die ständige Bedrohung durch die vergifteten Pfeile zu einer furchtbaren Zerreißprobe für die Nerven aller Soldaten geworden war. Auch Inka Pachacuti hörte gespannt zu. Sein Bruder Capac Yupanqui hatte ihm zwar schon vom Feldzug berichtet, doch hatte der Herrscher dessen Erzählungen mit gemischten Gefühlen angehört. Ein erfolgloser Feldherr neigt nämlich leicht dazu, seine eigene Leistung zu beschönigen und die Schuld für den Misserfolg unberechenbaren Umständen oder dem Versagen seiner Untergebenen zuzuschreiben. Die Erlebnisse, die Contor so anschaulich schilderte, überzeugten Pachacuti davon, dass Capac Yupanqui alles Menschenmögliche versucht hatte und ihm das Versagen des Heeres nicht anzulasten war. Pachacuti würde seinem Bruder bald wieder den Oberbefehl über einen Feldzug anvertrauen.

Schließlich erzählte Contor, wie er in die Hände der Tukana gefallen war. Diese wollten ihm nicht glauben, dass er ihrem Stammesgefährten Mato das Leben gerettet hatte. Riesige Ameisen zerfleischten mit ihren mächtigen Beißzangen seine Brust. Zur Anschauung zeigte Contor die vielen Narben, die noch gut auf seiner Haut zu sehen waren. Cusi erschauerte, als er die unzähligen Wunden betrachtete. Contor sah zu seiner Frau hinüber und erzählte weiter, dass ihm nur die Gedanken an Koka neue Kraft gegeben hätten. Auch Inti, der allmächtige Sonnengott, habe ihn beschützt und den todkranken Mato wieder genesen lassen. Darauf sei er von den Tukana als Stammesgenosse aufgenommen worden und habe mit Mato Blutsbruderschaft geschlossen. Nach einigen Wochen im Lager der Waldindianer habe ihn aber die Sehnsucht nach seiner geliebten Frau und den Bergen Tahuantinsuyus gepackt. Von Heimweh getrieben habe er Abschied von seinen neuen Freunden genommen und sei frohen Mutes in seine Heimat zurückgeeilt. Sein Herz sei von Freude erfüllt gewesen, als er endlich in der Ferne die ersten Häuser Pachamarcas erblickt habe. Doch nicht Koka sei ihm entgegengeeilt, wie er es insgeheim erhofft habe, sondern ein Abgesandter Curaca Hacarocas. Dieser habe ihm erklärt, dass man ihn längst für tot gehalten habe und dass Koka in der Zwischenzeit die Frau Tumis geworden sei und einen Sohn zur Welt gebracht habe. Er habe diese furchtbare Botschaft nicht glauben können, doch als er sein Haus erreicht und die ungläubigen Augen seiner Nachbarn gesehen habe, habe er erkannt, dass für die Einwohner der Stadt ein Totgeglaubter zurückgekehrt sei. Eine unsagbare Traurigkeit habe ihn befallen und er habe mit niemandem reden wollen. Auch als Koka zu ihm gelaufen sei, habe er sie keines Blickes gewürdigt und ihr nicht zugehört. Als er sich am nächsten Morgen wieder ein wenig gefangen habe, habe ihn ein maßloser Zorn überkommen und er habe Koka und Tumi öffentlich des Ehebruches beschuldigt.

Als er seine letzten Worte ausgesprochen hatte, schrie Koka gequält auf und brach weinend zusammen. Contor sah sie traurig an, wagte aber nicht, das Wort an sie zu richten.

Bedrückende Stille breitete sich über dem Gerichtsplatz aus. Alle blickten erwartungsvoll den Inka an, doch Pachacuti hüllte sich in Schweigen. Als die Spannung unerträglich wurde, wandte sich der Herrscher an Cusi: „So, mein junger Gerichtsvorsitzender, deine Neugier ist nun wohl befriedigt, doch was gedenkst du als Nächstes zu tun?" Der Junge rutschte nervös auf seinem Sessel vor und zurück. „Bitte, großmächtiger Inka, treibt das Spiel, welches Ihr mit mir spielt, nicht zu weit. Wie soll ich unwissender Tor mir anmaßen, ein Urteil in diesem Streit zu fällen. Bestraft mich für meine vorwitzige Wortmeldung, aber entscheidet in Eurer Weisheit selbst über diesen Ehebruch." Erleichtert hatte der Amautu die Worte seines Schülers gehört. Cusi bat um seine verdiente Strafe. Nun konnte der Inka mit dem Verfahren fortsetzen und der Junge würde mit der Rute gezüchtigt werden und sich wohl sein Leben lang an sein ungebührliches Betragen erinnern. „Nichts da, Cusi! Was ich zuvor beschlossen habe, gilt nach wie vor. Du leitest die Verhandlung zu Ende. Nun, entscheide dich, wie gehst du weiter vor?" Cusi zuckte zusammen, als er die Entscheidung des Inka vernahm. Was ihm noch vor wenigen Minuten als spannendes Spiel erschienen war, entwickelte sich zu einer sehr ernsten Angelegenheit. Der Junge wusste, dass auf Ehebruch die Todesstrafe stand. Doch er als Schüler sah sich außerstande, überhaupt ein Urteil über jemanden zu fällen. Als er heute Morgen mit seinen Freunden und Mitschülern Sankahuasi betreten hatte, waren sie aufgeregt und ängstlich angespannt gewesen, weil über diesen Ort so viele schreckliche Dinge erzählt wurden. Von Hinrichtungen und grausamen Folterstrafen war gemunkelt worden. Doch was jetzt da mit ihm geschah, erschien ihm noch viel schlimmer als jede Strafe. Cusis Kopf drohte zu zerplatzen, so angestrengt dachte er darüber nach, wie er aus dieser verzwickten Situation wieder herauskommen könnte. Was hatte er heute alles von Curaca Hacaroca, Tumi, Contor, Koka und dem königlichen Beamten erfahren? Er überlegte verzweifelt und wusste plötzlich, warum dieser Fall so verfahren war. Praktisch alle Befragten hatten die Tatsache, warum Contor den Befehl über die Männer des Dorfes erhalten hatte, unterschiedlich dargestellt. Cusi glaubte dem Bericht des königlichen Beamten am meisten. Dessen Darstellung hatte so geklungen, als ob der Dorfhäuptling Contor nur deswegen auf den Kriegszug geschickt hätte, weil er um das Leben seines Sohnes gebangt hatte. Der Tod Contors hätte zudem Tumi die Möglichkeit gegeben, Koka für sich zu gewinnen. Wenn die Darstellung des Beamten tatsächlich zutraf, was anzunehmen war, könnten Hacaroca und Tumi auch im Hinblick des Ehebruches und der alleinigen Schuld Kokas gelogen haben. Aber wie sollte das bewiesen werden? Im Inkareich zählte das Wort eines Mannes mehr als das einer Frau, und das Wort eines Curacas mehr als das Wort eines Puric. Cusi nagte nervös an seinen Lippen, fasste seine Stirn mit beiden Händen, hob schließlich den Kopf und schaute sich fragend auf dem Platz um. Sein Freund Titu versuchte ihn mit freundlichen Blicken zu ermuntern, der Amautu hingegen funkelte mit zornigen Augen herüber, Contor hatte sich zum königlichen Beamten auf die Zeugenbank gesetzt und schielte zu Koka, die heftig schluchzend auf dem Erdboden kniete, während Hacaroca und Tumi scheinbar gelassen zu ihm sahen.

Ja, was würde Cusi jetzt unternehmen? Von dieser Entscheidung hing das Schicksal der Angeklagten ab. In Cusis Hirn dämmerte auf einmal ein winziger Hoffnungsschimmer. Hacaroca und Tumi waren Vater und Sohn. Hatte Koka nicht auch erklärt, sie habe ein Kind von Contor erwartet? Was war mit diesem Kind geschehen? Diese wichtige Frage hatte noch niemand beantwortet. Cusi nahm all seinen Mut zusammen und sprach: „Ich möchte noch einmal Koka befragen." Ein unruhiges Gemurmel erhob sich unter den Zuhörern, doch Pachacuti ließ den Jungen gewähren. Koka richtete ihren Blick auf Cusi und dicke Tränen liefen ihre Wangen hinunter. „Was ist eigentlich mit dem Kind geschehen, das du erwartet hast?" Als die Anwesenden diese Frage hörten, erkannten viele von ihnen, dass der scheinbar unwissende Schüler soeben etwas Wichtiges, vielleicht sogar Entscheidendes gefragt hatte. Der Herrscher lächelte still vor sich hin und lobte den Scharfsinn Cusis. Auch der Amautu war mit einem Male hellhörig geworden. Was sein Schüler gerade gefragt hatte, zeugte von einem hellen Verstand. Er wollte sich die Bestrafung Cusis noch gründlich überlegen. Womöglich konnte der Junge den Fall zur Zufriedenheit des Inka lösen, dann würde er als Lehrer auch mit Lob überhäuft werden.

Koka begann mit schluchzender Stimme zu erzählen: „Leider konnte ich Contor nicht mehr mitteilen, dass ich sein Kind in meinem Leib trug. Ich tröstete mich mit dem Gedanken, dass mein Mann bald wieder bei mir sein würde und wir uns gemeinsam über dieses Geschenk Mama Quillas, der Mondgöttin, freuen könnten. Doch die Wochen und Monate vergingen, ohne dass ich eine Nachricht von Contor erhielt. Schließlich kehrten die anderen Krieger unseres Dorfes zurück, nicht mehr alle zehn, die ausgezogen waren, sondern nur sieben kamen heim. Diese erzählten, dass mein geliebter Mann im Dschungel verschollen sei. Er sei hinter einen Baum getreten und nie mehr aufgetaucht. Die Männer mussten annehmen, er sei von den schrecklichen Tukana getötet worden. Unsagbare Traurigkeit und Verzweiflung überfielen mich, als ich diese Nachricht hörte, aber ich nahm mir vor, noch mehr auf Contors ungeborenes Kind zu achten. In dieser schweren Zeit half Tumi bei der Arbeit auf den Feldern, denn alleine konnte ich diese Belastungen nicht meistern. Doch nachdem er mich verführt hatte, wich ich ihm aus, so gut es ging, und bat meine Eltern um Hilfe. Mein Vater und meine Mutter rieten mir, Tumi zu heiraten, aber sie bedrängten mich nicht weiter. Als mein Sohn geboren wurde, waren mir meine Eltern eine große Stütze. Der Kleine schaut Contor sehr ähnlich und erinnerte mich an meinen Mann. Wenn Tumi kam, brauchte ich nur meinen Säugling anzusehen und wusste im selben Moment, dass ich nach Contors Tod nie mehr heiraten würde. Die Geburt war gut verlaufen und ich konnte bald wieder mein normales Tagewerk auf den Feldern aufnehmen. Da erhielt ich die

Nachricht, Contor sei heimgekehrt. Ich ließ alles liegen und stehen und lief zu ihm, um mit ihm zu reden, doch er wollte mich nicht anhören. Ich liebe nur ihn, er weiß wahrscheinlich gar nicht, dass er der Vater des Knaben ist."

Bei diesen Worten schaute Contor erstaunt und ungläubig auf. Er hatte mit niemandem mehr gesprochen, als er erfahren hatte, dass Koka einem Kind das Leben geschenkt hatte. Contor glaubte bis zu diesem Zeitpunkt noch immer, Koka sei ihm untreu geworden und Tumi sei der Vater des Kindes. Jetzt fiel es ihm wie Schuppen von den Augen. Tumi konnte gar nicht der Vater sein, denn das Kind war einige Wochen vor Beginn des unglückseligen Feldzuges gezeugt worden. Er schrie auf: „Koka, ich Narr! Ich war so verbohrt, dass ich nichts mehr von dir hören wollte. Jetzt erkenne ich, wie schlecht ich gehandelt habe. Du musstest ja damit rechnen, dass ich gestorben war. Du warst mir nicht untreu. Oh, großmächtiger Inka, ich ziehe meine Anklage wegen des Ehebruches wieder zurück." Er stürzte von seinem Platz hoch und wollte auf Koka zueilen, wurde aber von den Wachen daran gehindert. Pachacuti ergriff das Wort: „Halt! Eine Anklage ist vorgebracht worden. Damit muss sich das Gericht beschäftigen. Jetzt ist es zu spät, um zu sagen, ich ziehe die Anklage zurück. Das Gericht wird entscheiden, ob eine strafbare Handlung vorliegt. Contor, nimm wieder deinen Platz ein und wage es nicht noch einmal, das Gericht zu unterbrechen! So, Cusi, nun bist du an der Reihe." Damit wandte der Inka seine Aufmerksamkeit dem Jungen zu, dem deutlich anzumerken war, dass ihm das Fallenlassen der Anklage am liebsten gewesen wäre.

Cusi riss sich zusammen und begann zu sprechen: „Tumi, bist du der Vater von Kokas Sohn?" Der Angesprochene zuckte mit den Schultern und antwortete: „Wahrscheinlich nicht!" Diese Antwort weckte den Zorn Pachacutis: „Du wagst es, dem Vorsitzenden des Gerichts und deinem Herrscher eine solche nichtssagende Antwort zu geben. Bist du der Vater? Ja oder nein!" Nun überlief ein Angstschauer den Zurechtgewiesenen und er zitterte, als er mit leiser Stimme sprach: „Nein, großer Inka, ich bin nicht der Vater." „Warum hat dann Hacaroca einen Boten zu Contor gesandt und ihn glauben machen wollen, Koka hätte dir ein Kind geboren?" „Das ist mir nicht bekannt, wahrscheinlich hat Contor irgendetwas erfunden oder verwechselt." „Wage nicht zu lügen! War es wirklich so?" „Ja, ehrwürdiger Inka, mein Vater hat sicher keinen Boten zu Contor geschickt." „Contor, was sagst du dazu? Du hast erzählt, ein Bote Hacarocas habe dir die Nachricht überbracht, Koka habe Tumi geheiratet und einen Sohn geboren." Contor erhob sich und senkte sein Gesicht zu Boden: „Was ich berichtet habe, ist die Wahrheit. Ein Bote Hacarocas kam mir vor dem Dorf entgegen und erzählte mir das." „Nun, Hacaroca, wer von den beiden lügt?", richtete der Inka das Wort an den Häuptling von Pachamarca. Curaca Hacaroca schluckte kräftig. Seine ganze Miene verriet die missliche Lage, in der er sich befand. Die Augen lagen plötzlich tief eingefallen in ihren Höhlen und die Gesichtshaut war mit einem Male aschfahl geworden: „Ja, großer Inka, ich habe Contor einen Boten entgegengeschickt. Doch das habe ich meinem Sohn nicht erzählt. Er hat nicht bewusst gelogen, sondern nur die Wahrheit nicht gekannt." Da sprudelten aus Cusi die Worte hervor: „Warum hast du das getan?" Im selben Moment schlug er sich mit der Hand auf den Mund, schon wieder war er vorlaut gewesen. Doch Pachacuti meinte nur milde: „Das wollte ich ebenfalls fragen. Deine Wortmeldung hat mir bewusst gemacht, dass du, Cusi, die Verhandlung auf meinen Befehl hin leitest. Also, Hacaroca, beantworte die Frage deines jungen Richters!" „Ich wollte meinem Sohn helfen, das Herz Kokas zu erringen. Den Boten habe ich mit der Absicht zu Contor gesandt, dass dieser nach dieser Nachricht Pachamarca sofort verlassen und zuvor Koka verstoßen würde. Dann hätte Tumi sie heiraten können. Doch Contor hat die Anklage des Ehebruches erhoben. Somit ist mein Plan nicht aufgegangen. Nicht mein Sohn ist der wahre Schuldige, sondern ich bin es. Ich habe meine Machtstellung als Häuptling ausgenützt, um ihm zu helfen. Ich habe die alleinige Strafe verdient."

Ein Raunen ging über den ganzen Gerichtsplatz. Hacaroca hatte soeben seine Schuld eingestanden. Der Fall war entschieden. Doch wie würde das Urteil ausfallen?

Jetzt war endgültig der Punkt gekommen, an dem Cusi nicht mehr teilnehmen durfte, das wusste der Schüler genau. Er warf sich dem Inka zu Füßen und bat: „Bitte, ehrenwerter Inka, übertreibt nicht. Bis hierher konntet Ihr immer eingreifen und mir zürnen. Doch mir steht es nicht zu, über einen Curaca ein Urteil zu sprechen. Erlasst mir bitte diese Bürde. Ich weiß, dass Ihr ein gerechtes Urteil über die Angeklagten sprechen werdet. Mich bestraft für mein vorlautes Betragen. Doch nehmt auch meinen Dank an. Was ich heute gelernt habe, werde ich mein ganzes Leben lang nicht mehr vergessen." „Über deine Bestrafung, Cusi, sollen sich die Amautus den Kopf zerbrechen. Über das Strafmaß für Hacaroca und Tumi werde ich mit meinen Würdenträgern beraten. Du warst auf alle Fälle ein sehr scharfsinniger Richter. Darum darfst du einen Wunsch aussprechen." „Ich bitte um Gnade für Koka. Contor soll ihr Richter sein. Wenn er seiner Frau verzeihen kann, dann, oh großer Inka, verzeiht auch ihr." „Du hast einen weisen Wunsch geäußert, Cusi. So höret denn mein erstes Urteil. Contor, verzeihst du deiner Frau?" „Ja, ehrenwerter Inka, ich verzeihe ihr." „So lasst Koka frei. Sie soll in Zukunft ihrem Mann ein treues Weib sein und ihm jeden Wunsch von den Augen ablesen. Außerdem ernenne ich Contor zum neuen Curaca von Pachamarca."

Contor sank überwältigt von der Gnade und Güte des Herrschers in die Knie, während Koka, die noch immer am Pfahl festgebunden war, vor Freude und Glück laut aufschluchzte. Da eilten zwei Wachen zu ihr und lösten die Fesseln. Sogleich stürzte sie an die Seite ihres Mannes und kniete gemeinsam mit ihm vor dem großen Inka Pachacuti. Schließlich erhob Contor seine Stimme: „Auch dir, Cusi, vielen Dank. Ich werde dir nie vergessen, was du heute für uns erreicht hast. Nimm meinen Dank an und sprich einen Wunsch aus, den ich dir erfüllen kann." Cusi überlegte kurz und dann meinte er: „Vielleicht könnt ihr im Monat Capac Raymi an meinen Pubertätsriten teilnehmen. Das wäre eine große Ehre für mich." „Natürlich werde ich kommen und dir behilflich sein, damit du ein richtiger Mann wirst." Nach diesen Worten erhielten Contor und Koka vom Inka die Erlaubnis, sich zurückziehen zu dürfen.

Nun brachte man Curaca Hacaroca und Tumi vor den Richterstuhl. „So vernehmt jetzt mein Urteil", eröffnete der Inka seine Rede, „Curaca Hacaroca hat sein Amt missbraucht und gegen die göttliche Ordnung verstoßen. Daher wird er zur Hivaya verurteilt. Das Urteil soll im Anschluss an die Gerichtsverhandlung vollzogen werden." Mit schreckensbleichem Gesicht vernahm Hacaroca seine Strafe. Die Hivaya war eine Variante der Todesstrafe durch Steinigung, mit der die Reichsbeamten bestraft wurden, die ihr Amt schlecht oder nachlässig versehen hatten. Dem Verurteilten wurde ein riesiger Stein aus einem Meter Höhe auf den Rücken geworfen. Wenn der Täter diese Tortur ausnahmsweise einmal überlebte, blieb er ein Leben lang ein Krüppel.

„Tumi wurde des Vergehens des Ehebruches angeklagt. Während der Verhandlung hat sich nun herausgestellt, dass er für die Vergewaltigung einer Ehefrau verurteilt werden muss. Darauf steht in unserem Reich die Todesstrafe. Tumi soll an den Haaren aufgehängt werden und solange hängen bleiben, bis der Tod eingetreten ist. Auch dieses Urteil soll sogleich vollzogen werden." Tumi begann zu wimmern und schrie: „Gnade, ich bin unschuldig! Bitte verschont mein Leben!" Doch er stieß nur auf taube Ohren. Niemand hatte mit diesem Feigling Mitleid. Gegen eine Strafe konnte man keine Berufung einlegen, so sah es das Gesetzbuch Pachacutis vor. Die beiden Verurteilten wurden von Wachen ergriffen und fortgeführt. Noch lange hörte man die Schreie Tumis, mit denen er um Gnade flehte. Hacaroca hingegen hatte sich in sein Schicksal gefügt. Er wankte hinter den Wachen her und bat Inti um Vergebung für seine Sünden.

Aufgeregt umringten die Mitschüler Cusi und wollten wissen, wie er sich als „Richter" gefühlt hatte. Selbst Hatun bestürmte Cusi mit seinen Fragen, doch Acoya wehrte schließlich alle anderen ab. „Merkt ihr denn nicht, wie erschöpft er ist. Er musste heute eine wichtige Entscheidung treffen, außerdem wird ihn sich unser Amautu wegen seiner vorlauten Rede noch vorknöpfen. Lasst ihn in Ruhe!" Cusi blickte den ältesten Sohn Pachacutis dankbar an, denn er fühlte sich tatsächlich ausgelaugt und müde und wollte am liebsten sofort ins Bett fallen. Trotz der Erschöpfung fühlte er sich aber auch ein bisschen stolz, dass er vom Inka ausgezeichnet worden war. Hoffentlich würde Contor tatsächlich zur Feier seiner Männlichkeitswerdung kommen, das wünschte sich Cusi. Diesen heutigen Tag würde er sicher nie vergessen.

Sanft drang das Mondlicht in die kleine Hütte, in der sich Koka glücklich an Contor schmiegte. Der stolze Vater hatte zuvor lange seinen Sohn betrachtet und erfreute sich nun am Anblick des schlafenden Säuglings. Jetzt drehte sich der junge Mann zu seiner Frau um und bemerkte, dass sie weinte. Ihr kam es seltsam vor, dass sie vor lauter Glück schon wieder Tränen vergießen musste. „Contor, ich habe dich so vermisst. Wie sehr habe ich mich danach gesehnt, dich wieder in die Arme zu nehmen. Als ich hörte, du seiest gestorben, wollte ich dir in die Unterwelt nachfolgen. Nur das kleine, ungeborene Leben in meinem Leib hat mich davon abgehalten, mir selbst das Leben zu nehmen." Contor schlang die Arme um sie und war glücklicher, als er es je zuvor im Leben gewesen war. Er küsste sie und hielt sie an sich gedrückt, als fürchtete er sie loszulassen, als hätte er Angst, sie zu verlieren, wie es um ein Haar geschehen wäre.

Wieder küsste er sie so sanft und behutsam, dass ihre Lippen einander kaum berührten. Die Wirkung war lustvoll und quälend zugleich und er spürte, wie sie zitternd auf ihn reagierte. Das Verlangen nach ihr wurde übermächtig. Contor ließ sich auf der Bodenmatte nieder und streckte die Hand nach ihr aus. Bereits zitternd voller Erwartung und voll von Verlangen gesellte sie sich zu ihm. Wieder küsste er sie ganz behutsam, griff nach ihrer Brust und genoss ihre pralle Fülle unter dem leichten Kittel. Auch Koka erinnerte sich an ihr Vertrautsein und an mehr. Rasch zog sie ihren Kittel aus und auch er schlüpfte aus dem seinen. Beide spürten die Nacktheit des anderen. Contor griff mit beiden Händen nach ihr, gleich darauf lag sie auf dem Rücken und er hatte den Mund fest auf den ihren gepresst. Sogleich bedeckte er ihr Gesicht mit Küssen, dann ihre Wangen, ihre geschlossenen Augen und schließlich wieder ihre weichen, vollen Lippen. Er hob ihr Kinn hoch und liebkoste auf ähnliche Weise ihre Kehle und den Hals. Koka zwang sich, ganz still liegen zu bleiben und statt des Gefühls, gekitzelt zu werden, überlief sie bei seinen züngelnden Berührungen eine köstliche Hitze und vertrieb ihre sorgenvollen Gedanken der letzten Tage.

Mit den Fingerspitzen zog Contor den Bogen ihrer Schulter nach und fuhr ihr ganz bis nach unten den Arm entlang. Dann strich er ihr langsam und leicht flatternd wie ein Schmetterling an der Innenseite des Arms hinauf. Sie erbebte unter einer kribbelnden Verkrampfung, die jeden Nerv zu zitternder Erwartungsfreude weckte. Während er dann seitlich den Umrissen ihres Körpers folgte, streifte seine geschickte Hand ihre weiche Brustwarze, die sich sofort fest und bereitwillig aufrichtete, während ein heißer Schauer sie durchlief.

Contor konnte nicht widerstehen, beugte sich darüber und nahm sie in den Mund. Sie drängte sich ihm entgegen und er saugte und zerrte und knabberte daran. Koka stöhnte, als die ziehende Empfindung Gefühlswellen bei ihr auslöste, die tief bis in ihr Innerstes hineinreichten, bis an jenen Ort, der am meisten nach ihm hungerte. Sie rieb ihm die Arme und den breiten Rücken, ließ dann die Hände wieder hinaufwandern bis zu seinem Nacken und seinem Haar. Wieder küsste er sie, lotete ihren Mund sanft mit der Zunge aus. Sie saugte sie ein und erforschte ihrerseits seine Mundhöhle und erinnerte sich, dass seine Berührung nie zu heftig war oder zu hastig, sondern voller Feingefühl und Gespür. Sie frohlockte in der Erinnerung daran, jubelte innerlich, die Erfahrung aufs Neue zu machen. Fast war es wie das erste

Mal, als sie ihn kennengelernt hatte. Wie viele Nächte hatten sie sich vergeblich nach dem anderen gesehnt.

Er kostete die Wärme ihres Mundes und dann das Salz ihrer Kehle. Sie spürte ein warmes Erschauern, das ihr übers Kinn lief und dann seitlich den Hals hinunter. Er küsste ihre Schulter, nagte leicht daran und nuckelte und spielte mit den empfindsamen Stellen, die er dort kannte. Unerwartet nahm er dann wieder ihre Brustwarze in den Mund. Sie keuchte, als die Empfindung sich plötzlich verstärkte. Dann seufzte sie und stöhnte vor Lust, als er mit den beiden spielte.

Er setzte sich mit einem Male auf und betrachtete sie, schloss aber dann wieder die Augen, als wolle er sich alles ganz genau einprägen. Als er sie wieder aufschlug, lächelte sie: „Ich liebe dich, Contor, und ich habe mich so sehr nach dir gesehnt." „Ach, Koka, ich hätte unser Glück durch meine Eifersucht beinahe zerstört. Warum habe ich dich nicht angehört, als ich wieder daheim war? Denn nur der Gedanke an dich gab mir die Kraft, all die Anstrengungen und Strapazen auf dem Kriegszug und in der Gefangenschaft auszuhalten. Wie konnte ich dich nur anklagen, wo ich dich doch so sehr liebe?" Wieder küsste er sie, hielt sie fest an sich gedrückt, als fürchtete er immer noch, sie trotz allem zu verlieren. Und sie klammerte sich nicht weniger inbrünstig an ihn. Plötzlich gab es kein Warten mehr. Eine warme Feuchtigkeit breitete sich zwischen ihren Schenkeln aus, da ihre gesteigerte Empfindungsfähigkeit tief in ihrem Inneren entsprechende Zuckungen auslöste. Er schnupperte den Frauengeruch ihrer Haut und spürte, als er ihr Bereitsein erahnte, die ziehende Fülle seiner Lenden.

Als er hinlangte, um ihr die Schenkel zu streicheln, und sie sich ihm öffnete, war das Drängen in ihm so überwältigend, dass er sie augenblicklich hätte nehmen können, doch lag ihm daran, dass es andauerte. Seine Hand begegnete ihrer Feuchtigkeit, dann dem kleinen aufgerichteten Mittelpunkt ihrer Wonnen und er hörte ihren Atem in Stößen und leisen Schreien explodieren, als er ihn rieb und liebevoll umkreiste. Er griff tiefer, drang mit zwei Fingern ein und erforschte, während sie stöhnend den Rücken durchdrückte, die weichen Schrunde ihrer Tiefe.

Er ließ die Spitze ihrer Brust fahren und fand ihren leicht geöffneten Mund. Er küsste sie und genoss die langsame, sinnliche Berührung ihrer Zunge, welche die seine fand, während er nach der ihren suchte. Für einen Moment zog er sich zurück, um eine gewisse Beherrschung zurückzugewinnen, ehe er sich ganz seinem übermächtigen Drang und dieser wunderschönen, willigen Frau überließ, die er so sehr liebte. Er betrachtete ihr Gesicht, bis sie schließlich die Augen öffnete. Sie waren so dunkel und so voll von Verlangen und Liebe, dass ihm das Gefühl, welches aus den Tiefen seines Seins in ihm aufstieg, die Kehle zuschnürte. Mit dem Rücken des Zeigefingers fuhr er ihr über die Wange, zog die Umrisse ihres Kinns nach und ließ ihn über ihre Lippen fahren. Er konnte nicht genug davon bekommen, sie anzuschauen, sie zu berühren, als wollte er ihr Gesicht unauslöschlich seinem Gedächtnis einprägen. Und sie sah ihrerseits auf zu ihm, in seine Augen, in denen so viel Liebe und Verlangen lag und die so etwas Bezwingendes hatten, dass sie wünschte, mit ihnen verschmelzen zu können.

Er küsste sie noch einmal, strich ihr dann mit der warmen Zunge über die Kehle bis zu dem Spalt zwischen ihren Brüsten. Mit beiden Händen bedeckte er die prallen Rundungen, reckte dann den Mund in Richtung Brustwarze vor und saugte. Sie knetete und massierte ihm Schultern und Arme und stöhnte leise, während Wellen prickelnder Empfindungen ihren Leib durchliefen. Mit Zunge und Mund arbeitete er sich weiter nach unten vor, feuchtete die Grube ihres Nabels mit der Zunge an und glitt schließlich über ihre weichen Schamhaare. Einladend hob sie sich ihm ein wenig entgegen, bis er mit feuchter, feinfühliger Zunge den Ansatz ihres Schlitzes und gleich darauf den kleinen Mittelpunkt ihrer Wonnen fand. Als er ihn erreichte, stieß sie einen leisen Schrei aus.

Dann setzte sie sich auf und drehte sich um sich selbst, bis sie seine starrende Männlichkeit fand und sie, so weit sie konnte, in den Mund nahm. Er gab ein wenig nach, und als sie nach seinem weichen Sack griff, schmeckte sie einen kurzen, warmen Spritzer. Er fühlte, wie der Druck anstieg, wie es in seinen Lenden zog, spürte das Klopfen in seinem prall aufgerichteten Glied, während er ihr Frauentum schmeckte und neuerlich die Falten und Schluchten ihres wunderbar tiefen Brunnens erkundete. Er konnte wirklich nicht genug bekommen. Contor wollte jede Spanne Haut von ihr berühren, jeden Teil von ihr kosten, wollte mehr und mehr von ihr und spürte ihre Wärme und eine ziehende Empfindung, während Koka mit beiden Händen die ganze Länge seines strotzenden Liebesspeeres auf- und niederfuhr. Schmerzhaft verlangte es ihn danach, mit seinem Schaft in sie einzudringen.

Es kostete ihn eine unsägliche Überwindung, sich ihr zu entziehen, doch dann drehte er sich um und fand wieder den Quell ihres Liebesbrunnens und erforschte ihn mit wissenden Händen. Dann senkte er den Mund auf ihren Knoten und rieb und liebkoste ihn so lange mit Lippen und Zunge, bis ihr Atem nur noch stoßweise ging und sie kleine Schreie ausstieß. Sie spürte, wie sich eine unsägliche und köstliche Spannung in ihr aufbaute und immer größere Höhen erklomm. Sie stöhnte seinen Namen, griff nach ihm, woraufhin er sich endlich zwischen ihren Schenkeln hochschob, erwartungsvoll zitternd, doch auch beherrscht in sie eindrang und ob ihres warmen Empfangs frohlockte.

Er hatte sich nun so lange zurückgehalten, dass es einen Moment dauerte, ehe er sich gehen lassen konnte. Abermals drang er tief ein und schwelgte in herrlicher Fassungslosigkeit, dass sie imstande war, ihn bis zur Gänze in sich aufzunehmen. Lustvoll hingegeben stieß er wieder zu, zog sich heraus, stieß zu, zog heraus, schneller werdend, erklomm höhere Gipfel, während sie sich aufschwang, ihm zu begegnen, und ihm Stoß für Stoß entgegenkam. Unter Schreien, die immer lauter kamen, spürte er, wie es ihm kam, wie es in ihr hoch brandete und sie beide gemeinsam sich in einem letzten überwältigenden Aufbäumen von Lust und Energie zur Erfüllung brachten.

Beide waren viel zu ausgepumpt, sinnlich zu verausgabt, um sich zu bewegen. Alle Viere von sich gestreckt, lag er auf ihr, aber gerade diesen Teil liebte sie besonders und hatte ihn in den letzten Monaten am meisten vermisst. Sie roch den feinen Duft von sich selbst, der an ihm haftete und der sie stets daran erinnerte, wie sie soeben geliebt worden war und warum eine so köstliche Mattigkeit sie befiel. Sie war immer noch erfüllt von dem fassungslosen Staunen über die überwältigende Liebe zu Contor. Koka hatte nie geahnt, dass ihr Körper solcher Lust und solcher Wonnen überhaupt fähig war. Wie sehr hatte sie ihren geliebten Mann vermisst, das wurde ihr in diesem Augenblick des höchsten Liebesglückes besonders deutlich bewusst. Die Atemstöße der beiden beruhigten sich allmählich und schließlich schliefen sie, eng aneinandergeschmiegt ein, während die silbernen Sterne fern am Horizont über den mächtigen Bergen ihr Liebesglück bewachten.

Cusis Mund war vor Nervosität ganz trocken. Einige Meter vor ihm fiel der Berg Anahuarque jäh zum Tal ab. Links und rechts neben ihm reihten sich etliche Jugendliche entlang des Berggrates auf: junge Männer wie er, die alle dem Inkaadel angehörten. Auf diesen Tag hatten Cusi und Titu besonders sehnsüchtig gewartet, den Höhepunkt und Abschluss ihrer Pubertätsriten. Den Lauf vom Berg mussten sie noch überstehen, dann würden ihnen die Ohren durchstoßen werden und sie die goldenen Ohrgehänge tragen dürfen, die den Inkaadeligen vorbehalten waren. Wenn das geschehen war, würde die Kinderzeit endlich hinter ihnen liegen. Sie konnten es kaum erwarten, bis das Startsignal gegeben wurde.

Hinter den anderen Knaben standen ihre Onkel, doch hinter Cusi hatte sich Contor aufgebaut, der tatsächlich aus Pachamarca angereist gekommen war, um Cusi bei dem bevorstehenden rituellen Lauf anzufeuern und zu unterstützen. Es ging nicht darum, als Erster anzukommen, doch man musste unbedingt ins Ziel gelangen. Cusi schluckte, straffte seine Muskeln und warf einen verstohlenen Blick auf die versammelten Männer. Von der Gruppe am Fuße des Berges drangen trotz der Entfernung einige schwach vernehmliche Rufe herauf. Die Mädchen, Schwestern und Cousinen der Jungen auf dem Berg warteten mit Krügen, die mit dem berauschenden Chicha gefüllt waren. Cusi kannte die Worte, die sie riefen, auswendig: „Kommt schnell, kühne Männer, wir warten auf euch!"

Ein älterer Mann in leuchtendem Gewand trat vor die Jungen und bat um ihre Aufmerksamkeit. Cusi erkannte ihn, es war Tupac Huarochiri, der Hohepriester des Sonnentempels. Welch große Auszeichnung für alle Jungen, die heute den Lauf bestreiten durften. Alle warteten voller Spannung auf sein Startsignal. Endlich gab er das Zeichen und sie liefen los. Es folgte eine wilde Jagd den Berg hinunter und die Läufer nahmen ihre Umgebung kaum noch wahr. Cusi stolperte über einen Felsen, dessen scharfe Kanten eine tiefe Wunde in sein rechtes Bein riss, die Narbe würde bis zum Ende seiner Tage zu sehen sein. Doch Contor, der dicht hinter dem Jungen geblieben war, richtete ihn schnell wieder auf, und beide liefen sofort weiter. Die Aufregung siegte über den brennenden Schmerz und durch einen Vorhang aus tropfendem Schweiß sah Cusi die Mädchen am Fuße des Berges immer deutlicher. „Kommt schnell, kühne Männer, wir warten auf euch!" Jetzt vernahm er die Rufe der Mädchen schon ganz deutlich. Ungeachtet der blutigen Wunde rannte und stolperte er über Steine, niedrige Hecken und Büsche weiter dem Ziel entgegen.

Schließlich hatten es die Jünglinge geschafft. Cusi war völlig erschöpft und wäre fast gestürzt. Langsam wich die Aufregung und der Junge spürte ein schmerzhaftes Stechen in seinem Bein. Contor reichte ihm die Hand, um ihn zu stützen. Im selben Moment näherte sich ihnen ein Mädchen mit einem großen Becher Chicha. Zunächst trank der Ältere und gab das Getränk danach Cusi. Dieser nahm einen großen Schluck und war stolz, dass er den anstrengenden Lauf erfolgreich absolviert hatte. Nach einigen tiefen und erholsamen Atemzügen bemerkte er, dass auch Titu das Ziel erreicht hatte. Sein Freund blutete ebenfalls aus zahlreichen kleinen Wunden an Armen und Beinen. Glücklich und stolz lachte er zu Cusi herüber. Jetzt waren sie keine kleinen Kinder mehr, sondern Männer. Ab heute würden sie neue Namen tragen, Cusi nannte sich nun Ollantay, und Titu hörte ab nun auf den Namen Tupac Yupanqui, während Acoya den Namen Amaru annahm.

Als Inka-Adelige fehlten ihnen nur noch die durchbohrten Ohren, damit sie die kostbaren Ohrgehänge tragen konnten. Cusi-Ollantay setzte sich auf einen Stein und Contor trat mit einem spitzen Holzstäbchen hinter ihn. Dann durchbohrte er zuerst das rechte Ohrläppchen und anschließend das linke. Der junge Mann gab keinen Schmerzenslaut von sich, er fühlte sich glücklich und stolz und war auch ein wenig benebelt vom reichlichen Chichagenuss nach Beendigung des Laufes. Die stark blutenden Wunden wurden sogleich verbunden, nachdem ein dünnes Stöckchen durch das kleine Loch gesteckt worden war.

Von nun an wurde jeden Tag ein dickeres Stöckchen durch die Ohrläppchen geschoben, bis man ein kleines Rädchen hineintun konnte, etwa so groß wie der Ring eines Siebes, aus speziellen Binsen, die in diesem Land wachsen und die außerordentlich breit und leicht sind. Die Inka schabten das Fleisch an den Rändern des Loches täglich ab, sodass sich die Öffnung immer weiter vergrößerte. Es gab einige Adelige, deren Ohrläppchen so groß waren, dass sie ihnen bis auf die Schultern reichten. Derjenige, der die größten Ohren hatte, galt als der vornehmste Herr unter ihnen.

Der Thronfolger

Inka Pachacuti schäumte: „Mein Nachfolger ist ein Versager! Wir haben das Land der Collo erobert und er schafft es nicht, ein paar Aufständische zu besiegen!" Wütend warf der Inka einen Becher mit Chicha an die Palastwand. Seine Berater wagten kein Wort der Widerrede, denn leider stimmte das, was der Herrscher eben gesagt hatte. Ollantay und Tupac Yupanqui hielten sich im Hintergrund und blickten sich vielsagend an. Amaru, der älteste Sohn Pachacutis und Liebling seines Vaters, war schon in der Schulzeit fein und gebildet gewesen und hatte sich immer ritterlich, aber auch übertrieben romantisch benommen. Doch um sich mit Kriegsruhm zu bedecken, fehlten ihm die Entschlossenheit und Grausamkeit der anderen Heerführer. So ging er gegen gefangene Aufständische milde vor. Diese dankten ihm seine Gnade allerdings nicht, sondern stürzten sich, sobald sie aus einer kurzen Kriegsgefangenschaft entlassen worden waren, erneut in das Kampfgetümmel. Infolge der immer zahlreicheren Überfälle auf Versorgungseinrichtungen und Dörfer lebten viele Bewohner der südlichen Landesteile in ständiger Not und griffen ihrerseits zu den Waffen, um gegen die verhasste Fremdherrschaft der Inka zu rebellieren. So geriet die ganze Südostgrenze des Landes wegen der schwächlichen Führung der Inka-Truppen durch Amaru ins Wanken.

„Wenn wir uns so verhalten hätten wie Amaru, dann hätten nicht wir die Collo besiegt, im Gegenteil, die Collo wären nun die Herren in Cuzco", schimpfte Inka Pachacuti weiter, „ich werde ihn ablösen und meinen Bruder Capac Yupanqui in den Süden schicken, um die Lage zu bereinigen. Tupac Yupanqui und Ollantay, es wird Zeit, dass ihr militärische Erfahrung sammelt. Ihr werdet Capac Yupanqui begleiten. Morgen in aller Früh brecht ihr auf!"

Höchst erfreut hatten die beiden Freunde vernommen, was der Inka beschlossen hatte. Sie brannten darauf, endlich

Kampferfahrung zu sammeln. Die beiden jungen Männer hatten schon oft bei Manövern ihren Mut und ihr taktisches Geschick bewiesen. Doch was war schon eine Militärübung gegen einen richtigen Feldzug? „Ich muss schnell nach Hause gehen und meinem Vater die Neuigkeit mitteilen. Poma war vor Jahren im Heer Pachacutis, als der Inka die Collo besiegte und das Land eroberte."

Poma machte ein bedenkliches Gesicht, als ihm sein Sohn eröffnete, dass er in das Gebiet der aufständischen Collo kommandiert worden war. „Krieg und Kampf sind immer schrecklich, man träumt von Ruhm und Ehre, doch man erntet nur Hass und Tod. Der Besiegte wird ständig danach trachten, die Niederlage ungeschehen zu machen. Darum muss der Sieger Härte zeigen und das kleinste Anzeichen von Unzufriedenheit im Keim ersticken. Das ist aber oft nur mit Gewalt möglich. So erzeugt die Gewalt des Besatzers die Gegengewalt der Unterdrückten, das führt zu Misstrauen und Angst. Furcht und Unzufriedenheit sind aber die Felder, auf denen neue Kriege heranwachsen. Amaru wollte in seiner Ritterlichkeit den Collo-Rebellen mit Freundlichkeit begegnen. Das war nicht mehr möglich, zu viele schreckliche Dinge sind dort bereits geschehen. Jetzt hilft nur mehr Härte. Das ist es, was ich so bedaure, denn auch du, mein Sohn, wirst hart sein müssen zu deinen Feinden, zu dir und zu deinen Freunden. Gib acht auf dich und tu deine Pflicht, so wie es der Inka von dir erwartet." Ollantay antwortete mit der Begeisterung der Jugend: „Vater, du warst doch auch ein großer Held. Alle Leute im Palast reden in höchsten Tönen über dich und sind der Ansicht, du hast den entscheidenden Beitrag geleistet, dass vor vielen Jahren die wilden Chanca besiegen wurden."

Nachdenklich wiegte Poma sein Haupt und erinnerte sich an die schweren Kämpfe um Cuzco und an die beinahe aussichtslose Lage, in der das zahlenmäßig unterlegene Heer geschwebt hatte. Nur das mutige Vorgehen des jetzigen Herrschers hatte den Sieg gebracht. Ja, damals war er voller Freude in die Schlacht gezogen, doch das blutige Gemetzel hatte ihn bald mit Abscheu erfüllt und jetzt träumte er nicht mehr von Eroberungen, sondern von Frieden. Er blickte Ollantay an und bemerkte das seltsame Glitzern in den Augen seines Sohnes, die die Vorfreude auf das große Abenteuer widerspiegelte. Der Jüngling freute sich darauf, endlich beweisen zu können, dass er ein tapferer Kämpfer war, und fühlte sich in seinem jugendlichen Alter unverwundbar und unbesiegbar. Poma hoffte, dass die Illusionen seines Sohnes noch nicht allzu bald wie Seifenblasen zerplatzen würden.

„Vater, erzähle mir bitte, wie euer Feldzug ins Collo-Land war. Du warst doch dabei, als Inka Pachacuti dieses Gebiet im Süden für unser Reich erobern konnte. Mit deinen großen Erfahrungen als Soldat kannst du mir sicherlich einige wertvolle Ratschläge erteilen." Poma musste lächeln. Sein Sohn hatte es wieder einmal geschafft. Er liebte es nicht, vom Krieg zu erzählen, aber Ollantay brachte ihn regelmäßig dazu, von seinen Erlebnissen als Soldat zu berichten.

Nach der Niederlage der Chanca hatte Tahuantinsuyu in den mittleren Anden keinen ernsthaften Rivalen mehr. Weit und breit galt in den Bergregionen nur noch das Wort des Inka. Alle hiesigen Stämme und Volksgruppen waren entweder ein Teil des Reiches oder zumindest Vasallen geworden. Die Gefahr, die den Sonnensöhnen seitens der Chanca gedroht hatte, war völlig gebannt. Dagegen existierte weiter im Süden der verhältnismäßig mächtige Collo-Staat, zu dem Pachacutis Vater, Inka Viracocha, freundschaftliche Beziehungen unterhalten hatte. Vor einigen Jahren war ein langjähriges Ringen verschiedener Gruppen der Aymara um die Hegemonie in diesem Gebiet zu Ende gegangen. An der Spitze des nun vereinten Collo-Staates stand jetzt Chuchi Capac, der in der Stadt Hatuncolla residierte. Die Macht dieses Aymara-Reiches, dessen Kern das Gebiet um den Titicacasee war, reichte von der Westgrenze des heutigen Bolivien bis an die Ufer des Pazifik, von der Atacama-Wüste in Chile bis in die Gegend der peruanischen Stadt Puno.

Inka Pachacuti wünschte auch dieses große Land und seine Bewohner, die noch kürzlich die Verbündeten der

Sonnensöhne gewesen waren, seinem Reich einzuverleiben. Darum entsandte er Botschafter nach Hatuncolla mit der Aufforderung, Chuchi Capac solle sich den Inka unterwerfen und auch sein großes Volk in die allumspannende Gemeinschaft Tahuantinsuyus eingliedern.

Poma war ein Mitglied der Gesandtschaft gewesen. Er erinnerte sich noch genau an den kühlen Empfang im Palast des Collo-Herrschers: „Chuchi Capac saß auf seinem Thron und wir mussten vor ihm niederknien. Dann drohte er damit, uns alle zu töten, doch schließlich sprach er davon, dass er die heilige Gastfreundschaft respektieren werde und wir nach Tahuantinsuyu zukehren dürften, ohne dass uns ein Haar gekrümmt werde. Nur müssten wir dem Inka seine Antwort überbringen. Die Collo seien stark genug, um jeden Angreifer abzuwehren und zu besiegen. Wenn Pachacuti es tatsächlich wagen sollte, sein Reich anzugreifen, werde er das mit dem Leben bezahlen. Er, Chuchi Capac, werde sich aus dem Schädel des toten Inka einen Becher anfertigen lassen und daraus mit seinen Getreuen auf den Sieg über die Inka trinken. Natürlich war Inka Pachacuti wütend, als er diese Antwort vernahm. Er beschloss, das Collo-Reich anzugreifen und Chuchi Capac ob seiner stolzen Antwort grausam zu bestrafen."

Ein großes Inka-Heer fiel daraufhin in das Gebiet der Collo ein und eroberte nach schweren Schlachten und Gefechten, die blutigste Schlacht fand bei der Stadt Pucara statt, die Residenz von Capacs Reich, die Hauptstadt Hatuncolla. Poma schilderte die wilden Kämpfe und Ollantay saugte das Gehörte begierig auf. Er wollte alles über die Kampftaktik der Feinde wissen, um diese Erfahrungen bei den zu erwartenden Gefechten verwerten zu können.

Chuchi Capac und seine beiden Söhne fielen in die Hände Pachacutis, der den ganzen Feldzug gegen die Collo persönlich befehligt und geleitet hatte. Doch der Inka hatte keine Eile, mit seinen Gefangenen nach Cuzco heimzukehren. Er zog nun nach Westen zum Meer und war der erste Inka, der die blauen Wellen des Pazifik erblickte. Und wie viele, die noch nie den weiten Ozean gesehen hatten, verfiel auch Pachacuti dessen romantischem Zauber. Von dieser Expedition zu den Gestaden des Stillen Ozeans brachte der Inka eine ungewöhnliche Trophäe in seine Berge heim, einen riesigen Wal.

So brachten die Sonnensöhne durch den Kriegszug gegen die Collo und gegen andere Völker und Stämme einen großen Teil der Südküste Perus unter ihre Herrschaft. Durch diese Eroberungen geriet auch der bedeutende Wallfahrtsort namens Pachacamac mit seinem berühmten Orakel in den Machtbereich Pachacutis. Während dieser Feldzüge besuchte der Inka auch die Ruinen von Tiahuanaco, das in den Mythen eine so überaus wichtige Rolle spielt.

Poma setzte seine Erzählung mit dem triumphalen Empfang fort, den die Bewohner Cuzcos ihrem siegreichen Herrscher bereitet hatten: „An jenem Tag, du warst noch ein kleiner Junge, aber vielleicht kannst du dich dennoch daran erinnern, war die ganze Stadt mit duftenden Blumen und herrlichen Teppichen geschmückt, die von den Wänden der Häuser und Paläste wehten. Seltene Vögel, aus den Urwäldern am Amazonas hierher gebracht, flatterten, an lange Leinen gebunden, durch die Lüfte. Die Leute hatten ihre schönsten Gewänder angelegt. Vor dem prächtigen Zug des Inka schritten Pfeifer einher, die die indianischen Flöten bliesen, hinter ihnen marschierten einige hundert Trommler und mit ihnen ein Zug von Musikern, die auf Meeresmuscheln bliesen. Dann folgte ein Sängerchor, der in feierlichen Hymnen die hervorragenden Ruhmestaten des Inka erklingen ließ. Viele dieser Werke hatte Pachacuti übrigens selbst gedichtet. Hinter den Musikanten und Sängern marschierten die ersten Einheiten des Inka-Heeres, danach kamen, ihrer Kleider beraubt und nackt, die Kriegsgefangenen. Das ist ein grundlegender Unterschied von Pachacuti und dem Thronfolger Amaru. Dieser handelt nicht so grausam an den Gefangenen, was ihm von vielen Befehlshabern als Schwäche angekreidet wird. Doch nun weiter zum Zug der Besiegten. In ihren Reihen marschierten sogar ihre toten

Offiziere mit! Pachacuti hatte nämlich aus den Leibern der gefallenen Aymara-Generäle menschliche Trommeln anfertigen lassen. Die nackten Leichname der Offiziere waren ausgenommen, einbalsamiert und mit dem Berggras Ichu ausgestopft worden. Die Arme waren so angeordnet worden, dass sie bei jedem Schritt gegen den Bauch des Toten schlugen und dadurch einen eigenartigen, dumpfen Ton hervorbrachten. Der ehemalige Führer der Collo, Chuchi Capac, wurde vorläufig von Pachacuti geschont und, ebenfalls entkleidet und überdies gefesselt, von seinen eigenen Untertanen in einer Sänfte in dem Zug mitgeführt. Dann folgten wieder Heereseinheiten von uns und schließlich, in prächtigen, juwelengeschmückten Gewändern, der Adel des Reiches, der Hohepriester, die übrigen hohen Geistlichen, die Provinzgouverneure und die hohen Offiziere, wo auch ich die Ehre hatte, dabei zu sein. Nach uns schritten jene, deren Zierde ihre Anmut, ihre holde Weiblichkeit ist, die Sonnenjungfrauen, etwa dreitausend Mädchen. Am Schluss des Zuges folgte der, dem der großartige Triumph geweiht war, Inka Pachacuti. Er ging nicht, sondern schwebte gleichsam über den Köpfen der jubelnden Menge dahin, auf einem goldenen Stuhl in einer prächtigen Sänfte, die mit kostbaren Edelsteinen verziert war. Nach dem glorreichen Empfang, den ihm seine Untertanen bereitet hatten, zog sich der Inka für einige Zeit in das Haupteiligtum Tahuantinsuyus zurück, in die Coricancha. Hier betete er zu Inti und dankte dem Gott für den siegreichen Ausgang des Feldzuges. Doch in einem furchtbaren Kontrast zu der Demut, mit der Pachacuti vor den göttlichen Inti trat, stand die Strafe, die der Herrscher dem gefangenen Chuchi Capac zugedacht hatte, der sich Pachacuti nicht hatte unterwerfen wollen. Der ehemalige Führer der Collo wurde im heiligen Sonnentempel Tahuantinsuyus feierlich enthauptet, seine zwei Söhne wurden zu lebenslanger Zwangsarbeit in einem Steinbruch verurteilt. Andere führende und nun gefangene Aymara ließ der Inka in dem Tiergarten von Cuzco bei lebendigem Leib den Raubtieren vorwerfen. Du siehst also, der Krieg lässt die

Sitten verrohen. Unser Herrscher kann liebenswürdig sein, doch im Krieg ist er unerbittlich und handelt grausam. Das ist es, was ich an den Kämpfen so hasse. Entweder man tötet den Feind sogleich oder man ist gezwungen, ihn später unmenschlich zu bestrafen. Milde gilt als Schwäche, daher hat Amaru Schwierigkeiten bekommen. Einen Rat will ich dir noch mit auf den Weg geben: Wenn dir die Gewalt, das Töten und Zerstören von ganzem Herzen zuwider sind, dann denke an meine Worte. Wenn all unsere Nachbarvölker die göttliche Herrschaft des Inka anerkennen, wird eine Zeit des ewigen Friedens anbrechen. Je schneller wir Sonnensöhne dieses Ziel erreichen, desto eher werden Zufriedenheit und Wohlstand in unsere Dörfer und Städte einziehen. Verschließe während der Kämpfe dein Herz und gebrauche deinen Verstand. Und versuche trotz der grausamen Dinge, die du zu sehen bekommen wirst, ein Mensch zu bleiben! Nun geh mit Inti, mein Sohn!"

Langsam und vorsichtig schob sich Ollantay zur Spitze des Hügels. Er achtete sorgsam darauf, kein unnötiges Geräusch zu verursachen. Nur noch ein paar Meter und er hatte es geschafft. Zentimeter um Zentimeter arbeitete er sich voran, bis er endlich ein kleines, verkrüppeltes Gebüsch auf der Hügelkuppe erreichte. Zuerst musste er ein paar Augenblicke lang verschnaufen, bis er es wagte, den Kopf zu heben. Er spähte die andere Hügelseite hinunter und erblickte die Feinde. Eine große Anzahl Aymara-Rebellen hatte sich in einer engen Schlucht verschanzt und wollte das Inka-Heer aus dem Hinterhalt angreifen. Zu seiner großen Verwunderung stellte er fest, dass er keine feindlichen Späher bemerken konnte. War es möglich, dass sich die Aufständischen ihrer Sache so sicher waren? Vielleicht wollten sie die große Veränderung im Inka-Heer nicht wahrhaben? Denn nicht mehr der milde Amaru befehligte jetzt die Sonnensöhne im Collo-Land, sondern der kampferprobte Bruder des Inka, der erfahrene Capac Yupanqui. Dieser behandelte die gefangenen Aymara nicht mehr mit der Nachsicht Amarus, er bestrafte die Aufständischen hart und scheute auch nicht davor zurück, unschuldige Männer festzunehmen und foltern zu lassen. Dieser Umstand hatte sich schon bald als Vorteil für die Inka erwiesen.

Nur die zufällige Gefangennahme eines verdächtigen Mannes, den Capac Yupanqui grausam hatte foltern lassen, hatte es den Inka ermöglicht, dieser Falle zu entgehen. Der Aymara, der sich als Spion herausgestellt hatte, hatte ausgesagt, wo sich die Aufständischen versteckt hielten. Capac Yupanqui hatte dem Heer sogleich den Befehl gegeben aufzubrechen. Er hatte die Truppen in mehrere Abteilungen aufgeteilt und es durch geschicktes Manövrieren geschafft, die Rebellen in die Enge zu treiben. Ollantay hatte die gefährliche Aufgabe übernommen, nach den Feinden Ausschau zu halten; und er hatte sie entdeckt.

Jede Unachtsamkeit vermeidend kroch Ollantay einige Meter zurück. Dann gab er das verabredete Zeichen. Die Inka wussten nun, dass sie ihr Ziel, den Feind einzukreisen, erreicht hatten. Nun galt es, rasch zu handeln und dem Gegner keine Möglichkeit mehr zur Flucht zu geben. Im Eilschritt schickte Capac Yupanqui eine seiner Abteilungen zum Eingang der Schlucht. Doch die Krieger blieben in einiger Entfernung vor dem engen Taleinschnitt stehen, ohne weiter vorzurücken. Sie hatten die Aufgabe, den Feind zu beschäftigen und abzulenken. Ollantay und Tupac Yupanqui führten andere Inka-Soldaten die umliegenden Hügel hinauf. Jetzt zählte Schnelligkeit, wenn man die Aymara überraschen wollte. Nach kurzer Zeit hatte sich der waffenstarrende Ring des Inka-Heeres um die Aufständischen geschlossen. Ein kurzer Trommelwirbel war das verabredete Zeichen zum Angriff.

Ollantays Männer rollten Steine über den Abgrund und lösten damit bei den Feinden Panik aus. Verstärkt wurde der ausgelöste Schrecken noch durch unzählige Steine, die von den Schleudern der Männer Tupac Yupanquis abgefeuert wurden. Die Aufständischen erkannten, dass sie für die Inka, die so völlig überraschend auf den Hügeln aufgetaucht waren, perfekte Zielscheiben abgaben. Ein Angriff das steile Gelände hinauf war unmöglich, in der Schlucht weiter auszuharren aber bedeutete die sichere Vernichtung. Schon brüllten zahlreiche Männer vor Schmerzen auf und das Blut vieler Wunden färbte die Felsen langsam rot. „Hinaus, wir müssen aus der Schlucht hinaus, sonst sterben wir alle!", erklang es von allen Seiten. Die Männer drängten zum engen Talausgang, wo sie allerdings von Capac Yupanquis Einheit erwartet wurden. Die vordersten Aymara fielen im Pfeil- und Steinhagel der Inka, sodass die nachfolgenden Krieger zögerten. Doch von hinten drängten die anderen Aymara nach, die aus der Mausefalle der Schlucht entkommen wollten. So behinderten sich die Aufständischen gegenseitig und die Verwirrung in ihren Reihen wurde immer größer.

Darauf hatte Capac Yupanqui gewartet. Jetzt gab er das Zeichen zum Angriff und das Heer der Sonnensöhne rückte energisch vor. Die Streitäxte fuhren in Köpfe und Leiber der entsetzten Feinde, die fluchtartig zurückwichen. Aber wohin? In der Schlucht wurden sie wieder vom Steinhagel der dort lauernden Männer empfangen. Erst als die ersten Inkakrieger in die Schlucht stürmten, gaben Ollantay und Tupac Yupanqui den Befehl, keine Steine mehr hinunterzuschleudern, da man damit auch die eigenen Leute gefährdete. Einige Aymara versuchten die steilen Felswände hinaufzuklettern und so zu entkommen. Aber die oben postierten Inka passten genau auf und riegelten diese Fluchtmöglichkeit ab.

Erst jetzt bemerkte Ollantay, dass er die ganze Zeit über schrie. Auch die anderen Krieger brüllten aus Leibeskräften, da man sich damit die Angst aus der Seele schreien konnte. Langsam verebbte der ohrenbetäubende Lärm, da der Widerstand der Feinde immer mehr nachließ. Schließlich war nur noch eine Handvoll Aufständischer über. Diese warfen ihre Waffen weg, knieten sich nieder und riefen laut um Gnade. Ollantay stand weit oben auf dem Grat des Hügels und beobachtete gespannt, wie sich Capac Yupanqui entscheiden würde. Der Oberbefehlshaber drehte sich wortlos um und winkte mit der Hand. Seine Krieger hatten verstanden. Sie stürzten sich auf die letzten, armseligen Aufständischen und hieben diese in Stücke. Dann schlug man den Toten die Köpfe ab und spießte diese auf lange Stangen. Die abgeschlagenen Häupter stellten die Inka später vor den Toren Hatuncollas auf; zur Abschreckung und als Warnung für alle, die sich gegen die Herrschaft der Sonnensöhne auflehnen wollten.

Ollantay musste noch tagelang an das Massaker denken. Es machte einen bedeutenden Unterschied aus, einen Feind im Kampf zu töten oder wehrlose Gefangene abzuschlachten. Wie gut, dass er sich nicht hatte daran beteiligen müssen. Jetzt verstand er die Worte seines Vaters. Krieg war grausam und für Menschlichkeit war auf dem Feld der Ehre kein Platz. Doch Capac Yupanqui hatte so handeln müssen, wenn er den Aufstand rasch beenden wollte. Wäre er ebenfalls mildtätig gewesen wie Amaru, die Rebellion gegen die Inka-Herrschaft hätte sich noch jahrelang hingezogen.

So kehrte im befriedeten Collo-Land eine gespenstische Ruhe ein, Friedhofsruhe. Die Aymara fanden sich nach und nach mit den Eroberern ab, während es den Sonnensöhnen in den folgenden Wochen gelang, den Unruhen an der Südgrenze endgültig Herr zu werden. Nach diesem Erfolg kehrte das siegreiche Heer wieder ins heimatliche Cuzco zurück. Vor allem die beiden jugendlichen Anführer Tupac Yupanqui und Ollantay hatten mit ihrem beherzten Vorgehen die Achtung der älteren Krieger erworben. Sie waren die erklärten Lieblinge der Soldaten und ihre Heldentaten wurden von Tag zu Tag mehr ausgeschmückt.

Auf diesem Feldzug hatte der junge Tupac Yupanqui bewiesen, dass er aus einem anderen Holz geschnitzt war als sein älterer Bruder. Viele Offiziere hätten ihn lieber als Thronfolger anstelle des schwächlichen Amaru gesehen. Doch noch hielt der Inka zu seinem Lieblingssohn, den er sogar zu seinem Mitregenten ernannt hatte. Aber es gärte spürbar innerhalb der Reichselite, denn Amaru hatte nicht nur in den Augen der obersten Militärbefehlshaber versagt, sondern er verlor aufgrund seiner Unfähigkeit, hart durchzugreifen und entschlossen zu kämpfen, auch die Sympathien der meisten einflussreichen Angehörigen der Königsfamilie. Die hohen Würdenträger behandelten ihn zwar höflich, aber fast niemand hegte mit ihm freundschaftliche Kontakte. Amaru verschloss vor diesen Anzeichen seines Machtverlustes beide Augen und benahm sich weiterhin so, als ob er nie einen Misserfolg erlitten hätte. Denn er wusste, er war der Lieblingssohn Pachacutis, er war bereits Mitregent, und dieses Wissen machte ihn blind für seine weitere Handlungsweise.

„Prinz Amaru, der Inka wünscht Euch zu sehen!" Mit einer tiefen Verbeugung überbrachte der Diener eine Botschaft Pachacutis an den Thronfolger. „Richte meinem Vater aus, dass ich sogleich zu ihm kommen werde." Mit einer Handbewegung entließ er den Untergebenen, der sofort aus dem Zimmer verschwand und zum Herrscher eilte.

Kurze Zeit später erschien der Prinz, der sich zu diesem Anlass mit einem prächtigen, von Gold- und Silberfäden durchwirkten Gewand bekleidet hatte, bei seinem Vater. Er verbeugte sich leicht und fragte mit ehrlicher, freundlicher Stimme: „Womit kann ich Euch dienen? Welchen Wunsch soll ich Euch erfüllen?" Während er diese Worte sprach, stellte Amaru erleichtert fest, dass er sich mit dem Inka alleine in dessen privatem Raum befand. Der Prinz genoss die seltenen gemeinsamen Stunden mit seinem Vater, denn dann zeigte auch der Inka, wie sehr er seinen ältesten und sicher auch klügsten Sohn liebte. Pachacuti trat auf Amaru zu und nahm ihn in die Arme, eine ganz selten gezeigte Geste der Zuneigung im Inkareich, wo selbst Mütter ihre kleinen Babys kaum auf den Arm nahmen.

„Capac Yupanqui hat die Aymara-Partisanen endgültig besiegt. Dein Bruder Tupac und dein Freund Ollantay haben sich durch ihre große Umsicht und Tapferkeit besonders ausgezeichnet. Mir sind Nachrichten zu Ohren gekommen, dass viele führende Offiziere lieber Tupac und nicht dich als nächsten Inka sehen würden. Du hättest als Oberbefehlshaber viel mehr Härte und Entschlossenheit zeigen müssen.

Wir Inka leben in unseren Bergen ein hartes Leben, jede Schwäche wird sofort bestraft. Es gibt zahllose Feinde an unseren Grenzen und selbst innerhalb des Reiches, die nur darauf warten, dass sie ein kleines Anzeichen von Schwäche bei uns bemerken, um sich wie die Geier auf uns zu stürzen. Deshalb müssen wir stark sein, vor allem vom Inka wird Stärke erwartet. Du hast im ehemaligen Collo-Gebiet versagt. Noch ein Fehlverhalten darf nicht mehr vorkommen, sonst wird der Druck auf den Hof zu groß, und ich kann meine schützende Hand nicht mehr über dich halten." Etwas verlegen rückte Amaru von seinem Vater weg. „Ich weiß, ich habe als Befehlshaber versagt. Aber ich hatte mit den Gefangenen Mitleid. Außerdem haben sie versprochen, in Zukunft nicht mehr gegen uns zu kämpfen. Leider haben sie ihre Versprechungen nicht eingehalten. Doch Kampf und Gewalt liegen mir nicht." „Als Inka musst du aber kämpfen. Du darfst keine Schwäche mehr zeigen. Wenn sich wieder die Gelegenheit für einen Feldzug ergibt, bekommst du noch eine Chance, deinen Mut zu beweisen. Wenn du auch Gewalt und Tod verabscheust, so musst du lernen, damit umzugehen. Der Stärkere beherrscht den Schwächeren. Der Jaguar greift an und reißt seine Beute, der Hase flieht und muss jeden Moment um sein Leben zittern. Wir Inka sind wie der Jaguar. Merk dir das! Du bist ein Jaguar! Du kämpfst um deine Beute. Versprich mir das!" „Ja, Vater, ich will versuchen, meine Schwäche zu unterdrücken und in Zukunft wie ein Jaguar Stärke zeigen. Das verspreche ich dir."

Inka Pachacuti war mit dieser Antwort seines Sohnes sehr zufrieden. „Ich habe aber noch ein Anliegen", sprach der Herrscher weiter, „jetzt ist der passende Zeitpunkt gekommen, dass du dir eine Frau suchst." „Das trifft sich sehr gut", antwortete Amaru, „ich habe mich nämlich verliebt und würde gerne heiraten." Pachacuti betrachtete den Prinzen erstaunt: „So, davon habe ich bis jetzt gar nichts gemerkt. Wer ist denn die Glückliche?" Der Thronfolger machte ein verlegenes Gesicht und lief rot an. Nervös nagte er auf seiner Unterlippe und die rechte Hand fuhr zu seinem Ohrläppchen und spielte mit dem kostbaren Ohrgehänge. „Sie heißt Cusi Chimbo. Aber ich weiß noch nicht, ob sie mich auch liebt", gab Amaru freimütig zu. „Was, du sprichst von Liebe!", donnerte da der Herrscher los. „Wenn der Thronfolger eine Frau begehrt, ist Liebe nebensächlich. Du brauchst nur mit dem Finger zu schnippen und die Frau gehört dir!" Der Prinz antwortete: „Das weiß ich alles. Ich möchte aber, dass sie mich auch liebt, nicht weil ich der zukünftige Inka bin, sondern weil ich ihr als Mann gefalle." Jetzt hielt Pachacuti nichts mehr. Zornig warf er einen Krug zu Boden und zischte seinen Sohn an: „Der Inka und jeder weitere Angehörige unserer Ayllu haben das Recht, nein, wir haben sogar die Pflicht, jede Frau zu ehelichen, ohne diese überhaupt zu fragen. Du wirst keine Rücksicht darauf nehmen, was sie empfindet, was sie sich wünscht oder wonach sie sich sehnt. Du nimmst sie, wenn sie dir gefällt, oder du lässt es bleiben. Doch eine Frau wird nicht um ihre Meinung gefragt, hast du verstanden! Wenn du ungehorsam bist und dich noch einmal zum Gespött der Leute machst, kann ich meine schützende Hand nicht mehr über dich halten. Dann muss ich dich als Thronfolger absetzen. Ich wünsche, dass du meinen Willen respektierst! Also handle danach." Pachacuti wandte sich abrupt um und stampfte wütend mit dem Fuß auf. Amaru wollte also tatsächlich ein Mädchen zur Frau nehmen, das ihn liebte. Der Inka ärgerte sich maßlos darüber, hatte er doch bereits die geeignete Gemahlin für seinen Sohn gefunden, Cusi Qoylyor, die Lieblingstochter des Herrschers. Sie war zwar noch zu jung für eine Heirat, aber in ein paar Jahren müsste sie die ideale Coya sein. Da Pachacuti befürchtete, seinen Willen in diesem Fall nicht so leicht durchsetzen zu können, reagierte er jetzt zornig und befahl Amaru, das Zimmer zu verlassen. Zerknirscht fügte sich der Sohn dem Befehl des Vaters. „Wir sprechen uns in dieser Sache noch!", rief der Inka Amaru nach, als dieser den Raum verließ.

Diese derart übergeordnete Stellung des Mannes in einer Liebesbeziehung war im Staat der Inka eine Selbstverständlichkeit. Doch Amaru war ein ritterlicher Romantiker. Er wollte seine mächtige Position nicht ausnützen, um die Gunst einer Frau zu erpressen. Er wünschte sich, um seiner selbst willen geliebt zu werden.

Wieder auf seinem Zimmer angekommen, war Amaru verzweifelt. Er warf sich in sein Bett und zerknüllte aufgebracht die Decken. Fieberhaft überlegte er, was er jetzt nur tun sollte? Der Prinz hatte sich bis über beide Ohren in die junge, schöne Cusi Chimbo verliebt. Tag und Nacht träumte er von ihr und wollte sie nicht durch Befehl oder Gewalt, sondern allein mit der Stimme des Herzens gewinnen. „Sie hat so strahlende Augen, mit denen sie mich immer neckisch anblinzelt. Sie wird ebenfalls in mich verliebt sein und wagt sicher nicht zu hoffen, dass sie meine Liebe errungen hat. Welches Mädchen in Tahuantinsuyu wünscht sich nicht, die Frau des Thronfolgers zu werden. Am besten wird es sein, ich suche sie sogleich auf und bitte sie darum, meine Frau zu werden. Ja, genau, das will ich auf der Stelle tun." Amaru erhob sich von seinem Schlafplatz und rief nach einem Diener. „Teile der Hofdame Cusi Chimbo mit, dass ich sie aufzusuchen wünsche. Und zwar sofort!" Der Diener eilte, um den Auftrag zu erfüllen und Amaru wurde von neuer Zuversicht erfüllt. Bald darauf erschien der Bedienstete wieder und teilte dem Prinzen mit, dass ihn Cusi Chimbo sogleich empfangen werde. Amaru verließ sein Zimmer und schritt zu den Räumlichkeiten seiner Angebeteten.

Cusi Chimbo saß im Kreise ihrer Freundinnen, als Amaru eintrat. Er verbeugte sich höflich vor den jungen Damen und wartete, bis ihn Cusi Chimbo aufforderte, sich zu setzen. Leises Gekicher verbreitete sich im Zimmer. Der Thronfolger fühlte sich nicht wohl in seiner Haut. Unbehaglich verlagerte er sein Gewicht von einem Fuß auf den anderen. „Gut, dass mich jetzt mein Vater nicht sehen kann", ging es durch seinen Kopf, „der würde wegen meines Auftrittes sehr wütend werden". So vergingen für ihn einige peinliche Augenblicke, bis er endlich die Erlaubnis bekam, sich zu setzen. „Was verschafft mir die Ehre Eures Besuches?", flötete Cusi Chimbo und bewegte ihren Kopf kokett zur Seite.

Amaru räusperte sich und wunderte sich, woher das plötzliche Kratzen in seinem Hals kam: „Ähem, ähem, das möchte ich Euch gerne unter vier Augen sagen." „Ihr befehlt also, dass ich meine Freundinnen aus dem Raum schicke?", fragte die junge Dame. „Nein, das war kein Befehl", erwiderte der Prinz, „das war ein Wunsch." „So, Ihr wünscht also, mit mir alleine zu sein. Es ist für eine junge, unverheiratete Frau aber nicht statthaft, sich mit einem jungen Mann alleine, ohne allen Schutz, in einem Raum aufzuhalten", antwortete Cusi Chimbo und blickte den Thronfolger mit großen, rätselhaften Augen an. „Ihr habt von mir nichts zu befürchten", versicherte Amaru sofort. „Dann ist es mir völlig unbegreiflich, warum die anderen Frauen das Zimmer verlassen sollen."

Der Prinz war am Verzweifeln. Wieso spielte Cusi Chimbo so schamlos mit seinen Gefühlen? Doch er startete einen neuen Versuch: „Bitte, schickt sie hinaus! Ich habe Euch etwas zu sagen, was nur für Eure Ohren bestimmt ist." „Warum sagtet Ihr das nicht gleich", gab sich die junge Dame ganz unschuldig. „Also, meine Freundinnen, geht für eine kleine Weile im Garten spazieren. Der ehrenwerte Prinz möchte mir ein Geheimnis mitteilen, ein so wichtiges Geheimnis, dass nur ich es hören soll." Kichernd und mit einem vielsagenden Getuschel erhoben sich die jungen Frauen, verneigten sich vor dem Thronfolger und verließen endlich die Gemächer.

Nun waren die beiden jungen Menschen alleine. Amaru sog den verführerischen Duft seiner Geliebten ein und blickte Cusi Chimbo verliebt und bewundernd an. „So, Prinz Amaru, was habt Ihr mir Wichtiges zu sagen?" Der Angesprochene sah der jungen Frau offen und ehrlich in die Augen, dann stand er auf und reichte ihr einen kostbaren goldenen Ring, in dem ein großer Smaragd eingearbeitet war. „Nehmt dieses bescheidene Geschenk von mir und erlaubt mir, Euch ein Gedicht vorzutragen, das ich für Euch gedichtet habe." Cusi Chimbo sah den Thronfolger erstaunt an und betrachtete anschließend den wertvollen Ring. Amaru streifte ihr das Geschmeide über den Ringfinger, es passte ausgezeichnet. „Vielen herzlichen Dank für diesen wunderschönen Ring und jetzt lasst bitte das Gedicht hören", bedankte sich das hübsche Fräulein. Der Prinz kniete sich vor seiner Angebeteten nieder und begann mit einfühlsamer Stimme:

„Wie der Stern am Himmel glänzt,
wie der Tau die Rose netzt,
so edel ist Eure Schönheit.
Wie die Sonne alles Leben ermöglicht,
wie der Regen die Pflanzen tränkt,
so erweckt ihr meine Liebe zu Euch.

Was ist Gold?
Es ist nichts gegen Eure Schönheit.
Was ist die feine Wolle des Lamas?
Sie ist nichts gegen Euer weiches Haar.
Was ist ein Sternenhimmel?
Er ist nichts gegen einen Blick
aus Euren strahlenden Augen.

Die Knospe einer edlen Blume
kann nicht mit
Euren weichen Lippen konkurrieren.
Die bunten Federn der Papageien
können nicht so erfreuen
wie Eure sanfte Haut.

Oh, edle Schönheit,
Ihr seid mein Leben.
Ich liebe Euch mehr
als es Worte auszudrücken vermögen.
Es gibt nicht so viele
Sterne am Himmel,
es gibt nicht so viel Wasser
in den unendlichen Weiten des Meeres,
um zu beschreiben,
wie übervoll mein Herz ist,
wenn ich Euch erblicken darf."

Die Tränen glänzten in Amarus Augen und spiegelten die kleine Flamme eines Tongefäßes wider, als er das Liebesgedicht beendet hatte. Erwartungsvoll richtete er einen sehnsüchtigen Blick auf die Geliebte. Diese betrachtete noch immer den Ring und spreizte dabei die Finger in alle Richtungen. „Nun, wie hat Euch mein Gedicht gefallen?", fragte der junge Mann. „Nicht schlecht, aber was bedeutet das alles eigentlich?", wollte Cusi Chimbo wissen. „Ahnt ihr das wirklich nicht? Ich liebe Euch. Ich liebe dich. Ich träume Tag und Nacht nur noch von dir. Ich möchte dir jeden Wunsch von den Augen ablesen und erfüllen. Ich wünsche, dass du meine Frau wirst." Amaru schüttete sein Herz vor der wunderschönen Frau aus, die nur wenige Handbreit von ihm entfernt auf einem Hocker saß und ihn mit offenem Mund betrachtete. „Ist das wirklich wahr? Der Thronfolger und zukünftige Inka möchte mich heiraten." „Ja, das ist die Wahrheit. Ich möchte dich heiraten." Cusi Chimbo setzte ein kokettes Lächeln auf und fragte mit schmeichelnder Stimme: „Ist es Euer Wunsch oder ist es ein herrschaftlicher Befehl?" Amaru beeilte sich zu antworten: „Das ist mein sehnlichster Wunsch und kein Befehl. Dem Herzen kann man doch nicht den Befehl erteilen, jemand zu lieben. Und ich liebe dich und bete dich an. Ich möchte dein Herz erobern und deine Gunst nicht mit Gewalt gewinnen. Bitte, geliebte Cusi Chimbo, sagt Ja, sagt, dass du mich auch liebst und dass du meine Frau werden willst!" Fast flehentlich waren die letzten Worte über die Lippen des Prinzen gekommen.

Cusi Chimbo holte tief Luft, als Amaru sein Liebesgeständnis beendet hatte. Dann senkte sie die Augen und antwortete: „Euer Angebot ehrt mich und schmeichelt mir, mein Prinz. Aber ich weiß nicht, ob ich in Euch verliebt bin." Als er diese Worte hörte, wich die Farbe aus Amarus Gesicht und er musste sich setzen. Die junge Frau sprach weiter: „Ihr könnt natürlich befehlen, dass ich Eure Frau werde. Als gehorsame Untertanin werde ich Euren Anweisungen gerne Folge leisten. Aber Liebe, ich weiß nicht."

Amaru war von dieser Antwort bitter enttäuscht. Er, der Liebling aller Frauen hier am Königshof in Cuzco, hatte durch sein ritterliches und höfliches Auftreten die Herzen der Damen im Sturm erobert. Viele schmachtende Blicke folgten ihm immer, wenn er durch die Gänge des Palastes schritt oder durch die Straßen der Hauptstadt wandelte. Nie war es ihm bisher passiert, dass ihn eine Frau abgelehnt hatte. Alle konnte er haben, aber er wollte nur die Eine. Und ausgerechnet diese Eine sagte, sie sei sich nicht sicher, ob sie ihn liebe. „Du willst mich also nicht heiraten?", stammelte er mühsam hervor, „warum nur? Sage nicht Nein, sage, dass du mich vielleicht doch noch lieben könntest."

Cusi Chimbo gefiel der charmante Prinz, und die Ehefrau des zukünftigen Inka zu sein war ein Gedanke, der ihr ebenfalls behagte. Doch sie wollte Amaru noch ein bisschen zappeln lassen. Wie ein gefangener Vogel verzweifelt die Freiheit zu gewinnen trachtete, so wollte sie Amarus Liebe zu ihr wachsen lassen, indem sie ihn jetzt schmoren ließ. Sie befeuchtete mit der Zunge die Oberlippe und schenkte dem Thronfolger ein bezauberndes Lächeln. Dann stand sie von ihrem Platz auf, trat auf ihn zu und reichte ihm die Hände. „Seid nicht traurig und enttäuscht, Prinz Amaru, ich werde mir die Sache durch den Kopf gehen lassen. Für heute sage ich auf Euer Angebot nicht Ja, aber auch nicht Nein. Besucht mich bald wieder einmal und beweist mir Eure große Liebe, indem Ihr mich verehrt und verwöhnt." Nach diesen Worten hauchte sie ihm einen leichten Kuss auf die Wange, ließ Amarus Hände los, drehte sich schnell um und setzte sich wieder auf ihren Hocker. Der Mann folgte ihr, um sie wieder bei den Händen ergreifen zu können. Aber sie entzog sich geschickt seinem Annäherungsversuch. „Bitte, Prinz Amaru, Ihr müsst jetzt gehen. Was werden sich sonst meine Freundinnen denken, wenn ich so lange alleine mit einem jungen, hübschen Mann bin." Amaru verneigte sich vor ihr und sagte: „Ich werde dir jeden Tag meine Liebe beweisen, damit du bald einwilligen wirst, meine Ehefrau zu werden." Dann verließ er das Zimmer und wusste nicht, ob er jubeln oder weinen sollte. Sie hatte nicht Ja gesagt, aber sie hatte auch nicht Nein gesagt, das war immerhin schon etwas.

Als Amaru, der vom Plan Pachacutis, ihn mit Cusi Qoylyor zu verehelichen, nichts ahnte, wieder in seinem Privatgemach war, durchzuckte ihn ein ängstlicher Gedanke. Was, wenn sein Vater wissen wollte, wann er die Hochzeit feiern wollte? Er konnte doch Inka Pachacuti nicht die Antwort geben, Cusi Chimbo müsse sich die ganze Sache noch überlegen. Er hatte doch versprochen, Härte und Entschlossenheit zu zeigen. Doch kaum erblickte er zwei strahlende Augen gepaart mit einem bezaubernden Lächeln, waren alle guten Vorsätze schon vergessen. Amaru ließ sich entmutigt in seinen Hocker fallen und überlegte verzweifelt, was er nun unternehmen sollte. Denn guter Rat war jetzt teuer. Er grübelte und grübelte, doch verwarf er schnell wieder alle Ideen, die ihm einfielen. „Chicha, ich muss mir etwas zu trinken besorgen, vielleicht kommt dann der rettende Einfall!"

Mürrisch stand Amaru auf und verließ das Zimmer. Gerade ging Ollantay den Gang entlang, fröhlich und beschwingt, so wie immer in letzter Zeit. „Was ist dir denn über die Leber gelaufen?", fragte er besorgt, als er Amarus düstere Miene bemerkte. Der Prinz wich einer direkten Antwort aus und meinte nur: „Ich wollte mir gerade Chicha besorgen. Hast du Lust, mit mir einen Becher zu trinken?" „Zu einem guten Becher Chicha sage ich nicht Nein. Aber geh du nur in dein Zimmer zurück und lass mich einen Krug holen", bot Ollantay bereitwillig an. So ging Amaru wieder in sein Privatgemach und wartete, bis sein Freund aus gemeinsamen Schul- und Lernzeiten mit dem Krug Chicha zu ihm kam.

Es dauerte nicht lange, und Ollantay betrat mit einem Krug und zwei Bechern den Raum. Er schenkte zuerst Amaru einen Becher voll des alkoholischen Getränkes ein und dann sich selber. Amaru hieß Ollantay auf einem Hocker aus Holz Platz zu nehmen. Beide tauchten einen Finger in das Getränk und opferten einige Tropfen dem Sonnengott Inti, bevor sie sich zuprosteten und tranken.

„Was verschafft mir heute die Ehre, dass du mich zu Chicha einlädst?", fragte Ollantay, nachdem er sich einen herzhaften Schluck gegönnt hatte. „Das ist eine sehr heikle Geschichte", antwortete Amaru, „ich hoffe, dass ich mich auf deine Verschwiegenheit verlassen kann." „Das ist doch selbstverständlich, dass kein Wort von dem, was du mir anvertraust, ein anderer Sterblicher von mir hören wird", versicherte Ollantay dem Thronfolger. „Ich habe ein Auge auf Cusi Chimbo geworfen", gab der Prinz ein wenig verlegen zu. „Darum bist du in letzter Zeit so nervös und ein bisschen zerfahren", stellte sein Freund fest, „aber diese Dame ist außerordentlich hübsch, da muss ich dir zu deiner Eroberung neidlos gratulieren." „Das ist ja das Problem! Ich weiß nicht, ob man von einer Eroberung sprechen kann. Ich habe gerade vorhin mit meinem Vater über die Sache gesprochen. Du kennst ja Pachacutis Ansichten: ‚Wenn dir die Frau gefällt, dann nimm sie dir. Du bist ein Inka-Prinz, es ist eine Auszeichnung für jede Frau, auf die dein Auge fällt.' Aber ich bin nicht so. Ich will sie nicht mit Gewalt erobern, sondern durch die Liebe ihres Herzens. Die Liebe ist ein so kostbares Gut. Jemandem anderen bedingungslos vertrauen können, davon träume ich. Nicht durch das Ausnützen meiner Machtstellung will ich Cusi Chimbo für mich gewinnen, sondern sie soll mich um meiner selbst willen lieben. Sie allerdings ist sich nicht sicher, ob sie mich liebt. Wenn ich den Befehl erteile, dass sie zu mir kommt, dann will sie gehorsam sein, das hat sie mir eröffnet. Doch sie soll freiwillig zu mir kommen, sie soll kommen, weil sie mich liebt und weil sie es will. Wenn nun Vater davon erfährt, dass mir die Dame einen Korb verpasst hat, wird er wüten wie ein wilder Jaguar. Und der Skandal, der wegen meiner neuerlichen Schwäche am Hof ausgelöst wird, könnte mich meine Stellung als Thronfolger kosten. Kannst du mir raten, was ich in dieser schwierigen Situation machen soll?" Amaru nahm einen tiefen Schluck aus dem Chichabecher und seufzte lautstark.

Ollantay hatte ihm aufmerksam zugehört, stützte das Kinn in seine linke Hand und dachte angestrengt nach. Amaru steckte in erheblichen Schwierigkeiten, die nicht nur einen großen Skandal auslösen, sondern tatsächlich die öffentliche Meinung so beeinflussen konnten, dass er als Thronfolger unhaltbar wäre. Er wusste, wenn Amaru die Gunst des Herrschers verlieren würde, könnte sein bester Freund und Kampfgefährte im Collo-Land, Tupac Yupanqui, nach Pachacutis Tod neuer Inka werden. Half er jetzt aber Amaru, würde sich dann dieser, wenn er einmal Inka war, sehr erkenntlich zeigen. Etwas anderes war von Amaru, der ja den Idealen der Ritterlichkeit nachhing, nicht zu erwarten. Ollantay dämmerte es, dass er in einigen Jahren der Freud des neuen Herrschers sein und wahrscheinlich eine wichtige Position in Tahuantinsuyu bekleiden würde. Doch er schuldete auch dem jetzigen Inka Pachacuti großen Dank. In Erinnerung an die Heldentaten seines Vaters Poma im Krieg gegen die Chanca hatte ihm der Herrscher ermöglicht, Yachahuasi, die zentrale Bildungsstätte der Reichselite besuchen zu dürfen. Dort erst hatte er Amaru und Tupac Yupanqui sowie eine Vielzahl der Söhne angesehener Adelsfamilien kennengelernt. Ollantay selbst stammte aus dem niederen Adel, dem die Möglichkeit geboten wurde, sich zu den höchsten Staatsämtern emporzudienen. Nur durfte er keinen Fehler machen und musste immer besser sein als die Söhne der hohen Würdenträger. Bei ihm war es ausgeschlossen, dass man ein Versagen seinerseits toleriert hätte. Darum saß Ollantay nun in tiefe Gedanken versunken, Amaru gegenüber und überlegte, was er dem Thronfolger raten sollte. „Man müsste in die Zukunft sehen können, dann wäre es leicht zu entscheiden", sinnierte er und nahm einen Schluck aus dem Becher. Da erinnerte er sich an die Erzählungen seines Vaters. In der Stunde der höchsten Not, kurz vor dem Angriff der Chanca, hatte die alte Wahrsagerin Tanta Carhua den Inka den Sieg prophezeit und vorausgesagt, dass Pachacuti den Thron des Sonnenreiches gewinnen würde. Vielleicht könnte er mit Amaru die Wahrsagerin aufsuchen, dann müsste sich ein Weg finden lassen.

Die beiden jungen Männer befanden sich vor einem kleinen Haus in der Vorstadt Quilliscancha. Die eng aneinanderliegenden Häuser ließen kaum einen Sonnenstrahl auf die Erde durchdringen. Amaru fröstelte und ihm war nicht wohl in seiner Haut. Er fühlte neugierige Blicke, die sich wie Speerspitzen in seinen Rücken bohrten. Beide waren einfach gekleidet und nicht als Angehörige der Oberschicht zu erkennen. Zwar war Ollantay in Quilliscancha zur Welt gekommen und aufgewachsen, doch hatte er sein Vaterhaus in den letzten Monaten nicht mehr besucht. Jetzt kribbelte es unangenehm im Bauch des Thronfolgers. Warum nur hatte er Ollantays Vorschlag angenommen, eine Wahrsagerin aufzusuchen? Doch jetzt gab es kein Zurück mehr. Der Vorhang der Tür bewegte sich und Tanta Carhua stand plötzlich vor ihnen. Ihr tiefgefurchtes Gesicht wirkte auf Amaru bedrohlich, und die dunklen Augen blitzten wie kleine Flammen aus altersschweren Lidern. Die schmalen Lippen verzogen sich zu einem breiten Grinsen, als sie die beiden jungen Männer zu sich in ihr Haus hereinwinkte. Während die Besucher durch die Türöffnung in das Innere traten, bemerkten sie den Schatten nicht, der ihnen schnell folgte.

„Ollantay besucht mich auch wieder einmal", krächzte die steinalte Frau aus einem fast zahnlosen Mund, „und einen hübschen, jungen Freund hat er auch mitgebracht. Was für feine Hände er hat, nicht die schwieligen, abgearbeiteten Hände eines Hatun Runa, sondern die gepflegten Hände eines Adeligen. Sieh mich nur an, auch wenn ich jetzt alt und hässlich bin und du dich nach dem Anblick einer jungen Dame sehnst. Ja, ja, du siehst deinem Vater, Inka Pachacuti, sehr ähnlich. Nein, nein, du brauchst nicht zu erschrecken! Von mir wird keine Menschenseele erfahren, dass du als Gast in meiner bescheidenen Hütte geweilt hast. Dein Herz ist traurig, schöner Prinz, du bist unglücklich verliebt, das spüre ich, und nun willst du, dass ich dir helfe."

Amaru war erschrocken aufgefahren und wollte das kleine Haus fluchtartig verlassen, als er hörte, dass ihn die Alte als Sohn Pachacutis erkannt hatte. Doch Ollantay beruhigte ihn und bewirkte, dass sich der Thronfolger wieder auf einen kleinen Hocker setzte. In der Hütte brannte ein kleines Feuer und auf dem Fußboden huschten zahlreiche Meerschweinchen umher und suchten nach verlorenen Körnern. Es roch fremd und eigenartig, ganz anders als im heimatlichen Palast. Der Rauch des Feuers biss Amaru in den Augen und einige Tränen rollten seine Wangen hinunter. Tanta Carhua warf ein paar Kokablätter ins Feuer und bald spürte der Prinz die beruhigende Wirkung dieses Rauschmittels. Die Wahrsagerin hatte die Blätter aber nicht nur deswegen in das Feuer geworfen, um Amaru zu beruhigen, sie versuchte aus dem aufsteigenden Rauch Zeichen zu sehen und zu deuten.

Stille breitete sich aus, nur der langsame Atem war schwach wahrzunehmen. Die Augenlider des Thronfolgers wurden schwer und er vermochte die Umrisse Tanta Carhuas hinter dem dichten Rauch nur mehr schemenhaft zu erkennen. Mit einem Male tanzten farbenprächtige Lichtpunkte vor seinen Augen und eine wundervolle Musik erfüllte seine Ohren. Amarus Körper war plötzlich federleicht und schien in den Himmel zu schweben. Ein ungeahntes Lustgefühl aller Sinne bemächtigte sich seines Geistes. „So muss es sein, wenn man von Inti empfangen wird", dachte sich der Prinz. „Vielleicht stehe ich gerade vor dem Sonnengott und ahne es nur nicht", schoss es ihm durch den Kopf. Dann verlor er seine Gedanken und wandelte auf einer traumhaften Blumenwiese, die in allen Farben ihre Leuchtkraft versprühte und ihn mit einer Duftwolke so einhüllte, dass er kaum zu atmen wagte, so unbeschreiblich und intensiv war das Geruchserlebnis. Die Berge leuchteten darüber im Abendglühen. Er breitete seine Arme aus und lief barfuß über den Blütenteppich. Leise hörte er eine Stimme, die seinen Namen rief. „Amaru, Amaru, hörst du mich?" Aber er wollte nichts hören außer der göttlichen Musik, die ihn gefangen hielt. „Amaru, wach auf!", störte wieder die aufdringliche Stimme. Dann wurde er von einer riesigen Kraft gepackt und durchgeschüttelt. Die Musik endete jäh, die Farben der Blumenwiese vergilbten und die Blüten verwelkten in einem Aufruhr der Gewalten. Amaru schlug um sich, damit er sich befreien konnte, doch es war ein vergebliches Unterfangen. „Amaru!", dröhnte es so laut wie der Donner eines sommerlichen Gewitters. Von einer Welle der Traurigkeit gepackt, öffnete der Prinz schließlich die Augen. „Was ist los?", fragte er mit schwacher und müder Stimme und sah, dass Ollantay dicht über ihn gebeugt stand und ihn mit seinen kräftigen Armen rüttelte.

„Amaru, bist du wieder munter?", fragte ihn sein Begleiter. „Du warst auf einmal ohnmächtig, nachdem Tanta Carhua Kokablätter in das Feuer gegeben hatte." Langsam kehrte die Erinnerung zurück und Amaru fand sich inmitten der Hütte der alten Wahrsagerin auf einer Decke auf dem Boden liegend. Die Tür stand weit offen und der Rauch hatte sich in der Zwischenzeit beinahe zur Gänze verflüchtigt. Noch ein bisschen schwach erhob sich der Inkaprinz und begann zu erzählen: „Ich hatte einen wunderbaren Traum. Ich wandelte barfuß auf einer wundervollen Bergwiese dahin und versank dabei bis zu den Knöcheln in den bunten Blütenblättern. Über mir leuchteten die Berge und eine unbeschreiblich schöne Musik erfreute mein Herz. Ich wollte noch länger dortbleiben. Warum hast du mich wieder geweckt?" Beinahe vorwurfsvoll hatte das geklungen. Ollantay zuckte nur mit den Schultern und sagte: „Tanta Carhua hat im Rauch und in der Asche der verbrannten Kokablätter Zeichen von dir gesehen. Sie kann dir jetzt mit Sicherheit helfen." Mit einem Mal war Amaru hellwach. „Was, Tanta Carhua, stimmt das, was Ollantay gesagt hat. Du kannst mir helfen, die Liebe von Cusi Chimbo zu erringen?" „Ich habe im Rauch Zeichen gesehen, die es mir ermöglichen, dir zu helfen." „Dann sage schnell, was muss ich tun, damit mich Cusi Chimbo von Herzen liebt und mich heiraten will?", sprudelte es aus Amaru heraus. Tanta Carhua tat sehr geheimnisvoll und antwortete schließlich: „Cusi Chimbo hat dich sehr gerne, wahrscheinlich liebt sie dich sogar. Um völlig sicher zu gehen, dass sie ihr Herz nur dir alleine schenkt, gibt es ein Mittel, das du sehr leicht anwenden kannst." „Gib mir dieses Mittel", schrie Amaru förmlich in den Raum, „Cusi Chimbos Herz soll in Zukunft nur noch für mich schlagen." Die alte Wahrsagerin lachte auf und entblößte dabei ihren fast zahnlosen Mund. „Nicht so gierig, mein schöner Prinz, du wirst noch viele Stunden Gelegenheit haben, die Liebe und Leidenschaft der jungen Frau auszukosten. Doch ich habe auch düstere Schatten gesehen. Deine Liebe zu Cusi Chimbo wird dich den Thron kosten. Du kannst jetzt noch entscheiden, was dir mehr bedeutet, die Liebe von Cusi Chimbo zu besitzen oder einmal über das Sonnenreich zu herrschen. Beides kannst du nicht haben, das haben mir deine Zeichen offenbart."

Amaru saß da wie vom Donner gerührt. Er war der Thronfolger und sein Vater hatte ihn schon zum Mitregenten ernannt. Der Preis dafür war allerdings, die Liebe Cusi Chimbos zu verlieren. Sollte er auf seine große Liebe verzichten? Das war es also, was Pachacuti damit gemeint hatte, dass er Stärke zeigen müsste. Thron gegen Herz, Herrschaft gegen Liebe! Das war die Entscheidung, die er zu treffen hatte. Tief im Inneren hatte sich der Prinz längst entschieden. Als er Cusi Chimbo seine Liebe gestanden hatte, war ihm bewusst geworden, dass er sie mit jeder Faser seines Körpers begehrte. Aber mit Gewalt wollte er sie nicht besitzen. Wenn er ihre Liebe gewann, dann wollte er notfalls auf den Thron des Inkareiches verzichten. Amaru blickte Tanta Carhua an und sagte dann: „Ich habe mich entschieden. Gib mir das Mittel, damit ich vollkommen sicher sein kann, ihre Liebe zu erringen. Wenn der Preis dafür der Herrschertitel ist, so will ich ihn gerne bezahlen. Doch ich liebe Cusi Chimbo von ganzem Herzen und möchte mit ihr glücklich werden." Tanta Carhua lächelte wiederum: „Ich habe gewusst, dass du dich so entscheiden würdest. Es gibt nicht sehr viele Menschen, die für die Liebe die Macht opfern. Du aber bist einer dieser ritterlichen Helden. Schade, dass du nicht unser Inka werden kannst. Vielleicht ist es aber auch gut so, dass du nicht der Herrscher Tahuantinsuyus wirst, denn als Inka musst du oft Entscheidungen treffen, die mit dem Herzen nicht in Einklang zu bringen sind. Du aber wirst deinen Frieden finden. Auch Ollantay wird um seine Liebe kämpfen müssen. Doch anders als bei dir, Amaru, wird Ollantay viel leiden müssen, ehe er glücklich werden kann. Hier hast du nun eine Pflanze, deren Name ich dir nicht verraten kann. Wenn du mit diesem Wunderkraut deine Geliebte berührst, entbrennt sie augenblicklich in heftiger Liebe zu dir." Mit diesen Worten reichte sie Amaru eine kleine, unscheinbare Pflanze, die dieser sogleich unter seinem Kittel verbarg. „Nun lebt wohl, mein Prinz, und du, Ollantay, auch dir wünsche ich viel Glück. Das Leben wird für dich noch viele Überraschungen bereithalten. Lass dich vom Unglück nicht entmutigen, denn die Götter haben mir prophezeit, dass du dein Glück nach harten Prüfungen finden wirst."

Ehe es sich die zwei jungen Männer versahen, standen sie schon auf der Gasse und lenkten ihre Schritte Richtung königlichen Palast. Das Mondlicht leuchtete beruhigend auf die Stadt und unzählige Sterne glänzten am Himmel. Amaru war glücklich und traurig zugleich, während Ollantay nachdenklich dreinschaute und das Gehörte erst einmal verdauen musste. Beide waren so mit sich beschäftigt, dass sie nicht merkten, dass jemand die Hütte der Wahrsagerin betrat. Kurze Zeit darauf eilte eine dunkle Gestalt auf verschlungenen Pfaden ebenfalls zum Palast, um Feldherrn Capac Yupanqui zu berichten, was er über den Prinz erfahren hatte.

Amaru konnte es kaum erwarten, wieder von Cusi Chimbo empfangen zu werden. Die junge Frau lächelte ihn betörend an: „Was führt Euch schon wieder zu mir?" Der Prinz lächelte sie siegessicher an: „Ich habe diesmal ein besonderes Geschenk für dich mitgebracht." Darauf zog er die Pflanze unter seinem Gewand hervor. Cusi Chimbo schaute erstaunt auf, als sie das unscheinbare Gewächs erblickte.

„Was ist denn das für eine Wunderblume?", fragte sie mit einem Anflug von Enttäuschung in der Stimme. „Diese Blume hat ein besonderes Geheimnis", antwortete Amaru, „sie macht mich unwiderstehlich für dich." Er näherte sich der Geliebten und berührte mit der Pflanze ganz sanft, unendlich sanft die Wange der Frau. Cusi Chimbo erschauerte, als sie die Berührung auf der Haut fühlte. Im selben Moment ging ihr das Herz auf und sie sah den Prinzen mit großen, strahlenden Augen an. „Mein geliebter Amaru", hauchte sie, „ich liebe dich mit jeder Faser meines Herzens. Ich träume von dir bei Tag und in der Nacht, seit du mir deine Liebe gestanden hast. Du brauchst keine Zauberkräfte, um mich zu erobern. Ich bin dein und will dir für immer und ewig angehören." Amaru ergriff ihre zarten Hände und zog sie sanft zu sich hoch. Überglücklich blickte er ihr in die Augen, dann näherten sich seine Lippen ihrem einladenden Mund. Behutsam küsste er sie, jeden Augenblick genießend und sich einprägend. Dann wurde er mutiger und verstärkte den Druck seiner Lippen. Sie öffnete sich ihm und empfing seine heiße Zunge, die fordernd auf Entdeckungsreise ging. Er fühlte, wie seine Männlichkeit prall und hart wurde. Doch er beherrschte sich und zog seine Lippen wieder zurück. Enttäuscht blickte sie ihn mit großen Augen an. „Warum machst du nicht weiter?", flüsterte sie. „Ich will den Augenblick genießen und mich später an ihn erinnern können. Darum will ich mir Zeit lassen, viel Zeit", antwortete er, umarmte sie wieder und küsste sie neuerlich.

„Amaru!" Ein zorniger Schrei unterbrach die Liebenden. „Das ist mein Vater. Was wird er nur von mir wollen?" Erstaunt hob Amaru den Kopf, während sich Cusi Chimbo ängstlich an ihn klammerte. Inka Pachacuti stürmte mit hochrotem Kopf in das Zimmer. In seinem Gefolge befanden sich einige hohe Würdenträger des Reiches, darunter Feldherr Capac Yupanqui und der Hohepriester des Sonnentempels, Tupac Huarochiri. „Ist das die Frau, derentwegen du dich schon wieder zum Gespött des Palastes gemacht hast?", brüllte der Herrscher. „Ja, das ist Cusi Chimbo, die

Frau, die ich zu heiraten beabsichtige", antwortete Amaru ruhig und vorsichtig, „aber warum soll ich mich zum Gespött des Palastes gemacht haben?" „Eine Dienerin dieser Frau hat gestanden, dass dir diese einen Korb verpasst hat. Statt sie zu bestrafen, machst du dich lächerlich, indem du dir bei einer Zauberin ein Wundermittel für ewige Liebe besorgst. Du brauchst nicht zu lügen, Capac Yupanqui hat dich beschatten lassen. Einer seiner Leute ist dir heute zu dieser Wahrsagerin gefolgt und hat herausgefunden, dass du dir eine Pflanze besorgt hast, deren Berührung die Frauen in Liebe entbrennen lässt. Stimmt das?", donnerte Pachacuti weiter. Amaru senkte beschämt den Kopf: „Ja, das ist die Wahrheit. Ich wollte nur sichergehen, dass mich Cusi Chimbo wirklich liebt und nicht deswegen heiratet, weil ich der Thronfolger bin." „Weil du der Thronfolger warst!", presste der Inka zwischen seinen schmalen Lippen hervor. „Folge mir unverzüglich, wir haben ein sehr ernstes Gespräch zu führen!" Abrupt drehte sich Pachacuti um und verließ den Raum, die übrigen Würdenträger folgten ihm auf dem Fuß. Amaru umarmte die zitternde Cusi Chimbo und versicherte ihr: „Es wird schon alles gut werden. Du wirst sehen, in ein paar Tagen feiern wir Hochzeit." „Aber ich bin schuld daran, dass du den Thron verlierst", schluchzte unter Tränen die schöne, junge Frau. „Der Thron bedeutet mir nichts, ich möchte nur dich glücklich machen", versicherte Amaru der Geliebten, küsste sie noch einmal sanft auf die Lippen und eilte dann seinem Vater hinterher.

Im Thronsaal herrschte eine bedrohliche Stimmung, nicht unähnlich der Situation, wenn schwere Gewitterwolken die Berghänge entlangziehen und alles den ersten Blitz erwartet und gleichzeitig fürchtet. Amaru fühlte die feindseligen Blicke der Anwesenden auf sich gerichtet, als er mutig den Raum betrat. Er verbeugte sich vor seinem Vater und verblieb in gebückter Haltung. Nur die engsten Verwandten, zugleich die höchsten Würdenträger Tahuantinsuyus, waren anwesend. Inka Pachacutis erster Zorn war verraucht, doch er blickte verbittert auf seinen Lieblingssohn nieder. Schließlich begann er zu sprechen: „Capac Yupanqui, ich erteile dir die Erlaubnis zu sprechen." Der Angesprochene verbeugte sich in Richtung des Herrschers und begann: „Amaru ist nicht würdig, der nächste Inka zu sein. Er hat durch unangebrachte Milde in den Südprovinzen einen lokalen Aufstand provoziert, der rasch zu einer ernsten Angelegenheit angewachsen ist. Nur durch die Massierung eines außerordentlich großen Heeres ist es uns schließlich gelungen, die Rebellen zu besiegen. Prinz Amaru war nicht in der Lage, das Heer anzuführen, und hat die Ratschläge der erfahrenen Truppenführer in den Wind geschlagen. So hat er den Rückhalt in der Armee verloren. Die Soldaten wehren sich mit aller Macht dagegen, dass Amaru den Oberbefehl über die Truppen erhält, und sie fürchten ihn als Inka. Nicht weil er so streng ist, sondern weil er viel zu milde und nachsichtig ist. Die Offiziere lehnen ihn als Herrscher ab, denn mit Amaru als Inka wird Tahuantinsuyu die Härte vermissen lassen, die notwendig ist, damit so ein großes und mächtiges Reich gelenkt und geleitet werden kann. Ihr, mein geliebter Bruder und mächtiger Inka, habt dem lange entgegengehalten, Amaru brauche nur die Verwaltungsarbeit in Cuzco zu leiten, den Oberbefehl über das Heer kann einmal Tupac Yupanqui übernehmen. Zähneknirschend haben wir uns damit abgefunden. Doch nun ist ein gesellschaftlicher Skandal passiert, der Amaru auch als Herrscher in Cuzco untragbar werden lässt. Statt sich eine Frau zu nehmen, wie es die Sitte des königlichen Ayllu verlangt, hat er sich lächerlich gemacht, indem er von einer unbedeutenden Frau einen Korb erhalten hat. Statt diese Frau auf der Stelle zu töten, suchte er eine Zauberin auf, um mit ihrer Hilfe und Zauberkraft die Liebe seiner Angebeteten zu erringen. So verhält sich kein Herrscher. Ihr habt selbst gesagt, falls Amaru noch einmal Schwäche zeigt, werdet Ihr ihn als Herrscher nicht mehr akzeptieren. Das ist nun eingetreten und wir, die obersten Würdenträger des Reiches, fordern Euch als Inka auf, Amaru die Thronfolge zu entziehen und stattdessen Euren Sohn Tupac Yupanqui zu Eurem Nachfolger zu ernennen. Dieser hat im Feldzug gegen die Aymara-Rebellen im Collo-

Land bewiesen, dass er Soldaten führen kann, und auch den erforderlichen Mut und die nötige Härte gezeigt." Capac Yupanqui trat wieder zurück in die Reihe der anderen Würdenträger, die ihn beifällig in ihrer Mitte aufnahmen.

Der Inka saß steif auf seinem Thron und zuckte mit keiner Miene, als er die Forderung des Bruders und Feldherrn vernahm, seinem Lieblingssohn Amaru die Thronfolge zu entziehen. Er wandte sich nun Amaru zu: „Du hast die Beschuldigungen gehört, die Capac Yupanqui gegen dich erhoben hat. Wie willst du dich dagegen rechtfertigen? Wir hören, was du zu sagen hast." Amaru hatte während der Rede seines Onkels fieberhaft überlegt, was er entgegnen sollte. So war er jetzt gefasst und antwortete ruhig und mit viel Würde: „Capac Yupanqui hat recht! Alles, was er behauptet hat, entspricht der Wahrheit. Ich bin kein guter Soldat, denn mich quält das Leid der armen Menschen, die im Krieg unsagbare Not zu leiden haben. Mir persönlich ist es lieber, ich verzichte auf Land, anstatt Menschenleben dafür zu opfern. Das ist eine Haltung, die man als einfacher Mensch einnehmen kann, doch niemals als Herrscher, der ja im Interesse des Reiches entscheiden muss. So bin ich wahrscheinlich von einer großen Last befreit und werde viel glücklicher in meinem Leben sein, wenn ich von der Thronfolge ausgeschlossen werde. Wie ich Gewalt und Krieg verabscheue, so verachte ich die Männer, die Frauen mit Gewalt nehmen. Die Gesetze Tahuantinsuyus verbieten Vergewaltigungen, doch von der königlichen Ayllu verlangt man, Frauen zu nehmen, ohne sie um ihre Meinung zu fragen, in der irrigen Annahme, sie müssten es doch als Auszeichnung ansehen und sich glücklich schätzen, wenn wir sie erwählen. Ich will aber nur eine Frau heiraten, die mich liebt. Es war nicht richtig von mir, Zaubermittel anzuwenden, um das Herz Cusi Chimbos zu erobern, aber genauso fasch wäre es gewesen, sie mit Gewalt zu meiner Frau zu machen. Weil ich auf die Regung des Herzens gehört habe, war ich in der öffentlichen Meinung ein Schwächling und habe einen Skandal heraufbeschworen. Wenn Herzenswärme ein Hindernisgrund ist,

Inhaber des Thrones von Tahuantinsuyu zu werden, dann verzichte ich gerne auf die Herrscherwürde, die mir zusteht. Ich verspreche aber allen Menschen hier, und Inti sei mein Zeuge, dass ich dem künftigen Inka mit aller Kraft, zu der ich fähig bin, dienen und helfen und ihn unterstützen werde." Amaru beendete seine Rede und die Stille, die nun folgte, war beängstigend und erhaben zugleich.

Amaru hatte nichts abgestritten und nichts beschönigt. Er hatte seine Fehler und Schwächen, die ja nur von einem edlen und ritterlichen Charakter zeugten, zugegeben. Der Prinz hatte bewiesen, dass er kein Feigling war, denn zu dieser Rede hatte Mut gehört, außerordentlicher Mut sogar. Das mussten alle seine Gegner in dieser für das Reich so schicksalhaften Stunde anerkennen. Wenn Amaru zu anderen Anlässen auch so tapfer und entschlossen gehandelt hätte, dann ... Doch sein Versagen gegen die Aymara-Aufständischen und der Skandal wegen Cusi Chimbo standen als schwere Hypothek im Raum. Wie würde Inka Pachacuti entscheiden? Blieb Amaru sein Mitregent und Thronfolger oder wurde er durch Tupac Yupanqui, der sicher der fähigere Feldherr war, ersetzt?

Niemand wagte sich zu bewegen und das Schweigen begann bereits bedrohlich zu werden. Endlich, als die Nerven der Anwesenden zum Zerreißen angespannt waren und jeder ein Wort des Inka herbeisehnte wie das ausgedörrte Land den Regen, ergriff Pachacuti das Wort: „Ich habe gehört, was Capac Yupanqui gesagt hat, und ich habe gehört, was Amaru gesagt hat. Capac Yupanqui geht es um Ruhm und Ehre und er verachtet Schwächlinge, die sich nicht durchsetzen, außerdem fürchtet er um die Macht Tahuantinsuyus. Amaru hingegen verabscheut die Anwendung von Gewalt und hört viel lieber auf die Stimme seines Herzens. Beide Standpunkte sind jeder für sich edel und lobenswert und könnte ein König beide Positionen miteinander vereinen, wäre er der ideale Herrscher. Ich selbst habe von klein auf kennengelernt, dass man seine Ziele nur mit Härte und Stärke erreichen kann. Mildtätigkeit und Schwäche werden sofort von jemand anderem ausgenützt. So ist man als Herrscher oft gezwungen, Entscheidungen zu treffen, die das Gesamtwohl des Reiches betreffen. Da bleibt kein Platz für Einzelschicksale. Und die meisten Entscheidungen für Tahuantinsuyu werden mit dem Verstand gefällt und nicht mit dem Herzen. Die Versammlung, die sich heute hier eingefunden hat, erwartet von mir ebenfalls eine Entscheidung. Diese muss ich treffen, ohne auf die Stimme meines Herzens zu hören, denn ich muss die Zukunft unseres Sonnenreiches im Auge behalten. Dürfte ich mit dem Herz entscheiden, so bliebe Amaru mein Mitregent und der Thronfolger, denn er ist mein erstgeborener Sohn und ich liebe ihn mehr als meine anderen Kinder. Doch Amaru hat mich enttäuscht, nicht als Mensch, sondern als Feldherr und Mitregent. Er hat nicht mit dem Verstand Entscheidungen getroffen, er wollte sein ritterliches Herz sprechen lassen. Er hat Einzelschicksale über das Wohl der Gesamtheit gestellt. Das ist eines Herrschers unwürdig. So beuge ich mich den Forderungen des königlichen Ayllu und schließe kraft meines Amtes Prinz Amaru von der Thronfolge aus. Mein Nachfolger soll ein anderer meiner Söhne werden, einer, der schon bewiesen hat, dass er im Krieg Mut und Härte besitzt, nämlich Prinz Tupac Yupanqui. Möchte irgendjemand seine Meinung zu meiner Entscheidung kundtun, dann spreche er jetzt."

Die königlichen Verwandten begrüßten die Entscheidung Pachacutis und schauten alle, nachdem dieser sein Urteil verkündet hatte, zu Tupac Yupanqui, ihrem zukünftigen Herrscher. Diesem war die Freude anzumerken, obwohl er sich bemühte, mit keiner Wimper zu zucken. Aber seine Augen strahlten und ein heimliches Lächeln huschte hin und wieder über sein Gesicht. Prinz Amaru, sein entmachteter Bruder, meldete sich: „Ich akzeptiere die Entscheidung meines Vaters, des Inka. Er hat das Staatswohl im Auge behalten und mit Umsicht und Verstand entschieden. Ich bin über sein Urteil nicht enttäuscht und nicht erzürnt. Ich wünsche meinem Bruder, Tupac Yupanqui, viel Glück als Thronfolger, möge er mit Intis Hilfe die Macht unseres geliebten Tahuantinsuyus erhalten und vergrößern."

Beifälliges Gemurmel erhob sich nach diesem Glückwunsch Amarus und viele wünschten ihm in diesem Augenblick ein freudvolles Leben unter der schützenden Sonne Tahuantinsuyus. Nur Inka Pachacuti saß mit versteinertem Antlitz auf dem Thron und es war zu erkennen, wie sehr er unter seiner Entscheidung litt. Hatte er doch auf Druck der höchsten Würdenträger des Reiches seinen geliebten Sohn entmachten müssen. Pachacuti schwor in seinem Inneren, keinen Fehler von Angehörigen der königlichen Ayllu mehr zu tolerieren, solange er der Herrscher der Sonnensöhne war, und das gedachte er noch lange zu bleiben. Nun trat Prinz Tupac Yupanqui vor den Thron seines Vaters. Der Herrscher, der sonst in jeder Hinsicht bedient wurde, kämmte vor den Augen des gesamten versammelten Hofstaates seinem Nachfolger, dem Auqui, eigenhändig das Haar. Dadurch bestätigte er die von ihm getroffene Wahl. „Wenn alles über diese Sache gesagt ist, erkläre ich die Versammlung für beendet", sprach Pachacuti jetzt mit fester Stimme, „Tupac Yupanqui erhält von mir den Auftrag, nach Antisuyu zu reisen und in diesem Reichsviertel zu kontrollieren, ob die staatlichen Abgaben erfüllt und alle öffentlichen Arbeiten zur Zufriedenheit des Reiches erledigt wurden. Das wird mir zeigen, dass er nicht nur mit der Waffe in der Hand ein Reich regieren kann, sondern dass er auch die notwendigen Verwaltungsarbeiten beherrscht. Für diese umfangreiche und zeitaufwendige Aufgabe benötigt er natürlich Begleiter, die er sich selbst aussuchen kann."

In den Inka-Zeiten war ein Ayllu das fundamentale, kleinste Glied in der Gesellschaft des Reiches. Zu jedem Ayllu gehörte eine Reihe von Familien, deren Oberhaupt ein Mann, Puric genannt, war. Alle Ayllu einer Region waren in zwei Hälften, sogenannten Sayas, zusammengefasst, die wiederum eine Provinz des Inka-Staates bildeten. Mehrere von diesen waren zu einem der vier fundamentalen Teile des Imperiums, die auch Weltgegenden oder Reichsviertel genannt wurden, zusammengeschlossen. Dass der einfache Bürger des Reiches seine Aufgaben gegenüber dem Staat ordentlich erfüllte, dafür sorgte der ausgedehnte Kontrollapparat der Inka-Verwaltung. Diese war nach dem Dezimalsystem organisiert. Über zehn Puric, die als Familienoberhäupter durch ihre Abgaben und Arbeitsleistungen ihre Steuerpflichten gegenüber dem Staat erfüllten, führte ein Chunchacamayoc die Aufsicht, über fünfzig Puric ein Picamayoc. Diesen örtlichen Vorstehern waren die Curaca übergeordnet, in der Regel Angehörige des niederen Adels, deren Amt und Privilegien allerdings nicht erblich waren. Von diesen Curaca führten die Pachamayoc die Aufsicht über hundert, die Huarangamayoc über tausend und die Hunucamayoc über zehntausend Steuerpflichtige. Die Tätigkeit der Hunucamayoc überwachte der Tucuyricu – der Verwalter, einer „der alles sieht" – der betreffenden Provinz. Die Provinzen, in Quechua Huamani genannt, hatten die Inka meist auf den traditionellen Territorien der ursprünglichen Kleinstaaten errichtet. Jede Huamani entsandte übrigens in Kriegszeiten eine eigene Division ins Feld.

Mehrere Provinzen bildeten eine der vier Weltgegenden, die zusammen das riesige Gebiet des Reiches bildeten. Der Name Tahuantinsuyu bedeutet ja „Land der vier Weltgegenden". Das südliche Reichsviertel hieß Collasuyu, benannt nach dem unterworfenen Volk der Collo, das zweite Viertel des Reiches, Contisuyu genannt, umfasste das Gebiet westlich und südwestlich von Cuzco. Das nördliche Viertel trug die Bezeichnung Chinchasuyu, nach einem der Stämme, die dieses Land ursprünglich bewohnt hatten. Das letzte Viertel, Antisuyu, lag östlich der Hauptstadt. Zu diesem gehörten die Osthänge der Anden sowie eine Randzone der Amazonaswälder. Längs der Ostgrenze seines Territoriums errichtete das Reich übrigens eine Kette kleiner Festungen, um sich vor den höchst kriegerischen Indianerstämmen des Regenwaldes zu schützen. Die Grenzen aller vier Teile des Reiches liefen in seiner goldenen Metropole Cuzco zusammen. Von dort gingen auch die vier Hauptstraßen des Reiches zu den vier Gegenden des Staates aus.

Die vier fundamentalen Reichsviertel von Tahuantinsuyu wurden durch Gouverneure, zumeist enge Verwandte des herrschenden Inka, verwaltet, die Apo oder Suyuyoc Apucuna hießen. Zusammen mit einigen weiteren Würdenträgern bildeten sie den Staatsrat des Landes, der dem Inka seine Vorschläge und Anregungen vortragen konnte. Endgültige Entscheidungen traf jedoch ausnahmslos der Inka allein.

Ebenso wie der Apo stammte auch der Hohepriester des Sonnengottes, der Huillac Umu, fast immer aus der Familie des herrschenden Inka. Er residierte in seinem Palast inmitten des Komplexes des Sonnentempels in Cuzco.

Die prächtige Hauptstadt war überhaupt Sitz der meisten Angehörigen der Elite von Tahuantinsuyu, des Hochadels, der sich fast ausschließlich aus den Angehörigen der Großfamilie des regierenden Inka und aus den Nachkommen der verstorbenen Inka, also aus den königlichen Linien, dem Capac Ayllu, rekrutierte. Das äußere Zeichen der Zugehörigkeit zum Capac Ayllu, zur obersten Kaste der Inka-Aristokratie, waren künstlich in die Länge gedehnte Ohrläppchen. Sie wurden durch in die Ohren eingelegte Pflöcke oder Scheiben bewirkt. Darum nannte man diese hochedlen Leute Hatunrincriyoc, „große Ohren". Über den Hatunrincriyoc, den Angehörigen des Großadels, und über den Curaca stand nur noch der Herrscher des Reiches, der selbstherrschende Inka.

Daher der Name „Sapa Inka", „einziger Inka". Die Untertanen bezeichneten den Herrscher auch mit „Intip Churin", „Sohn der Sonne". Nur er war in den Augen seiner Zeitgenossen ein echter Nachfahre des zur Erde hernieder gestiegenen göttlichen Sonnensohnes. Das Inka-Volk identifizierte sich mit seinem Herrscher, denn „der Inka war das Volk" und „das Volk der Inka". Gemäß diesen Vorstellungen sowie ihrem Geschichtsverständnis, den Lehren der Religion und auch, weil sie stolz und von sich selbst eingenommen waren, hielten sich eigentlich alle Angehörigen des Inka-Volkes für Söhne der Sonne.

Doch nicht das Selbstbewusstsein allein ist die Begründung dafür, warum die Inka so erfolgreich waren und alle Völker im präkolumbianischen Südamerika überflügeln konnten. Warum nur waren die Inka ihren Zeitgenossen so überlegen? Alle ihre Erfolge wurzelten in dem unglaublichen Organisationstalent der Sonnensöhne. Jeder Einzelne musste an den öffentlichen Arbeiten teilnehmen, jeder wurde als ein Rädchen in das staatliche Räderwerk der Aktivitäten eingefügt. Auch der Angehörige des weltabgeschiedensten Ayllu im fernsten Teil einer Provinz wurde von der Verwaltung des Staates nicht vergessen. Wie jeder andere im Reich musste auch er sich an der Erfüllung zweier grundlegender Aufgaben beteiligen, die ihm die Regierung des Imperiums stellte: der Arbeit für den Staat und der Teilnahme an Feldzügen und überhaupt am Waffendienst.

Freilich war das Reich nicht zu allen Zeiten im Krieg. Daher musste ein Ayllu-Angehöriger nicht immer sein Heim und seine engere Heimat verlassen und für den Inka in den Kampf ziehen. Doch arbeiten musste jeder Untertan in diesem Land immer. Durch die Ablieferung der Produkte seiner Landwirtschaft erfüllte der gemeine, freie Bürger, der „kleine Mann" des „Hatun Runa" genannten gemeinen Inka-Volkes, seine Steuerpflicht gegenüber dem Staat.

Nebst den üblichen Landarbeiten auf den Feldern seiner Heimatgemeinde konnte jeder Bürger des Reiches jederzeit auch im Rahmen der sogenannten „Mita", der Verpflichtung zum Arbeitsdienst, einberufen und an einem beliebigen, von seiner Heimat auch noch so fernen Ort eingesetzt werden. Sie wurden zum Bau öffentlicher Gebäude und gemeinnütziger Bauwerke herangezogen wie zum Bau von Brücken, Aquädukten, Tempeln, Palästen, Festungen, Getreideschuppen, Vorratshäusern und vor allem von Wegen und Straßen. Schließlich konnten sie im Rahmen der Mita auch zum Sammeln von Kokablättern verpflichtet werden. Die Chasqui, junge, pfeilschnelle Läufer, rannten auf den Straßen des Inkareiches, um Nachrichten zu übermitteln oder den Inka mit frischem Fisch von der Küste zu versorgen. Männer aus dem Volk der Rucana, deren Heimat in den Bergen westlich von Cuzco lag, leisteten ihren Arbeitstribut standesgemäß als Sänftenträger. Wenn der Inka die Provinzen des Reiches besuchte, reiste er auf einer goldenen, edelsteinverzierten Sänfte, die ein Federdach zum Schutz gegen den Regen besaß. Begleitet wurde er von den Angehörigen seiner Leibwache, während Tausende mit Schleudern bewaffnete Krieger die Vorhut bildeten. Die Montan-Mita, die harte Arbeit in den Bergwerken, gehörte zu den unbeliebtesten Pflichten, und die meisten Indianer wollten sie so rasch wie möglich hinter sich bringen. Der Zwangsarbeitsdienst nach den Mita-Vorschriften durfte aber höchstens drei Monate im Jahr währen, die Chasqui-Läufer hatten nur einen Monat zu dienen. In dieser Zeit sorgte der Staat für Ernährung und Kleidung des unfreiwilligen Fronarbeiters.

Schroff ragten die hohen, schneebedeckten Gipfel gegen den Himmel. Immer mühseliger wurde das Vorankommen der kleinen Gruppe. Im Gegensatz zum Inka, der ja mit einer Sänfte reiste, wanderten Tupac Yupanqui, der vom Inka den Auftrag erhalten hatte, in Antisuyu die Arbeiten im Rahmen des Mita-Dienstes zu inspizieren und seine Begleiter, zu denen natürlich Ollantay zählte, zu Fuß dahin. Zu ihrer Linken wuchtete sich die mächtige Felswand eines Berges in die Höhe. Kleinere und größere Steinbrocken auf ihrem Weg zeigten ihnen, dass sie sich vor herabfallendem Geröll in Acht zu nehmen hatten. Rechts von ihnen fiel der Abgrund einer steilen Schlucht in die Tiefe. Ein falscher Schritt und man würde unweigerlich zu Tode stürzen. Doch die Männer waren in dem gebirgigen Land aufgewachsen und von klein auf an das Terrain gewöhnt. Sie schritten mit der Sicherheit der Lamas dahin, denen man auf den Straßen Tahuantinsuyus unentwegt beggenete. Über ihnen zogen ein paar kleine Wolken in dem kräftigen Blau des Himmels dahin und die Luft war kühl und erfrischend. Die kleine Schar beobachtete einen majestätischen Kondor, der hoch über ihren Köpfen seine einsamen Kreise zog. Bisher war die Inspektionsreise des jungen Adeligen zur vollsten Zufriedenheit Tupac Yupanquis verlaufen. Überall waren die Puric und ihre Familien fleißig gewesen und hatten das ihnen anvertraute Land bestens bestellt sowie alle öffentlichen Bauwerke in Ordnung gehalten. Doch nun näherten sie sich den Gebirgspässen, hinter denen das heimatliche Hochland zu den Niederungen des unheimlichen Regenwaldes abfiel. Daher war die breite Straße zu einem schmalen Weg geworden und sie mussten bei jedem Schritt gut achtgeben.

Die Straßen des Inka-Reiches waren in einem hervorragenden Zustand, wenn es das Gelände zuließ, acht Meter breit und oft völlig mit Steinplatten gepflastert. In den kargen, windanfälligen Gebieten umsäumte eine etwa einen Meter hohe Mauer beide Seiten, um den Verwehungen durch Winde Einhalt zu gebieten. Selbst vor Überschwemmungen und Hochwasser schützten die Inka die Straßen, indem sie diese in Sumpflandgegenden über das Bodenniveau anhoben und sie über einen bisweilen recht mühsam errichteten Deich oder Damm führten. Die meisten Straßen verliefen aber in Bergen, die in den Himmel zu ragen schienen, und über Schluchten, die tausende Meter tief waren und von wilden Andenströmen, unzähligen Bächen und Rinnsalen durchflossen wurden. Daher mussten die Straßenbauer lernen, diese Wasser zu überwinden, was mit Hilfe von Brücken und teilweise durch die Anlage einfacher Seilbahnen, „Oroya" genannt, geschah. Neben den zahlreichen Brücken und anderen Anlagen, von denen die Straßen begleitet und ergänzt wurden, legten die Inka auch „Tambos" an, eine Art Rasthäuser oder Straßenstationen. Diese Herbergen boten Reisenden Aufenthalts- und auch Übernachtungsmöglichkeiten. Manche Tambos waren für Adel und Volk gleichermaßen gedacht, doch blieb dem Inka und dem Adel der zentrale Teil der Herberge vorbehalten. Die Anlagen wurden übrigens in ganz Tahuantinsuyu nach einem normierten Standardmodell errichtet. Mancherorts war ein besonderer Tambo angelegt, wo die hohen Herren und Damen abstiegen, während ein anderes, weniger prächtiges und bescheidener ausgestattetes dem gewöhnlichen Volk diente. An das Tambo grenzte stets eine Art staatliches Lagerhaus, das ständig mit Vorräten gefüllt sein musste. Aus diesen Magazinen versorgten sich die Reichsheere, wenn sie sich auf Befehl des Herrschers in Marsch setzten. Im Tambo rasteten auch die Läufer oder Kuriere des Reiches. Für die Betriebsfähigkeit eines Tambo und des angrenzenden Staatsmagazins war der Ayllu des Dorfes zuständig, in dessen Bereich eine solche Raststätte lag. Zusätzlich sorgten die Angehörigen des Ayllu auch für den Bau und die Instandhaltung des durch das Gebiet ihrer Gemeinde führenden Straßenabschnittes. Eine Straße zu bauen war daher eine relativ einfache Sache. Es genügte, wenn die Beamten die günstigste Trasse dafür bestimmten und der Inka Order gab, mit dem Bau der Straße zu beginnen. Aufgrund des Befehls des Inka bauten die Bewohner eines jeden Dorfes, das an der Trasse lag, im Rahmen ihrer auf das laufende Jahr entfallenden Arbeitspflicht den entsprechenden Streckenabschnitt. Sogar das Material für den Straßenbau mussten sich die Ayllu-Angehörigen meistens selbst beschaffen.

Tupac Yupanqui stellte zufrieden fest, dass alle Straßen, die er benützt hatte, in einem tadellosen Zustand waren. Das war für die Inka überlebenswichtig, denn nur auf intakten Straßen konnten Truppen schnell in Krisengebiete verlegt werden. Immer wieder schickte Tupac Yupanqui Boten nach Cuzco, um Inka Pachacuti von den Fortschritten seiner Inspektionsreise zu informieren. Doch hier, im durch viele Schluchten zerklüfteten Gelände, waren Tambos in größeren Abständen angelegt worden, da die Errichtung solcher Gebäude auf dem felsigen, steil abfallenden Terrain sehr schwierig war. Aber die Poststationen, „Chucla" genannte kleine Häuschen, befanden sich im Abstand von zwei Kilometern an den Reichsstraßen. In jeder Chucla mussten stets zwei Kuriere in Bereitschaft sein, der eine schlief oder rastete, während der andere sorgfältig den seiner Station anvertrauten Straßenabschnitt beobachtete. Wenn der diensthabende Chasqui einen Kurier erspähte, der, um schon von weitem gesehen werden, ein weißes Stirnband aus Vogelfedern trug, lief er ihm entgegen und übernahm von ihm die zu befördernde Nachricht. Handelte es sich um eine mündliche Mitteilung, musste sie der Ankömmling dem nächsten Läufer mehrmals sorgfältig wiederholen, damit die Nachricht nicht verändert wurde. Hatte der neue Chasqui sich den Wortlaut der Nachricht fest eingeprägt, lief er zur nächsten Station.

Weil die Läuferstafette der Inka-Post bei jedem Wetter vollkommen verlässlich funktionierte und weil die Strecken zwischen den einzelnen Poststationen verhältnismäßig kurz waren, wurden die Nachrichten mit unglaublicher Geschwindigkeit übermittelt. Die Arbeit der Inka-Kuriere war sehr anstrengend, sodass nur körperlich besonders leistungsstarke junge Männer, und zwar die tüchtigsten Jünglinge aus jedem Ayllu im Alter zwischen achtzehn und zwanzig Jahren dafür ausgewählt wurden. Mit diesem staatlichen Dienst erfüllten sie ihre Mita, die Arbeitsdienstpflicht. Gefährdete ein Chasqui das ordentliche Funktionieren des Nachrichtendienstes, wurde er meist noch strenger als jeder andere Bürger des Staates, der sich etwas zuschulden hatte kommen lassen, vom Gesetz bestraft. Weil der Postdienst für das Reich von größter Bedeutung war, wurde ein pflichtvergessener Kurier durch fünfzig Keulenschläge auf den Kopf hingerichtet. Dem Leichnam eines faulen Boten wurden obendrein nach seinem Tod noch beide Beine abgehackt, hatte der Verurteilte doch seine Mita als Chasqui so mangelhaft erfüllt.

Gerade hatte sich wieder ein junger Läufer das Stirnband mit den weißen Vogelfedern umgebunden und war Richtung Cuzco losgelaufen. „Wahrscheinlich wird der Inka schon morgen deine neue Botschaft bekommen", meinte Ollantay zu seinem Freund. „Ja, und ich hoffe, er wird mich bald wieder nach Cuzco zurückholen", antwortete Tupac Yupanqui. Er fühlte sich als Inspektionsbeamter nicht wohl in seiner Haut und wäre lieber bei den Soldaten gewesen, um sich auf neue kriegerische Aufgaben vorzubereiten. Aber der neue Thronfolger kannte seinen Vater und wusste, dass er noch viele Wochen von der Hauptstadt würde fernbleiben müssen. So stellte er sich jetzt auf dem steilen und gefährlichen Abschnitt der Gebirgsstraße vor, er wäre ein Eroberer, der sich vorsichtig dem feindlichen Gebiet näherte. Das war auch der Hauptgrund gewesen, warum der königliche Prinz auf die ihm zustehende Sänfte verzichtet hatte. Er wollte in Form bleiben und nicht wegen Bewegungsmangel außer Übung kommen.

Da kam einer der vorausgehenden Leibwächter zurückgelaufen und meldete atemlos: „Die Brücke weiter vorne ist stark beschädigt und muss zuerst repariert werden, ehe wir auf die andere Flussseite gelangen können." Sofort waren Tupac Yupanqui und Ollantay Feuer und Flamme. Das versprach eine willkommene Abwechslung auf dieser trostlosen Reise. Sie eilten zur defekten Brücke, um mit eigenen Augen sehen, was los war. Vor dem Bauwerk standen ein paar Männer und Frauen umher und gestikulierten wild mit den Armen. Ein vornehm gekleideter Mann, auf seinem Kopf saß ein Stirnband mit bunten Vogelfedern und in der Hand hielt er einen schlanken, länglichen Stab, erblickte die Neuankömmlinge und verbeugte sich, denn er erkannte in Tupac Yupanqui einen Angehörigen des Hochadels. „Achtung, vornehme Reisende, hier geht es nicht weiter! Ich bin der Verwalter dieser Brücke und für deren Instandhaltung verantwortlich. Die Trageseile müssen alle zwei bis drei Jahre erneuert werden, denn dann sind sie altersschwach. Deshalb habe ich die Brücke für den Verkehr sperren lassen, bis die Reparaturarbeiten abgeschlossen sind. Darf ich fragen, wer Ihr seid?" „Ich bin Ollantay und neben mir steht Prinz Tupac Yupanqui, der Thronfolger. Er wurde von Inka Pachacuti in das Reichsviertel Antisuyu entsandt, um festzustellen, ob alle Arbeiten der Untertanen und Beamten zur Zufriedenheit des Inka ausgeübt werden. Wir müssen schnellstens über den Fluss. Wenn du deine Arbeiter antreibst, wirst du im nächsten Bericht des Prinzen sicher lobend erwähnt werden."

Der Verwalter der Brücke zuckte zusammen, als er erfuhr, welch hochgestellte Persönlichkeit vor ihm stand. Diensteifrig erklärte er dem Prinz, was die Männer des für die Brücke verantwortlichen Dorfes als Nächstes tun mussten: „Die Seile, welche die Brücke bilden und zugleich auch tragen, sind durch die Verwitterung schwer in Mitleidenschaft gezogen worden. Darum besteht die Gefahr, dass eines der Seile reißen könnte, wenn jemand die Brücke betritt. Daher habe ich angeordnet, dass die Brücke für den Verkehr gesperrt bleibt, bis sie wieder instand gesetzt ist. Alles Notwendige dafür ist schon geliefert worden und die Bewohner des Dorfes haben Weidenruten gesammelt, die dünne, aber sehr harte Zweige besitzen. Aus drei Ruten werden lange Seile geflochten, dann wird aus drei Seilen ein neues mit neun Ruten gemacht und schließlich aus drei von diesen Seilen wiederum ein neues gefertigt, das sich aus 27 Ruten zusammensetzt. Seht hier die frisch angefertigten Weidengeflechte, sie sind so stark oder sogar noch stärker als der Körper eines Mannes." Bei diesen Worten zeigte der Aufseher auf fünf lange, dicke Weidenseile, die neben der Straße lagen und an denen ein paar junge Männer eifrig hantierten. „Was geschieht nun weiter?", wollten Tupac Yupanqui und Ollantay wissen. Der Aufseher fuhr mit seiner fachmännischen Erklärung fort: „Die Leute haben fünf dieser dicken Seile hergestellt. Jetzt müssen die Seilenden auf die andere Seite des Flusses gebracht werden. Dafür gibt es mehrere Möglichkeiten: Entweder schwimmt ein mutiger Mann mit einem Seil hinüber, oder er fährt mit einem Floß. Bei dieser Brücke kann man es allerdings noch riskieren, darüberzugehen. Ist nun das Seil drüben, kann man es spannen. Hier seht ihr zwei Felsen, die als Brückenpfeiler dienen, auf der anderen Flussseite gibt es zwei entsprechende Pfeiler, an denen die Seile verankert werden. Drei der dicken Seile dienen als Boden der Brücke, die zwei anderen bilden das Geländer. Auf den Boden kommt ein Geflecht, das von armdicken Hölzern gebildet wird. Damit wird einerseits das Weidengeflecht geschützt und andererseits wird es gut mit den Seilen verbunden. Auf dem Holz verteilt man dann gleichmäßig zahlreiche zusammengebundene Zweige.

So finden die Tiere Halt und stürzen nicht ab. Zwischen den Seilen des Bodens und jenen, die als Geländer dienen, werden viele Zweige und dünne Äste festgemacht und verflochten, sodass sie auf der gesamten Länge der Brücke eine Wand bilden und die Brücke die nötige Stärke besitzt, damit Menschen und Tiere auf ihr gehen können. Die neue Brücke wird daher breiter und tragfähiger als die alte Brücke sein, die ja nur aus Seilen bestand und keinen Boden und kein Geländer besaß."

Der Aufseher winkte mit dem Stab und sofort näherten sich ihm ein paar Männer, die zuvor bei den dicken Weidenseilen gewesen waren. „Wer von euch geht über die alte Seilbrücke auf die andere Seite?" Ein leichtgewichtiger junger Mann trat vor ihn hin und sagte, dass er für die Arbeit vorgesehen sei. „Nichts da", meldete sich plötzlich Tupac Yupanqui, „ich werde gehen." „Nein", protestierte Ollantay, „das ist für den Thronfolger viel zu gefährlich. Lass mich das machen!" Der Aufseher und die Männer des Dorfes blickten die beiden Fremden aus Cuzco verwundert an. Dass jemand freiwillig diese gefährliche Aufgabe übernehmen wollte, war in höchstem Maße erstaunlich. So etwas hatten die Bewohner des für die Brücke zuständigen Dorfes und auch der Aufseher noch nie erlebt. Und dann noch zwei hochgestellte Persönlichkeiten, mit denen man sonst nur Schwierigkeiten hatte. Wenn ein etwas größerer Stein auf der Straße lag, protestierten in der Regel schon die Inspektionsbeamten, die aus der Hauptstadt in die Provinz kommandiert worden waren. Diese beiden schienen anders zu sein. War das aber jetzt ein Vorteil, wenn einer der beiden über die alte Brücke ging, oder konnte sich das zum Nachteil für die Dorf-Ayllu entwickeln? Der eine hatte den anderen sogar „Thronfolger" genannt. Falls das wirklich der Sohn des Inka war und ihm etwas zustieße, würde der Zorn des Herrschers gewiss furchtbar sein. Widersetzte man sich aber dem Wunsch eines Inka-Prinzen? Nein, das war undenkbar! Die Männer wussten nicht, wie sie sich verhalten sollten. „Sieh doch nur hinunter!", forderte Ollantay seinen

Freund auf. „Der Abgrund ist mindestens sechs Ricra tief. Von hier heroben ist nicht zu erkennen, wie tief das Wasser des Flusses ist. Stürzt du ab, kannst du sehr leicht auf dem Grund der Schlucht zerschmettert werden. Du darfst dich nicht in eine so große Gefahr begeben, du bist noch wichtig für Tahuantinsuyu. Darum werde ich gehen." „Nein und nochmals nein!" Wütend antwortete Tupac Yupanqui auf die vernünftige Aussage Ollantays. „Du sagst es, ich bin der Thronfolger. Ich leite diese Inspektionsreise und ich befehle hier. Darum werde ich hinübergehen. Das ist ein Befehl! Habt ihr das alle verstanden?", schrie der Prinz laut über alle Köpfe hinweg. Ollantay versuchte noch einmal, seinen Freund von diesem Vorhaben abzubringen, aber er scheiterte wiederum. Für Tupac Yupanqui war das hier eine einmalige Gelegenheit, seine Verwegenheit zu beweisen. Anschließend würde man ein erquickendes Thema haben, über das man sich in den nächsten Tagen noch ausführlich unterhalten konnte. Die Langeweile des Thronfolgers war mit der Dauer der Inspektionsreise immer größer geworden. Darum freute er sich, endlich ein lohnendes Abenteuer bestehen zu können.

Tupac Yupanquis Gesicht glänzte vor Freude und Spannung, als er eines der dicken und schweren Weidenseile in die Hände nahm und zur alten Seilbrücke schritt. Das Wasser in der Schlucht toste und wirkte von oben sehr bedrohlich. Als er den ersten Schritt auf den alten, behelfsmäßigen Flussübergang machte, stellte sich ein mulmiges Gefühl ein. „Vielleicht hätte ich doch auf Ollantay hören sollen?", schoss es ihm durch den Kopf. Aber jetzt war ein Umkehren ausgeschlossen. Dann würde es heißen, der Thronfolger habe Angst gehabt und er sei ein Versager. Diese Schmach wollte er nicht auf sich nehmen. Es war schon beschämend genug gewesen, dass Amaru von Pachacuti wegen seiner fehlenden Härte getadelt worden war. So etwas durfte ihm, Tupac Yupanqui, einfach nicht passieren. Also vorsichtig ein Bein vor das andere setzen und sich fest an einem der beiden Seile, die links und rechts von ihm als behelfsmäßiges Brückengeländer dienten, festhalten. Der Prinz holte langsam Atem und machte wieder einen Schritt. Vorsichtig prüfte er, ob die Seilbrücke sein Gewicht noch trug. Ein blitzschneller Gedanke kam ihm: „Darum war der Mann, der für diese Aufgabe vorgesehen gewesen war, ein Leichtgewicht. Ihn hätten die altersschwachen Weidenseile eher getragen als mich. Aber mach dir keine unnützen Sorgen, sondern geh weiter."

Ollantay hielt bei jedem Schritt seines Freundes den Atem an. „Ob das nur gut geht?", fragte er sich besorgt und biss sich vor Aufregung fest auf die Unterlippe, während er mit seinen Händen nervös ein dünnes Seil hielt, das später einmal als Verstärkung für das neue Brückengeländer gedacht war. Auch die Begleiter aus Cuzco sahen mit angespannten Mienen dem Thronfolger zu, wie er sich Schritt für Schritt der anderen Seite des Abgrundes näherte. Dem Aufseher und den Männern des Dorfes, die diese Mita zu leisten hatten, ging es nicht anders. Alle hingen mit ihren Augen an dem Inka-Prinz, der jetzt beinahe die Mitte der alten Brücke erreicht hatte. Das Bauwerk ächzte unter der Last und die Seile bogen sich beängstigend weit nach unten durch. Tupac Yupanqui musste gehörig aufpassen, denn der alte Übergang war nicht nur schmal, sondern er führte bis zur Mitte bergab und dann wieder hinauf. Um nicht das Gleichgewicht zu verlieren, musste sich der wagemutige junge Mann mit einer Hand fest am Seilgeländer festhalten, während er in der anderen das neugeflochtene, dicke Weidenseil mit sich trug.

Da geschah das Unheil. Das seitliche Halteseil hielt der großen Belastung schließlich nicht mehr stand. Als Tupac Yupanqui nur noch wenige Schritte vom jenseitigen Brückenende entfernt war, riss das Seil mit einem lauten Knall. Der Prinz verlor das Gleichgewicht, ließ das dicke Weidengeflecht fahren und versuchte mit der freigewordenen Hand das andere Halteseil zu erfassen; doch seine Finger streckten sich vergebens. Ein furchtbarer Schrei erklang, dann stürzte der Thronfolger wie ein Stein in die Tiefe, klatschte an der Wasseroberfläche auf und verschwand im gurgelnden Wasser. Viele Augenpaare starrten wie gelähmt in die Tiefe. Eine schreckliche Ewigkeit lang sah man nur das graue Wasser, das sich den Weg durch die Schlucht bahnte. Dann schimmerte es an der Wasseroberfläche bunt auf, und Tupac Yupanquis Kopf durchbrach das eisige Nass. Verzweifelt kämpfte er gegen die Strömung, doch er wurde unbarmherzig mitgerissen. Sein Kopf verschwand neuerlich, tauchte aber gleich darauf wieder auf. Er sog gierig Luft in seine ausgepumpten Lungen und versuchte an das Ufer zu gelangen. Aber überall streckten sich ihm nur glatte und kahle Felswände entgegen, an denen er keinen Halt fand. Bevor er von der Strömung endgültig abgetrieben wurde, gelang es ihm mit letzter Kraft, an einem vorstehenden Felsbrocken für wenige Augenblicke Halt zu finden. Verzweifelt schrie er um Hilfe, denn er fühlte eine bleierne Schwäche seine Muskeln hochsteigen. Die eisige Kälte des Gebirgsflusses trug das Ihrige dazu bei, dass der starke, junge Mann seine Kräfte verlor. Langsam erlahmten seine Finger und seine Beine, mit denen er sich ebenfalls am Felsen verhakt hatte, und wurden im kalten Wasser taub. Nicht mehr lange würde er sich festkrallen können, dann würde ihn das Wasser mit forttragen und er würde an den unzähligen, im Wasser verborgenen Felsbrocken zermalmt werden. So schrie er sich vor Verzweiflung seine Seele aus dem Leib, schrie und bettelte um Hilfe, die ja doch nicht möglich sein würde. Die Panik hatte ihn erfasst und er merkte erst, als er die salzigen Tränen an seinen Lippen spürte, dass er weinte. Niemand hörte sein Weinen, das Tosen des Flusses verschluckte alle Geräusche. Er konnte auch nicht sehen, was seine Gefährten unternahmen. Um das Unvermeidliche ein paar Sekunden hinauszuzögern, wagte er es nicht, sich zu rühren. Jede falsche oder unachtsame Bewegung hätte zur Folge gehabt, dass er unweigerlich in den Fluten versunken wäre.

Das Unglück war so schnell vor sich gegangen, dass Ollantay und die anderen Männer nicht hatten reagieren können. Jetzt aber erkannten die Leute, dass Tupac Yupanqui verzweifelt Halt an einem Felsvorsprung gesucht und für kurze Zeit tatsächlich gefunden hatte. Überrascht stellte Ollantay fest, dass er aus Leibeskräften brüllte. Als er sich ein wenig konzentrierte, hörte er auch das Gebrüll der anderen. Alle schrien durcheinander, aber niemand wusste, wie man dem Abgestürzten helfen konnte. Ollantay lief ganz nach vorne zum Abgrund und registrierte in diesem Augenblick, dass er noch das dünne Seil in der Hand hielt. Wenn etwas helfen konnte, dann nur das. Er packte den nächstbesten Mann an den Schultern und rüttelte diesen, so fest er konnte. „Los, hol schnell alle Männer her, ihr müsst mir helfen!", brüllte er ihn so laut an, wie er es nur vermochte. Es wirkte, der Mann nickte und packte seinerseits den nächsten. Wenige Augenblicke später umstanden die Männer neugierig Ollantay, der sich das Seil um den Leib geschlungen und ein weiteres gepackt hatte. „Ich springe in die Tiefe und versuche zu Tupac Yupanqui zu gelangen. Ihr dürft das Seil nicht loslassen, sonst sind der Thronfolger und ich verloren. Wenn ich den Prinz erreicht habe, binde ich ihm das andere Seil um, dann könnt ihr uns hochziehen. Dazu ist eure ganze Kraft nötig. Nur so können wir ihn retten. Habt ihr verstanden? Wisst ihr, was ihr zu tun habt?" Er sah nicht mehr, wie die Männer nickten, denn schon war er mit einem Gebet an Inti auf den Lippen in die Tiefe gesprungen.

Das sprudelnde Wasser verschlang auch Ollantay, doch schon war er wieder an der Oberfläche und hielt mit kräftigen Schwimmstößen auf Tupac Yupanqui zu. Die Flut riss und zerrte an ihm und die eisige Kälte raubte ihm für kurze Zeit den Atem. Er spürte den Schmerz nicht, als sein Schienbein gegen einen harten, spitzen Gegenstand stieß. Das Seil zwischen den Zähnen kämpfte er sich dem Freund entgegen. Wieder brandete die Gischt gegen ihn und ein Strudel zog ihn in die Tiefe. Doch er hatte Glück und kam mit den Füßen auf einer Steinplatte zu stehen. Er stieß sich mit aller Kraft ab und sauste wieder an die rettende Oberfläche. Tief holte er Luft und sah im selben Moment Tupac Yupanqui nur eine Handbreite neben sich. Ollantay streckte den Arm aus und erwischte in letzten Augenblick die Felsnase, an der sich der Prinz verzweifelt anklammerte. „Nur nichts überstürzen", dachte er sich und versuchte erst einmal sicheren Halt zu finden. Tatsächlich schaffte es Ollantay, seine Beine am Felsbrocken abzustützen. Jetzt hatte er für einige Zeit beide Hände frei. Schnell nahm er das Rettungsseil aus dem Mund und schlang es Tupac Yupanqui um die Brust, der erst jetzt bemerkte, dass sich jemand zu ihm gewagt hatte. Dann verknotete Ollantay das Seil und packte im selben Moment mit beiden Händen den Felsen, um sich daran festzuhalten, denn die Beine verloren zeitgleich ihre sichere Stütze. „Geschafft!", fuhr es ihm erleichtert durch den Kopf. Nun konnten beide nur noch hoffen, dass ihre Gefährten und die Männer aus dem Dorf alles beobachtet hatten und sie die steile Felswand hinaufziehen würden. Ollantay schrie aus Leibeskräften: „Los, zieht uns hoch! Zieht doch endlich!" Das tosende Wasser in der engen Schlucht verschluckte aber seine Laute. Genau so wenig wie er die Männer über ihnen hören konnte, waren diese in der Lage, etwas von seinem Geschrei zu verstehen. Warten und Hoffen, das war alles, was sie tun konnten.

Den Männern war es nicht entgangen, dass Ollantay zu Tupac Yupanqui gelangt war. Sie beteten zu Inti, dass es der wagemutige junge Mann schaffen würde, das Seil um den Prinz zu binden. Vor Anspannung hielten alle den Atem an und dann brach ein lautes Freudengeheul aus, als sie merkten, dass es Ollantay tatsächlich geschafft hatte. Der Aufseher kommandierte: „Los, alle fest und gleichmäßig ziehen!" Jeder der beiden Gruppen zog an einem Seil. Der Widerstand war unglaublich groß, als sich die Seile endlich spannten. Tupac Yupanqui und Ollantay halfen mit, so gut sie konnten. Nicht gegen die Strömung anzukämpfen, das war ihr Ziel. Sie ließen sich vom Wasser zur steilen Felswand treiben und dann begann der Aufstieg. „Hoffentlich reißt das Seil nicht!", schoss es Ollantay durch den Kopf. Schon war er mit dem Oberkörper aus dem Wasser und suchte mit den Händen in der Felswand nach Haltegriffen. Neben ihm tastete Tupac Yupanqui nach Felsvorsprüngen, um sich daran festzuhalten. Die Männer oben zogen an, während die beiden unten langsam mit den Füßen aus dem Wasser kamen und sofort die Beine in kleinen Ritzen und Spalten abstützten. So ging es Handbreit um Handbreit vorsichtig die Felswand nach oben. „Nur jetzt keine falsche Bewegung machen, um nicht im letzten Moment, die sichere Rettung vor Augen, doch noch abzustürzen." Diese Gedanken kreisten in den Köpfen vieler Männer herum. Endlich tauchten die Arme der beiden an der Felskante auf. Ein Ruck und es war geschafft.

Tupac Yupanqui und Ollantay lagen völlig erschöpft auf der schmalen Straße und sogen gierig die Luft in die bebenden Lungen. Auch die anderen Männer hatten sich der Länge nach ausgestreckt oder saßen auf dem Boden. Allen schmerzten die Muskeln, doch dann überwog nur mehr die grenzenlose Freude über die gelungene Rettung. Jubelnd fielen sich die Männer in die Arme, auch Tupac Yupanqui umarmte seinen Freund und schämte sich nicht der Tränen, die er vergoss: „Ollantay, mein Freund, ich verdanke dir mein Leben. Das werde ich dir nie vergessen, solange ich lebe. Wenn es jemals in meiner Macht stehen wird, dann will ich dein Leben mit meinem Leben sühnen. Das schwöre ich bei Inti, unserem mächtigen Sonnengott!" Nach diesem Schwur hob Tupac Yupanqui eine Hand voll Erde auf und streckte die Hand nach oben. Gleichzeitig schaute er hinauf zur Sonne, so als wollte er Inti und alle anderen Götter des Himmels und auch der Erde darum bitten, die Wahrhaftigkeit seiner Aussage zu bezeugen. Dann sandte der Thronfolger einen Boten nach Cuzco, der seinem Vater von der Heldentat Ollantays berichten sollte.

Inzwischen gingen die Männer des Dorfes erneut an die Aufgabe, die baufällige Brücke durch eine neue zu ersetzen. Klüger geworden durch das Vorbild Ollantays banden sie dem leichtesten von ihnen ein Seil um. So gesichert hangelte er sich geschickt auf die andere Seite, wobei er das verbliebene Halteseil nicht als Griff benützte. Schritt für Schritt, langsam und vorsichtig, um ja nicht das Gleichgewicht zu verlieren, balancierte er über den Abgrund. Der junge Mann war vollständig schwindelfrei, anders wäre die Aufgabe nur sehr schwer zu bewältigen gewesen. Gespannt sahen ihm die anderen zu und freuten sich mit ihm, als er endlich die andere Seite erreichte. Stolz schrie der junge Mann seine Freude über die bewältigte Aufgabe hinaus. Dann befestigte er das dicke Weidengeflecht an dem vorhandenen Steinpfeiler. Die restlichen vier dicken Weidenseile hinüberzuschaffen, war dagegen beinahe ein Kinderspiel. Man befestigte am Sicherungsseil eines der dicken Taue und ein weiteres dünnes Seil. Beide wurden hinübergezogen und befestigt. Nun lag eine behelfsmäßige Brücke, die aus zwei „Trägerseilen" und einem „Halteseil" bestand, vor den Männern. Nun wagten sich andere mutige Burschen über diesen Übergang und transportierten auf ihrem Weg die restlichen dicken Taue auf die andere Seite der Schlucht, wo die Seile ordentlich verankert wurden. Jetzt machten sich die übrigen Männer an die Arbeit, um der Brücke durch das Einflechten von Holzstücken, Ästen und Zweigen mehr Stabilität zu verleihen. Endlich konnte die Karawane des Thronfolgers das fertiggestellte Bauwerk überqueren und in die nächste Ortschaft weiterziehen. Sie hatten nur noch wenige Tagesmärsche vor sich, dann würden sie Pachamarca erreichen, wo inzwischen Contor als Curaca lebte und die Arbeitsleistungen seiner Untergebenen kontrollierte.

Endlich sahen sie ihr Ziel vor Augen. Von einer kleinen Anhöhe blickten sie hinab auf die kleine Stadt, welche sich an einen Berghang schmiegte. Die Wohnhäuser standen auf unergiebigem Land, sodass der fruchtbare Boden für den Ackerbau genutzt werden konnte. Nur selten stand ein Haus allein, fast immer verbanden Canchas, mauerartige Umfriedungen, mehrere Häuser zu einer großen Wohneinheit. Meist teilte sich eine Großfamilie ein umfriedetes Grundstück, das sich im bergigen Gelände Pachamarcas über mehrere Terrassen erstrecken konnte. Die Umfriedungsmauern wurden nur durch eine Eingangsöffnung unterbrochen. Vielfach waren die Eckbereiche der Grundstücke überdacht. Man lagerte auf diesen regengeschützten Flächen Vorräte. In einer der Ecken befand sich die Kochstelle. Bei ausgelassenen Feiern der Familie diente der großzügige Innenhof der Canchas als großer Festsaal unter freiem Himmel.

Wie in allen Siedlungen der Anden prägte auch in diesem Ort die harte, unablässige Arbeit das Leben der Menschen. Überall konnten die Neuankömmlinge Menschen erkennen, die unermüdlich ihrem Tagewerk nachgingen. Im Innenhof eines von Mauern umgebenen Grundstücks woben einige Frauen Stoffe, während andere Speisen zubereiteten, die teilweise als Vorrat in kleinen, kegelförmigen Lagerhäusern aufbewahrt wurden.

Ein schmaler Weg trennte das Grundstück von einer Hangterrasse, auf der ein paar Männer und Frauen gemeinsam Mais säten. Weiter oberhalb am Berghang legten gerade einige Männer eine weitere Terrasse an, um der Erosion vorzubeugen und mehr Anbaufläche zu gewinnen. Zu diesem Zweck schleppte eine andere Gruppe schwere Steine heran, die zu einer Mauer aufgeschichtet wurden.

Weil das Lama sich nicht als Zugtier eignete, mussten die Menschen alle Feldarbeit allein verrichten. Zudem war den Inka der Pflug unbekannt. Die Bauern Tahuantinsuyus machten die Furchen mit einem langen Pflanzstock, Taclla genannt, der mit einer Bronzeschneide versehen war. Am oberen Ende wies der Taclla einen schneckenförmig gewundenen Haltegriff auf, während der Fuß auf einer kleinen Strebe Platz fand. Mit der Taclla pflügten die Inka nicht nur, sondern sie machten im Ackerboden auch kleine Mulden für das Einpflanzen der Setzlinge. Manchmal arbeiteten auch mehrere Männer mit einem Stock. Die Inka bestellten die Felder derart, dass die in einer Linie vorrückenden Männer die Scholle aufbrachen. Ihnen folgten, ebenso in breiter Reihe, die Frauen und zerschlugen kniend mit einer sichelförmigen Hacke, Lampa genannt, die Schollen und legten die Saat in die vorbereiteten Mulden.

Die mühsame und äußerst eintönige Arbeit auf den Feldern wurde im Reich der Inka als ein schicksalhaftes mystisches Ringen des Menschen mit dem Boden verstanden. Darum sangen oder rezitierten Männer und Frauen während der Bestellung rhythmische religiöse Hymnen. Die Männer stimmten an: „Die Sonne weint Gold, der Mond weint Silber." Darauf antworteten die Frauen: „Hei, schon haben wir gesiegt." Nun waren neuerlich die Männer an der Reihe: „Um die Stirn des Inka, unseres Herrn, um das edle Herz unseres Inka." Dann sangen wiederum die Frauen: „Hei, wir haben schon gewonnen."

Die Maisaussaat war übrigens der Höhepunkt der langen Trockenzeit, die von Arihuaquis (April) bis Ayamarca (November) reichte. Im Morgengrauen des Tages, der für den Beginn der Aussaat gewählt worden war – in der Regel im Monat Yapaquis (August) – versammelten sich die Gemeindemitglieder, um den trockenen Boden aufzubrechen und später die Saat zu legen. Auch die höchstgestellten Beamten und die Dorfhäuptlinge fanden sich auf den Feldern ein. Im Tal von Cuzco eröffnete der Inkaherrscher selbst die Zeremonie der Pflanzsaison auf den Feldern, die Mama Huaco gewidmet war. Dieser legendären Ahnin der Inkadynastie schrieb man zu, dass sie den Maisanbau in dem Tal eingeführt habe. Mit dem Tacla brach der mächtigste Mann des Reiches ein Stück Boden auf und einige Mitglieder seines Gefolges taten es ihm nach. Nach dieser symbolischen Geste verließen der Inka und die Adeligen die Felder und feierten gemeinsam ein großes Fest, um den Beginn der Aussaat zu würdigen. Tupac Yupanqui hatte in diesem Jahr das Fest in Cuzco versäumt, da er schon vor Beginn der Aussaat mit seinem Gefolge nach Antisuyu aufgebrochen war.

Überall in Tahuantinsuyu war die Aussaat für alle ein fröhliches Ereignis. Am ersten Tag brach man in einer großen Prozession zu den Feldern auf. Während der Arbeit auf den Feldern für die Götter sang man Loblieder auf die Sonne und die anderen Gottheiten und wenn auf den Ländereien des Inka gearbeitet wurde, erklangen Lieder, die den Herrn des Reiches priesen. Regelmäßig wurden Feste gefeiert, bei denen man ausgiebig Chicha trank, das vom Curaca gespendet wurde. Die Festlichkeiten hatten eine wichtige religiöse Bedeutung, denn durch die Trankopfer und andere Gaben sollten die Götter günstig gestimmt werden, damit sie für eine gute Ernte sorgten.

In den Monaten, die auf die Aussaat folgten, gab es zahlreiche Riten, die im Zusammenhang mit der Landbestellung standen. Da die Regenzeit normalerweise nicht vor dem Monat Capac Raymi (Dezember) begann, mussten alle Anstrengungen – sowohl religiöser als auch praktischer Art – unternommen werden, um zu gewährleisten, dass die Maissämlinge bis dahin überlebten und dass der Regen nicht zu spät kam. Eine Gruppe von Priestern, die Tarpuntay, begann mit ihren Familien eine Fastenzeit, während der sie sich des Geschlechtsverkehrs und des Genusses von Chicha enthielten. Diese Zeit dauerte so lange, bis die Sämlinge einen Finger hoch waren.

In den Monat Coya Raymi (September) fielen die Citua-Reinigungsriten. Zahlreiche bewaffnete Krieger kamen in die Dörfer und vertrieben durch verschiedene symbolische Handlungen alle Krankheiten. So war gesichert, dass bei der Ernte genug gesunde Gemeindemitglieder helfen konnten. Besonders wichtig für den Ernteerfolg war es, Chuqui-illa, den Donnergott, günstig zu stimmen. Er galt als Herr über den Regen und daher bat man um sein Wohlwollen und brachte ihm Opfer dar. Wenn allen Bemühungen zum Trotz der Regen nicht zur gewünschten Zeit einsetzte, glaubte man, durch die besonders strenge Bestrafung menschlichen Fehlverhaltens, das Wohlwollen der bedeutendsten Götter zurückzugewinnen.

Contor und seine Frau Koka hießen ihre Gäste herzlich willkommen. Besonders freuten sie sich, Ollantay wiederzusehen. Für die Siedlung war aber die Anwesenheit des Thronfolgers noch wichtiger. Darum war Contor zu diesem Anlass festlich geschmückt. Er trug die prächtige, mit Gold und Edelsteinen verzierte Kopfbedeckung des Häuptlings und ein aus besonders feiner Wolle hergestelltes Gewand. Untergebene mit aus Vogelfedern gefertigten Sonnenschirmen standen bereit, um die hohen Beamten aus Cuzco und Contor vor der Sonnenhitze zu schützen. Heute würde man die Ankunft der Gäste feiern, morgen würde man gemeinsam mit dem Thronfolger die Felder aufsuchen und Talismane aus Stein und Holz vergraben, damit die Maisernte besonders gut ausfiel.

Bevor das Festmahl für die hohen Würdenträger aus der fernen Metropole Cuzco begann, wollte Tupac Yupanqui mit seinen Kriegern den Citua-Ritus abhalten. „Kannst du dich erinnern, wie wir in Cuzco das Fest begangen haben?", fragte der Prinz Ollantay. „Natürlich", antwortete dieser, „es war feierlich schön, aber auch schaurig zugleich. Bei dieser festlichen Reinigungszeremonie haben wir für die Gesundheit aller Bewohner in Tahuantinsuyu gebetet sowie auch für das Reich, damit es von allen Seuchen verschont bleibt." „Ja", setzte Tupac Yupanqui fort, „damit alle Einwohner vor Krankheiten beschützt sind, hat der Inka den Befehl gegeben, vor Beginn der Citua-Riten erst einmal alle Hunde und auch alle unreinen Menschen – die unheilbar Kranken, Krüppel, Blinde und andere Körperbehinderte – aus Cuzco zu verjagen." „Wenn das geschehen ist", sprach Ollantay weiter, „hat das Fest zur Neumondzeit vor dem Sonnentempel, in dessen Räumen der Herrscher längere Zeit gefastet hat, begonnen. Gerade als die silberne Mondsichel am Himmel erschien, trat der Inka aus der goldenen Coricancha, und ihm zu Ehren waren vier Hundertschaften Soldaten auf dem Platz vor dem Tempel angetreten, jede in eine der vier Himmelsrichtungen gewandt." Nun war es wieder der Thronfolger, der mit dem Bericht fortfuhr: „Zeigte sich Pachacuti dem Volk und ging der Mond auf, schrien die Soldaten und mit ihnen die gesamte versammelte Menge auf dem Platz: ‚Fort, ihr Krankheiten und Seuchen, hebt euch fort aus unserem Land! Fort mit euch, fort mit euch, fort mit euch!' Dann überreichten vier Angehörige der Königsfamilie – ich durfte diese Handlung noch nicht vollziehen, aber Amaru war einer der vier – den vor dem Tempel aufgestellten Kompanien eine mit goldenen Schnüren und Papageienfedern verzierte Lanze. Diese Banner vor sich hertragend, liefen die Soldaten von den Toren des Sonnentempels in alle vier Himmelsrichtungen, symbolisch in die vier Reichsländer, die gemeinsam Tahuantinsuyu bilden." Jetzt war wieder Ollantay an der Reihe: „Ich war das letzte Mal bei der Kompanie aus Antisuyu dabei. Wir liefen einige hundert Meter, dann übergab der erste Läufer die Lanze einem anderen Soldaten, und so wurde diese Stafette bis zum nächsten großen Fluss fortgesetzt. Wir stiegen alle in das Wasser und wuschen uns und auch die Waffen. Die anderen Kompanien machten das wie wir." Tupac Yupanqui ergänzte den Bericht seines Freundes: „Nicht nur ihr musstet euch waschen, sondern alles Volk im Reiche muss an diesem Festtag baden. Zudem bestrichen wir alle Speisekammern, Brunnen und sogar die Mumien der verstorbenen Könige mit einem besonderen Maisbrei. Läuft alles reibungslos ab, sind unser Reich und alle seine Bewohner für das ganze kommende Jahr von allen Seuchen und anderen Gefahren befreit, wenn man sich an die Gesetze und verordneten Pflichten hält und die Götter nicht verärgert. Lasst uns den Citua-Ritus hier, so gut es möglich ist, vollziehen."

Die Männer bewaffneten sich mit zahlreichen Steinen und entzündeten Fackeln. Dann durchschritten sie das Dorf von einem Ende zum anderen, stießen dabei laute Schreie aus und schleuderten Steine in die Luft. Die Bewohner der Siedlung standen vor ihren Hütten und schrien laut mit, wenn sich die Prozession ihrem Heim näherte. In diesem Jahr, so waren die Männer und Frauen Pachamarcas überzeugt, würde es wenige Krankheitsfälle geben, schließlich hatte ein echter Abkömmling des Sonnengottes die Zeremonie geleitet.

Nach den Beschwörungen ließen sich alle vor der Hütte des Curaca nieder. Für die hohen Gäste standen Hocker bereit, während sich die Männer der Leibwache auf den Boden setzten. Die Frauen brachten die vorbereiteten Speisen, hatte man von Boten doch schon vor einigen Tagen die Kunde bekommen, dass der Thronfolger selbst auf Inspektionsreise sei. Eigens zur Feier dieses besonderen Tages war sogar ein Lama geschlachtet und zubereitet worden. Dazu reichte man Kartoffeln, Mais, Kürbisse und andere Früchte, natürlich waren auch unzählige Meerschweinchen gebraten worden, um den Hunger der Gäste zu stillen. Bevor man mit dem Mahl begann, opferte Contor ein paar Tropfen des unverzichtbaren Chicha den Göttern. Jetzt wurde erst einmal kräftig zugelangt und Chicha floss in rauen Mengen die durstigen, vom tagelangen Marsch ausgetrockneten Kehlen hinunter. Der Grund des Besuches, die Inspektion des Dorfes, konnte bis morgen warten, dazu hatte man immer noch Zeit, zuerst musste ordentlich gefeiert werden. Immer wieder bat man Ollantay, von der Rettung Tupac Yupanquis zu berichten. Und je schwerer die Zunge des Erzählers wurde, desto höher wurde der Abgrund und desto wilder wurde das Wasser des Flusses. Das Fest erreichte seinen Höhepunkt, als sich die jungen Männer und Frauen des Ortes schließlich zum Tanz aufstellten. Nicht paarweise wurde getanzt, sondern alle Tänzer und Tänzerinnen bildeten einen großen Reigen. Anschließend trug noch ein Dichter seine Verse vor, in denen er singend die jüngste Heldentat Ollantays pries. Als der Mond die Siedlung längst in sein silbernes Licht gehüllt hatte, kippte auch der letzte Zecher um und das Dorf versank in ein tiefes Schweigen, nur vom gelegentlichen Rülpsen eines trunkenen Schläfers gestört.

Als die Sonne ihren Lauf bereits begonnen hatte, standen der Prinz und sein Gefolge auf. Trotz der Unmengen Chicha, die geflossen waren, schmerzte niemand der Kopf, da dieses Getränk nur eine geringe Menge Alkohol enthielt. Heute wollte der Thronfolger die beiden Attraktionen besichtigen, die den Ort in ganz Tahuantinsuyu berühmt gemacht hatte.

Zuerst suchten sie den Stolz Pachamarcas auf, die heilige Quelle. Diese floss in einen prächtig gearbeiteten und reich verzierten Steinbrunnen. Tupac Yupanqui würdigte diesen geweihten Ort, brachte den Göttern ein Opfer dar und kostete nach der Zeremonie das heilige Wasser aus dem Brunnen.

Nachdem dies geschehen war, suchten sie den Tempel der Siedlung auf. Auf dem Weg dorthin bewunderten die Gäste aus Cuzco das perfekte Kanalsystem, durch welches Wasser in alle Viertel der Stadt floss. Schließlich erreichten sie den Tempel, der die Heiligkeit und besondere Außergewöhnlichkeit der Siedlung bewies. Der Tempel war nämlich die Grabstätte für die Herzen der Könige. Während die Leiber der Inkas und ihrer Coyas einbalsamiert und als Mumien auch nach ihrem Tode in der Hauptstadt des Reiches residierten, wurden jedoch die Herzen der Könige und Königinnen von Tahuantinsuyu hier zur ewigen Ruhe gebettet. Tupac Yupanqui und der oberste Priester von Pachamarca würdigten die toten Ahnen der Sonnensöhne. Das gemeinsame Opfer der beiden dauerte bis in den späten Nachmittag, als die Sonne langsam hinter den hohen Gipfeln zu verschwinden begann.

Nun führte der Priester den hohen Gast zu sechs Steinsäulen aus herrlichem rosa Porphyr. Jeder dieser gigantischen Monolithe wog rund fünfzig Tonnen und war spiegelblank geschliffen. Die von den gleißenden Gletschern der Anden reflektierten Sonnenstrahlen erglühten in diesen gewaltigen rosafarbenen Spiegeln und schlugen die versammelten Gläubigen in ihren magischen Bann. Ergriffen von der Heiligkeit des Ortes begab sich der Thronfolger bald zur Ruhe, damit er nicht durch eine unwürdige Handlung den Zauber der Göttlichkeit zerstörte.

Am nächsten Tag besichtigten Tupac Yupanqui, Ollantay und Contor die Felder des Dorfes. Zuerst vergruben sie gemeinsam mit dem Priester des Ortes die geschnitzten Talismane, die die Form von Maiskolben aufweisen. Pachamarca lag zwar schon am Ausgang der Anden, war aber nichtsdestoweniger von steilen Gebirgsflanken umgeben, durch die sich der Urubamba seinen Lauf brach. Natürliche ebene Ackerflächen waren selten, doch den Inka-Bauern war es gelungen, selbst in jenem Gebiet der in den Himmel ragenden Gipfel, der Hochgebirgstäler und kalten Hochebenen eine intensive Agrarwirtschaft zu betreiben. In diesem dem Menschen auf den ersten Blick wenig günstigen Milieu nutzten sie im Laufe der Zeit eine ihrer bedeutendsten Erfindungen: die berühmten „Andenes", hängende Terrassen.

Da diese an den Berghängen künstlich angelegt und in Stufen angeordnet waren, konnten auch die steilsten Berghänge für den Pflanzenanbau genutzt werden. Die Terrassen der Inka festigten den Boden dieser Hänge und verhinderten zugleich seine Erosion. Der Bau der Andenes musste durch das Reich nicht nur sorgfältig geplant, sondern dessen Verwirklichung auch ständig und sorgfältig überwacht werden. Die Überwachung der Andenes in den verschiedenen Dörfern war eine der Aufgaben, die Tupac Yupanqui auszuüben hatte. So stieg er jetzt mit seinen Begleitern von Terrasse zu Terrasse, die wie Stufen die Berghänge hinaufführten, und inspizierte alles auf das Genaueste. Reiche Erträge und das Ausnützen jeden Fingerbreit des Bodens waren für das Reich überlebenswichtig. Eine Nachlässigkeit auf diesem Gebiet wäre eines Beamten, noch dazu, wenn es sich um den Thronfolger selbst handelte, unwürdig gewesen. Mit den Knotenschnüren dokumentierten die Begleiter Tupac Yupanquis alle Erträge der Siedlung und wie viel davon in den Lagerhäusern aufbewahrt wurde.

Viele der Terrassen wurden künstlich bewässert, darum kontrollierte der Prinz auch die Bewässerungskanäle und Wasserbehälter. Er sah die nicht günstig gelegenen Felder, die von den Bauern planiert worden waren, damit sie nun mit geringer Mühe bewässert, gepflügt und bebaut werden konnten. An den sehr flachen Hängen, die nur wenig Neigung aufwiesen, begutachtete er die Terrassen, die sich für den Ackerbau besonders gut eigneten und die fünfzig, hundert, ja gelegentlich zweihundert und mehr Fuß breit waren. An den besonders steilen Hängen gab es derart enge und schmale Terrassen, dass sie Treppenstufen glichen. Einige von ihnen waren nur drei oder vier Fuß breit, doch mit solchen Terrassen war es möglich, selbst die steilsten Stellen im Gebirge zu bepflanzen.

Auf dem fruchtbaren Boden bauten die Inkas die unterschiedlichsten Pflanzen an. Als wichtigste Pflanze galt der Mais, „Sara" genannt, der in Tahuantinsuyu in zwanzig verschiedenen Sorten gezüchtet wurde. Auf den Hochebenen Pachamarcas bauten die Inka unter anderem den Süßmais „Choclo" und die Sorte „Sara Aca Si" an, aus dem sie ihr Nationalgetränk Chicha brauten. Eine andere Art rösteten sie und aus einer weiteren bereiteten sie ihren „Mote"-Brei.

Contor zeigte dem Thronfolger stolz die intakten Kanäle und die fruchtbaren Andenes, die ständig erweitert wurde. Tupac Yupanqui lobte die Arbeit und den Einsatz des Curaca. „Was ist eigentlich mit den Tukana", wollte Ollantay wissen, „greifen die Urwaldindianer hin und wieder unser Reich an?" Contor zog verächtlich die Augenbrauen zusammen und runzelte die Stirn: „Die Tukana lassen uns in Frieden. Mato und seine Leute halten sich an die Freundschaft, die wir geschlossen haben. Aber es ist an der Grenze ein neuer Stamm aufgetaucht, die sich Atsis nennen. Sie sind wild und grausam und ihre Raubzüge reichen sogar bis nach Pachamarca. Ich habe als Vorbeugung Pfeile und Bögen anfertigen lassen, so können wir die Atsis mit ihren eigenen Waffen bekämpfen. Seitdem sie wissen, dass wir hier diese weitreichenden Waffen besitzen, unterbleiben ihre Angriffe, aber andere Siedlungen leiden sehr unter ihnen. Eine Festung hier in unserem Dorf hätte den strategischen Vorteil, alle Vorräte noch besser zu schützen, und könnte auch das Urubamba-Tal sichern." „Es wäre sicher kein Nachteil, hier eine Festung zu errichten", antwortete Ollantay, „was meinst du, Tupac Yupanqui?" „Eure Idee ist nicht schlecht. Ich werde gleich einen Boten nach Cuzco senden und den Inka bitten, mir die Erlaubnis zu erteilen, hier eine Festung zu gründen."

Die Männer wanderten weiter und betrachten die Andenes, die sich, Stufen gleich, an die Berghänge schmiegten. Nicht nur Mais wurde angebaut, die Inka waren ausgezeichnete Experten im Anbau vieler Pflanzen. Mehr als vierzig Zuchtpflanzen waren ihnen bekannt und darüber hinaus nutzten sie noch zahlreiche wild wachsende Pflanzen.

Das wichtigste Grundnahrungsmittel der Andenbewohner war die „Papa", die Kartoffel. Die Inka züchteten weit über zweihundert verschiedene Sorten. Diese wiesen verschiedene Größen auf und schmeckten unterschiedlich. Die größten ähnelten einer Faust, es gab aber auch kleine, die nur die Ausmaße einer Haselnuss erreichten. Die meisten waren bitter im Geschmack, reiften langsam und waren unempfindlich gegen Frost. Viele von ihnen gediehen nur in großer Höhe. Unter den kalten und trockenen Klimabedingungen konnten sie ungefähr ein Jahr lang gelagert werden. Dieses Grundnahrungsmittel verspeisten die Bewohner Tahuantinsuyus nicht nur frisch gleich nach der Ernte, sondern sie erfanden auch ein ausgezeichnetes Verfahren zur Konservierung. Den Kartoffelknollen, die bis zu siebzig Prozent Wasser enthielten, entzogen sie die Feuchtigkeit, indem sie sie tagsüber in der Sonne dörrten und in den kalten Bergnächten zugleich dem Frost aussetzten. Aus diesen stark dehydrierten Kartoffeln stampften sie schließlich mit den Füßen noch das restliche Wasser heraus. Mehrere Tage lang wurde diese Prozedur wiederholt, bis die Früchte, die eine schwärzliche Färbung annahmen, schließlich trocken waren. Durch dieses scharfsinnige Verfahren der Kartoffelkonservierung gewann man ein wertvolles getrocknetes Nahrungsmittel, „Chuno" genannt, das in den staatlichen Vorratshäusern des Reiches eingelagert wurde. Die staatlichen Chuno-Reserven ließ der Inka in Zeiten der Hungersnot an das Volk verteilen. Die Dörrkartoffeln waren auch die Hauptverpflegung der Inka-Heere auf ihren Feldzügen. Das Chuno wurde aus dunklen, bitteren Kartoffeln minderer Qualität gewonnen. Für den Inka und die Vornehmen des Reiches wurde, freilich aus Kartoffeln der besten Sorten, auf die gleiche Weise die Trockenkonserve „Moraya" hergestellt.

Während sie die höher gelegenen Terrassen verließen und zu den Niederungen des Urubamba hinabstiegen, erklärte

Contor seinen hohen Gästen aus Cuzco: „Wir bauen hier noch weitere Arten von Kulturpflanzen an. Hoch oben auf den höchsten Terrassen, dorthin sind wir auf unserem Weg gar nicht gekommen, ist das eine Knollenpflanze namens „Ocu". Ferner ernten wir Chinca, eine hohe, rote Pflanze, aus der wir ein stärkehaltiges Mehl gewinnen, weiters Maniok, die Yam-Wurzel und Hülsenfrüchte und vor allem Bohnen. Daneben pflanzen wir noch verschiedene Kürbisse, Gurken, Kastanien, Haselnüsse, Paranüsse, Erdnüsse und einige Gewürze wie Paprika. Aber unser besonderer Stolz sind die Koka-Pflanzungen, die wir jetzt erreichen. Wie ihr seht, ist die Koka ein niedriger Strauch von etwa zwei Meter Höhe, der vierzehn Monate wächst und dann viermal im Jahr trägt. Die gepflückten grünen Kokablätter werden im Schatten, aber durch die Sonnenwärme sorgfältig getrocknet und dann zu Bündeln zusammengebunden. Diese Bündel werden schließlich nach Cuzco gebracht. Koka ist für uns noch wertvoller als Edelsteine, Gold oder Silber. Der Genuss von Koka ist den meisten Untertanen nicht gestattet, nur ich als Curaca darf an besonderen Festtagen hin und wieder ein paar Blätter kauen. Wir bauen daher auch Tabak an, den wir schnupfen."

Inzwischen waren die Männer wieder in der Siedlung angekommen und Contor führte sie zu seinem Haus, wo seine Frau mit einigen Helferinnen bereits für den müden und hungrigen Thronfolger und seine Begleiter ein Mahl zubereitet hatte. Tupac Yupanqui opferte vor dem Essen wieder einige Tropfen Chicha den Göttern, dann ließen sie sich alles gut schmecken. Zwischen den Speisenden tummelten sich große und kleine Hunde, die um Reste bettelten und sich lautstark darum balgten, wenn einer der Männer einen Knochen oder ein kleines Stück Fleisch in die Meute warf. Störte eines der Haustiere zu sehr und wurde aufdringlich, bekam es einen Tritt in die Seite und vertrollte sich laut winselnd außer Reichweite. In der Siedlung gab es nicht nur Hunde als Haustiere, sondern auch Geflügel wie Enten und Hühner. Am meisten verbreitet waren allerdings die kleinen

Meerschweinchen, Cuy genannt, die auf der Erde nach verlorenen Körnern suchten und ständig von Kindern umgeben waren, die sie streichelten und mit ihnen spielten.

Vor einem Haus saß eine Mutter, die erst vor kurzem ein Baby bekommen hatte. Sie ruhte sich gerade ein wenig aus und beobachtete dabei, wie eines ihrer anderen Kinder die Wiege des Neugeborenen schaukelte. Ihre älteste Tochter hatte einen einfachen Rahmen an der Hauswand befestigt und wob einen bunten Stoff, daneben spielten zwei Kinder. Auf dem strohgedeckten Hausdach trockneten ein paar Streifen Fleisch in der Sonne und überall standen große, bunt bemalte Vorratskrüge, die Maiskörner oder Chicha enthielten, umher. Ollantay sah sich dieses Bild des Friedens an, das in ihm Erinnerungen an seine eigene Kindheit weckte. So war er selbst aufgewachsen, behütet in einer Großfamilie innerhalb seines Ayllu. Doch schon als kleiner Junge hatte er Arbeiten übernehmen müssen wie das Wasserholen vom Brunnen und das Verscheuchen oder Töten von Vögeln auf den Feldern, wozu er eine Schleuder benutzte. Seine Schwestern, daran musste er ebenfalls denken, hatten das Kauen der Maiskörner überhaupt nicht gemocht. Doch war dies unbedingt nötig, damit man daraus Chicha herstellen konnte. Als er größer geworden war, hatte er auch die Lamaherden gehütet.

Lamas waren in erster Linie Lasttiere; große Lamakarawanen transportierten lebenswichtige Dinge auf dem ausgedehnten Straßennetz des Inkareiches. Die Tiere waren recht zuverlässig und vor allem genügsam. Bis zu vier Tage konnten sie ohne Wasser auskommen. Lamas lieferten den Inka aber auch Fleisch, Wolle und Dung, der getrocknet wurde, um ihn auf den großen, baumlosen Hochebenen als Brennstoff zu verwenden. Aus der Haut des Tieres gewann man Leder für die Schuhe und mit dem Fett, das ein gebräuchliches Schmiermittel war, machte man das Leder geschmeidig. Den Lamas verdankten die Andenbewohner auch die schmalen Lederriemen, mit denen die Pflugstöcke zusammengebunden wurden, und die Sehnen zur Herstellung von Schleudern sowie zahlreiche andere Dinge mehr.

Neben dem Lama domestizierten die Inka auch noch das kleinere Alpaka, das man wegen seiner langen, manchmal bis zum Boden reichenden Behaarung schätzte. Weitere kamelartige Tiere, die allerdings nicht als Haustiere gehalten wurden, waren das wilde Guanako, das die Inka wegen des wohlschmeckenden Fleisches jagten, und das schnellfüßige Vikunja, welches sehr viel und eine überaus feine Wolle besaß, die sowohl vor starker Sonnenbestrahlung als auch vor strengem Frost schützte.

Zu Ehren des hohen Gastes plante Curaca Contor eine Treibjagd zu veranstalten, denn Tupac Yupanqui liebte diesen Zeitvertreib besonders. Ein paar geschickte Männer, die als Jäger die Siedlung hin und wieder mit frischem Wildfleisch versorgten, berichteten von großen Herden Guanakos, Vikunjas und auch Hirschen, die sie in der gebirgigen Wildnis ausgemacht hatten. Contor hatte zu diesem Zweck in den umliegenden Dörfern Männern befohlen, am folgenden Tag als Treiber zur Verfügung zu stehen. Hoch oben in den Bergen, wo nach Auskunft der Jäger kein Mangel an jagdbaren Tieren herrschte, war für den königlichen Gast ein Zelt aufgebaut worden. Dorthin begab sich die Jagdgesellschaft, um die Nacht im Gebirge zu verbringen und schon früh am Morgen mit der Jagd beginnen zu können.

Die Sonne hatte ihren Lauf am Himmel noch nicht begonnen, da waren die Treiber bereits lautlos unterwegs, um die Wildherden einzukreisen. Auf Befehl des Thronfolgers begann die Jagd. Der ohrenbetäubende Lärm der Männer und die Echos ihrer Stimmen schreckten die Tiere im Dickicht auf und diese stürmten davon. Allein der Weg in die rettenden luftigen Höhen war versperrt, es blieb dem flüchtenden Wild nur der Weg in die tiefer liegenden Regionen. Dort näherten sich die Treiber allmählich einander, bis sie sich an den Händen fassen konnten, und in dem Kreis, den sie mit ihren Körpern bildeten, kesselten sie das Wild ein. Eine große Anzahl Tiere war in die Falle gegangen, darunter viele Guanakos, die kaum größer als kleine Esel waren, lange Hälse wie Kamele hatten und die zu entkommen versuchten, indem sie Speichel in die Gesichter der Männer spien und große Sprünge machten.

Tupac Yupanqui war mit seinen Begleitern inzwischen an einem von ihm gewählten Ort in Stellung gegangen. Es handelte sich dabei um einen großen Felsen, von dem sie wie von einer Anhöhe auf das Wild, das sich unter ihnen befand, schießen konnten. Zahlreiche Speere waren vorbereitet worden und einige Krieger verwendeten Speerschleudern, um noch kräftigere Würfe tätigen zu können. Contor hatte auch seinen Bogen mit dabei und er feuerte seine todbringenden Pfeile in die wogenden Leiber der Wildtiere, die verzweifelt nach einem Ausweg aus dem Menschenkessel suchten und ziellos hin und her irrten. Auch die Treiber beteiligten sich an dem Gemetzel. Langsam färbte sich der karge Boden der Hochebene rot vom Blut der getöteten Tiere. Schließlich hatte der Prinz seinen letzten Speer geschleudert und gab das Kommando, die Jagd zu beenden. Auf sein Handwinken setzte ein kräftiger und lauter Trommelwirbel ein, der den Abschluss der Treibjagd markierte. Der Männer öffneten eine Gasse und die Tiere, die noch unverletzt geblieben waren, nutzten diese, um das Weite zu suchen und sich in Sicherheit zu bringen.

Dann näherten sich die Männer der Masse der getroffenen Wildtiere. Manche der getroffenen Guanakos oder Vikunjas zuckten noch wild mit den Beinen oder schlugen mit ihren Hälsen um sich. Die Treiber erlegten diese Tiere mit einem gezielten Stoß ihrer Speere. Die Ausbeute war beachtlich. An die hundert Stück Wild waren der Jagd zum Opfer gefallen. Tupac Yupanqui gab den Befehl, ein großes Festmahl zu Ehren Intis zu feiern, damit nach der erfolgten Aussaat auch die Ernte so ergiebig wie die Treibjagd ausfallen sollte. Die Männer waren erfreut, das zu hören, denn Fleisch von Guanakos kam höchst selten in ihre Kochtöpfe. Die Einwohner Pachamarcas und der umliegenden Ortschaften, die sich an der großen Jagd beteiligt hatten, ließen den Thronfolger hochleben. Mit dieser einfachen Geste hatte der Prinz die Herzen dieser einfachen Leute erobert.

Jetzt fiel auch allen die beschwerliche Arbeit leichter, das erlegte Wild von der gebirgigen Hochfläche in das Tal zu transportieren. Ein Teil des Fleisches sollte allerdings getrocknet und nach Cuzco gebracht werden, um die Tafel des Inka zu bereichern, während der restliche Teil der Beute den Männern zustand, um als Vorrat für Notzeiten zu dienen.

Dazu wurde das Fleisch in dünne Scheiben geschnitten, eingesalzen und anschließend mehrere Tage auf den Hausdächern in der Sonne gedörrt. Das Salz für die Konservierung gewannen die Leute aus Salzseen oder Flüssen, die das Hochland durchzogen. Auch die Einwohner von Pachamarca kannten verschiedene Stellen, von denen sie Salz holten. Wenn die Menschen das Trockenfleisch, „Charqui" genannt, verzehren wollten, legten sie es erst einige Zeit in Wasser und kochten es dann.

In der Siedlung waren in der Zwischenzeit zahlreiche Frauen damit beschäftigt, ausreichend Chicha herzustellen. Sie kauten unablässig Maiskörner und spuckten den Maisbrei nach dem Kauen in Krüge, die mit warmem Wasser aufgefüllt wurden. Anschließend wartete man den weiteren Gärungsprozess ab, bis die Chicha fertig war. Das Getränk hatte eine zähflüssige Konsistenz und eine weißlich-graue Farbe.

Nachdem Tupac Yupanqui und Ollantay ein paar abwechslungsreiche Tage in der Siedlung verbracht hatten – Ollantay war vor allem von den Möglichkeiten, die der Pfeilbogen als Fernwaffe mit sich brachte, begeistert – tauchte endlich der langersehnte Bote mit einer Nachricht aus Cuzco auf. Atemlos rannte der Chasqui zu dem Prinzen und verneigte sich tief vor dem Abkömmling des Sonnengottes. Nachdem Tupac Yupanqui ihn zum Reden aufgefordert hatte, hob der Kurier leicht den Kopf, verblieb aber noch immer in einer knienden Position und begann zu sprechen: „Ich übermittle dringende und wichtige Nachrichten von Inka Pachacuti, unserem mächtigen Herrscher. Zuerst lässt der Inka ausrichten, dass Prinz Amaru die junge Frau Cusi Chimbo geheiratet hat. Dann erteilt er Pachamarca die Erlaubnis, eine Befestigungsanlage zu bauen, damit die Indianer aus den tropischen Waldgebieten nicht mehr so leicht in Tahuantinsuyu einfallen können. Ihr sollt mit dem örtlichen Curaca eine geeignete Stelle für die Burganlage finden, damit unverzüglich mit dem Bau begonnen werden kann. Inka Pachacuti sendet dazu ein paar Baumeister aus der Hauptstadt, die bereits über große Erfahrung beim Festungsbau besitzen, nach Pachamarca. Wenn diese Angelegenheit beendet ist, befiehlt Euch der Inka zurück nach Cuzco. Der Herrscher plant nämlich einen neuen Eroberungskrieg, den Ihr mitmachen sollt. Das waren die Nachrichten, die ich zu übermitteln hatte."

Tupac Yupanquis Gesicht glänzte vor Freude: „Endlich geht es wieder zurück in die Hauptstadt. Aber nur für kurze Zeit. Ein Feldzug steht uns bevor, Ollantay. Da können wir wieder beweisen, dass wir ausgezeichnete Soldaten sind und nicht solche Waschlappen wie mein Bruder Amaru, der wenigstens seine Angebetete bekommen hat. Doch nun lasst uns gleich an die Arbeit gehen. Ich möchte so schnell wie möglich zurück nach Cuzco. Contor, komm her! Wo ist deiner Meinung nach die beste Stelle für die neue Festung?"

Der Curaca geleitete Tupac Yupanqui und Ollantay zu einer Stelle oberhalb der Ortschaft. „Hier soll die Befestigungsanlage gebaut werden. Man sieht weit das Urubamba-Tal entlang, hat eine überhöhte, nur sehr schwer angreifbare Position und besitzt obendrein innerhalb der Mauern eine Quelle. Das sind strategisch und logistisch wichtige Punkte, die Festung hier an dieser Stelle zu bauen." „Was meinst du, Ollantay, schließt du dich der Meinung Contors an?", fragte der Prinz seinen Freund. Ollantay war schon ein paar Schritte vorausgegangen und sah sich das gesamte Gelände außerordentlich genau an. Er blickte den Urubamba entlang und nickte zufrieden mit seinem Kopf. „Dieser Platz hier ist für eine Festung hervorragend geeignet. Selbst wenn der Angreifer eine große Übermacht besitzt, kann er die Befestigung, vorausgesetzt, sie besitzt ähnlich starke Mauern wie Sacsayhuaman in Cuzco, nicht einnehmen. Contor hat sehr gut gewählt. Ich würde ebenfalls hier die Festung bauen, vielleicht werde ich sogar einmal der Kommandant dieser Anlage sein. Dann wird kein Feind, wer auch immer das sein wird, diese Mauern erstürmen können", antwortete Ollantay ziemlich selbstbewusst. „So soll hier die neue Festung angelegt werden. Contor soll alles Notwendige in die Wege leiten, damit die Baumeister unverzüglich mit ihren Plänen beginnen können, sobald sie eingetroffen sind!", ordnete der Prinz an.

Das Warten auf die Festungsbauexperten wurde für Tupac Yupanqui zur Geduldsprobe. Jeder Tag, der sich dem Ende entgegen neigte, war ein verlorener Tag. Er wäre schon brennend gerne in der Hauptstadt gewesen, um zu erfahren, wohin diesmal der Feldzug gehen sollte. Ob die Aymara im Collo-Land schon wieder einen Aufstand gewagt hatten? Er konnte sich das zwar nicht vorstellen, außerdem hatte der Bote von einem Eroberungsfeldzug gesprochen. Plante der Inka einen Kriegszug nach Norden, nach Süden oder nach Osten, um diesmal das Gebiet der Waldindianer zu befrieden? Der Prinz rätselte und wurde von Tag zu Tag gereizter, sodass es nicht einmal Ollantay wagte, zu oft in seine Nähe zu kommen. „Was meinst du, wird mir der Inka den Oberbefehl übertragen?", fragte Tupac Yupanqui immer wieder. „Dazu müsste ich aber schon in Cuzco sein, um die notwendigen Vorbereitungen zu treffen. Oder hat mein Vater beschlossen, Amaru noch eine Chance zu geben? Nein, das glaube ich nicht. Alle Offiziere würden dagegen protestieren. Wie sieht es mit meinen anderen Brüdern, Hatun Tupac oder Titu Cusi Hualpa aus? Die drängten sich schon immer in den Vordergrund. Für beide wäre das eine günstige Gelegenheit, sich zu beweisen. Dann bekäme ich neue Konkurrenten als Thronfolger. Aber beide sind noch unerfahren. Pachacuti wird keinem von ihnen das Kommando anvertrauen, dessen bin ich mir sicher. Ach, wann kommen diese lahmen Schnecken von Baumeistern endlich. Hier in dieser Öde versauere ich noch ganz." Der Prinz spazierte schlecht gelaunt durch die Gassen der Siedlung und ließ seine Laune an allen aus, die nicht schnell genug vor ihm das Weite suchen konnten. Alle Einwohner des Dorfes wünschten sich sehnlichst die Ankunft der Baumeister herbei.

Endlich tauchte einer der Leibwächter Tupac Yupanquis auf und meldete das baldige Eintreffen der mit großer Ungeduld erwarteten Personen. Der Prinz marschierte ihnen auf der Straße entgegen, um sie zu größerer Eile aufzufordern. Als er sie erblickte, vergaß er vor Aufregung seine königliche Würde und rief ihnen schon aus der Ferne zu: „Los beeilt euch! Ich vergehe hier vor Langeweile, weil ihr so trödelt. Der Inka erwartet mich in der Hauptstadt." Die Baumeister verneigten sich vor dem hohen Herrn und stammelten einige Entschuldigungen. Dann schritten sie kräftig aus, um mit dem Thronfolger, der seine Ungeduld kaum noch zügeln konnte, mitzuhalten. Unverzüglich führte dieser die Festungsbauexperten zu der Stelle, wo nach Ansicht Contors und Ollantays der beste Platz für die Verteidigungsanlage war. Die Inka-Ingenieure besahen sich den Ort genau und fanden die kleine Anhöhe ebenfalls hervorragend geeignet, um hier die geplante Festung zu bauen. „So ist diese Angelegenheit erledigt", meinte Tupac Yupanqui zufrieden, „Curaca Contor wird alles Notwendige veranlassen, um euch beim Bau zu unterstützen. Gibt es Schwierigkeiten, sendet einen Kurier nach Cuzco. Ich verlasse mich auf euch, dass alles zur Zufriedenheit des Inka geschieht. Nun stärkt euch im Dorf und macht euch dann an die Arbeit. Ich aber muss mit meinem Gefolge zurück in die Hauptstadt. Endlich wartet wieder eine lohnende Aufgabe auf mich." Tupac Yupanqui verabschiedete sich kurz von Contor und brach dann mit seinen Leuten auf. In Eilmärschen ging es heim nach Cuzco.

Teil III.

Der Feldzug nach Norden

Im Thronsaal des Königspalastes hatten sich die Mächtigen Tahuantinsuyus versammelt. Inka Pachacuti saß auf seinem prächtig geschnitzten hölzernen Hocker, der mit weichen Decken und Tüchern gepolstert war. Er hatte darauf verzichtet, sich hinter einem Vorhang zu verbergen. Diesmal durften ihn alle Anwesenden, die meisten von ihnen waren ohnehin nahe Verwandte, sehen. Allerdings trug er das Zeichen seiner Macht, den Kopfschmuck Mascapaicha, der ihm ein besonders würdiges Aussehen verlieh. Das Thema, um das sich die heutige Besprechung drehte, war der bevorstehende Feldzug. Tupac Yupanqui durfte als Thronfolger auf einem kleinen Hocker zu Füßen seines Vaters sitzen, die anderen Würdenträger des Reiches standen im Saal und blickten ihren Herrscher an. Jeder von ihnen hatte seinen kostbarsten Schmuck angelegt und deshalb strahlte und funkelte es, wohin man sein Auge wandte. Auch Ollantay befand sich unter den Geladenen. Er freute sich, dass er sich unter die besten Heerführer des Reiches mischen durfte. Das war für ihn, da er noch sehr jung war, eine besondere Auszeichnung. Zwar fühlte er einige neidische Blicke auf sich gerichtet, denn Inka Pachacuti förderte ihn noch intensiver, da er Tupac Yupanqui auf der Inspektionsreise nach Antisuyu das Leben gerettet hatte, aber er genoss es auch, sich hier im Thronsaal zu befinden und die Anordnungen des Inka aus nächster Nähe zu hören. Alle warteten gespannt darauf, was ihnen der Herrscher verkünden würde. Kein Laut störte die Ruhe in dem großen Raum, der von einer riesigen Sonnenscheibe beherrscht wurde, die alles in ein goldenes Licht tauchte, was als gutes Omen angesehen wurde, denn Inti wachte über seine Söhne und beschirmte sie mit seinen Strahlen. Ollantay verschlang alle Eindrücke mit seinen Augen und war fasziniert von der Pracht, mit der sich der Inka umgab.

Plötzlich ertönten Trommeln und Flöten, und die Aufmerksamkeit der Anwesenden richtete sich auf den Herrscher. Mit seiner wohlklingenden Stimme begann Pachacuti zu sprechen: „Ihr wisst alle, warum wir uns heute versammelt haben." Einige der höchsten Würdenträger nickten, und der Inka sprach weiter: „Unsere Nordgrenze wird seit geraumer Zeit immer wieder durch die Vorstöße der Chincha verunsichert. Lästigen Wespen gleich stoßen sie von ihrem Küstengebiet in unser Reich, plündern die Dörfer, vernichten die Ernten, brennen die Lagerhäuser nieder und töten die Menschen. Diesem schändlichen Treiben will ich nicht länger zuschauen. Eine Gesandtschaft, die ich vor Monaten zu den Chincha geschickt habe, damit die Missstände abgestellt und die Schuldigen ausgeliefert werden, wurde verhöhnt und ist unverrichteter Dinge wieder zurückgekehrt."

Erregtes und verärgertes Gemurmel erhob sich im Thronsaal. So eine Schmach durfte man nicht einfach hinnehmen, der Inka hatte recht. Ollantay schloss sich der Meinung der anderen an, die Chincha mussten bestraft werden, damit ein für alle Mal Ruhe und Ordnung wiederhergestellt wurde. Der verdiente Feldherr und Bruder des Herrschers, Capac Yupanqui, schrie erbost in die Runde: „Das bedeutet Krieg! Wir müssen die Chincha leeren, sich nicht ungestraft an unseren Leuten und an unserem Besitz zu vergreifen. Wir müssen ihr Reich erobern und das Gebiet der Chincha zu einer Provinz Tahuantinsuyus machen, die den Oberbefehl des Inka anerkennt!" Worte der Zustimmung folgten dem Gefühlsausbruch Capac Yupanquis. Alle Gesichter, in die Ollantay blickte, drückten den Wunsch nach Rache und Vergeltung aus. Er selbst wurde von einer Woge der Begeisterung ergriffen und wünschte sich in diesem Augenblick nichts sehnlicher, als seine Waffen zu nehmen und gegen die Chincha zu kämpfen. Wenn es sein musste, wollte er den Feinden auch alleine gegenübertreten. So schrie er mit der Menge mit und merkte erst viel später, was er eigentlich rief: „Krieg! Nieder mit den Chincha! Krieg!" Im Rhythmus der Trommeln wurden die Worte in den Saal hineingeschleudert, dem Inka entgegen, der auf seinem Thron saß und mit keiner Miene verriet, ob ihm dieses Schauspiel gefiel oder nicht. Da richtete Pachacuti seinen Blick nach oben und mit einem Male versiegte der Lärm. „Auch ich, der regierende Inka, habe den Entschluss gefasst, die räuberischen Chincha in die Schranken zu weisen. Noch heute wird ein Bote, ein Cachasca, zu ihrem König gesandt, der ihnen unsere Kriegserklärung bringen wird." Unbeschreiblicher Jubel folgte den Worten des Herrschers. Alle brannten darauf, in den Krieg zu ziehen und die frevelhaften Feinde zu besiegen. Der Inka fuhr, als sich der Lärm gelegt hatte, mit seiner Rede fort: „Weitere Kuriere gehen zu unseren Verbündeten, zu unseren Vasallen und in alle Provinzen des Reiches ab. Alle verfügbaren Krieger sollen eintreffen, wenn der Mond seinen Lauf wieder vollendet hat und als volle Scheibe auf Tahuantinsuyu herniederblickt. Den Oberbefehl über die Truppe bekommt mein Bruder Capac Yupanqui. Ich verleihe ihm dazu den Rang eines ‚Apo Quisquay'. Zu seinem ersten Stellvertreter ernenne ich General Huayna Yupanqui und zu seinem zweiten Stellvertreter Prinz Apu Yanqui. Mein Sohn und Thronfolger Tupac Yupanqui wird das Heer begleiten, um Erfahrungen im Krieg zu gewinnen. Inti möge unserem Unternehmen seinen Segen schenken." Der Inka beendete seine Ansprache und sofort ergriff Capac Yupanqui das Wort. Er verneigte sich vor dem Herrscher: „Ich danke dir, großer Inka, dass du mir wieder das Vertrauen ausspricht und mich zum Oberbefehlshaber ernannt hast. Mit deiner Erlaubnis werde ich mich unverzüglich daran machen, alle notwendigen Befehle zu geben, damit wir zum vorgegebenen Zeitpunkt abmarschbereit sind." Der Inka gab ihm durch ein Zeichen zu verstehen, dass er sogleich mit den nötigen logistischen Arbeiten beginnen konnte. Dann erhob sich Pachacuti und verließ den Thronsaal, begleitet von seinem Sohn Tupac Yupanqui, der ein bisschen enttäuscht und traurig war, nicht selbst den Oberbefehl über die Nordarmee bekommen zu haben.

In den nächsten Tagen herrschte in Cuzco geschäftiges Treiben. Ständig wurden Boten ausgesandt oder es kamen welche in die Hauptstadt. Aus den umliegenden Provinzen trafen bereits die ersten Soldaten in der Metropole ein. Die Krieger erhielten den Befehl, nicht in der Stadt selbst Quartier zu beziehen, sondern auf den weiten, ebenen Flächen vor den Mauern. So entstand dort binnen kürzester Zeit eine imposante Zeltstadt, die immer größer wurde und schließlich einen Zelt-Wald bildete, der bis zum Horizont reichte. Da man nach Norden marschierte, kamen die Truppen aus der Nordprovinz nicht nach Cuzco. Sie würden unterwegs zum Inka-Heer stoßen. Die Männer saßen nicht untätig im Lager herum, sondern sie übten jeden Tag fleißig den Gebrauch der Waffen, das Überqueren von Wasserläufen, das Erstürmen von Festungen und die Übermittlung von Meldungen mittels Rauchsignalen. Alle paar Tage fand darüber hinaus ein längerer Marsch statt. Capac Yupanqui wollte nichts dem Zufall überlassen und so mussten die Soldaten hart trainieren. Noch so eine schmachvolle Niederlage wie in den Niederungen des Regenwaldes wollte er nicht mehr erleiden.

Ollantay machte die Übungen des Heeres begeistert mit. Doch nicht nur er und die meisten Anführer des Heeres freuten sich über die Möglichkeit, Ruhm und Ehre zu gewinnen, sondern auch die einfachen Krieger brannten darauf, sich zu bewähren, um Verdienste zu erwerben, die dem einen oder anderen den Aufstieg in eine höhere Gesellschaftsschicht ermöglichen konnten. So kämpfte der „Auca Runa", wie der gemeine Soldat im Inka-Heer genannt wurde, in den Kriegen seines Königs auch für sich selbst. Die meisten Soldaten waren noch unverheiratet, denn die Erlaubnis zur Heirat bekam ein männlicher Bürger erst, nachdem er an einem Feldzug teilgenommen hatte. Soldaten, die sich im Kampf besonders hervortaten, errangen nicht nur eine höhere Gesellschaftsstellung, sondern erhielten auch Auszeichnungen, in der Regel schildförmige Ehrenzeichen aus Metall oder zuweilen auch aus Gold. Im Gegensatz zu diesen Ehrenzeichen, die im ganzen Reich nach denselben Vorschriften verliehen wurden, gab es im Heer keine einheitliche Uniform. Die Männer zogen im Wesentlichen in dem gleichen Gewand in den Krieg, das sie auch im normalen Leben in ihrem Ayllu trugen – kurze Kniehosen, „Huara" genannt, die zugleich ein Zeichen des erwachsenen Mannes waren, und „Unco" genannte ärmellose Hemden. Lediglich als Kopfschutz trugen sie zusätzlich Helme aus Leder oder Korbgeflecht, häufig mit farbigen Federbüschen geschmückt. Ihre Füße waren durch gute Opanken geschützt, ihr Körper mitunter durch einen festen, wattierten und gesteppten Mantel, der bei kaltem Wetter auch als Wärmeschutz Verwendung fand.

Die Heereseinheiten der einzelnen Ayllu und zuweilen auch die Armeekorps der einzelnen Provinzen waren üblicherweise in einer bestimmten Waffenart ausgebildet. Angriffswaffen der Soldaten im Reichsheer waren vor allem Steinschleuder, Streithammer und Keule mit Stein- oder Metallknauf, Speer oder Lanze. Die Steinschleudern der Krieger waren aus Wolle, Leder, manchmal auch aus Pflanzenfasern gefertigt. Die Soldaten schleuderten mit dieser überaus treffsicheren Waffe etwa hühnereigroße Steine an die dreißig Meter weit.

Im Nahkampf führten die Soldaten Tahuantinsuyus vor allem den Streithammer. Am gebräuchlichsten war die „Makana", ein Streitkolben mit sechskantigem, sternförmigem Knauf aus Stein, zuweilen aber auch aus Bronze, der eine Art Morgenstern darstellte. Auch die meist etwa zwei Meter langen Speere der Inka hatten im Feuer gehärtete Metallspitzen. Die wichtigste Verteidigungswaffe war ein viereckiger oder kreisrunder Schild, mit Hirsch- oder Tapirleder bespannt. Der Schild des Inka-Kriegers war stets mit Farben verziert, die die Heereseinheit anzeigte, der der Streiter angehörte.

Die Militärorganisation entsprach der Organisation des Staates und der Gesellschaft. Die zehn Mann zählenden Züge oder Scharen sowie hundert Mann zählende Kompanien wurden von den einzelnen Gemeinden aufgestellt. Höhere Truppeneinheiten waren das Bataillon (tausend Mann), das Regiment (zweitausendfünfhundert Mann), die Brigade (die aus zwei Regimentern bestand und somit fünftausend Mann zählte), die Division (zehntausend Mann) und schließlich das Armeekorps, das von einer ganzen Provinz aufgestellt wurde und etwa vierzigtausend Soldaten zählte. Oberster Befehlshaber der Armee Tahuantinsuyus war natürlich der Inka. Für den Feldzug nach Norden, der bevorstand, war der Bruder des Herrschers, Capac Yupanqui, zum Oberbefehlshaber ernannt worden und hatte den Rang eines „Apo Quisquay" verliehen bekommen. Die erwähnten Armeekorps wurden von einem „Aposquin Rantin", die Regimenter von einem „Hatun Apos" kommandiert. Der Thronfolger Tupac Yupanqui erhielt den Befehl über ein Armeekorps und er ernannte Ollantay zum Führer eines seiner Regimenter.

Capac Yupanqui hatte als Oberbefehlshaber logistisch hervorragend für die kämpfende Truppe vorgesorgt. Die Marschroute nach Norden war so geplant, dass die Krieger immer an gefüllten staatlichen Magazinen vorbeizogen, aus denen die Truppen mit allen nötigen Vorräten versehen wurden – vor allem mit Lebensmitteln wie den „Chuno"-Dörrkartoffeln und getrocknetem Lamafleisch. Der Apo Quisquay hatte in den vergangenen Tagen und Wochen auch eine große Anzahl von Wasser- und Proviantträgern organisiert, die mit der Armee nach dem Chincha-Gebiet marschierten. Außerdem zog auch eine tausendköpfige Lamakarawane mit, die Proviantvorräte, Reserveausrüstungen und Waffen trugen. Der hervorragende Zustand der Reichsstraßen garantierte der Nord-Armee ein schnelles Operieren. Nichts blieb dem Zufall überlassen, alles war perfekt vorbereitet.

Zum festgelegten Termin waren an die hunderttausend Soldaten zum Abmarsch bereit. Am Vortag des geplanten

Aufbruches versammelten sich der Inka, der Hohepriester Intis und die hohen Heerführer vor dem Sonnentempel, um den Göttern ein Opfer darzubringen. Das schwarze Lama, das geopfert wurde, verhieß einen günstigen und siegreichen Verlauf des Feldzuges. Pachacuti war mit dem Omen zufrieden und auch Capac Yupanqui atmete erleichtert auf, hatte ihn doch ein seltsamer Traum geplagt, in dem ihn ein Glühwürmchen in ein Grab zog. Er befürchtete daher seinen Tod. Doch die gute Prophezeiung wischte die Ängste des Oberbefehlshabers weg. Die Würdenträger opferten danach noch mehrere Tiere und Vögel, um die Macht der feindlichen Götter zu schwächen.

Ollantay war fasziniert von der geheimnisvollen Zeremonie im größten Heiligtum Cuzcos. Immer wieder hielt er sich vor Augen, dass er in diesem Krieg zu den Anführern des Heeres gehörte. Stolz blickte er seinen Freund Tupac Yupanqui an. Beide nahmen sich vor, dem Feind so viel Schaden zuzufügen, dass die Chincha noch nach vielen Jahren mit Schaudern von den Heldentaten der jungen Inka erzählen würden. Trotz des Erfolg versprechenden Opfers im Sonnentempel suchte der Herrscher mit seinen Offizieren noch den Tempel von Pachacamac auf, um auch dem Schöpfergott seine Ehre zu erweisen. Auch hier fiel die Vorhersage der Priester äußerst günstig aus. Einem erfolgreichen Feldzug stand nun nichts mehr im Weg. Inka Pachacuti ließ sich anschließend in seiner königlichen Sänfte auf das Feld vor die Stadt tragen und ermunterte die Krieger, tapfer und mutig zu kämpfen. Nach einem kleinen Rundweg im Zeltlager wünschte er Capac Yupanqui und auch seinem Sohn, dem Thronfolger, alles Gute und zog sich in seinen Palast zurück.

Früh am nächsten Morgen marschierte das Heer im Takt, der von Trommelschlägen vorgegeben wurde, ab und schlug den Weg nach Norden ein. Capac Yupanqui achtete streng auf Disziplin und befahl seinen Offizieren, die vorgegebenen Regeln zu überwachen und fahrlässige Männer sofort und unnachgiebig zu bestrafen. Bei den Einheiten, die in den Krieg zogen, durfte niemand aus dem Glied treten, sonst drohte ihm die Todesstrafe. Daneben war es ebenfalls verboten, von den Bewohnern der Gebiete, durch die man marschierte, Lebensmittel zu requirieren, ja, nicht einmal Wasser durften die Soldaten von den Zivilisten verlangen.

Ollantay schritt neben der Sänfte einher, in der Tupac Yupanqui getragen wurde. Der riesige Heerwurm bot ein überwältigendes Schauspiel. So weit das Auge reichte, sah man nur marschierende Inka-Soldaten. In Reih und Glied zogen sie gleichmäßig dahin, begleitet vom Schlag der Trommeln und den schrillen Tönen der Signalpfeifen. Der Prinz wäre gerne mit den Soldaten auf der Straße marschiert, doch hier musste er als Anführer eines Armeekorps Haltung bewahren und die königliche Fortbewegungsart in Anspruch nehmen. Nach ein paar Tagen eintönigen Marsches, der diesmal auch nicht durch eine beschädigte Brücke unterbrochen wurde, war dem Thronfolger langweilig. Darum verlangte er immer wieder nach seinem Freund, der ihm von den Vorgängen auf der Reichsstraße berichten musste. Die Männer hatten sich bisher hervorragend gehalten und die Stimmung war noch immer ausgezeichnet. Alle sehnten sich schon danach, endlich das Gebiet des Feindes zu erreichen.

„Gestern ist es ein bisschen mühsamer vorangegangen", berichtete Ollantay dem Prinzen, „denn der starke Regen hat die Sandpisten in schlammige Pfade verwandelt. Auf den gepflasterten Straßen hingegen hat man sehr genau aufpassen müssen, damit man nicht ausrutscht. Aber heute scheint wieder die Sonne und alle sind guten Mutes." „Warum geht es nicht schneller?", beschwerte sich Tupac Yupanqui. „Ich möchte endlich die Sänfte verlassen. Das darf ich allerdings erst, wenn eine Schlacht geschlagen wird. So hat es mein Vater angeordnet und ich muss mich seinem Befehl beugen." Ollantay versuchte den Freund zu beruhigen: „Capac Yupanqui weiß schon, was er zu tun hat. Der Vormarsch darf nicht zu anstrengend werden, damit die Kampfkraft der Männer nicht leidet. Lieber ein oder zwei Tage länger marschieren und dafür siegen. Erinnere dich nur an die Erlebnisse von Contor im Urwald des Urubamba. Wir haben im

Gegensatz dazu das Glück, lange in den Bergen bleiben zu können. Hier sind wir wenigstens vor den giftigen Pfeilen der Urwaldindianer sicher und werden auch von keinen wilden Ungeheuern bedroht."

In der Tat bewegte sich das Inka-Heer auf einer Hochebene dahin, die von majestätischen Bergen eingerahmt war. Kleine Dörfer, manchmal auch größere Städte säumten den Weg und links und rechts der Reichsstraße breiteten sich unzählige, auf den Berghängen terrassenförmig angelegte Felder aus, die vom Fleiß der Einwohner zeugten. Das Land war trocken, aber von einer rauen Schönheit erfüllt.

Unterwegs gesellten sich neue Einheiten zum Heer und vergrößerten die Nordarmee. Capac Yupanqui war mit dem problemlosen und zügigen Vormarsch zufrieden. Diesmal bewegte er sich wieder auf vertrautem Terrain und nicht im fieberverseuchten Urwald. Er würde diesmal den Herrscher nicht enttäuschen und als Sieger nach Cuzco heimkehren, das hatte er sich fest vorgenommen. Der Oberbefehlshaber fühlte tief im Herzen einen schwelenden Konflikt mit seinem Bruder, der nach seiner Niederlage gegen die Indianer im riesigen Amazonas-Wald begonnen hatte. Capac Yupanqui war sich sicher gewesen, in Ungnade gefallen zu sein, als er nach der schmerzenden Niederlage vor Pachacuti hatte treten müssen. Doch dieser hatte ihm verziehen. Aber nach der Absetzung Amarus als Thronfolger war das Verhältnis zwischen den Brüdern spürbar abgekühlt. Capac Yupanqui ahnte, dass ihm sein Bruder zürnte, weil er zu den treibenden Kräften gehört hatte, die die Absetzung Pachacutis Lieblingssohn erzwungen hatten. Noch eine Niederlage oder ein Versagen, das wusste der Oberbefehlshaber, würde ihm der Inka nicht mehr nachsehen. Darum freute er sich über den reibungslosen Marsch nach Norden, einem Feind entgegen, den er in seiner Fantasie schon oftmals besiegt hatte.

Der Tagesablauf war schon zur Routine geworden. In der Früh wurden die Männer geweckt, dann bauten diese das Lager ab, verstauten die Gerätschaften auf den Lamas, nahmen ein einfaches Mahl zu sich und der Marsch begann. Am frühen Nachmittag errichtete man das Zeltlager, übte ein wenig mit den Waffen, verköstigte sich, stellte Wachen auf und begab sich zur Ruhe. Ollantay beaufsichtigte dabei sein Regiment, das er bei den Waffenübungen mehr forderte, als bei den anderen Einheiten üblich war, um bei Einbruch der Dunkelheit seinem Korpskommandanten Tupac Yupanqui einen täglichen Bericht zu erstatten. Heute wurde er von seinem Freund und Vorgesetzten bereits dringend erwartet, denn kaum hatte er das Zelt betreten, ergriff dieser schon das Wort: „Ein Bote von Capac Yupanqui war vor wenigen Augenblicken bei mir. Er erwartet mich in seinem Zelt zu einer Lagebesprechung. Du als mein Stellvertreter wirst mitkommen. Lass uns gleich aufbrechen!" Die beiden verließen das Zelt und gingen, von ein paar Leibwächtern begleitet, durch das ruhende Lager. Friedlich grüßten die Sterne vom Firmament und eine kühle Brise von den schneebedeckten Gipfeln fuhr ihnen in das Gesicht. Sie hüllten sich in ihre warmen Umhänge und hingen eigenen Gedanken nach, was die kommende Unterredung mit sich bringen würde.

Vor dem geräumigen Zelt des Oberbefehlshabers hielten Soldaten Wache. Einer von ihnen begab sich sofort in das Innere, als er den Sohn des Inka erkannte. Wenige Augenblicke später tauchte er auch schon wieder auf und bat die beiden jungen Männer einzutreten. Capac Yupanqui saß auf einem Hocker und hielt einen Becher Chicha in der Hand. Die beiden Stellvertreter des Befehlshabers und die übrigen Führer der Korps waren ebenfalls anwesend, standen um ihren Kommandanten herum, unterhielten sich leise miteinander und tranken Chicha. Ihre Köpfe fuhren herum, als die beiden jungen Männer das Zelt betraten. Tupac Yupanqui und Ollantay begrüßten den Anführer und die übrigen hohen Offiziere. Der Oberbefehlshaber bat die Neuankömmlinge zu sich und ein Diener reichte jedem von ihnen ein Gefäß mit Chicha.

„Da wir nun alle versammelt sind", begann Capac Yupanqui, „möchte ich zuerst den Göttern für ihren bisherigen Beistand danken." Er fuhr mit einem Finger in den Becher und versprühte ein paar Tropfen Chicha zum Wohle der Götter und fuhr danach fort: "Alle Krieger sind gesund, keine Seuche ist ausgebrochen. Das ist wichtig, denn so bleibt die Kampfkraft des Heeres erhalten. Zwei wichtige Dinge möchte ich euch mitteilen. Zum einen habe ich einen Cachasca zu den Rukano entsandt. Dieses Volk leidet noch mehr als wir unter den Angriffen der Chincha. Die Rukano sollen sich unter die Schirmherrschaft des Inka begeben. Unterwerfen sie sich uns freiwillig, werden wir ab nun Richtung Westen marschieren und in die Küstenregionen hinabsteigen, um das Gebiet der Rukano für Tahuantinsuyu in Besitz zu nehmen. Weigern sie sich, die Oberherrschaft der Sonnensöhne anzuerkennen, überziehen wir zuerst dieses Volk mit Krieg. Wir können es uns nämlich nicht leisten, beim Marsch gegen die Chincha unsere linke Flanke ungesichert zu lassen. Ich erwarte aber, dass sich die Rukano unterwerfen werden, denn mit den Chincha werden sie sich nicht verbünden, dazu haben die Chincha zu viele Gräueltaten an ihnen begangen. Eine Einheit der Rukano wird uns dann voraussichtlich verstärken. Die zweite wichtige Botschaft lautet, dass wir morgen auf ein Armeekorps der Chanca treffen werden. Sie waren unsere Feinde, doch Inka Pachacuti hat sie vor Jahren, wie ihr alle wisst, vollständig besiegt. Die Chanca sind daher die Untertanen des Inka und müssen bei Kriegen Hilfstruppen zur Verfügung stellen. Angeführt werden die Chanca von Prinz Anco Ayllu, dessen Schwester sich hier bei mir in meinem Zelt befindet." Capac Yupanqui ging einige Schritte zurück und schob einen kleinen Vorhang beiseite. "Das hier ist Prinzessin Cori Accla, seit einiger Zeit auch meine neue Nebenfrau." Ein bezauberndes Geschöpf trat aus dem Versteck hervor. Alle waren von ihrer Schönheit und Anmut fasziniert. Die Vorbehalte der Männer, dass zu ihren Verbündeten auch die Chanca gehörten, waren bei ihrem Anblick wie weggeblasen. Man konnte sehen, dass Capac Yupanqui stolz auf seine junge Geliebte war. "Hat jemand von euch noch eine Frage?", wollte der Oberbefehlshaber wissen. Da dies nicht der Fall war, entließ er die hohen Offiziere, um sich seiner schönen Nebenfrau widmen zu können.

„Komm her, meine goldene Auserwählte!", flüsterte Capac Yupanqui und zog Cori Accla ganz nahe zu sich. Er streichelte mit seinen Fingern gefühlvoll über ihre Wangen und blickte dabei in ihre strahlenden Augen. „Du hast schon wieder alle in deinen Bann gezogen", sprach er dann weiter, „wie dich meine Offiziere angestarrt haben. Zuerst wollten sie noch gegen euch Chanca aufbrausen, doch als sie dich erblickten, vergaßen sie ihre Einwände. Dafür muss ich dich küssen." Er umarmte sie und drückte ihre Brust ganz nahe an die seine. Dann beugte er sich leicht zu ihr hinunter und streifte mit seinem Mund ihre Stirn. Langsam ließ er seine Lippen über ihre Augen gleiten, wanderte zu ihrer Nase und zu ihren Wangen und erreichte schließlich ihre vollen Lippen. Mit der Zunge öffnete er vorsichtig ihren Mund und küsste sie tief und leidenschaftlich.

Er warf sie auf die weichen Wolldecken der Bettstatt und legte sich neben sie. Seine Hände wanderten über ihre Wangen den Hals hinunter bis zu ihren Brüsten. Keuchend ergriff er zuerst die linke Brust, drückte sie und spürte durch das Gewand hindurch, wie prall und fest sie war. Nun legte er die Hand auf ihre rechte Brust und fühlte wiederum ihr Frauentum. Capac Yupanqui wollte sich nicht länger beherrschen. Er schob Cori den Kittel über den Kopf und zog sich anschließend ebenfalls rasch aus. Sie lag auf den weichen Decken und er konnte sich an ihrem ebenmäßigen Körper nicht sattsehen. Die Brüste wölbten sich hervor wie zwei reife Kürbisse und fünf Handbreit darunter breitete sich ein einladendes, dunkles Dreieck aus. Sein Glied war längst steif und richtete sich weit auf. Nachdem er ihren Körper einige Zeit lang betrachtet hatte, legte er sich auf sie und seine pralle Männlichkeit forderte den Einlass in ihre Liebeshöhle. Sein Liebesspeer fand den feuchten Eingang und drängte sich sogleich tief hinein. Rhythmisch begann er sich auf und ab zu bewegen und sie passte sich seinen Stößen an, wölbte ihm ihr Becken entgegen und umfing sein Glied mit ihrer weichen Höhlenwand. Capac fing an zu stöhnen, sie wusste, was sie zu tun hatte. Mit einer geschickten Bewegung drehte sie sich seitwärts und kletterte auf ihn. Begeistert weiteten sich seine Augen, als sie vorsichtig auf ihm zu reiten begann, langsam zuerst, dann immer schneller. Er musste still liegen bleiben, denn sie steigerte sich jetzt zu einem wahren Liebesritt, der schließlich in einem ekstatischen Ausbruch beider ihren Höhepunkt fand. Selig lächelnd sackte sie auf ihm zusammen und kuschelte sich dann neben ihm unter die warme Decke. Auch Capac Yupanqui war zufrieden, mit sich, mit seiner Geliebten und mit der ganzen Welt. Beglückt und erschöpft zugleich schloss er die Augen und war schon wenig später eingeschlafen.

„Hast du den verliebten Blick von Capac Yupanqui gesehen?", fragte Tupac, als die beiden Freunde wieder im Zelt des Thronfolgers angekommen waren. „Da macht er sich über den verliebten Amaru lustig. Es sei eines Inkaprinzen nicht würdig, sich in eine Frau zu verlieben, hat er die ganze Zeit intrigiert. Und nun das! Er ist ja selbst bis an die Ohrspitzen verliebt. Noch dazu in eine Chanca. Das gefällt mir ganz und gar nicht. Wenn Prinz Anco Ayllu morgen mit seinen Truppen erscheint, heißt es gut aufpassen. Ich möchte nicht, dass die Chanca etwas gegen uns im Schilde führen. Hast du verstanden, Ollantay? Wir müssen Augen und Ohren des Inka sein und jeden Ungehorsam der Chanca sofort erkennen. Capac Yupanqui ist so verliebt, der würde selbst ein Lama mit einem Jaguar verwechseln." Die beiden Freunde lachten und versprachen sich gegenseitig, ab nun besonders vorsichtig und aufmerksam zu sein. Dann leerten sie noch einen Becher Chicha, tauschten Erinnerungen an den Feldzug ins Collo-Land aus und begaben sich dann ebenfalls zur Ruhe. Ollantay kontrollierte zuvor noch, ob alle Wachposten seines Regimentes ihren Dienst ordentlich versahen.

Am nächsten Tag erreichte das Inka-Heer die ehemalige Hauptstadt des Chanca-Reiches. In einer feierlichen Zeremonie hieß Prinz Anco Ayllu den Oberbefehlshaber der Sonnensöhne und den Thronfolger des Inka-Reiches willkommen. Argwöhnisch betrachteten sich die Krieger, deren Väter noch vor wenigen Jahren erbitterte Feinde gewesen waren. Doch seither hatten sich die Chanca ruhig verhalten und den Oberbefehl des Inka ohne zu murren ertragen. Auch jetzt beschwor Anco Ayllu die neue Waffenbrüderschaft und erklärte, dass seine Soldaten sehnlichst den Krieg gegen die Chincha erwarteten, hatten doch gerade die Chanca am meisten unter den Überfällen des Küstenvolkes zu leiden gehabt.

Ollantay bewunderte das disziplinierte Auftreten des neuen Verbündeten, dessen Soldaten ähnlich wie die Inka bewaffnet waren. Sein Vater Poma hatte ihm oft vom Angriff der Chanca auf Cuzco und vom heldenhaften Auftreten Pachacutis, der damals noch Prinz Cusi Yupanqui hieß, erzählt. Gegen eine riesige Übermacht hatten die Inka damals gewonnen, weil es gelungen war, heimlich in das Lager der Chanca einzudringen und die von diesen mitgeführte Mumie ihres Reichsgründers zu entführen. Dadurch war die Moral der Feinde entscheidend gesunken und die Inka hatten in den anschließenden blutigen Kämpfen das Schlachtfeld behauptet. Wie würden die Chanca nun auf Seiten der Inka ihren Mann in der Schlacht stellen? Das war die Frage, die nicht nur in Ollantays Kopf kreiste, sondern die sich auch Prinz Tupac Yupanqui und selbst der im fernen Cuzco weilende Herrscher stellten. Nur Capac Yupanqui vertraute ohne Vorbehalt auf die Kampfkraft der Chanca. „Natürlich tut er das", überlegte sich Ollantay, „ist doch seine Favoritin im Bett die Schwester dieses Anco Ayllu."

Mit vereinten Kräften verließ der riesige Heerwurm auf dem Weitermarsch langsam die Hochebene und stieg bergab in die tief liegenden Küstenregionen. Würde der Anblick des Meeres tatsächlich so erhaben und unvergesslich sein, wie sein Vater immer mit einem sehnsüchtigen Blick in den Augen geschwärmt hatte, dachte sich Ollantay. Er konnte sich eine endlose Wasserfläche, die so weit reichte, wie das Auge blicken konnte, einfach nicht vorstellen.

Heute war sein Regiment eingeteilt, die Vorhut zu bilden. Er hielt sich zumeist weit vorne auf, um sofort zu erkennen, wenn es Schwierigkeiten geben würde, denn man näherte sich der Grenze zu den Rukano. Ausgesuchte, pfeilschnelle Kundschafter und Spurenleser eilten dem Heer voraus, um achtzugeben, dass man in keinen Hinterhalt geriet. Plötzlich kam einer der Kundschafter zurückgelaufen und gestikulierte aufgeregt herum. Ollantay war sogleich bei ihm: „Was gibt es? Habt ihr Krieger der Rukano gesehen?", fragte er den Mann. „Ja, ja", antwortete dieser aufgeregt. „Wie viele Männer sind es? Planen sie uns in eine Falle zu locken oder haben sie sich zu einer Feldschlacht aufgestellt?", wollte Ollantay wissen, der jetzt ganz der umsichtige Regimentskommandant war. „Nein, es sind nur wenige Männer", teilte der Kundschafter mit, „und es sind auch Inka bei ihnen, das hat uns besonders stutzig gemacht. Sogar hohe Inka-Würdenträger müssen dabei sein, denn diese werden in Sänften getragen. Wir haben uns verborgen gehalten und sie einige Zeit beobachtet. Die Rukano scheinen nicht feindlich gesinnt, denn sie haben sich gegenüber unseren Leuten freundlich betragen. Schließlich bin ich zurückgeeilt, um Meldung zu machen. Wie sollen wir uns jetzt weiter verhalten?" Ollantay befahl: „Geh wieder nach vorne und beobachte die Männer weiter! Wenn sich etwas Außergewöhnliches ereignet, eile zurück und melde das sofort! Du kannst dich auf den Weg machen." Der Kundschafter verbeugte sich und rannte davon.

Ollantay winkte einen seiner Männer zu sich: „Du läufst so rasch wie möglich zu Prinz Tupac Yupanqui und überbringst ihm folgende Meldung: Eine Abordnung der Rukano nähert sich unserem Heer. In ihrer Begleitung befinden sich wahrscheinlich die Gesandten, die der Inka vor einiger Zeit zu ihnen geschickt hat. Das Verhalten der Rukano weist darauf hin, dass sie sich unserem Herrscher unterwerfen wollen. Hatun Apo Ollantay bittet Tupac Yupanqui, die Gesandten der Rukano empfangen zu dürfen. Hast du die Botschaft verstanden?" Der Bote bejahte dies, trotzdem ließ ihn Ollantay noch einmal den genauen Wortlaut der Nachricht aufsagen. Als dies zu seiner höchsten Zufriedenheit geschehen war, schickte er den Mann zum Thronfolger und wartete auf weitere Befehle.

In der Zwischenzeit eilte er ebenfalls nach vorne, um die sich nähernden Rukano selbst in Augenschein zu nehmen. Es handelte sich allem Anschein nach um hohe Würdenträger, denn sie waren prächtig gekleidet und trugen bunte, auffallende Kronen aus Vogelfedern. Ein paar unscheinbare Männer, die Lamas führten, begleiteten die Gesandtschaft. Bald würden die Vorausabteilung des Inka-Heeres und die Rukano zusammentreffen. Anscheinend hatten die Fremden die Kundschafter bemerkt, denn sie blieben plötzlich stehen und zeigten mit den Händen auf einen Felsen, der am Fuße eines Hügels lag. Dann bildeten sie einen Kreis, aus dem schließlich einer der Männer hervortrat und alleine die Straße weiterging. Ollantay erkannte den Mann als ein Mitglied der von Pachacuti zu den Rukano geschickten Abgesandten. Ollantay beordnete zehn Krieger zu sich und marschierte dem Mann entgegen. „Wie gut, dass wir euch schon hier treffen", rief ihm dieser schon von Weitem zu, „ich bin einer der Sonderbotschafter, die in das Reich der Rukano entsandt wurden, um diesen die freiwillige Unterwerfung anzubieten. Nach langen Beratungen mit seinen Würdenträgern hat der Fürst der Rukano beschlossen, die Oberherrschaft des Inka anzuerkennen. In unserer Begleitung befindet sich eine Abteilung hoher Adeliger, die nach Cuzco reisen wollen, um Inka Pachacuti als ihrem neuen Herrn zu huldigen. Die Rukano bitten darum, dass ihr Land vom unbesiegbaren Heer der Sonnensöhne verschont bleiben möge." Der Gesandte war während des Gesprächs weitergegangen und stand nun unmittelbar vor Ollantay, der den Inka-Beamten willkommen hieß und seinerseits Bericht erstattete, dass er bereits vor einiger Zeit eine Meldung zu Tupac Yupanqui geschickt hatte und auf dessen Antwort und Befehle wartete. „Unser Heer ist viele Tupu lang und ich weiß nicht genau, wo sich Prinz Tupac Yupanqui, mein Korpskommandant, befindet. Der Oberbefehlshaber des Heeres, Prinz Capac Yupanqui, ist vermutlich noch weiter hinten zu finden. Bis die Antwort meiner Vorgesetzten kommt, können noch viele Stunden vergehen. In der Zwischenzeit bitte ich die Rukano und die Inka-Gesandten meine Gäste zu sein und ein bescheidenes Mahl mit mir zu teilen."

Ollantay gab die entsprechenden Befehle und kurze Zeit später hatten seine Soldaten ein Zelt aufgebaut, in dem er die fremden Männer mit Fleisch, Früchten und Chicha bewirtete. Gleichzeitig schickte er neuerlich Boten zu seinen Vorgesetzten, damit diesen von der aktuellen Situation berichtet wurde.

Die Rukano blickten ein wenig misstrauisch, richtig geheuer kam ihnen die Sache nicht vor. Aber insgeheim begrüßten sie den Entschluss ihres Fürsten, sich den Inka kampflos zu unterwerfen, denn der Teil des mächtigen Heerbanns, den sie jetzt sehen konnten, flößte ihnen Furcht ein. Gut, dass sie nicht zu kämpfen brauchten, sie wären den Inka hoffnungslos unterlegen gewesen. Ihre Angst und Beunruhigung rührte daher, dass sie noch nicht wussten, ob die Inka sie als Gäste oder als Gefangene behandeln würden. Jedoch der Anführer der Inka-Gesandtschaft beruhigte sie und forderte sie auf, Salz und Chicha mit Ollantay zu teilen. Das sei ein Zeichen des Friedens. Gerne taten sie das und langsam legte sich ihre Nervosität.

Da hörte man Trommeln und Flötenmusik sich dem Zelt nähern. Ollantay trat ins Freie und erkannte zwei Sänften, die sich rasch in seine Richtung bewegten. Er sagte zu den Rukano: „Der Anführer unseres Heeres, Prinz Capac Yupanqui, und der Thronfolger von Tahuantinsuyu, Prinz Tupac Yupanqui, werden sogleich bei uns eintreffen. Ihre Sänften kann man dort schon erkennen." Er zeigte mit der Hand in die Richtung, aus der sich die höchsten Würdenträger des Inka-Heeres näherten.

Die beiden Inka-Prinzen boten den Rukano ein höchst eindrucksvolles Schauspiel, als sie sich zum Zelt tragen ließen. Erst nachdem die Träger die Sänften auf der Erde abgesetzt hatten, zogen sie die Vorhänge zurück und stiegen langsam und würdevoll aus. Alle Inka-Krieger warfen sich in den Staub, als sie die hohen Adeligen sahen und Ollantay und die Inka-Gesandten verneigten sich tief. Die Rukano schlossen sich sofort dem Vorbild der Soldaten an und legten sich ebenfalls bäuchlings auf den Boden, wollten sie doch keinen Fehler begehen und die Gunst der Prinzen erwerben. Capac Yupanqui war als Oberbefehlshaber des Heeres der Ranghöhere. Er betrat zuerst das Zelt, dann folgte ihm Tupac Yupanqui. Sie setzten sich auf zwei vorbereitete Hocker und dann erhielten die Rukano die Erlaubnis, sich zu erheben und ebenfalls das Zelt zu betreten. Ollantay und die Inka-Abgesandten folgten ihnen und stellten sich seitlich von ihren Befehlshabern auf. „Was führt euch nach Tahuantinsuyu?", fragte Capac Yupanqui, nachdem er die Gäste eine Zeit lang begutachtet hatte, „ich hoffe, ihr habt das Angebot unseres großmütigen Inka Pachacuti akzeptiert und wollt euch uns unterwerfen?" Dann forderte er den Anführer der Rukano auf, zu sprechen. Dieser kam dem Wunsch sogleich nach: „Wir Rukano grüßen dich, ehrwürdiger Capac Yupanqui, als den Stellvertreter des mächtigen Inka Pachacuti. Der Cachasca des Inka hat unserem Reich einen Besuch abgestattet und zahlreiche Geschenke mitgebracht. Dürfen wir euch eine kleine Gegengabe anbieten?" Daraufhin schritt er zum Zelteingang und schrie etwas zu seinen Lastenträgern. Sofort näherten sich diese dem Zelt und nach der Erlaubnis der Inka durften sie es betreten. Vor den beiden Prinzen legten sie ein paar kostbare Dinge nieder und verließen in gebückter Haltung, die Augen zur Erde gerichtet, wieder das Zelt. Der Sprecher der Rukano wies auf die Bündel, die vor ihm lagen, und sprach: „Hier haben wir einige bescheidene Gaben vorbereitet." Daraufhin reichte er sowohl Capac Yupanqui als auch Tupac Yupanqui kunstvolle Statuen aus Gold, die mit Edelsteinen reich verziert waren. Auch ein paar besonders weiche Decken aus flauschiger Wolle gehörten zu den Geschenken, dazu prächtige Kleidungsstücke, bunte und lange Vogelfedern, Stirnbänder, silberne Gewandfibeln und andere künstlerisch und handwerklich besonders gelungene Gebrauchsgegenstände.

„Wir möchten euch diese Dinge als Zeichen unserer großen Achtung vor den Taten der Sonnensöhne geben und bitten um freies Geleit nach Cuzco, um dem Inka unsere Unterwerfung anzubieten."

Capac Yupanqui zeigte sich über die Geschenke höchst erfreut, noch mehr aber über die Absicht der Rukano, die Herrschaft des Inka über ihr Reich anzuerkennen. Er bedankte sich bei den Abgesandten und lud sie zu Chicha ein. Dabei wurde er immer freundlicher und die ängstlichen Gedanken der Rukano verflogen allmählich. Nun gab Capac Yupanqui den Befehl, für die vornehmen Gäste ein Festmahl zu bereiten, das allerdings nicht in dem Zelt stattfinden sollte, sondern in der nächsten Ortschaft. Sofort wurde ein Bote losgeschickt, der dem Häuptling der Siedlung die nötigen Anweisungen überbrachte.

Während des Mahles erkundigten sich die Offiziere der Inka, welche Straßen das Heer durch das Gebiet der Rukano einschlagen sollte, um auf dem besten Weg das Land der Chincha zu erreichen. Die Rukano versprachen, den Sonnensöhnen ortskundige Führer zur Verfügung zu stellen. Außerdem wollten sie ihren Untertanen, die jetzt ja auch Untertanen der Inka waren, Anweisungen geben, entlang der geplanten Route Vorräte für die Soldaten bereitzustellen. Capac Yupanqui war einverstanden mit den Vorschlägen der Rukano. Sein Bruder in Cuzco konnte mit ihm zufrieden sein, das erste Ziel des Feldzuges, die unblutige Unterwerfung der Rukano war ein voller Erfolg. Nun würde der Angriff auf die Chincha noch leichter zu bewerkstelligen sein. Den Einwand seines Neffen Tupac Yupanqui, nun würden aber die Chincha vorgewarnt sein und ihre Verteidigung stärken können, wischte er mit einer Handbewegung beiseite. „Wir werden dieses lästige Küstenvolk zermalmen. Unser Heer ist so stark und mächtig, dass die Chincha schon beim Anblick unserer Soldaten flüchten werden. Wahrscheinlich werden wir nicht einmal kämpfen müssen, ich nehme an, auch die Chincha werden sich nun freiwillig unterwerfen." Ollantay hörte diese Argumente, er war sich nicht so sicher, kampflos siegen zu können. Die Schilderung der Gesandten, die von den Chincha verhöhnt worden und nur knapp mit dem Leben davongekommen waren, klang ihm noch in den Ohren. Nein, die Chincha waren keine Rukano, sie würden erbittert um ihr Leben und ihre Freiheit kämpfen, davon war Ollantay überzeugt.

Der Vormarsch der Inka ging nun durch das Rukano-Land. Ein paar ortskundige Rukano führten das Heer auf dem schnellsten Weg zur Grenze des Chincha-Staates. Die Straßen waren menschenleer und auch in den Ortschaften, die von den Soldaten durchquert wurden, ließ sich keine Menschenseele blicken, außer den Verantwortlichen, die den Inka die benötigten Vorräte abliefern mussten. Ollantay fühlte zwar unzählige verborgene Blicke auf sich gerichtet, wenn er und seine Männer gerade wieder durch ein Dorf oder eine Stadt marschierten. Die Hütten und Häuser waren verschlossen und hinter den Fensteröffnungen sah man nur eine dunkle Leere. Selbst die sonst so zahlreich umherlaufenden Hunde waren wie weggeblasen. Nichts erinnerte die Inka daran, dass die Siedlungen von Menschen und ihren Haustieren bewohnt waren. Nur die Vögel am Himmel und auf den Bäumen und Sträuchern sangen dieselben Melodien wie daheim in Tahuantinsuyu. Hin und wieder erkannte Ollantay oder einer seiner Soldaten in der Ferne, weit weg von ihrer Marschroute, Männer und Frauen, die auf den Feldern arbeiteten. Diese hielten in ihrer Arbeit inne, wenn sie das fremde Heer sahen, bereit, sofort zu flüchten und sich in den verwinkelten Höhenzügen zu verstecken. Doch Capac Yupanqui achtete auch hier im Rukano-Land auf strenge Disziplin, sodass die Durchquerung dieser neuen Provinz ohne nennenswerte Zwischenfälle verlief.

Vorsichtig arbeiteten sich Ollantay und zehn ausgesuchte Krieger durch das unwegsame Gelände nach vorne. Sie achteten, wohin sie ihre Füße setzten, denn jedes auch noch so leise Geräusch konnte ihre Entdeckung bedeuten. Das Land der Chincha war längst erreicht, nun konnte hinter jedem Baum, hinter jedem Strauch, hinter jedem Felsen Gefahr lauern. Noch hatten sich die Feinde nicht blicken lassen, was aber nicht hieß, dass sie nicht da waren. Die Grenzdörfer waren verlassen, nichts hatten die Bewohner zurückgelassen, was für die Inka von Nutzen hätte sein können. Aus den Erzählungen der Rukano wusste man, dass eine mächtige Festung bei der Stadt Parcos den Zugang zum Reich der Chincha schützte. Das Ziel Ollantays war es, diese Festung auszukundschaften. Er wollte herausfinden, wie viele feindliche Krieger dort lagerten und wie dieses Bollwerk beschaffen war. Bestand es ebenfalls aus Zyklopenmauern wie die uneinnehmbaren heimischen Festungen oder gab es vielleicht Schwachstellen, die man zu einem Angriff nutzen konnte? Das Armeekorps Tupac Yupanquis bildete noch immer die Speerspitze des Angriffs, und der Prinz hatte dem Regiment Ollantays den Befehl gegeben, alles militärisch Bedeutende über Parcos herauszufinden. Die Festung war das erste strategische Ziel, das man erobern musste, sollte der Feldzug gelingen. Aus diesem wichtigen Grund führte der Regimentskommandant selbst die zehn Männer an, denn er wollte die feindliche Festung mit eigenen Augen sehen und studieren.

Die Inka bewegten sich äußerst vorsichtig durch das für sie unbekannte Gebiet. Sie wollten auf keinen Fall einer feindlichen Patrouille in die Hände fallen. Da die zehn Männer gut ausgebildet waren, schlichen sie nicht die Straße weiter, sondern sie arbeiteten sich eine Hügelkette hinauf, um von der Höhe eine bessere Aussicht auf das umliegende Land zu bekommen. Doch nicht den Grat gingen sie entlang, sonst wären sie womöglich leicht auszumachen gewesen. Sie schlichen knapp unterhalb der Hügelkuppe durch das Gelände und nutzten geschickt jede kleinste Möglichkeit zur Tarnung aus. Die Gesichter hatten sie sich schon vor dem Aufbruch im eigenen Lager mit Schlamm eingerieben, um die Spiegelung der Sonnenstrahlen auf Stirn, Nase oder Wangen zu verhindern. Die langen Speere, die Schilde und die helmartigen Kopfbedeckungen hatten sie ebenfalls zurückgelassen, da sie diese an einem schnellen Vorwärtskommen gehindert hätten. Nur ihre Schleudern, ein paar Steine und ihre Messer trugen sie bei sich. Damit konnten sie feindliche Soldaten vielleicht kurz aufhalten, aber nicht entscheidend bekämpfen. Somit lautete ihre Devise: Selbst viel sehen, aber ja nicht gesehen werden! So bewegten sich die Männer vorsichtig immer näher an die Anhöhe heran, auf der die Festung von Parcos errichtet worden war.

Endlich konnten sie ihr Ziel mit eigenen Augen sehen. Ollantay atmete tief durch, denn die Feste überragte als starkes und bestens geschütztes Bollwerk das Tal. Die Mauern waren zwar nicht so mächtig und unnahbar wie die von Sacsayhuaman, aber dennoch beeindruckend und furchteinflößend für jeden Angreifer. Vor den Mauern, die gut die Länge von drei Männern aufwiesen, und innerhalb des Befestigungskomplexes herrschte reges Treiben. Unzählige Lamas transportierten allerlei Waren in die ringförmig angelegte Anlage, die nur eine schmale Straße als Zugangsweg aufwies. Zusätzlich gesichert wurde die Festung durch die steilen Flanken des Hügels, auf dem sich das Bauwerk erhob. Dieses Bollwerk zu knacken würde das Inka-Heer vor ein schwieriges Problem stellen. Ollantay erkannte nicht nur die natürlichen Hindernisse, die einen Angreifer abschrecken mussten, sondern er stellte auch eine große Anzahl von Kämpfern innerhalb der Mauern fest. Umgehen ließ sich die Festung nicht, das hätte eine zu große Bedrohung im Rücken des Heeres bedeutet. Wie ein Angriff versucht werden sollte, müsste der Oberbefehlshaber entscheiden, der in solchen Angelegenheiten schon große Erfahrung mitbrachte.

Die Ortschaft Parcos hingegen schien fast zur Gänze verwaist. Die meisten Bewohner hatten ihren Heimatort vor den anrückenden Inka fluchtartig verlassen. Ollantay und seine Begleiter beobachteten in der Ferne viele Menschen auf der Straße, die ihre Habe vor den Feinden in Sicherheit zu bringen suchten. „Wenigstens die Häuser kann man als Unterschlupf verwenden", überlegte sich Ollantay, „wenn ein Sturmangriff nicht erfolgreich ist und eine anschließende Belagerung sich in die Länge ziehen wird." Die Inka-Späher beobachteten Ort und Festung weiter, um vielleicht doch noch eine Schwachstelle zu finden. Als die Dunkelheit einbrach, gab Ollantay das Zeichen für den Aufbruch. Nun musste man ebenso vorsichtig wie beim Anschleichen den Rückweg zum eigenen Lager antreten.

Im Gänsemarsch bewegten sich die Männer dahin, vorsichtig darauf achtend, kein Geräusch zu verursachen. Da es rasch dunkler wurde, war es äußerst schwierig, kleinen Zweigen oder Büschen auszuweichen. Langsam schlichen die Soldaten durch die Dunkelheit, immer wieder blieb der Vordermann stehen, um zu erkunden, ob man den nächsten Schritt ohne Gefahr wagen konnte. Lautlos wie die Tiere der Nacht bewegten sie sich durch das Gelände. Der letzte Mann in der Reihe verwischte sorgfältig die kaum sichtbaren Spuren, die sie auf dem steinigen Boden hinterließen. Die zehn Männer, die Ollantay für den Spähtrupp ausgewählt hatte, verstanden ihr Handwerk. Niemand würde morgen feststellen können, dass sich ein Trupp der Inka der Festung bei Parcos auf Sichtweite genähert hatte.

Plötzlich hörten sie vor sich ein leises Geräusch. Sofort warfen sich die Männer auf den Boden und spähten in die Richtung, aus der der Laut gekommen war. Sie wagten kaum zu atmen, trotzdem kam es Ollantay vor, als ob sein Herzschlag verräterisch laut wäre. Er lauschte und spähte angestrengt in die Dunkelheit, um irgendetwas zu erkennen. Da wieder, ein dürrer Zweig knackte kaum hörbar ungefähr eine Schleuderschussweite vor ihnen. Da bewegte sich jemand auf sie zu. Wer konnte das sein, fragten sich die Männer, Freunde oder Feinde? Ganz tief duckten sich die Inka auf den kalten, steinigen Boden. Trotz der nächtlichen Kühle spürte Ollantay, wie ihm der Schweiß über die Stirn rann. Er spannte alle seine Muskeln an, bereit aufzuspringen und zu kämpfen, falls es nötig sein sollte. Da, jetzt konnte er ganz schemenhaft die Umrisse von fünf Männern erkennen, deren Silhouetten sich im fahlen Mondlicht abzeichneten. Die fünf Unbekannten bewegten sich ebenfalls vorsichtig durch das nächtliche Gelände. Das konnten nur Späher sein, entweder eigene Leute oder feindliche Chincha, die das Inkalager ausspioniert hatten. Ollantay klopfte seinem rechten Nachbarn leise ein paar Zeichen auf den Rücken. Dieser verstand sofort, worum es ging, und gab das Zeichen blitzschnell an seinen Nebenmann weiter. In Windeseile wussten die zehn Inka, was ihr Anführer vorhatte. Als die fünf Männer nahe genug bei ihnen waren, schnellten sie in die Höhe und packten die verdutzten Krieger, die nicht mehr in der Lage waren, auf den unerwarteten Angriff zu reagieren. Erschrocken ergaben sie sich ihrem Schicksal. Die Inka fesselten ihnen sogleich die Hände und knebelten sie. Erst danach machte man sich an die Aufgabe festzustellen, um wenn es sich bei den nächtlichen Unbekannten eigentlich handelte. Wie Ollantay vermutet hatte, war es ein feindlicher Spähtrupp, der ihnen in die Hände gefallen war. Die Chincha erschraken und zitterten am ganzen Körper, als sie erkannten, von wem sie überwältigt worden waren. Die Inka hingegen frohlockten, das war ein wertvoller Fang, der ihnen die Eroberung der Festung erleichtern könnte. Trotzdem hieß es weiterhin vorsichtig zu sein, vielleicht waren noch mehr Feinde in der Nähe. Die Gefangenen weigerten sich, darüber eine Auskunft zu erteilen. Erzürnt darüber ließ ihnen Ollantay die Beine so eng zusammenbinden, dass sie nur winzige Schritte machen konnten. Außerdem drohte er ihnen an, sie bei der kleinsten verdächtigen Bewegung oder falls sie absichtlich Lärm verursachen würden, sofort töten zu lassen. Mit den Gefangenen verzögerte sich der Rückweg beträchtlich und sie erreichten das eigene Lager erst, als der Mond seinen Zenit schon längst überschritten hatte.

Am nächsten Morgen erstattete Ollantay seinem Freund Tupac Yupanqui Meldung vom erfolgreichen Unternehmen des Vortages. Dieser sandte sogleich einen Boten zu seinem Onkel, um von der Gefangennahme einiger Chincha-Krieger zu berichten. Später saßen die höchsten Offiziere im Zelt des Oberbefehlshabers beisammen. Ollantay musste noch einmal erzählen, was er über die Festung Parcos ausgekundschaftet hatte. Die Gesichtszüge der Anwesenden verdüsterten sich, als sie erfuhren, wie stark dieses Bollwerk war. Als Ollantay aber von der Gefangennahme der fünf Chincha berichtete, hellten sich die Mienen wieder auf. Capac Yupanqui lobte die Tat seines jungen Regimentskommandanten und befahl dann, die Chincha in sein Zelt zu bringen.

Kurze Zeit später wurden die Gefangenen vorgeführt. Sie waren noch immer gut gefesselt, sowohl an den Händen als auch an den Beinen. Die Knebel hatte man aber in der Zwischenzeit entfernt. Die Wachen stießen sie unsanft zu Boden, wo sie hocken blieben, ohne den Blick zu erheben. Einer der Stellvertreter Capac Yupanquis herrschte sie an: „Was hattet ihr gestern in der Nacht bei unserem Lager zu suchen?" Keiner der fünf antwortete. Huayna Yupanqui wiederholte seine Frage mit einem scharfen Unterton in seiner Stimme. Als sich immer noch nichts rührte, stieß ein Wächter einem der Chincha den Schaft seines Speeres heftig in den Rücken, so dass sich dieser vor Schmerzen krümmte. „Wirst du wohl antworten, du Hund!", fuhr er ihn an, „sonst wird es dir schlecht ergehen." Der Chincha hustete ein paar Mal, dann krächzte er heißer: „Durst! Durst! Ich kann kaum sprechen." „Zuerst beantwortest du unsere Fragen, dann bekommst du etwas zu trinken", sagte Huayna Yupanqui, ohne mit der Wimper zu zucken. „Also, was habt ihr gestern gemacht?" Mit leiser Stimme antwortete der Gefangene: „Eure Krieger haben uns überfallen und mit in dieses Lager gezerrt." „Und ich glaube, wir werden dir jetzt bei lebendigem Leib deine Haut abziehen", schrie ihn der Inka nach dieser Antwort an, „du verkennst die Lage und weißt anscheinend nicht, was dich erwartet, wenn ihr uns weiterhin für dumm verkauft. Noch eine nicht zufriedenstellende Antwort, und der Erste von euch wird qualvoll gefoltert, bis wir jede Auskunft bekommen, die wir haben möchten. Also zum letzten Mal: Was habt ihr gemacht, bevor ihr gefangen wurdet?"

Jetzt konnte man bemerken, dass die Selbstsicherheit der Chincha verschwand. Sie schauten sich untereinander an, dann begann einer von ihnen zu sprechen: „Wir hatten den Auftrag, das Lager des Inka-Heeres zu beobachten und herauszufinden, wie viele Soldaten zum Angriff auf unsere heldenhaften Krieger bereitstehen." „Na also, es geht doch", freute sich Huayna Yupanqui. „Doch als Strafe für deine Verstocktheit bekommst du zehn Stockschläge, bevor wir die Befragung fortführen." Zwei Inka-Krieger traten heran, packten den Gefangenen und schleiften ihn nach draußen. Wenige Augenblicke später konnte man im Zelt hören, wie die zehn Schläge auf den Chincha niederprasselten. Er war tapfer und kein Schmerzenslaut kam über seine Lippen.

Nach der Bestrafung wurde er wieder in das Zelt gebracht und das Verhör ging weiter. Ollantay bemerkte, dass ein paar blutige Striemen am Rücken des Chincha zu sehen waren. Der Geschlagene biss die Zähne fest zusammen und versuchte keine Regung zu zeigen. Insgeheim bewunderte Ollantay den Mut des Gefangenen. Wenn alle Chincha so wären, würden harte Kämpfe vor ihnen liegen. „Dein Sturschädel wird jetzt begriffen haben, dass wir nicht spaßen", höhnte jetzt der zweite Stellvertreter, Prinz Apu Yanqui, „denn wir wollen noch etwas anderes wissen. Wie viele Soldaten habt ihr in der Festung Parcos zusammengezogen?" Der Chincha zögerte mit seiner Antwort, schon winkte der Inka-Offizier. Da presste der Gefangene aus seinem halb geöffneten Mund hervor: „Unser König wird uns töten lassen, wenn wie solche Geheimnisse verraten." „Euer König wird bald nicht mehr König sein", meinte Apu Yanqui, „denn wir werden ihn bestrafen, wie er es als Anführer einer Räuberbande, die friedliche Nachbarn überfällt, verdient hat. Ihr könnt noch wählen, entweder Kooperation und zufriedenstellende Auskünfte oder den sofortigen, qualvollen Tod. Wir Inka lassen Kriegsgefangene in der Regel nach unserem Triumph wieder frei, nur feindliche Anführer oder Leute, die unseren Zorn erregen, werden streng gerichtet. Ihr habt die Wahl, ein friedliches Leben als Untertanen der Inka oder den Foltertod? Also, wie viele Soldaten sind in der Festung?" Die Gefangenen tauschten ängstliche Blicke miteinander, nickten schließlich und senkten verschämt die Köpfe. „In der

Festung befinden sich etwa zehn mal tausend Verteidiger", murmelte einer von ihnen zermürbt von den Drohungen der Inka. „Sie sollen euch so lange aufhalten, bis das restliche Heer gesammelt und zur Entscheidungsschlacht bereit ist." Nach diesen Informationen wurden die Chincha wieder aus dem Zelt gebracht und auf Anweisungen eines Offiziers mit Wasser und Nahrung versorgt. Der Oberbefehlshaber wusste nun, dass er die Festung schnell einnehmen musste, um nicht zwischen zwei feindlichen Heeren in eine Zange zu geraten.

„Angriff!" Das riesige Heer der Inka setzte sich in Bewegung und strömte unaufhaltsam wie ein reißender Strom nach der Schneeschmelze auf die Festungsmauern zu. Die Soldaten brüllten sich Mut zu und versuchten durch den ohrenbetäubenden Lärm den Gegner einzuschüchtern. Das gehörte zur Taktik des Inka-Heeres. Ziel war das Tor, dort wollte man irgendwie eindringen. Schon prasselten die ersten Steine auf die Angreifer, die sich mit ihren Schilden zu decken versuchten. Nicht allen gelang dies, und die ersten Inka wälzten sich blutend im Staub. Ollantay rief seinen Männern einen Befehl zu. Diese blieben sofort stehen und machten ihre Schleudern schussfertig. Auf seinen Befehl feuerten sie eine Salve ab und duckten sich sofort wieder unter die Schutzschilde. Wieder luden sie nach und schossen. Das wiederholte sich einige Male. Auch die anderen Regimenter des Heeres schossen und schleuderten unzählige Geschosse gegen den Feind. Der Himmel verdunkelte sich bei jeder Salve, so zahlreich flogen die Steine gegen die Mauern. Dann rückte man weiter vor. Ollantay blickte kurz hinter seinem Schild hervor, doch er konnte nicht erkennen, ob die Wurfgeschosse Lücken in die Reihen der Verteidiger gerissen hatten. Kaum setzten sich die Inka wieder in Bewegung, wurden sie wiederum von einem steinernen Hagel zugedeckt. Je näher sie den furchterregenden Mauern kamen, desto intensiver wurde der Beschuss. Die Verluste stiegen, schon fielen einige Soldaten mit klaffenden Kopfwunden zu

Boden und rührten sich nicht mehr. Ihr Blut färbte den Boden tiefrot. Die Verletzten versuchten, aus der Schussweite der feindlichen Geschosse zu geraten. Diejenigen von ihnen, denen das Schild entfallen war, liefen Gefahr, neuerlich getroffen zu werden. Ein hühnereigroßer Stein vermochte die Schädelknochen zu durchschlagen und fügte dem Getroffenen eine tödliche Verletzung zu. Traf ein Geschoss den Körper, brachen bei der Wucht des Aufpralles die Knochen. Besonders gefährdet waren die Beine unterhalb der Oberschenkel, zahlreiche Krieger lagen mit zerschmetterten Kniescheiben oder gebrochenen Schienbeinknochen auf der Erde und schrien vor Schmerz. Das Geschrei der Verwundeten und das Gebrüll der Angreifer vermischten sich zu einem höllischen Konzert. Man konnte sein eigenes Wort nicht mehr verstehen.

Die erste Welle der Angreifer hatte die hohen Verteidigungsmauern und das Festungstor erreicht. Sie bezahlten einen hohen Preis dafür. Die Verteidiger schleuderten und warfen alles, was ihren Zwecken nützlich schien, auf die Inka. Steine, Speere und heißes Wasser ergossen sich auf die anstürmende Truppe und verursachte enorme Ausfälle. Immer mehr Inka starben vor der mächtigen Festung oder wurden schwer verletzt. Die Verteidiger wankten noch immer nicht, im Gegenteil, sie intensivierten ihre Abwehranstrengungen. Hagelgleich ergossen sich die Geschoße auf die Angreifer, die hilflos vor den unüberwindlichen Mauern standen. Hier waren ihre Speere und Schleudern wirkungslos. Schon wandten sich die ersten Inka zur Flucht. Nur weg aus dieser Hölle von todbringenden Wurfgeschoßen. Doch immer neue Soldaten rückten vor und trafen auf die Flüchtenden. Die ganze Bewegung stockte und plötzlich brach Panik aus im Heer der Inka. Mit einem Male rannten alle Krieger zurück, außer Reichweite der todbringenden Waffen. Die Chincha auf den Mauern jubelten laut auf und verhöhnten die Feiglinge, während die Inka-Offiziere vorerst vergeblich versuchten, wieder Ordnung in ihre Truppen zu bringen. Der erste Sturmangriff auf Parcos war blutig und verlustreich gescheitert.

Ollantay nutzte die Kampfpause und besuchte die verwundeten Soldaten seiner Einheit. Er tröstete die Männer und ordnete an, dass man ihre Wunden ordentlich versorgte. Dann nahm er einige Leute mit und näherte sich dem Kampfgelände. Dort lagen noch immer schwer verwundete Krieger und warteten auf Hilfe. Ollantay barg mit seinen Männern viele Verwundete, andere Inka sahen dies und beteiligten sich am Rettungswerk. So gelang es, zahlreiche Soldaten, die einem schrecklichen Tod entgegengesehen hatten, in Sicherheit zu bringen. Viele von ihnen würden bald wieder gesund sein, doch einige waren so schwer getroffen, dass sie bald ihren Verletzungen erliegen mussten. Trotzdem hob diese Tat die Moral der übrigen Krieger und fachte ihren Mut neu an.

Am Nachmittag befahl Capac Yupanqui einen neuerlichen Sturmangriff. Diesmal sollte die Festung von zwei Seiten angegriffen werden, damit die zahlenmäßig unterlegenen Verteidiger zu einer weiteren Zersplitterung ihrer Streitkräfte gezwungen würden. Außerdem legte der Oberbefehlshaber fest, dass nicht alle Truppen blindlings nach vorn stürmen sollten. Der Großteil der Kämpfer sollte in Schussweite vor den Mauern stehen bleiben und unablässig auf die Verteidiger feuern, damit diese gezwungen waren, in Deckung zu bleiben. Dann konnten die Angreifer Sturmleitern an die Mauern legen und diese zu ersteigen versuchen. Wenn die Mauern bezwungen waren, sollten die übrigen Angreifer der ersten Welle nacheilen und sich an der Eroberung der Festung beteiligen. Dieser Plan sah erfolgversprechend aus. Jetzt hing alles davon ab, wie gut die einzelnen Truppenteile miteinander kooperierten.

Die Trommler begannen mit ihrem nervtötenden Takt, der durch das Tal hinauf bis zu der Festung dröhnte. Die Soldaten setzten sich neuerlich in Bewegung, gedeckt von ihren Schilden näherten sie sich den mächtigen Mauern. Die Inka brüllten aus Leibeskräften, um den Gegner einzuschüchtern. So marschierten sie im Takt der Trommelschläge immer näher an ihr Ziel heran. Auf ein Kommando verdunkelte sich der Himmel und die Sonne verschwand hinter einem steinernen Vorhang. Ohne Pause schleuderten die Inka ihre tödliche Fracht gegen die Verteidiger, die sich hinter den Mauern der Festung verbargen. Unablässig flog Stein auf Stein heran und mähte unbarmherzig jeden Chincha nieder, der sich sehen ließ. Das Inkaheer öffnete ein paar Gassen und die Sturmtruppen liefen auf die Festung zu, so schnell sie konnten. Prinz Anco Ayllu führte diese an, denn es handelte sich dabei um das Hilfskontingent der berühmt-berüchtigten Chanca-Krieger, die für die Inka die Kastanien aus dem Feuer holen sollten. Nach wenigen Augenblicken hatten sie die Mauern erreicht und stellten ihre Leitern auf. Nun kam der schwierigste und entscheidendste Teil des Planes. Die Angreifer feuerten weiterhin ununterbrochen auf die Verteidiger, damit diese die Leitern nicht umstoßen konnten. Doch wenn ein geschleuderter Stein zu kurz geriet, traf man damit unweigerlich einen eigenen Krieger. Dieses Risiko mussten die Inka in Kauf nehmen, wahrscheinlich hatte Capac Yupanqui deswegen den verbündeten Chanca den Auftrag erteilt, die Speerspitze des Angriffs zu bilden. Noch immer hegten viele Inka einen Groll gegen ihre jetzigen Verbündeten, wären sie doch beinahe vor einer Generation von den Chanca besiegt und das Reich der Sonnensöhne zerstört worden. „Schießen! Schießen!", rief Ollantay seinen Leuten zu. „Los weiter! Schießen! Keine Pause machen! Dort drüben darf sich kein Chincha auf der Mauer zeigen." Schon schmerzten den Männern die Arme, doch sie sandten eine Salve nach der anderen auf die Festung. Im Dämmerlicht des steinernen Vorhangs wirkten ihre angespannten Gesichter noch gespenstischer als sonst. Stein in die Schleuder, eine schnelle Drehbewegung und das Geschoss sauste gegen das Ziel, während schon der nächste Stein eingelegt wurde.

Die Gegenwehr auf den Mauern war merklich erlahmt. Hinter ihren Brustwehren wehrten sich die Verteidiger gegen den unbarmherzigen Beschuss und schleuderten ihrerseits Steine gegen die Angreifer. Doch sie konnten nicht zielen und obendrein mussten sie ihre Geschosse zuerst hoch über die Mauern abfeuern. Dadurch war die Flugbahn ihrer Steine sehr ungünstig und konnte von den Inka mit den Schilden leicht abgewehrt werden. Die Chanca bestiegen bereits die Mauern, da verließen ein paar mutige Chincha verzweifelt ihre Deckung, um die Leitern der Angreifer umzustoßen. Doch das war ein vergebliches Unterfangen. Stand ein Chincha auf, wurde er unweigerlich von den Geschossen der Inka getroffen und brach schwer verletzt oder tot zusammen. Jetzt überstiegen die ersten Chanca die Mauerkrone und hieben mit ihren Keulen auf die Verteidiger ein. Ein furchtbarer Kampf Mann gegen Mann entbrannte. Die Inka ließen ihre Schleudern fallen und eilten ihren Verbündeten zu Hilfe. Ollantay war einer der Ersten, der die Mauer erstieg. Tote und Verwundete bedeckten die Wehrgänge auf der Rückseite der Schutzmauer. Da tauchte vor ihm ein Chincha auf. Ohne lange zu überlegen schleuderte er seinen Speer auf den Feind. Die Spitze fuhr dem gegnerischen Soldaten in den Bauch. Dieser kippte rücklings die Mauer hinunter und war schon tot, noch ehe er auf dem Boden aufschlug. Ollantay hastete weiter, die Keule in der Rechten, sein Schild in der Linken. Die Befestigungsmauern waren bereits vom Feind gesäubert. Also hinunter in den Burghof, wo die Chincha ein verzweifeltes Rückzugsgefecht lieferten und sich in die Gebäude der Festung zurückziehen wollten, um von dort den Widerstand fortzusetzen.

Ollantay sprang in den Hof, strauchelte und richtete sich wieder auf. Keinen Augenblick zu früh, denn eine feindliche Keule sauste um Haaresbreite an seinem Kopf vorbei. Er hob den Schild und erkannte einen Chincha, der vor ihm stand und seine Keule wieder zum Schlag erhob. Ollantay kam ihm zuvor. Flink wie ein Jaguar sprang er auf die Seite und entging so dem zweiten Hieb. Ehe der Gegner neuerlich ausholen konnte, stieß ihm der Inka seinerseits den Streitkolben gegen das Knie. Der Chincha knickte mit einem Schmerzensschrei ein und vergaß für einen winzigen Moment, sich hinter seinem Schild zu verbergen. Das wurde ihm zum Verhängnis. Ollantay zertrümmerte dem Feind mit einem mächtigen Schlag die Schädeldecke. Eine breiige Masse aus Blut und Hirn spritze ihm in das Gesicht. Darauf achtete der Inka nicht, schon eilte er weiter. Er schrie noch immer aus Leibeskräften, teils um sich Mut zu machen, teils um seine Angst aus der Seele zu vertreiben.

Neben sich sah er andere Inka, die den flüchtenden Chincha auf dem Fuß folgten. Man musste achten, wohin man stieg, denn überall lagen sterbende oder verwundete Männer auf dem Boden. Ollantay wich einem getroffenen Inka aus, dem ein Speer den Hals aufgerissen hatte und dem das Blut stoßweise aus der klaffenden Wunde spritzte. Trotzdem stieg er in die Blutlache, die sich dort gebildet hatte und rutschte aus. Er stürzte zu Boden und stützte sich dabei mit den Händen auf, um den Sturz zu mildern. „Stirb, verfluchter Inka!", hörte da er über sich und ein Chincha hob einen morgensternähnlichen Schlagstock, um ihn auf Ollantays Schädel zu schmettern. Der junge Inka erwartete den fürchterlichen Hieb und dachte nur noch flüchtig: „Das ist das Ende." Doch nichts geschah, nur ein fürchterlicher Schrei war zu hören. Als Ollantay vorsichtig aufblickte, sah er den Chincha. Der Morgenstern war ihm entfallen und mit beiden Händen hielt er einen Speer umfasst, der sich in seinen Bauch gebohrt hatte. Der Chincha schrie unmenschlich, dann brach er zusammen und seine Augen brachen. „Das habe ich vermutet, dass du in Schwierigkeiten steckst." Eine bekannte Stimme redete Ollantay an, Tupac Yupanqui. „Inti, sei Dank, dass ich nicht mehr in dieser elenden Sänfte sitzen muss. Mein Vater hat mir ausdrücklich die Erlaubnis erteilt, an den Kämpfen teilzunehmen. Aber zuerst musste ich noch Onkel Capac Yupanqui von Vaters Einverständnis überzeugen. Dann jedoch hielt mich nichts mehr hinten im Lager. Wie ich sehe, bin ich gerade noch rechtzeitig gekommen." Der Inkaprinz lachte und umarmte seinen Freund. „So, nun aber den Feinden nach!" Beide brüllten ihre Siegesfreude hinaus und stürzten sich wieder auf die Chincha.

Die Inka wüteten grausam unter den Feinden, am Sieg und der erfolgten Eroberung der Festung gab es nichts mehr zu rütteln. Das erkannten jetzt auch die noch verbliebenen Feinde. Sie warfen ihre Waffen weg, knieten sich nieder, senkten die Köpfe und baten um Gnade. Einige Inka achteten in ihrer Raserei nicht darauf und hieben weiter auf die wehrlosen Feinde ein. Doch ein Kommando Tupac Yupanquis ertönte, und die Trommelschläger spielten einen anderen Rhythmus. Nicht mehr das Signal „Angriff" war zu hören, sondern „Waffenruhe". Langsam löste sich die Verkrampfung aus den Gesichtern der Soldaten und ihre Körperhaltung entspannte sich allmählich. Aufgeputscht vom Kampf und der geleisteten Anstrengung keuchten sie schwer, doch keine Waffe erhob sich mehr zum tödlichen Stoß. Die Schlacht war vorüber, die Sonnensöhne hatten gesiegt. Die Festung Parcos war bereits am ersten Tag gefallen, dem weiteren Vormarsch in das Land der Chincha stand kein Hindernis mehr im Weg.

Am Abend saßen die Männer vor ihren Zelten zusammen und ließen die Ereignisse des Tages noch einmal Revue passieren. Jeder erzählte von seinen Heldentaten, aber man gedachte auch der toten Freunde und Bekannten. Ollantay suchte die Häuser der Ortschaft auf, wo man die verwundeten Soldaten versorgte. Einige stöhnten vor Schmerzen laut auf, andere lagen bewusstlos auf ihren Decken. Die mitgereisten Ärzte hatten alle Hände voll zu tun, um die zahlreichen Verwundeten zu behandeln. War ein Arm oder ein Bein nicht mehr zu retten und musste amputiert werden, flößte man dem bedauernswerten Patienten große Mengen von Chicha ein, um die Leiden zu mildern. Viele Wunden rührten von Speertreffern oder von Schlägen mit der Makana her. Durch den Schlag mit solch einem Streitkolben wurde das Gehirn des getroffenen Kriegers unweigerlich verletzt. Die Inka-Chirurgen wussten offensichtlich, dass Lähmungen, die ein derartiger Schlag häufig verursachte, durch den Druck von Knochensplittern auf das Hirngewebe bewirkt wurden. Infolgedessen versuchten sie, die Reste der zermalmten Schädeldecke bei ihren Patienten zu beseitigen. So führten die Ärzte sogar Schädeltrepanationen durch. Dabei öffneten sie den Schädel, indem sie mit einem Obsidianstichel eine Anzahl millimeterkleiner Einstiche in den Schädel vornahmen, oder sie öffneten den verletzten Teil durch vier lange Schnitte und bohrten dann an der so bezeichneten Stelle ein größeres viereckiges oder rechteckiges Loch in den Schädelknochen. Nach einer erfolgreichen Operation wurde das Loch im trepanierten Schädel mit einer Kürbisschale oder, wenn es sich um einen vornehmen Patienten handelte, mit einem Silberplättchen verschlossen.

Kleinere Wunden nach weniger schweren Operationen vernähten die Inka-Ärzte auf originelle Weise. Sie legten zwei Exemplare einer besonders großen Ameisenart, die in Tahuantinsuyu lebte, auf die Wunde, drückten die beiden Ameisen gegeneinander, worauf sich die Tiere mit ihren riesigen Beißzangen ineinander verbissen. Dann rissen die Ärzte den ineinander verkeilten Ameisen die Köpfe ab und verklebten die Wunde damit.

Ollantay tröstete die Verwundeten und sprach ihnen Mut zu. Er lobte ihr heldenhaftes Verhalten in der Schlacht und sicherte ihnen besonders ausgesuchte Landzuteilungen zu, wenn sie wieder in ihre Heimatdörfer zurückkehren würden. Die Ärzte berichteten ihm, dass die meisten Verletzungen bald wieder verheilt sein würden. Nur ganz wenige Soldaten, die in die Krankenstationen eingeliefert worden waren, wiesen so schwere Wunden auf, dass selbst die beste ärztliche Kunst vergebens war.

Nach seinem Besuch stapfte Ollantay zu seinem Zelt zurück. Dort wartete bereits ein Bote auf ihn, der den Befehl überbrachte, dass er sich nach dem Abendmahl im Zelt des Oberbefehlshabers einfinden sollte. Ollantay nahm nur eine Kleinigkeit zu sich, denn nach den Kämpfen des Tages war er noch zu aufgewühlt, um Hunger zu verspüren, und machte sich dann auf den Weg.

Capac Yupanqui feierte mit seinen Offizieren die rasche Einnahme der Festung. Dass der Erfolg so schnell errungen werden könnte, damit hatte er nicht gerechnet. Umso ausgelassener war die Stimmung bei den Kommandanten. Sie saßen auf einem Platz vor den Zelten und sprachen immer wieder über den gewonnenen Kampf. Chicha floss dabei in Strömen und mancher der hohen Herren saß nicht mehr sicher auf seinem Holzhocker. „Inka Pachacuti wird erfreut sein", lallte selbst der Oberbefehlshaber, „ich habe längst einen Boten nach Cuzco geschickt, der ihm über die siegreiche Schlacht berichten soll. Den größten Verdienst an dem Sieg haben Prinz Anco Ayllu und seine tapferen Chanca, die als Erste die Mauern von Parcos überwunden haben. Ihm gebührt die Ehre des Sieges." Capac Yupanqui erhob seinen Becher und prostete dem Befehlshaber der Chanca zu. Anco Ayllu errötete bis zu den Haarwurzeln über das Lob und antwortete höflich, aber ebenfalls schon mit schwerer Zunge: „Das Übersteigen der Mauern war aber nur möglich, weil Ollantays Schleuderer ganze Arbeit geleistet haben. So zwang er die Chincha, in Deckung zu bleiben, und sie konnten uns nicht daran hindern, in die Festung einzudringen. Auch die Schützen der Inka haben einen entscheidenden Beitrag zu unserem großen Sieg geleistet. Auf die tapferen Inka-Krieger!" Prinz Anco Ayllu hob sein Trinkgefäß und leerte es in einem Zug. Alle Anwesenden tranken ihre Becher ebenfalls aus. Sofort waren Diener zur Stelle, die wieder nachfüllten.

Tupac Yupanqui ärgerte sich, dass sein Onkel die Chanca über alle Maßen lobte. Er selbst und die anderen Inka hatten im Kampf Mann gegen Mann, der innerhalb der Festung entbrannt war, gezeigt, dass sie tapfere Krieger waren. Hatte nicht er einige Feinde erschlagen? Wie viele Feinde hatte Anco Ayllu besiegt? Keinen einzigen, denn er hatte seine Soldaten von hinten befehligt. Das war nicht mutig, sondern feige, grollte der Thronfolger. Aber er war nicht hinten in seiner Sänfte geblieben, nein, er war nach vorne geeilt, um zu kämpfen. Alle seine Soldaten hatten ihn nach der Schlacht bewundernd angesehen. So stellten sich die Inka ihren Herrscher vor. Mutig in der Schlacht, ein Zögern oder Zaudern gab es nicht. Der Oberbefehlshaber musste mit gutem Beispiel vorangehen, um die Moral der Truppe zu stärken. Bei der nächsten Schlacht würden alle ihrem bewundernswerten Prinzen Tupac Yupanqui nacheifern wollen und nicht diesem Anco Ayllu. Warum erwähnte sein Onkel nicht seine Tapferkeit. Innerlich wütend leerte der Thronfolger den nächsten Becher. Nur sein Freund Ollantay wusste, wie mutig er war. Ja, Ollantay und er waren aus dem Holz geschnitzt, wie man sich einen richtigen Inka vorstellte. Er prostete seinem Freund und Gefährten zu und trank wieder aus. Langsam merkte er, dass ihm der Alkohol zu Kopf stieg. „Aber was soll das, nicht jeden Tag feiert man eine siegreiche Schlacht. Heute wird gefeiert, bis alle vor lauter Trunkenheit nicht mehr stehen können", spornte sich Tupac Yupanqui an. Schon wieder hatte er sein Trinkgefäß geleert und reichte dem Diener den Krug, damit dieser wieder nachfüllte. Doch plötzlich sah er Sterne, die Gestalten vor seinem Gesicht verschwammen und er rieb sich die Augen. Schwankend blinzelte er in die Runde, konnte aber niemand mehr erkennen und fiel auf einmal wie ein Stein zurück. Ein Diener eilte herbei und rüttelte ihn, doch vergebens, Tupac Yupanqui war sternhagelvoll und schlief, ohne noch eine Bewegung zu machen.

Ollantay hatte bemerkt, wie sein Freund umgefallen war. Auch er war schon ziemlich betrunken. Jetzt sah er sich in der Runde um. Die meisten älteren Offiziere, die schon viele Kriegszüge mitgemacht hatten, hielten sich noch aufrecht. Sie waren klüger gewesen als der junge und unerfahrene Thronfolger und hatten dem Alkohol nicht so unbesonnen zugesprochen. Den jüngeren Kommandanten hingegen war es ähnlich ergangen wie Tupac Yupanqui. Sie waren von ihren Hockern gefallen und lagen schlafend auf dem Boden. Die Diener bemühten sich, ihre Herren zu ihren Zelten zu bringen, damit diese dort ihren Rausch ausschlafen konnten. Ollantay hielt es für ratsam, sich zu verabschieden und sich zurückzuziehen. Noch konnte er selbst gehen, doch wenn er hierblieb und weiter feierte, würde es ihm so ergehen wie den anderen jungen Befehlshabern. Er stand auf, verabschiedete sich höflich von seinen Vorgesetzten und suchte seinen Schlafplatz auf. Inti sei Dank war morgen ein Ruhetag, damit sich die Soldaten von den Strapazen des Kampfes und der anstrengenden Siegesfeier erholen konnten. Kaum lag er auf seinem Bettgestell und hatte sich in die Decken gehüllt, war er auch schon eingeschlafen.

Als die Sonne bereits hoch am Himmel stand, kroch Ollantay endlich unter seinen Decken hervor. „Durst!", war sein erster Gedanke, aber nicht nach Chicha stand ihm der Sinn, sondern nach klarem, kaltem Gebirgswasser. Nachdem er einige Schlucke getrunken hatte, nahm er ein einfaches Frühstück zu sich und begab sich dann zum Zelt Tupac Yupanquis. Ollantay war erstaunt, dass sein Freund schon auf den Beinen war. „Oh, mir brummt der Schädel, das war gestern eindeutig zu viel Chicha", begrüßte ihn der Thronfolger. „Was steht heute auf dem Programm?" „Capac Yupanqui hat ein paar Kundschafter das Tal entlang geschickt. Sie sollen herausfinden, ob sich das Hauptheer der Chincha schon nähert", antwortete Ollantay. „Die Männer sollen heute einen freien Tag genießen, sie haben ihn sich nach dem gestrigen Sieg redlich verdient. Morgen werden wir den Marsch in das Feindesland fortsetzen." Tupac Yupanqui verzog sein Gesicht: „Mich ärgert immer noch, dass mein Onkel die Chanca als die besten Kämpfer hervorhebt. Wir haben mindestens ebensoviel Anteil am Sieg als sie. Wahrscheinlich beeinflusst ihn Cori Accla, oder wie seine neue Bettgespielin heißt, zugunsten dieser Verbündeten. Wäre Pachacuti da, würde er diesen Anco Ayllu nicht so loben. Beim ersten Angriff, der gescheitert ist, mussten diese verdammten Chanca noch nicht mitkämpfen. Anco Ayllu hat seine Krieger für den Sturmangriff geschont. Wir Inka mussten den Feind zermürben und die Chanca konnten fast, ohne auf Widerstand zu stoßen, die Mauern überwinden. Deswegen sind sie doch keine Helden. Sie haben nur ihre Pflicht getan, so wie alle anderen Soldaten auch. Doch wir Inka haben schließlich die Feinde zermalmt, wir sind die wahren Sieger und nicht die Chanca." Tupac Yupanqui hatte sich neuerlich zornig geredet, bückte sich, packte mit der Rechten einen Stein und schleuderte diesen wütend von sich. Ollantay versuchte ihn zu beruhigen: „Wir werden noch mehrere Gelegenheiten haben, unsere Tapferkeit zu beweisen. Du wirst sehen, die nächste Schlacht werden wir Inka gewinnen. Unser Herrscher Pachacuti hat mit wenigen mutigen und entschlossenen Getreuen die große Übermacht der Chanca besiegt und allen gezeigt, dass wir Sonnensöhne die besten Soldaten der Welt sind. Und du, mein Freund, wirst eines Tages unser Herrscher sein und dann werden alle Länder vor dir zittern. Denn du schonst dich in der Schlacht nicht und wirst auch die Feinde nicht schonen. Wenn du der Inka bist, wirst du die ganze Welt erobern und alle Völker zu deinen Untertanen machen. Und ich werde dir dabei helfen, so gut es geht." Ollantay blickte Tupac Yupanqui dabei in die Augen und der Prinz beruhigte sich tatsächlich. Versöhnt umarmte er den Freund: „Ja, du hast recht! Wenn ich Herrscher bin, dann werden wir allen zeigen, was die Sonnensöhne vermögen. Du wirst mein Feldherr sein, gemeinsam wollen wir unsere Feinde das Zittern lehren."

Die Staubwolke, die das Heer der Inka aufwirbelte, war gewaltig. Die Soldaten, die am Ende des Zuges marschieren mussten, keuchten und husteten, und ihre Augen waren schon lange entzündet. Als Vorhut vorneweg gingen auf ausdrückliche Order des Oberbefehlshabers die Chanca. Ollantay und seine Einheit stolperten mit ihren rot umrandeten Augen als Nachhut hinterher. Die Gegend war menschenleer, selbst die Tiere waren verschwunden. Links und rechts der Straße lagen Felder, die von den Bewohnern aufgegeben worden waren. Niemand würde in diesem Jahr während der Erntezeit die reifen Früchte einholen. Irgendwo, das wusste man, würden sich die Chincha zur Schlacht stellen, aber noch hatten die Kundschafter den Feind nicht erspäht. Ollantay bedauerte es, nicht mehr vorne marschieren zu dürfen, nicht allein wegen des trockenen Staubes, den er schlucken musste, sondern auch, weil die Nachhut fast nichts von dem, was an der Spitze des Zuges vor sich ging, erfuhr. Kam eine Botschaft zu ihm, enthielt sie die Nachricht eines Ereignisses, das schon Stunden zurücklag.

Monoton setzte er den Weg fort, Schritt für Schritt, zählte eine Zeit lang mit, hörte aber nach einem neuerlichen Hustenanfall damit wieder auf. Der Schweiß rann über seine Stirn und tropfte unablässig auf die Nasenspitze oder lief in die Augen. Der Helm, in der Schlacht ein willkommener Schutz, drückte gegen die Kopf und der linke Arm hing beinahe kraftlos hinunter, vom Gewicht des Schildes ermattet. Die Schleuder hatte er an einem Strick befestigt, welchen er sich um den Leib geschlungen hatte, auch die Makana steckte darin. Hielt er es nicht mehr aus, wechselte er den Schild in den rechten Arm, um dem linken ein wenig Erholung zu gönnen. Dasselbe machten auch seine Männer, die genauso müde wie er dahintrotteten. Die kurzen Marschpausen waren willkommene Anlässe, um ein paar Schlucke zu trinken oder das Wasser abzulassen, falls man die Erlaubnis dafür erhielt.

Wieder stand die Kolonne still. Die Soldaten des Regiments, welches vor ihnen marschierte, nahmen die Helme ab und einige traten auf die rechte Straßenseite, um sich zu erleichtern. Auch Ollantay gab seinen Leuten die entsprechenden Befehle, legte dann den Schild und den Helm ab und trank ein wenig Wasser. Ein Bote kam von vorne und überbrachte die Nachricht, dass das Heer hier das Nachtlager aufschlagen würde. Der Regimentskommandant sollte zu Capac Yupanqui kommen, denn der Oberbefehlshaber wünschte eine wichtige taktische Besprechung abzuhalten. Ollantay ordnete an, dass seine Männer die Zelte aufbauen sollten, für heute sei man weit genug marschiert. Er teilte auch noch die Reihenfolge ein, wie sie die Straße nach hinten und nach den Seiten zu sichern hatten. Dann folgte er dem Boten.

Da Ollantay den weitesten Weg zurückzulegen hatte, kam er als Letzter beim Zelt Capac Yupanquis an. Die anderen Offiziere waren dort bereits versammelt und nahmen gemeinsam das Nachtmahl ein. Ollantay begrüßte die Anwesenden und setzte sich neben Tupac Yupanqui auf einen freien Hocker, um dann ebenfalls dem Mahl zuzusprechen. Nachdem alle gegessen und getrunken hatten, eröffnete der Anführer der Nordarmee den anwesenden Befehlshabern, was er in der Zwischenzeit für Pläne geschmiedet hatte: „Ungefähr ein halbes Tupu vor uns verzweigt sich die Straße in drei Richtungen. Ich habe beschlossen, das Heer aufzuteilen, damit wir schneller vorankommen. Darum wird Tupac Yupanqui mit seinem Armeekorps die linke Straße nehmen, Anco Ayllu und die Chanca nehmen die rechte Straße und meine beiden Stellvertreter und ich werden mit den restlichen Armeekorps der mittleren Straße folgen. Unsere bisherige Marschkolonne war zu lang und ein energisch geführter Flankenstoß hätte uns in ernsthafte Schwierigkeiten bringen können. Marschieren wir in kleineren Abteilungen, erreichen wir unser nächstes Ziel, den Pass zum Jauja-Tal, um ein paar Tage früher, als wenn das gesamte Heer zusammenbleibt. Darum geht es ab morgen getrennt weiter, bis wir uns beim Pass wieder vereinigen. Wir bleiben natürlich durch Kuriere in ständigem Kontakt. Wenn eine der drei Abteilungen auf den Feind treffen sollte, kommen wir uns gegenseitig zur Hilfe."

Tupac Yupanqui war mit diesem Plan seines Onkels überhaupt nicht einverstanden: „Was ist, wenn die Chanca mit den Chincha gemeinsame Sache machen. Anco Ayllu könnte mit dem Feind Kontakt aufnehmen und deine Heeresgruppe in die Zange nehmen. Dein Plan ist viel zu gefährlich. Gemeinsam marschieren und gemeinsam kämpfen ist sicherer!" Prinz Anco Ayllu fuhr empört auf: „Ich bin kein Verräter! Wir Chanca sind jetzt treue Untertanen des Inka und werden niemals an die Möglichkeit einer Rebellion denken. Aber Prinz Tupac Yupanqui ist noch jung und unerfahren. Er weiß nicht, dass der Plan Prinz Capac Yupanquis gut ist. Getrennt marschieren und gemeinsam zuschlagen ist nämlich noch besser als sein Vorschlag. So ist unsere Armee übersichtlicher gegliedert und wir kommen schneller voran. Außerdem erschweren wir die feindliche Aufklärung, da die Spione in den nächsten Tagen nie unsere ganze Heeresmacht zu Gesicht bekommen werden. Vielleicht verleitet das die Chincha zu Fehlern."

Nun mischte sich Capac Yupanqui in die Diskussion der beiden ein: „Prinz Tupac Yupanqui, noch musst du mir gehorchen. Mein Plan ist wohl durchdacht. Das wirst du auch einsehen, wenn wir erst den Feind besiegt haben. Jetzt schweig und gehorche! Du marschierst morgen die linke Straße weiter und behältst dabei auch die Bergkämme zu deiner Linken im Auge, damit uns von dort der Feind nicht überraschen kann, was ich allerdings vollkommen ausschließe. Denn ein Angriff im unwegsamen Gelände würde die feindlichen Truppen so sehr zersplittern, dass die Chincha das nicht wagen werden. Ebenso hat auch Anco Ayllu mit einem Flankenangriff des Feindes nicht zu rechnen. Und meine Einheiten werden sie nicht anzugreifen wagen, weil sie sonst in Gefahr geraten, von dir oder von Anco eingekreist zu werden. Dem Marsch zum Jauja-Pass steht also nichts mehr im Wege. Jetzt aber wollen wir auf das reibungslose Gelingen des Planes anstoßen." Capac Yupanqui winkte den Dienern und diese eilten mit den vorbereiteten Krügen und Bechern zu den Offizieren. Der Oberbefehlshaber tauchte drei Finger in sein Trinkgefäß und schüttelte dann einige Tropfen zu Boden. „Inti zu Ehren wird die Eroberung des Chincha-Reiches gelingen. Darauf trinken wir jetzt!" Dann hob er seinen Becher zum Mund und trank aus vollen Zügen. Seine untergeordneten Befehlshaber machten es ihm nach, auch Tupac Yupanqui, obwohl dieser nicht glücklich dreinschaute und mit Ollantay vielsagende Blicke wechselte.

General Huayna Yupanqui bemerkte, dass Tupac Yupanqui über die Zersplitterung des Heeres nicht glücklich war. So sprach er: „Erhabener Prinz, die Entscheidung, getrennt zu marschieren und gemeinsam zu kämpfen, ist sehr weise. So kommen wir tatsächlich schneller voran und die Einheiten, die am Ende des Heeres marschieren, können bei einem Überfall viel rascher in den Kampf eingreifen. Das werdet Ihr in den nächsten Tagen erkennen. Außerdem seid Ihr der Thronfolger und solltet jede Gelegenheit nützen, um über Truppenführung und Taktik zu lernen. Tapfer, mutig und draufgängerisch seid Ihr, das habt Ihr im Collo-Land zur Genüge bewiesen. Nun zeigt auch, dass Ihr überlegt handeln könnt. In ein paar Tagen wird es zur Schlacht kommen. Wir werden schneller am Jauja-Pass sein, als die Chincha dies erwarten, da wir durch die Entscheidung unseres Oberbefehlshabers die Marschgeschwindigkeit erhöhen können. Glaubt einem alten, erfahrenen Soldaten wie mir." Tupac Yupanqui nickte Huayna Yupanqui zu, doch tief in seinem Inneren fühlte er sich noch immer nicht überzeugt, aber er war auf diesem Feldzug ein Untergebener seines Onkels und würde gehorchen, wenn es ihm auch schwer fiel.

Inka Pachacuti freute sich im fernen Cuzco über die Erfolge seiner Nordarmee. Kurz zuvor war die Abordnung der Rukano in der Hauptstadt eingetroffen und hatte ihre freiwillige Unterwerfung bekannt gegeben. Der Herrscher hatte überdies durch die gesandten Kuriere erfahren, dass die Festung Parcos gefallen war. Sein Bruder Capac Yupanqui lobte in diesem Zusammenhang vor allem die Leistung und die Tapferkeit der verbündeten Chanca. Das störte Pachacuti und der nagende Wurm der Eifersucht bemächtigte sich seines Herzens. „Die Inka sind noch mutiger als die Chanca. Mein Bruder wird von seiner Frau zu sehr beeinflusst. Wenn er die Chanca weiterhin hervorhebt und bevorzugt behandelt, könnte Anco Ayllu auf den Gedanken kommen, seine Soldaten wären besser als die Sonnensöhne. Das könnte zu einem blutigen Aufstand, wenn nicht sogar zu einem Bürgerkrieg führen. Das kann und will ich aber nicht dulden. Zu gefährlich wäre ein neuerlicher Krieg gegen die Chanca. Andere unterworfene Völker könnten sich dann ebenfalls erheben und Tahuantinsuyus Bestand wäre in großer Gefahr. Ich werde Capac Yupanqui eine Botschaft schicken und ihm befehlen, die Chanca auf diesem Feldzug nur für untergeordnete Aufgaben einzuteilen." Zufrieden mit dieser

Idee befahl der Inka seinem Sohn Hatun Tupac, dem Studienkameraden Ollantays und Tupac Yupanquis, sich zur Nordarmee aufzumachen und seine Wünsche bekannt zu geben.

Ollantay stellte überrascht fest, dass Capac Yupanqui tatsächlich richtig gehandelt hatte. Das Armeekorps alleine kam viel rascher voran, als er es für möglich gehalten hatte. Das musste auch Tupac Yupanqui zugeben, der aber immer noch missmutig neben seinem Freund dahinging. „Wenigstens selbst bewegen kann ich mich und brauche nicht mehr untätig in der Sänfte zu sitzen", meinte er und deutete mit der Hand auf das leere Transportmittel, das die Träger mitten in der Marschkolonne mitschleppten. Da sie heute schon lange unterwegs gewesen waren, befahl er, eine kurze Pause einzulegen. Er setzte sich auf einen kleinen Felsen und ließ sich von einem Diener einen Wasserkrug reichen, um seinen Durst zu löschen. Dann reichte er das Trinkgefäß seinem Kameraden. Sie hatten zur Flankendeckung Männer ausgesandt, die die Bergkämme und Hügel zu ihrer linken Seite überwachten. Bisher war alles ruhig geblieben und nirgendwo sah man Zeichen des Feindes. „Wo bleiben die Chincha?", fragte der Prinz seinen Freund. „Glaubst du, sie werden unsere zersplitterten Einheiten angreifen?" Ollantay antwortete, indem er mit den Augen den Horizont absuchte: „Ich glaube, sie werden uns erst am Jauja-Pass erwarten. Dort wird das Terrain für sie günstig sein und wir können nicht unsere ganze Heeresmacht entfalten. Würden sie es wagen, noch hier im relativ ebenen Gelände anzugreifen, könnten sie leicht von unseren drei Armeegruppen eingekreist und vernichtet werden. Darum meine ich, dass wir ohne vom Feind behelligt zu werden, den Pass erreichen. Dort werden uns die Feinde mit Sicherheit erwarten. Vielleicht ist unser Korps zuerst am Ziel, dann können wir die Chincha auskundschaften und womöglich den Weg in das Jauja-Tal freikämpfen." Sofort war Tupac Yupanqui Feuer und Flamme. Den Weg freizukämpfen, das war ein lohnendes Ziel. Sofort gab er den Befehl, die Pause zu beenden und weiterzumarschieren. Er trieb die Männer zur Eile an, denn diesmal wollte er der Held sein, wollte er mit seinem Korps den Sieg erringen.

Doch alle Eile war vergebens, denn Anco Ayllu und seine Chanca waren schneller. Ihre Route auf der rechten Straße erwies sich als die kürzeste der drei Marschrichtungen. So erreichten sie den Jauja-Pass weit vor den anderen und stellten sogleich fest: Die Chincha wollten sich hier verteidigen, doch waren sie vom schnellen Vorstoß der Inka überrascht und hatten noch nicht alle Truppen zusammengezogen. Außerdem befanden sich ihre geplanten Befestigungsanlagen noch im Bau. Umgehend schickte Anco Ayllu Späher aus, die die Stellungen der Verteidiger auskundschaften sollten. Gleichzeitig sandte er Kuriere zu den Armeegruppen von Capac Yupanqui und Tupac Yupanqui, damit diese ebenfalls informiert wurden. Er wollte nichts überstürzen und abwarten, bis die Verstärkungen herangekommen waren. Trotzdem ließ er seine Soldaten in Schlachtordnung Aufstellung nehmen, um nicht von einem plötzlichen Überraschungsstoß der Chincha überrascht zu werden.

Die Chanca boten einen eindrucksvollen Anblick, als sie in geschlossener Front der Passenge zumarschierten. Die Speere drohend erhoben, rückten sie näher an die Chincha heran. Im Gleichschritt, wie bei einer militärischen Übung, vollzog sich der Aufmarsch des Heeres. In einer dichten Reihe, einer lebenden Mauer gleich, aus der die Speere wie giftige Stacheln hervorragten, näherten sie sich den Feinden. Ohne Laut, gespenstisch ruhig, ging das Manöver vonstatten. Den Chincha wurde auf den Berghängen, die sie zu bewachen hatten, unheimlich zumute. So stellten sie sich in ihren Alpträumen die bedrohlichen Mächte der Finsternis vor. Nicht Menschen kamen, um gegen sie zu kämpfen, sondern die bösen Geister mussten sich zusammengeschlossen haben, ihre Niederlage zu besiegeln. Welle auf Welle wogte gegen die Verteidigungslinien der Chincha, aber nichts geschah. Außerhalb der Schussweite blieben die Chanca urplötzlich stehen, pflanzten ihre Schilde vor sich auf und starrten unbeweglich, ohne die Mienen zu verziehen, herüber. Nichts rührte sich, kein Wort wurde gesprochen, nur der stetige Gebirgswind zerzauste die Kittel der Soldaten und verursachte ein knatterndes Geräusch.

Da schlug eine Trommel und ein Schrei aus Tausenden Kehlen zerriss die Stille. Die Chanca brüllten, brüllten aus Leibeskräften, aber sie standen noch immer unbeweglich wie eine Felswand. Das war zu viel für die Chincha. Die ersten Verteidiger schleuderten Steine und Speere gegen die Reihen der Angreifer, aber alle Wurfgeschosse gerieten viel zu kurz. Darüber begannen die Chanca zu lachen und das schadenfrohe, krächzende Gelächter wirkte noch nervtötender als das laute Gebrüll zuvor. Einige der Chincha verloren die Nerven: „Die Feinde sind unverwundbar! Die bösen Geister kämpfen gegen uns! Niemand wurde von unseren Schüssen getroffen, die Mächte der Finsternis helfen den Feinden! Rette sich, wer kann!" Diese und ähnliche Schreckensrufe pflanzten sich von Mann zu Mann fort und da und dort sah man schon einen, der die eigene Schlachtreihe verließ, um sich vor den scheinbar unbesiegbaren Feinden in Sicherheit zu bringen. Wie eine Lawine, die erst ganz klein und harmlos ist, begann sich das Heer der Chincha aufzulösen. Immer mehr Soldaten wandten sich zur Flucht, die vorderen rissen die hinteren mit und wenige Augenblicke später hasteten sie über Stock und Stein in das rettende Jauja-Tal hinunter. Panik ergriff das Heer, und die wenigen Offiziere, die sich der flüchtenden Masse in den Weg stellten und versuchten, die Ordnung wiederherzustellen, wurden wie von den Wellen einer Sturmflut einfach mitgerissen.

Anco Ayllu und die Chanca dachten im ersten Moment an eine Kriegslist, als sie die Feinde in heilloser Flucht davonlaufen sahen. Aber dann erkannten sie ihre Chance und griffen an. Praktisch ohne Gegenwehr erstürmten sie den Pass und eilten den Flüchtenden nach. Als die Chincha bemerkten, dass ihnen ihre Feinde auf den Fersen waren, verdoppelten sie ihre Anstrengungen, um sich in Sicherheit zu bringen. Die meisten Männer warfen ihre Waffen weg, um schneller laufen zu können. Diejenigen, die stolperten oder beim Sprung über Steine und Felsbrocken stürzten, wurden von den Nacheilenden unbarmherzig niedergetrampelt. Nur wenige Gestürzte hatten das zweifelhafte Glück, von den Chanca gefangen genommen zu werden. Der Spuk dauerte nur wenige Augenblicke, dann war kein Chincha mehr zu sehen, verlassen lag der Pass vor Anco Ayllus Kriegern. Der Weg in das fruchtbare Jauja-Tal, in die Herzregion des Chincha-Reiches, lag offen vor ihnen.

Capac Yupanqui strahlte vor Freude, als ihm ein Kurier die Botschaft überbrachte, dass die Chanca den Weg in das Jauja-Tal freigekämpft hatten. Dieser Feldzug entwickelte sich zu seinem Triumph. Inka Pachacuti würde sehr zufrieden sein und ihn nach Beendigung des Krieges mit Auszeichnungen überhäufen. Sogleich sandte er einen Boten nach Cuzco, um dem Herrscher die Nachricht vom neuerlichen Sieg und der ausgezeichneten Leistung der Chanca-verbündeten zu berichten.

Prinz Tupac Yupanqui hingegen grollte noch mehr. Schon wieder hatten die Chanca den Sieg erkämpft. Statt erfreut über den Erfolg zu sein, beschwerte er sich bei Ollantay: „Mein Onkel muss gewusst haben, dass die rechte Straße der kürzeste Weg zum Jauja-Pass war. So hat er wieder diesen Anco Ayllu bevorzugt. Während wir Blasen an den Füßen vom langen Marsch haben, heimsen die Chanca die Früchte des Triumphes ein. Das ist ungerecht." Vor lauter Zorn packte er einen tönernen Krug und warf das Gefäß wutentbrannt zu Boden, dass es in viele Splitter zersprang. Bei der Siegesfeier am Abend würde er sicher mehr Chicha trinken, als ihm gut tun würde.

Den Inka bot sich ein atemberaubender Anblick. Unterhalb der Anhöhe, die sie eben überwunden hatten, breitete sich das Jauja-Tal in seiner grünen Fruchtbarkeit aus. Weit entfernt am Horizont konnten sie die große Stadt Tarma erkennen. Diese war ihr nächstes Ziel. Späher und Kundschafter hatten die Kunde gebracht, dass dort die Chincha eine große Armee versammelten, die dem Vormarsch der Sonnensöhne endlich Einhalt gebieten sollte.

Beim Anblick des kampfbereiten Gegners besserte sich die Miene Tupac Yupanquis. Jetzt würde er triumphieren, diese Stadt musste einfach von seinem Armeekorps erstürmt werden.

Die Chincha zogen sich hinter die Stadtmauern zurück, als sie das riesige Heer aus Tahuantinsuyu anrücken sahen, und beobachteten, wie auf den Wiesen und Feldern vor der Stadt eine unüberschaubare Anzahl von Zelten aus dem Boden wuchs, die so weit reichten, wie man mit dem Auge schauen konnte.

Capac Yupanqui ließ sich mit den Vorbereitungen zur Belagerung Zeit. Er wusste, noch einmal würde man nicht so leicht den Sieg davontragen wie bei Parcos und am Jauja-Pass. Zwischen der Stadt und dem Lager errichteten die Inka breite Gräben, um sich gegen die befürchteten Ausfälle der Chincha zu wappnen. Endlich war der Belagerungsring um Tarma zur Zufriedenheit des Oberbefehlshabers geschlossen. Capac Yupanqui schickte Unterhändler zu den Feinden, die mit diesen eine kampflose Übergabe aushandeln sollten. Nur wenn die Chincha die Oberherrschaft der Inka anerkennen würden, sollte Gnade gewährt werden. Sonst müssten die Anführer der Chincha mit strengen Strafen rechnen. Wie von Capac Yupanqui erwartet, lehnten die stolzen und mutigen Chincha das Angebot zu kapitulieren ab. Jetzt mussten die Waffen entscheiden, wer den Sieg davontragen würde.

Seit Tagen stürmten die Inka ohne Unterbrechung gegen die Chincha an. Selbst in der Nacht setzten Truppen, die am Tag geruht hatte, ihre Angriffe fort. Fackeln und Feuerbrände erhellten ihnen dabei das Kampffeld. Die Taktik Capac Yupanquis war klar: dem Feind sollte kein Augenblick der Ruhe vergönnt werden. Aber noch immer wankten die Chincha nicht. Diesmal kämpften sie mit dem Mut der Verzweiflung. Das laute Gebrüll, das die Attacken der Inka begleitete, hatte ihren Schrecken genau so verloren wie die gespenstische Ruhe der Chanca beim Aufmarsch vor dem Jauja-Pass. Speer auf Speer wurde geworfen, Stein auf Stein geschleudert, doch keine Lücke zeigte sich auf den Wällen der Stadt.

Der Graben, den die Inka angelegt hatten und der sich wie ein dunkler Ring um die Stadt zog, erwies sich jetzt als Nachteil für die Sonnensöhne. Nur an wenigen Stellen konnte man dieses Hindernis passieren, so war ein flächendeckender Angriff, bei dem die Inka ihre personelle Überlegenheit ausnützen hätten können, nicht möglich. Die Chincha erkannten diese taktische Schwäche ihres Feindes und konzentrierten ihre Abwehrmaßnahmen an den Angriffspunkten der Inka. Sie hatten auch aus den vorangegangenen Auseinandersetzungen gelernt. Zahlreiche Schilde waren vorbereitet worden, die die Verteidiger vor einem Trommelfeuer der Steinschleudern schützen sollten. Dieses Mal war es den Inka nicht möglich, sich im Schutz eines steinernen Vorhanges den Mauern zu nähern, wodurch ja die Einnahme der Festung bei Parcos gelungen war. Nur unter blutigen Verlusten gelang es schließlich, bis zur Stadtmauer vorzudringen und die Sturmleitern an die Wälle zu legen. Doch die Chincha vereitelten dann jeden Versuch, daran hochzuklettern. Die Inka holten sich bei ihren vergeblichen Angriffen nur blutige Häupter und beklagten viele Verwundete und Tote. Trotzdem setzten sie ihre Attacken ohne Unterbrechung fort. Capac Yupanqui schickte seine Einheiten unentwegt, Tag und Nacht zum Angriff. Irgendwann würde die Müdigkeit die Kräfte der Chincha erlahmen lassen, darauf hoffte und baute der Oberbefehlshaber der Nordarmee.

Tupac Yupanqui und Ollantay beteiligten sich am wiederholten Ansturm gegen die Stadtmauern. Sie duckten sich hinter ihre Schilde und schleuderten Steine gegen die Verteidiger. Aber die Kräfte der Chincha schienen nicht nachzulassen. Ollantay fühlte tief in seinem Inneren, dass sich langsam das Gefühl der Enttäuschung breitmachte. Auch die Inka-Krieger verloren bei den vergeblichen Angriffen die Motivation zum Weiterkämpfen. Wenn sich nicht bald der Erfolg einstellte, konnte die Resignation der Soldaten bedenkliche Folgen annehmen. Ollantay versuchte alles, um die Leute zu begeistern und mitzureißen. Er stand im Brennpunkt der Kämpfe. Dort, wo es am heißesten zuging, fand man ihn an vorderster Front. Mit der Schleuder verstand er es meisterhaft umzugehen, geschult von Knabenbeinen an, als er auf den heimatlichen Feldern die gefräßigen Vögel gejagt hatte. Den Verzagten sprach er neuen Mut zu und tatsächlich gelang es ihm, wieder ein kleines Feuer der Begeisterung in seinen Männern zu entfachen.

Auch Tupac Yupanqui war ein Vorbild an Mut und Zähigkeit. Ähnlich seinem Freund feuerte er die Mutlosen an und führte persönlich mehrere Angriffe gegen die Chincha an. Seine Männer verehrten ihn deswegen noch mehr, denn er schien überall gleichzeitig zu sein. Doch alle Anstrengungen schienen vergeblich zu sein. Die Mauern der Stadt blieben trotz aller Tapferkeit unüberwindlich. Schließlich gelang es den Inka, wieder ein paar Sturmleitern an die Stadtmauern zu legen. Die Tapfersten der Tapferen kletterten nach oben, mit dabei natürlich Tupac Yupanqui. Als er etwa zwei Ricra emporgestiegen war, gelang es den Verteidigern, die Leiter umzustoßen. Der Prinz stürzte ab und lag für einige Augenblicke, schutzlos den Speeren und Steinen der Feinde ausgeliefert, auf dem Erdboden. Ollantay erkannte sofort, in welcher Gefahr sein Freund schwebte, sprang hinzu und deckte den Thronfolger mit seinem Leib. Er war keine Sekunde zu spät gekommen, denn kaum lag er auf dem Prinz, da spürte Ollantay einen heftigen Schmerz auf dem Rücken. Ein großer Stein, von Feindeshand abgefeuert, hatte ihn knapp unterhalb des linken Schulterblattes getroffen und seine Rippen verletzt. Er stöhnte vor Schmerz auf, doch er blieb auf dem Freund liegen. Augenblicke später war die ärgste Gefahr gebannt, denn einige Inka eilten ihnen zu Hilfe und verbargen die Körper ihrer Anführer hinter ihren Schilden. Jetzt prallten die Geschosse der Chincha wirkungslos daran ab. Tupac Yupanqui krabbelte wieder hoch und ordnete an, dass man Ollantay unverzüglich zu seinem Zelt bringen und den besten Arzt des Heeres zu dem Verwundeten schicken sollte. Dann befahl er für heute den Rückzug, denn die Ablösung, die den Angriff fortsetzen würde, näherte sich schon. Es handelte sich um Anco Ayllu und seine Chanca.

Im Zelt legten die Träger Ollantay vorsichtig auf die Bettstatt, um ihm nicht noch mehr Schmerzen zu bereiten. „Wasser, Wasser!", murmelte der Verwundete. Einer der Männer reichte ihm einen Krug und stützte behutsam seinen Kopf, damit er trinken konnte. Hastig sog er das kühle Nass in sich hinein, dabei liefen schmale Faden des Getränkes links und rechts seine Mundwinkel hinunter. Dann wurde der junge Mann wieder auf die weichen Decken gebettet. Er biss seine Zähne zusammen, damit kein Schmerzenslaut über seine Lippen kam. „Du hast mir schon wieder das Leben gerettet", bedankte sich schließlich der Prinz bei seinem Freund. „Nicht der Rede wert", antwortete Ollantay, „in der Festung Parcos warst du es, der mein Leben gerettet hat." Die paar Worte hatten ihn sehr angestrengt und er musste husten. Sofort eilte einer der Anwesenden zu ihm und gab ihm wieder zu trinken. „Nicht sprechen, dann bekommst du nur unnötige Schmerzen", bemerkte Tupac Yupanqui. Dann wandte er sich an einen seiner Diener: „Wo bleibt der Arzt?" Der Untergebene antwortete: „Er muss jeden Augenblick kommen, das hat er jedenfalls versprochen." Kaum waren die Worte verklungen, da öffnete sich der Eingang des Zeltes und der Mediziner trat ein. Er verneigte sich höflich vor dem Thronfolger, dann begab er sich zu Ollantay und besah sich die Verletzung sehr gewissenhaft, tastete mit den Fingern über den Rücken und merkte sich genau, wann und wie der Verletzte zusammenzuckte, wenn er eine Stelle berührte, die offensichtlich sehr stark schmerzte. Unterhalb des Schulterblattes war die Haut angeschwollen und hatte sich blau verfärbt. Der Arzt spürte zwei leichte Erhebungen an der verletzten Stelle.

Nach der ersten Untersuchung erhob er sich und stellte eine erste Diagnose: „Ollantay hat sich zwei Rippen gebrochen. Sein Atem funktioniert normal, daraus schließe ich, dass seine Lungen unverletzt geblieben sind. Um seine Heilung zu beschleunigen, müssen wir den Göttern ein Opfer darbringen, damit nicht die bösen Geister von Ollantay Besitz ergreifen." Der Arzt holte aus seiner Umhängetasche ein paar Zweige hervor: „Die stammen von dem kleinen, stacheligen Busch Chokekanlla. Ich verbrenne nun die Zweige in dieser Feuerschale und der Patient soll den Rauch inhalieren. Außerdem werde ich aus einigen Blättern des Strauches einen Aufguss kochen, den Ollantay trinken soll. Beides hilft ihm, damit er schwitzen und dadurch das Wundfieber, das er bekommen wird, abschütteln kann. Während die Blätter im Wasser kochen, wollen wir die Götter besänftigen."

Der Heiler bereitete eine Art Mehl aus weißem und schwarzem Mais, zerstoßenen Meeresmuscheln und vielen anderen Zutaten. Diese Masse bekam Ollantay in die Hand und der Arzt befahl ihm, es als Opfer in die Luft zu blasen und dabei einige Beschwörungsformeln zu sprechen. Der Verwundete erinnerte sich an die Gebete und Hymnen, die Inka Pachacuti zu Ehren Pachacamacs gedichtet hatte. Er wandte sich mit seinen Bitten um Heilung nun an den Schöpfergott, von dem er eine kleine Statue in seinem Gepäck mitführte. Auch Inti wurde ein Opfer dargebracht. Nun musste Ollantay noch gereinigt werden. Da der Verwundete nicht dazu in der Lage war, zu Fuß zu einem Ort zu gehen, an dem zwei Flüsse zusammenflossen, wurde er im Zelt gebadet. Sein Körper wurde mit Wasser und weißem Mehl gewaschen, und der Arzt sagte, dadurch vertreibe man die bösen Geister. Das würde den Heilungsprozess beschleunigen. Nachdem dies geschehen war, trank Ollantay den Aufguss der Blätter des Chokekanlla-Busches und inhalierte den Rauch der brennenden Zweige. Erst jetzt verband der Arzt die verwundete Stelle und ordnete an, dass Ollantay die nächsten Tage liegen bleiben müsse. Nur so sei es gewährleistet, dass die gebrochenen Rippenknochen gerade zusammenwachsen würden und er bald wieder gesund sei. Der Arzt verließ danach das Zelt und versprach, in den nächsten Tagen des Öfteren bei dem Verwundeten vorbeizuschauen.

Ollantay war nach der Behandlung erschöpft und fiel in einen tiefen Schlaf, hervorgerufen durch das Inhalieren des beruhigenden und heilsamen Rauches. Tupac Yupanqui war um seinen Freund besorgt und befahl einem der Diener, ständig bei dem Verwundeten zu wachen und ihn zu benachrichtigen, falls sich der Zustand ändern sollte. Dann verließ er das Zelt, um den Oberbefehlshaber aufzusuchen.

Kaum war er im Freien, tönte ihm von der Stadt ein lautes Geschrei entgegen. Neugierig geworden lenkte er seine Schritte in diese Richtung. Irrte er sich oder stimmte es, was er sah. Tatsächlich, das Heer der Sonnensöhne hatte in breiter Front die Stadtmauern überstiegen und drang unaufhaltsam vor. Schon waren zwei Stadttore geöffnet, durch das die Inka-Soldaten eindrangen. Unweit von sich erblickte er Anco Ayllu, der zufrieden blickte und seine Krieger anspornte. Tupac Yupanqui lief zu dem Chanca-Prinz und fragte erregt: „Was ist geschehen?" Höflich antwortete Anco Ayllu, der nicht vergaß, dass er den nächsten Inka-Herrscher vor sich hatte: „Meinen Truppen ist es gelungen, die Mauern der Stadt zu ersteigen. Die Chincha waren von den tagelangen Kämpfen schon so ermattet, dass sie kaum mehr die Waffen heben konnten. Uns gelang die Eroberung beinahe ohne Verluste. Das ist euer Verdienst, Prinz Tupac Yupanqui! Ihr habt vor uns die Feinde angegriffen und sie so sehr beschäftigt, dass sie uns keinen geordneten Widerstand mehr leisten konnten." Der Chanca-Prinz lobte die Leistung des Thronfolgers, da er fühlte, dass dieser wegen des errungenen Erfolges eifersüchtig war. Tupac Yupanqui wusste im ersten Moment nicht, ob er sich freuen sollte, doch dann fand er seine Beherrschung wieder: „Ich gratuliere Euch zu diesem großartigen Sieg. Mein Vater in Cuzco wird erfreut sein zu hören, dass wir eine wichtige feindliche Stadt erobert haben." Dann wandte er sich um und schritt in Gedanken versunken auf sein Zelt zu.

In Tarma war inzwischen die Hölle los. Die meisten Chincha-Krieger waren so erschöpft, dass sie keinen Widerstand mehr leisten konnten. Zu hunderten wurden sie von den Chanca niedergemacht. Zahleiche Tote und Verwundete lagen auf den Straßen der Stadt und grässliche Schreie hallten durch die Hütten und Häuser. Wer noch laufen konnte, strebte dem Palast des Stadtfürsten entgegen, um sich hier für einige Augenblicke in Sicherheit zu bringen. Doch es war eine vergebliche Anstrengung. Die siegreichen Truppen drangen soeben in die letzte verbliebene Verteidigungsanlage ein. Fürst Titu Poma leistete bis zuletzt verzweifelte Gegenwehr. Er wusste, er konnte nicht auf die Gnade der Inka hoffen. Als mächtiger Adeliger hatte er sein Leben verwirkt. Entweder starb er heldenhaft in der Schlacht oder er würde später – nach der Siegesfeier der Inka in Cuzco – hingerichtet werden. Titu Poma zog es vor, im Kampf zu sterben. Ein aus nächster Nähe geworfener Speer traf ihn am Oberschenkel und er stürzte blutüberströmt nieder. Sofort warfen sich zwei Feinde über ihn. Der Fürst sah die zum Schlag erhobenen Makanen, die sich mit rasender Geschwindigkeit auf ihn zubewegten. Dann explodierte sein Schädel in einem Inferno aus Schmerzen und er tauchte in eine große Dunkelheit.

Als die Chincha sahen, dass ihr Fürst gefallen war, warfen sie ihre Waffen weg und baten um Gnade. Die disziplinierten Inka-Soldaten beendeten das Gemetzel und nahmen Tausende Chincha gefangen. Prinz Capac Yupanqui hatte nämlich angeordnet, das Leben der Soldaten, die sich ergaben, zu schonen. Auch war es den Sonnensöhnen bei der Todesstrafe verboten, zu plündern oder Frauen zu vergewaltigen. Aus Angst vor den drakonischen Strafen befolgten die Inka-Soldaten und die Hilfskontingente ihrer Verbündeten diese Anordnungen.

Mit einem Mal war es still, gespenstische Ruhe lag über der Stadt, nur das Stöhnen und Wehklagen der Verwundeten war zu vernehmen. Die Alten, die Frauen und die Kinder, die sich in den Häusern versteckt gehalten hatten, wagten sich ins Freie, als sie feststellten, dass ihnen die Sieger kein Leid zufügten. Sie begannen sogleich, den Schreienden Hilfe zu bringen, versorgten sie mit Wasser und verbanden die blutenden Wunden. Die gefangenen Chincha ließ Capac Yupanqui aus der Stadt schaffen und auf ein umzäuntes Feld bringen. Dort wurden sie von einem Regiment der Chanca bewacht. Die meisten Gefangenen würde man nach der siegreichen Beendigung des Feldzuges wieder freilassen, denn dann waren sie ebenfalls Untertanen des Inka, nur die hohen Würdenträger, die Widerstand geleistet hatten, waren dem Tod verfallen oder würden zu lebenslangen Strafen verurteilt werden.

Die Inka blieben einige Tage in der eroberten Stadt, pflegten ihre Verwundeten und tankten neue Kräfte für die Fortsetzung des Feldzuges. Capac Yupanqui hatte natürlich wieder einen Boten nach Cuzco entsandt, der Pachacuti vom neuerlichen Sieg berichten würde. Der Oberbefehlshaber der Nordarmee war stolz auf die Chanca-Verbündeten und lobte Prinz Anco Ayllu. Zufrieden mit dem Verlauf des Krieges war er in bester Stimmung und überhäufte seine junge Frau Cori Accla mit allen erdenklichen Aufmerksamkeiten.

Der Arzt schaute wie versprochen jeden Tag bei Ollantay vorbei und war mit dessen Heilung sehr zufrieden. Er erlaubte dem jungen Mann nach ein paar Tagen, von der Bettstatt aufzustehen, verordnete aber noch strenge Schonung. Ollantay hatte kaum noch Beschwerden beim Atemholen, aber das Hochheben von schweren Gegenständen wie das Halten des Schildes wollte nicht recht gelingen. Außerdem ermüdete er rasch, was eine Folge des überstandenen Wundfiebers war.

Capac Yupanqui sandte jeden Tag Kundschafter und Späher aus, um über die Aktivitäten der Chincha unterrichtet zu werden. Alle Anzeichen deuteten darauf hin, dass sich der König des Chincha-Reiches nun entschlossen hatte, eine große Feldschlacht gegen die Inka zu wagen. Nur wenige Tagesmärsche von Tarma entfernt hatten die Chincha ihr gesamtes Heer zusammengezogen und bewegten sich langsam den Sonnensöhnen entgegen. Anscheinend wollten sie das fruchtbare Jauja-Tal zurückerobern. Capac Yupanqui beschloss, den Chincha entgegen zu marschieren und die Entscheidungsschlacht anzunehmen.

Das Heer der Inka befand sich in einem hervorragenden moralischen Zustand und die Soldaten hielten sich für unbesiegbar. „Nur noch eine siegreiche Schlacht, dann ist der Krieg zu Ende!" Das war die Einstellung der Soldaten. Alle Kämpfe hatte man bisher gewonnen und, Inti sei Dank, nur wenige Verluste erlitten. Diese positive Stimmung gedachte der Oberbefehlshaber zu nutzen. So gab er die entsprechenden Befehle, und die Nordarmee zog dem Feind entgegen. Ollantay musste sich auf Anordnung seines Freundes schonen und wurde in einer Sänfte getragen. Doch immer wenn eine Rast abgehalten wurde, stieg er aus, lief ein paar Schritte in der Gegend umher und übte seinen Körper. So erlangte er allmählich seine alten Kräfte zurück.

Schließlich tauchte vor den Inka das Heer der Chincha auf. Sie hatten das Tal in seiner gesamten Breite gesperrt und vor den eigenen Stellungen Gruben ausgehoben, die zusätzlich mit Verhauen aus Dornen gesichert waren. So weit Ollantay auch blickte, überall sah er die versammelten Feinde. Sie standen in geordneter Schlachtaufstellung, ihre verzierten Helme glitzerten in der Sonne, und die Chincha riefen den Inka, als sich diese ihnen näherten, schmähliche Worte zu. Die Männer gerieten in Wut und wollten sich unverzüglich auf den Feind stürzen, doch die harten Befehle ihrer Vorgesetzten brachten sie wieder zur Besinnung. Capac Yupanqui ließ in Sichtweite der Chincha das Inkalager errichten und so weit befestigen, dass man vor Überraschungsangriffen gefeit war. Heute würde es nicht mehr zur Schlacht kommen, das hatte Capac Yupanqui beschlossen, denn die Tageszeit war schon zu weit fortgeschritten. Außerdem wollte er seinen Männern noch ein paar Stunden Zeit zur Erholung gewähren.

Kurz vor Sonnenuntergang begab sich der Oberbefehlshaber in Begleitung seiner höchsten Offiziere zum obersten Priester, der das Heer auf diesem Feldzug begleitete. In der Nähe eines großen Felsens, der in seiner Form an einen Altar der heimischen Tempel erinnerte, hatte man bereits ein paar Behälter aufgestellt, in denen magische Kräuter verbrannt wurden, was die Stätte mit einer geheimnisvollen Aura umgab. Der Priester begrüßte Capac Yupanqui und dessen Begleiter und begann dann zu Inti zu beten und den Sonnengott um ein Zeichen zu bitten, aus dem man schließen konnte, dass die morgige Schlacht erfolgreich verlaufen würde. Ein Gehilfe des Priesters brachte auf dessen Zeichen ein Lama, welches man opfern wollte, herbei. Ein rascher Schnitt mit dem Messer und das Lama brach, aus der aufgeschnittenen Kehle heftig blutend, zusammen. Der Priester öffnete nun den Brustkorb und entnahm dem Opfertier die Lunge. Mit dem, was er sah, war er sehr zufrieden. „Inti weissagt seinen Sonnensöhnen morgen einen großen Sieg über ihre Feinde." Capac Yupanqui, der der Zeremonie gespannt gefolgt war, pries erleichtert die große Macht Intis. Jetzt konnte nichts mehr schiefgehen, die Götter würden den Inka den Sieg schenken.

Nach Beendigung des Opferritus versammelte Capac Yupanqui seine obersten Befehlshaber in seinem Zelt, um mit ihnen die Taktik der morgigen Schlacht durchzusprechen. Er erwähnte nicht, dass ihn Hatun Tupac mit dem Befehl Pachacutis erreicht hatte, Anco Ayllus Chanca-Krieger nicht im Brennpunkt des Geschehens einzusetzen, denn er wollte keine Unruhe in seiner Armee aufkommen lassen. Aber insgeheim beschloss er, die Anordnung des Inka zu befolgen. So teilte er die Korps ein, wie es den Wünschen des Herrschers entsprochen hätte. Aus der Schlachtordnung der Chincha war zu erkennen, dass sie im Zentrum und an der linken Flanke des Inka-Heeres ihre größten Kontingente aufgestellt hatten. Die rechte Flanke der Nordarmee grenzte an schwer zugängliches Bergland. Dort würden aller Voraussicht nach kaum entscheidende Kämpfe stattfinden, sondern nur Deckungsarbeiten zu verrichten sein. Aus diesem Grund ordnete Capac Yupanqui an, dass die Chanca die rechte Flanke des Heeres bilden sollten, das Armeekorps Tupac Yupanquis sollte auf der linken kämpfen und Umgehungsversuche der Chincha vereiteln. Das Zentrum mit der größten Heeresmacht würde er, Capac Yupanqui, selbst befehligen, seine beiden Stellvertreter Huayna Yupanqui und Apu Yupanqui sowie Prinz Hatun Tupac sollten ihm als Adjutanten zur Seite stehen und den entscheidenden Durchbruch vorantreiben.

Als alle Befehle ausgegeben worden waren, verabschiedete der Oberbefehlshaber seine Untergebenen und suchte seine junge Frau auf, die ihn schon sehnsüchtig erwartete. Vor einer großen Schlacht, das hatte sie während des Feldzuges festgestellt, war die Manneskraft Capac Yupanquis am stärksten. Sie seufzte voll Verlangen, als er vor dem Bett auftauchte. Aufreizend lag sie in ihrer vollkommenen Nacktheit auf den weichen Decken und hatte die Beine leicht geöffnet, sodass er das dunkle Liebesdreieck einladend schimmernd aufleuchten sah. Seine Männlichkeit regte sich in all seiner Steifheit und wurde groß und fest. Voller Vorfreude warf er seine Kleider von sich und begann den Liebeskampf mit Cori Accla, den er bis zum siegreichen Höhepunkt führte und mit jeder Leibesfaser aufs Äußerste genoss.

Tupac Yupanqui war ebenfalls in Hochstimmung. Morgen würden nicht die Chanca den Sieg für das Inka-Heer erringen. Diese waren nur an der gebirgigen rechten Flanke eingesetzt. Dort konnten sie den ganzen Tag zuschauen, wie die Inka die Schlacht gewannen. Und er, Tupac Yupanqui wollte diesmal die Entscheidung bringen. Er plante mit seinem Armeekorps den Gegner anzugreifen, zurückzuwerfen und dann das Zentrum des Feindes von hinten aufzurollen. So wäre die Hauptmasse der Chincha eingekesselt und er hätte endlich den siegreichen Vorstoß angeführt. Zuversichtlich trank er noch einen Krug Chincha, während er Ollantay von seinen Plänen vorschwärmte. Ollantay brannte ebenfalls darauf zu kämpfen, doch hatten die Ärzte verboten, dass er sich morgen an der Schlacht beteiligen würde. Seine Kräfte waren noch zu geschwächt. Tupac Yupanqui wollte Ollantay daher als Verbindungsoffizier einsetzen und ihn während des Kampfes mit Lageberichten immer wieder zu Capac Yupanqui entsenden. Dabei war eine unmittelbare Konfrontation Ollantays mit den Gegnern ausgeschlossen, er konnte aber den Verlauf der Schlacht überblicken und wenn nötig, schnell neue Befehle überbringen. Widerwillig und zähneknirschend stimmte Ollantay dem Wunsch seines königlichen Freundes zu.

Früh am Morgen stand das Inka-Heer zur Schlacht bereit aufgestellt. Ihnen gegenüber warteten die Chincha, ebenfalls in Schlachtordnung. Doch bevor der Kampf eröffnet wurde, nahm Capac Yupanqui einen Becher Chicha, tauchte seine Finger ein und opferte ein paar Tropfen des Getränkes den Göttern. Sie sollten noch einmal gnädig gestimmt werden, um den Inka den Sieg zu bringen. Nach dieser letzten Zeremonie winkte der Oberbefehlshaber mit dem rechten Arm, und die Trommler und Flötenspieler begannen die Soldaten für die Schlacht einzustimmen. Die Inka bewegten sich langsam auf die Chincha zu. Dabei brachen sie in ein fürchterliches Feldgeschrei aus, stießen die verschiedensten, grauenerregenden Laute aus, bliesen auf Muscheln und Pfeifen und erzeugten mit den mächtigen Trommeln, die unentwegt geschlagen wurden, ein schreckenerregendes Getöse. So näherte man sich dem Feind.

Als man nahe genug herangekommen war, griffen zuerst die Schleuderer des Inka-Heeres an. Ein Steinhagel verdunkelte den Himmel und prasselte, wie vom Sturmwind getrieben, auf die Köpfe der Feinde herab. Die Chincha erhoben schutzsuchend ihre Schilde, trotzdem stürzten viele blutüberströmt und vor Schmerzen schreiend nieder. Jetzt antworteten die Schleuderer der Chincha auf den Beschuss durch die Sonnensöhne und unzählige Steine gingen auf das Heer der Inka nieder. Auch hier stürzten die ersten Verwundeten und Toten zu Boden. Ununterbrochen setzten die Schleuderer ihren gegenseitigen Beschuss fort. Da die Inka zahlenmäßig weit überlegen waren, begannen die Chincha schließlich zurückzuweichen. Nun warfen die Speerträger ihre Speere und dann hoben die Soldaten ihre Makanen, die sechseckigen steinernen und ehernen Streitkolben oder Streitäxte, und stürzten sich, noch immer grauenhaft brüllend, auf den Feind.

Im Zentrum der beiden Heere entbrannte eine furchtbare Schlacht Mann gegen Mann. Die Äxte und Streitkolben blitzten durch die Luft und zertrümmerten so manchen Schädel. Immer mehr Krieger der Inka und der Chincha wurden getroffen und blieben, von klaffenden Wunden bedeckt, auf der Wallstatt liegen. Längst waren die taktischen Reihen aufgelöst, jetzt entschieden der persönliche Mut und die Ausdauer. Die Chincha hatten sich wieder gefangen und leisteten energischen Widerstand. Der Vormarsch des Inka-Heeres kam zum Erliegen. So viele Befehle Capac Yupanqui auch brüllte, die Sonnensöhne kamen keinen Fußbreit mehr voran. Selbst das persönliche Eingreifen Prinz Hatun Tupacs, der schon als Junge gerne gekämpft hatte, änderte nichts an der Lage. Die Schlacht näherte sich dem Höhepunkt und so sehr die Inka auch mit ihren Makanen dreinhieben, die Chincha erwiderten alle Schläge auf das Erbittertste und wichen keinen Zoll zurück.

Die linke Flanke befehligte der ungestüme Prinz Tupac Yupanqui. Ungeachtet aller Gefahren hielt er sich an vorderster Front auf und riss seine Männer zum Angriff mit. Doch sein Korps hatte Pech. Der Plan des Chincha-Königs sah nämlich vor, seine eigene rechte Flanke zu verstärken und hier die Inka zu besiegen. Dann beabsichtigte er das Zentrum der Sonnensöhne einzukreisen und so deren numerische Überlegenheit auszugleichen. Somit stand Tupac Yupanqui den besten feindlichen Truppen gegenüber. Der Ansturm der Inka stockte sehr bald, und die Chincha rückten vor. Der Prinz kämpfte wie ein Jaguar und spornte durch sein Vorbild die Männer an, auszuharren und weiterzukämpfen. Tupac Yupanqui spürte nicht, dass er aus zahlreichen Wunden blutete, immer wieder fing er mit dem Schild Schläge der gegnerischen Soldaten auf und hieb dann seinerseits unbarmherzig mit der Makana zu. Immer fand man ihn im Brennpunkt der ärgsten Kämpfe.

Ollantay beobachtete auf einer kleinen Erhebung hinter den eigenen Reihen die Schlacht. Als er sah, wie Tupac Yupanqui jeder Gefahr trotzte und sein Schicksal stetig herausforderte, hielt es Ollantay nicht mehr aus. Er packte Schild und Makana, setzte sich eine helmartige Kopfbedeckung auf und stürzte sich ins Schlachtgetümmel. Er versuchte, sich zum Prinz nach vorne durchzukämpfen. Schon lag der erste Feind blutend zu seinen Füßen und er eilte weiter. Da tauchte unmittelbar vor ihm ein riesiger Chincha auf. Täuschte er sich, oder lächelte der Feind wirklich? Es blieb keine Zeit mehr zum Überlegen, denn der Riese ging sofort zum Angriff über. Ollantay hob schützend seinen Schild, doch der erste Hieb des Chincha zerfetzte seine Verteidigung. Von der Wucht des Aufpralls wurde Ollantay, dessen Verletzung mit einem Male akut geworden war und höllisch schmerzte, umgerissen und er fiel auf den staubigen Boden. Der riesige Feind tat einen Schritt nach vorne, um dem schutzlosen Inka den tödlichen Schlag zu versetzen. Als die steinerne Keule niedersauste, wirbelte Ollantay blitzschnell herum und entging dem verderbenden Hieb um Haaresbreite. Die Kraft aber, die der Chincha in den Schlag gelegt hatte, war so groß, dass er, als der Streitkolben in das Leere sauste, strauchelte und einknickte. Diese Gelegenheit ließ Ollantay nicht ungenutzt verstreichen. Er schleuderte dem Feind mit der Linken eine Hand voll Sand in die Augen. Der Riese brüllte vor Schmerz auf und fuhr mit den Händen in sein Gesicht. Fast gleichzeitig ergriff der junge Inka mit der Rechten die Makana, die er bei seinem Sturz verloren hatte, erhob sie und schlug mit aller Kraft zu. Er traf den riesigen Chincha knapp über dem linken Ohr. Der Schädelknochen knirschte fürchterlich, als er vom Streithammer zerschmettert wurde. Ohne einen Laut von sich zu geben, fiel der Chincha nach vorne und blieb reglos im Sand liegen.

Erst als der Gegner tot vor ihm lag, nahm Ollantay den ohrenbetäubenden Lärm und das Getümmel, das ihn umgab, wahr. Für Augenblicke war er mit dem Chincha alleine gewesen, doch nun holte ihn die fürchterliche Wirklichkeit der tobenden Schlacht wieder ein. Noch immer kniete er auf dem Boden, der linke Arm hing kraftlos hinunter und in der rechten Faust hielt er seine blutige Makana. Überall wirbelten die kämpfenden Männer Staub auf, und Ollantay fühlte, wie seine Augen brannten. Die Schreie der Verwundeten mischten sich mit dem Gebrüll der Kämpfer zu einem bestialischen Inferno. In diesem kurzen Augenblick verstand Ollantay seinen Vater, als ihm dieser erklärt hatte, dass Krieg das schrecklichste Unheil der Welt sei. Bis jetzt hatte er von Ehre und Heldentum geträumt, doch mit einem Male realisierte er die blutigen Bilder der Sterbenden, die ihn umgaben. Ihn durchzuckten bestürzende Gedanken: „Krieg ist schrecklich und der Heldentod, den ich mir immer so blumig vorgestellt habe, besitzt eine teuflische Fratze und hat mit dem Feld der Ehre nichts gemeinsam. Hier wird so unbarmherzig abgeschlachtet, wie man nicht einmal die Opfertiere tötet. Niemand mehr benimmt sich wie ein Mensch, sondern wie ein Dämon und ein böser Geist, die entfesselt alles Leben verschlingen möchten. Warum nur tun wir das? Warum werfen wir die Waffen nicht weit von uns und trinken gemeinsam Chicha und feiern fröhliche Feste?" Der riesige tote Chincha starrte ihn mit weit aufgerissenen Augen an. Aus dem Mundwinkel rann ein dünner Faden roten Blutes. Ollantay konnte seinen Anblick nicht von dem Toten losreißen und er hörte nicht, wie ihn jemand rief. Erst als er bei den Schultern heftig geschüttelt wurde, erwachte er aus seiner traumhaften Gedankenwelt. „Was machst du hier?", fragte ihn Tupac Yupanqui, „ich habe dir befohlen, dass du dich aus den Kämpfen raushältst. Hast du diesen riesigen Chincha getötet? Alle Achtung, da gehört sehr viel Mut dazu. Doch nun verlass das Schlachtfeld und benachrichtige Capac Yupanqui, dass er uns Unterstützung schicken soll. Die Chincha sind uns auf der linken Flanke überlegen. Noch kämpfen wir wie die tapferen Jaguare, aber ich bemerke schon seit geraumer Zeit, dass die Kräfte meiner Leute nachlassen. Capac Yupanqui muss uns schleunigst unterstützen, oder wir müssen weichen. Dann geht womöglich die Schlacht verloren. Eile und überbringe dem Oberbefehlshaber meine Befürchtungen!"

Ollantay kam langsam wieder zur Besinnung. Noch ehe er eine Antwort geben konnte, war der Prinz auch schon wieder im Getümmel verschwunden. Ollantay hielt sich die schmerzenden Rippen und eilte nach hinten davon. Er spürte ein Brennen in seinem Kopf und der Durst war gewaltig. Endlich durchbrach er die eigenen Reihen und erreichte die kleine Erhebung. Dort warteten ständig einige Kuriere, um Befehle zu überbringen. Ollantay fühlte sich plötzlich zu schwach, um Capac Yupanqui die Bitten um Unterstützung zu melden. So entsandte er einen der Kuriere zum Oberbefehlshaber, nachdem er ihn genau instruiert hatte. Erst dann schnappte er sich einen Krug voller Wasser und löschte seinen gewaltigen Durst. Einer der Ärzte trat zu ihm und untersuchte die aufgebrochene Wunde auf seinem Rücken. Er wollte Ollantay in ein Zelt schicken und ihm absolute Ruhe verordnen, doch dieser winkte ab. „Ich bleibe hier, bis die Schlacht entschieden ist", meinte er nur kurz. Dann befahl er einem der Diener, ihm einen Hocker zu bringen. Erschöpft ließ er sich darauf fallen und bat Inti, dass Capac Yupanqui der linken Flanke bald genügend Soldaten schicken möge, sonst wäre das Schicksal der Sonnensöhne besiegelt.

Auf der rechten Flanke stürmten unterdessen die verbündeten Chanca auf einen weit unterlegenen Feind ein, der sich rasch zur Flucht wandte. Anco Ayllu befahl ungefähr der Hälfte seiner Soldaten, die flüchtigen Chincha zu verfolgen. Dann schickte er einen Kurier zu Capac Yupanqui und teilte dem Oberbefehlshaber mit, dass den Inka auf der rechten Flanke keine Gefahr mehr drohe. Er aber wollte die günstige Gelegenheit beim Schopf packen und befahl seinen verbliebenen Kriegern, gegen das Zentrum des Feindes vorzurücken. Nachdem die rechte Flanke gesichert war, konnte er dieses Manöver ohne Risiko durchführen. Die Chanca stürzten sich auf einen völlig verdutzten Feind, der mit einem Angriff von dieser Seite nicht gerechnet hatte. Verwirrung breitete sich im Heer der Chincha aus. „Achtung! Der Feind greift von hinten an! Wir sind eingekreist! Rette sich, wer kann!" Solche und ähnliche Rufe pflanzten sich in Windeseile im Chincha-Heer fort. Wie auf ein Kommando wandten sich die Männer zur Flucht. Verzweifelt versuchten ihre Befehlshaber wieder Ordnung in die Schlachtreihen zu bringen, doch alle Mühe war vergebens. Die Chincha wichen auch im Zentrum zurück und öffneten dabei Lücken, in die die Sonnensöhne unbarmherzig hineinstießen. Panik breitete sich wie ein Lauffeuer unter den Chincha aus und plötzlich war ihr ganzes Heer in eine große Rückwärtsbewegung verstrickt.

Capac Yupanqui und seine Stellvertreter erkannten, dass die Chincha besiegt waren, aber sie bemerkten auch, dass Tupac Yupanquis linker Heeresflügel größte Schwierigkeiten hatte, dem Druck der Feinde standzuhalten. In dieser Situation entschied sich der Oberbefehlshaber, Prinz Hatun Tupac den Befehl zu geben, mit einem Korps nach links zu schwenken und Tupac Yupanqui zu Hilfe zu kommen. Die Schlacht im Zentrum des Heeres und am rechten Flügel war längst zugunsten der Sonnensöhne entschieden, doch hatte man an der linken Flanke noch nichts davon bemerkt. Hatun Tupac brüllte seine Befehle und sein Korps wandte sich von den flüchtenden Chincha ab und marschierte in einem Eilmarsch nach links.

Tupac Yupanqui am linken Flügel bekam von der Flucht der Feinde lange nichts mit, denn hier kämpften die Chincha noch immer in disziplinierter Ordnung. Als der Thronfolger sich schweren Herzens zum Rückzug entschließen wollte, brach plötzlich wie eine Sturzflut das Korps Hatun Tupacs in die Reihen der Chincha. Tupac Yupanqui konnte sein Glück, die drohende Niederlage nun doch noch in einen Sieg verwandeln zu können, kaum fassen. Mit neuem Mut warfen sich die Inka auf die Feinde, die sich nun auch auf dem linken Flügel des Inka-Heeres zur Flucht wandten. Überall sah man Chincha, die ihren Feinden verzweifelt zu entkommen versuchten, und Inka, die ihnen auf den Fersen folgten und die panisch reagierenden Feinde unschädlich machten. Die meisten Chincha erkannten schließlich, dass sie verloren waren, erhoben die Hände und baten ihre Bezwinger um Gnade. In ihrem Blutrausch, der die eben ausgestandene Todesangst während der Schlacht widerspiegelte, machten die Inka viele ihrer Feinde nieder, doch bald beruhigten sich die aufgeputschten Nerven und die überlebenden Chincha wurden gefangen genommen. Viele Chincha lagen tot oder schwer verwundet auf dem Schlachtfeld, noch mehr hatten sich ergeben und waren Gefangene der Inka. Nur einem kleinen Teil des Heeres war die Flucht gelungen. Die geschlagenen Reste des Heeres zogen sich mit ihrem König in die Stadt Pumpu zurück, um von dort aus den letzten verzweifelten Widerstand gegen die Inka zu organisieren.

Der siegreiche Feldherr Capac Yupanqui hatte seine hohen Offiziere zu einem festlichen Bankett eingeladen und beglückwünschte Anco Ayllu zu seiner entschlossenen Attacke, die dem Heer der Sonnensöhne den Sieg über die Chincha gebracht hatte. Wieder waren die Hilfstruppen der Chanca die Helden der Schlacht gewesen, und Tupac Yupanqui ärgerte sich, dass nicht seinem Korps der entscheidende Vorstoß gelungen war. Doch diesmal musste er schweren Herzens die Leistung Anco Ayllus anerkennen, ohne Unterstützung wäre ihm auf dem linken Flügel die schmähliche Flucht vor den Chincha nicht erspart geblieben. Hätten die Chanca nur den rechten Flügel behauptet, wie es ihr ursprünglicher Plan vorgesehen hatte, der Ausgang der Schlacht wäre sehr ungewiss gewesen. So aber hatte die Entscheidung Anco Ayllus, mit seinen Truppen dem Zentrum des Inka-Heeres zur Hilfe zu eilen, schließlich dem Kampf die Wende zugunsten der Sonnensöhne gegeben.

Der Chanca-Prinz spürte den bohrenden Neid und die immer offener zu Tage tretende Feindschaft Tupac Yupanquis. Als geborener Diplomat wies er daher nicht auf sein taktisches Geschick hin, sondern gab das Lob des Oberbefehlshabers an Prinz Tupac Yupanqui weiter: „Dem Armeekorps des Thronfolgers gebührt die Ehre, die Schlacht gewonnen zu haben. Hätte Tupac Yupanqui nicht durch seinen persönlichen Mut seine Leute zu außergewöhnlichen Taten animiert, der linke Heersflügel wäre von den Chincha zum Rückzug gezwungen worden. Dann wäre mein Erfolg auf der rechten Flanke umsonst gewesen. Doch Tupac Yupanqui hat so lange gegen einen übermächtigen Feind ausgehalten, dass uns die Götter den Sieg geschenkt haben. Der feindliche Widerstand, den ich überwinden musste, war dagegen sehr schwach. So ist meine Leistung nicht so groß zu bewerten wie die Leistung des Thronfolgers. Er hat durch seine Tapferkeit und sein Handeln den heutigen Tag für uns gerettet. Ich trinke auf sein Wohl!" Anco Ayllu hob seinen Becher und prostete Tupac Yupanqui zu. Der war von der Rede des Chanca-Prinzen ein wenig besänftigt worden und sah seine Leistung nun in einem anderen Licht. „Genau betrachtet stimmt es, was Anco Ayllu gesagt hat", dachte er bei sich, „mein Armeekorps musste gegen einen überlegenen Feind kämpfen und wir haben die Stellung gehalten. Mir gebührt die Ehre des Sieges, denn ein anderer Feldherr als ich wäre sicher geflohen und dann hätten wir die Schlacht verloren." Doch Capac Yupanqui unterbrach die Gedanken des Thronfolgers, indem er feststellte: „Prinz Anco Ayllu, deine Bescheidenheit lobt dich. Doch dir und deiner Einheit verdanke ich heute am meisten. Du bist der Sieger. Diese Botschaft habe ich übrigens bereits durch einen Kurier nach Cuzco übermitteln lassen."

Der Gesichtsausdruck Tupac Yupanquis verdüsterte sich wieder, als er diese Worte gehört hatte. War sein Onkel zu blind, um zu sehen, dass er die linke Flanke gehalten und so erst den Sieg ermöglicht hatte? Noch vor wenigen Monaten war er Capac Yupanqui dankbar gewesen, denn dieser hatte sich bei Pachacuti am meisten dafür eingesetzt, dass er anstelle Amarus zum Nachfolger seines Vaters ernannt worden war. Doch jetzt wandelte sich die Dankbarkeit Tupac Yupanquis langsam in Misstrauen. „Womöglich hegt mein Onkel eigene Pläne, um einmal Inka Pachacuti zu beerben? Vielleicht braucht er Anco Ayllu und die Unterstützung der Chanca, um den Thron in Cuzco zu erringen.

Deshalb lobt er die Taten der Chanca ständig über alle Maßen. Ich muss in Zukunft sehr vorsichtig sein, um die Pläne Capac Yupanquis durchkreuzen zu können", überlegte sich der junge Inka-Prinz. Er hielt sich beim Genuss von Chicha diesmal sehr zurück und war noch relativ nüchtern, als er sein Zelt aufsuchte. Zuvor hatte er noch bei Ollantay nachgesehen, um festzustellen, wie es seinem verletzten Freund ging. Die aufgebrochenen Wunden waren frisch verbunden und es ging diesem bereits recht gut. Die Beteiligung an der Schlacht war, Inti sei Dank, ohne ernsthafte Folgen für den mutigen, jungen Inka geblieben.

Pachacuti ging in seinem Privatgemach unruhig auf und ab. Gerade hatte ihn der Kurier, der eine weitere Siegesmeldung der Nordarmee gebracht hatte, verlassen. Die Nacht war schon hereingebrochen und vier Fackeln, an jeder Wand eine, erleuchteten nur spärlich den Raum. Bei ihm befand sich sein Bruder, Prinz Roca. „Was ist? Schlechte Nachrichten von Capac Yupanqui?", wollte Roca wissen. „Ja und nein", antwortete der Herrscher mürrisch. „Wir haben eine entscheidende Schlacht gewonnen und den Großteil des feindlichen Heeres aufgerieben." „Das sind doch gute Neuigkeiten", meinte Prinz Roca erfreut. „Ja, aber das ist noch nicht alles", unterbrach ihn Pachacuti. „Capac Yupanqui teilt mir weiter mit, dass schon wieder Anco Ayllu und die Chanca den größten Anteil am Erfolg hätten, denn sie seien in das feindliche Heer eingebrochen und hätten die Chincha in die Flucht getrieben, während Tupac Yupanqui nur mit Mühe seine Stellung habe behaupten können." „Wer den Sieg errungen hat, kann doch gleichgültig sein, Hauptsache wir haben gewonnen", wollte Roca seinen königlichen Bruder beruhigen. „Ich habe aber noch eine Botschaft von Hatun Tupac erhalten", sagte der Inka-Herrscher, „er berichtet, dass Capac Yupanqui die Chanca der schwächsten Abteilung des Feindes gegenüber aufgestellt hat. Tupac Yupanqui hingegen musste sich gegen eine große Übermacht der Chincha erwehren, und nur durch seinen Mut und durch seinen persönlichen Einsatz im dichtesten Schlachtengetümmel sei es gelungen, den Zangenangriff der Chincha aufzuhalten. Nur weil Tupac Yupanquis Armeekorps dem feindlichen Angriff so lange standgehalten habe, konnten Anco Ayllu und Capac Yupanqui die Schlacht zu unseren Gunsten entscheiden. Nicht nur Prinz Tupac Yupanqui, sondern auch sein Freund Ollantay haben sich durch ihre große Tapferkeit ausgezeichnet. Das hat schon etwas zu bedeuten, wenn Hatun Tupac seinen Bruder Tupac Yupanqui und Ollantay lobend erwähnt, haben sie doch als Schüler oft ihre kleinen Streitigkeiten ausgetragen."

Pachacuti nahm einen Becher zur Hand und trank einen großen Schluck Chicha. Dabei starrte er in die Flammen einer Fackel und seine dunklen Augen leuchteten gespenstisch auf. Dann seufzte er und leerte den Rest des Bechers. „Dich bedrückt aber noch etwas, ich kenne dich", durchschaute Roca den Herrscher. „Du hast recht, Bruder!", antwortete Pachacuti. „Noch ein Kurier aus dem Norden hat mich erreicht. Tupac Yupanqui zweifelt an der Loyalität Capac Yupanquis. Er äußert die Befürchtung, dass unser Bruder nach dem Thron streben könnte, den er mit Hilfe der Chanca erringen möchte. Selbst wenn diese Meinung nur der eifersüchtigen Fantasie Tupac Yupanquis entspringt, bin ich dennoch über die Erfolge Anco Ayllus und seiner Chanca besorgt. Was, wenn die Chanca eine Revolte gegen uns planen. Jeden Sieg des Nordfeldzuges können sich die Chanca auf ihre Fahnen schreiben, jedenfalls ist das die Ansicht Capac Yupanquis. Noch ist unsere Herrschaft in den angrenzenden Gebieten nicht wirklich gefestigt, der Aufstand der Aymara im Collo-Land hat mir das vor einigen Monaten deutlich bewiesen. Ermutigen die Chanca einige unzufriedene Völker, mit ihnen gegen uns zu kämpfen, kann das zu einer sehr ernsten, wenn nicht sogar zu einer existenzbedrohenden Situation für uns führen. Darum habe ich Capac Yupanqui schon vor Wochen befohlen, die Chanca nicht mit schlachtentscheidenden Aufgaben zu betrauen und so nicht deren Selbstvertrauen zu stärken. Noch ist Anco Ayllu loyal, aber das kann sich mit seinen wachsenden Erfolgen schnell ändern. Darum muss ich etwas Folgenschweres gegen die Chanca unternehmen. Etwas, was mir auch die Loyalität Capac Yupanquis beweist. Ich werde gleich zwei Fliegen mit einer Klappe schlagen." „Was willst du tun?", fragt Roca den Herrscher neugierig. „Ich werde noch heute Abend einen Eilboten mit einer Geheimbotschaft zu Capac Yupanqui schicken", antwortete Pachacuti und fuhr dann geheimnisvoll fort, „befolgt Capac Yupanqui meinen Befehl, beweist mir das, dass er nicht nach dem Thron Tahuantinsuyus strebt und Tupac Yupanqui als Thronfolger betrachtet. Missachtet er aber meine Anordnung, bedeutet das, dass er meine Herrschaft nicht mehr anerkennt. Auf alle Fälle sind wir dann vor den Chanca sicher, denn ich habe ihren endgültigen Untergang beschlossen." Grimmig dreinschauend wandte sich Pachacuti Roca zu, dem vor dem eisigen Gesichtsausdruck seines Bruders schauderte.

Die Mauern von Pumpu ragten vor der Nordarmee auf. Doch sie schienen nicht so stark und unüberwindlich wie die Befestigungsanlagen von Parcos oder Tarma. Außerdem waren es nur noch wenige Verteidiger, die dem König der Chincha verblieben waren, um den Inka endlich erfolgreich Widerstand leisten zu können. Die Sonnensöhne waren nach den errungenen Siegen in Hochstimmung und dem feindlichen Heer zahlenmäßig weit überlegen. Niemand zweifelte ernsthaft am Ausgang des Krieges. Fiel Pumpu, war das Chincha-Reich endgültig besiegt und von den Inka unterworfen.

Die Inka sammelten sich vor der Stadt und machten sich zur Belagerung bereit. Einige Tage wollte man abwarten und niemand, nicht einmal eine Maus aus der Stadt heraus oder in diese hinein lassen. Vielleicht waren zu wenige Vorräte drinnen gelagert, dann würden der Hunger und der Durst mächtige Verbündete der Sonnensöhne sein. Die Zeltstadt, die auf der Ebene vor Pumpu errichtet worden war, konnte man mit den Augen nicht überblicken. Zelt reihte sich an Zelt, von einem Horizont zum anderen, so weit das Auge reichte. Die Verteidiger verließ der Mut, als sie den Feind sahen und dessen wahre Stärke erkannten. Doch sie hatten keine Gnade zu erwarten. Zu lange leisteten sie den Inka schon Widerstand. Wenn sie sich jetzt ergeben würden, wären sie dennoch dem Tode verfallen. So beschlossen sie, lieber auf dem Schlachtfeld zu sterben, als von den Sonnensöhnen nach der unvermeidlichen Niederlage langsam zu Tode gefoltert zu werden. Nur um eines bat der König der Chincha die Inka: Frauen und Kinder sollten die zum Sterben verurteilte Stadt verlassen dürfen. Capac Yupanqui lehnte dieses Gesuch ab, denn die Leiden der Zivilisten sollten die Moral der Verteidiger untergraben. Zusätzliche Personen innerhalb der Stadt bedeuteten auch, dass die Lebensmittel schneller zur Neige gehen und die Belagerung sich nicht endlos in die Länge ziehen würde. Der Oberbefehlshaber der Nordarmee versprach aber seinerseits, die Frauen und Kinder zu schonen, falls sich die Soldaten unverzüglich ergeben würden. Das wiederum war für die Chincha unannehmbar. Ein Kampf ohne Gnade stand beiden Heeren bevor, das wussten alle Krieger.

Ollantay war es zuwider, dass unschuldige Zivilpersonen in die Kämpfe verwickelt würden. Seitdem er erkannt hatte, wie grausam und ungerecht Kriege waren, bemühte er sich, wenigstens die Leiden der Unbeteiligten zu mildern. Er sprach bei Capac Yupanqui vor und bat diesen eindringlich, den Frauen und Kindern die Erlaubnis zu erteilen, die Stadt zu verlassen. Doch der Oberbefehlshaber blieb unerbittlich. „Was dir grausam erscheint, junger Mann", herrschte er Ollantay an, „verkürzt nur den Krieg und hilft, die Verluste der Inka gering zu halten. Hätten die Chincha nicht den Krieg begonnen, indem sie unsere Grenzen nicht respektierten, dann bliebe ihnen dies jetzt erspart. Aber sie haben unsere Dörfer geplündert und dabei wahllos alte Männer, Frauen und Kinder abgeschlachtet. Nun müssen sie eben die Folgen ihrer schändlichen Taten tragen." „Aber ihre Frauen und Kinder haben doch nichts getan. Wie können wir ein begangenes Unrecht damit rächen, indem wir ebenfalls unrecht handeln? Das ist doch der edlen Sonnensöhne unwürdig", widersprach Ollantay seinem Vorgesetzten. Capac Yupanqui brauste zornig auf: „Ich gehöre zum Ayllu des Königs. Wir stammen direkt vom Sonnengott ab. Willst du mich lehren, wie die Sonnensöhne zu handeln haben. Ich stamme vom Blut der Sonne ab, du aber bist weiter nichts als ein Untertan, der zu gehorchen hat, wie es die Pflicht jedes Puric ist. Und jetzt verschwinde, oder ich lasse dich wegen Befehlsverweigerung zum Tode verurteilen!" Schweren Herzens verließ Ollantay das Zelt Capac Yupanquis, doch tief in seinem Inneren schwor er sich, das Leben aller Unbeteiligten zu schonen.

Die Belagerung zog sich in die Länge. Die Inka bewachten die Zugänge zur Stadt und wehrten die wenigen Ausfälle, die von den Chincha unternommen wurden, ab. Innerhalb der Mauern machte sich bereits nach wenigen Tagen der Mangel an Lebensmitteln bemerkbar. Die Chincha hatten nicht damit gerechnet, dass es den Inka gelingen würde, bis hierher vorzudringen, deshalb war Pumpu nicht auf eine Belagerung vorbereitet. Die vielen Soldaten, die in der Stadt untergebracht waren und kämpften, mussten versorgt werden. Deshalb litten die Zivilisten bald große Not und baten die Krieger, ihnen doch etwas von den Lebensmitteln zu geben. Zahlreiche Soldaten konnten das Betteln der Frauen und Kinder um Essen nicht mitansehen und halfen, so gut es ging. Da aber ihre Nahrung rationiert worden war, führte das dazu, dass viele Männer bald ihre Kräfte verloren. Der König der Chincha erkannte dieses Problem und befahl, die Zivilpersonen in Häusern im Zentrum der Stadt unterzubringen. Das Stadtviertel, das nun die Frauen und Kinder bewohnten, wurde streng bewacht, damit die Soldaten ihre spärliche Nahrung nicht mit ihnen teilten. Nur durch diese hartherzige und grausame Maßnahme sahen sich die Chincha in der Lage, den Inka auch weiterhin erfolgreich Widerstand zu leisten. Nur nicht wegen Entkräftung den Feinden lebend in die Hände fallen, war die Parole der Chincha-Soldaten, denn dann erwarteten sie entsetzliche Folterqualen.

Aber auch die Brunnen versiegten allmählich. Die Regenzeit lag noch in weiter Ferne, aber der Pegelstand des Wassers lag schon besorgniserregend tief. So entschlossen sich die Chincha, auch das Wasser zu rationieren.

Eine Woche später herrschte in der Stadt unbeschreibliches Chaos. Eine stinkende Wolke des Todes stand über ihrem Zentrum. Aus den Häusern, in denen die Frauen und Kinder zusammengepfercht waren, drangen seit Tagen erschütternde Schreie, die langsam leiser wurden. Heute Morgen war es still, totenstill, und den Chincha-Soldaten graute vor der grauenhaften Tatsache, die niemand wahrhaben wollte. Die kämpfende Truppe selbst war geschwächt und es kam vor, dass Männer auf den Mauern ganz plötzlich zusammenbrachen. Hunger und Durst forderten ihren schrecklichen Tribut. Aber die Zivilpersonen hatten ungleich mehr zu leiden als die Krieger.

In den Häusern, in denen sie untergebracht waren, fehlte es an allem. Die wenigen Brunnen stillten bei weitem nicht den Durst der vielen Personen, die um Wasser bettelten. Mütter kämpften gegen Mütter, um Wasser für die eigenen Kinder zu bekommen. Beim Streit um das kostbare Nass schlug man sich gegenseitig die Becher aus der Hand und viele Krüge des lebenswichtigen Elementes versickerten im staubigen Boden. Von Tag zu Tag fehlte immer mehr Personen die Kraft, zu einem der Brunnen zu gehen und zu versuchen, einen Schluck Wasser zu bekommen. Die Schwachen blieben in den Häusern liegen, mit weit aufgerissenen Mündern und flehenden Augen. Aber niemand brachte Hilfe. Die kleinen Kinder und die Alten starben zuerst. Der schreckliche Tod der Hilfsbedürftigsten milderte allerdings das Los der Stärkeren. Immer weniger Leute stellten sich um Wasser an, das hatte zur Folge, dass das wenige Wasser, das die Brunnen noch enthielten, ausreichte, um den ärgsten Durst der Überlebenden zu stillen. Jeder Tote brachte den Überlebenden neue Hoffnung, vielleicht doch nicht sterben zu müssen. Das Mitleid der ersten Tage war in den Seelen der Menschen gestorben, jeder schaute nur noch auf sich. Aber in der Hitze verwesten die Toten sehr schnell und ein unaussprechlicher Gestank verbreitete sich in den Häusern, auf den Plätzen davor und schließlich in der ganzen Stadt. Selbst zu den Inka wehte der süßlich-faulige Geruch des Todes hinüber.

Ollantay krümmte sich vor Schmerzen zusammen, als er den Gestank zum ersten Mal einatmete. Das, was er zu verhindern gesucht hatte, war eingetreten. Die Schwächsten der Schwachen, die Kinder, die Frauen und die Alten waren die Ersten, die der Engel des Todes zu sich holte. Doch was für ein Tod war das? Nicht das umsorgte Sterben im Kreise der Familie, sondern ein elendes Krepieren. Kein Priester begleitete den Todgeweihten auf seiner letzten Reise und sprach ihm Trost zu. Nein, einsam und verlassen, vor Hunger und Durst fast wahnsinnig, wartete man auf das Ende, zu kraftlos, um noch eine Bewegung zu machen. Man verfaulte bei lebendigem Leib, bis der Tod endlich Einsicht zeigte und das Herz zu schlagen aufhörte. Ollantay weinte, weinte viele Tränen um die sinnlosen Opfer dieser Belagerung. Hass breitete sich in seinem Herzen aus, Hass gegen Capac Yupanqui, der als Oberbefehlshaber die Entscheidung getroffen hatte, den Frauen und Kindern das Verlassen der Stadt zu verbieten. Dann hätte die Belagerung womöglich zwei oder drei Wochen länger gedauert, aber was war das schon gegen ein Menschenleben, fragte sich Ollantay verzweifelt. Viele Hunderte, vielleicht Tausende Menschen würden dann noch leben. Am Ausgang der Schlacht um Pumpu hätte eine andere, menschlichere Entscheidung Capac Yupanquis ohnehin nichts geändert. Die Inka, das wusste Ollantay, das wussten auch die belagerten Chincha, würden gewinnen. Er betete zu Inti, dass das sinnlose Sterben bald ein Ende nehmen würde, und ahnte nicht, dass die Frauen, Kinder und alten Leute in Pumpu ebenfalls beteten. Die Einwohner Pumpus baten ihre Götter, den Inka bald – am besten heute noch – den Sieg zu schenken, damit die Not und das Sterben endlich aufhören würde.

Auf einer kleinen Anhöhe unweit der Stadt standen Capac Yupanqui und seine beiden Stellvertreter. Alle Anzeichen auf Seiten der Verteidiger deuteten darauf hin, dass ihr Widerstand bald zusammenbrechen würde. Der Geruch des Todes wehte auch zu ihnen herüber, doch für sie war es der Geruch des Sieges. Als Teilnehmer unzähliger Schlachten hatten sie den Tod in jeder Form kennengelernt, doch der Tod der Frauen und Kinder war selbst für die erfahrenen und abgebrühten Offiziere die schrecklichste Art zu sterben. Doch Capac Yupanqui hatte seine Entscheidung getroffen und wollte sie jetzt nicht mehr zurücknehmen. Nur keine Schwäche zeigen, so lautete die Devise der Sonnensöhne. Trotzdem war es sowohl Capac Yupanqui als auch Huayna Yupanqui und Apu Yanqui anzumerken, dass ihnen wohler wäre, wenn das Gemetzel bald vorbei wäre. Darum hatten die obersten Befehlshaber für heute einen Sturmangriff befohlen. Alle Armeekorps sollten zugleich und von allen Seiten die bedrängte Stadt angreifen und so die wenigen Verteidiger zur Zersplitterung ihrer Kräfte zwingen. Irgendwo würde dann sicher der Durchbruch und das Eindringen in die Stadt gelingen. Die Chincha-Soldaten waren bereits von Hunger und Durst so geschwächt, dass sie kaum noch lange und energisch genug Widerstand würden leisten können.

Capac Yupanqui hob seinen Speer und im selben Augenblick begannen die Trommler des Heeres auf ihre mächtigen Instrumente zu schlagen. Andere bliesen auf Muscheln und Pfeifen und in das ohrenbetäubende Getöse mischten sich die Schreie der Soldaten, die in diesem Moment den Angriff eröffneten. Schreiend und brüllend liefen die Inka auf die Mauern der Stadt zu. Als sie nahe genug herangekommen waren, verdunkelten die Steine der Schleuderer den Himmel. Ohne Unterbrechung hagelten jetzt Wolken von Steinen auf die Verteidiger herab und rissen in ihre Linien zahlreiche Lücken. Doch die Chincha gaben noch nicht auf. Wohl wissend, dass sie auf keine Gnade hoffen konnten, ergriffen sie ihre Waffen und zahlten den Inka mit gleicher Währung zurück. Tausende von Geschossen prasselten auf die Angreifer nieder und viele Soldaten bezahlten den Angriff mit ihrem Leben. Doch die Zahl der Sonnensöhne war erdrückend. Für jeden gefallenen Inka schob sich ein neuer an dessen Stelle und schloss sofort die entstandene Lücke.

Nach einigen Minuten des unbarmherzigen gegenseitigen Beschusses zeigte sich, dass sich die Reihen der Chincha bereits entscheidend gelichtet hatten. Es gab innerhalb der Stadt einfach keine Reserven mehr. Je länger der Kampf andauerte, desto größer wurde die Überlegenheit der Inka. Schon legte man die ersten Sturmleitern an die Stadtmauern, die von den heldenhaften Verteidigern aber noch umgestoßen werden konnten. Doch einer Sturzflut gleich brandeten immer mehr Inka heran, immer neue und immer mehr Leitern wurden gegen die Mauern gelehnt und immer mehr Krieger kletterten hinauf.

Wie in den vorangegangenen Schlachten gelang es auch diesmal den Chanca, zuerst die Verteidiger zu überwinden und in die Stadt einzudringen. Kaum waren die ersten Inka in die Stadt gelangt, brach überall der Widerstand zusammen. Die Chincha hatten einfach nicht mehr die Kraft und die Moral, sich zu wehren. Tausende Verteidiger fanden den Tod, weil sie nicht mehr imstande waren, die Schilde zu heben, um die fürchterlichen Schläge der Angreifer abzuwehren. Ein furchtbares Gemetzel und Abschlachten begann. Überall auf den Straßen lagen erschlagene Chincha-Soldaten und die siegreichen Inka wateten bei ihrem Vorstoß in das Zentrum der Stadt durch knöchelhohes Blut. Dann war plötzlich alles vorbei. Die Schreie der Angreifer verstummten, denn es gab keine Verteidiger mehr. Dafür hörten sie jetzt das Wimmern der Frauen und Kinder, die um Wasser flehten. Ollantay erteilte sogleich einen strengen Befehl und einige Männer seines Regiments eilten zurück, um Krüge mit Wasser und Körbe mit Kartoffeln und Mais zu holen. Dieses Beispiel machte Schule und die siegreichen Inka versorgten in den nächsten Stunden die vom Tode gezeichneten Zivilisten und retteten noch zahlreiche von ihnen. Wenigstens in diesem Fall waren die Götter des Lebens schneller als die Schwingen des Todes.

Nach langem Suchen fand man schließlich den König der Chincha. Er lag – bis zu seinem bitteren Ende hatte er gekämpft – erschlagen inmitten seiner Leute. Capac Yupanqui befahl, dass man mit dem Leichnam so verfahren sollte wie mit allen anderen getöteten hohen Würdenträgern. Man zog ihm die Haut ab und verfertigte daraus eine Trommel, aus den geeigneten Knochen schnitzte man Flöten und aus dem Schädelknochen wurde ein Becher hergestellt, aus dem man Chicha trank. Ein paar Anführer der Chincha hatten das Pech, den Inka lebend in die Hände zu fallen. Einige von ihnen wurden am Abend, als die Inka den großen Sieg und die endgültige Eroberung des Chincha-Staates feierten, erst einmal gedemütigt und anschließend grausam zu Tode gemartert, andere ließ man vorerst am Leben, man brauchte sie noch für den Triumphzug in Cuzco.

„Wo finde ich den Oberbefehlshaber?", fragte der Chasqui mit dem Stirnband aus weißen Vogelfedern. Der angesprochene Soldat zeigte dem Boten den Weg. Der Kurier ließ sich unverzüglich zu Capac Yupanqui führen und überbrachte ihm eine höchst brisante Geheimbotschaft. Anschließend verschwand der Chasqui sofort aus dem Lager und machte sich auf, damit der Herrscher im fernen Cuzco darüber unterrichtet wurde, dass die Mitteilung ihr Ziel erreicht hatte.

Bleich im Gesicht und schwer die Luft ausblasend blieb Capac Yupanqui zurück und ließ sich auf seinen Hocker fallen. Nach dieser Nachricht brauchte er erst einmal einen kräftigen Schluck Chicha. Er zitterte heftig, als er den Becher zum Mund führte, und verschüttete eine Menge des Getränkes. Endlich erreichte er die Lippen und trank in hastigen Schlucken. Doch anstatt sich besser zu fühlen, verstärkte sich nur sein Zittern. „Was hast du, mein Mann?", fragte ihn besorgt Cori Accla, die hinter dem Vorhang hervor getreten war und bestürzt zu ihm eilte. So hatte sie ihren Mann noch nie gesehen. „Das kann ich dir nicht sagen", murmelte er kaum verständlich. Der Becher rutschte ihm bei diesen Worten aus der Hand und fiel zu Boden, wo die Flüssigkeit auf der Decke einen großen Fleck hinterließ. „Bitte, sag es mir trotzdem", hauchte ihm die junge Frau in das Ohr, „hat es etwas mit dem Boten zu tun?", setzte sich auf seinen Schoß und begann zärtlich seine Wangen zu streicheln. Unter der liebevollen Berührung beruhigte sich Capac Yupanqui allmählich. Er atmete laut ein und seufzte: „Ja, es hat etwas mit der Nachricht zu tun, die ich eben erhalten habe." „Schlimme Nachrichten! Ist etwas Schreckliches passiert?", wollte Cori Accla wissen und verstärkte ihre Zärtlichkeiten. „Noch ist nichts Schreckliches passiert, aber es wird bald geschehen", antwortete Capac Yupanqui mit leiser Stimme. „Komm, sag es mir, dann geht es dir wieder besser, und du kannst mir beweisen, welch starker Mann du bist." Sie küsste ihn auf den Mund, doch er reagierte auf die Liebkosung nicht und wirkte immer noch unruhig und abweisend. „Ich kann und darf es dir nicht sagen! Es ist viel zu gefährlich! Besser, es bleibt mein Geheimnis." Schmollend erhob sie sich. „Du willst doch keine Geheimnisse vor deiner lieben, kleinen Frau haben." Sie umkreiste ihn wie eine Raubkatze ihr Opfer, legte plötzlich die Arme auf seine Schultern und begann ihn zu massieren. „Ah, das tut gut", bemerkte er nach einiger Zeit. Sie knetete ihn mit ihren Händen durch und er entspannte sich zusehends. „Also, welches Geheimnis verbirgst du vor mir, mein großer Krieger?", bohrte sie schließlich nach. Dabei umarmte sie ihn von hinten und drückte ihm einen Kuss auf die Wange. „Du kleine Nervensäge", meinte er, schon besser aufgelegt, „es ist besser, du weißt es nicht. Es würde nur dein Herz bedrücken." „Mein Herz schmerzt jetzt schon, weil du es mir nicht sagen willst. Doch wenn du mir dein Geheimnis verrätst, wird es sicher verschlossen in meinem Busen ruhen." Capac Yupanqui kämpfte mit seinem Gewissen, ob er sich seiner Frau anvertrauen sollte, schließlich wagte er noch einen zaghaften Beschwichtigungsversuch: „Wenn ich dir verrate, was mir eben mitgeteilt wurde, schwebst du in Lebensgefahr." „Wenn du bei mir bist, habe ich keine Furcht." „Cori Accla, das ist kein Spaß. Die Botschaft darf niemand hören. Erfährt jemand davon, werde ich sterben. Du stirbst mit mir, wenn jemand anderer weiß, dass ich sie dir verraten habe." Die hübsche Frau ließ aber nicht locker: „Ich habe dir schon gesagt, dass ich nie jemand davon erzählen werde. Du kannst ganz unbesorgt sein. Von mir erfährt niemand davon. Ich möchte mit dir leben und nicht mit dir sterben." Während sie das sagte, trat sie vor Capac Yupanqui und schaute ihn mit ihren großen, dunklen Augen an. „Komm, mein lieber Mann, erleichtere dein Herz und erzähle mir, was dich so bedrückt." Cori Accla hatte gesiegt, das wusste er. So entschloss er sich schweren Herzens, ihr mitzuteilen, was ihm sein Bruder, der Inka Pachacuti aufgetragen hatte. Zuvor ließ er sie bei seinem Leben zu Inti schwören, keiner Menschenseele davon zu erzählen. Danach fühlte er sich tatsächlich leichter. Er blickte seine Frau an, stellte bei ihr aber keine Gemütsveränderung fest. „Wahrscheinlich habe ich mir unnütz Sorgen gemacht. Sie wird es niemand verraten", dachte er sich und nahm dankbar einen neuen Becher mit Chicha entgegen, den sie ihm diensteifrig reichte. Dann rief er nach einem Soldaten und befahl diesem, am nächsten Tag, wenn die Sonne am höchsten stand, seine Stellvertreter und zusätzlich die beiden Söhne des Inka zu ihm einzuladen. Er habe wichtige Neuigkeiten für sie.

Cori Accla blieb aber nur scheinbar gelassen, in ihrem Innersten war sie zutiefst erschrocken. Was sie erfahren hatte, musste sie unbedingt und auf schnellstem Wege ihrem Bruder mitteilen. Doch wie sollte sie es anstellen, unbemerkt mit Prinz Anco Ayllu sprechen zu können? Zum Lagerplatz der Chanca zu gehen war für sie als Frau Capac Yupanquis unmöglich. Schickte sie aber einen Boten, so würde ihr Mann sofort Verdacht hegen, dass sie ihrem Bruder die geheime Nachricht anvertrauen wollte. „Verdacht hegen! Das ist es!", dachte sie plötzlich und suchte ihren Mann auf. „Mein lieber Mann, du hast eine Zusammenkunft der höchsten Offiziere anberaumt. Meinen Bruder hast du aber nicht eingeladen. Wird er nicht Verdacht schöpfen, dass du etwas gegen ihn vorhast? Lade ihn auch ein, dann wird alles so sein wie immer und niemand wird merken, dass du eine Botschaft erhalten hast, die nicht für die Ohren Anco Ayllus bestimmt ist. Ich werde meinen Bruder liebenswürdig begrüßen, dann nimmst du in der Zwischenzeit die Gelegenheit wahr und informierst deine Stellvertreter und die Söhne Pachacutis von den Absichten des Herrschers." Capac Yupanqui zeigte sich von dem Vorschlag seiner Frau begeistert und sandte unverzüglich einen Mann zu Anco Ayllu, um den Anführer der Chanca zu der Besprechung am nächsten Tag zu bitten.

Gegen Mittag versammelten sich die hohen Truppenführer bei ihrem Oberbefehlshaber. Capac Yupanqui begrüßte alle und teilte ihnen mit, dass ein Kurier Inka Pachacutis die Glückwünsche des Herrschers über die Einnahme von Pumpu und die damit vollendete Eroberung des Chincha-Reiches überbracht hatte. Dann lud er die Würdenträger zu einem ausgezeichneten Festmahl ein. „Apo Quisquay, was sind unsere Befehle? Wie geht es nun weiter?", fragte Prinz Tupac Yupanqui und betonte mit dieser Anrede ausdrücklich die Befehlsgewalt seines Onkels. Capac Yupanqui überlegte, welche Antwort er geben sollte, dann sprach er: „Das Ziel des Feldzuges, die Eroberung des Chincha-Reiches, ist vollbracht. Dabei haben uns die Chanca-Truppen, die von Prinz Anco Ayllu befehligt wurden, sehr gute Dienste geleistet und waren entscheidend an allen Erfolgen beteiligt. Gestern hat mich ein Bote Inka Pachacutis erreicht, der mir einen Geheimbefehl überbracht hat. Wenn die Zeit dafür reif ist, werdet ihr diese Nachricht, die die nächste Zukunft der Nordarmee betrifft, erfahren. Jetzt aber lasst uns trinken und essen! Ah, damit ich es nicht vergesse. Prinz Anco Ayllu, Eure Schwester möchte euch gerne begrüßen. Ihr könnt zu ihr gehen." Der Chanca-Prinz erhob sich von seinem Platz und ging in das prächtige Zelt, wo er schon sehnsüchtig erwartet wurde. Währenddessen blickte Capac Yupanqui die Prinzen Tupac Yupanqui und Hatun Tupac sowie seine beiden Stellvertreter geheimnisvoll an und flüsterte: „Ich muss euch später etwas mitteilen, was nicht für die Ohren des Chanca bestimmt ist. Lasst euch, wenn er wieder zurückkommt, nichts anmerken.

Kaum hatte Anco Ayllu das Zelt betreten, schon eilte Cori Accla auf ihn zu und legte die Hand auf ihre Lippen: „Leise! Leise! Was ich dir jetzt sage, ist von höchster Wichtigkeit. Unser Leben hängt davon ab. Gestern bekam Capac Yupanqui einen Geheimbefehl aus Cuzco. Pachacuti ist auf deine Erfolge neidisch. Er befürchtet, die Siege der Chanca auf diesem Feldzug könnten andere Völker dazu animieren, eine Revolte gegen die Inka zu planen. Und uns Chanca traut er zu, den Oberbefehl über alle Aufständischen zu übernehmen. Daher hat dieses Scheusal aus Cuzco beschlossen, dass alle Chanca sterben müssen. Capac Yupanqui hat den Befehl erhalten, euch zu töten, aber nicht im Kampf, dazu sind die Inka viel zu feige, sondern im Schlaf. Capac Yupanqui will euch töten lassen, wenn ihr schlaft. Du musst sofort etwas dagegen unternehmen. Kämpfe gegen diese Feiglinge und zermalme sie!" Anco Ayllu war bleich geworden, als er diese Neuigkeiten gehört hatte. „Ich danke dir, Schwester, dass du uns gewarnt hast. Aber ich kann nicht gegen die Inka kämpfen. Sie sind zu zahlreich und uns daher weit überlegen. Doch mir wird schon etwas einfallen, damit wir dem Untergang entgehen. Ich glaube nicht, dass die Inka schon heute Nacht zuschlagen werden. Dazu bedarf es nämlich einer genauen Planung. Halte die Augen und Ohren offen und berichte mir, wenn du etwas Neues weißt. Ich werde jeden Tag einen meiner Vertrauten zu dir schicken. Du wirst den Mann daran erkennen, dass er ein Stirnband mit einer weißen, einer blauen, einer roten und einer gelben Feder trägt. Jetzt muss ich wieder hinaus. Bleib ruhig und verhalte dich nicht auffällig, auch ich werde so tun, als ob ich nichts wüsste!" Anco Ayllu begab sich wieder zu den Inka-Anführern, die sich so normal verhielten, als ob nichts geschehen wäre. Der Chanca-Prinz aber wusste, ab jetzt musste er besonders wachsam sein, um seine Soldaten vor dem Verderben zu bewahren.

Nachdem das Festmahl beendet war, verabschiedete sich Anco Ayllu. Er benachrichtigte sogleich seine Unterführer und wies sie an, alle Kompaniekommandanten vom geplanten Mordkomplott in Kenntnis zu setzen. Außerdem verordnete er strengste Geheimhaltung. Wollte man das eigene Leben retten, durfte kein Inka davon erfahren, dass man über die Schandtat schon unterrichtet war. Die Chanca waren empört über das Verhalten des Inka im fernen Cuzco, doch unüberlegte und jähzornige Aktionen der Männer gab es nicht. Die strenge Disziplin trug viel dazu bei, dass die einfachen Soldaten weiterhin dem gewohnten Lagerrhythmus nachgingen. Anco Ayllu und seine hohen Offiziere beschlossen, die erste günstige Gelegenheit zur Flucht zu nützen. Bis dahin erhöhte man die Aufmerksamkeit und schottete das Lager, so gut es ging, vor den Inka ab. Die einfachen Soldaten erhielten den Befehl, ständig zum Aufbruch bereit zu sein, selbst in der Nacht, und Lebensmittel für mehrere Tage mitzunehmen. Da man sich nach wie vor auf einem Feldzug befand, schöpfte deswegen niemand Verdacht. Einen möglichen Nachtmarsch deuteten die meisten Männer so, dass man einen noch unbekannten Feind überraschen wollte.

Die Armee marschierte weiter gegen Norden. Die Inka-Offiziere warteten auf eine günstige Gelegenheit, um die Chanca zu überraschen und zu töten, die Chanca wiederum lauerten auf eine passende Möglichkeit zur Flucht. In der Nähe der Stadt Huanaca spitzte sich alles auf die Entscheidung zu. Cori Accla benachrichtigte den Boten ihres Bruders, dass die Vorbereitungen der Inka für die Ermordung der Chanca beinahe abgeschlossen waren. Prinz Anco Ayllu wusste, dass er nun handeln musste. Als nach dem Tagesmarsch das Lager aufgebaut wurde, verständigte er seine Offiziere, dass man heute Nacht die Flucht wagen würde. Die Gelegenheit war äußerst günstig, denn es herrschte Neumond.

Die Wachen der Chanca lauschten aufmerksam in die Nacht, und als sie vom Inka-Lager her kein Geräusch mehr vernahmen, informierten sie ihren Anführer. Anco Ayllu und seine Leute ließen die Zelte stehen und nahmen nur die vorbereiteten und gepackten Umhängetaschen mit. Leise schlichen sie sich im Gänsemarsch aus dem Lager, immer einer hinter dem anderen, dabei jedes unnötige Geräusch vermeidend. Schon während des Tages hatte Anco Ayllu die Umgebung erforschen lassen. Dabei hatte man einen kleinen Bach gefunden, der in dem hügeligen Bergland eine schmale Schlucht ausgewaschen hatte. Dieser Canyon war das erste Ziel der Chanca. Ohne dass die schlafenden Inka Verdacht schöpften, gelangten die Flüchtenden zum Bachbett und folgten diesem. Hier erhöhten sie das Tempo, denn man wollte so viele Tupus wie möglich zwischen sich und die Inka bringen. Schnelle, gespensterhafte Schatten bewegten sich eilig am Rand des Baches entlang, immer weiter und höher in die rettenden Berge hinein. Stunde um Stunde verrann, Tupu um Tupu wurde zurückgelegt, ohne dass eine Rast eingelegt wurde. Erst als der Morgen graute und die Sonne aufging, gewährte Anco Ayllu seinen Männern eine kurze Pause, damit sie sich für den Weitermarsch stärken konnten. Wenig später setzten sie ihre Flucht fort, jetzt aber nicht mehr hintereinander, sondern in Marschordnung. Das Tempo blieb hoch. Als man eine Passhöhe erreichte, befahl Anco Ayllu einer Kompanie, hierzubleiben und die Inka, falls diese die Chanca verfolgten, so lange wie möglich aufzuhalten. Das Gelände war besonders dafür geeignet, mit einer kleinen Truppe einer großen Übermacht für lange Zeit standhalten zu können. Doch die Nachhut der Chanca wurde in kein Gefecht mit den Inka verwickelt. Die Sonnensöhne verfolgten die Chanca nicht, so dass Anco Ayllu und seine Leute unbehelligt ihre Flucht fortsetzen konnten.

Die Inka bemerkten die Abwesenheit ihrer ehemaligen Verbündeten erst, als sie das Lager abbrachen und sich zum Abmarsch bereit machten. Da in der Zeltstadt der Chanca kein Laut zu vernehmen war, schickte man Kuriere dorthin, Nachschau zu halten. Diese brachten die Kunde, dass kein Chanca mehr im Lager war. Als Capac Yupanqui davon unterrichtet wurde, schäumte er vor Wut. Wer war der Verräter, war sein beherrschender Gedanke. Er ließ alle Offiziere antreten und verhörte sie, doch niemand kam für den Verrat in Frage. Nach einigem Überlegen durchfuhr ihn ein großer Schrecken. Seine eigene Frau musste den Verrat begangen haben. Als er sie danach fragte, brach Cori Accla in Tränen aus und gestand, ihren Bruder vor der feigen Mordtat gewarnt zu haben. Nun war guter Rat teuer. Falls es ruchbar wurde, dass er seiner Frau vom Befehl Pachacutis erzählt hatte, drohte ihm die Todesstrafe. So nahm er Cori Accla in die Arme und sprach: „Du hast mein Vertrauen missbraucht, doch ich kann dich Elende nicht bestrafen. Die anderen würden Verdacht schöpfen, dass ich dir das Geheimnis verraten habe. Also wird offiziell zwischen uns alles beim Alten bleiben. Wehe, du wagst es, irgendjemand davon zu erzählen. Wir beide würden als Verräter eines Staatsgeheimnisses grausam zu Tode gefoltert werden. Höre also auf zu weinen und benimm dich so, als ob nichts geschehen wäre." Cori Accla trocknete ihre Tränen und triumphierte innerlich. Sie hatte damit gerechnet, dass ihr nichts passieren würde. Hätte Capac Yupanqui sie öffentlich beschuldigt, er selbst wäre von Inka Pachacuti zum Tode verurteilt worden. Da aber ihr Mann noch leben wollte, unternahm er nichts. So war ihr Leben gerettet und auch, so hoffte sie zumindest, das Leben ihres Bruders.

Tupac Yupanqui stellte sehr verärgert die Frage: „Was werden wir jetzt tun?" Aber Capac Yupanqui hatte die ganze Nacht Zeit gehabt, einen Ausweg zu finden, um der drohenden Todesstrafe wegen des Entkommens der Chanca zu entgehen. So sprach er, sichtlich wieder Herr der Lage: „Wir werden die Chanca nicht verfolgen. Das wäre nur ein mühseliges Unterfangen, das uns keinen Ruhm und keine Beute bringt. Ich habe mich mit meinem Stellvertreter, Huayna Yupanqui, beraten und wir haben beschlossen, noch weiter nach Norden vorzustoßen. Wir möchten das Königreich Cajamarca erobern. Dieses kleine Bergland nimmt eine strategische Schlüsselposition ein. Wer Cajamarca beherrscht, dem steht der Weg zur Nordküste offen, das bedeutet zu den Goldschätzen des mächtigsten Reiches der Küste, zum Königreich Chimu. Inka Pachacuti wird erfreut sein, wenn wir Cajamarca erobern."

Doch nicht nur der ferne Herrscher würde erfreut sein, dass der Feldzug noch nicht zu Ende ging, sondern vor allem der Thronfolger war es. Jetzt, wo die verhassten Chanca über alle Berge waren, konnte Tupac Yupanqui endlich ohne lästige Widersacher beweisen, dass er ein großer Feldherr war.

Anco Ayllu zeigte sich in der Gefahr als besonnener und kluger Truppenführer. Nachdem die Chanca die Inka abgeschüttelt hatten, wandte er sich mit seinen Männern gegen das wohl schönste Land in den Anden – Callejon – das von den Huayla bewohnt war. Die mutigen Soldaten überraschten die Bewohner und raubten alles, was sie brauchten. Denn im Land Callejon wollten die Chanca nicht bleiben, das wäre wegen der Nachbarschaft der Inka zu gefährlich gewesen. So sammelten die Eindringlinge gewaltige Mengen an Vorräten und machten sich dann schnell wieder aus dem Staub. Aber noch etwas anderes nahmen die Chanca mit: nämlich Frauen, die ihnen fehlten. Somit in jeder Hinsicht gut ausgerüstet, marschierten sie zuerst nach Osten, um ihren Verfolgern zu entkommen, und überschritten auf der Suche nach einer neuen Heimat sogar zweimal die höchsten Kämme der Anden. Nach wochenlangen Märschen und zahlreichen Kämpfen gelangten sie in die Tropenlandschaft am Rio Maranon. An diesem Strom ließen sie sich dann auf Dauer nieder. Die Chanca blieben in der Folge eines der ganz wenigen Völker im Andengebiet, das die Sonnensöhne während der ganzen Ära ihrer Herrschaft nicht endgültig niederzuwerfen und zu überwinden vermochten.

Das noch immer gewaltige Heer der Inka überschritt die Grenze von Cajamarca und marschierte gegen die gleichnamige Hauptstadt. Capac Yupanqui wusste, dass er nun zum zweiten Mal einen Befehl Pachacutis missachtete: Er hatte erstens die Chanca entkommen lassen und zweitens – entgegen der Weisung seines Herrschers – den Krieg auf eigene Faust fortgesetzt. Nur ein vollständiger Erfolg über Cajamarca konnte sein Leben retten.

Tupac Yupanqui hingegen war in seinem Element. Meistens fand man ihn gemeinsam mit Ollantay in der Vorhut. Das Heer verließ die weiten Hochebenen und marschierte auf schmalen Gebirgsstraßen in einem zerklüfteten Gelände. Oft taten sich gewaltige Abgründe neben den Inka auf, doch der Thronfolger schien keine Angst zu haben. Nur wenn eine der wackeligen Hängebrücken zu überqueren war, tat er es mit einer gehörigen Portion Vorsicht. Der Unfall, der ihn auf seiner Inspektionsreise nach Antisuyu auf einer defekten Brücke beinahe das Leben gekostet hatte, haftete noch taufrisch in seinen Erinnerungen.

Die Krieger aus Cajamarca zogen sich vor dem überlegenen Angreifer in die schwer zugängliche Kernregion ihres Königreiches zurück. Sie leisteten den Inka nur wenig offenen Widerstand, allerdings hielten sie mit gezielten Anschlägen auf die wichtigsten Straßen den Vormarsch der Angreifer immer wieder tagelang auf.

Tupac Yupanqui fluchte fürchterlich, als sich die Staubwolke endlich verzogen hatte. Nur wenige Augenblicke zuvor war er noch hinter einem kleinen Felsvorsprung in Deckung gelegen. Doch allmählich verstummte das ohrenbetäubende Getöse der stürzenden Felsen und die Luft wurde wieder klar. Als er mit zitternden Beinen aufstand, sah er, dass sowohl er als auch seine Leute mit einer Staubschicht bedeckt waren. Die Straße oder besser gesagt, der Weg vor ihnen führte in eine gähnende Leere. Die Hängebrücke, die den kleinen Gebirgsfluss überspannt hatte, war verschwunden, zusammen mit dem Geröll, das die steilen Wände herabgepoltert war. Die Cajamarcas hatten die Steinlawine ausgelöst, als die Inka die Schlucht hatten überqueren wollen. Den Soldaten war es im letzten Moment gelungen, sich vor den stürzenden Steinmassen in Sicherheit zu bringen, doch an ein weiteres Vorrücken war im Augenblick nicht zu denken. Deswegen fluchte Tupac Yupanqui, denn neuerlich war eine Gelegenheit verstrichen, gegen den Feind zu kämpfen. Nun waren die geschickten und mutigen Brückenbauer, von denen es im Heer mehrere gab, gefragt. Sie mussten eine neue Brücke über den Fluss errichten. Bis das geschehen war, konnten die Inka nichts anderes tun als zu warten, und Capac Yupanqui hasste diese lange und öde Warterei und das damit verbundene Nichtstun. Der Prinz wurde bei solchen Gelegenheiten immer reizbarer und schon jetzt bedauerte Ollantay den ersten Cajamarca, der in die Hände des Thronfolgers fallen würde.

Nur mühsam hatte sich das Heer der Inka seit Tagen durch das kleine Bergkönigreich gequält, immer wieder aufgehalten von zerstörten Brücken und unpassierbaren Wegen. Die Bewohner der kleinen Dörfer, die entlang der Vormarschroute lagen, hatten zwar vor Furcht gezittert, als sie das Heer der Sonnensöhne sahen, aber sie flüchteten nicht vor ihnen. Wohin hätten sie auch flüchten sollen? Ihre Ortschaften waren von mächtigen Bergriesen umrahmt, die ein längeres Verweilen der Feinde unmöglich machten. So hatten sich die Frauen und Männer in ein unvermeidliches Schicksal gefügt und sich den Inka auf Gedeih und Verderb ausgeliefert. Doch sie hatten nichts zu befürchten gehabt. Die Disziplin im Heer war äußerst streng und die wenigen Übergriffe von Soldaten auf die Bevölkerung hatte Capac Yupanqui sofort mit der Todesstrafe ahnden lassen.

Die Inka arbeiteten rasch und schon am nächsten Vormittag überspannte eine neue Brücke die Schlucht. Vorsichtig betraten die ersten Soldaten der Vorhut den schwankenden Untersatz. Schritt für Schritt tasteten sie sich vorsichtig über den Abgrund, nichts geschah. Nachdem eine Kompanie die andere Seite erreicht hatte, hielt es Tupac Yupanqui nicht mehr aus. Nun musste er hinüber. Ollantays scharfe Ohren vernahmen zuerst das verräterische Geräusch schleifender Steine. Sofort sprang er seinem Freund nach und zerrte diesen von der Hängebrücke herunter und in Sicherheit. Noch ehe Tupac Yupanqui zum Überlegen kam, prasselte erneut eine Steinlawine zu Tal und zerstörte die eben errichtete Hängebrücke. Eine Handvoll Männer, die sich gerade auf ihr befunden hatten, wurde von den Steinmassen mitgerissen und zermalmt. Die Schreie der Opfer hallten als schreckliches Echo durch die Schlucht, bis der Prinz wieder einen klaren Gedanken schöpfen konnte. „Ollantay, du hast mir schon wieder das Leben gerettet", stammelte er nur mühsam beherrscht zwischen den Zähnen hervor und versuchte mit schlotternden Knien auf die Beine zu kommen. Ein paar Männer sprangen sogleich diensteifrig herbei und griffen dem Thronfolger helfend unter die Arme. Er schüttelte sie unwirsch ab. „Noch kann ich alleine stehen und gehen. Ich benötige eure Hilfe nicht!", zischte er, sich rasch vom überstandenen Schrecken erholend. „Was ist geschehen?", fragte er und wankte ein paar unsichere Schritte in Richtung des sich gähnend öffnenden Abgrundes. Ollantay war sogleich an seiner Seite und antwortete: „Die Cajamarcas haben die Brücke ein zweites Mal zerstört. Doch diesmal wollten sie nicht die Brücke alleine treffen. Ich glaube, du warst das Ziel des heimtückischen Anschlages." „Warum ich?", wollte Tupac Yupanqui von seinem Freund wissen. „Die Feinde, die sich in den umliegenden Bergen verborgen halten, haben dich an deinen prächtigen Gewändern erkannt. Vor allem die leuchtend bunten Federn deines königlichen Kopfschmuckes sind für die Cajamarcas ein untrügerisches Zeichen, dass sich ein sehr hoher Würdenträger in der Vorhut befindet. Sie haben gewartet, bis du die Brücke betreten hast. Dann erst haben sie eine vorbereitete zweite Steinlawine ausgelöst. Die Felsen sollten dich in die Tiefe reißen und zermalmen. Vielleicht hoffen sie, dass dein Tod unseren Rückzug bedeuten könnte. Ich fürchte, sie werden immer wieder versuchen, dich zu töten."

Nachdenklich wiegte Tupac Yupanqui sein Haupt und meinte schließlich: „Ollantay, ich glaube, du hast recht. Aber ich will mich nicht wie ein feiger Wurm verkriechen und in der Masse des Heeres verstecken. Ich will in der Vorhut bleiben. Ich will beweisen, dass ich ein mutiger Krieger und ein würdiger Nachfolger meines Vaters bin." Ollantay schüttelte den Kopf: „Du hast schon oft bewiesen, dass du ein tapferer Soldat bist. Doch jetzt ist deine Sicherheit wichtiger. Du musst zurück zur Hauptmacht. Dort bist du vor Anschlägen sicher." „Nein!" Energisch schüttelte der Thronfolger seinen Kopf. „Ich bleibe bei der Vorhut. Ich will aber in Zukunft noch vorsichtiger sein und mich nicht zu hitzköpfigen Taten verleiten lassen." Doch Ollantay widersprach seinem königlichen Freund neuerlich: „Die Cajamarcas werden immer wieder versuchen, dich zu töten. Du bist an deinen Gewändern leicht erkennbar und präsentierst dich ihnen wie auf einem Silbertablett. Wie gut, dass es keine wilden Tukana aus dem Regenwald sind, von denen Contor erzählt hat. Ihren Giftpfeilen wärest du schutzlos ausgeliefert. Inti sei Dank, die Cajamarcas verwenden keine Bogen und ihre Steinschleudern reichen nicht so weit, dass sie dich töten können. Aber in jeder Schlucht, durch die wir marschieren, lauern Fallen auf uns. Wenn du doch nur von den Feinden nicht gesehen werden könntest. Unsichtbar müsstest du sein!"

Beide Freunde schwiegen nach diesen Worten. Tupac Yupanqui wusste, dass Ollantay recht hatte, er wollte das aber nicht so leicht einsehen. Plötzlich durchzuckte ein Leuchten das Gesicht des Prinzen. „Ich habe eine Idee", meinte er. Ollantay schaute ihn an und bemerkte am schelmischen Grinsen des Thronfolgers, dass der etwas im Schilde führte, gegen das kein noch so gut gemeintes Argument etwas ausrichten würde. „Lass hören!", forderte er ihn auf. „Ich kann mich zwar nicht unsichtbar machen", sprach Tupac Yupanqui, „aber ich kann mich unkenntlich machen." „Wie meinst du das?" Ollantay sah ihn fragend an. „Ganz einfach! Ich werde mich ab jetzt kleiden wie ein einfacher Soldat. Dann erkennen mich die Cajamarca nicht mehr als Würdenträger. Damit die Feinde aber nicht Verdacht schöpfen, weil ihre Kundschafter mich nicht mehr entdecken können, wird einer der Soldaten meine Kleidung mitsamt dem Kopfschmuck tragen. Dann glauben die Cajamarcas, ich bin noch bei der Vorhut, aber wenn sie tatsächlich einen Anschlag gegen mich planen, werden sie nicht mich treffen, sondern jemand anderen." „Ja, das könnte gehen", zeigte sich Ollantay mit diesem Plan einverstanden. Er wusste, dass er Tupac Yupanqui die Idee nicht mehr ausreden konnte, also versuchte er das Beste aus dieser Situation zu machen. Je mehr er darüber nachdachte, desto besser gefiel ihm der Vorschlag des Prinzen. Da Tupac Yupanqui beschlossen hatte, bei der Vorhut zu bleiben, war er im Aufzug eines einfachen Soldaten wenigstens vor gezielten Anschlägen sicher. Als die Inka daran gingen, die Brücke zum zweiten Mal neu zu bauen, war Ollantay überzeugt davon, dass der Thronfolger von nun an recht sicher unterwegs sein würde.

Unbeschwertes Gekicher überdeckte den Duft der verschiedensten exotischen Pflanzen, der wie eine sinnbetäubende Glocke über den Gartenanlagen des Palastes hing. Das Gekreische der wendigen Affen, die in den Baumkronen ihre waghalsigen Übungen vollführten, war so laut, dass man kaum die eigene Stimme vernahm. Dazu pfiffen und sangen unzählige bunte Vögel, deren Gefieder wie kostbare Juwelen in der Sonne funkelten. Man hatte sie aus allen Teilen Tahuantinsuyus und auch von Gegenden, die fern dem Reich lagen, nach Cuzco gebracht, wo sie Pachacutis Palast samt der ihn umgebenden riesigen Grünanlagen bereicherten und verschönerten. Der Herrscher ergötzte sich gerne am Anblick der Tiere und Pflanzen, die Abwechslung und Beruhigung für ihn bedeuteten. Oft saß er stundenlang auf einer Bank und lauschte gedankenverloren den fremdartigen Tönen, während das süße Aroma der Blumen und Blüten seine Sinne benebelte.

Doch heute wandelte nicht Pachacuti durch die königlichen Gartenanlagen, sondern seine Lieblingsfrau spazierte durch den immergrünen Park, der von zahlreichen Farbtupfern übersät und durchzogen war. Die königlichen Nebenfrauen und zahlreiche Töchter begleiteten sie. Und das Lachen der Mädchen wetteiferte mit den Lauten der Tiere, als ob es einen Preis für den herzlichsten Ton gäbe. Vor allem eine menschliche Stimme zeichnete sich durch ihren reinen und zarten Klang aus. Immer wenn dieses glockenhelle Lachen erklang, wurde es Cori Chulpa warm ums Herz. Mit ihrem liebenswerten Wesen war Prinzessin Cusi Qoylyor der Liebling aller Bewohner des Palastes, ganz besonders aber der ihrer Mutter. Cori Chulpa war nicht die Königin, die Coya, sondern nur eine der vielen Nebenfrauen des Inka, aber sie fühlte und wusste, dass auch Pachacuti Cusi Qoylyor inniger liebte als seine anderen Töchter. Das bemerkte man am augenscheinlichsten, wenn der Herrscher die kleine Nusta sah. War er gerade in Rage über einen ungeschickten Untergebenen, oder weil er eine schlechte Nachricht bekommen hatte, der Anblick Cusi Qoylyors bewirkte Wunder. Schlagartig änderte sich die Stimmung Pachacutis und die Augen des Inka leuchteten vor Freude und Glück auf. Der Herrscher hatte etwas Besonderes mit seiner Lieblingstochter vor, er wünschte sich, dass sie einmal die Coya Tahuantinsuyus würde.

Die beiden grundlegenden Aufgaben einer Coya bestanden darin, dass sie einerseits die offizielle Frau des Herrschers war und andererseits die Mutter des künftigen Königs sein musste. Außerdem erwartete man von ihr, dass sie sich für verfolgte und unglückliche Menschen einsetzte. Daher führte eine Coya die Beinamen „Pihuishuarmi", was „Ehegattin" bedeutete und „Mamanhuarmi", was „Mutter" hieß. Weiters wurde eine mildtätige Coya auch mit „Huachacuyac" tituliert, als „jene, die für die Unglücklichen sorgt". Die Inka nannten eine Coya daneben auch noch „Tochter der Sonne", oder, weil die silberne Luna im Reich die Beschützerin der Frauen war, „Mondtochter".

Die Könige achteten sehr darauf, sich ihre herausragende, auf die Reinheit des Blutes gestützte Stellung zu erhalten, die sie genossen, weil sie unmittelbar von der Sonne abzustammen vorgaben. Deshalb sollten auch die Frauen der

Herrscher aus dem gleichen Geschlecht stammen wie ihre Männer. Pachacuti lag die Reinheit des königlichen Ayllu so am Herzen, dass er den üblichen königlichen Inzest sogar gesetzlich verankerte. Die inzestuösen Ehen der Herrscher des Sonnenreiches wiederholten in den Vorstellungen der Inka eigentlich die – noch im Himmel spielende – Urgeschichte dieses Geschlechts. Schon der heilige Sonnengott nahm seine göttliche Schwester Luna zur Frau und zeugte mit ihr in dieser göttlichen inzestuösen Verbindung den ersten Inka, Manco Capac, und die erste Coya, Mama Occlo.

Das Gesetz des königlichen Inzestes hielten die Herrscher Tahuantinsuyus streng ein. Konnten sie jedoch mit ihrer eigenen Vollschwester keine inzestuöse Ehe eingehen, so nahmen sie wenigstens eine Halbschwester zur Frau. So verband nicht allein die Liebe den König mit der Königin. Beide waren in der Regel Kinder eines Vaters. Am Anfang dieser langen Kette königlicher Inzeste standen die göttlichen Ehegatten und zugleich Geschwister Sonne und Mond. Deshalb bewahrten die Inka diese reinblütige Geschlechterfolge ihres edlen Stammes. Und nur aus diesem Grund mussten der Inka und seine Coya stets eine „blutschänderische" Ehe eingehen.

Wieder erklang das bezaubernde Lachen und weitere Mädchenstimmen fielen in das fröhliche Gelächter mit ein. Cori Chulpa sah mit einem glücklichen Ausdruck den jungen Mädchen zu, die vor lauter übermütiger Begeisterung einen bunten Schmetterling fangen wollten. Doch der flatternde Flieger entkam den zugreifenden Händen immer wieder im letzten Augenblick. Dann schwebte das bunte Insekt, das beinahe so groß wie eine Handfläche war, über die Köpfe der staunenden Betrachterinnen hinweg und ließ sich schließlich auf einer lockenden Blüte nieder. Sofort sausten die Mädchen zu dieser Stelle und streckten vorsichtig ihre Finger aus, die sie zuvor mit dem Saft einer Ananas eingerieben hatten, um den Schmetterling zu sich zu locken. Glaubte eines der Kinder, endlich das schillernde Insekt erwischt zu haben, erhob sich dieses in die Lüfte und flatterte davon, begleitet von entzückendem Lachen. Doch plötzlich änderte der Schmetterling seine Flugrichtung und landete auf der Nase Cusi Qoylyors. Ein vielstimmiges Oh war zu hören und das überraschte Mädchen wagte kaum zu atmen, um den willkommenen Gast nicht zu erschrecken und vorzeitig zu vertreiben. Cori Chulpa betrachte voll Stolz ihre Tochter, als sie so still und bewegungslos inmitten ihrer Freundinnen dastand. Das Mädchen war beinahe vierzehn Jahre alt und die weiblichen Rundungen ließen sich durch den engen Kittel schon erahnen. Ihre Haare waren schwarz wie die Nacht und schimmerten im Glanz der Sonnenstrahlen seidenmatt. Die Gesichtszüge waren vollkommen ebenmäßig und zwei dunkle, forschende Augen richteten den Blick auf das ruhende Insekt, welches auf einer nicht zu großen Nase saß. Die Arme waren fein und zart, die Beine lang und wohlgeformt. Die Brüste waren noch nicht voll ausgebildet, doch die Ansätze versprachen einem zukünftigen Liebhaber bereits jetzt den Himmel auf Erden. Die schlanke Taille wurde durch einen Gürtel noch zusätzlich betont. Die Hüften rundeten sich bereits zu ihrer weiblichen Vollkommenheit. Nicht nur die Mutter war davon überzeugt, dass Cusi Qoylyor die schönste und lieblichste Tochter Pachacutis war. Sie konnte nur zu gut verstehen, dass der Herrscher wünschte, seine Lieblingstochter als zukünftige Coya des Sonnenreiches zu sehen.

Cori Chulpa war ganz in Gedanken versunken, als das helle Lachen ihrer Tochter sie aus den Träumen auffahren ließ. Der bunte Schmetterling hatte seinen hübschen Ruheplatz wieder verlassen, gaukelte noch einige Augenblicke vor Cusi Qoylyors Augen umher und flatterte dann hoch in die Krone eines Baumes, wo er für die Mädchen unerreichbar war. Doch die aufgeregt schnatternden jungen Dinger fanden gleich ein neues Objekt ihrer Begierde. Ein wunderbarer bunter Papagei aus dem Gebiet des undurchdringlichen Regenwaldes war erst vor wenigen Tagen nach Cuzco gebracht worden. Staunend umringten sie den goldenen Käfig, in dem der Vogel auf einer Stange saß und gelangweilt hin und her schaukelte. „Ist er nicht wunderschön?" „Wie hübsch seine Federn sind!" „Welch großen Schnabel er hat." Die Bemerkungen der Mädchen hallten durch den Garten und der Papagei genoss es, plötzlich im Mittelpunkt des Interesses zu stehen. Er hob schelmisch seinen Kopf und blickte die jungen Hofdamen mit seinen großen Augen an. Dann drehte er im geräumigen Käfig eine Runde, landete wieder auf einer Ruhestange und krächzte, was das Zeug hielt. Die Mädchen lachten übermütig, als sie die Laute des Vogels hörten. „Vielleicht gelingt es uns, ihm das Sprechen beizubringen", hörte man eine jugendliche Stimme. „Ja, das wollen wir versuchen", antworteten mehrere Mädchen sogleich wie im Chor. Dann beschäftigten sie sich längere Zeit mit dem Papagei, riefen ihm Wörter zu, doch der bunte Urwaldvogel gab als Antwort nur sein Gekrächze von sich.

Schließlich verloren die Mädchen ihre Geduld und sie wandelten weiter durch die Gärten des Palastes, nur Cusi Qoylyor blieb beim Papagei stehen und folgte ihren Schwestern nicht. „Warum gehst du nicht mit den anderen weiter?", fragte ihre Mutter. „Ach, mir tut der Papagei irgendwie leid. Nie mehr kann er über die Bäume seiner Heimat streichen und auch seine Familie sieht er niemals wieder. Ob er wohl schon eine Familie hatte? Sicher ist er jetzt sehr traurig, aber ich hoffe, dass ich ihn bald ein bisschen aufmuntern kann." Cusi Qoylyor streckte ihren Zeigefinger in den Käfig und lockte, doch der Vogel schaute sie nur interessiert an. „Er will nicht zu mir kommen, Mutter", beschwerte sich das Mädchen. „Das wird er schon, wenn er dich besser kennengelernt und seine Scheu vor dir abgelegt hat", beruhigte sie ihre Mutter. Ohne den Blick von dem bunten Gesellen zu lassen, fragte Cusi Qoylyor: „Stimmt es, was überall im Palast gemunkelt wird? Vater wünscht, dass ich die Frau Tupac Yupanquis werde, um einst die Coya des Reiches zu sein?" Cori Chulpa hüstelte verlegen: „Ich weiß es nicht, mein Kind. Aber es ist nur zu offensichtlich, dass dich der Inka besonders in sein Herz geschlossen hat. Pachacuti wollte dich mit Amaru verheiraten, doch der hat sich in eine andere verliebt und auf den Thron verzichtet. Nun ist Tupac Yupanqui der neue Thronfolger. Wenn es stimmt, dass Pachacuti dich als zukünftige Coya des Reiches sehen will, wird er dich zu Tupac Yupanquis Frau bestimmen." „Wie ist mein Bruder, der Thronfolger? Ich kann mich kaum an ihn erinnern", wollte das Mädchen weiter wissen. „Nun ja, soviel ich weiß, ist er ein mutiger junger Krieger, der keine Gefahr scheut. Weil er bereits in vielen Schlachten sein Geschick bewiesen hat, haben ihn die hohen militärischen Würdenträger unterstützt und Inka Pachacuti musste nach einer unseligen Liebesaffäre Prinz Amaru als Thronfolger absetzen und Tupac Yupanqui zu seinem Nachfolger bestimmen. Jetzt kämpft er in der Nordarmee, die das Land der Chincha erobert hat und nun auch noch in Cajamarca eingefallen ist, wie täglich Kuriere berichten. Man hört auch, dass er schon einige Male aus höchster Not gerettet wurde, weil er sich immer wieder auf waghalsige Abenteuer einlässt. Die Soldaten lieben und vergöttern ihn dafür, aber wie er sonst noch ist und welche Charaktereigenschaften er hat, kann ich dir nicht sagen. Da ich nicht seine Mutter bin, habe ich keinerlei Kontakt zu ihm und sehe ihn höchstens bei hohen Festen und auch da nur aus der Ferne. Leider kann ich dir über ihn nicht mehr berichten, mein Kind." Cusi Qoylyor richtete den Blick auf ihre Mutter: „Was du mir eben erzählt hast, sagen auch alle anderen im Palast. Jeder lobt die Tapferkeit und die Tollkühnheit des Thronfolgers, und mit all ihren Gesten ermuntern sie mich zur Freude, dass ich bald die Ehefrau eines solch großen Helden sein werde." „Du klingst nicht sehr glücklich, wie du das sagst", bemerkte Cori Chulpa mit dem Einfühlungsvermögen, wie es nur Mütter besitzen. Die Tochter senkte den Kopf und blickte betreten zu Boden: „Du hast recht! Ich bin nicht glücklich darüber, dass ich die Königin des Landes werden soll. Ich liebe meinen Bruder nicht. Ich weiß, dass von uns Frauen erwartet wird, dass wir unsere Männer verehren und achten. Aber ob ich das kann, bin ich mir nicht sicher." Cori

Chulpa lächelte versonnen: „Ach ja, die Liebe, von der die jungen Mädchen träumen. Doch leider ist sie nur wenigen Frauen vergönnt. Aber wenn du dich bemühst, wird dich dein Mann achten und verehren. Vielleicht wächst daraus auch eine Liebe hervor, zuerst ganz zart wie ein winziger grüner Keim, der sich nach vielen Jahren zu einem mächtigen Baum entwickelt. Ich glaube fest daran, dass du von deinem Ehemann unbeschreiblich geliebt werden wirst. Eine Wahrsagerin hat mir das nach deiner Geburt anvertraut. Die Sterne standen in einer ganz seltenen Konstellation am Himmel, die unermessliche Liebe verheißt. Allerdings wirst du deine Liebe erst nach Jahren der Entbehrung genießen dürfen, denn die Wahrsagerin prophezeite große und sehr ernste Schwierigkeiten, die sogar deinen Tod oder den deines Geliebten bedeuten können. Aber ihr werdet alle Hindernisse aus dem Weg räumen und schließlich bis ins hohe Alter mit eurer Liebe leben. Das zumindest hat die Wahrsagerin an deinem Kinderbett geweissagt. Auch wenn du mich jetzt so ungläubig anstarrst, ich glaube an diese Prophezeiung." „Warum hast du mir nie davon erzählt?", wollte Cusi Qoylyor wissen. „Bis heute hast du auch noch nie gefragt, wie der Thronfolger ist und ob wir Frauen Liebe von unseren Männern zu erwarten haben. Darum habe ich damit gewartet und mir gedacht, wenn die Zeit reif ist, werde ich dir von der Prophezeiung der Wahrsagerin erzählen. Und heute ist die Zeit endlich reif." Die Tochter blickte ihre Mutter an und fragte: „Bist du eigentlich glücklich? Ich meine, liebst du Vater?" Cori Chulpa ließ sich mit ihrer Antwort Zeit: „Ja, ich bin glücklich. Aber Liebe? Dein Vater, Inka Pachacuti, besitzt über hundert Frauen. Wenn ihm eine gefällt, dann holt er sie zu sich. Ich glaube nicht, dass er eine von uns wirklich und von ganzem Herzen liebt. Er behandelt uns zuvorkommend und gerecht, doch das ist schon alles. Ich beuge mich seinen Wünschen und versuche mit den anderen Frauen, vor allem mir der Coya gut auszukommen. So leben wir wie in einem goldenen Käfig. Aber lieben? Lieben, meine Tochter, lieben tue ich dich ganz allein. Du bist die Freude meines Herzens. Du sollst glücklich sein." „Wie kann ich glücklich sein, wenn meine Mutter nicht glücklich ist?", meinte das Mädchen schuldbewusst. Cori Chulpa fiel ihr ins Wort: „Ich sagte schon, dass ich glücklich bin. Zum Glück gehört nicht allein die Liebe eines Mannes, zum Glück tragen viele verschiedene Dinge bei, kleine Freuden, Zufriedenheit, Gesundheit, Achtung, Freunde und vor allem du, mein heller Stern in der Nacht. Aber jetzt lass uns zu den anderen gehen. Sicher wundern sich schon einige, weil wir so weit zurückgeblieben sind." Cori Chulpa legte sanft die Hand auf die Stirn ihrer Tochter und dann eilten die beiden der großen Gruppe der Frauen und Kinder nach, die in der Zwischenzeit die geschmeidige Kraft eines Jaguars bewunderten, der hinter den festen Gitterstäben seines Käfigs ruhelos hin- und herwanderte.

Stolz und zufrieden blickte sich Capac Yupanqui um und musterte die unermesslichen Schätze, die vor ihm ausgebreitet auf dem Boden des Schlosses von Cajamarca lagen. Gestern hatte seine Nordarmee die Hauptstadt des kleinen Bergstaates erobert, trotz der heldenhaften Gegenwehr der sich entschlossen verteidigenden Soldaten. Doch die Übermacht der Inka war einfach zu erdrückend gewesen. Jetzt stand Capac Yupanqui mit seinen beiden Stellvertretern und den übrigen hohen Offizieren im Thronsaal der eroberten Residenz und begutachtete die gewaltigen Reichtümer, die von der siegreichen Armee erbeutet worden waren. Die kostbaren Edelsteine funkelten und gleißten im Sonnenlicht, und die vielen Träger ächzten unter dem Gewicht der goldenen Gegenstände, die sie in den großen Raum schleppten. Aber viel wichtiger als alle Schätze war die strategische Bedeutung Cajamarcas. Nun stand den Inka der Weg zur Nordküste offen. Falls es Pachacuti wünschte, konnte er seine Soldaten aussenden, um das Königreich Chimu angreifen, das für seine Goldschätze berühmt war.

Capac Yupanqui langte nach einer kunstvoll gefertigten goldenen Maske, die einen örtlichen Gott darstellen sollte.

Die Nase sprang dem Betrachter entgegen, während die Augen tief in ihren Höhlen lagen. Der Oberbefehlshaber drehte und wendete das kostbare Stück in seinen Händen und zollte im Stillen dem Goldschmied Lob, der diese Arbeit angefertigt hatte. Pachacuti, der die besten Handwerker des Reiches nach Cuzco geholt hatte, damit sie ihm immer neue Kunstwerke schaffen konnten, würde von dieser Maske begeistert sein, das wusste der Kommandant der siegreichen Nordarmee. Aber auch viele der anderen Kostbarkeiten waren unsagbar schön. Capac Yupanqui legte die Goldmaske wieder zu den Schätzen zurück und nickte anerkennend. Der Triumph über Cajamarca und die gewaltige Beute hatten seinen Kopf gerettet. Pachacuti würde ihm nie verzeihen, dass er die Chanca samt ihren Prinzen Anco Ayllu hatte entkommen lassen. Nur ein weiterer großer Sieg, dessen war sich Capac Yupanqui bewusst gewesen, hatte sein bereits verwirktes Leben noch einmal retten können. Jetzt hatte er diesen Erfolg errungen. Nun musste ihm der Herrscher in Cuzco einen Triumphzug bereiten, wie er einem siegreichen Feldherrn zustand. Der Oberbefehlshaber lächelte und sah sich schon im Geiste an der Spitze seiner Nordarmee in der Hauptstadt einmarschieren. Links und rechts der Straßen würden die Frauen und Männer jubeln und schließlich würde ihn Inka Pachacuti willkommen heißen und vor aller Augen umarmen. Capac Yupanqui genoss diesen Augenblick und wilde Freude wallte in ihm hoch. Wo war seine Frau. Ach ja, die wartete in seinen Privatgemächern, die er im eroberten Palast für sich in Anspruch genommen hatte. Er musste sie jetzt auf der Stelle haben. So wandte er sich an General Huayna Yupanqui: „Überwacht die Aufzeichnung der erbeuteten Gegenstände. Nichts darf fehlen, wenn wir sie dem Inka überreichen. Sorgt also dafür, dass die Schreiber ihre Knoten fein säuberlich machen. Die Quipus müssen unbedingt in bester Ordnung sein. Ich werde mich nun ein wenig zurückziehen und ausruhen. Die Anstrengungen der letzten Tage gingen doch nicht spurlos an mir vorüber." Mit diesen Worten verschwand er und malte sich auf dem

Weg zu seinen Zimmern aus, was er mit Cori Accla bald alles anstellen würde.

Tupac Yupanqui beobachtete, wie sein Onkel den Raum verließ. Er stieß Ollantay an und raunte ihm zu: „Schau, wie zufrieden er lächelt. Er hofft, dass er durch die Eroberung von Cajamarca seinen Kopf aus der Schlinge gezogen hat. Aber mein Vater zürnt ihm noch immer wegen der Sache mit Amaru und wird ihm sein Versagen gegen die Chanca sicher nicht so leicht vergeben. Hätte er nur nicht Anco Ayllu so bevorzugt behandelt, dann würde ich ihm jetzt beistehen, aber so werde ich mich in die Entscheidung Pachacutis über das weitere Schicksal Capac Yupanquis nicht einmischen. Soll der Inka bestimmen, was er mit ihm weiter vorhat." Ollantay nickte seinem Freund stumm zu. Schon als Schüler hatte er gelernt, dass unbedingter Gehorsam das oberste Gesetz Tahuantinsuyus war. Aber für den königlichen Ayllu gab es natürlich Ausnahmen. Hier zählte nicht nur das Gehorchen allein, sondern viele Prinzen schauten nur darauf, wie sie ihren Einfluss bei Hofe vergrößern und damit die Entscheidungen des Herrschers zu ihren Gunsten beeinflussen konnten. Nur, wer sich zu weit vorwagte und zu hoch in der Gunst des Inka stieg, konnte auch sehr schnell wieder fallen. Feldherr Capac Yupanqui stand fast an der Spitze des Sonnenreiches, aber nur fast. Falls Pachacuti ihn des Hochverrates für schuldig befinden würde, da er die Chanca hatte entkommen lassen, dann würde der Herrscher ihn ohne Gnade töten lassen. Dessen war sich Ollantay bewusst. Darum gab er Prinz Tupac Yupanqui recht, wenn sich dieser nicht einmischen wollte. Der Thronfolger riss ihn aus seinen Träumen, als er begeistert ausrief: „Sieh dir nur diese Schätze an, die wir erbeutet haben. Diesmal waren wir die Helden, du und ich. Wir sind als Erste an der Spitze unserer Truppen in diesen Palast eingedrungen. Wir haben den Sieg errungen und bewiesen, dass wir die Chanca für unsere Siege nicht benötigen. Und jetzt lass uns das Gold und die Edelsteine betrachten und dafür sorgen, dass alles richtig von den Schreibern aufgelistet wird."

Viele Tage waren seither vergangen und der größte Teil der Nordarmee war nur noch wenige Tage von Cuzco entfernt. In Cajamarca hatte Capac Yupanqui eine starke Garnison unter dem Befehl Prinz Hatun Tupacs zurückgelassen. Heute schlug man das Lager nahe der Stadt Limatamba, dem „Ort der Weissagungen", auf. Während die Soldaten damit beschäftigt waren, die Zelte aufzubauen, erschien der Curaca des Ortes und lud den Befehlshaber und seine Offiziere in sein Haus ein. Gerne nahm Capac Yupanqui das Angebot an, da er nach dem siegreichen Feldzug von möglichst vielen Leuten bewundert werden wollte. So freute er sich schon auf eine kleine Siegesfeier im Haus des Curacas von Limatamba.

Kurz nach Sonnenuntergang trafen die Gäste auf dem Hauptplatz der Stadt ein. Prinz Tupac Yupanqui erkannte seinen Bruder Titu Cusi Hualpa, der auf einem erhöhten Holzschemel vor dem Haus des Curaca saß. Titu Cusi Hualpa war festlich geschmückt und erhob sich höflich, als er die hohen Offiziere erblickte. Der Curaca, der zu seinen Füßen stand, verbeugte sich und begrüßte als Stadtoberhaupt die siegreichen Anführer der Nordarmee: „Willkommen in Limatamba, Ihr edlen Gäste! Wir alle haben mit Freude von Euren großen Siegen gehört und davon, dass Ihr unermessliche Schätze erbeutet habt. Ich empfinde es als große Ehre, dass Ihr meiner Einladung gefolgt seid. Selbst unser erhabener Herrscher, Inka Pachacuti, weiß Eure Erfolge zu würdigen, daher hat er seinen Sohn, Prinz Titu Cusi Hualpa, in meine Stadt entsandt, damit die Helden des abgeschlossenen Feldzuges gebührend empfangen werden." Nach dieser Rede verbeugte sich der Curaca wiederum tief vor seinen Gästen.

Besonders Ollantay, der zur Begleitung Tupac Yupanquis gehörte, genoss es, die bewundernden Blicke der Frauen und Männer auf sich gerichtet zu fühlen. Doch er widerstand der Versuchung, sich umzublicken, sondern richtete sein Gesicht auf den Curaca und, nachdem dieser seine kurze Begrüßungsrede beendet hatte, auf den Inkaprinzen, den er schon von ihrer gemeinsamen Schulzeit her kannte.

Titu Cusi Hualpa wirkte aber nicht fröhlich, sein Gesichtsausdruck war angespannt und die Finger hielt er zu Fäusten verkrampft. Außerdem zitterten seine Augenlider ganz leicht, als er Capac Yupanqui anblickte. „Dem Prinz ist nicht ganz wohl in seiner Haut. Was mag er bloß haben", musste Ollantay unwillkürlich denken, „er wird uns doch keine schlechten Nachrichten aus Cuzco überbringen?" Doch ehe er dazu kam, sich darüber weitere Gedanken zu machen, trat Capac Yupanqui einen Schritt vor und dankte dem Curaca für die Gastfreundschaft, die Limatamba dem Heer gewährte. Anschließend begrüßte der Oberbefehlshaber den Sohn und Abgesandten des Herrschers.

Da stand Prinz Titu Cusi Hualpa mit bleichem Gesicht, aus dem alles Blut gewichen war, ganz plötzlich auf und öffnete seine Hände. Ein Bündel Knotenschnüre wurde sichtbar. Bleierne Stille senkte sich auf den Platz, als der Prinz zu sprechen begann. Zuerst verstand Ollantay nur ein heißeres Krächzen, ein sicheres Zeichen dafür, dass Titu Cusi Hualpa nervös war, doch allmählich gewann dieser seine Sicherheit zurück, da niemand Anstalten machte, ihn zu unterbrechen: „Hört mich an, siegreiche Soldaten der Nordarmee! Mein Vater, der mächtige, unbezwingbare Inka Pachacuti, hat mich euch entgegengesandt, um sein Lob zu überbringen. Auf diesen Quipus, die ich in meinen Händen halte, sind alle Taten, die ihr vollbracht habt, aufgezeichnet. Die meisten davon zeugen von den großen Erfolgen, die die Nordarmee gegen die Chincha und gegen Cajamarca errungen hat. Doch eine Schattenseite trübt die Freude Pachacutis. Er gab Capac Yupanqui den Befehl, die Chanca-Krieger zu töten, aber der Wunsch des Herrschers wurde nicht in die Tat umgesetzt. Capac Yupanqui hat den Befehl des Inka verweigert. Entweder weil er mit Hilfe der Chanca, die er auf dem Feldzug bevorzugt behandelt hat, einen Aufstand plante, um den rechtmäßigen Herrscher zu stürzen und sich selbst zum Inka zu ernennen. Aus diesem Grund muss er den Anführer der Chanca, Anco Ayllu, gewarnt haben. Denn nur Capac Yupanqui war der Befehl Pachacutis bekannt, die Chanca zu überraschen und zu töten. Niemand anderer kann sie gewarnt haben. Oder weil er als Heerführer versagt hat und durch seine Unachtsamkeit die Chanca entfliehen konnten. Auf beiden Verbrechen steht die strengste Strafe, die unser Gesetz vorsieht. Er und sein erster Stellvertreter, General Huayna Yupanqui, verlieren mit sofortiger Wirksamkeit ihre Stellungen im Heer und werden zum Tode verurteilt. Die Strafe soll hier in Limatamba vollzogen werden. Den Befehl über die Nordarmee erhält Prinz Apu Yanqui." Titu Cusi Hualpa blies erleichtert die restliche Luft aus seinen Lungen und setzte sich wieder auf den Hocker. Sein schweres Amt, das seit Tagen auf ihm gelastet hatte, war vollbracht. Er wagte auch jetzt kaum, seinem Onkel Capac Yupanqui, den er schon als Knabe bewundert hatte, in die Augen zu blicken. Tief im Inneren war er erschüttert, dass er diesem verdienten Feldherrn das Todesurteil hatte überbringen müssen. Doch Inka Pachacuti hatte sein Urteil gesprochen und er, als gehorsamer Sohn, musste die schreckliche Nachricht verkünden. „Warum nur hat er die Chanca entkommen lassen?", fragte sich Titu Cusi Hualpa. „Warum hat er sie gewarnt, dass die heimlich in der Nacht flüchten konnten? Für Capac Yupanqui gibt es keine Entschuldigung. Er hat sich des Verbrechens des Hochverrates schuldig gemacht." Obwohl es sein Gewissen erleichterte, bedauerte er das Urteil Pachacutis. „Vater hätte Onkel Capac Yupanqui zu einer lebenslangen Festungshaft verurteilen sollen, das wäre gerechter gewesen. Ich glaube nicht, dass er einen Aufstand geplant hat", sagte der Prinz zu sich selbst.

Capac Yupanqui war wie vom Donner gerührt, als er hörte, dass er als Verräter angeklagt und zum Tode verurteilt worden war. Ohne mit der Wimper zu zucken, hatte er die Anschuldigungen vernommen. Nur einmal war er überrascht aufgefahren, nämlich als er hören musste, dass man ihn verdächtigte, Pachacuti stürzen zu wollen. Nun stand er plötzlich wie ein Aussätziger auf dem Platz, da alle seine Offiziere wie auf ein geheimes Kommando von ihm weggerückt waren. Nur Huayna Yupanqui blieb zwei Schritte hinter ihm stehen, auch er war unfähig, sich zu rühren. Etwas zu ihrer Verteidigung zu sagen war zwecklos, das wussten beide, ebenso, dass der Inka ein hartes, aber gerechtes Urteil gesprochen hatte. Capac Yupanqui war ein Verräter, er hatte Pachacutis Befehl seiner Frau verraten, obwohl er geahnt hatte, dass diese ihren Bruder vor der drohenden Gefahr warnen würde. Und weil er sein Leben verwirkt hatte, als die Chanca entkommen waren, hatte er sein Heil im Angriff versucht. Den Bergstaat Cajamarca hatte er nur deswegen angegriffen, um durch einen Sieg und die reiche Beute Pachacutis Urteil zu mildern. Doch der Herrscher legte die Eroberung Cajamarcas ebenfalls als Missachtung seiner Befehle aus, denn die Armee hätte die Grenze dieses Reiches nicht überschreiten dürfen.

Insgeheim hatte Capac Yupanqui mit dem Todesurteil gerechnet, doch war die Hoffnung, dem Tod zu entkommen, mit jedem Tag gewachsen, während er das Heer näher nach Cuzco führte. Unzählige Boten Pachacutis waren in den letzten Wochen zur Nordarmee gestoßen, und immer wenn ein neuer Kurier aus Cuzco auftauchte, befürchtete Capac Yupanqui, dass der Befehl zu seiner Hinrichtung überbracht würde. Erst hier, in Limatamba, bereits in unmittelbarer Nähe zur Hauptstadt, hatte ihn die Todesnachricht eingeholt, als er sich bereits in Sicherheit gewähnt hatte. Jetzt traf ihn diese Erkenntnis wie ein Keulenschlag und er war unfähig, irgendetwas zu sagen. So stand er da und wartete, wartete darauf, dass ihn ein paar Wachen fesseln und abführen würden. „Mein Traum", dachte er, „hat sich verwirklicht. Das Glühwürmchen, es kann nur Cori Accla damit gemeint gewesen sein, hat mich tatsächlich in das Grab gezogen."

Ollantay war instinktiv, wie alle anderen, von den beiden Verurteilten weg zur Seite gewichen. Nun flüsterte er leise Prinz Tupac Yupanqui zu: „Was wird jetzt geschehen?" Sein königlicher Freund antwortete ihm: „Das hast du doch gehört. Capac Yupanqui ist ein Verräter. Weil er die Chanca gewarnt hat, konnten sie uns entkommen. Ich ahnte schon immer, dass er mit ihnen unter einer Decke steckte. Vielleicht wollte er wirklich einen Aufstand gegen Pachacuti anzetteln, um selbst Inka zu werden. Wir haben bereits in Cajamarca darüber gesprochen, ob Pachacuti ihn anklagen würde. Jetzt ist es geschehen, Capac Yupanqui hat seine gerechte Strafe erhalten. So wird es allen gehen, die sich den Wünschen und Befehlen des Inka widersetzen."

Ollantay erkannte zu seinem Schrecken, dass Tupac Yupanqui mit dem Urteil des Herrschers zufrieden war. Der Prinz konnte es noch immer nicht verwinden, dass Capac Yupanqui auf dem Feldzug Anco Ayllu vor dem versammelten Heer mehrfach gelobt und ausgezeichnet hatte, während seine eigenen Leistungen unbelohnt blieben. Ollantay erfühlte diese Haltung seines Freundes mit Wehmut. Hatte der Prinz schon vergessen, dass er seine Ernennung zum Thronfolger zum größten Teil der Fürsprache seines Onkels zu verdanken hatte? So bedauerte er in dieser Schicksalsstunde sowohl seinen uneinsichtigen Freund als auch den verurteilten Oberbefehlshaber, der lange Zeit, zusammen mit seinem Vater, sein Vorbild als Soldat gewesen war. Erst die Belagerung Pumpus und die grausame Entscheidung, die Frauen und Kinder nicht aus der belagerten Stadt zu lassen, hatten bei Ollantay zu einem Umdenken geführt. Aber das Todesurteil lehnte er trotzdem ab. Capac Yupanqui hatte die in Ungnade gefallenen verbündeten Chanca nicht heimlich in der Nacht umbringen, sondern entkommen lassen. Leben zu bewahren war doch viel besser, als Leben zu vernichten. Für diese großherzige Tat musste Capac Yupanqui mit dem Leben bezahlen, so verlangten es die strengen Gesetze der Sonnensöhne. Das wusste Ollantay, hatte er doch eine vorzügliche Ausbildung gemeinsam mit den Söhnen Pachacutis genießen dürfen.

Inzwischen waren ein paar Soldaten zu den Angeklagten getreten, hatten ihnen die Hände auf den Rücken gefesselt und sie abgeführt. Morgen, noch bevor die Sonne ihren Lauf über den Himmel beginnen würde, wollte man das Urteil vollstrecken. Da niemand von den Anwesenden zum Feiern zumute war, suchten alle ihre Schlafstätten auf und begaben sich zur Ruhe. Ollantay konnte nicht einschlafen. Er wälzte sich auf seinem Schlaflager unruhig hin und her und bedauerte den unglücklichen Feldherrn. Aber so sehr er sich auch den Kopf zermarterte, das Urteil war unabwendbar gesprochen. Die Gesetze in Tahuantinsuyu waren hart und auf das Überleben des Volkes der Sonnensöhne ausgerichtet. Wenn jemand dem Inka den Gehorsam versagte, dann schlug die Reichsjustiz unbarmherzig zu. Und gerade die Angehörigen der Oberschicht wurden zumeist noch härter bestraft als die einfachen Leute.

Kein Laut empfing die Männer, als sie sich dem Ort näherten, von dem eine düstere Stimmung ausging. Der graue Morgen verströmte ein fahles Licht, noch war es so dunkel, dass man nur wenige Körperlängen weit sehen konnte. Und selbst im eingeschränkten Gesichtsfeld zeichneten sich die Umrisse der Menschen nur schemenhaft vor den schwarz aufragenden Felsen ab. Ein paar Soldaten hielten Fackeln und das flackernde Licht trug dazu dabei, dass die Szene noch gespenstischer und unheimlicher wurde. Ollantay fröstelte und zog seinen Mantel aus Lamawolle dichter um seine Schultern. Er merkte plötzlich, wie er am ganzen Körper zitterte und seine Zähne beängstigend laut gegeneinander schlugen. Tupac Yupanqui, der neben ihm stand, ging es scheinbar ähnlich, denn auch der Prinz kauerte sich in seinen wärmenden Umhang und zog den Kopf ganz tief in die Schultern. Jeder Atemzug wurde von einer dampfenden Wolke begleitet. Der Himmel über ihnen war von einer Unmenge Sternen übersät, die als blickende Lichtpunkte in die Unendlichkeit des Universums wiesen. Heute würden sie die stummen Zeugen einer Hinrichtung sein und die zwei Unglücklichen auf dem Weg in das Totenreich begleiten.

Langsam erschien ein rötlicher Schimmer über den Bergen am fernen Horizont. Die Stunde des Todes nahte für die beiden Verurteilten. Man hatte die Hinrichtungsstätte erreicht und ein Priester sprach ein kurzes Gebet und brachte den Göttern ein Opfer dar, um sie gnädig zu stimmen, nicht nur für die Todeskandidaten, sondern auch für ihre Richter. Obwohl Ollantay wusste, was auf ihn zukam, erschauderte er, als er die riesigen Steine erblickte. Capac Yupanqui und Huayna Yupanqui waren zum Tod durch die „Hivaya" verurteilt worden. Jetzt wurden die Todgeweihten zu den Plätzen gebracht, an denen man das Urteil vollstrecken wollte. Die Wachen zwangen die beiden auf die Knie und zerschnitten dann ihre Fesseln. Dann mussten sich die zwei Männer auf den Bauch legen und Arme und Beine ausstrecken. Sofort ergriffen einige Soldaten die Gliedmaßen und banden sie an Holzpflöcken fest, die aus dem Boden ragten. Kein Laut kaum über die Lippen der Verurteilten. Sie hatten mit ihrem Leben abgeschlossen und baten nicht um Gnade. Scheinbar ohne Furcht sahen sie dem Tod entgegen, um als Angehörige der Oberschicht wenigstens ehrenhaft zu sterben, wenn man einem Verräter an den Befehlen des Inka noch Ehre zugestehen wollte. Die Wachen traten zurück, alles war bereit, um das makabre Schauspiel seinem grässlichen Höhepunkt zuzuführen. Knapp einen Meter über den beiden hilflosen Männern befanden sich auf einer Terrasse zwei riesige Steinblöcke. Stille, Totenstille breitete sich aus. Tupac Yupanqui, der die Hinrichtung als oberster Beamter leitete, stand in einiger Entfernung neben dem Priester und wartete auf den richtigen Zeitpunkt. Die Soldaten, die sich hinter den Steinen aufgestellt hatten, um diese auf ein Zeichen des Prinzen auf die Verurteilten zu werfen, sahen angespannt zu ihm herüber. Ollantay wagte kaum zu atmen. Trotz der Kälte spürte er den Schweiß, der aus seinen Poren drang. Obwohl er an der Eliteschule gelernt hatte, dass das oberste Gesetz Tahuantinsuyus unbedingten Gehorsam verlangte und Fehler nicht verzieh, bedauerte er Capac Yupanqui. Der Feldherr hatte nichts Böses getan, als er die Chanca entkommen ließ. Prinz Anco Ayllu und seine Soldaten hatten doch zuvor alle Schlachten zugunsten der Sonnensöhne entschieden. Gönnte Pachacuti seinen einstigen Widersachern diese Erfolge nicht? War er neidisch und hatte deshalb ihren Tod befohlen? Egal, welche Beweggründe der

Herrscher gehabt hatte, Capac Yupanqui hätte gehorchen müssen. Mit dem Entkommen der Chanca hatte er sein Leben verwirkt, daran konnte der erfolgreiche Feldzug gegen Cajamarca nichts mehr ändern. Tief im Inneren schwor sich Ollantay, dem Inka stets gehorsam zu dienen, denn wie ein Verbrecher wollte er nicht sterben.

Da zuckte er plötzlich zusammen, ein erster Sonnenstrahl hatte sein Auge getroffen und ihn für einen Wimpernschlag geblendet. Im selben Moment hörte er die befehlende Stimme des Prinzen und die Soldaten schoben gemeinsam die Steine über den Abgrund. Ein dumpfes Poltern erklang und dann vernahm Ollantay das grässliche Geräusch zermalmter Knochen. Die Felsbrocken waren krachend auf die zwei Verurteilten gestürzt und hatten ihre Leiber unter sich begraben. Nur Arme und Beine ragten darunter hervor wie die abgestorbenen Äste dürrer Bäume, doch kein Laut war zu vernehmen. Waren die beiden bereits tot, obwohl ihre Gliedmaßen verzweifelt an den Holzpflöcken rissen und wild zuckten? Ollantay ahnte die schreckliche Wahrheit. Das enorme Gewicht, das auf den beiden lastete, hatte ihnen mit einem Schlag alle Luft aus den Lungen gepresst. So sehr sie sich auch abmühten, sie konnten keinen Atemzug mehr tun. Daher waren sie auch nicht in der Lage zu schreien. Langsam wurden die Bewegungen der Arme und Beine weniger heftig und schließlich hörten sie ganz auf. Nichts rührte sich mehr, als die Sonne in ihrer vollen Größe über den Berggipfeln der Anden erschien, und das Sonnenreich mit seinen Strahlen erfüllte. Capac Yupanqui und Huayna Yupanqui waren tot. Da sie als Verräter gestorben waren, wurden aus ihren Leichen „Runatinyas", menschliche Trommeln, gemacht und aus ihren Knochen kleine Flöten geschnitzt. Außerdem würde man ihre Häuser dem Erdboden gleichmachen und die Felder mit Salz bestreuen, um sie unfruchtbar zu machen. Schweigsam machte sich die Gruppe wieder auf den Rückweg, um dem Inka in Cuzco einen Bericht über den Vollzug der Strafe zu übermitteln.

Stolz blickte Ollantay die Soldaten seines Regimentes an. Sie alle waren festlich gekleidet und sahen in freudiger Erwartung ihren Befehlshaber an, während sie in Reih und Glied angetreten waren. Ihre bunten Gewänder strahlten mit der Sonne um die Wette und verwandelten das Feld, auf dem sie Aufstellung genommen hatten, in eine überdimensional große Menschenwiese, die in den Farben der verschiedensten Blüten leuchteten. Auch Ollantay hatte sich feierlich herausgeputzt, war doch heute das große Ereignis, auf das sie sich den ganzen Heimmarsch über gefreut hatten: der triumphale Einzug in die Hauptstadt Cuzco. Die schillernden Vogelfedern, die an seinem Haarband befestigt waren, glänzten in der Sonne und wetteiferten mit der prächtigen goldenen Kette, die er sich zur Feier des Tages um seinen Hals gehängt hatte.

Er war ein stattlicher junger Mann geworden, dem viele Frauen in den Orten, durch die sie gezogen waren, begehrliche Blicke zugeworfen hatten. Doch Ollantay hatte das stumme Flehen der schmachtenden Augen ignoriert, ja, er war sich dessen noch gar nicht bewusst, welchen Eindruck er in vielen Frauenherzen hinterließ. Nur dem Inka zu dienen, betrachtete er als seine Lebensaufgabe. Und so erfreute er sich mehr am Anblick seiner Männer, wie sie so dastanden und auf seine Befehle warteten, als dass er einen Augenblick seines Denkens an ein junges Mädchen verschwendet hätte. Sein Auge glitt über die Soldaten, und es erfüllte ihn mit Freude, wenn er an den Empfang in der Reichsmetropole dachte.

„Ha, Ollantay, welches Frauenherz möchtest du heute erobern? Oder willst du vielleicht alle Damen in Cuzco glücklich machen?" Die neckischen Worte des Thronfolgers rissen Ollantay aus seinen Gedanken. „Nein, keinesfalls", antwortete er, „mich interessieren keine Frauen. Ich möchte nur dem Inka gefallen und dir, dem Kommandeur des Armeekorps, in dem ich dienen durfte." „Du bist mein bester Mann, das weißt du", sprach Tupac Yupanqui und lächelte freundlich, „aber heute dürfen wir auch ein wenig an uns denken. Wir kommen als große Sieger heim. Zahlreiche schöne Damen werden uns zujubeln. Wenn ich daran denke, bekomme ich ein eigenartiges Ziehen in meinen Lenden. Schön langsam kann ich meinen Bruder Amaru verstehen, dass er sich wegen einer Frau zum Narren gemacht hat. Keine Angst, Ollantay, so weit wird es bei mir schon nicht kommen." Zur Beruhigung klopfte er seinem Freund auf die Schulter. „Aber ein bisschen Spaß mit hübschen Damen werden wir uns noch machen dürfen."

Da näherte sich von der Stadt her mit gemessenen Schritten eine Abteilung Soldaten. In ihrer Mitte trugen sie die prachtvoll geschmückte, goldene königliche Sänfte. Die dünnen, fast durchscheinenden Vorhänge waren herabgelassen, denn niemand durfte den Inka sehen, der von seiner Leibwache den heimkehrenden Kriegern der Nordarmee entgegengetragen wurde. Zu beiden Seiten der Heeresstraße knieten die Männer nieder und blickten zu Boden. So erwiesen sie dem mächtigen Herrscher Pachacuti ihre Ehre. Prinz Apu Yanqui, der nach der Hinrichtung Capac Yupanquis sowie Huayna Yupanquis zum Oberbefehlshaber der Armee ernannt worden war, hieß den Inka willkommen. Mit dem Erscheinen Pachacutis konnte der Triumphzug gestartet werden.

Ollantays Regiment hatte die Ehre, den feierlichen Einmarsch der siegreichen Soldaten anzuführen. Mit stolz erhobenem Haupt und geschwellter Brust schritt der junge Kommandant seinem Regiment voran. Er war so ergriffen, dass sich ein Tränenschleier über seine Augen spannte. Erst als sie die ersten Häuser erreichten, trockneten die Strahlen der Sonne seine feuchten Augen und er konnte wieder klar sehen. Die Wände der Häuser waren über und über mit bunten Teppichen und Blumengirlanden geschmückt. Ohrenbetäubender Jubel brandete gegen seine Ohren und die Menschen winkten ihren Helden mit überschwänglicher Begeisterung zu. Tausende und abertausende Blüten regneten auf Ollantay und seine Männer nieder. Immer wieder hob Ollantay seine rechte Hand. Daraufhin schwenkten die

Soldaten die Speere und Kriegskeulen über ihren Köpfen und brüllten, so laut sie konnten: „Lang lebe unser großer Inka Pachacuti!" Die Frauen und Männer neben der Straße fielen begeistert in die Jubelrufe ein und so pflanzte sich diese Symphonie des Sieges von Straße zu Straße fort bis zum zentralen Marktplatz, Cusipata genannt, im Herzen der Metropole Cuzco. Hier sollte das große Finale des heutigen Triumphes stattfinden.

Hinter Ollantays Regiment folgten die gefangenen Feinde, die man der einheimischen Bevölkerung präsentieren wollte. Die einfachen Krieger trotteten mit gesenkten Häuptern dahin, ihre Arme und Beine waren gebunden und ließen nur kleine Schritte zu. Der besiegte König von Cajamarca und seine höchsten Würdenträger wurden, exotischen Tieren gleich, nackt in Käfigen getragen. Man demütigte sie zusätzlich, indem man sie mit allerlei Unrat bewarf und ihnen höhnische Kraftausdrücke zurief. Ähnlich erging es den gefangenen Anführern der Chincha. Diesen wurden aber alle paar Schritte mit Speerspitzen in ihre gequälten Körper gestochen, sodass aus zahlreichen kleinen Wunden Blut floss und die Leiber der Bemitleidenswerten bald über und über von Einstichen bedeckt waren. Sich vor Schmerzen windend lagen sie mit angstgeweiteten Augen in den Käfigen und warteten auf die nächsten Qualen, die man ihnen zufügen würde. Der Inka hatte befohlen, die Chincha besonders grausam zu behandeln, denn durch ihren langen Widerstand waren unzählige Opfer zu beklagen gewesen.

Auf die Besiegten folgten die stolzen Eroberer, die tausendköpfigen Marschkolonnen der Speerwerfer und Schleuderer. Nachdem die Einwohner Cuzcos die Gefangenen mit einem unbehaglichen Gefühl betrachtet hatten, war der Jubel jetzt, als die eigenen siegreichen Soldaten durch die Straßen marschierten, noch größer als zu Beginn des Triumphzuges. Die Leute schrien und tobten vor Begeisterung und der ohrenbetäubende, tausendfache Jubel steigerte sich zu einem unbeschreiblichen Höhepunkt, als dahinter die königliche Sänfte erschien. Ihm, dem göttlichen Inka, galt der

Triumph. Das Volk überschüttete die Sänfte des Herrschers mit roten Blüten und man gewann den Eindruck, als ob Pachacuti auf einem Blumenmeer dahingetragen würde.

Ollantays Regiment hatte in der Zwischenzeit den zweiteiligen, zentralen Marktplatz Cuzcos erreicht und umstellte ihn. Hier, überragt vom Sonnentempel, warteten die Familienangehörigen Pachacutis auf den Einzug der Sieger. Zur Feier des besonderen Tages durften auch die Frauen und Töchter des Herrschers an der Zeremonie teilnehmen. Ein Paar dunkler, sanfter Augen bewunderte Ollantay und eine engelgleiche Stimme fragte ganz leise ihre Nachbarin: „Wer ist dieser Offizier?" Doch bevor eine Antwort erfolgte, kündete der viel tausendfache Jubel die Ankunft des Inka an. Der Lärm war so gewaltig, dass man die eigene Stimme nicht mehr verstand.

Vor der Coricancha stieg der Inka aus seiner Sänfte. Vor ihm lagen die Gefangenen, mit dem Gesicht auf dem Boden. Der Inka schritt über ihre gebeugten Rücken hinweg. Mit diesem Akt vollendete der Herrscher symbolisch den Sieg der Sonnensöhne und die Überwindung der Feinde. Dann zog er seine Sandalen aus und betrat barfuß und demütig den Sonnentempel, um mit dem Hohepriester und den hohen Würdenträgern des Reiches dem Sonnengott für die Hilfe im Feldzug ein Dankopfer darzubringen.

Nachdem er den Tempel wieder verlassen hatte, gab er ein Zeichen. Sofort eilten Ollantay und dessen Männer herbei und befahlen den Gefangenen aufzustehen. Sie zerschnitten die Stricke der Gefesselten und bedeuteten, dass sie von nun an frei seien und in ihre Heimat zurückkehren dürften. Allerdings mussten sie zuvor noch dem Inka ihre Treue schwören. Dem König von Cajamarca und den gefangenen Fürsten war allerdings ein anderes Schicksal beschieden. Wachen brachten sie in den gefürchteten Kerker von Cuzco. Dort wurden sie auf Befehl des Inka getötet. Während man den König von Cajamarca und dessen Würdenträger von einem hohen Felsen stieß und ihnen so einen schnellen Tod bereitete, wurden die gefangenen Chincha zuerst grausam gefoltert und anschließend in Kerkerzellen geworfen, in denen ihre geschundenen Körper von Raubtieren zerrissen wurden. Aus ihren Schädeln fertigte man später Becher für den Inka und aus ihren Knochen Musikinstrumente.

„Wer war der Offizier, der heute den Triumphzug angeführt hat? Kennst du ihn? Sag mir bitte, wer das ist?" Flehend sah Prinzessin Cusi Qoylyor ihre Mutter an. Cori Chulpa blickte ihre Tochter forschend an. „Gefällt er dir? Ich glaube gar, du bist in ihn verliebt." Eine leichte Röte überzog das Gesicht der jungen Frau, als sie diese Worte vernahm. „Ich, ich, will doch nur wissen, wie er heißt", stotterte Cusi Qoylyor und vergrub ihr Gesicht in der wollenen Decke ihres Bettes. Sie zitterte leicht und ihr Herz schlug so laut, dass sie vermeinte, das Pochen würde ihre Gefühle verraten. „Sein Name ist Ollantay! Er ist der beste Freund Tupac Yupanquis. Sein Vater, Poma, hat Inka Pachacuti vor vielen Jahren mit seinem Rat entscheidend geholfen, den Angriff der Chanca abzuwehren. Daher steht Ollantay auch hoch in der Gunst des Herrschers. Aber meine kleine Cusi, sieh dich vor, du bist für Tupac Yupanqui bestimmt. Pachacuti möchte dich zur Coya des Reiches machen. Du sollst deinen Halbbruder, den Thronfolger, heiraten. Es wäre für dich nur gefährlich und mit vielen Seelenschmerzen verbunden, würdest du dich ausgerechnet in den besten Freund Tupac Yupanquis verlieben. Nie würde dein Vater zulassen, dass du Ollantay heiratest. Also, mein Kind, verbanne ihn aus deinem Herzen!" Cusi Qoylyor hörte die mahnenden Worte der Mutter. Sie blieb auf ihrem Bett liegen und wühlte sich noch tiefer in die Decken. „Ollantay", flüsterte sie leise. Heiße Tränen liefen ihre Wangen herab und ein eiserner Ring zog sich um ihr Herz zusammen. Sie schluchzte leise, damit es die Mutter nicht merkte.

Nach einigen Minuten hatte sie sich wieder so in Gewalt, dass sie sich aufrichten konnte. Aber dem prüfenden Blick ihrer Mutter entgingen die rot umrandenden Augen nicht.

„Du weinst. Ich ahnte, dass du in Ollantay verliebt bist, als ich dich auf dem Cusipata beobachtete. So wie du ihn dort angesehen hast, mit offenem Mund und weit geöffneten Augen. Ein holdes Lächeln umspielte deine Lippen, wenn er in deine Richtung blickte, obwohl du dann immer schnell deinen Kopf abgewandt hast. Aber nur für kurze Zeit, denn kurz darauf blicktest du wieder in seine Richtung mit der bangen Frage in deinem Inneren, ob er dich wohl bemerkt hat. Er hat dich bemerkt, denn auch er musste immer wieder zu dir herschauen, obwohl ihn sein Amt sehr beanspruchte. Ich fürchte für dich, du hast auf ihn den gleichen Eindruck gemacht wie er auf dich. Was soll nur aus euch werden?" Cori Chulpa seufzte und trat zu ihrer Tochter. Sie nahm Cusi in die Arme, eine seltene Geste der Zuneigung. Als sie die warme Haut der Mutter ganz nah fühlte, konnte das Mädchen die mühsam unterdrückten Tränen nicht länger zurückhalten. Einem Gewitter gleich brachen sich die Gefühle Cusi Qoylyors mit ungeheurer Heftigkeit ihre Bahn, dass selbst Cori Chulpa erschrocken zusammenzuckte. Insgeheim hatte sie gehofft, alles wäre nur die jugendliche Schwärmerei eines Mädchens für einen hübschen Soldaten. Hatten doch die Töchter Pachacutis in ihrer abgeschiedenen Welt nur selten die Gelegenheit, einen fremden Mann zu sehen. Doch tief im Herzen ahnte die besorgte Mutter, dass es sich hier nicht um ein kurzes, verträumtes Verliebtsein handelte. Darum streichelte sie ihrer Tochter behutsam über die Wangen und versuchte, ihre Tränen zu trocknen.

Endlich verebbte der verzweifelte Gefühlsausbruch Cusi Qoylyors. „Vater darf davon nichts erfahren", flüsterte die ältere Frau der jungen leise ins Ohr. „Seitdem er Amaru auf Druck seiner Berater als Thronfolger absetzen musste, hat sich sein Herz verhärtet. Er verzeiht keine Fehler mehr. Das hat er uns allen bewiesen, als er Capac Yupanqui als Verräter hinrichten ließ. Ollantay würde er wie einen Wurm zertreten, ahnte er auch nur im Entferntesten davon, dass du in ihn verliebt bist." Das Mädchen schaute die Mutter erschrocken und verzweifelt fragend zugleich an: „Du wirst ihm doch nichts von meinem Geheimnis verraten? Ich flehe dich an, bitte, erzähle ihm nichts. Oder hat er auch gemerkt, dass ich beim großen Triumphzug nur Augen für Ollantay hatte und Tupac Yupanqui kaum beachtet habe?" Cori Chulpa beruhigte sie: „Ich werde niemand etwas davon erzählen, da kannst du beruhigt sein. Denn nicht nur Ollantay schwebt in Lebensgefahr, würde jemand von deinem Geheimnis erfahren, auch dein Leben wäre nicht mehr sicher. Sei beruhigt, Vater hat nicht gemerkt, dass du in Ollantay verliebt bist, auch sonst weiß noch niemand davon, wahrscheinlich ahnt auch der junge Mann nicht, dass du ihn liebst." Cori Chulpa drückte ihre Tochter ganz fest an die Brust, streichelte sie behutsam und flüsterte ihr Koseworte ins Ohr, so wie sie es vor vielen Jahren gemacht hatte, wenn Cusi Qoylyor ganz verzweifelt zur Mutter gelaufen kam. Doch das Herz der älteren Frau war schwer von Kummer und Sorge. Sie schüttelte das Haupt, als wollte sie die Schwierigkeiten, in denen das Mädchen steckte, aus ihrer Reichweite verbannen. „Was wird nur werden", dachte sie wehmütig, „wenn Ollantay ihre Liebe erwidert? Ich fürchte, dass dann unsägliches Leid über mein armes Kind kommt. Wird sie aber von Ollantay verschmäht, dann wird sie für lange Zeit vom Liebeskummer überwältigt werden. Was auch die Zukunft bringt, die unbeschwerte Kindheit ist für Cusi leider vorüber. Möge die Mondgöttin Quilla gnädig sein und ihr nicht zu harte Prüfungen auferlegen." Die beiden Frauen standen noch eine Zeit lang eng umschlungen nebeneinander, die eine voller Sorge um das Schicksal ihrer Tochter, die andere voll banger Hoffnung, dass der stattliche Soldat ihre Liebe erwidern möge.

Im prächtigen Thronsaal herrschte eine aufgeregte Spannung. Die Würdenträger des Reiches sowie die hohen und niederen Offiziere der Nordarmee waren alle versammelt und warteten auf das Erscheinen Pachacutis. Die Strahlen der Sonne spiegelten sich im großen goldenen Kopf des Sonnengottes, der eine Wand des Raumes beherrschte. Ollantay stand neben Tupac Yupanqui und beide unterhielten sich angeregt über den vergangenen Feldzug und den Triumphmarsch durch die Hauptstadt. Doch Ollantay war nicht mit ganzem Herzen bei der Sache. Seine Gedanken schweiften ab und er versuchte das Bild der jungen Frau heraufzubeschwören, die er auf dem Cusipata heimlich beobachtet hatte. Auch sie hatte immer wieder zu ihm hergeblickt und schnell den Kopf zur Seite gedreht, wenn sich ihre Blicke begegnet waren. Dabei war ihm so warm ums Herz geworden und eine eigenartige, noch nie empfundene Sehnsucht bohrte seitdem ohne Unterlass tief in seinem Inneren. „Wer war das nur?", fragte er sich, während er nur mit einem halben Ohr den Ausführungen seines königlichen Freundes lauschte. „… glaubst du, wird dich Pachacuti belohnen? He, was hast du? Jetzt frage ich dich schon das dritte Mal dasselbe", riss ihn Tupac Yupanqui aus seinen süßen Gedanken, „wenn man dich so ansieht, könnte man meinen, du seiest verliebt. Heraus mit der Sprache! Wer ist die Glückliche? Oder soll ich eher fragen: Wer ist die Unglückliche?" Ollantay fühlte, wie er rot anlief. So sehr er auch dagegen ankämpfte, er konnte es nicht ändern. Während er zaghaft nach einer Antwort suchte und zu stottern begann, rettete ihn das plötzliche Erscheinen des Herrschers aus seiner Verlegenheit.

Pachacuti war auf das Kostbarste gekleidet und auf seinem Haupt prangte die prächtige Mascapaicha, die die königliche Würde noch zusätzlich hervorhob. Goldene Ketten, mit funkelnden Edelsteinen verziert, bedeckten seine Brust und an jedem Finger steckte ein glitzernder Ring. Alle Personen im Saal sanken in die Knie, während die Gespräche mit einem Schlag verstummten. Der Inka setzte sich auf den mit bequemen, seidenweichen Decken aus Lamawolle bezogenen Thron. Als ein Leibwächter die Vorhänge zuziehen wollte, um den Herrscher für die Blicke seiner Untertanen unsichtbar zu machen, winkte dieser mit der rechten Hand und die Vorhänge blieben offen. Leise melodische Flötenklänge hatten den würdevollen Auftritt des Inka begleitet.

Kaum war der letzte Ton verklungen, ertönten wie auf ein Kommando laute Trommelwirbel und erfüllten den Raum mit einem rhythmischen Takt. Mit einem Male brach der Trommelschlag ab und alle Personen blickten mit erwartungsvoller Neugierde auf den Herrscher.

Der Inka kostete die Aufmerksamkeit, die auf ihm ruhte, lange Augenblicke aus. Der große Sieg und der Triumphzug hatten ihn sichtlich erfreut, denn seine Miene war so sorgenfrei wie schon lange nicht. Lächelnd blickten seine strahlenden Augen in die Weite des Thronsaales und musterten die Gesichter, die ihn gebannt ansahen. Schließlich erhob Pachacuti seine Stimme: „Der Feldzug nach Norden ist Dank Intis Hilfe und der ausgezeichneten Leistung unserer Soldaten siegreich beendet worden. Allerdings trübt ein Misserfolg diesen großen Sieg. Die Chanca sind mit Hilfe des verräterischen Capac Yupanqui entkommen und siedeln in der Zwischenzeit in der Tropenlandschaft am Maranonfluss, das haben mir zumindest meine Kundschafter mitgeteilt. Aber Capac Yupanqui und sein Stellvertreter haben bereits die verdiente Strafe dafür bekommen." Beifälliges Gemurmel wurde bei diesen Worten des Inka im Saal laut. Pachacuti wartete, bis es wieder vollkommen still war, dann fuhr er mit seiner Rede fort: „Mein Sohn Tupac Yupanqui hat in diesem Krieg bewiesen, dass er ein ausgezeichneter Soldat ist. Er war tapfer, tollkühn und bei Angriffen immer im Mittelpunkt des Geschehens zu finden. Er begab sich dabei auch einige Male in höchste Lebensgefahr. Doch das erwarte ich von einem Offizier, ein Vorbild zu sein für die Krieger, die er anführt. Auf alle Fälle hat mir sein Verhalten im Krieg gezeigt, dass er würdig ist, der nächste Inka in Tahuantinsuyu zu sein. In den nächsten Wochen werde ich ihn als meinen Mitregenten auftreten lassen, damit er lernen kann, was man vom zukünftigen Herrscher der Sonnensöhne alles erwartet." Lauter Beifall bewies Pachacuti, dass er die richtige Entscheidung getroffen hatte.

Tief im Inneren war der Inka noch immer traurig, denn er liebte nach wie vor seinen Sohn Amaru am meisten, doch für das Reich war Tupac Yupanqui der bessere Herrscher. Und nur dieser eine Grund zählte, wenn es um die Thronfolge ging. Tahuantinsuyu lebte von der ständigen Expansion, einen Stillstand konnten sich die Sonnensöhne nicht leisten. Pachacuti träumte davon, eine Weltherrschaft zu errichten und die gesellschaftliche Ordnung des Inkareiches auf alle Völker auszudehnen. Tupac Yupanqui erfüllte die Ideale seines Vaters, er war sein bester Schüler. Deswegen setzte der Inka seine größte Hoffnung in Tupac Yupanqui, dass dieser das Reich in Zukunft weiter erweitern würde. Vom friedfertigen und sanften Amaru war das nicht zu erwarten. Schweren Herzens gestand sich Pachacuti ein, die richtige Entscheidung getroffen zu haben.

Doch der Inka war noch nicht fertig. Nachdem sich die Anwesenden wieder beruhigt hatten, richtete er seine Worte an Ollantay: „Neben Tupac Yupanqui hat noch ein anderer Mann herausragende Leistungen gezeigt. Auch er war ständig im Brennpunkt der Kämpfe zu finden und hat meinem Sohn mehrmals das Leben gerettet. Ich spreche von Pomas Sohn Ollantay, der noch tapferer ist, als sein Vater es war, und sich der Erziehung würdig erwiesen hat, die er genießen durfte. Ollantays Einsatz, Besonnenheit und Umsicht gehören belohnt. Ich ernenne ihn hiermit zum ‚Suyuyoc Apucuna‘, zum Gouverneur des Reichsviertels Antisuyu. Tritt vor zu mir und nimm diesen goldenen Stab als Zeichen deiner neuen Würde!"

Ein ungläubiges Raunen durchlief den Thronsaal. Nur in den seltensten Fällen wurde ein Angehöriger des niederen Adels in ein so hohes Amt eingesetzt. Ollantay vermeinte zu träumen und alles drehte sich in seinem Kopf, als er mit unsicheren Schritten nach vorne schritt. Nur verschwommen nahm er die vielen Personen wahr, die rechts und links von ihm eine Gasse öffneten, durch die er sich auf den Herrscher zubewegte. Vor Pachacuti ließ er sich auf die Knie fallen und senkte den Kopf tief zur Erde. Atemlose Stille senkte sich über den Raum. Ollantay verharrte völlig regungslos und wagte kaum zu atmen: „Träume ich oder ist es wirklich wahr? Will mich der Inka tatsächlich zu einem Apo eines der Reichsviertel ernennen? So viel Ehre habe ich doch nicht verdient!" Der Herrscher unterbrach sein Selbstgespräch und befahl ihm: „Nimm hier diesen goldenen Stab als das Zeichen deines neuen Ranges! Erweise dich würdig der Auszeichnung, die du eben erfahren hast!" Mit diesen Worten reichte er Ollantay einen Goldstab, der mit Edelsteinen reich verziert war und im Licht der Sonnenstrahlen sein Funkeln im ganzen Thronsaal verbreitete. Andächtig nahm der junge Mann den wundervollen Gouverneursstab aus der Hand des Inka und versprach in diesem erhabenen Moment alles zu tun, um auch in Zukunft das Wohlwollen des Herrschers zu behalten. Dann drehte sich Ollantay um und reckte den goldenen Stab hoch in die Luft. Wie durch einen Tränenschleier sah er die hohen Würdenträger des Reiches, zu denen er sich jetzt auch zählen durfte. Tupac Yupanqui, der ganz vorne stand, schrie vor Begeisterung auf. Da brachen auch die anderen Männer in Jubel aus und ließen den Inka und den neu ernannten Gouverneur hochleben. Langsam ging Ollantay zu seinem Platz zurück, ungläubig auf den goldenen Stab starrend, den er in den Händen hielt. „Das muss heute ordentlich gefeiert werden", flüsterte ihm Tupac Yupanqui zu, als er an diesem vorbeiging.

Die Sonne stand schon hoch am Himmel und die Bewohner der königlichen Gärten waren schon lange munter. Die Affen kreischten und sausten flink von Baum zu Baum, um wieder einmal die Rangordnung neu auszuloten. Kam die wilde Jagd einem der exotischen Vögel zu nahe, erhob sich dieser laut protestierend in die Luft, um einen besseren Rastplatz zu finden. Die Raubtiere in ihren Käfigen ließ das Gejohle und Gehüpfe über ihren Köpfen scheinbar ganz ruhig. Schläfrig lagen die Jaguare und Ozelote in den Gehegen, nur die Kragenbären stillten ihren Hunger nach frischen, grünen Blättern. Zwischen den betörend duftenden Blüten der unzähligen Pflanzen taumelten tausende bunte, schillernde Schmetterlinge auf der Suche nach süßem Nektar. Hin und wieder flogen Unmengen von ihnen auf, da sie von einem einsamen Besucher in ihrem rastlosen Tun gestört wurden. Ollantay schlenderte nachdenklich durch die Gartenanlagen des Palastes. Vor seinem inneren Auge wiederholte sich die gestrige Ernennung zum Apo von Antisuyu immer wieder aufs Neue. Heute Morgen brauchte er endlich ein wenig Ruhe, um sich von den Aufregungen zu erholen. Dafür war ein einsamer Spaziergang durch die königlichen Gärten bestens geeignet. Er erfreute sich an der großen Vielfalt an Pflanzen und Tieren und bestaunte die Schöpfungen Pachacamacs.

Fasziniert betrachtete er einen Jaguar, der von einem lästigen Quälgeist in seiner Ruhe gestört, plötzlich aufstand, einige Schritte weiter trottete und sich schließlich wieder niederlegte. Die Muskeln, die unter dem schwarz gefleckten Fell zu ahnen waren, zeichneten den perfekten Jäger aus, schnell und stark, bereit seine Beute zu töten. Jetzt gähnte die Raubkatze und entblößte eine Reihe scharfer, dolchartiger Zähne. Ollantay verstand mit einem Male, warum die Inka ihre Hauptstadt Cuzco der Form eines Jaguars angepasst hatten. Immer zum Sprung bereit, gnadenlos in der Verteidigung und unbarmherzig im Angriff. „Werde ich auch so tapfer sein und allen Gefahren trotzen?", fragte sich der junge Mann und konnte seinen Blick lange nicht von dem wundervollen Tier abwenden.

Endlich entschloss er sich dazu weiterzugehen. Tief in Gedanken an den kraftvollen Jaguar versunken, atmete Ollantay die betörenden Duftstoffe der exotischen Blüten ein und achtete nicht darauf, wohin er seine Schritte lenkte. Da, plötzlich hörte er ein eigenartiges, krächzendes Geräusch. Sofort spannten sich die Muskeln des erfahrenen Soldaten und die Sinne waren mit einem Male hellwach. Schon wieder erklang die merkwürdige Stimme. „Inka …, Inka …!", so hörte sie sich an. Konnte Ollantay damit gemeint sein? Wollte ihn ein unbekannter Neider, der ihm das Amt des Apo von Antisuyu missgönnte, in eine Falle locken und ihn in der Einsamkeit der königlichen Gartenanlagen ermorden? Vorsichtig schlich der junge Mann, tief zwischen den Bäumen verborgen, in Richtung der seltsamen Laute weiter. Langsam und leise bog er störende Zweige zurück und achtete darauf, kein Geräusch zu verursachen. So näherte er sich allmählich der Quelle der eigenartigen Töne. Was er dort sah, verschlug ihm die Sprache. Vor ihm stand das wunderschöne Mädchen, dessen Anblick ihn seit der Siegesfeier nicht mehr zur Ruhe hatte kommen lassen. Jetzt stand sie vor einem großen Käfig und versuchte einem bunten Papagei das Sprechen beizubringen. „Inka, Inka", flüsterte das liebliche Wesen und der redegewandte Vogel krächzte folgsam die erwünschte Antwort: „Inka …, Inka …!" Doch was war das? Ollantay vermeinte sich verhört zu haben, denn das Mädchen flüsterte wahrhaft seinen Namen. Wie unbeschreiblich schön und lieblich sie ihn aussprach: „Ollantay, Ollantay, lieber Papagei, sag doch: Ollantay!" Der gefiederte Freund des Mädchens wiegte seinen Kopf und schien sie genau zu beobachten, aber aus seinem Schnabel ertönte wiederum das bereits vertraute „Inka …, Inka …! „Nein, nein", bat sie ihn, „versuche doch Ollantay zu sagen! Bitte, lieber Papagei, nur ein einziges Mal Ollantay!" Das Bemühen der jungen Frau erwärmte das Herz des jungen Mannes und weckte auch den Schalk in seinem Nacken. Noch ehe er an mögliche Folgen dachte, öffnete er seinen Mund und sprach: „Ollantay, Ollantay!" Das Mädchen zuckte zusammen, als es die unbekannte Stimme hörte, und wirbelte erschrocken herum. Mit ängstlich geweiteten Augen starrte sie Ollantay an, als wäre er ein schreckliches Ungeheuer. Aber dann erkannte sie den Mann, der unvermutet vor ihr stand, und blickte verlegen, mit plötzlich rot gewordenen Wangen, zu Boden. „Woher kennst du meinen Namen?", hörte sie ihn fragen. „Hm, ich habe meine Mutter gefragt, wie du heißt", antwortete sie stotternd, während ihr gleichzeitig eine heiße Woge des Erschauerns über den Rücken lief. „Aber weswegen interessierst du dich dafür, wie ich heiße?", bohrte der junge Mann weiter. „Du hast mit deinen Soldaten bei der großen Siegesfeier den Cusipata-Platz bewacht. Solch eine Ehre widerfährt nur einem ganz besonders tapferen Kriegshelden. So habe ich mich eben bei meiner Mutter erkundigt, wer du bist." Langsam gewann Cusi Qoylyor ihre Fassung wieder, obwohl sie ihre Hände hinter dem Rücken versteckte, damit Ollantay nicht bemerkte, wie sehr sie zitterten. „Und bin ich nun so ein tapferer Kriegsheld?", forschte Ollantay nach. „Ja, das bist du", sprudelte es lebhaft aus ihrem Mund, „du hast meinem Bruder ein paar Mal das Leben gerettet." „Deinem Bruder? Wer ist dein Bruder?", wollte Ollantay wissen. Das Mädchen antwortete selbstbewusst: „Mein Bruder ist der Thronfolger Tupac Yupanqui, mein Vater ist Inka Pachacuti und meine Mutter ist die Edeldame Cori Chulpa." „Oh, verzeiht meine Neugier, Prinzessin!", entschuldigte sich der junge Mann und beugte vor seiner königlichen Gesprächspartnerin die Knie. „Halt, nein! Steh wieder auf!", rief sie, schritt zu ihm hin und legte ihre Hand auf seine Schulter. „Ich bin nur eine Frau, doch du bist ein Held. Du darfst nicht vor mir knien!" Ollantay erhob sich. Sein Kopf dröhnte vom eben Gehörten. Wie im Traum sprach er: „Ihr sagtet, Ihr wärt nur ... eine Frau. Das ist eine maßlose Untertreibung. Ihr seid die schönste Frau, die ich jemals gesehen habe. Verzeiht, wenn ich Euch beleidigt habe, aber Ihr seid so wunderschön." Betroffen wandte der junge Mann sein Gesicht ab. „Nein, Ollantay, du hast mich nicht beleidigt. Ich bin im Gegenteil unsagbar glücklich, dass du mich schön findest. Denn ich habe mich in dich verliebt, als ich dich auf dem Cusipata-Platz sah. Doch als unscheinbare Hofdame wagte ich kaum zu hoffen, dass du mich bemerkt hast." „Euch nicht zu bemerken? Das kann doch nicht sein. Wo Ihr seid, geht die Sonne auf. Das Strahlen des kostbarsten Edelsteines verblasst gegen Euer himmlisches Antlitz. Prinzessin, Ihr habt Euch unauslöschlich in mein Herz eingebrannt. Doch wie darf ich unbedeutender Untertan hoffen, die Liebe einer Prinzessin zu erringen? Das ist doch unmöglich, dass Ihr mich liebt. Selbst wenn Ihr Euch mit mir nur einen Spaß erlaubt, will ich Euch gestehen, dass mein Herz bis in alle Ewigkeit nur für Euch allein schlagen wird. Seit ich Euch gesehen habe, sind all meine Gedanken nur noch bei Euch. Mein seligster Wunsch ist es, Euch einmal in meinen Armen halten zu dürfen." Ollantay hielt erschrocken inne. Durfte er so mit einer Tochter Pachacutis sprechen, mit einer Prinzessin, die durch das heilige Blut des Sonnengottes geweiht war. Aber nachdem er seinen größten Herzenswunsch offen ausgesprochen hatte, schaute er die Prinzessin mit seinen Augen so sehnsüchtig an, dass ihr neuerlich die Schamesröte ins Gesicht stieg.

Cusi Qoylyor wiederum vermeinte zu träumen, als sie Ollantay so reden hörte. Nie hatte sie zu erhoffen gewagt, dass der berühmte Kriegsheld und neu ernannte Suyuyoc Apucuna von Antisuyu sie schön und begehrenswert finden würde. Ihr Herz schlug bis zum Hals und es hätte vor Glück zerspringen mögen. Sie strahlte den jungen Mann an, dabei sandten ihm ihre Augen feurige Blicke zu, während sich ihre Lippen zu einem einladenden Lächeln formten. „Hast du eben die Wahrheit gesprochen?", fragte sie. „Ja, Prinzessin, ich habe die Wahrheit gesprochen. Ihr seid die schönste Frau, die ich jemals gesehen habe. Ich habe mich unsterblich in Euch verliebt." „Oh, Ollantay, du machst mich unendlich glücklich", hauchte sie ihm entgegen und ein feuchter Schimmer legte sich über ihre Augen. Mit schwacher Stimme sprach sie weiter: „Aber nenn mich nicht Prinzessin. Mein Name ist Cusi Qoylyor." „Cusi Qoylyor", flüsterte er zärtlich, „der helle Stern, der in der Dunkelheit strahlt. Auch meine Mutter heißt Qoylyor. So wie sie meinem Vater den Weg durch die Gefahren des Lebens gewiesen hat, so mögest du der Stern in meinem Leben sein. Wie ein Stern, der hell leuchtend wie ein Edelstein am Himmel funkelt, wirst du immer mein Herz durch deinen bezaubernden Anblick zum Strahlen bringen. Cusi Qoylyor, welch ein passender Name für den Stern Tahuantinsuyus."

Langsam schritt er auf die junge Frau zu, die ihn sanft lächelnd erwartete. Er nahm ihre Hände und streichelte mit seinen Daumen behutsam über ihre Finger. Sie erschauerte unter seiner Berührung und eine wohlige Wärme breitete sich in ihrem Körper aus. Dann zog er sie sanft an seine Brust und schaute dabei in ihre Augen. Die ganze Liebe und Unendlichkeit des menschlichen Daseins lagen darinnen. Ollantay konnte nicht mehr warten. Er beugte sich vor und seine Lippen näherten sich ihrem einladenden Mund. Cusi Qoylyor streckte sich ihm entgegen, sie dürstete nach einem Kuss, der ihr die Erfüllung ihrer Sehnsucht bringen musste. Ihre Lippen bebten vor Verlangen und sie schloss erwartungsvoll die Augen. Ollantay fühlte bereits ihren zarten Atem auf seinen Wangen.

Im selben Augenblick wie sie schloss auch er seine Augen, um den Moment des ersten Kusses voll und ganz auskosten zu können. Endlich berührten sich ihre Lippen, sanft und weich und doch voller Begehren. Wie ein Durstleidender gierig das Wasser zu sich nimmt, um wieder Leben in den ausgedörrten Körper zu bringen, so kosteten die beiden Verliebten den Kuss aus. Zuerst noch ein bisschen zaghaft, doch dann immer fordernder und leidenschaftlicher. Wie im Rausch schlangen sie ihre Arme um den geliebten Menschen und konnten nicht aufhören, immer wieder die Lippen des anderen zu suchen. Vorsichtig öffnete Cusi Qoylyor die ihren, Ollantay hatte das geahnt, denn seine warme Zunge glitt vorsichtig in den Mund des schönen Mädchens. Cusi Qoylyor drängte ihm ihre Zunge entgegen und beide versanken in der Traumwelt der Liebe und vergaßen die Wirklichkeit rund um sie herum. Noch immer fest umschlungen erforschten sie, was dem anderen besonders gut gefiel.

Nach einer kleinen Unendlichkeit lösten sich ihrer Lippen voneinander und keuchend schnappten beide nach Luft wie ein Fisch auf dem Trockenen. „Ollantay, wie lieb und zärtlich du bist", flüsterte sie ihm zu. Die Worte waren kaum verklungen, schon hatten sich ihre Münder wieder zu einem Kuss gefunden. Langsam glitt seine Zunge über ihre Zähne, sie konnte der Verlockung nicht widerstehen und biss leicht zu. Er spürte keinen Schmerz, sondern drang noch weiter in ihre Mundhöhle ein. Ohne den Kuss zu beenden, hob er seinen rechten Arm und streichelte ihr unendlich sanft über die Wange. Sie ließ das nur zu gerne mit sich geschehen und presste sich noch enger an ihn. Sie spürte, wie sich seine Männlichkeit zu einer imposanten Größe aufrichtete, während sich zwischen ihren Beinen eine warme Feuchtigkeit ausbreitete. Cusi Qoylyor begann, ihren Körper an dem seinen zu reiben. Diese rhythmisch gleichmäßige Bewegung steigerte das Lustgefühl noch mehr. Ollantay ließ seine Hand von der Wange Cusis langsam nach unten gleiten, bis er ihre weibliche Rundung in der Form eines Kürbisses spürte. Die junge Frau stöhnte lustvoll auf und drängte ihre Brust vollständig zwischen die Finger ihres Geliebten.

Da stieß der Papagei in seinem Käfig einen kreischenden Warnruf aus. Die beiden jungen Menschen stoben erschrocken auseinander. Cusis Herz schlug heftig, doch diesmal nicht allein ihres Geliebten wegen, sondern weil ihr heimliches Zusammentreffen jäh gestört worden war. „Was war das?", fragte sie. „Ich weiß es auch nicht genau", antwortete Ollantay, „aber ich glaube, es kommt jemand." „Dann muss ich schnell gehen", sprach die junge Frau. „Sehen wir uns bald wieder?", fragte er. „Ja, morgen um die selbe Zeit hier vor dem Käfig", flüsterte Cusi Qoylyor und war im selben Augenblick zwischen den Pflanzen verschwunden. Ollantay blickte ihr noch lange nach, selbst als er sie nicht mehr sehen konnte, starrte er noch immer in die Richtung, in die sie davon geeilt war. „Träume ich?", dachte er, „was ist eben geschehen? Das schönste Mädchen unter der Sonne hat mich geküsst und will sich morgen wieder mit mir treffen. Ich bin der glücklichste Mensch auf der ganzen Welt." Da flatterte ein bunter Schmetterling um ihn herum und landete schließlich auf seiner linken Hand. Ollantay erschrak, denn Schmetterlinge galten als böses Omen. Sollte seine Liebe zur Tochter des Inka unter einem schlechten Stern stehen? War das ein Zeichen der Götter, dass seine Liebe zu Cusi Qoylyor ein schlechtes Ende nehmen würde. Mit einer unwirschen Bewegung scheuchte er das bunte Insekt davon. Er starrte dem schillernden Insekt nachdenklich hinterher.

Ein fröhlicher Ruf riss ihn aus seinen Träumen. „Was machst du denn hier?", schrie schon von weitem sein Freund Tupac Yupanqui, der eben einen Weg entlangschlenderte. Erbost über diese Störung begannen die Affen hoch oben in den Baumwipfeln protestierend zu schreien und sprangen flink von Ast zu Ast. „Triffst du dich vielleicht mit deinen Freunden?", lachte der Prinz und zeigte hinauf in das Geäst, wo die lebhaften Tiere noch immer lautstark ihr Missfallen über das plötzliche Auftauchen des Thronfolgers kundtaten. „Oder ziehst du dich in die Einsamkeit der königlichen Gartenanlage zurück, um dich vor den Neidern in Sicherheit zu bringen, die dir scheinheilig zu deiner Ernennung zum Apo von Antisuyu Glück wünschen wollen? Doch wahrscheinlich triffst du dich mit einer schönen, jungen Dame. Mir schien es, als hätte ich Schritte gehört, die sich auf leisen Sohlen entfernt haben. Also, sag schon, was du hier tust?"

Ollantay fühlte eine leichte Röte in sein Gesicht steigen, als sein Freund von einem Stelldichein sprach. Er hatte sich aber schnell wieder in der Gewalt und antwortete: „Gestern ist so viel geschehen, dass ich nicht schlafen konnte. So habe ich noch vor Sonnenaufgang beschlossen, einen Spaziergang zu unternehmen. Die Ruhe der Gartenanlage hat mich schon als Schüler fasziniert, und wenn ich damals allein sein wollte, habe ich mich oft hierher zurückgezogen. Daran habe ich mich heute am Morgen erinnert und so bin ich da, um über die Ehre, die mir dein Vater erwiesen hat, und über die Aufgaben, die dieses hohe Amt mit sich bringen werden, nachzudenken." Tupac Yupanqui betrachtete seinen Freund stirnrunzelnd: „Jeder andere an deiner Stelle hätte seine Freude laut in die Welt geschrien und so viel Chicha getrunken, dass er nicht mehr stehen könnte. Doch du hast dich gestern still und klammheimlich verzogen und warst unauffindbar. Wo bist du gewesen?" „Ich bin sofort zu meinen Eltern geeilt und habe ihnen diese großartige Neuigkeit selbst mitteilen müssen. Ich wollte nicht, dass sie von anderen erfahren, dass mich der Inka zum Suyuyoc Apucuna ernannt hat. Meine Mutter hat vor Glück viele Tränen vergossen und mein Vater war so stolz auf mich, dass wir gemeinsam einen Krug Chicha auf Pachacuti leeren mussten. Danach habe ich mich in mein ehemaliges Zimmer zurückgezogen und endgültig von meiner Jugend Abschied genommen. Die Zeit der unbeschwerten Streiche ist vorbei, nun muss ich Verantwortung übernehmen und dem Inka beweisen, dass er sich in mir nicht getäuscht hat. Auch dir, mein Freund, bin ich zu unendlichem Dank verpflichtet. Ohne deine Fürsprache wäre ich nie mit so einem hohen Amt betraut worden." Ollantay trat auf Tupac Yupanqui zu und umarmte ihn mit aller Herzlichkeit, zu der er fähig war.

Der Thronfolger erwiderte die Umarmung und sagte schließlich: „Vater hat die Entscheidung alleine getroffen und es war eine gute Entscheidung. Weißt du eigentlich, wer sonst der Apo von Antisuyu geworden wäre: mein Bruder Hatun Tupac. Der wird sich jetzt hoch oben im Norden in Cajamarca ärgern, wenn er erfährt, dass du ein bedeutender Würdenträger geworden bist. Kannst du dich noch erinnern, wie er als Schüler immer wieder versucht hat, dich oder mich zu verhöhnen. Nun wird er es nicht mehr wagen, du bist der Apo von Antisuyu und ich der Thronfolger und Mitregent." Tupac Yupanqui musste lächeln, als er an das Gesicht seines Bruders dachte. Ollantay hingegen war diese Mitteilung gar nicht recht, denn er erkannte instinktiv, dass er einen ernstzunehmenden Feind bekommen hatte. „Wenn ich gewusst hätte, dass Hatun Tupac zum Apo von Antisuyu hätte ernannt werden sollen, hätte ich Pachacuti gebeten, mich nicht mit diesem Amt zu betrauen." Tupac Yupanqui beruhigte ihn: „Du hast nichts zu befürchten. Vater hält große Stücke auf dich und er traut Hatun nicht allzu viel zu. Schon während der Schulzeit war er mit den Leistungen Hatuns nicht zufrieden und verübelte ihm auch sein schlechtes Benehmen dir und mir gegenüber. Hatun war neidisch auf dich, darum hat er dich ständig abgelehnt. Nur gegenüber Amaru benahm er sich einigermaßen erträglich, aber auch nur deswegen, weil er damals annahm, dieser würde nach Pachacutis Tod der neue Inka werden. Als er erfuhr, dass

Vater Amaru als Mitregent abgesetzt und mich zum Thronfolger ernannt hat, wusste Hatun, dass er nie ein hohes Amt würde bekleiden können. Er muss schon froh sein, dass er jetzt die Garnison in Cajamarca befehligen darf. Wenn er sich bewährt, vielleicht bekommt er im nächsten Kriegszug den Befehl über eine Division. Nur darf er sich gegenüber Vater oder mir keine Nachlässigkeit erlauben. Das bedeutet, dass du, solange du in der Gunst Pachacutis und mein Freund bist, er nichts gegen dich unternehmen kann. Und wir beide werden Freunde bleiben, solange ich lebe." „Ja", erwiderte Ollantay, „ich will dein Freund bleiben und dir und deinem Vater mit Freuden dienen, solange ich lebe." Zur Bekräftigung des Gesagten umarmten sich die beiden wieder und schlenderten dann durch den Garten zurück in den Palast, um in Tupac Yupanquis Zimmer gemeinsam einen Krug Chicha zu leeren.

Cusi Qoylyor konnte es kaum erwarten, bis der neue Morgen graute. Die ganze Nacht hatte sie an Ollantay denken müssen. Sie konnte auf ihrer Haut noch immer fühlen, wo er sie sanft berührt hatte. Sehnsüchtig sehnte sie sich danach, wieder in seinen Armen zu liegen. Inti sei Dank, ihre Schwestern schliefen tief und fest und hörten es nicht, wenn manchmal ein schmachtender Seufzer über ihre Lippen kam.

Als hinter den hohen Bergspitzen der erste rötliche Schimmer sichtbar wurde, erhob sie sich leise von ihrer Liegestatt, um die schlafenden Schwestern nicht zu wecken. Im sanft schimmernden Licht des wiedergeborenen Tages wusch sie sich, kleidete sich sorgfältig an und formte ihre seidenweichen Haare zu einer kunstvollen Frisur. Den Umhang, welchen sie um ihren Körper schlang, befestigte sie mit einer kostbaren silbernen Nadel. Dann schlich sie sich vorsichtig aus dem Raum, denn sie wollte mit niemandem zusammentreffen, um keine unangenehmen Fragen beantworten zu müssen. Der Gang war von zahlreichen Fackeln hell erleuchtet und Cusi huschte schnell zum Ausgang. Fast hatte sie ihn erreicht, da erschien ein Wachsoldat und versperrte ihr den Weg. „Bitte, lasst mich vorbei! Ich habe es eilig", bat die Prinzessin den Bewaffneten. Doch dieser schüttelte nur stumm den Kopf und zeigte auf eine kleine Tür. Cusi blickte dorthin und sah ihre Mutter, die sie mit einem wehmütigen Gesichtsausdruck zu sich winkte. Gehorsam schlurfte das Mädchen mit hängendem Kopf zu Cori Chulpa. Die Mutter führte ihre Tochter in einen niedrigen, schmucklosen Raum. Darin befanden sich nur zwei hölzerne Hocker, beide Frauen nahmen darauf Platz. „Warum bist du seit gestern so aufgeregt, mein kleiner Stern?", begann die Mutter. „Du brauchst mir nicht zu antworten, denn ich kenne die Antwort bereits: Du bist verliebt!" Cusi wollte etwas erwidern, doch Cori Chulpa winkte ab: „Sage nichts! Dein strahlendes Lächeln, deine blitzenden Augen, dein fröhliches Auftreten haben dich verraten." Die Mutter stand von ihrem Platz auf, ging zur Tochter und schloss diese in ihre Arme. „Und jetzt willst du dich wieder mit ihm treffen. Ich bitte dich, sei vorsichtig. Du bist Pachacutis Lieblingstochter. Du weißt, dass er etwas Besonderes mit dir vorhat. Ein Apo ist ihm als Schwiegersohn nicht bedeutend genug. Da kann Ollantay so tapfer und gehorsam sein, wie er will. Der Inka wird eure Liebe niemals dulden. Wenn er davon erfährt, dass ihr euch heimlich trefft, wird er euch schwer bestrafen. Ich fürchte sogar um dein Leben, meine Tochter", warnte die besorgte Cori Chulpa. Sie streichelte behutsam den Rücken ihres Kindes, während sie diese Worte mit sorgenvoller Miene sprach. Das Mädchen drückte sich an den vertrauten Körper und spürte unter ihrem Kittel die behagliche mütterliche Wärme. „Aber ich liebe ihn doch so sehr und er liebt mich", hauchte Cusi Qoylyor, während sie sich, hin- und hergerissen zwischen Liebe und Schmerz, noch enger an die Mutter drückte. „Wenn mich Vater wirklich so liebt, wie du es schon oft erwähnt hast, wird er mir wohl den kleinen Wunsch erfüllen, dass ich Ollantay lieben darf. Wenn er es verbietet, weiß ich nicht, was ich machen soll. Dann möchte ich am liebsten sterben. Also fürchte ich mich nicht vor dem Tod als Strafe für meine verbotene Liebe." Cori Chulpa wich erschrocken einen Schritt zurück und sah der Tochter ernst in die Augen: „Versprich mir wenigstens, dass ihr nichts Unüberlegtes oder Verbotenes macht. Du bist noch sehr jung, beinahe zu jung, um zu lieben. Würdest du schwanger werden, wäre das dein und Ollantays Todesurteil. Ihr würdet dann einen sehr grausamen Tod sterben. Bitte, warte noch, bis du ihm Dinge erlaubst, die du in deiner Verliebtheit gerne mit ihm anstellen möchtest." „Ja, Mutter, das will ich dir versprechen, auch wenn es mir schwer fallen wird", flüsterte Cusi Qoylyor, „aber jetzt muss ich gehen, sonst wird er womöglich noch ungeduldig." „Männer soll man ruhig etwas zappeln lassen", sprach Cori Chulpa. Dann wurde sie plötzlich ernst und blickte der Tochter streng in die Augen. „Ich werde mit dir kommen." Erschrocken wehrte die junge Frau ab: „Nein, das ist nicht nötig!" Aber die Mutter blieb unerbittlich: „Das ist sehr wohl nötig. Ich werde mitkommen. Sei unbesorgt, ich will euch nicht stören und werde euch auch nicht belauschen oder beobachten. Aber ich werde auf euch aufpassen. Wenn sich jemand nähert, werde ich euch warnen. So könnt ihr vor einer unliebsamen Überraschung sicher sein. Und nun genug gesprochen, lass uns gehen!"

Ollantay wartete in der Zwischenzeit gespannt auf seine Geliebte. Versonnen betrachtete er den bunten Papagei, der noch ganz verschlafen auf seiner Stange im Käfig saß. Die erfrischende Kühle des neuen Morgens belebte die Sinne des jungen Mannes. Er konnte es noch immer nicht glauben, dass ihm eine Tochter seines verehrten Inka Pachacuti ihre Liebe geschenkt hatte. Nie war es ihm in den Sinn gekommen, dass es eine größere Freude gab, als dem Herrscher ergeben und treu zu dienen. Wie unerfahren und naiv war er nur gewesen, so etwas zu glauben. Jetzt dürstete ihn nach den Berührungen von Cusi Qoylyor. All seine Gedanken kreisten um die wundervolle junge Frau, die gestern in seinen Armen gelegen war. Von ganzem Herzen sehnte er sich nach ihr. Das Warten hier im Garten des königlichen Palastes fiel ihm, je länger es dauerte, immer schwerer. Was, wenn sie nicht kam? Vielleicht war es ihr nicht möglich, den

Palast unbemerkt zu verlassen? Womöglich musste sie heute einen Befehl des Inka erfüllen? Vor lauter Verlangen seufzte er tief und laut. Er fühlte in seiner Brust einen stechenden Schmerz, der nicht nachließ, sondern im Gegenteil immer ärger wurde. Wann kam sie endlich? Er hatte ihr doch so viel zu erzählen, sein Herz quoll über vor unendlicher Glückseligkeit und gleichzeitig legte sich ein dunkler Schatten darüber. Wie sollte er ihr nur beibringen, wie glücklich er war und wie traurig, weil er sie schon so bald verlassen musste. „Warum gerade jetzt?", fragte er sich wieder und wieder.

Ein leises Geräusch riss ihn aus den Gedanken. Er wandte sich um und sah Cusi, wie sie mit weit ausgebreiteten Armen auf ihn zueilte. Er lief ihr entgegen, umarmte sie innig und drückte sie verlangend und liebevoll zugleich an seine Brust. „Wie schön, dass du kommen konntest. Die ganze Nacht habe ich sehnsüchtig auf diesen Augenblick gewartet", flüsterte er ihr ins Ohr. Im nächsten Moment fanden sich ihre Lippen und sie küssten sich leidenschaftlich, zärtlich und wild zugleich. Wie Dürstende in der Wüste sich nach dem belebenden Nass sehnen, so erquickten sie sich am anderen. Sie waren Schenkende und Beschenkte gleichermaßen, Liebende und Geliebte. „Ich liebe dich, Ollantay, ich liebe dich so sehr. Meine Worte reichen nicht aus, dir zu beschreiben, wie ich dich liebe", flüsterte Cusi mit strahlenden Augen und dann verschmolzen ihre leicht geöffneten Lippen wieder mit den seinen. Die Welt um sie herum war vergessen, nur der geliebte Partner existierte in diesem Moment der Liebe und Leidenschaft.

Endlich ließen sie voneinander, mussten sie voneinander lassen, um Atemluft zu schöpfen. Behutsam streichelte Ollantay über die heißen Wangen der wunderschönen Frau und Cusi spielte mit einer Strähne seines dunklen Haares. Schließlich sprach sie zu ihm ganz leise, fast ängstlich, denn sie fürchtete seine Antwort: „Wir müssen sehr vorsichtig sein, mein Geliebter. Im Palast wird gemunkelt, dass ich die Lieblingstochter Pachacutis sei. Es heißt, er habe große Pläne mit mir vor. Angeblich wünscht er sich, dass ich die künftige Coya Tahuantinsuyus werde." „Das kann doch nicht sein", stöhnte Ollantay auf, „ich werde dich heiraten. Du sollst meine Frau werden. Aber ich verstehe, ich bin nur der Apo eines Reichsviertels, mit dem Inka kann ich mich natürlich nicht messen." „Sei still", besänftigte ihn Cusi, „mein größter Wunsch ist es, deine Frau zu werden. Ich möchte mit dir zusammenleben und nicht die todunglückliche Königin werden, die sich aus Liebe nach dir verzehrt. Vielleicht stimmen die Gerüchte, die im Palast die Runde machen, ja gar nicht. Es kann sich noch vieles ändern. Meine Mutter hat mir anvertraut, dass Amaru als mein Ehemann auserwählt war. Er hat sich aber anders entschieden, wie du weißt. Tupac Yupanqui, der neue Thronfolger, soll jetzt nicht mehr mich, sondern eine Prinzessin der Chincha heiraten, um dieses Reich noch fester an Tahuantinsuyu zu binden. Daher ist Vater noch unschlüssig, welche Zukunftspläne er mit mir hat. Da du sein liebster Würdenträger bist, hoffe ich von ganzem Herzen, dass er es mir erlauben wird, deine Ehefrau zu werden. Aber unsere Liebe muss vorerst geheim bleiben, niemand darf davon erfahren. Pachacuti kann sehr zornig werden, wenn etwas gegen seinen Willen geschieht. Wenn er erfährt, dass wir uns heimlich treffen, dann fürchte ich um dein Leben. Darum müssen wir vorsichtig sein." Ollantay zog Cusi fest an sich und küsste sie. Seine Lippen bedeckten ihre Stirne, die Augen und die Wangen. Plötzlich hielt er inne. „Ich habe schlechte Nachrichten", sagte er tonlos. Cusi Qoylyor blickte ihn erschrocken an: „Du liebst mich nicht mehr. Ich verstehe dich ja. Die Gefahr, zusammen mit mir überrascht zu werden, ist zu groß für dich." Bittere Tränen liefen ihr über die Wangen und sie wollte sich abwenden, doch er hielt sie fest und drückte sie an sich. Er spürte an seiner Brust ihr Herz, das vor Kummer heftig schlug. „Nein, das ist es nicht", beruhigte er sie, „nie werde ich von dir lassen. Ich fürchte nicht den Zorn des Herrschers, denn ein Augenblick mit dir ist mir mehr wert als mein Leben. Aber ich fürchte, wir werden uns längere Zeit nicht sehen. Der Herrscher hat mich gestern zu sich gerufen und beauftragt, umgehend nach Antisuyu zu reisen. Ich muss mich heute auf den Weg machen und werde wahrscheinlich monatelang unterwegs sein. Wie soll ich nur so lange auf dich verzichten können? Ich bitte dich, mein geliebter, strahlender Stern, warte auf mich, bis ich zurückkomme. Dann werde ich mit Inka Pachacuti sprechen und ihn um deine Hand bitten. Bis dahin müssen wir uns noch gedulden, aber dann wirst du mein sein." Cusi Qoylyor stammelte verzweifelt: „Du gehst fort. Du lässt mich allein. Was soll ich nur ohne dich machen?" „Auch ich bin unendlich traurig, dass ich dich verlassen muss. Bis vor wenigen Tagen habe ich nicht gewusst, was Liebe ist, doch nun, da ich dich gefunden habe, scheint mir jeder Augenblick ohne dich als ein verlorener Augenblick. Wenn ich in Antisuyu bin, werden meine Gedanken stets bei dir sein. Mit Sehnsucht werde ich die Tage zählen, bis ich wieder zu dir kommen darf. Doch dann werde ich dich nie mehr alleine lassen. Das musst du mir glauben." Cusis Herz wurde schwer, als sie den Geliebten so reden hörte, aber sie fühlte, dass Ollantay unter dem bevorstehenden Trennungsschmerz genau so litt wie sie. Sie versuchten einander zu trösten, streichelten und küssten sich noch inniger als zuvor, in dem Bewusstsein, das liebende Herz für lange Zeit entbehren zu müssen.

Da ertönte ein lautes Husten. „Meine Mutter, sie warnt uns, es kommt jemand", flüsterte Cusi. „Es ist Zeit, Abschied zu nehmen." Beide küssten sich noch ein letztes Mal, dann verschwand die junge Frau mit Tränen in den Augen, während Ollantay den Weg in die entgegengesetzte Richtung einschlug. „Wenn ich meine Pflichten zur vollsten Zufriedenheit des Inka erfülle, dann wird er mir seine Tochter zur Frau geben", war er überzeugt. Mit dieser Hoffnung in seinem Herzen begann er sein Amt als Apo von Antisuyu.

Teil IV.

Suyuyoc Apucuna und Feldherr

Ein Kurier hatte die Nachricht überbracht, dass der neue Suyuyoc Apucuna bald in Pachamarca eintreffen würde. Contor, der Curaca des Ortes, schickte einen Kundschafter los, der ihm die Ankunft Ollantays melden sollte. Als die prächtige Sänfte die letzte Steigung Richtung Stadt getragen wurde, eilte Contor dem hohen Würdenträger entgegen. Links und rechts der Straße waren Soldaten angetreten und bildeten ein festliches Spalier. Dahinter standen Frauen und Männer, die Ollantay zujubelten und ihn immer wieder hochleben ließen. Der neue Apo hatte die Vorhänge beiseitegeschoben und winkte seinen Untergebenen freundlich zu. Contor fiel vor Ollantay auf die Knie und hieß ihn herzlich willkommen. Da hielt es Ollantay nicht mehr aus. Er sprang aus der Sänfte, hob Contor auf und umarmte ihn wie einen lange vermissten Freund. „Es freut mich, dass ich dich wiedersehe", sprach Ollantay mit so lauter Stimme, dass es alle Leute hören konnten. „Du hast hier in Pachamarca hervorragende Arbeit geleistet. Die Soldaten machen einen sehr guten Eindruck, die Männer und Frauen der Stadt sind gut genährt, die Abgaben für die Götter und den Inka sind in der letzten Zeit erfreulich gestiegen und die Befestigungsanlage steht kurz vor der Fertigstellung. Die Mauern sind hoch und stark, das Bollwerk scheint uneinnehmbar zu sein."

Aufmunternd und anerkennend zugleich klopfte der Apo dem Curaca auf die Schultern. Contor strahlte über das empfangene Lob bis über beide Ohren und die Einwohner der Stadt brachen erneut in Jubel aus, da der Apo ihre Leistung so offenkundig gewürdigt hatte. Im wohltuenden Bad der Menge begab sich Ollantay in das Haus des Curaca, wo Contors Frau Koka bereits ein Festmahl für den hohen Gast vorbereitet hatte. Nachdem der Apo ein paar Tropfen Chicha als Opfer für Inti vergossen hatte, begann ein fröhliches Trinken und Schmausen, das bis weit in die anbrechende Nacht hinein anhielt. Ollantay sah man es an, dass er sich freute, wieder bei einem guten Freund zu sein und Contor strahlte, denn er fühlte sich mitverantwortlich am Aufstieg des jungen Mannes.

Am nächsten Morgen besichtigte Ollantay das mächtige Bollwerk oberhalb der Stadt, das in Zukunft allen plündernden Waldindianern den Einfall in dieses reiche Tal verleiden sollte. Die Männer hatten in mühevollen Stunden riesige Steinblöcke herangeschafft und aufeinandergetürmt. Die Zyklopenmauern überragten furchteinflößend und abschreckend die Häuser der Ortschaft. Sie wirkten bedrohlich, selbst für Ollantay, aber gleichermaßen auch sicher und beruhigend für Leute, die innerhalb dieser Festung Schutz suchen mussten. Zahlreiche fleißige Handwerker waren gerade damit beschäftigt, die Zwischenräume zwischen den mächtigen Steinblöcken zu verfugen und die Mauern glatt zu schleifen. Die Arbeiten waren so vorzüglich ausgeführt, dass man mit einem scharfen Messer kaum in die Ritzen eindringen konnte. Die Steinmetze waren stolz, als sie deswegen von Ollantay gelobt wurden. Der Apo fand aber auch für die Baumeister und Ingenieure, die dieses gewaltige Bauwerk geplant hatten, Worte des Lobes. Hier entstand eine uneinnehmbare Zitadelle, die jeden Angreifer abschrecken musste.

Im Inneren der Festung hatte man tiefe Schächte in den steinigen Untergrund getrieben, die als Zisternen für das Regenwasser dienten. Dadurch war ständig genug Wasser vorhanden, um die Besatzung im Falle einer langen Belagerung mit dem lebensnotwendigen Nass zu versorgen. Für die Menschen und Tiere hatte man ausreichend Wohngebäude und Stallungen aus Stein errichtet, denen selbst der Beschuss durch Brandpfeile keinen größeren Schaden zufügen konnte.

Hier oben auf den Mauern fühlte sich Ollantay unangreifbar. Als er in die Tiefe blickte, betrachtete er das ausgebreitete

Tal mit den Augen des Kondors, der königlichen Majestät der Lüfte. Wie Spielzeug wirkten die fleißigen Bauern bei ihrer Feldarbeit auf den künstlich angelegten Terrassen, und die nimmermüden Lamas schienen wie geschäftige Ameisen, die ihre Lasten ohne Ruhepause zu ihrem Bau schleppten. Die Ackerflächen leuchteten im Sonnenlicht golden und braun, darüber spiegelte sich ein tiefblauer, wolkenloser Himmel. Contor stand neben Ollantay und erklärte ihm das geschäftige Treiben, welches die beiden von ihrer luftigen Aussichtswarte betrachteten. Auf einem Berghang oberhalb der Festung wurden Lagerhäuser aus Stein gebaut. Dort sollten Vorräte und Abgaben, wie Werkzeuge, Waffen, Schmuck, Wolle und Nahrungsmittel gelagert werden. Contor versprach dem Apo, dass nur die besten und treuesten Wachen zum Schutz der Lagerhäuser eingesetzt würden.

Ollantay war mit dem Gesehenen äußerst zufrieden und dankte seinem treuen Freund. Dann bedeutete er Contor, dass er noch einige Augenblicke alleine bleiben wollte. Der Curaca trat ein paar Schritte zurück und beobachtete Ollantay. Contor erkannte, dass ein dunkler Schatten auf dem Gemüt des Apo lag. War er mit dem Ergebnis der Inspektion nicht zufrieden? Contor schüttelte leicht seinen Kopf und versuchte zu ergründen, was er falsch gemacht haben könnte. Ollantay musste seine Gedanken erraten haben, denn er wandte sich um und sagte: „Contor, hier in Pachamarca ist alles bestens. Wie ich dir schon vorhin sagte, bin ich mit deiner Verwaltung sehr zufrieden. Aber inmitten der Schönheit dieses Platzes musste ich an eine Person in Cuzco denken. Um meine Gedanken zu sammeln, möchte ich kurz alleine sein. Sei unbesorgt, das hat mit dir nichts zu tun."

Nach diesen Worten drehte sich Ollantay um und betrachtete wiederum das fruchtbare Tal zu seinen Füßen. „Könnte doch Cusi Qoylyor jetzt bei mir sein", seufzte er, „dann wäre mein Glück vollkommen." Sein Blick wanderte in die Ferne und er dachte sehnsüchtig an seine Geliebte in Cuzco. Hatte sie ihn in der Zwischenzeit schon vergessen? In der Hauptstadt gab es genug junge Männer, die das Herz eines

Mädchens verwirren konnten. Welche Pläne hegte Pachacuti mit seiner Tochter? Ollantays sorgenvolle Miene verdüsterte sich, hellte sich aber gleich wieder auf. Nein, Cusi Qoylyor würde ihm treu bleiben, das hatte sie ihm versprochen. Vielleicht dachte sie eben auch an ihn und machte sich womöglich ähnliche Sorgen. Er stellte sich vor, wie sie befürchtete, eine andere junge Frau könnte ihn umgarnen und sein Herz gewinnen. Nein, das würde nicht geschehen. Entweder Cusi wurde seine Frau oder keine. Allmählich verstand er die Beweggründe Amarus, der um der Liebe willen auf den Thron von Tahuantinsuyu verzichtet hatte. Aus den Baumgruppen, Sträuchern und Felsen sowie den unterschiedlichen Schattierungen auf der gegenüberliegenden Hangseite formte sich vor den Augen Ollantays die Gestalt Cusi Qoylyors. Er streckte seine Arme aus und wollte sie zu sich ziehen, sie umarmen, streicheln und küssen. So realistisch waren seine Träumereien, dass er sogar den Atemhauch seiner Geliebten auf seiner Haut zu spüren vermeinte. „Ach, Cusi, wie sehr vermisse ich dich! Ich liebe dich. Vielleicht trägt der Wind meine Gefühle zu dir nach Cuzco. Bald ist meine Arbeit hier getan und ich kann wieder zu dir zurückkehren." Der Schrei eines Kondors hoch oben in den Lüften riss ihn aus seinem Tagtraum. Er sammelte seine Gedanken neu und wandte sich zu Contor um, der in einiger Entfernung auf ihn wartete. Gemeinsam setzten sie den Weg fort, um noch weitere Arbeitsprojekte zu inspizieren.

Am Abend lag Ollantay lange wach und dachte unentwegt an seine Angebetene. Er fühlte sich eigenartig, einerseits vermeinte er auf Wolken zu schweben, andererseits lähmte die unerfüllte Sehnsucht seine Glieder. Nur knapp unterhalb des Nabels reckte sich ein Teil von ihm verräterisch in die Höhe, wenn er nur an Cusi Qoylyor dachte. So lange sich seine Männlichkeit fest und starr aufrichtete, konnte er nicht anders, er musste an seine Geliebte denken, ob er wollte oder nicht. Er wollte ja an sie denken, nur an sie und an nichts anderes, aber das Sehnen nach Cusi war so stark, dass es ihm körperliche und seelische Schmerzen verursachte. Koka, die feinfühlige Koka, hatte ihn kurz angesehen und erkannt, dass er verliebt war. „Du leidest an der Trennung", hatte sie zu ihm gesagt, „so ging es mir, als Contor monatelang nicht aus dem Regenwald heimkam. Jede Faser meiner Gedanken war damals bei ihm. Contor erzählte mir später, dass es ihm ähnlich ergangen war. Nur mein Bild, das er ständig vor Augen hatte, ließ ihn alle Strapazen und Schmerzen ertragen. Ohne die Liebe zu mir wäre er in der feuchten Hölle des Urwaldes umgekommen. Und ich hielt dem Werben Timus und den Drohungen Hacarocas stand, wenn ich an Contor dachte. Denke nur an sie, Ollantay, jeder Augenblick, den du in Gedanken bei ihr verweilst, ist ein guter Gedanke und gibt dir Kraft, deine Aufgaben zu erledigen. In deinem Herz fühlst du, dass auch sie bei dir ist. Ihr seid zwar räumlich getrennt, aber jede Sekunde seid ihr über alle Entfernung hinweg miteinander verbunden. Wehre dich nicht gegen die Liebe, sondern empfange sie als Geschenk der Götter."

„Warum hat sie mir angesehen, dass ich verliebt bin?", fragte er sich. „Wenn Koka, die mich schon so lange nicht mehr gesehen hat, erkennt, dass ich liebe und leide, welch offenes Buch bin ich dann für meine Freunde in Cuzco? Sieht man es Cusi Qoylyor auch an, dass sie verliebt ist? Wenn ja, ist sie dann in Gefahr?" Schweißgebadet wälzte sich Ollantay auf seiner Decke in die andere Richtung und ein lauter Seufzer entrang sich seiner Brust. Die Liebe war wundervoll und schmerzlich zugleich. So intensiv wie in Cusis Armen hatte er noch nie das Lebenswerte des menschlichen Daseins gespürt, dafür verursachte die Trennung von ihr seelische Qualen, die er zuvor nie für möglich gehalten hätte. Das warme Prickeln auf der Haut, wenn sie ihn berührte, war jetzt, da er sie vermisste, einem eisigkalten Erschaudern gewichen. Ihre Erscheinung, die sein Herz in den höchsten Tönen der Freude hatte jauchzen lassen, stand so lebhaft vor ihm, dass sie keinen Trost spendete, sondern ihn daran erinnerte, wie fern sie von ihm weilte.

Unruhig drehte er sich neuerlich um, doch brachte dies keine Erleichterung. Er warf die Decke ab, stand auf, ging einige Schritte im kleinen Zimmer hin und her und schaute dann zur Tür hinaus. Am Himmel leuchteten Tausende von Sternen, die wie funkelnde Diamanten ihren kostbaren Schimmer über das nächtliche Tahuantinsuyu verbreiteten. Der Anblick der kleinen Gestirne erinnerte ihn noch stärker an Cusi Qoylyor, die ja sein persönlicher Liebesstern war. „Könnte sie doch nur hier bei mir sein", dachte er wehmütig, während er das Glitzern und Gleißen am Firmament beobachtete.

Er trat auf den Vorhof hinaus, eine Wache nahm Haltung an und wollte Bericht erstatten. Doch Ollantay winkte ab und bedeutete, dass er sich kurz die Beine vertreten möchte. Die kühle Nachtluft bewirkte ein leichtes Frösteln auf seiner Haut. So näherte er sich einem brennenden Wachfeuer und starrte in die lodernden Flammen. Die aufsteigende Wärme ließ seine Gedanken wieder zu Cusi Qoylyor wandern. „Egal, wo ich bin und was ich auch tue, immerzu muss ich an sie denken. Nur bei ihr wird meine Sehnsucht gestillt werden können. Ach Inti, hilf, dass der Inka mir erlaubt, seine Lieblingstochter zur Frau zu nehmen." Die Erinnerung an Pachacuti ließ ihn die Kälte der Nacht spüren. Ollantay wurde sich bewusst, dass er nur mit einem Lendenschurz bekleidet war. Seine Zähne schlugen leicht aufeinander und die feinen Härchen auf seiner Haut richteten sich steil auf. Er beschloss in das Haus zurückzugehen. Zuvor rief er nach einem Bedienten, der ihm einen Krug Chicha bringen musste. Er hoffte, mit Hilfe des Alkohols leichter Vergessen zu finden. Später in dieser Nacht fand er endlich Schlaf, leicht benebelt vom Maisbier, das aber die Sehnsucht nach Cusi nicht hatte vertreiben können.

Die Sonne hatte ihren täglichen Lauf schon lange begonnen, als der Apo vom geschäftigen Lärm der arbeitenden Menschen geweckt wurde. Er fühlte sich zerschlagen und keineswegs ausgeschlafen. Wie viele Nächte ging das nun schon so? Wie lange war er schon fern von der Geliebten? Schon wieder waren die Gedanken bei Cusi. Am Abend beim Einschlafen und am Morgen beim Aufwachen – Cusi war sein letzter Gedanke und Cusi war sein erster Gedanke. Je länger er von ihr getrennt war, desto mehr schmerzte es, aber desto größer wurde auch die Liebe zu ihr. Selbst das tägliche Bad in den heiligen Quellen hatte ihm keine Linderung gebracht. Er musste etwas tun, eine körperlich schwere Arbeit, die seine ganze Konzentration forderte, dann konnte er für kurze Zeit seine Geliebte vergessen. Sollte er den Steinmetzen bei ihrer schwierigen Arbeit helfen? Das war vielleicht keine so schlechte Idee. Gleich nach dem Morgenmahl wollte er Contor von seinem Vorhaben erzählen. Falls der Curaca Einwände hätte, diese Tätigkeit zieme sich nicht für einen Apo, ha, dann musste er eben seine Befehlsgewalt zum Einsatz bringen. Ollantay lächelte erstmals seit Tagen und erhob sich von seinem Lager.

Draußen auf der Straße war plötzlich eine nervöse Unruhe zu spüren. Contor klopfte und trat ein. „Verzeih die Störung! Ein Chasqui mit einer dringenden Geheimbotschaft aus Cuzco ist eben eingetroffen." Contor hatte kaum ausgesprochen, da war Ollantay dem Boten schon entgegengeeilt. Rief ihn der Inka endlich zurück in die Hauptstadt? Vor lauter Ungeduld vergaß er beinahe, dass er nun ein hoher Würdenträger war. Doch noch ehe er vor den Augen seiner Untergebenen etwas Unüberlegtes gemacht hatte, war Contor schon bei ihm und geleitete ihn zu einem vorbereiteten Thron. Ollantay musste darauf Platz nehmen und die niederen Adeligen Pachamarcas stellten sich zu seinen Seiten auf. Erst als der Etikette Genüge getan war, durfte der Chasqui eintreten. Der Bote war mit einer weißen Vogelfeder gekennzeichnet, was ihn als königlichen Kurier auswies. Nachdem er den Apo ehrenvoll gegrüßt hatte, bat ihn Ollantay um die Nachricht. Doch der Chasqui hielt kein Quipu in seinen Händen, stattdessen sagte er: „Die Botschaft ist geheim, sie wurde nur mündlich weitergegeben und darf auch von mir nur dem Suyuyoc Apucuna persönlich vorgetragen werden. Er wird dann wissen, was er zu tun hat." Ollantay befahl den Mann zu sich und hieß die Würdenträger Pachamarcas zurückzutreten. Der Kurier verneigte sich vor Ollantay, flüsterte ihm die Nachricht ins Ohr und beugte anschließend wieder die Knie. Nun winkte der Apo die Männer wieder zu sich. Bevor er ihre Neugier befriedigte, ordnete er an, den Chasqui entsprechend zu bewirten. Sogleich eilte ein Mann dienstfertig heran und führte den Boten hinaus.

Ollantay war, als er die Botschaft vernahm, zunehmend ernster geworden. Contor, der seinen jungen Freund gut genug kannte, ahnte, dass die Nachricht für diesen nichts Gutes verhieß. Schweigend und angespannt warteten die Männer darauf, von ihrem Apo unterrichtet zu werden. Ollantay saß auf seinem hölzernen Thron, regungslos, den Blick starr in die Ferne gerichtet. Niemand wagte ein lautes Geräusch zu machen, und die Spannung war beinahe mit den Händen greifbar.

Schließlich räusperte sich der Apo und begann zu den Beamten und Offizieren zu sprechen: „Ich habe eben einige äußerst wichtige Nachrichten aus Cuzco erfahren. Der erhabene Inka Pachacuti und sein tapferer Sohn und Thronfolger, Prinz Tupac Yupanqui, befehlen dem Apo von Antisuyu Folgendes: Ein großer Feldzug im Norden des Reiches ist geplant, um die Grenzen Tahuantinsuyus zu sichern und auszudehnen. Aus diesem Grund soll der Apo fünfzigtausend Krieger aus Antisuyu rekrutieren und mit diesen Soldaten nach Limatamba marschieren, um sich dort mit dem Hauptheer zu vereinigen. Den Oberbefehl über die Armee führt Prinz Tupac Yupanqui, der Apo von Antisuyu wird zum Aposquin Rantin ernannt. Der Treffpunkt in Limatamba soll von unserem Armeekorps am zweiten Vollmond von heute an gerechnet, erreicht werden. Also Männer, an die Arbeit! Sendet Boten aus, die alle Städte und Dörfer in Antisuyu verständigen, damit die nötige Anzahl an Soldaten zum festgesetzten Termin abmarschbereit ist!" Sogleich ähnelte der Raum dem geschäftigen Treiben in einem Bienenstock und die Befehle Ollantays waren rasch ausgeführt.

Ollantay blieb auf dem Thron sitzen und stützte den Kopf auf seine rechte Faust. Trotz des Trubels, der ringsum herrschte, heftete Contor seine Augen auf den Apo. Irgendetwas bedrückte seinen Freund und Vorgesetzten, das fühlte er. Noch vor wenigen Monaten wäre Ollantay vor Begeisterung aufgesprungen und ungeduldig hin und her gelaufen, weil es ihm nicht schnell genug gehen konnte, in den Kampf zu ziehen. Doch jetzt saß er anscheinend völlig teilnahmslos auf seinem Hocker. Contor näherte sich ihm vorsichtig und fragte leise: „Was belastet dein Herz, mein Freund? Willst du es mir sagen?" Ollantay blickte dankbar auf und antwortete: „Was wie ein wunder Punkt auf meiner Seele lastet, wer könnte das nicht besser verstehen als du. Koka hat gestern mit ihrer Bemerkung genau ins Schwarze getroffen. Ja, ich bin verliebt. Frage nicht, wer sie ist. Darauf kann ich dir nicht antworten. Das ist ein Geheimnis." „Aber wenn du verliebt und traurig zugleich bist, dann stimmt etwas nicht. Erwidert sie deine Liebe nicht?" „Nein, das ist es nicht! Sie liebt mich genau so sehr, wie ich sie liebe." „Dann weiß ich, was du hast", erkannte Contor den Kummer des Freundes, „du leidest unter der Trennung von ihr." Ollantay seufzte: „Ja, ich vergehe jeden Tag vor Sehnsucht nach ihr. Jeder Moment, der verrinnt, ohne dass ich sie in meinen Armen halten kann, verstärkt nur mein Verlangen. Ich hatte gehofft, der Chasqui bringt die Erlaubnis Pachacutis, dass ich wieder nach Cuzco zurückkehren darf. So sehr freute ich mich schon auf das Wiedersehen mit ihr. Doch nun muss ich in den Krieg ziehen, weit hinauf in den Norden. Wer weiß, wie lange wir diesmal unterwegs sein werden? Darum bin ich bedrückt, denn nun werden wir noch viele Monate voneinander getrennt sein."

Contor nickte bedächtig zu den Worten Ollantays, im nächsten Moment drehte er sich um und befahl, einen Krug Chicha zu bringen. Schweigend stand er neben dem Apo und wartete, bis das Getränk gebracht wurde. Dann füllte er zwei Becher und reichte einen dem Freund. „Hier trink, das wird dir gut tun!" Die beiden stießen an und nahmen einen kräftigen Schluck. Ollantay fühlte sich ein wenig besser, da er über seinen Kummer hatte sprechen können. Contor blickte versonnen in sein Trinkgefäß und sagte: „Erinnerst du dich noch an den Prozess gegen Koka. Du hast ihr mit deinem Gerechtigkeitssinn sehr geholfen." Ollantay unterbrach ihn:

„Wie sollte ich diese Verhandlung vergessen können. War sie doch der Beginn unserer Freundschaft." Contor fuhr mit seinen Erinnerungen fort: „Damals war ich zum Befehlshaber der Soldaten aus Pachamarca ernannt worden. Ich war so stolz darüber und schlug Kokas Bedenken in den Wind. Du aber bist reifer als ich, du bist nicht vom Stolz verblendet, weil dich der Inka zum Aposquin Rantin befördert hat. Du weißt, was Krieg bedeutet. Du möchtest bei deiner Geliebten bleiben. Ich wollte in den Krieg und unbedingt meine Tapferkeit als Unterführer beweisen, du hingegen willst so schnell wie möglich nach Cuzco zurück."

Ollantay wollte etwas dagegen einwenden, doch Contor ließ ihn nicht zu Wort kommen: „Hör mir bitte weiter zu, ehe du antwortest! Ich habe damals einen Fehler gemacht, weil ich ohne zu überlegen in den Krieg gezogen bin. Aber ich habe den Befehl meines Curaca befolgt. Begeh du nicht den schwerwiegenden Fehler, den Befehl des Inka zu ignorieren. Zieh in den Krieg und tu deine Pflicht! Sei tapfer, aber besonnen! Ich weiß nicht, wer deine Angebetete ist, aber wenn sie dich liebt, wird sie auf dich warten. Koka hat auch auf mich gewartet, selbst als ihr alle eingeredet haben, ich sei gestorben. Wie oft auch noch die Sonne über den Bergen aufgehen wird, ehe du sie wiedersehen kannst, wenn deine schöne Unbekannte deiner Liebe würdig ist, dann sei unbesorgt, sie wird dich dann noch genau so lieben wie heute, wahrscheinlich durch die lange Trennung sogar noch mehr. Du aber hast jemanden, der dich aufrichtet, falls du niedergeschlagen bist, der dir weiter hilft, selbst wenn du keine Hilfe mehr erwartest. Denke an sie, wenn du dich freust, und denke an sie, wenn du verzagst. Immer wird ihr Bild vor deinem Auge leuchten wie ein Stern und du weißt, wofür es sich zu kämpfen lohnt. Denke an sie, aber befolge den Befehl des Inka! Sei Ollantay, der tapfere und unbezwingbare Feldherr! Und nun lass uns auf einen siegreichen Feldzug und auf eine glorreiche Heimkehr anstoßen!" Die Chichabecher tönten dumpf und beide Männer tranken ihre Gefäße bei zur Neige aus. Ollantay fühlte sich nach dem Gespräch erleichtert. Hier in Pachamarca hatte er Freunde, die ihn mit ihren Ratschlägen zu trösten versuchten. Schon die Gewissheit, dass er verstanden wurde, half ihm in seinem Kummer sehr.

Am Abend lag Ollantay dennoch wieder wach in seinem Zimmer, dachte voller Sehnsucht und unerfülltem Verlangen an Cusi Qoylyor und konnte nicht einschlafen. Da wurde die Tür leise geöffnet und ein Schatten huschte herein. Sofort war Ollantay hellwach und hielt den Atem an. Er griff zu seinem Messer, welches neben dem Bett lag. Der Schatten bewegte sich langsam und vorsichtig auf ihn zu. Die kriegsgeschärften Sinne Ollantays arbeiteten auf Hochtouren, die Muskeln waren angespannt und er machte sich zum Aufspringen und Zustoßen bereit. Nur noch wenige Handbreit war die Gestalt von ihm entfernt, da vernahm er ein leises Flüstern: „Ollantay, bist du noch wach?" „Eine Frau", dachte er, „das war die Stimme einer Frau. Was will eine Frau hier bei mir?" Noch einmal fragte die unbekannte Stimme: „Ollantay, schläfst du schon?" Mit einem Satz sprang er auf und packte die unbekannte Person. „Was willst du hier? Wer bist du?", fragte er, während er die Hände der Frau auf ihren Rücken drehte. „Au, du tust mir weh", stöhnte sie auf, „lass mich bitte los!" Sie versuchte verzweifelt, sich zu befreien und wand sich unter seinen kräftigen Armen wie eine Schlange. Doch ohne seinen Griff zu lockern, fragte er mit harter Stimme: „Was hast du hier bei mir in der Nacht zu suchen?" „Ich will dir nichts Böses antun", antwortete sie mit schmerzverzerrter Stimme, „mich schickt Koka und mein Name ist Accla." Er lockerte den Griff und drehte sie um, damit er sie ansehen konnte. Trotz der Dunkelheit konnte er erkennen, dass sie jung und hübsch war. Sie hielt die Augen gesenkt, aber er schob seine Hand unter ihr Kinn und zwang sie, ihn anzusehen. „Koka schickt dich! Warum?" Sie blickte ihn aus ihren dunklen Augen groß an: „Koka hat mir aufgetragen, zu dir zu kommen, weil du einsam und unglücklich bist. Sie sagt, du sehnst dich nach einer jungen Frau und verzehrst dich dabei fast vor Verlangen. Sie meint, ich könnte dir helfen, ein wenig zu vergessen." Ollantay ließ sie los und setzte sich auf sein Bett. Er schüttelte ungläubig den Kopf und murmelte vor sich hin: „Wie sollst du mir helfen können? Du bist doch nicht die, die ich liebe." Accla trat vorsichtig auf ihn zu und legte ihre Hand sanft auf seinen Kopf. Er zuckte leicht, trotzdem nahm sie eine Strähne seiner Haare zwischen ihre Finger und begann damit zu spielen. „Koka hat mich genau unterrichtet. Ich weiß, dass du mich nicht liebst. Aber ich bin bereit, deine Sehnsucht zu mildern." Sie drückte ihn vorsichtig an sich, wobei sein Gesicht auf ihren großen Brüsten zu liegen kam. Accla fühlte, wie sich seine Muskeln anspannten. „Nein, Ollantay, du brauchst mich nicht zu lieben. Aber ich will dich lehren, wie du eine Frau lieben kannst. Hast du schon einmal mit einer Frau geschlafen?" „Nein, ich hatte bisher noch nie die Gelegenheit dazu", hauchte er in den Stoff ihres Kittels und sie spürte seinen warmen Atem auf ihrer Brust. „Dann willst du sicher, dass du mit deiner Geliebten alles richtig machst." „Aber ich kann und will sie nicht betrügen", wehrte er sich gegen die Gefühle, denn er bemerkte, dass sich seine Männlichkeit zu regen begann und größer und härter wurde. „Du betrügst sie nicht", beruhigte ihn Accla mit ihrer einschmeichelnden Stimme, „du willst nur lernen, wie man mit einer Frau schläft, welche Freuden man ihr schenken kann." Mit einem geübten Griff löste sie die Gewandnadeln und streifte im selben Augenblick ihren Kittel ab. Als Ollantay die festen Brüste und das einladende dunkle Dreieck zwischen ihren Schenkeln sah, gab er seinen Widerstand auf. Er zog sie zu sich auf das Bett und bedeckte mit Tränen in den Augen ihre Haut mit seinen heißen Küssen. Sie ließ ihn einige Zeit gewähren, dann übernahm sie geschickt die Führung und weihte ihn in die Freuden und Geheimnisse der Liebe ein. In ihren Armen vergaß Ollantay beinahe die Sehnsucht nach Cusi Qoylyor und er konnte das erste Mal seit langer Zeit ruhig einschlafen. Solange Ollantay noch in Pachamarca verweilte und auf den Abmarsch nach Limatamba wartete, versüßte ihm Accla die Nächte und lehrte ihn die Kunst der Liebe.

Viele Wochen war das gewaltige Heer der Inka nach Norden marschiert und endlich in Cajamarca angekommen. Der Anführer der hier stationierten Garnison, Prinz Hatun Tupac, begrüßte seinen Halbbruder, den Oberbefehlshaber der Nordarmee, Prinz Tupac Yupanqui, mit außergewöhnlicher Herzlichkeit und großer Erleichterung. Waren doch die zahlenmäßig recht schwachen Inkatruppen in den vergangenen Monaten immer wieder von überlegenen Kräften aus Chimu angegriffen worden. Die ständigen Überfälle hatten den Inka schließlich bewogen, seine Truppen nach Norden zu schicken, um das Chimu-Reich zu erobern. Jetzt hielten die hohen Offiziere im Palast von Cajamarca Kriegsrat. Tupac Yupanqui wusste, dass die Soldaten des Königreiches Chimor nicht zu unterschätzende, ja sogar ebenbürtige Gegner darstellten, die durch ihre Überfälle auf Cajamarca hinreichend ausgebildet und trainiert waren. Der Großteil der Inkatruppen hingegen bestand aus jungen Männern, die zum ersten Mal an einem Feldzug teilnahmen.

So forderte der Apo Quisquay seine Stellvertreter und die Befehlshaber der verschiedenen Armeekorps auf, ihm ihre Vorstellungen über die Führung des Krieges kundzutun. Die meisten waren für ein sofortiges Losschlagen gegen die Chimu. Man musste dieses Königreich so schnell wie möglich befrieden und in das Reich der Sonnensöhne integrieren. War Chimor erst einmal besiegt, dann war der letzte ebenbürtige Gegner Tahuantinsuyus beseitigt. Beifälliges Gemurmel breitete sich im Raum aus, als einer nach dem anderen der hohen Offiziere den sofortigen Angriff auf Chimu vorschlug, ja vom Oberbefehlshaber geradezu forderte. Tupac Yupanqui saß auf einem erhöhten Hocker und in seinem Gesicht zeigte sich unter der prächtigen Federkrone kein Anzeichen, ob er den Vorschlag guthieß oder ablehnte.

Als Letzter der Würdenträger ergriff schließlich sein erster Stellvertreter und Aposquin Rantin der Truppen aus Antisuyu, Ollantay, das Wort. Vielen der Anwesenden war seine hohe Stellung ein Dorn im Auge. Er wusste das und musste deshalb mit besonderer Vorsicht ans Werk gehen. Zuerst pries er mit lobenden Worten die Vorschläge seiner Vorredner, aber dann unterbreitete er einen ganz anderen Vorschlag: „Ehrenwerter Apo Quisquay, die Befehlshaber der einzelnen Einheiten zeigen großen Mut und wollen diesen durch das sofortige Losschlagen auch beweisen. Aber ich hege Bedenken gegen diesen Plan. Viele unserer Soldaten sind noch nie im Feld gestanden und ihr Verhalten in einer Schlacht wurde noch nie erprobt. Ich würde daher vorschlagen, unseren Männern die Gelegenheit zu geben, Kampfpraxis zu sammeln. Außerdem erwarten die Chimu mit großer Sicherheit unseren Angriff und haben ihre Grenzfestungen erheblich verstärkt. Das haben unsere Kundschafter gemeldet. Einen direkten Angriff auf Chimor halte ich daher nicht für sehr erfolgversprechend. Ich würde vorschlagen, zuerst das Land der Chachapoya, die mit Chimor verbündet sind, zu erobern. Im Kampf gegen diesen Gegner können unsere Truppen Erfahrungen gewinnen. Darüber hinaus umgehen wir damit die Grenzbefestigungen der Chimu und gelangen in deren ungeschützte Flanke. Ein Angriff aus der Tiefebene am Maranon erwartet das Chimu-Reich nicht. Von dort aus liegt Chimor offen vor uns. Mein Vorschlag lautet daher: zuerst die Eroberung von Chachapoya, dann der Flankenangriff auf Chimor."

Ollantay beendete seine Ausführungen und blickte sich in der Runde um. Die übrigen Befehlshaber stammten alle aus der Ayllu des Inka und waren mit Pachacuti und Tupac Yupanqui verwandt. Nun sahen ihn diese Männer teilweise mit offener Feindseligkeit an, denn wie konnte er, von unbedeutender niederer Abkunft, es wagen, die Vorschläge der hohen Adeligen abzulehnen und im Gegenteil einen völlig konträren Plan zu entwickeln. Vor allem Hatun Tupac und Titu Cusi Hualpa starrten ihn böse an. Er konnte die Zornesfalten auf ihrer Stirn gut erkennen. Aber Ollantay konnte nicht anders. Er musste dem Inka so gut wie möglich dienen und er wusste, dass sein Plan besser war als der Vorschlag der anderen Offiziere.

Tupac Yupanqui hatte alle militärischen Ratschläge seiner Stellvertreter und Befehlshaber mit dem gleichen aufrichtigen

Interesse verfolgt. Noch immer saß er, ohne mit der Wimper zu zucken, auf seinem Thron, hatte den Kopf in seine linke Hand gestützt und spielte mit der rechten mit dem Ohrgehänge. Er schien zu überlegen. Wie würde er sich entscheiden? Nahm er den Vorschlag seiner Ayllu-Angehörigen an oder den Plan seines Freundes Ollantay? Eine angespannte Stille verbreitete sich im Raum. Nur das Knistern der Fackeln an den Wänden war zu hören. Das Flackern der Flammen verstärkte die Spannung unter den Männern, die auf eine Entscheidung des Apo Quisquay warteten.

Tupac Yupanqui spannte plötzlich seine Muskeln an und setzte sich kerzengerade auf. „Ich habe mir eure Vorschläge angehört", begann er zu sprechen, „und mir alle Pläne mit ihren Vorteilen und Nachteilen durch den Kopf gehen lassen. Ihr alle verlangt die Bestrafung des Königreiches Chimor für die andauernden Überfälle auf Cajamarca. Dem kann ich nur zustimmen. Wir sind in den Norden gekommen, um gegen die Chimu zu kämpfen." Als sie diese Worte des Thronfolgers hörten, leuchteten die meisten Augen zufrieden auf. Tupac Yupanqui würde den Plan dieses Emporkömmlings ablehnen und ihren Vorschlägen zustimmen. Ollantay bemerkte die schadenfrohen Mienen in den Gesichtern der anderen, ließ sich selbst aber zu keiner Gefühlsregung hinreißen. „Aber", hörte man die Stimme Tupac Yupanquis, „wir dürfen den Angriff auf Chimor nicht übereilen. Ollantay hat recht, wenn er darauf hinweist, dass unsere Soldaten noch wenig Erfahrung im Kampf besitzen. Außerdem ist ihm als ausgezeichnetem Strategen sofort aufgefallen, dass die Chimu uns in ihren nur schwer einzunehmenden Festungen erwarten. Wenn es uns gelänge, diesen Festungsgürtel zu umgehen, könnten wir mit einem erfolgreichen Kriegsverlauf rechnen. Daher halte ich Ollantays Plan, zuerst das Land der Chachapoya zu erobern und uns von dort aus gegen Chimor zu wenden, am besten. Meine Entscheidung ist gefallen. Wir greifen Chachapoya an. Trefft die nötigen Vorbereitungen, damit wir in zwei Tagen aufbrechen können! Ich werde in der Zwischenzeit den Göttern die nötigen Opfer erweisen und sie um ihren Beistand für ein siegreiches Ende des Feldzuges bitten. Was ihr eben gehört gehabt, bleibt streng geheim. Nicht einmal eure Unterführer dürfen davon erfahren. Teilt den Männern nur mit, dass wir bald zum Angriff gegen den Feind aufbrechen werden! Verräter werden streng bestraft, doch das brauche ich nicht extra zu erwähnen. Nun wollen wir noch gemeinsam einen Becher Chicha auf unseren Sieg leeren, dann macht euch an eure Aufgaben! Ollantay bleibt anschließend noch bei mir, da ich mit ihm unser Vorgehen besprechen und einen genauen Plan ausarbeiten möchte."

Später, nachdem sie den Angriffsplan fertig ausgearbeitet hatten, standen die beiden Freunde zusammen und tranken gemeinsam einen Krug Chicha. „Hast du bemerkt, wie zornig dich meine Brüder angestarrt haben, als ich verkündete, zuerst Chachapoya anzugreifen. Am liebsten hätten sie mir Schimpfwörter ins Gesicht geschrien, aber das haben sie nicht gewagt. So musstest du als Sündenbock herhalten. Aber sei ohne Sorge, ein Bote zu Pachacuti ist unterwegs. Mein Vater ist ein besonnener Mann, der nicht einem Gefühl aus einer Laune heraus unterliegt. Er wird meine Entscheidung gutheißen, da er erkennen wird, dass so der Krieg gegen Chimor leichter zu gewinnen sein wird. Meine Halbbrüder hingegen sind eifersüchtig auf dich und wollen dich schlecht machen, wo es nur geht. Sie hoffen, dass du Fehler machst und die Gunst des Inka oder meine Freundschaft verlierst. Auf dein Wohl, Apo Ollantay!"

Die beiden leerten ihre Becher mit einem tiefen Schluck und stellten diese auf das kleine Tischchen in der Mitte des Raumes. Ollantay wirkte noch immer ein bisschen nachdenklich: „Ich fürchte den Zorn deiner Brüder. Was, wenn dir etwas geschieht? Wie du weißt, müssen wir, um Chachapoya zu erobern, in die tropische Tiefebene hinabsteigen. Ich kann mich noch gut daran erinnern, was Contor über den Feldzug in den Regenwald erzählt hat. Ich fürchte nicht so sehr die Feinde, sondern die Krankheiten und die wilden, giftigen Tiere, die dort auf uns lauern. Erkrankst du an Fieber und stirbst, werden deine Brüder mir die Schuld geben. Dann kann es leicht geschehen, dass mir Inka Pachacuti zürnt." Doch Tupac Yupanqui zerstreute seine Bedenken: „In der Nachricht, die ich dem Kurier übergeben habe, ist ausdrücklich davon die Rede, dass dein Vorschlag zwar nicht der einzige, aber eindeutig der beste Plan war. Ein Unglück kann im Krieg immer passieren. Wer sollte das nicht besser wissen als Pachacuti. Auf alle Fälle wird er dir nicht die Schuld geben, falls mir etwas zustößt." Ollantay schien sich nach diesen Worten ein wenig zu beruhigen, ganz wohl war ihm in seiner Haut allerdings noch nicht.

Da zwinkerte ihn Tupac Yupanqui an: „Hast du nicht einen weiteren wichtigen Grund vergessen, warum wir das Land der Chachapoya angreifen sollen? Ein Grund, der nichts mit strategischen Überlegungen zu tun hat, höchstens mit moralischen." „Was meinst du?", fragte Ollantay erstaunt. „Tu nicht so scheinheilig!", antwortete der Thronfolger. „Die Frauen der Chachapoya sind die schönsten weit und breit. Willst du dir vielleicht eine schöne Gespielin für die Musestunden besorgen?" Kaum hatte Tupac Yupanqui das gesagt, wallte wieder der Schmerz der Erinnerung in Ollantay hoch. So lange war er jetzt schon von Cusi Qoylyor getrennt, doch in Gedanken war er jeden Tag bei ihr. Was sie wohl in diesem Augenblick im fernen Cuzco machte? Dachte sie überhaupt noch an ihn? Er konnte ihr nicht einmal Botschaften schicken, denn ihre Liebe musste noch immer geheim bleiben. Wenn Tupac Yupanqui Nachrichten über das Vorankommen des Feldzuges an Pachacuti sandte, erfuhr Cusi Qoylyor vielleicht, dass es ihn noch gab. Er aber wusste seit vielen Monaten nichts über sie. Er konnte auch niemanden fragen, sonst hätte er riskiert, dass ihr Geheimnis gelüftet werden könnte. So versank er jetzt wieder in Träumereien über seine große, entfernte Liebe und hörte nur mit halbem Ohr zu, als sein Freund von den bevorstehenden Abenteuern sprach.

Weit im Süden, in der Metropole des Reiches, versuchte Cusi Qoylyor die neuesten Nachrichten über den Feldzug im Norden in Erfahrung zu bringen. Wie stolz war sie auf Ollantay gewesen, als sie erfahren hatte, dass er zum ersten Stellvertreter Tupac Yupanquis ernannt worden war. Da er jetzt eine sehr bedeutende Stellung im Heer innehatte, war es für sie leichter, etwas über ihn zu erfahren. Sie litt unter der Trennung und saugte jede noch so kleine Nachricht über ihn auf wie ein trockener Schwamm die Feuchtigkeit. Liebte er sie überhaupt noch? Diese Frage stellte sie sich unablässig vom Aufstehen bis zum Einschlafen. Jetzt konnte er sicher unter all den Schönheiten des Reiches auswählen. Wie viele Frauen würden sich glücklich schätzen, von Ollantay erhört zu werden. Er war jung, schön, stark und bekleidete eine hohe Position innerhalb der Reichshierarchie. Sie aber litt unter der Trennung und aus dem jungen, fröhlichen Mädchen war in den letzten Monaten eine ernste Frau geworden. Ihrer Mutter blieb dieser Wandel nicht verborgen, aber sie wusste auch nicht, wie sie ihrer Tochter helfen konnte. Manchmal, wenn sie alleine waren, sprachen sie heimlich über Ollantay, und dann liefen dicke, bittere Tränen über die Wangen Cusi Qoylyors.

Gerade spazierte Cori Chulpa mit ihrer Tochter durch die königlichen Gartenanlagen. Im Schatten der Bäume, vor dem Käfig des farbenprächtigen Papageis konnte sich Cusi Qoylyor am besten an Ollantay erinnern. Hier schien er für sie fühlbar nahe. Jeden Augenblick erwartete sie, er würde hinter den Sträuchern hervortreten, sie in die Arme nehmen und zärtlich küssen. Die junge Frau befragte die Mutter über die Nachrichten, die der tägliche Kurier aus dem Norden überbracht hatte. Die Botschaften waren nie länger als drei Tage unterwegs. Bisher war es noch nicht zu Kämpfen gekommen, doch rechnete der Inka jeden Tag damit, dass sich seine Armee in Bewegung setzen würde, um Chimor endlich anzugreifen. Tupac Yupanqui und seinen Stellvertretern ging es gut, die Stimmung der Truppe war zuversichtlich und Ollantay hatte sich schon wiederholt durch scharfsinnige taktische Ratschläge ausgezeichnet. Cusi freute sich zu hören, dass ihr Geliebter so tüchtig war. Stiegen damit doch die Chancen für Ollantay, als ihr Ehemann von Pachacuti anerkannt zu werden. Wieder stiegen die Erinnerungen in ihr hoch und sie verspürte einen stechenden Schmerz in ihrer Brust. Wann würde sie von ihrem Liebesleid erlöst werden? Sie merkte, wie ihre Augen feucht wurden und die ersten Tränen fielen auf ihre Wangen. Cori Chulpa hatte das befürchtet. So nahm sie ihre Tochter in die Arme und tröstete sie: „Du hast Liebeskummer, mein Kind! Aber nicht nur du alleine leidest. Sieh dich nur um in Tahuantinsuyu! Der Regen ist in diesem Jahr bisher ausgeblieben. Wenn es nicht bald regnet, befürchtet der Inka eine schreckliche Hungersnot in unserem Land." „Könnten meine Tränen doch die Felder und Äcker benetzen", weinte Cusi Qoylyor, „dann wäre die Dürre sogleich zu Ende." Doch mit einem Male wurde sie ernst und fragte: „Sieht es wirklich so schlecht aus?" „Ja", antwortete die Mutter. „In meinem Kummer um Ollantay habe ich die Sorgen und Nöte der einfachen Menschen vergessen. Das ist einer Nusta unwürdig. Aber was können wir tun, um den Bauern zu helfen?", fragte die Tochter. Cori Chulpa schüttelte den Kopf: „Das weiß ich auch nicht. Am besten wird sein, wir beten zu Inti und bitten ihn um Hilfe."

Pachacuti schritt im Thronsaal rastlos auf und ab. Sein Bruder, Prinz Tupac Huarochiri, der Huillac Umu des Sonnentempels befand sich bei ihm. „Sag mir, was ich tun soll", herrschte ihn der Inka an, „wir haben alle Opfer vorschriftsmäßig abgehalten und keine Freveltaten begangen. Warum lässt es Inti nicht regnen? Sag etwas! Gib mir einen Rat! Wozu bist du der Hohepriester des Sonnengottes?" Mit sorgenvollem Gesicht wandte er sich von seinem Bruder ab und nahm die ruhelose Wanderung durch den Raum wieder auf. Er war verzweifelt. Wenn es nicht bald regnete, drohte dem Reich eine Katastrophe. Die Untertanen würden ihm, dem Inka, die Schuld an dem Unglück geben. Seine Aufgabe als Oberster der Sonnensöhne war es, Intis Segen für Tahuantinsuyu zu erbitten. Gelang ihm das nicht, war er in den Augen der einfachen Leute ein schlechter Herrscher und Versager, der sein Volk ins Unglück stürzte. Dann blieb ihm nichts anderes übrig, als zugunsten seines Sohnes abzudanken. Vielleicht schaffte es ein neuer Inka, Inti zu versöhnen und dem Reich den Fruchtbarkeit spendenden Regen zu erbitten. Aber er wollte nicht so schnell aufgeben und alles versuchen, was noch in seiner Möglichkeit lag. Außerdem war für einen Thronwechsel eine besonders gefährliche Situation eingetreten. Tupac Yupanqui, der Thronfolger und Mitregent, stand mit den Truppen hoch im Norden des Reiches und konnte frühestens in ein paar Wochen zurück in Cuzco sein. In der Zwischenzeit könnte sich ein anderer seiner Söhne mit Hilfe unzufriedener Adeliger und Priester zum Herrscher ausrufen lassen. Dann drohte Tahuantinsuyu ein blutiger Bürgerkrieg. Hungersnot und Bürgerkrieg – der Schrecken eines jeden Landes. Viele besiegte Völker könnten dann die Gunst der Stunde ausnützen und gegen die Inkaherrschaft rebellieren. Das Reich schwebte in größter Gefahr auseinanderzubrechen. Er musste etwas dagegen unternehmen. Darum hatte er Tupac Huarochiri zu sich gebeten. Vielleicht wusste der Huillac Umu einen Ausweg?

Pachacuti unterbrach abrupt seine Wanderung durch das Zimmer und setzte sich auf einen Hocker. Sorgenvoll legte er seinen Kopf zwischen die Hände und schien nachzudenken. Der oberste Sonnenpriester ließ sich auf dem anderen Hocker nieder und strich mit einem Finger über seine Lippen. Auch er machte sich wie sein königlicher Bruder große Sorgen um das Reich der Sonnensöhne und wollte Pachacuti helfen so gut er konnte. Fieberhaft überlegte er, bis sich seine Miene plötzlich ein wenig aufhellte. Pachacuti hatte das plötzliche Aufblitzen im Gesicht seines Bruders bemerkt und fragte: „Welchen Vorschlag willst du mir machen? Ich habe dir angesehen, dass du einen Einfall hast." Tupac Huarochiri wiegte seinen Kopf leicht hin und her: „Du weißt, dass mir das Reich ebenso am Herzen liegt wie dir. Wir müssen alles versuchen, um dem Volk Hoffnung in ihre Herzen zu pflanzen. Und das Wort ‚Herzen' brachte mich auf eine Idee. In Pachamarca befindet sich die Grabstätte der Herzen der Könige. Du musst dorthin reisen und deine verstorbenen Vorgänger um ihre Hilfe bitten. Vielleicht erweichen ihre Bitten

Inti und er schickt Tahuantinsuyu den lange ersehnten Regen." Pachacuti, der sich in der Zwischenzeit an jeden Strohhalm klammerte, antwortete: „Dein Ratschlag ist gut! Ich werde nach Pachamarca reisen und die Herzen meiner Ahnen um Hilfe bitten." Der Herrscher stand auf, klatschte in die Hände und erteilte dem erscheinenden Diener die nötigen Befehle, alles für eine Bittprozession nach Pachamarca vorzubereiten.

Die Vegetation links und rechts des Weges, den das Heer nahm, wurde immer üppiger und langsam machte sich die feuchte Schwüle der tropischen Tiefebene am Maranon bemerkbar. Die wenigen Dörfer, die von den Soldaten durchquert wurden, waren allesamt verlassen. Doch nirgendwo verlor sich der Pfad im undurchdringlichen Dschungel, vor dem Contor so gewarnt hatte. So kamen die Truppen gut voran, selbst das gefürchtete Fieber forderte nur wenige Opfer. Gefährlich blieb der Vormarsch trotzdem, denn einige Spähtrupps, die sich allzu weit vorgewagt hatten, verschwanden spurlos. Vom Feind selbst war nichts zu sehen. Die Chachapoya nutzten das Gelände ihres Landes perfekt aus. Nur hie und da sah man einen zerschlissenen oder zerbrochenen Korb am Wegrand liegen.

Ollantay war mit dem bisherigen Verlauf des Feldzuges sehr zufrieden. Seine Soldaten lernten von Tag zu Tag besser, wie man sich im Feindesland verhalten musste. Die Disziplin der Truppe ließ ebenfalls nichts zu wünschen übrig. Was fehlte, war der Feindkontakt. Die Unsichtbarkeit der Gegner zerrte an den Nerven der einzelnen Krieger, doch der erfahrene Aposquin Rantin spornte mit kleinen Waffenübungen die Kampfbereitschaft der Männer an. Außerdem machte das Gerücht die Runde, dass die Mädchen der Chachapoya die schönsten Frauen weit und breit seien. Angeblich zeichneten sich diese durch einen eigenartigen weißen Teint aus. Prinz Tupac Yupanqui, so hieß es, wolle nicht nur das Land erobern, sondern auch die schönsten Mädchen rauben. Viele einfache Soldaten, die meisten von ihnen waren noch unverheiratet, träumten ebenfalls von einer Chachapoya-Braut, die ihnen in der Heimat eine große Ehre verschaffen würde. So wuchs die Motivation der Krieger, den Feind bald zu besiegen, um eine wunderschöne Siegesbeute zu erringen.

Im Gegensatz zu den vergangenen Kriegen gegen die Reiche der Chincha und Cajamarca bewies Prinz Tupac Yupanqui dieses Mal bei den Lagebesprechungen große Umsicht und wurde nicht ungeduldig. Er hatte gelernt, dass man auf die günstigste Gelegenheit zum Sieg warten konnte. Mit dem Vormarsch war er zufrieden und er war sicher, dass es bald zu einer Entscheidungsschlacht kommen musste. Sinchi Chuquisocta, der Oberhäuptling der Chachapoya, zog sich mit seinen Kriegern zurück, doch lange konnte er den Zeitpunkt für eine große Entscheidungsschlacht nicht mehr hinauszögern.

Ollantay schlug vor, das Heer in drei Marschblöcke aufzuteilen, um die Chachapoya in die Zange nehmen zu können. Die Hauptmacht sollte unter dem Befehl Tupac Yupanquis weiter dem Verlauf des Maranon folgen. Prinz Hatun Tupac sollte mit seinem Armeekorps die linke Flanke sichern und das Inkaheer vor Überfällen aus dem bergigen Hochland sichern. Ollantay hingegen wollte mit seinem Korps die rechte Flanke decken. Aus diesem Grund musste er den Fluss überqueren und einen beschwerlichen Marsch durch die Wälder rechts des Maranon unternehmen. Er sah sich dazu in der Lage, denn vielen seiner Krieger aus Antisuyu waren ähnliche, waldreiche Gebiete am Urubamba bekannt. Sein Trupp aus Bogenschützen eignete sich auch für den Kampf im Urwald besser als die Speerwerfer der anderen Einheiten. Tupac Yupanqui fand diesen Plan bestens geeignet und so trennte sich die Inka-Armee in drei Angriffskeile, um den fliehenden Feind einzukreisen und zum Kampf zu stellen.

In den nächsten Tagen gelang es Hatun Tupac, zahlreiche Dörfer zu erobern und viele feindliche Krieger gefangen zu nehmen. Ollantay stöberte im Regenwald viele gegnerische Kämpfer auf, die entweder vor den Inkatruppen flohen oder sich ergaben. Und auch die ersten jungen Frauen wurden erbeutet. Es stimmte tatsächlich, was über sie gemunkelt worden war. Ihre Gesichtshaut war nicht so dunkel wie die der Inka und der anderen Andenbewohner, sondern beinahe weiß. Immer wieder wollten sich die Männer davon überzeugen, dass die Haut nicht hell bemalt war, sodass Ollantay schließlich den Befehl erließ, alle Soldaten, die den gefangenen Frauen zu nahe kamen, schwer bestrafen zu lassen.

Um seine Anordnung leichter überprüfen zu können, wurden die Mädchen in die Nähe seines Zeltes gebracht. Er machte sich auf, um festzustellen, ob sie von niemandem misshandelt worden waren. Bei zwei von ihnen fand er tiefe Kratzspuren. Auf die Frage, wer das gewesen sei, antworteten sie, die Verletzungen würden von einem Jaguar stammen. Die Raubkatze suche schon seit einiger Zeit die Umgebung ihres ehemaligen Dorfes heim. Auch sie seien von dem Tier attackiert worden, als sie mit Freundinnen nach Wurzeln gegraben habe. Ihre Schreie hätten die Männer des Ortes alarmiert. Diesen sei es gelungen, den Jaguar zu vertreiben. Allerdings sei für eine von ihnen die Hilfe zu spät gekommen. Die Raubkatze habe sie zerrissen. Mit Tränen in den Augen erzählten die beiden von diesem schrecklichen Erlebnis. In Ollantay erwachte der Jagdinstinkt. Vielleicht trieb sich das Tier ja noch in der Nähe herum. Er ließ das Nachtlager aufbauen und gab den Wachen Anweisungen, sorgfältig achtzugeben. Kam der Jaguar in die Nähe der Männer, sollten sie ihm unverzüglich Bescheid sagen.

Die gefangenen Frauen erinnerten Ollantay an seine geliebte Cusi Qoylyor. Seine Gedanken schweiften wieder zu ihr nach Cuzco. Es stimmte, was Tupac Yupanqui erzählt hatte, die Mädchen der Chachapoya waren tatsächlich die schönsten Frauen, aber seiner Cusi Qoylyor konnten sie doch nicht das Wasser reichen. Und welche Angst die Gefangenen hatten! Furchtsam drängten sie sich zusammen, hielten die Köpfe gesenkt und schienen sich ihrem Schicksal ergeben zu haben. Da und dort erhaschte Ollantay auch einen hasserfüllten Blick, aber in den meisten Gesichtern spiegelte sich eine traurige, melancholische Stimmung wider. Sie konnten als Kriegsbeute nur darauf hoffen, dass ihnen die Inkakrieger nichts Böses antun würden. Die meisten von ihnen klammerten sich an die Hoffnung, dass die Berichte, die Sonnensöhne würden in der Regel die einfachen Kriegsgefangenen bald nach den Kampfhandlungen wieder freilassen, stimmten. Die gierigen Blicke der Männer verhießen allerdings nichts Gutes. Vielleicht stand ihnen der Marsch nach Cuzco bevor, wo sie als exotische Gefangene hergezeigt werden sollten, um dann mit einem der Krieger verheiratet zu werden. Ollantay versprach den jungen Frauen, dass in seinem Befehlsbereich nichts gegen ihren Willen geschehen sollte. Er würde auch dafür sorgen, dass sie in die Freiheit entlassen würden, falls die Inka Chachapoya erobert und der Oberhäuptling sich ergeben hatte.

In der Zwischenzeit war die Dunkelheit hereingebrochen und überall im Lager brannten kleine Wachfeuer, auf denen sich die Männer ihr bescheidenes Abendmahl zubereiteten. Der Duft von gebratenen Erdäpfeln verbreitete sich in der rauchgeschwängerten Nachtluft und erinnerte die Soldaten an ihre weit entfernte Heimat. Vereinzelt stimmten einige ein Lied an, in das andere einfielen. Der Gesang verband sie mit ihren Angehörigen über Hunderte von Tupus hinweg. Ollantay saß vor seinem Zelt und teilte das einfache Mahl mit seinen Leuten. Nach dem Essen kreiste ein Krug Chicha rund um das Lagerfeuer. Nach der Hitze des Tages brachte die wohltuende Kühle der Nacht eine angenehme Erleichterung.

Plötzlich zerriss ein markerschütterndes Gebrüll die Stille. Noch ehe die Wachen reagieren konnten, lag ein Lama blutüberströmt auf dem Boden und ein hungriger Jaguar bohrte seine scharfen Zähne in den Hals des Opfers. Die übrigen Lasttiere drängten mit zitternden Flanken zum entgegengesetzten Teil ihres provisorischen Geheges. Die Hirten hatten alle Hände voll zu tun, um die Tiere am Ausbruch zu hindern. Schon näherten sich Krieger mit Fackeln in den Händen. Der Jaguar fauchte die Menschen böse an und entblößte ein furchtbares Gebiss mit dolchartigen Eckzähnen. Das Raubtier peitschte seinen Schwanz auf den Boden und ein grimmiges Knurren entfuhr seinem Rachen. Nervös richtete es sich auf und legte eine Pranke besitzergreifend auf das gerissene Lama.

Da sich immer mehr Soldaten näherten, die einen ohrenbetäubenden Lärm verursachten und den Jaguar unentwegt anbrüllten, versuchte die große Katze seine Beute in die sichere Dunkelheit des tropischen Waldes zu schleifen. Ein junger Krieger wagte sich mit seinem Speer zu nahe an den Jaguar heran. Die Raubkatze ließ das erlegte Lama für einen Moment fallen und sprang den Mann an, noch ehe dieser seine Waffe zum Stoß heben konnte. Ein schrecklich kraftvoller Prankenhieb, und der zu kühne Inka lag mit aufgerissener Kehle auf dem Boden. Das Blut spritzte in einer grausigen roten Fontäne aus der Wunde. Die gebrochenen Augen des Kriegers sahen dieses Schauspiel nicht mehr. Ein vielstimmiges Wutgeschrei erhob sich in den Himmel. Der Jaguar war im selben Moment schon wieder beim Lama, hieb die Zähne in den Hals und zog mit beängstigender Geschwindigkeit die Beute aus dem Lichtkegel der Fackeln.

In der Zwischenzeit kam Ollantay zum Ort des Geschehens. Schnell rief er den Männern ein paar Befehle zu. Sie bildeten in Windeseile einen Kreis, Fackeln schossen aus der Dunkelheit und landeten hinter dem Rücken der Raubkatze. Funken stoben gegen den Himmel und erhellten die Umgebung. Der Jaguar brüllte vor Zorn, als er merkte, dass er nicht weiter zurückkonnte. Er rannte mit großen Sprüngen auf die Männer zu, doch hielten ihm diese ihre Fackeln entgegen. Vor dem Feuer scheute das Tier, fauchte böse und versuchte den menschlichen Kreis an einer anderen Stelle zu durchbrechen. Doch überall das gleiche Bild: schreiende Männer, die drohend ihre Fackeln und Speere schwenkten. Immer enger schloss sich der Kreis um den Jaguar. Die Raubkatze zog sich in den Mittelpunkt zurück, wo noch immer der Kadaver des Lamas lag. Hier legte sich das Raubtier zu Boden, fletschte die Zähne und peitschte seinen Schweif hin und her. Ollantay befahl seinen Männern, keinen Schritt mehr weiterzugehen. „Wer wagt es, dem Jaguar die Beute zu entreißen?", fragte der Feldherr und blickte sich schnell in der Runde um. Niemand antwortete. Die Furcht vor dem Raubtier war zu groß, als dass einer der Krieger sein Leben wagen wollte. „Ich frage noch einmal! Wer geht in den Kreis und nimmt dem Jaguar das Lama weg?" Doch wieder kam als Antwort nur Schweigen. „Dann werde ich gehen und dem Jaguar zeigen, wer hier die Befehlsgewalt hat", sagte mit ruhiger Stimme Ollantay. „Nein, nein", erklang es von allen Seiten, „der Aposquin Rantin darf sein Leben wegen eines toten Lamas nicht in Gefahr bringen. Wir brauchen ihn noch in den folgenden Schlachten." Nervös geworden durch das plötzliche Geschrei, schnellte der Jaguar auf und ließ ein majestätisches Brüllen ertönen. Unter dem gefleckten Fell zeichneten sich kräftige Muskeln ab, trotzdem waren die Bewegungen äußerst geschmeidig. Die große Katze tänzelte um ihre Beute, peitschte immer wieder den Schweif, fauchte und entblößte drohend die furchterregenden Zähne. Dann schmiegte sie sich dicht an den Boden, spannte die Muskeln an und machte sich zum Absprung bereit.

Ollantay beobachtete den Jaguar genau. Mit einer energischen Handbewegung gebot er den Männern Ruhe. Er musste sich auf seinen Gegner konzentrieren und durfte durch nichts abgelenkt werden. Mit der linken Hand ergriff er seinen Schild und die rechte fasste seinen Speer. Dazu steckte er einen scharfen Dolch in eine Tasche seines Waffenrockes. So gewappnet machte er einen Schritt nach vorne. Der Jaguar bemerkte ihn sofort und wandte seine ganze Aufmerksamkeit dem mutigen Feldherrn zu. Ollantay tat wieder einen kleinen Schritt. Die Raubkatze knurrte bösartig und richtete sich geschmeidig auf. Der Schwanz zuckte ganz leicht hin und her und sie hatte die Ohren am Kopf angelegt. So wartete der König des Dschungels auf den menschlichen Gegner. Aber Ollantay ließ sich Zeit. Alles um sich herum hatte er vergessen, nur das mächtige Tier erfüllte sein ganzes Denken und Sinnen. Er musste herausfinden, ob der Jaguar einen schwachen Punkt hatte. Wo könnte seine Chance liegen, die Raubkatze zu besiegen? Minutenlang starrten sich die beiden an, ohne sich zu rühren. Dann machte Ollantay einen kleinen Schritt nach links, sofort folgte der Jaguar seiner Bewegung. Ollantay hielt inne und bewegte sich auf die rechte Seite. Wieder reagierte das Raubtier augenblicklich. Ollantay fasste den Speer fester. Sollte er ihn werfen oder lieber als Stoßwaffe benützen? Während er abwog, welche der beiden Optionen mehr Aussichten auf einen Erfolg hatte, stürmte der Jaguar plötzlich ohne Vorwarnung los. Ollantay hob instinktiv den Schild und schleuderte den Speer. Das rettete sein Leben, denn der mächtige Sprung der Raubkatze, der auf die Kehle des Mannes zielte, endete an der Schutzwaffe. Der Aufprall war so gewaltig, dass Ollantay zu Boden stürzte. Geistesgegenwärtig rollte er zur Seite, riss den Schild vor den Körper und packte das Messer. Wenige Handbreit neben seiner Brust sauste eine krallenbewehrte Pranke auf den Boden, so dass eine Staubwolke hoch aufgewirbelt wurde. Ollantay nützte den eigenen Schwung aus und kam wieder auf die Beine. Sein Körper war mit einer feinen Staubschicht bedeckt, hatte aber außer kleineren Kratzern keine größere Verletzung abbekommen. Er hörte vor sich ein wütendes Fauchen, in das sich ein seltsames Gurgeln mischte. Vorsichtig schaute er über den Schildrand und bemerkte, dass sein Speer getroffen hatte. Aus dem offenen Rachen des Jaguars ragte der Schaft heraus und Blut quoll zwischen den Zähnen des Tieres hervor und floss auf die Erde. Die Raubkatze begann zu torkeln, versuchte noch einen letzten Schritt und brach dann zusammen. Ollantay wagte sich nicht zu rühren. Geschützt hinter seinem Schild beobachtete er das Tier. Der Jaguar lag röchelnd auf dem Boden, zuckte noch ein paarmal wild und war plötzlich still, totenstill. Die Blutlache rings um den Kopf der mächtigen Raubkatze wurde schnell größer. Ollantay machte einen vorsichtigen Schritt nach vorne und dann noch einen. Nichts geschah. Das Tier rührte sich nicht mehr, es war tot. Erst jetzt bemerkte Ollantay den ungeheuren Lärm, der rings um ihn herrschte. Seine Männer schrien, tobten, johlten und brüllten ihre Freude über den Sieg des Feldherrn in die Nacht hinaus: „Ollantay, der Held! Ollantay, der Jaguarbezwinger!" Wie ein Lauffeuer verbreitete sich die Nachricht der Heldentat zuerst im Lager, dann in der ganzen Armee und schließlich überall im Reich.

Die einhundert goldenen Statuen glänzten in der Sonne, sodass die Bewohner Pachamarcas von dieser Prachtentfaltung des Inka wie geblendet waren. Auf Pachacutis Befehl waren diese Statuen in die heilige Quelle getaucht, daraufhin durch die Grabanlagen der königlichen Herzen getragen und anschließend auf dem zentralen Platz des Ortes aufgestellt worden. Jetzt warteten die Menschen gespannt darauf, ob die Figuren, die nun mit übernatürlichen Kräften ausgestattet waren, dem ausgetrockneten Land endlich den Regen schenken würden. Die Sonne brannte unbarmherzig heiß vom wolkenlosen Himmel und entzog dem ausgedörrten Boden den letzten Rest an Feuchtigkeit. Der mächtige Urubamba war zu einem kleinen Rinnsal geworden und die Kanäle zu den Feldern führten kaum noch Wasser mit sich. Wenn die Trockenheit noch einige Tage anhielt, drohte selbst hier in Pachamarca, im Übergangsgebiet zwischen der gebirgigen Hochfläche und dem tropischen Tiefland, eine Missernte. Der Herrscher und seine Priester hatten alle Gottheiten um Regen angefleht und nichts unversucht gelassen, doch waren ihre Gebete nicht erhört worden. Jetzt hatte man sich auf Ratschlag des Huillac Umu in dieser heiligen Stadt versammelt, um mit Hilfe der goldenen Statuen das Ende der Dürreperiode herbeizubitten. Gespannt wohnten die Männer und Frauen der heiligen Zeremonie bei, mit der Pachacuti und seine obersten Priester die Statuen beschworen, die Götter um Hilfe zu bitten.

Der Herrscher und seine hohen Würdenträger waren in ihre prächtigsten Gewänder gehüllt, auf ihren Köpfen prangten bunt schillernde Federkronen und die edelsteinbesetzten Ohrgehänge glitzernden und funkelten mit der Sonne um die Wette. Die goldenen Statuen und der gleißende Schmuck der Adeligen spiegelten sich in den riesigen, rosafarbenen Porphyrsäulen, wodurch die verschwenderische Prachtentfaltung zusätzlich verstärkt wurde. Solch einen festlichen

Aufzug hatten die Bewohner Pachamarcas noch nie erlebt. Selbst die Festlichkeiten in Cuzco zu Ehren des Sonnengottes verblassten gegen das, was die Leute hier zu sehen bekamen. Zahlreiche niedere Priester bliesen auf Flöten geheimnisvolle Melodien und das dumpfe Tamtam der Trommeln erinnerte an das Niederprasseln der schweren Regentropfen. Mit beschwörendem Singsang flehte der oberste Priester die goldenen Statuen um Rettung für das Land an. Nach einigen Minuten verstummte er und blickte den Inka an. Pachacuti, der neben dem Priester stand, hob gebieterisch die Arme und donnerte mit lauter Stimme: „Ich, der Nachkomme des Sonnengottes, befehle euch goldenen Statuen, die aus dem heiligen Mineral Intis gefertigt wurden, dem Land der Sonnensöhne, dem unbezwingbaren Tahuantinsuyu, den Regen zu schicken, damit der Fleiß unserer arbeitsreichen Hände nicht umsonst geflossen ist. Ich befehle euch, lasst es endlich regnen! Wenn es bis zum dritten Sonnenuntergang nicht regnet, lasse ich euch schwer bestrafen! Ich befehle euch, die Wolken, die den Regen spenden, über unsere Felder zu schicken, damit ihr kostbares Nass die dürstenden Pflanzen vor dem Verwelken bewahrt! Vergeudet keine Zeit und beginnt sofort mit eurer Aufgabe, den Söhnen der Sohne den Regen zu bringen!"

Contor, der nicht weit entfernt von Pachacuti stand, glaubte wie die anderen fest daran, dass die aus Gold gefertigten Figuren dem Befehl des Inka gehorchen würden. Pachacuti besaß als direkter Nachkomme des Sonnengottes die Macht, den Goldstatuen selbst das Unmögliche befehlen zu können. Sie mussten dem Herrscher einfach gehorchen, so wie alle Untertanen im Reich. Hoffnung breitete sich in den Herzen der Menschen aus, dass die schreckliche Trockenheit nun bald zu Ende gehen würde. Zwar zeigte sich noch immer keine Wolke am Himmel, aber spätestens morgen würden die Regentropfen zur Erde herniederfallen.

Contor wachte früh auf und schaute mit wachsender Mutlosigkeit aus dem Haus hinaus. Zwei Tage waren bereits vergangen, doch von Regenwolken war noch immer weit und breit nichts zu sehen. Im Gegenteil, die Sonne brannte noch unbarmherziger vom Himmel, und in den Bewässerungskanälen floss kein Wasser mehr, nur mehr zäher Schlamm befand sich darin. Auch heute war kein Wölkchen zu sehen, die Sonne erschien gerade glutrot hinter den Bergen. Koka, die das Frühstück zubereitete, sagte: „Wie es aussieht, wird es auch heute nicht regnen. Was will der Inka dann mit den Statuen machen? Wie können leblose Dinge bestraft werden?" Contor zuckte mit den Schultern und drehte sich zu seiner Frau um. „Ich weiß es auch nicht", sagte er mit tonloser Stimme, „nur ein Wunder kann helfen. Vielleicht gelingt es Pachacuti, ein Wunder zu vollbringen."

Während des ganzen Tages blickten die Menschen immer wieder Richtung Himmel, aber nichts deutete darauf hin, dass Regenwolken heranzogen. Pachacuti und die Priester beteten, opferten oder badeten in den heiligen Quellen. Die goldenen Statuen standen unbeweglich unter der sengenden Sonne und schienen alleine durch ihre Anwesenheit die Sonnenstrahlen noch stärker anzuziehen. Als um die Mittagsstunde ein kleiner Windhauch durch die engen Gassen des Ortes fuhr, kam eine kleine Hoffnung auf, die aber schnell wieder zerstob. Es war ein heißer Wind, der die Hitze, die auf den Menschen, Tieren und Pflanzen lastete, nur noch verstärkte. Die Bö schob Staubwolken vor sich her, die in die Ritzen der Häuser drangen und das Atmen beinahe unmöglich machten. Alles geschäftige Treiben im Freien erlosch. Die Menschen suchten in den Häusern Schutz vor dem Staub und der Sonne. Selbst die unermüdlichen Hunde lagen ermattet zwischen den Häusern an den wenigen Stellen, die ein wenig Schatten spendeten.

Langsam neigte sich die ewige Bahn der Sonne nach Westen, ohne dass nur das kleinste Wölkchen sichtbar geworden wäre. In der Ferne färbten sich die mächtigen Berggipfel langsam rot und tauchten die Felshänge in ein düsteres, blutiges Licht. Die ersten Männer und Frauen verließen die Häuser und lenkten ihre Schritte zum Hauptplatz Pachamarcas, wo die Statuen unbeweglich ihr goldenes Antlitz den letzten Sonnenstrahlen darboten. Selbst die Kinder spürten den Ernst der Situation und vergaßen auf das unbeschwerte Herumtollen. Müde hingen sie an den Händen ihrer Mütter und hatten alle Lebhaftigkeit verloren. Der Platz füllte sich mit Menschen, die im letzten Augenblick ein Wunder erhofften. Als fast ohne Übergang die Dunkelheit hereinbrach, war die große Hitze des Tages noch immer zu spüren. Alle starrten auf die Porphyrsäulen, wo die sich spiegelnden Sonnenstrahlen rasch aufwärts wanderten und schließlich verschwanden. Mit einem Mal war es dunkel auf dem Platz.

Da ertönte ein dumpfes Trommeln und geheimnisvolles Flötenspiel setzte ein. Zahlreiche Fackeln wanderten dem Hauptplatz zu, darunter erkannte man schemenhaft die Priester und in ihrer Mitte die reich verzierte Sänfte des Herrschers. Pachacuti selbst war nicht zu erkennen, denn er hatte die seitlichen Vorhänge herabgezogen. Der Zug näherte sich im Takt der Musik dem Platz. Die voranschreitenden Soldaten öffneten eine schmale Gasse, durch die die Sänfte des Inka hindurchgetragen wurde. Vor den goldenen Figuren blieben die Sänftenträger stehen und ließen den Herrscher aussteigen. Eine Frage beherrschte alle Anwesenden: Was würde Pachacuti nun unternehmen? Er hatte den Statuen doch eine strenge Bestrafung angedroht, falls sie es nicht binnen drei Tagen regnen lassen würden. Die gesetzte Frist war ereignislos verstrichen. Der Herrscher erhob sich drohend und gebieterisch vor den goldenen Statuen. Die Situation hatte etwas Bedrohliches an sich. Er erhob die Hände und sprach mit lauter, volltönender Stimme: „Ihr wart ungehorsam! Der Regen, den herbeizuflehen ich euch aufgetragen habe, ist ausgeblieben. Ihr habt den Willen des Herrschers nicht befolgt. Deshalb werdet ihr dem Gesetz der Sonnensöhne entsprechend, streng bestraft. Ich befehle, dass man die pflichtvergessenen Statuen morgen bei Sonnenaufgang öffentlich enthauptet! Das Urteil ist verkündet." Der Inka wandte sich nach dem Urteilsspruch wieder seiner Sänfte zu, stieg ein und ließ sich an der staunenden Menschenmenge vorbei zurück in die fast vollendete Burg von Pachamarca tragen.

Am nächsten Morgen versammelten sich zahlreiche Menschen vor Sonnenaufgang, um das seltsame Schauspiel der Hinrichtung von goldenen Statuen mitzuerleben. Die Verzweiflung über den ausgebliebenen Regen war für kurze Zeit vergessen, und es überwog die Neugier, Augenzeuge eines grotesken Ereignisses zu werden. Noch am Abend war auf dem Platz ein Richtblock aufgebaut worden. Jetzt schritten Soldaten zu den einzelnen Figuren, hoben sie mit großer Sorgfalt auf und brachten sie zum Richter. Der legte sie behutsam auf den Richtblock, nahm eine scharfe Axt und schlug einer nach der anderen mit einem kräftigen Hieb den Hals durch. Die Köpfe fielen in einen vorbereiteten Korb, die Torsos brachten die Soldaten wieder auf den ursprünglichen Platz zurück. Dort sollten sie als abschreckendes Beispiel für ihren Ungehorsam gegen den Inka so lange stehen bleiben, bis der Herrscher es erlauben würde, sie wieder zu entfernen. Wie goldene Finger zeigten sie zum Himmel, als ohnmächtige Anklage des Inka gegen die unbestechliche Natur. Pachacuti reiste mit seinem Gefolge unverrichteter Dinge wieder ab.

Der Regen ließ in diesem Jahr in Tahuantinsuyu noch lange auf sich warten. Die Bestrafung der goldenen Statuen sprach sich im Reich in Windeseile herum und festigte die Stellung des Inka, der in einer Notsituation nicht davor zurückgescheut hatte, selbst unmögliche Dinge zum Wohl des Volkes zu versuchen. Dank der gut gefüllten Vorratsspeicher wurde die Hungersnot nicht so arg, wie es ein Großteil der Bevölkerung befürchtet hatte. Die guten Nachrichten von den Kampfhandlungen an der Nordfront sorgten außerdem dafür, dass die Götter dem Reich der Sonnensöhne auch in Zukunft gewogen sein würden.

Nach dem zügigen Vormarsch erblickten die Soldaten vor sich die versammelte Streitmacht der Chachapoya. Diese hatten sich endlich dazu entschlossen, ihr Glück in einer entscheidenden Schlacht zu suchen, wollten sie nicht in der großen Zange der Inkatruppen eingeschlossen und vernichtet werden. Ollantays Vorschlag zur Aufsplitterung des Heeres in drei Einheiten und die richtige Umsetzung dieser Taktik durch Tupac Yupanqui zeigte den ersten Erfolg. Nun mussten die Sonnensöhne aber noch beweisen, dass sie den Feind auch besiegen konnten. Zahlenmäßig waren die Chachapoya hoffnungslos unterlegen, aber sie kämpften mit dem Mut der Verzweiflung, um ihre Heimat zu verteidigen. Ollantay mahnte zur Vorsicht und stellte den Inkaoffizieren das Beispiel der erfolgreichen Verteidigung Cuzcos durch Pachacuti gegen die Chanca vor Augen. Damals waren die Inka weit in der Unterzahl gewesen, doch durch ihren Mut und ihr geschicktes Vorgehen war es ihnen gelungen, den überlegenen Feind zu besiegen.

Tupac Yupanqui nahm die Warnungen seines Freundes ernst. Um vor Überraschungen sicher zu sein, ließ er das Feldlager Tag und Nacht sorgfältig bewachen. Außerdem befahl er, in einigem Abstand vor den ersten Zelten hölzerne Palisaden zu errichten und zusätzlich brannten helle Wachfeuer die ganze Nacht hindurch. Dem Feind sollte es nicht gelingen, die nichtsahnenden Krieger im Schlaf zu überraschen. Tatsächlich gelang es den Chachapoya auch nicht, sich heimlich zu nähern, um im Schutze der Dunkelheit die Truppen der Sonnensöhne zu dezimieren.

So brach der neue Tag an. Eine unübersehbare Masse an kampfbereiten Soldaten marschierte aufeinander zu. Trotz ihrer Minderzahl schritten die Chachapoya, angefeuert von ihrem Oberhäuptling, mutig gegen die Inka. Ollantay wusste bereits, was in wenigen Augenblicken kommen würde, doch für viele seiner Männer war eine offene Feldschlacht eine neue Erfahrung. Die Trommeln schlugen den Takt, auf Flöten aus Menschenknochen bliesen die Inkamusiker schaurige Melodien, während Prinz Tupac Yupanqui dem Sonnengott Inti ein letztes Opfer darbrachte. Dann stieß der Thronfolger seinen goldenen Speer hoch in die Luft und alle Inkasoldaten brachen in ein markerschütterndes Geschrei aus. Diese psychologische Waffe zeigte auch hier seine gewünschte Wirkung. Die Schlachtreihen der Chachapoya gerieten durch das furchterregende Gebrüll in Unordnung. Darauf hatten Ollantay und die hohen Offiziere gewartet. Plötzlich verdunkelten Massen an geschleuderten Steinen den Himmel und fügten dem Feind schreckliche Verluste zu. Ohne Unterbrechung luden und feuerten die Inka und rissen tiefe Lücken in die Reihen der Gegner. Noch furchtbarer wüteten allerdings Ollantays Pfeilbogenschützen. Sie versandten noch schneller und wirksamer Tod und Verderben. Schließlich hatten sich die Kämpfer einander so weit genähert, dass die Steinwürfe und die Bogenschüsse eingestellt wurden. Der Nahkampf begann. Mit erhobenem Schild und geschwungenen Streitkolben fielen die Krieger der Sonnensöhne über die Gegner her. Auch Ollantay, der an der Spitze seiner Einheit focht, schlug mit der gefürchteten Makana zahlreiche Feinde nieder. Er war so im Kampfrausch, dass er kleine Verwundungen, die ihm Feinde zufügten, nicht spürte. An vielen Stellen blutend drang er weiter gegen die Chachapoya vor und sein Beispiel riss die einfachen Soldaten mit. Die große Übermacht der Inka gewann rasch die Oberhand und schon nach kurzer Zeit wandten sich die Feinde zur Flucht. Nun begann ein letztes Gemetzel, bis die Trommeln schließlich einen anderen Rhythmus anstimmten, das Zeichen für die Beendigung der Schlacht. Das Geschrei der Sieger verstummte, und nur das Stöhnen und die Schreie der Verwundeten und Sterbenden waren noch zu hören. Jetzt begann die Arbeit der mitgereisten Ärzte, die an Ort und Stelle mit der Behandlung der Verletzten begannen.

Der Sieg der Inka war vollständig. Die meisten Feinde hatten sich ergeben und auch der Sinchi Chuquisocta war in Gefangenschaft geraten. Noch vom Schlachtfeld sandte Tupac Yupanqui einen Boten nach Cuzco, um seinem Vater Kunde von dem großen Erfolg zukommen zu lassen. Held des Tages war wiederum Ollantay, der nicht nur den Angriff angeführt, sondern zuvor schon die richtige Taktik ausgearbeitet hatte. Bei der Siegesfeier am Abend würdigte der Thronfolger die Verdienste seines tapferen Freundes.

Am nächsten Tag durften sich die siegreichen Krieger ausruhen. Inti sei Dank waren nur wenige Männer verwundet worden oder gefallen. Tupac Yupanqui beließ nur eine kleine Garnison im Land der Chachapoya, als er den Vormarsch wieder aufnahm. Neuerlich hörte er auf Ollantay, änderte für alle überraschend die Richtung um hundertachtzig Grad und griff mit all seinen Armeen das mächtige Küstenreich und zugleich den letzten noch von den Inka unabhängigen Staat im Norden der Anden an – das berühmte Königreich Chimor.

Der Name des Chimu-Landes leitete sich wie bei den Inka aus dem Titel ihres Herrschers ab. Dieses Reich dehnte sich über tausend Kilometer Länge an der Nordküste des heutigen Peru aus. Die Menschen bewohnten vor allem die fruchtbaren Flusstäler, die in diesem Gebiet die öde Wildnis der Wüste durchziehen. Die Einwohner Chimors waren gute Bauern, hervorragende Bauleute von Bewässerungsanlagen und vortreffliche Fischer. In ihrer Lebensweise unterschieden sich die Chimu als Küstenbewohner beträchtlich von dem Bergvolk der Inka. Die ordnungsliebenden Sonnensöhne verurteilten vor allem die sexuellen Ausschweifungen der Bewohner des warmen Küstenlandes. Auch in ihren religiösen Vorstellungen unterschieden sich die Chimu von den Inka. Die vornehmste Gottheit der Bewohner von Chimor war die Mondgöttin. Ihr zu Ehren bauten sie Tempel und sogar Pyramiden. Das Königreich Chimor war reich, prunkte mit seinen Schätzen aus Gold, Silber und Edelsteinen und war auch stolz auf jene, die diese Kunstwerke geschaffen hatten, die Goldschmiede, die in ihrer Kunst die Inka-Handwerker weit übertrafen. Wegen dieser unzähligen Schätze wollten die Sonnensöhne das Land des Mondes und dessen Hauptstadt, das herrliche, prächtige Chancan, erobern und plündern. Schon mehrmals waren Chimor und Tahuantinsuyu in einen Konflikt geraten, der sich zu einem großen Krieg auszuweiten gedroht hatte; das letzte Mal, als Capac Yupanqui ohne Genehmigung Pachacutis das Königreich Cajamarca erobert hatte, das mit dem Chimu-Reich durch einen Beistandspakt verbündet war. Damals war der entscheidende Kampf noch einmal abgewendet worden, doch jetzt plante Prinz Tupac Yupanqui die Zerschlagung dieses Küstenreiches.

Mit kleinen Schritten trippelte Cusi Qoylyor hinter dem Bediensteten einher. Ihr Vater hatte sie zu sich befohlen. Nervös fragte sich das Mädchen, was der Inka von ihr wolle. Obwohl die Gänge im Palast sehr eng waren, wurden sie vom Leuchten der Fackeln, die in regelmäßigen Abständen an den Wänden befestigt waren, nur spärlich erhellt. Als sie den großen Saal betrat, war sie beeindruckt wie immer. Schlagartig verwandelte sich die bedrückende Düsternis in eine strahlende Helligkeit. Denn an der Wand über dem Thron prangte eine riesige, goldene Sonnenscheibe, deren Schimmer den Raum in ein seltsames, aber schönes Licht tauchte. Der Herrscher saß auf seinem erhöhten Stuhl, durch einen Vorhang den vielen neugierigen Blicken entzogen. Zahlreiche Berater des Inka warteten nur auf ein Handzeichen Pachacutis, um einen Befehl unverzüglich auszuführen. In ihren kostbaren bunten Gewändern spiegelte sich die ganze Vielfalt und Pracht Tahuantinsuyus wider.

Cusi Qoylyor trat ein und bewegte sich langsam nach vorne. Obwohl sie schon einige Male hier gewesen war, musste sie sich zwingen, nicht alles mit großen Augen anzustarren und mit offenem Mund über den verschwenderischen Reichtum zu staunen. Ein paar der Anwesenden steckten die Köpfe zusammen und tuschelten über das Erscheinen des Mädchens. War das jetzt ein schlechtes Omen, fragte sich die Prinzessin. Einer der hohen Würdenträger trat zu ihr und brachte sie zum verhüllten Thron. Cusi Qoylyor verbeugte sich tief und hielt die Augen zu Boden gesenkt. Sie spürte eine leichte Berührung an ihrem rechten Arm, gleichzeitig hörte sie die Stimme ihres Vaters: „Komm näher her zu mir, Cusi Qoylyor!" Die junge Frau gehorchte und trat mit gebeugtem Haupt ganz nahe zum Vorhang.

Da sprach Inka Pachacuti so laut, dass ihn alle Anwesenden hören konnten: „Im Norden kämpfen unsere Truppen unter dem Befehl Tupac Yupanquis gegen die Chimu. Wenn er erfolgreich ist, was ihm mit Intis Hilfe gelingen wird, ist es meine Absicht, das Volk der Chimu fester an unser Reich zu binden. Aus diesem Grund soll eine meiner Töchter einen

Sohn des Königs von Chimor heiraten. Ich habe entschieden, dass Prinzessin Cusi Qoylyor die Frau eines Chimu-Prinzen wird. Ich befehle den Priestern, die Orakel zu befragen, wann die Hochzeitsfeierlichkeiten stattfinden können!"

Wie gelähmt stand die junge Prinzessin im Raum. Alles drehte sich um sie herum und sie fühlte, wie ihre Füße langsam nachgaben. „Ich darf nicht umfallen! Nur nicht ohnmächtig werden!", sagte sie leise zu sich und atmete tief und kräftig durch. Der rasende Pulsschlag beruhigte sich langsam und allmählich begann sie das Stimmgewirr wahrzunehmen, das sie umgab. Es schien, als wären alle Augen auf sie gerichtet. „Nur kein Anzeichen von Schwäche zeigen", ermahnte sie sich, „ruhig bleiben. Dreh dich um und geh in dein Zimmer! Niemand darf merken, wie schrecklich diese Nachricht ist!" Vorsichtig wandte sie sich um und schritt, vorsichtig einen Fuß vor den anderen setzend, auf die Türe zu. Im dunklen Gang begann sie plötzlich zu laufen, während ihr die Tränen in die Augen schossen. „Ollantay, ach Ollantay, was soll nur aus uns werden? Vater will mich einem Chimu-Prinzen zur Frau geben. Aber ich liebe doch nur dich, mein geliebter Ollantay!", dachte sie an den fernen, unerreichbaren Geliebten. Mit letzter Kraft erreichte sie ihr Zimmer, warf sich auf das Bett, vergrub das Gesicht tief in die Decken und weinte und schluchzte so herzzerreißend, dass selbst ihre Mutter sie nicht zu trösten vermochte.

Erst spät in der Nacht schlief sie vor Erschöpfung ein und erwachte beim Morgengrauen. Alle Fröhlichkeit war aus ihren Zügen gewichen, doch ein unbeugsamer Wille hielt sie aufrecht. „Ich werde niemanden heiraten außer Ollantay", schwor sie sich. „Falls Vater darauf besteht, dass ich die Frau eines Chimu werde, will ich sterben. Niemand außer Ollantay soll mich jemals in den Armen halten! Aber was ist, wenn er in einer Schlacht stirbt? Dann werde ich in derselben Stunde, in der ich von seinem Tod erfahre, Selbstmord verüben!" Je länger sie darüber nachdachte, desto zuversichtlicher wurde sie. Tod oder Ollantay, so lautete die Devise, die Prinzessin Cusi Qoylyor an diesem Morgen fasste.

Tupac Yupanqui führte seine mächtige Armee von den Niederungen des Maranon nach Osten und überschritt die Grenzen des Chimu-Reiches. Allen Soldaten war bewusst, dass nun der Kampf um die Vorherrschaft ihrer ganzen bekannten Welt beginnen würde. Nach dem Sieg über die Chachapoya fühlten sich die Truppen der Sonnensöhne unbesiegbar, aber trotzdem wurde der neue Feind nicht unterschätzt. Geordnet und diszipliniert marschierten die Sonnensöhne im feindlichen Reich ein. Die vorgeschobenen Grenzposten wurden durch den überraschend erfolgten Angriff schnell erobert. Damit waren die Zugangsstraßen in der Hand der Inka. Vor allem die Einheiten aus Antisuyu bewährten sich in den ersten Kämpfen und zeichneten sich durch Tapferkeit und taktisches Geschick aus. Ollantays Erfolge erweckten allerdings den Neid der übrigen hohen Offiziere. Ständig lagen die Brüder Tupac Yupanquis dem Thronfolger in den Ohren, er möge endlich ihnen den Befehl über die Angriffstruppen zusprechen. Schließlich gab der Prinz diesem Drängen nach und er befahl Ollantay, die Nachschubwege zu sichern. Gehorsam wie immer befolgte der junge Feldherr den Befehl seines Freundes und ließ mit keinem Wimpernschlag merken, ob er sich beleidigt fühlte.

So führte Ollantay sein Armeekorps Richtung Jequetepeque-Tal, eines der größten und wichtigsten Flusstäler des Chimu-Reiches, um erstens einen Flankenangriff des Feindes zu vereiteln und zweitens dieses fruchtbare Tal zu erobern und zu plündern, um die Versorgung des Inka-Heeres zu gewährleisten. Die anderen Armeekorps marschierten direkt auf das Zentrum des Chimu-Reiches zu, angeführt von Prinz Hatun Tupac, der darauf brannte, sein militärisches Geschick beweisen zu dürfen. Der Oberbefehlshaber, Thronfolger und Mitregent Tupac Yupanqui wollte mit Reserveeinheiten hinter den beiden Angriffskeilen bleiben, um bei Bedarf dem Bruder oder dem Freund Entsatz und Hilfe zu bringen. Nach einer letzten taktischen Besprechung teilte sich das Inkaheer und begann seinen Zangenangriff auf Chimor.

Ollantay schaute auf das weite, ebene Tal, das ausgebreitet vor ihm lag. Doch er fand in diesem Augenblick kein Vergnügen an den fruchtbaren Feldern, sondern er betrachtete die furchtbare Ernte des Todes. Überall lagen Tote, Sterbende und Verwundete und tränkten mit ihrem Blut die zerwühlte Erde. Dazwischen bemühten sich die Ärzte und Krankenpfleger um die verwundeten Soldaten. Die Schlacht war schrecklich gewesen, schrecklich wie immer. Schließlich hatte der unablässige Pfeilregen der Bogenschützen die Reihen der Chimu-Krieger so sehr gelichtet, dass die Feinde dem Ansturm der Inkasoldaten nicht mehr gewachsen waren und fliehen mussten. Ollantays Feldherrngeschick hatte sich einmal mehr gezeigt; das fruchtbare Jequetepeque-Tal war in seiner Hand und die Truppen aus Chimu geschlagen, viele waren gefallen oder gefangen, der Rest in alle Winde zerstreut.

Trotz der Erschöpfung der Soldaten gab Ollantay den Befehl, so schnell wie möglich vorzurücken, um die von der Ernte reich gefüllten Lagerhäuser in die Hand zu bekommen. Da die Krieger aus Chimu ihr Heil in einer kopflosen Flucht suchten, gelang es, die meisten Lebensmitteldepots unversehrt zu gewinnen. Dieser Erfolg Ollantays Soldaten ermöglichte es Tupac Yupanqui, den Eroberungszug fortzusetzen, denn nun war die Versorgung des Inkaheeres für die nächsten Monate gesichert. Sofort nach dem Sieg über das Chimu-Heer sandte Ollantay eine Nachricht an den Thronfolger und wartete auf neue Befehle.

Hatun Tupac rückte in der Zwischenzeit mit seinem Heer gegen Chancan vor. Voller Ehrgeiz wollte er den entscheidenden Sieg erringen und damit die sagenumwobene Hauptstadt Chimors erobern. Aber König Minchacaman hatte sich zum äußersten Widerstand entschlossen. An der Spitze seines Heeres stellte er sich den Inka zur Schlacht. Als Hatun Tupac die kampfbereiten gegnerischen Krieger erblickte, vergaß er alle Vorsicht. Ohne Tupac Yupanqui zu benachrichtigen und das Eintreffen der Reserven abzuwarten, wagte er die Schlacht, denn die Inka waren trotzdem zahlenmäßig noch immer weit überlegen.

Wieder erfüllten die dumpfen Trommeln und das schaurige Kriegsgeschrei der Inka die Luft, gefolgt vom Wehklagen der Verwundeten und Sterbenden. Welle auf Welle brandeten die Sonnensöhne gegen die Chimu, aber König Minchacamans Soldaten hielten allen Angriffen stand. Furchtbar waren die Verluste der Chimu, aber sie wichen keinen Fußbreit zurück, und kämpften mit dem Mute der Verzweiflung um die Unabhängigkeit ihrer Heimat.

Hatun Tupac trieb seine Krieger unerbittlich nach vorne, obwohl die Zahl der verwundeten und getöteten Inka ungleich höher war als die ihrer Feinde. Noch immer tat sich keine Lücke in der gegnerischen Schlachtreihe auf, als die Inka alles auf die Karte setzten und einen letzten Großangriff auf das Zentrum der Chimu starteten. Unter dem Druck der gewaltigen Masse schienen die Gegner endlich zu wanken, als sie langsam zurückwichen. Hatun Tupac schickte nun seine letzten Reserven ins Gefecht, um den Sieg vollkommen zu machen. Er bemerkte dabei nicht, dass er in eine Falle Minchacamans tappte.

Plötzlich schwenkten die Flanken der Chimu zur Mitte und nahmen einen Teil des Inkaheeres in die Zange. Viele Soldaten der Sonnensöhne sahen sich mit einem Schlag von den Feinden eingeschlossen. Sie gerieten in Panik und die disziplinierte Schlachtordnung löste sich auf. Das besiegelte ihr Schicksal. Die eingekreisten Krieger verloren den Zusammenhalt und waren eine leichte Beute für ihre Gegner. Viele Inka wurden erschlagen, der Rest warf die Waffen weg und ließ sich widerstandslos gefangen nehmen.

Als das die restlichen Inka sahen, verloren sie den Mut und wandten sich zur Flucht. Die Befehlshaber hatten alle Mühe, eine allgemeine Panik zu verhindern. Der Hinweis darauf, dass Prinz Tupac Yupanqui mit seiner Einheit ganz in der Nähe war, stärkte die Moral der Soldaten und die Flucht wandelte sich in einen halbwegs geordneten Rückzug. Das Heer der Sonnensöhne hatte allerdings eine empfindliche Niederlage erlitten. An eine Fortsetzung des Angriffes auf Chimor war in dieser Situation nicht mehr zu denken.

Tupac Yupanqui schäumte vor Wut, als er vom Versagen seines Bruders erfuhr. Nur die Fürsprache der anderen hohen Offiziere rettete Hatun Tupac das Leben. Der Thronfolger sandte unverzüglich einen Boten zu Ollantay und befahl diesem, sich wieder mit dem Hauptheer zu vereinigen.

Nachdem die Truppen aus Antisuyu eingetroffen waren, hatte die Armee der Sonnensöhne wieder eine beachtliche Stärke erreicht. Trotzdem entschloss sich Tupac Yupanqui, die Eroberung Chimors vorerst zu verschieben. Er marschierte mit seinem Heer zunächst nach Cajamarca, um den Männern einige Tage zur Erholung von den Strapazen zu gewähren. Außerdem gewann er durch diese Maßnahme Zeit, damit die Leichtverwundeten ihre Verletzungen auskurieren konnten. Hatun Tupac verlor den Befehl über sein Armeekorps und musste beim neuerlichen Aufbruch der Armee als Garnisonskommandant in Cajamarca zurückbleiben.

Von Cajamarca aus wandte sich Tupac Yupanqui nach Norden, in die Bergregion, die von den verhältnismäßig einfachen Palta-Indianern besiedelt wurde. Der Thronfolger wollte nach der Niederlage gegen die Chimu unbedingt weitere Siege erringen, bevor er nach Cuzco zurückkehrte. Die Palta wehrten sich verzweifelt gegen die Inka, wurden aber nach fünf Monaten schließlich überwunden.

Nachdem Tupac Yupanqui das Palta-Land besetzt hatte, führte er sein Heer noch weiter in den Norden. Hier lag das Gebiet des höchst streitbaren Canari-Stammes, der den Truppen der Inka lange erbitterten Widerstand leistete. Schließlich erlagen aber auch die tapferen Canari der großen Übermacht der Sonnensöhne, unterwarfen sich und dienten anschließend sogar – wie seinerzeit die Chanca – treu in Tupac Yupanquis Heer.

In den Kämpfen gegen die Palta und die Canari hatte Ollantay einmal mehr sein Feldherrentalent bewiesen. Die Krieger aus Antisuyu, die er anführte und umsichtig befehligte, waren in allen Schlachten im Zentrum des Geschehens gestanden. Ihr Mut, gepaart mit seinem taktischen Geschick, brachte den Truppen der Sonnensöhne stets den Sieg. Tupac

Yupanqui war begeistert von seinem Freund, der sein bester Feldherr geworden war.

Ollantay wusste, dass er sich auf seine Männer bedingungslos verlassen konnte. Darum behandelte er seine Soldaten mit dem nötigen Respekt, lobte sie und spornte sie an, tadelte aber auch, wenn jemand ein Fehlverhalten an den Tag legte. Die Krieger liebten ihn, da er ihre Strapazen, Nöte und Ängste teilte. Sie wussten, er war ein Mann aus dem einfachen Volk, der es dank seiner Geschicklichkeit zum Suyuyoc Apucuna von Antisuyu gebracht hatte, und bemühten sich, ihm nachzueifern. Ollantay beobachtete seine Untergebenen genau und wählte aus ihrer Mitte die militärischen Führer, die er brauchte, um sein Armeekorps zur Elitetruppe Tahuantinsuyus zu formen. Nach dem langen Feldzug im Norden, weit vom Herzen des Reiches entfernt, waren Ollantays Krieger die beste Einheit im Heer Tupac Yupanquis geworden. Das Zusammenspiel zwischen dem Feldherrn, seinen Unterführern und den einfachen Soldaten funktionierte so reibungslos, dass sich die Männer beinahe blind verständigen konnten. Vielfach ahnten die einzelnen Offiziere während einer Kampfhandlung schon, was Ollantay als nächsten Schachzug plante. Die besten von ihnen ernannte er zu Hatun Apos seiner Regimenter. Vor allem zwei tapfere und kluge junge Männer aus Pachamarca, Titu Huaman und Acoya-napa, waren in der langen Kriegszeit zu seinen engsten Vertrauten und Stellvertretern geworden.

Nachdem der Krieg gegen die Canari siegreich zu Ende gegangen war, befahl Tupac Yupanqui, die Hauptstadt dieses Volkes – Tumibamba, die Stadt der Messer – in eine typisch inkaische Provinzhauptstadt zu verwandeln. Tumibamba wurde mit allem ausgeschmückt, was zu einer Provinzhauptstadt Tahuantinsuyus im Allgemeinen gehörte: mit einem Inti-Tempel, einem Kloster der Sonnenjungfrauen, einem Palast für den Herrscher und andere hohe Würdenträger des Reiches, Waffenarsenalen und Vorratsspeichern. So wurde diese Stadt, wie Cajamarca einige Jahre zuvor, für die Inka zu einem guten Stützpunkt für weitere Eroberungen. Doch ehe

Tupac Yupanqui die Schmach der Niederlage gegen die Chimu ausmerzen und anschließend weiter nach Norden vorstoßen wollte, beschloss er, die Armee zurück nach Cuzco zu führen. Die Männer hatten in den letzten Monaten wahrhaft Heroisches geleistet und eine Pause verdient.

Als Ollantay von den Plänen des Thronfolgers hörte, ergriff ihn ein wundersames Verlangen nach Cusi Qoylyor. Endlich würde er seine Geliebte wiedersehen. Allein der Gedanke daran versetzte ihn in ein unbeschreibliches Stimmungshoch. Gleichzeitig nagten Zweifel in seinem Herzen. Liebte sie ihn immer noch so sehr, wie er sie? Sie war doch beinahe noch ein Mädchen gewesen, als sie sich ihre Liebe gestanden hatten. Vielleicht hatte sich in der Zwischenzeit ihre Meinung geändert? In der Hauptstadt gab es genug junge, adelige Männer, die das Herz eines hübschen Mädchens erobern konnten. Oder hatte der Inka seine Tochter einem hohen Würdenträger zur Frau gegeben? Nein, wahrscheinlich nicht, davon hätte sicher einer der unzähligen Kuriere, die zwischen der Nordarmee und Cuzco unterwegs waren, berichtet. So schwankte seine Stimmung zwischen Bangen und Hoffen und jeder Tag, der ihn seiner Geliebten näher brachte, verstärkte seine Ängste.

Das Wechselbad der Gefühle blieb Tupac Yupanqui, der seinen Freund genau kannte, natürlich nicht verborgen. Er ahnte auch, dass eine Frau dahinterstecken musste, denn so eigenartig hatte sich Ollantay noch nie benommen. Der Thronfolger hänselte ihn deswegen und sprach bei allen Gelegenheiten über die Freuden, die eine Frau einem Mann bereiten konnte. Lief Ollantays Gesicht rot an, lachte Tupac Yupanqui lauthals und war mit sich und der Welt zufrieden. Ein Feldherr, der jede Schlacht siegreich beendet hatte, würde auch eine Frau im Handumdrehen besiegen. Das war jedenfalls die Meinung des Thronfolgers, darum brauche sich Ollantay keine Sorgen machen, er werde sein Ziel schon noch erreichen. Ollantay aber war sich seiner Sache nicht so sicher. Selbst wenn Cusi Qoylyor auf ihn gewartet hatte, würde der Inka seine Einwilligung zu dieser Verbindung geben?

Je länger Ollantay darüber nachdachte, desto mehr Zweifel befielen ihn.

Unablässig regneten Blüten auf die Männer herab, die selbstbewusst durch die Straßen Cuzcos marschierten. Wie auf einem bunten Blumenteppich schritten sie dahin, so farbenprächtig und weich präsentierten sich die Gassen der Hauptstadt. Links und rechts standen unzählige Menschen und brüllten ihre Freude den Soldaten entgegen, die nach dem langen Feldzug siegreich in das Herz Tahuantinsuyus zurückkehrten. Ohrenbetäubend war der Jubel, der den Kriegern entgegenbrandete, verstärkt wurde das Getöse durch die dumpf dröhnenden Trommelschläge und die schrillen Flötentöne der Musikanten, die den Zug begleiteten.

Wohin Ollantay auch blickte, überall strahlten ihn glückliche und dankbare Frauen und Männer an. In ihren Blicken spiegelte sich auch der Stolz wider, zum ausgewählten Volk der Sonnensöhne zu gehören, deren Aufgabe es war, den umliegenden Stämmen und Völkern die Segnungen ihrer überlegenen Zivilisation zu bringen. Dieser Feldzug in den Norden hatte wieder einmal die Stärke und Macht Tahuantinsuyus bewiesen. Mit neugierigem Schaudern betrachteten die Einwohner Cuzcos die Kriegsgefangenen, die den Triumphzug begleiten mussten. Diese hatten keine Augen für die Pracht, die ihnen auf Schritt und Tritt begegnete. Ihre Gesichter blickten leer und verhärmt auf die Menschen, von denen sie verhöhnt wurden. Die obersten Anführer der besiegten Palta und Canari saßen nackt in Käfigen. Ohne Unterbrechung wurden sie bespuckt oder mit allerlei ekelerregenden Gegenständen beworfen. Teils ängstlich, teils mit ruhiger Gelassenheit ertrugen sie die kleinen Qualen, denen sie ausgesetzt waren. Sie wussten, auf sie wartete am Ende des Tages der Tod.

Im Gegensatz zu den Todgeweihten winkten die Soldaten den jubelnden Menschen zu. Da und dort erblickte einer von ihnen ein bekanntes Gesicht in der Menge. Auch Ollantay blickte immer wieder zur Seite. Er suchte Cusi Qoylyor, konnte sie aber nirgendwo entdecken. Je näher er mit seiner Einheit dem Cusipata, dem zentralen Platz der Hauptstadt kam, desto unruhiger wurde er. Wo war seine geliebte Cusi, nach der er sich so sehr gesehnt hatte, dass es ihn manchmal schmerzte? War sie nicht hier, um den Triumphzug des Heeres mitzuerleben? Schon sah er vor sich den Sonnentempel in die Höhe ragen, in dem der Inka nach der Parade den Dankgottesdienst für Inti abhalten würde. Da erblickte er sie endlich im Gefolge des Herrschers und erinnerte sich schlagartig. Hier war sie ihm das erste Mal aufgefallen, als vor Jahren ebenfalls ein Triumphzug veranstaltet worden war. Darum hatte er sie zuvor nicht sehen können, weil ihr angemessener Platz auf dem Cusipata war. Sie sah noch schöner aus, als er sie in seinen Erinnerungen hatte. Und sie lächelte ihn an, um strahlende Pfeile der Liebe in seinem Herz zu versenken.

Ollantay vergaß den ohrenbetäubenden Lärm und hatte kein Auge mehr für die bunte Blütenpracht, von der er umgeben wurde. Er sah nur mehr die schöne, junge Frau, die ihm noch begehrenswerter vorkam als je zuvor. Ollantay schien plötzlich wie auf Wolken zu schweben. Er konnte den Blick nicht mehr von Cusi Qoylyor abwenden. Wie von einem Magnet angezogen, schaute er immer wieder in ihre Richtung und war hingerissen von ihrer Schönheit, die er so schmerzlich vermisst hatte. Ohne sich dessen bewusst zu sein, lächelte er ebenfalls und seine Augen strahlten heller, als selbst Inti es vermocht hätte. Jetzt nahm sie eine Blume an ihre weichen Lippen, küsste die Blütenblätter sanft und warf sie mit einem sehnsuchtsvollen Blick in den Augen in seine Richtung. Am liebsten wäre Ollantay auf der Stelle zu ihr geeilt und hätte sie in die Arme genommen, doch noch musste er seine Pflicht erfüllen und das Ende der Siegeszeremonie abwarten. Während Pachacuti das Bad in der Menge aus vollen Zügen genoss und seinen Sohn Tupac Yupanqui, den siegreichen Oberbefehlshaber des Heeres, daran teilhaben ließ, war Ollantay mit seinen Gedanken längst bei Cusi Qoylyor. Hoffentlich fand er bald eine Gelegenheit, sie zu treffen. Heute würde es schwer möglich sein, das wusste er, aber morgen in der Früh würde er in die königlichen Gärten eilen, dorthin, wo ihr geheimer Treffpunkt war.

Der Huillac Umu hatte mit dem Inka die Dankopfer an Inti dargebracht. Nun saßen die siegreichen Offiziere und die anderen hohen Würdenträgern des Reiches mit dem Herrscher zusammen und feierten die Eroberungen. Die Tische bogen sich unter den Köstlichkeiten und Chicha floss ebenfalls in Strömen. Die Männer standen in Gruppen zusammen und erzählten noch einmal von ihren Heldentaten. Tupac Yupanqui lobte dabei lauthals die Taten Ollantays, den er als seinen besten Feldherrn lobte. Inka Pachacuti schaute mehr als einmal zu diesem hin und lächelte ihn freundlich an. Die übrigen Würdenträger bemerkten dieses herzliche Einvernehmen zwischen dem Suyuyoc Apucuna von Antisuyu und dem Herrscher und einige runzelten vor Neid und Eifersucht die Stirn. Diesen jungen Mann, der solch einen kometenhaften Aufstieg geschafft hatte, musste man genauer im Auge behalten.

Da trat ein Bediensteter nahe an Ollantay heran, um ihm von dem Getränk nachzuschenken. Dabei streifte er fast die Wange des Apo und flüsterte ihm ins Ohr: „Cusi Qoylyor lässt Euch herzlich grüßen. Sie steht draußen auf dem Gang und erwartet Euch. Mir hat sie aufgetragen, Euch das auszurichten." Ollantays Knie begannen zu zittern. Durfte er das Festgelage ohne Erlaubnis des Inka verlassen. Er sah sich im Saal um und bemerkte, dass viele der Männer immer wieder ins Freie traten, um sich zu erleichtern. So wandte er sich an Tupac Yupanqui und bat ihn um Erlaubnis, für einige Augenblicke die Gesellschaft verlassen zu dürfen. „Geh nur, mein Freund", meinte der Thronfolger, „und erleichtere dich, damit du Platz schaffst für weitere Krüge unseres köstlichen Getränkes!" Ollantay bedankte sich und eilte aus dem Saal, um Cusi zu suchen.

Wo konnte sie nur stecken? Auf dem dunklen Gang, der von einigen Fackeln spärlich erleuchtet wurde, huschten ein paar Gestalten geschäftig hin und her. Er ging suchend weiter, als aus einer Wandnische plötzlich eine vermummte Gestalt auf ihn zu trat. Ollantay blieb erschrocken stehen und nahm instinktiv eine abwehrbereite Stellung ein. „Willst du gegen mich kämpfen?", hörte er eine leise, hohe Stimme. Im selben Moment lüftete die unbekannte Person das Gesichtstuch und Ollantay erkannte seine Geliebte. Er wollte sie sogleich in die Arme nehmen, doch sie wich zurück. „Nicht jetzt, das ist viel zu gefährlich!" „Was du machst, ist viel gefährlicher", antwortete der junge Mann mit besorgter Miene. „Nein, ich bin vorsichtig genug", wehrte Cusi Qoylyor den Vorwurf ab. „Ich musste ganz einfach deine Stimme hören, nachdem ich dich heute bei der Siegesfeier nur aus der Ferne bewundern konnte. Du bist noch schöner geworden." „Nein", fiel ihr Ollantay ins Wort, „du bist viel schöner geworden, viel schöner als das Bild von dir, das ich in meinem Herzen mit mir herumgetragen habe." Seine sehnsüchtigen Blicke trafen in das Herz der Prinzessin. Sie flüsterte: „Wenn im Palast Ruhe eingekehrt ist, schleiche ich mich auf dein Zimmer. Ich werde in diesem Rhythmus an deine Türe klopfen." Dabei klopfte sie ein paar Takte, kaum hörbar, gegen die Wand. Ehe Ollantay noch erwidern konnte, dass ihr Vorhaben viel zu gefährlich sei, war sie auch schon hinter der nächsten Ecke verschwunden. Glücklich und nachdenklich zugleich ging er wieder zur Siegesfeier zurück.

Dort war die Stimmung noch ausgelassener geworden. „Du warst lange weg", begrüßte ihn Tupac Yupanqui, „mein Vater hat dich bereits gesucht. Er möchte dir etwas mitteilen." Dabei lächelte er seinen Freund geheimnisvoll an. Ollantay erschrak. „Ist es jemandem aufgefallen, dass sich Prinzessin Cusi Qoylyor mit mir getroffen hat?", fragte er sich und seine Stirn verdüsterte sich. „Warum nur habe ich nachgegeben und bin zur ihr gegangen?", machte er sich heftige Vorwürfe. Doch dann nahm er allen Mut zusammen und blickte zu Pachacuti, der seinerseits huldvoll lächelte.

Das Gemurmel der Umstehenden erstarb, als der Inka zu sprechen begann. Mit lauter, klarer Stimme wandte er sich an den tapferen und klugen Feldherrn: „Ollantay, nun weiß ich, dass ich eine gute Wahl getroffen habe, als ich dich zum

Suyuyoc Apucuna von Antisuyu und zugleich zum Aposquin Rantin eines Armeekorps ernannt habe. Mein Sohn hat mir berichtet, dass deine Einheit als einzige Truppe nie eine Niederlage erlitten hat. Mit deinem umsichtigen Rat hattest du entscheidenden Anteil an den großen Siegen, die das Heer meines Sohnes und Mitregenten errungen hat. Und die Schlappe gegen die Chimu hast du dadurch ausgeglichen, dass es dir mit deinen Kriegern gelungen ist, das Jequetepeque-Tal zu erobern. Trotz deiner Erfolge bist du immer bescheiden geblieben und erfüllst die wichtigsten Gebote der Inka: Gehorsam und Fleiß! Aus diesem Grund habe ich beschlossen, dir einen Wunsch zu erfüllen. Noch keiner meiner Untertanen durfte den goldenen Garten in meinem Palast bewundern, nur den Angehörigen der königlichen Ayllu war dieses Privileg bis jetzt gegönnt. Morgen, wenn die Sonne ihren höchsten Punkt erreicht, erwarte ich dich am Eingang zum goldenen Garten. Gemeinsam mit meinem Sohn werde ich dir alle Schätze Tahuantinsuyus zeigen. Anschließend darfst du von mir fordern, was dein Herz begehrt. Überlege gut, was du dir von mir wünscht!"

Ollantay war bei den Worten des Inka auf die Knie gefallen und konnte nur noch stammeln, dass er dem Herrscher gerne von ganzem Herzen diene und er schon genug belohnt worden sei. Doch Pachacuti wischte mit einer energischen Handbewegung alle Einwände beiseite und wiederholte gut hörbar, dass Ollantay einen Wunsch frei habe. Die hohen Würdenträger wagten über dieses ungeheuerliche Angebot kaum nachzudenken, doch in einigen von ihnen regte sich der Neid über das großzügige Angebot des Herrschers gegenüber diesem Emporkömmling. Nur, es dem Inka laut zu sagen, wagte natürlich niemand. Ollantay aber fühlte viele giftige Blicke hinter seinem Rücken, nur Tupac Yupanqui freute sich ehrlich mit seinem Freund.

Nach der Siegesfeier ging Ollantay beschwingt in sein Zimmer. Er konnte es kaum erwarten, Cusi die gute Nachricht mitzuteilen. Natürlich würde er den Inka um ihre Hand bitten. Mit einem Male schienen alle Schwierigkeiten weit entfernt, denn Pachacuti musste ihm diesen Wunsch erfüllen. Musste das der Inka wirklich? Was, wenn er auf diese Bitte Ollantays verärgert und zornig reagieren würde? Einerlei, der junge Mann musste und wollte es wagen, den Herrscher um Cusi Qoylyor zu bitten. Aber würde Cusi tatsächlich jetzt noch zu ihm kommen. Wenn er an sie dachte, konnte er seine Sehnsucht nach ihr kaum noch beherrschen. Hier im Königspalast war sein Verlangen sogar viel stärker als in der Fremde, denn überall spürte er die Ausstrahlung seiner Geliebten. Nervös und ungeduldig marschierte er im Zimmer auf und ab. Schließlich hielt er es nicht mehr aus. Vorsichtig öffnete er die Tür und ging hinaus auf den dunklen Gang. Er vermeinte ein leises Geräusch zu hören und starrte angespannt in diese Richtung. Gleich darauf bemerkte er einen Schatten, der sich langsam und vorsichtig näherte. Eine vermummte Gestalt tauchte im Gang auf, sah kurz zu Ollantay und lief dann eilig auf ihn zu. Er öffnete schnell und geräuschlos seine Zimmertür und trat ein.

Die vermummte Gestalt schlüpfte hastig in Ollantays Zimmer. Der junge Mann eilte sogleich zur Tür und verriegelte sie von innen, niemand sollte die beiden in den nächsten Stunden stören. Cusi Qoylyor nahm die Maske ab und legte sie auf den kleinen Tisch in der Mitte des Zimmers. Sie blickte sich um. Die Wände waren mit symbolischen Mustern – Dreiecken und Vierecken – bemalt, dabei überwogen rote, blaue und gelbe Farben. Darüber spazierten ein paar Lamas in einer langen Reihe. Den Abschluss bildeten Jaguare, deren anmutige Stärke in den Raum hereinstrahlte. In Wandnischen befanden sich kleine Schmuckgegenstände aus Gold und Silber, eine Statue Intis, ein Lama, eine kleine Schatulle und ein brüllender Jaguar. Auf dem Boden lagen viele buntbestickte, langhaarige Decken aus Lamawolle, die auf Cusi einladend wirkten. Zwei Lampen erleuchteten das Zimmer nur notdürftig und hüllten alles in einen geheimnisvollen Schimmer.

Cusi sah im flackernden Licht wunderschön aus. Lächelnd trat Ollantay auf sie zu. Das lange, schwarze Haar hing ihr locker ins Gesicht. Ein Kittel aus kostbarer Alpakawolle, der am Saum mit eingestickten Ornamenten verziert war, schmiegte sich ihren Körperformen so sehr an, dass trotz ihrer Jugend schon weibliche Formen zu erkennen waren. Ollantay hingegen trug nur einen Lendenschurz, seine muskulöse Brust war nackt. Sie lächelte, als er näher kam, obwohl ein nervöses Flackern in ihren Augen verriet, dass sie ein wenig Angst vor dem hatte, was kommen würde. Auf dem Tisch befanden sich ein Krug und zwei Becher. Als Ollantay den Krug nehmen wollte, um einzuschenken, kam ihm Cusi zuvor. Sie reichte ihm den Trinkbecher, dabei berührte er ihre Hand. Sie erschauderte kurz und zog sie ein wenig zurück, doch dann überließ sie sie ihm. Er hielt sie fest, damit sie nicht mehr zitterte, nippte und bot ihr anschließend zu trinken an. Sie nickte, doch hielt er ihr den Becher so an den Mund, dass sie ihre Finger um die seinen legen musste, um das Gefäß zum Trinken schräg zu legen. Nachdem er den Becher wieder hingestellt hatte, griff er nochmals nach ihren Händen, bog die Handflächen auseinander und küsste leicht eine nach der anderen. Ihre Augen weiteten sich vor Nervosität, doch sie zog die Hände nicht zurück. Er ließ seine Finger ihre Arme hinaufgleiten und beugte sich dann vor, um sie auf den Hals zu küssen. Sie war vor Erwartung, aber auch vor ein wenig Furcht leicht verkrampft.

Er rückte näher, küsste sie wieder auf den Hals und ließ seine Hand hinuntergleiten, bis sie eine Brust bedeckte. Obwohl sie noch immer nervös und ängstlich war, spürte sie inzwischen, wie sie selbst auf seine Berührungen reagierte. Er bog ihr den Kopf nach hinten, küsste wieder ihren Hals, züngelte dann ihre Kehle hinauf und näherte sich mit dem Mund ihrem Ohr. Er knabberte kurz daran, bis sie kitzelig geworden, wegzuckte. Nun fuhr er mit dem Mund weiter, bis er ihren fand. Den seinen öffnete er, schob ihr behutsam die Zunge zwischen die Lippen, und als sie diese öffnete, übte er sanften Druck darauf aus, damit sie noch weiter aufmachte.

Ollantay bog sich zurück, hielt sie bei den Schultern und lächelte. Cusi hatte die Augen geschlossen, den Mund jedoch immer noch geöffnet und atmete schneller als sonst. Daraufhin küsste er sie nochmals, bedeckte eine ihrer Brüste mit der Hand und griff dann zur Gewandnadel, um diese herauszuziehen. Jetzt versteifte sie sich ein wenig. Er hielt inne, sah sie an, lächelte und zog die Nadel weiter heraus, bis der Kittel vorne ganz offen stand. Er beugte sich zu ihrem Hals hinunter, als er ihr den Kittel über die Schultern schob und ihre aufgerichteten jungen Brüste mit den geschwollenen Höfen entblößte. Sein Glied pochte. Mit offenem Mund küsste er sie auf die Schulter, fuhr mit der Zunge auf ihrer Haut hin und her und spürte, wie sie erschauerte. Zärtlich fuhr er ihr über die Arme und ließ die Hände über ihr Rückgrat in die Höhe wandern, während er ihr mit der Zunge über Hals und Brust hinunterfuhr, den Hof umkreiste, spürte, wie die Brustwarze sich zusammenzog, und sog sanft daran. Sie schnappte nach Luft und drückte sich noch enger an ihn. Er saugte an der anderen Brust, fuhr mit der Zunge wieder hinauf zu ihrem Mund, küsste sie und drückte sie dann nach hinten. Sie schlug die Augen auf und blickte ihn unsagbar verliebt und glückselig an. „Ollantay, ich liebe dich so sehr", hauchte sie ihn an. „Cusi, ich liebe dich noch mehr, als ich es zu sagen vermag", antwortete er mit heiserer Stimme. Er neigte sich über sie, küsste sie abermals und spürte, wie sie den Mund aufmachte, um den Geschmack seiner Zunge mit der ihren zu kosten. Er streichelte ihre Brust und fuhr ihr mit der Zunge den Hals hinunter und über die Schulter. Wieder fand er ihre Brustwarze, saugte fester, als er sie stöhnen hörte und fühlte, wie sein eigener Atem heftiger ging. Ollantay spürte das Verlangen, sie augenblicklich zu nehmen. „Behutsam sein, sie nicht erschrecken", ermahnte er sich. „Es ist das erste Mal für sie. Warte darauf, bis du ganz sicher bist, dass sie bereit ist."

Er streichelte ihre bloße Haut unterhalb ihrer schwellenden Brüste bis hinunter zur Hüfte und tastete nach dem Lederriemen, der ihren Lendenschurz zusammenhielt. Nachdem er die Schleife aufgezogen hatte, griff er auf ihren Bauch und ließ seine Hand dort ruhen. Sie verkrampfte kurz, entspannte sich aber gleich wieder. Er griff weiter hinunter, berührte die Innenseite ihrer Schenkel und strich über ihr weiches Schamhaar. Sie stöhnte vor Verlangen leicht auf, als er die Innenseite ihrer Schenkel streichelte und drängte sich ihm entgegen. Doch Ollantay riss sich plötzlich von ihr los und befreite sie ganz von ihrem Lendenschurz. Dann erhob er sich und betrachtete ihre sanft gerundeten, noch nicht ganz erblühten Brüste. Vertrauensvoll und verlangend zugleich lächelte sie ihn an. Nun löste er seinen Lendenschurz und ließ ihn hinuntergleiten. Sie schluckte, als sie sein aufrecht stehendes, geschwollenes Glied erblickte, und ein Hauch von Angst kehrte in ihre Augen zurück. Seine Liebeslanze ragte so riesig in die Höhe, dass sich Cusi fragte, wie er in sie hineinpassen sollte. Er setzte sich neben sie und wartete, ließ ihr Zeit. Ihr Blick wurde angezogen von seinem pochenden, steil aufgerichteten Glied. Er ergriff ihre Hand, führte sie an sich heran, damit sie ihn berührte, und im selben Moment wallte es in ihm auf. Cusi spürte, wie weich seine Haut war, fühlte die Wärme und die feste Fülle, und als sein Glied sich begierig in ihrer Hand bewegte, überfiel sie unversehens ein angenehmes, prickelndes Gefühl, und sie wurde feucht zwischen den Beinen.

Ollantay nahm sie sanft und legte sie auf die weichen, dicken Wolldecken auf den Boden. Er streckte sich neben ihr aus und küsste sie behutsam. Sie öffnete ihre dunklen Augen und schaute in die seinen. Darin erkannte sie Fürsorglichkeit und sein Begehren und irgendeine unbekannte, unwiderstehliche Kraft. Sie fühlte sich überwältigt, eingesogen und verloren in den unsäglichen Tiefen seiner Augen und wieder überfiel sie das angenehm prickelnde Gefühl. Sie begehrte ihn. Zwar fürchtete sie den Schmerz, von dem ihre Mutter und die anderen Frauen gesprochen hatten, und doch begehrte sie ihn. Sie griff nach ihm, machte die Augen zu, öffnete den Mund und schmiegte sich enger an ihn. Er küsste sie, ließ sie seinen Mund erkunden und arbeitete sich dann langsam über Hals und Kehle nach unten, drückte ihr dabei kleine Küsse auf, bewegte die Zunge und streichelte ihr sanft Bauch und Schenkel. Ein wenig spannte er sie auf die Folter, kam ganz nahe an ihre empfindsamen Brustwarzen heran und rückte dann wieder fort, bis sie seinen Kopf nahm und seine Lippen draufdrückte. In diesem Augenblick schob er die Hand in den warmen Schlitz zwischen ihren Schenkeln und fand die kleine pulsierende Perle. Ein leises, lustvolles Stöhnen entfuhr ihr.

Er saugte und biss sie sanft in die Brustwarze, während er gleichzeitig sehr behutsam seinen Mittelfinger bewegte. Sie stöhnte und hob und senkte die Hüften. Er bewegte sich weiter abwärts und merkte, wie sie die Luft anhielt, als seine Zunge ihren Nabel fand. Ollantay spürte, wie sich ihre Muskeln anspannten, als er noch weiter hinunterglitt. Schließlich zwängte er ihr die Beine auseinander und nahm die erste Kostprobe von ihrer scharfen Würze. Ein zitternder Schrei entrang sich ihrer Brust. Jeder Atemzug war ein Stöhnen, sie warf den Kopf hin und her und hob die Hüften, um ihm entgegenzukommen. Mit den Händen zog er sie auseinander, leckte ihre warme Falte, fand dann mit der Zunge die erbsengroße Liebesperle und bearbeitete sie. Als sie aufschrie und die Hüften bewegte, war seine eigene Erregung kaum noch zu bändigen. Er kämpfte damit, sich nicht zu verausgaben. Als er sie rasch keuchen hörte, hob er den Oberkörper, lag aber immer noch auf den Knien, um das Eindringen ganz in der Hand zu haben, und führte die Spitze seines zum Bersten gefüllten Glieds in ihre unerfahrene Öffnung ein. Er knirschte mit den Zähnen, so sehr musste er sich beherrschen, als er in die warme, feuchte, enge Schlucht einfuhr.

Als sie die Beine um ihn verschränkte, fühlte er die Sperre in ihr. Mit dem Finger ertastete er wieder die Liebesperle, bewegte sich selbst ganz leicht vor und zurück, bis ihr Stöhnen zu kleinen Schreien wurde und er fühlte, wie sie die Hüfte anhob. Da zog er zurück, stieß fest zu und spürte, wie er die Sperre durchbrach. Während sie vor Schmerz und

Lust aufschrie, vernahm er seinen eigenen gedämpften Aufschrei, der ihm entfuhr, als sein aufgestautes Bedürfnis sich zitternd und in Krämpfen entlud. Er fuhr noch ein paar Mal hinein und wieder heraus, drang so weit ein, wie er glaubte, es wagen zu können, spürte, wie das letzte bisschen an Lebenssaft aus ihm herausgepresst wurde, schließlich sank er stöhnend auf ihre Brust. Er lag einen Moment nach Atem ringend da, dann richtete er sich auf. Die weiche Decke aus weißer Alpakawolle wies einen roten Fleck auf. Ollantay kuschelte sich wieder neben sie hin. Sie lag entspannt neben ihm, hatte den Kopf leicht zur Seite gedreht und hielt die Augen geschlossen. Ollantay überließ sich neben Cusi Qoylyor ganz der Entspannung. Nach einer Weile setzte sie sich auf und blickte mit schimmernden, schmachtenden Augen auf ihn hinab. „Ollantay, ich liebe dich. Du hast eine richtige Frau aus mir gemacht. Ich werde ewig die Deine sein oder niemandem angehören. Mein Vater kann mir niemals verbieten, dich zu lieben." Dann beugte sie sich über ihn und küsste ihn. Überrascht stellte Ollantay fest, dass das Begehren sich nach so kurzer Zeit neuerlich in ihm regte. Er zog sie zu sich herunter und bedeckte ihren Kopf mit Küssen. Dann nahm er sich Zeit, der lerneifrigen jungen Frau neben sich zu zeigen, wie sie ihm Lust bereitete, und ihr selbst neue Lust zu schenken. Sie hatten noch die ganze Nacht vor sich und beide ahnten, dass sie sich weitere wunderbare Höhepunkte schenken würden.

Als der Morgen graute, erwachte Ollantay. Cusi schlummerte selig in seinen Armen. Sanft begann er ihre Wange zu küssen, bis sie endlich die Augen aufschlug. Glücklich blickte sie ihn an und erwiderte die zärtlichen Küsse, während sie ihn ganz nahe zu sich heranzog. „Ich liebe dich so sehr. Nach dieser Nacht weiß ich, dass ich eher sterben möchte, als von dir zu lassen", flüsterte die junge Frau. „Wenn Vater doch erlauben würde, dass wir beide ein Paar werden", träumte sie vor sich hin. Ollantay legte den Zeigefinger der rechten Hand behutsam auf ihre Lippen: „Ich muss dir etwas Wichtiges sagen. Inka Pachacuti hat mir gestern versprochen, dass ich einen Wunsch freihabe. Wir treffen uns um die Mittagsstunde in seinem goldenen Garten. Ich werde ihn um deine Hand bitten. Wenn er ein Mann von Ehre ist, wird er dich mir zur Frau geben. Jetzt habe ich tatsächlich die Hoffnung, dass wir beide ein Paar werden." „Das sind ja großartige Neuigkeiten. Warum erzählst du mir erst jetzt davon?", schaute sie ihn mit ihren großen, dunklen Augen fragend an. „Gestern wollte ich nur dich haben, ohne an irgendetwas anderes zu denken", gab Ollantay zur Antwort, „doch heute Morgen können wir daran gehen, Pläne für eine gemeinsame Zukunft zu entwerfen." Er umarmte seine Geliebte und bedeckte ihr Gesicht mit Küssen. „Jetzt musst du aber gehen! Es ist höchste Zeit! Sonst merkt noch jemand, dass du die Nacht in meinem Zimmer verbracht hast. Erst wenn der Inka seine Erlaubnis zu unserer Verbindung gegeben hat, können wir es wagen, uns öffentlich als Paar zu zeigen. Vorher wäre es zu gefährlich. In der Umgebung Pachacutis gibt es einige Männer, denen mein Aufstieg ein Dorn im Auge ist. Diesen dürfen wir keine Angriffsfläche bieten, damit sie mich nicht anschwärzen und ins Verderben stürzen können. Vor allem einige deiner Halbbrüder sind nicht besonders gut auf mich zu sprechen, nur Tupac Yupanqui ist ein treuer Freund. Von ihm habe ich nichts zu befürchten. Es ist besser, wir treffen uns heute erst am Nachmittag im Garten. Dann kann ich dir berichten, was der Inka zu meinem Wunsch gesagt hat." Noch einmal küsste er sie, dann brachte er Cusi zur Tür und spähte vorsichtig hinaus. Da alles ruhig blieb, gab er ihr ein Zeichen, damit sie auf den Gang, der noch immer in ein spärliches Zwielicht getaucht war, treten konnte.

Teil V.

Sieg oder Niederlage?

Immer wieder drehten sich einige Diener erstaunt um, als sie den jungen Mann sahen. Dieser war mit einem wunderschönen Umhang bekleidet, der in vielen bunten Farben leuchtete. Auf dem Kopf saß ein dazupassendes Band, in dem ein paar schillernde Vogelfedern steckten. Mit zuversichtlichen Schritten eilte Ollantay zum Treffpunkt mit dem Inka. Zufrieden stellte er fest, dass er Aufmerksamkeit erregte. Er war in Zweifel gewesen, ob er seine besten Kleider anziehen sollte, hatte sich schließlich aber doch dazu entschlossen. Heute durfte er als erster Nichtangehöriger der königlichen Familie den berühmten goldenen Garten des Inka sehen, außerdem war er fest entschlossen, Pachacuti um die Hand von Cusi Qoylyor zu bitten. Zu diesem Zweck erschienen ihm seine prächtigsten Gewänder angebracht zu sein. Innerlich zitterte er vor dieser Aussprache, doch nach außen hin ließ er sich seine Nervosität und Unsicherheit nicht anmerken. So schritt er mit selbstbewusster Gestik und Mimik durch den Königspalast, bis er zur schwerbewachten Tür des goldenen Gartens des Inka kam. Sofort versperrten ihm zwei Soldaten den Weg, indem sie ihre Lanzen vor seiner Brust kreuzten. Ollantay hob abwehrend die Arme und blieb gehorsam stehen. Er brauchte nicht lange zu warten, denn wenige Augenblicke später tauchten Pachacuti und Tupac Yupanqui auf, die beide gut gelaunt aussahen. Ollantay dachte: „Inti ist mir gewogen. Ich glaube, der Inka wird meinen Wunsch erfüllen." Dann verneigte sich der junge Mann tief vor dem Herrscher und wartete, bis er die Erlaubnis bekam, sich zu erheben. „Welch große Ehre ist mit widerfahren", überlegte er, „den meisten Einwohnern Tahuantinsuyu ist es nicht einmal erlaubt, den Inka anzusehen, und ich darf mit ihm sprechen, wie man zu einem Vater spricht." Ein scharfer Befehl ertönte und die Wachsoldaten standen still. Tupac Yupanqui rief: „Los, Ollantay, steh auf und folge uns!" Der Angesprochene erhob sich und näherte sich seinem königlichen Freund und dem wohlwollend lächelnden Inka. Pachacuti winkte und ein Soldat öffnete die schwere Holztür. Der Herrscher, sein Sohn und Ollantay schritten durch das Tor und verschwanden in dem hell erleuchteten Raum, der den geheimnisvollen goldenen Garten des Inka beherbergte.

Ollantay kam aus dem Staunen nicht mehr heraus, als er sich umblickte. Überall glitzerte es von Gold und Edelsteinen. Das von oben durch ein paar Öffnungen einfallende Sonnenlicht verstärkte das Funkeln der kostbaren Gegenstände, die sich hier herinnen befanden. Alles, was man im Sonnenreich im Freien finden konnte, war in diesem wundersamen Garten in einer Nachbildung aus Gold zu sehen: die Schollen peruanischer Felder, goldene Erdäpfel, die von goldenen Männern und Frauen geerntet wurden; Mais, dessen unreife Kolben aus silbernen Drähten geflochten waren; Lamaherden samt ihren Jungen suchten auf goldenen Weiden Futter, sie wurden von goldenen Inkahirten behütet. Wohlgestaltete junge Mädchen pflückten die goldenen Früchte von goldenen Apfelbäumen. Doch es gab hier auch andere goldene Bäume und Sträucher, auf deren Zweigen sich in Gold gearbeitete Vögel wiegten. Das Federkleid der Kolibris war mit Edelsteinen übersät. Goldene Schlangen, deren Augen aus dunklen Edelsteinen gebildet waren, krochen auf dem Boden. Auf den Wiesen des Gartens glänzten goldene Blumen mit Blüten aus kostbaren Edelsteinen, auf denen sich, vom Flug ermattet, goldene Falter niederließen oder über die goldenen Käfer huschten. Jedes kleine Detail war allerliebst und sorgfältig ausgearbeitet. Der Garten verzauberte Ollantay nicht nur wegen des ungeheuren Wertes des verarbeiteten Goldes und der unzähligen Edelsteine, sondern auch wegen der hervorragenden künstlerischen Meisterschaft seiner Schöpfer. Er bestaunte dieses Wunder mit offenem Mund und offenen Augen und verschlang das Gesehene mit dem ihm eigenen Wissensdurst. Selbst wenn er niemals wieder in den goldenen Garten durfte, wollte er sich für alle Zeiten daran erinnern. Darum staunte, schaute und speicherte er jedes Detail in seinem Kopf.

Nach einer langen Zeit des staunenden Schweigens richtete der Inka sein Wort an Ollantay: „Meine Goldschmiede arbeiten Tag und Nacht, um dieses Werk zu vervollkommnen, denn noch fehlen viele Pflanzen, Tiere und Menschen, die man in Tahuantinsuyu finden kann. Hier entsteht ein Garten für die Ewigkeit. So wie Inti golden vom Himmel auf die Erde strahlt, wird alles aus Gold angefertigt. Vielleicht sieht Inti unsere Heimat von seiner ewigen Bahn, wie wir sie hier in diesem Garten sehen und bewundern können. Solange das Reich der Sonnensöhne von Inti beschützt wird, solange wird es diesen goldenen Garten geben. Leute wie du, die uns erst die Siege über unsere Feinde ermöglichen, sind mit dafür verantwortlich, dass ständig neue Gebiete zum Reich dazukommen. Aus diesem Grund muss auch der goldene Garten immer neu vergrößert und erweitert werden. Ich möchte auch, dass selbst der Sonnentempel und mein Königspalast hier verewigt werden." Dabei zeigte Pachacuti auf eine größere, leere Fläche, die nur darauf zu warten schien, mit goldenen Kostbarkeiten ausgestattet zu werden. Ollantay schloss die Augen und konnte sich im Geist vorstellen, wie der Sonnentempel und Pachacutis Palast als goldene Miniaturen aussehen und wirken würden.

Der Inka riss ihn aus seinen Gedanken. „Nun hast du gesehen, was Tahuantinsuyu alles zu bieten hat. Du hast dir sicher gut überlegt, welchen Wunsch du aussprechen wirst. Jetzt ist der richtige Zeitpunkt gekommen, zu sagen, was du von mir begehrst." Ollantay räusperte sich und fragte: „Darf ich mir wirklich alles wünschen?" „Alles, was in meiner Macht steht, es dir zu erfüllen", antwortete Pachacuti und Tupac Yupanqui, der neben ihm stand, nickte zustimmend. Ollantay sprach weiter: „Mein sehnlichster Wunsch strebt nicht nach Macht und Reichtümern, aber ich befürchte, er könnte den Zorn des Inka erregen. Ich begehre etwas von ganzem Herzen, was auch dem Inka ans Herz gewachsen ist. Daher wage ich nicht, meinen Wunsch auszusprechen." Pachacuti schaute gnädig auf seinen besten Mann: „Sei unbesorgt! Sprich deinen Wunsch ohne Furcht aus! Ich versichere und verspreche dir, du verlässt den goldenen Garten als freier Mensch und bleibst auch weiterhin Suyuyoc Apucuna von Antisuyu. Und nun sage, was du begehrst!"

Ollantay holte tief Luft und sagte dann mit fester Stimme: „Ich bitte den mächtigen Inka Pachacuti um die Hand seiner Tochter Cusi Qoylyor! Ich liebe sie und wünsche mir nichts sehnlicher, als dass wir beide Mann und Frau werden. Auch Cusi Qoylyor liebt mich und sie hegt den gleichen Wunsch wie ich." Das Gesicht des Herrschers verdüsterte sich im selben Moment, als die Worte ausgesprochen waren, und seine Miene wurde zu Stein. Nur mühsam beherrschte er sich, um nicht mit zornbebender Stimme loszudonnern. Er stützte sich mit der rechten Hand an der Wand ab und seine Knöchel traten weiß hervor. Ollantay erschrak, als er Pachacutis Veränderungen wahrnahm. „Jetzt hat meine letzte Stunde geschlagen", befürchtete er, „meine Bitte war zu ungeheuerlich, mein Leben ist verwirkt. Ich hoffe nur, dass Cusi Qoylyor ohne Strafe davonkommt."

Auch Tupac Yupanqui hatte vor Erstaunen seinen Mund aufgerissen, aber im Gegensatz zum Inka sich schnell wieder von der Überraschung erholt. Seiner Mimik nach zu schließen, schien er nicht abgeneigt zu sein, den Wunsch seines Freundes zu erfüllen. Man gewann sogar den Eindruck, Tupac Yupanqui kam die Bitte Ollantays beinahe zu gering vor. Statt Gold und Edelsteine zu verlangen, wollte er nur eine Frau. „Aha", schoss es ihm durch den Kopf, „das ist also das süße Geheimnis Ollantays. Deswegen wurde er immer rot, wenn ich mit ihm über Frauen reden wollte. Von mir aus soll er Cusi Qoylyor ruhig bekommen. Aber warum reagiert Vater so wütend darauf? Hat er vielleicht mit Cusi etwas vor? Im Palast wurde heimlich gemunkelt, sie sei die Lieblingstochter das Inka und er würde sie gerne als Coya sehen. Ich glaube, er wollte sie Amaru zur Frau geben und war deswegen so wütend, als Amaru eine andere heiraten wollte. Mit mir hat er jedenfalls noch nicht gesprochen, ob Cusi meine Frau werden soll. Ich will sie auch gar nicht! Ollantay soll sie haben, dann ist er noch enger mit unserer Familie verbunden. Dann wird er mein treuester und bester Apo und Feldherr bleiben."

Doch noch ehe der Prinz dem Vater seine Überlegungen mitteilen konnte, donnerte der Inka los: „Niemals wirst du Cusi Qoylyor zur Frau bekommen! Wie kannst du es wagen, solch einen Wunsch auszusprechen? Cusi gehört der Ayllu des Sonnengottes an. Ein gewöhnlicher Sterblicher wird ihre göttliche Abkunft nicht beschmutzen. Cusi wird die Coya des Reiches oder zumindest die Königin eines der unterworfenen Völker." Eine rote Zornesader zeichnete sich deutlich an der Stirn des Herrschers ab, während er Ollantay die Wörter wütend entgegen schleuderte. Dann aber versuchte er sich mühsam zu beherrschen: „Ich habe versprochen, dass du deine Ämter behalten darfst und ich halte mein Versprechen. Aber tritt mir nie mehr unter die Augen, sonst lasse ich dich töten! Bis morgen zum Sonnenuntergang hast du Zeit, die Stadt zu verlassen und dich nach Antisuyu zu begeben. Und jetzt verschwinde!"

Ollantay wollte noch etwas entgegnen, doch Pachacuti schnitt ihm zornig das Wort ab. „Verschwinde, habe ich gesagt, sonst ändere ich noch meine Meinung und lasse dich auf der Stelle hinrichten!" Wortlos drehte sich der junge Mann um. Noch vor wenigen Augenblicken war er voller Zuversicht gewesen, seine Geliebte heiraten zu dürfen. Doch mit einem Schlag war jede Hoffnung verloren. Nicht einmal verabschieden konnte er sich mehr von ihr. „Was wird nur aus Cusi Qoylyor werden?", dachte er verzweifelt, während ihm Tränen in die Augen stiegen. Er schämte sich dessen nicht und weinte hemmungslos, als er durch den weiten Palast zu seinem Zimmer wankte. Dort vergrub er sein Gesicht in einer Decke und ließ seiner Verzweiflung freien Lauf.

Cusi Qoylyors Gesicht zitterte auf Aufregung und Zorn, ihre Augen sandten giftige Blitze aus, die ihren Vater zu durchbohren schienen. „Nein!", schrie sie immer wieder. „Nein und nochmals nein! Ich heirate keinen Prinz eines unterworfenen Reiches. Meine Liebe gehört einzig und allein Ollantay. Wenn ich ihn nicht bekomme, dann heirate ich niemand." Wütend stampfte die Prinzessin mit dem Fuß auf den Boden. Ihre Wangen waren rot angelaufen und sie ließ sich weder durch Drohungen noch durch gute Worte zum Nachgeben überreden. Aber auch ihr Vater bebte vor Zorn: „Du wirst gehorchen und einen Prinz, den ich dir aussuche, zum Mann nehmen. Wenn du dich meinen Anordnungen widersetzt, wirst du schwer bestraft werden." „Ich fürchte die Strafe nicht", gab sie trotzig zur Antwort, „wenn ich Ollantay nicht bekomme, hat das Leben keinen Sinn mehr für mich. Dann will ich lieber sterben." Mit einem Aufschrei der Verzweiflung brach sie zusammen, krümmte sich auf dem Boden und schluchzte laut und herzzerreißend. Doch der Inka ließ sich nicht erweichen: „Du wirst die Frau eines Prinzen und vergisst Ollantay! Ihn siehst du nie mehr wieder. Ich habe ihm verboten, jemals wieder Cuzco zu betreten. Tut er es dennoch, wird er sterben!" Cusi schluchzte neuerlich auf, als sie das hörte: „Ich werde niemals die Frau eines anderen. Entweder Ollantay oder keinen!" „Ist das dein letztes Wort?", fragte Pachacuti rasend vor Wut. „Ja", erwiderte sie mutig, „das ist mein letztes Wort. Ollantay, sonst niemand!" „Gut, wie du willst!" Auf einmal hatte die Stimme des Inka einen ruhigen Klang bekommen. „Du wirst in das Acclahuasi von Cuzco eintreten und dort so lange bleiben, bis du deinen Sinn geändert hast!" Cusi Qoylyor erbleichte. Das war womöglich noch schlimmer als der Tod. Sie würde ein Leben lang zu den Sonnenjungfrauen gehören, ohne Hoffnung, Ollantay jemals wiederzusehen, denn die Sonnenjungfrauen lebten im heiligen Tempel des Sonnengottes in Cuzco, den sie nur in Begleitung einer Auserwählten und von Dienerinnen und bewaffneten Wächtern verlassen durften. Nur im Garten dieses Gebäudes konnten sie sich ohne Aufsicht und ohne Schutz frei bewegen.

In einem Acclahuasi lebten neben den Sonnenjungfrauen auch noch andere Frauen, die man Accla oder Acclacuna nannte. Speziell ausgesuchte Beamte, die den Titel Apo Panac oder „Herr der Schwestern" trugen, besuchten Jahr für Jahr jeden Ayllu und bestimmten unter den meist vier- oder fünfjährigen Mädchen diejenigen für die Acclahuasi, die schon in diesem Alter besondere Anmut ausstrahlten, zugleich aber auch intelligent waren. Die Übergabe dieser Kinder gehörte zu den Pflichten, die jede Gemeinde und jede Familie dem Staat gegenüber erfüllen mussten.

In den Acclahuasis lernten die auserwählten Mädchen in vielen Jahren Spinnen, Weben, Kochen und die Zubereitung von Chicha, außerdem Singen und Musizieren. Zu ihren Hauptaufgaben zählte die Herstellung der zahllosen Gewänder des Inka, der jedes Kleidungsstück nur ein einziges Mal trug. Dabei verarbeiteten sie auch Cumbi, eine feine, von der zarten, seidigen Wolle des Vikunja stammende Faser. Diese wurde zur Herstellung der prachtvollsten Kleidungsstücke mit Gold- und Silberfäden durchwirkt und mit kleinen Perlen aus denselben Materialien verziert. Hin und wieder wurde Cumbi auch mit den Haaren von Fledermäusen oder den murmeltierähnlichen Vizcachas verwoben. Dem einfachen Volk war es streng verboten, Kleidungsstücke aus Vikunjawolle zu tragen, und die Beamten des Inka achteten unerbittlich auf die Einhaltung dieser Vorschrift.

Die Schülerinnen wurden nach ihrem zehnten und nach ihrem dreizehnten Lebensjahr beurteilt. Hatten sich einige Acclas nicht bewährt, wurden sie nach der Prüfung ihren Eltern zurückgegeben. Die anderen erhielten eine noch bessere Erziehung und Ausbildung, vor allem in handwerklichen Fähigkeiten und in Haushaltsführung. In diesen Jahren lernten die Mädchen aber zugleich auch die Kunst, dem Sonnengott zu dienen, die entsprechenden Sonnenriten zu zelebrieren und wie und mit welchen Gebeten man Inti verehrte.

Waren die Accla geschlechtsreif, wurden sie ihrer endgültigen Bestimmung zugeführt. Die meisten von ihnen mussten nun den vornehmsten Repräsentanten Tahuantinsuyus dienen, und zwar sowohl durch ihre weibliche Anmut als auch durch den Einsatz ihrer hausfraulichen und handwerklichen Fähigkeiten. Diese Accla gab der Inka den Edlen und Würdenträgern des Reiches, aber auch seinen verdienten Kriegern, Beamten und Amautus zur Frau oder Mätresse.

Andere Accla dagegen beschlossen, auf alle weltlichen Sinnesfreuden zu verzichten und, statt Mätresse eines hohen Herrn zu werden, sich als Braut der Sonne hinfort zu völliger Keuschheit zu verpflichten. Diese jungen Frauen, nun wirkliche Sonnenjungfrauen, assistierten fortan bei allen religiösen Zeremonien, die zu Ehren des Inti stattfanden. Die Intip Chinan, wie man sie nannte, empfingen nun ein weißes Ordensgewand und verhüllten ihr Haupt auch durch einen Pampacune genannten, für sie typischen weißen Schleier. Zum Zeichen ihres Dienstes sowie ihrer Treue zum goldenen Himmelsregenten schmückten sich die Intip Chinan auch mit einem besonderen aus Gold geschmiedeten Kleinod, der Corivincha. Darüber hinaus erhielten sie ein Paar weißer Sandalen.

Neben dem Dienst für den Sonnengott gehörte zu ihren Aufgaben auch die Betreuung der Teilnehmer an einem großen Festmahl, das alljährlich nach der Ernte in Cuzco stattfand. Die Sonnenjungfrauen trugen die Speisen für den Inka und bedeutende Würdenträger auf. Bei dieser Feier fand auch ein Austausch von Geschenken statt: Die Mädchen überreichten den angesehenen Gästen Kleider und kleinere Schmuckstücke und erhielten seinerseits etwas Gold oder manchmal auch ein Lama geschenkt.

Wesentliches Merkmal und auch unverletzliche Pflicht der Sonnenjungfrauen war ihre lebenslängliche Jungfräulichkeit. Ein Mann, der versucht hätte, ihre Keuschheit zu verletzen oder der es sogar gewagt hätte, in ein Acclahuasi einzudringen, musste mit furchtbarster Bestrafung rechnen. Entweder begrub man den Übeltäter bei lebendigem Leib –

ein Schicksal, das auch dem entehrten Mädchen drohte – oder verbrannte beide auf einem hohen Scheiterhaufen. Die Verletzung der Keuschheit einer Intip Chinin wurde im Inka-Reich als eine so verabscheuungswürdige Missetat angesehen, dass selbst alle Verwandten der Frevler und sogar ihre ganze Heimatgemeinde bestraft wurden. Für das Heimatdorf bedeutete das, dem Erdboden gleich gemacht zu werden, und über alle seine Bewohner samt dem Curaca wurde die Todesstrafe verhängt.

Im Acclahuasi von Cuzco, dem bedeutendsten seiner Art, lebten die Mädchen in sehr strenger Abgeschiedenheit. Außenstehende hatten keinen Zutritt zu dem Gebäude, in dem außer den Accla und der Mamacona nur weibliche Dienerinnen wohnten. Nur der Inka, seine Hauptfrau und deren Töchter durften die Schwelle des Hauses übertreten.

Cusi Qoylyor sollte nun auf Befehl ihres Vaters eine Intip Chinin werden, damit sie Ollantay vergaß und sich, wenn ihr das strenge Leben im Acclahuasi überdrüssig geworden war, den Wünschen und Anordnungen Pachacutis fügte. Sie aber wollte lieber Inti dienen, als einem anderen Mann anzugehören. Krachend schlossen sich die Pforten des Tempels hinter der jungen Frau, nachdem sie von einigen Dienerinnen zu den Sonnenjungfrauen gebracht worden war. Cusi Qoylyor, die nicht wusste, wie es ihrem Geliebten erging, fragte sich, ob sie Ollantay in ihrem Leben jemals wiedersehen würde.

Dumpf brütend überlegte Ollantay im fernen Pachamarca, was er noch alles tun könnte, um den Inka zu versöhnen. Alle Geschenke, die er nach Cuzco geschickt hatte, hatten Pachacuti nicht umstimmen können. Der Herrscher zeigte sich verbitterter als je zuvor. Ollantay wusste, dass Tupac Yupanqui mit einer großen Armee nach Norden unterwegs war, um weitere Gebiete dem Reich der Sonnensöhne hinzuzufügen. Der Suyuyoc Apucuna von Antisuyu hatte keine Aufforderung bekommen, sich mit seinen Truppen dem Heer des Thronfolgers anzuschließen. Es war, als würden

Ollantay und sein Reichsviertel für den Inka nicht mehr existieren. Auch die Stimmung seiner engsten Gefolgsleute war gedrückt, die Niedergeschlagenheit des Apo übertrug sich auf sie. Contor und seine Frau Koka bemühten sich nach Kräften, Ollantay wieder aufzuheitern, sie hatten aber keinen Erfolg damit. Es schien, als ob mit dem Verschwinden Cusi Qoylyors auch Ollantays heiteres Wesen verloren gegangen war. Selbst die Chicha schmeckte ihm nicht, obwohl er in letzter Zeit zu viel davon trank. Titu Huaman und Acoya-napa berichteten von den militärischen Übungen, die sie mit ihren Krieger abgehalten hatten. Selbst als er von den großen Fortschritten hörte, die seine Männer im Umgang mit Pfeil und Bogen machten, hörte er nur mit einem Ohr zu.

Da trat Acoya-napa zu seinem Vorgesetzten: „Entschuldige die Störung! Aber mir ist gerade etwas eingefallen. Einer meiner Vettern dient als Wache im Palast des Inka. Vielleicht weiß er, was mit Prinzessin Cusi Qoylyor geschehen ist? Soll ich einen Kurier nach Cuzco schicken und ihn befragen?" Ollantay hob interessiert den Kopf und blickte Acoya-napa an. „Das könnte gehen", meinte er schließlich, „aber es ist viel zu riskant, einen Boten in die Hauptstadt zu senden. Je weniger Leute von meiner Suche nach Cusi wissen, desto besser ist es." Aber allein die Aussicht, etwas über den Verbleib seiner geliebten Prinzessin zu erfahren, ließ seine Augen kurz aufleuchten. Acoya-napa bemerkte das freudige Blitzen im Gesicht des Freundes und er machte einen weiteren Vorschlag: „Ich könnte selbst nach Cuzco reisen. Mir hat der Inka das Betreten der Hauptstadt nicht verboten. Ich bin zuversichtlich, dass ich herausfinde, wo sich der Aufenthaltsort der Prinzessin befindet." „Das willst du wirklich für mich tun", fragte Ollantay. „Das und noch mehr", antwortete Acoya-napa. „Wenn ich Cusi Qoylyor finde, kann ich ihr eine Botschaft von dir ausrichten."

Mit einem Male war Ollantay hellwach. Acoya-napa war einer seiner geschicktesten Offiziere. Ihm war es ohne Weiteres zuzutrauen, dass er das Versteck, in das Pachacuti seine Tochter gebracht haben musste, ausfindig machte. Und hatte er erst Cusi Qoylyor gefunden, würde sich schon eine Möglichkeit ergeben, sie nach Antisuyu zu bringen. Ollantay ärgerte sich über seine Mutlosigkeit und vorschnelle Resignation, als ihn der Inka aus der Hauptstadt verbannt hatte. Schon damals hätte er viel energischer die Interessen seiner Geliebten wahrnehmen müssen. Noch einmal würde er vor dem Herrscher nicht so leicht nachgeben. Aber zuerst musste Cusi Qoylyor gefunden werden.

„Du weißt, diese Aufgabe ist sehr gefährlich. Wenn der Inka Wind davon bekommt, schwebst du in höchster Lebensgefahr." Acoya-napa winkte die sorgenvollen Bedenken Ollantays beiseite. „Ein Krieger ist es gewohnt, sein Leben für eine gute Sache einzusetzen. Prinz Tupac Yupanqui ist mit der Armee nach Norden aufgebrochen, um neue Länder zu erobern und weitere verschiedene Völker unserem Reich einzugliedern. Wir allerdings sind hier zum Nichtstun verurteilt. Da ist es mir lieber, ich habe eine schwierige Aufgabe zu lösen. Und sterben kann ich in einer Schlacht ebenso. Aber hier kann ich einem Freund helfen, damit er wieder glücklich wird. Ich bitte dich, Ollantay, lass mich gehen! Ich werde sehr vorsichtig sein. Aber ich werde herausfinden, wo sich Cusi Qoylyor befindet." Ollantay umarmte seinen Freund, gerührt von den Worten, die er gehört hatte. „Wie viele Krieger willst du als Begleitung mitnehmen?", fragte er. „So wenig wie möglich! Eine Handvoll genügt! Je weniger wir sind, desto unauffälliger kann ich meine Nachforschungen anstellen und mich auf die Suche machen." Titu Huaman meldete sich zu Wort: „Ich melde mich freiwillig, um dich zu begleiten." Doch Ollantay widersprach ihm: „Nein, du bleibst hier! Das Vorhaben Acoya-napas ist äußerst gefährlich. Es besteht trotz aller Vorsicht die Gefahr, dass ihn Pachacuti gefangen nehmen lässt. Ich möchte nicht meine beiden besten Truppenführer verlieren. Du, Titu Huaman, wirst hier in Pachamarca weiterhin unsere Krieger ausbilden! Wer weiß, wie schnell wir eine große Anzahl von guten Soldaten brauchen können." Titu Huaman merkte man an, dass er mit dem Befehl Ollantays nicht zufrieden war. Zu gerne hätte er Acoya-napa auf seiner gefährlichen Mission begleitet. Widerwillig fügte er sich dem Wunsch des Apo.

„Hast du deine Meinung in der Zwischenzeit geändert?", fragte Pachacuti seine Tochter. Cusi Qoylyor stand trotzig in einem kleinen Zimmer im Acclahuasi und blickte zu Boden. „Schau mich an, wenn ich mit dir rede!", befahl der Inka, aber die Prinzessin machte keine Anstalten, ihrem Vater zu gehorchen. „Wirst du den Prinz der Canari heiraten? Seine Hauptstadt Tumibamba eignet sich nämlich hervorragend als Ausgangspunkt für weitere Eroberungen an unserer Nordgrenze. Wenn du seine Frau wirst, ist uns die Loyalität der Canari endgültig sicher und Tupac Yupanqui kann daran gehen, das Königreich Chimor anzugreifen." „Nein", kam es von ihren zusammengepressten Lippen, „ich sagte bereits, Ollantay oder niemand." Der Inka lachte wütend auf: „Was willst du tun, wenn ich dich zwinge?" „Dann bringe ich ihn in der Hochzeitsnacht um", antwortete sie auf diese Frage. „Ha, treibe es nicht zu weit", drohte Pachacuti, „ein Wort von mir und du wirst als Verräterin hingerichtet." Cusi Qoylyor schaute ihrem Vater herausfordernd in die Augen: „Der Tod wäre eine Erlösung für mich. Da ich Ollantay nicht heiraten darf, ist jeder Tag meines Lebens nur eine Bestrafung." „Wage es nicht, den Namen dieses unverschämten Emporkömmlings in den Mund zu nehmen", brüllte der Herrscher. „Ollantay mag aus dem einfachen Volk kommen. Aber seine Familie war dir außerordentlich behilflich, den Thron Tahuantinsuyus zu gewinnen. Und Ollantay hat dein Wohlwollen nie ausgenützt, sondern dir immer treu und hervorragend gedient. Wenn alle so wären wie er, bräuchten wir die Unterstützung der Canari für weitere Feldzüge nicht. Dein Sohn Hatun Tupac hat gegen die Chimu versagt, während Ollantay das Jequetepeque-Tal erobert hat. Gib mir Ollantay zum Ehemann und du hast einen besseren Verbündeten als noch so viele Königreiche!"

Cusi Qoylyor wusste, dass sie recht hatte. Wahrscheinlich tat es ihrem Vater bereits leid, dass er Ollantay verstoßen hatte. Aber er konnte das natürlich nicht zugeben, sein Stolz und seine Herrscherwürde gestatteten das nicht. Darum mussten Ollantay und sie leiden, während Pachacuti die schlechte Laune vor allem an ihr ausließ. „Warum schickt er keinen Kurier nach Pachamarca und bittet Ollantay, nach Cuzco zu kommen?", fragte sie sich und gab sich im selben Moment die Antwort: „Das würden die hohen Beamten als Schwäche des Inka deuten." Und in einem Reich, in dem Schwäche nicht verziehen wurde, durfte gerade der Herrscher kein schlechtes Beispiel liefern. Pachacuti hatte den Wunsch Ollantays abgelehnt und würde nie in seinem Leben diese Entscheidung rückgängig machen, selbst wenn er es gerne wollte. Diese Aussichtslosigkeit ihrer Lage erzürnte Cusi Qoylyor, da die Einzelschicksale dem Wohl und dem Funktionieren des Reiches unterworfen waren.

Einige Männer hatten ihre Decken auf dem Erdboden aufgebreitet und ließen sich das Essen gut schmecken. Dazu kreiste ein Krug voll von schäumendem Chicha. Für heute hatten sie den Wachdienst im Königspalast beendet. In der sich unter ihnen ausbreitenden Zufriedenheit wurden bald derbe Witze laut, über die die Soldaten schallend zu lachen begannen. Dazu erzählten sie von ihren Heldentaten, welche sie in fernen Ländern vollbracht hatten. Obwohl schon oft gehört, wurden sie immer wieder neu erzählt und dabei auf verschiedene Weise ausgeschmückt. Meist steigerten die Wiederholungen die Leistungen der Erzähler. Die Zuhörer quittierten die Veränderungen mit anzüglichen Bemerkungen und frivolen Kommentaren. So steigerte sich die gute Stimmung der Männer, je länger sie gemeinsam beisammensaßen.

„Haha, Hacaroca, während wir gegen die wilden Palta gekämpft haben, hast du einige wilde Gefechte mit den Damen hier in Cuzco ausgetragen!" Die anderen Männer stimmten in das fröhliche Gelächter mit ein. „Ja, mit der Lanze konnte Hacaroca schon immer gut umgehen. Ich meine allerdings die, mit denen man die Frauen besiegt", warf einer ein. Der

Angesprochene machte gute Miene zum bösen Spiel und entgegnete: „Mag schon sein, dass ich den letzten Feldzug nicht mitgemacht habe, aber bei den Kämpfen gegen die Chachapoya war ich in vorderster Front dabei." „Aber auch nur deswegen, weil du gehört hast, dort gäbe es die schönsten Frauen", bemerkte ein Vierter. „Stimmt es eigentlich, dass die Frauen der Chachapoya tatsächlich so schön sind?", wollte ein anderer wissen. Hacaroca antwortete: „Sie haben eine eigentümliche weiße Gesichtsfarbe, aber das, worauf es uns Männer ankommt, ist bei diesen Frauen gleich wie bei allen anderen." „Du musst es ja wissen", lachte einer der Männer, „du hast ja schon die Frauen aller Völker Tahuantinsuyus getestet. Zumindest behauptest du das." „Ich behaupte das nicht nur, ich habe wirklich schon alle Frauen ausprobiert", versicherte Hacaroca, „wenn ihr wissen wollt, welche am besten sind, braucht ihr mich nur um Auskunft zu fragen. Bei einem Krug Chicha will ich euch gerne erzählen, wo ein Mann alle seine Wünsche erfüllt bekommt." Neugierig rückten die Männer näher. Hacaroca hatte ihnen schon oft zum Besten gegeben, welche Eigenschaften die Frauen der einzelnen Völker auszeichneten, aber er erzählte dabei so spannend, dass sie es immer wieder hören wollten. Vor allem die Geschichte, wie er in Cajamarca mit Zwillingsmädchen die Nacht verbracht hatte, war äußerst delikat und jedes Mal aufs Neue interessant. Voller Vorfreude auf das Kommende machten es sich die Männer bequem.

„Finde ich hier bei euch Hacaroca?", fragte in dem Moment eine Person, die ins Licht des flackernden Feuers trat. Jetzt erkannten die Männer, dass der Neuankömmling kostbar gekleidet war und das Rangabzeichen eines Hatun Apo trug. Die Wachesoldaten sprangen auf und machten ihre Ehrenbezeugung. Doch der unbekannte Offizier winkte ab und sagte: „Macht es euch ruhig bequem! Genießt eure Chicha! Ist zufällig Hacaroca bei euch?" Die Männer drehten sich in Richtung des Gesuchten, und Hacaroca sprach: „Ich bin hier. Aber was wollt Ihr von mir?" „Gut, dass ich dich finde", antwortete der Hatun Apo, „ich bin dein Vetter Acoya-napa.

Kannst du dich an mich erinnern?" Im Schein des Feuers erkannte Hacaroca seinen Verwandten. „Bei Inti, sei gegrüßt, mein lieber Vetter! Ich habe gehört, dass du zu einem Offizier befördert worden bist. Aber gleich zu einem Hatun Apo. Du musst im Krieg außerordentlich tapfer gewesen sein. Womit kann ich dir helfen?" „Später! Trinkt zuerst noch einen ordentlichen Krug Chicha auf das Wohl Intis! Oder sollte man nicht besser auf die Mondgöttin Quilla anstoßen? Nach den Geschichten über die Frauen ist es meiner Ansicht nach angebracht, Quilla zu ehren. Außerdem bin ich begierig danach zu erfahren, wo Hacaroca die interessantesten Frauen kennengelernt hat." Das zustimmende Gelächter bewies ihm, dass er den richtigen Ton getroffen hatte. Acoya-napa holte sich einen Becher Chicha und hockte sich zu den Männern. Diese lauschten neugierig und gespannt den Geschichten, die Hacaroca zum Besten gab.

„Jetzt wissen wir, dass eine Nacht bei Zwillingsschwestern ihre besonderen Reize hat. Doch auf Dauer sind solche Nächte für uns Männer viel zu anstrengend", bemerkte Acoya-napa, als sein Vetter die erotischen Erzählungen beendet hatte. Die Wachesoldaten hingen ihren eigenen Gedanken nach und manch einer von ihnen wünschte sich, bei Frauen ebenso viel Glück zu haben wie Hacaroca. „Gibt es hier im Palast nicht auch einige ganz besonders hübsche Frauen?", wollte der Hatun Apo wissen. „Ja, natürlich", antwortete man ihm sogleich, „ein paar Töchter des Inka sind außergewöhnlich schön. Aber leider sind sie für uns unerreichbar, und wir können sie höchstens aus der Ferne betrachten." „Ja, ja, man müsste ein hoher Adeliger sein, um eine Tochter des Herrschers zur Frau zu bekommen", warf einer der Männer ein. „Cusi Qoylyor ist das schönste Mädchen im Königspalast. Ein strahlender Stern, wie ihr Name verrät", sinnierte ein anderer. Acoya-napa war mit einem Male hellwach. Das Gespräch hatte eben die Wendung genommen, die für ihn von größtem Interesse war. So fragte er vorsichtig nach: „Kann man diese wunderschöne Prinzessin einmal aus der Ferne betrachten?" „Nein, das geht leider nicht", antwortete Hacaroca, „seit ein paar Wochen hat sie niemand mehr zu Gesicht bekommen." „Warum? Ist sie krank?", forschte der Hatun Apo nach. „Nein, krank ist sie nicht", hörte er ein paar Stimmen. „Was ist dann mit ihr?", wollte Acoya-napa wissen. „Man munkelt so allerlei im Palast", flüsterte ihm Hacaroca zu, „und es gibt Gerüchte. Ob etwas Wahres daran ist, das entzieht sich unserer Kenntnis." „Lass hören!", bat sein Vetter. „Ich weiß nicht recht", meinte der Wachesoldat, gab aber schließlich dem Drängen des hohen Offiziers nach. „Nun gut, es kann ja nichts schaden, wenn ich dir hiervon erzähle. Ollantay, der Suyuyoc Apucuna von Antisuyu, du wirst ihn sicher kennen, war der erklärte Liebling des Inka und des Thronfolgers. Angeblich hatte er beim Herrscher einen Wunsch frei. Er bat Pachacuti um die Hand Cusi Qoylyors. Das hat den Inka so erzürnt, dass Ollantay nach Antisuyu verbannt wurde. Und seitdem ist auch die Prinzessin verschwunden. Man hört, dass sie in den Suyuyoc Apucuna verliebt war, deswegen gab es einen lauten Streit zwischen dem Inka und seiner Tochter. Eine der Dienerinnen hat erzählt, sie sei von ihrem Vater in das Acclahuasi von Cuzco eingewiesen worden." Ein anderer Wachesoldat ergänzte: „Sie hätte einen Prinz der Canari heiraten sollen, hat sich aber lautstark geweigert. Jetzt soll sie so lange als Sonnenjungfrau dienen, bis sie ihre Meinung ändert und die Frau des fremden Prinzen wird."

Acoya-napa griff unbewusst an sein Ohrgehänge. Wenn es wirklich stimmte, was die Männer gerade erzählt hatten, war es unmöglich, der Prinzessin die Botschaft von Ollantay zu überbringen. Nachdenklich nahm er einen Schluck Chicha und sagte: „Natürlich kenne ich Ollantay. Wer kennt nicht den besten Feldherrn Tahuantinsuyus. Schade, dass er sich mit dem Inka überworfen hat. Hoffentlich darf er bald wieder nach Cuzco zurückkehren." Die Männer nickten und stimmten dem Hatun Apo zu. „Er hat nie eine Schlacht verloren und seine Krieger hat er so umsichtig eingesetzt, dass sich die Verluste seiner Truppen in Grenzen gehalten haben", bemerkte einer der Soldaten, „unter seinem Kommando konnte man sicher sein, viele Siege zu erringen und mit großer Beute heimzukommen." Mit Freude vernahm Acoya-napa, dass die Männer nur gut von Ollantay sprachen. Der Feldherr war also nach wie vor unter den einfachen Soldaten sehr beliebt. Alle wünschten sich, dass sein Streit mit dem Inka bald der Vergangenheit angehören würde.

In der Zwischenzeit war es auf dem kleinen Hof dunkel geworden und die Kälte der naheliegenden Berge kroch unter die Umhänge der Männer. Einer nach dem anderen stand auf, um sich zur Ruhe zu begeben. Auch Hacaroca wollte seine Schlafdecke aufsuchen. So fragte er seinen Vetter: „Hast du schon ein Quartier für die Nacht? Sonst kannst du ruhig bei uns übernachten. Meine Kameraden haben sicher nichts dagegen." Acoya-napa hatte sich ebenfalls erhoben. Mit Dankesgesten wehrte er das Angebot seines Verwandten ab und versicherte, er sei bereits seit einigen Tagen in der Hauptstadt und habe ganz in der Nähe eine Unterkunft. So verabschiedeten sich die Männer herzlich voneinander.

Acoya-napa wohnte mit seinen Begleitern im Elternhaus Ollantays. Auf dem Weg dorthin ließ er sich noch einmal alles durch den Kopf gehen, was er heute erfahren hatte. Es war mehr, als er erwartet hatte. Wenn die Gerüchte stimmten, was durchaus anzunehmen war, hatte er Cusi Qoylyor gefunden. Sie lebte im Acclahuasi von Cuzco. Damit begannen die ernstlichen Schwierigkeiten des Offiziers aber erst. Wie konnte er zur Prinzessin gelangen? Diese Frage beschäftigte ihn unaufhörlich. Der Zutritt zum Tempel der Sonnenjungfrauen war allen Männern streng verboten. Wagte er einen Versuch und wurde dabei erwischt, drohte ihm die Todesstrafe. Der Hatun Apo war trotzdem fest davon überzeugt, dass er einen Weg finden würde, um der Prinzessin die Botschaft Ollantays zu überbringen.

Am nächsten Morgen beratschlagte Acoya-napa mit Poma. Der Offizier hatte schlecht geschlafen und erst knapp vor Sonnenaufgang ein wenig Ruhe gefunden. Auch Poma wirkte nervös und angespannt. Er wollte seinem Sohn und dessen Hatun Apo gerne helfen, war aber auch dem Inka zu Dank und Gehorsam verpflichtet. Während er verdünntes Maisbier schlürfte, überlegte er hin und her. Der junge Mann beobachtete den älteren, ohne ihn zu einer Entscheidung zu drängen. Acoya-napa wartete geduldig, ob ihm der erfahrene Poma seine Hilfe anbieten würde. Schließlich nahm Ollantays Vater den letzten Schluck aus seinem Becher und stellte das irdene Gefäß zur Seite. Nachdenklich meinte er: „Du weißt, was dich erwartet, wenn du in das Acclahuasi eindringen willst. Wirst du erwischt, ist dir ein grausamer Tod sicher. Doch das allein wäre nicht das Schlimmste. Der Inka könnte entscheiden, dass auch deine Angehörigen, ja sogar alle Bewohner deiner Geburtsstadt getötet werden." „Ja, ich weiß, dass ich ein großes Risiko auf mich nehme, damit ich Ollantays Botschaft überbringen kann. Gibt es vielleicht eine andere Möglichkeit, mit der Prinzessin Kontakt aufzunehmen, als in das Acclahuasi einzudringen?" „Das überlege ich auch schon die ganze Zeit", grübelte Poma, „aber ich finde keine Lösung. Wenn Cusi Qoylyor auf Geheiß ihres Vaters in den Tempel der Sonnenjungfrauen eingewiesen wurde, darf sie diesen Ort nicht verlassen. Und niemand außer ihrem Vater oder anderer Intip Chinin können zu ihr. Außerdem ist das Acclahuasi so streng bewacht, dass nicht einmal eine Maus hineinschlüpfen könnte. Du kannst also nicht hinein und sie kann nicht heraus. Aber es muss doch eine Lösung geben, ihr Ollantays Nachricht mitteilen zu können. Nur welche?" Poma stützte sich auf seine Hand und versank wieder in schweigsames Nachdenken. Acoyanapa schüttelte entmutigt den Kopf, auch er wusste keinen Rat, wie er die Prinzessin sprechen könnte.

Die zwei Männer blickten, genau so wie zahllose andere Menschen, ehrfurchtsvoll den prächtigen Sonnentempel an. Zum wiederholten Male hatten sie das Gebäude umrundet. Aber nur um Außenstehende abzulenken, heuchelten sie Interesse am größten Heiligtum der Inka. In Wahrheit hatten sie nur Augen für den daneben liegenden Tempel der

Sonnenjungfrauen. Immer, wenn sie eine weitere Umrundung beendet hatten, kamen sie zum selben Schluss: Es war beinahe unmöglich, in das gut bewachte Gebäude heimlich einzuschleichen. Aber eine Schwachstelle musste es doch geben. Poma und Acoya-napa suchten und forschten. Sie beachteten jede Kleinigkeit. Doch je weiter die Sonne nach Westen wanderte, desto tiefer sank ihr Mut. Es gab einfach keine Lücke. Endlich setzten sie sich erschöpft auf eine steinerne Stufe und ließen niedergeschlagen die Köpfe hängen.

Gedankenverloren blickte Acoya-napa auf das durcheinanderwirbelnde Gewühl der vielen Menschen, die scheinbar ziellos auf dem Hauptplatz Cuzcos umherirrten. Die meisten waren Bewohner der Metropole oder der benachbarten Dörfer, die auf dem Markt Güter erstehen oder eintauschen wollten, aber auch einige Reisende bewunderten die Sehenswürdigkeiten der Hauptstadt. Hatun Apo erkannte an der Kleidung, welchen Rang die Männer und Frauen bekleideten, denn nur der Reichselite war es vorbehalten, feinste Stoffe aus der edlen Vikunjawolle zu tragen, die mit Federn oder Gold- und Silberschmuck verziert waren. Ungeachtet der verschiedenen Stoffqualitäten wichen die Kleidungsstücke der Vornehmen und der einfachen Bevölkerung im Schnitt nicht voneinander ab. Modische Extravaganzen wurden im Reich der Inka nicht geduldet. Auch die Unterschiede in der Kleidung der Hochland- und der Küstenbewohner waren weitgehend eingeebnet, sodass die meisten Menschen eine Art Einheitskleidung trugen. Fast alle Kleidungsstücke wurden nur mit Hilfe ganz einfacher Nähte oder von ein paar Schmucknadeln zusammengehalten.

Das Hauptkleidungsstück der Frauen war das Anaco, ein ärmelloses Kleid. Es bestand aus einem langen, rechteckigen Stück Stoff, das man unter den Achselhöhlen um den Körper wickelte und das bis zu den Knöcheln reichte. Es wurde mit Nadeln an der Seite zusammengehalten, während man den oberen Rand über die Schultern zog und mit weiteren Nadeln schloss. In der Taille wurde das Kleid mit einer Art Schärpe zusammengebunden, die manchmal mit kleinen rechteckigen Mustern verziert war. Aus diesen konnte man die Herkunft und den Rang der Trägerin ersehen. Über den Schultern trugen die Frauen einen Umhang, den sie mit großen Nadeln, den Tupus, befestigten. Dieses dekorative Schmuckstück aus Gold, Silber oder Bronze durfte von Frauen aller Ränge getragen werden. Die Nadeln dienten nicht nur zur Zierde, sondern wurden aufgrund der sehr scharfen Ränder ihrer abgeflachten Köpfe auch als kleine Messer genutzt. Einige kleine Kinder wurden von ihren Müttern in großen, über die Schulter geschlungenen Tüchern auf dem Rücken getragen.

Dem Anaco der Frauen entsprach das Unco der Männer, das an einen Sack erinnerte und am oberen Ende ein Loch für den Kopf sowie seitlich zwei Löcher für die Arme hatte. Dieses Kleidungsstück gab es in zwei Varianten: Die eine reichte bis zu den Knien, die andere war knöchellang. Wie die Frauen trugen auch die Männer ein breites Band um die Hüfte. Weitverbreitete Verzierungen dieser Bänder waren reihenförmig angeordnete Vierecke, die eine geometrische Figur umschlossen. Acoya-napa erinnerten sie an die Soldaten, denn vergleichbare Muster fanden sich auch auf den Schilden, durch die sich Kriegergruppen ungleichen Ranges bei den Feldzügen voneinander unterschieden. Zur Kleidung der Männer zählte außerdem ein schmaler Gürtel, der über die linke Schulter um den Körper geschlungen wurde und an dem eine Tasche befestigt war. Darin bewahrten die Männer kleine Werkzeuge, Amulette und Kokablätter auf.

An den Füßen trugen Frauen und Männer Sandalen, deren Sohlen aus Leder, das von Lamas stammte, bestanden. Wollriemen führten über die Zehen und waren am Fuß befestigt. Die Sohlen waren etwas kleiner als der Fuß. Stiegen die Menschen einen steilen Hang hinauf, klammerten sich ihre Zehen an den Boden, um etwas mehr Halt zu bekommen. Acoya-napa bemerkte in der Menge einige Adelige, die strumpfbandähnliche Bänder an den Knöcheln und Knien befestigt hatten.

Die überwiegend bunten Kleidungsstücke der vorüberströmenden Menschen unterschieden sich kaum voneinander, doch stellten Acoya-napa und Poma fest, dass die Kopfbedeckungen und die Haartrachten einiger Männer und Frauen beträchtlich anders aussahen. Im Reich der Inka kam der Frisur und der Kopfbedeckung eine große Bedeutung zu. Die Frauen trugen in der Regel die Haare länger als die Männer. Alle Einwohner Tahuantinsuyus waren so stolz auf ihre Haare, dass sie es als größte Schande ansahen, wenn man ihnen diese abschnitt. Die Haartracht war aus traditionellen Gründen von Region zu Region unterschiedlich. Ein Gesetz des Inka schrieb sogar vor, dass sich alle gemäß dem Brauch ihrer Heimat zu frisieren hatten.

In Cuzco und in der näheren Umgebung der Hauptstadt machten sich die Menschen einen Mittelscheitel und bevorzugten offenes Haar. Dazu trugen sowohl Männer als auch Frauen ein geflochtenes Wollband als Kopfschmuck. Wenn man dieses mehrfach um den Kopf wand, entstand der Eindruck eines Turbans. Die meisten Leute, die sich auf dem Platz befanden, waren aufgrund des Mittelscheitels als Einwohner der Metropole erkennbar. Doch Acoya-napa sah auch Abgesandte aus Cajamarca, die ihr langes Haar mit rotgefärbten Wollschnüren schmückten. Auch einige Besucher aus dem Gebiet um den Titicacasee, die auf ihren Köpfen große Hauben trugen, bewunderten den prächtigen Sonnentempel.

Poma stieß den Hatun Apo leicht in die Seite und fragte: „Willst du noch immer in das Acclahuasi eindringen? Wir haben das Gebäude einige Male umrundet, ohne eine Lücke zu finden. Du riskierst dein Leben, wenn du Cusi Qoylyor sprechen möchtest." Acoya-napa gab mit leiser Stimme zur Antwort: „Ja, ich weiß, dass mein Vorhaben äußerst gefährlich ist. Aber ich habe Ollantay versprochen, alles zu versuchen." Beide Männer erhoben sich von den steinernen Stufen, auf denen sie gesessen waren, und begaben sich zurück zum Haus Pomas. Vielleicht würde ihnen noch etwas einfallen, wenn sie erst einmal in Ruhe über die ganze Sache nachgedacht hatten.

In der Zwischenzeit ging der Ausbau der mächtigen Festung in Pachamarca ohne Unterbrechung weiter. Viele Tausend Arbeiter waren gleichzeitig damit beschäftigt, Steinquader heranzuschleppen und zu bearbeiten. Ollantay blickte zufrieden auf das imposante Bauwerk, das mit seinen riesigen, zyklopischen Mauern an die uneinnehmbare Festung Sacsayhuaman in Cuzco erinnerte. Während er die Steinwälle betrachtete, kehrten seine Gedanken in die Hauptstadt zurück, wo er einst mit Prinz Tupac Yupanqui den gewaltigen Schutzschild der Metropole besucht hatte. Die Inka meinten, Sacsayhuaman gleiche einem Falken, deshalb hatte man der Feste auch diesen symbolträchtigen Namen gegeben, denn „Huaman" bedeutet „Falke".

Ollantay blickte geradeaus und begann ganz leise zu sprechen: „Contor, ich erinnere mich ganz genau an den Tag, als ich mit dem Thronfolger hoch über die Dächer Cuzcos gestiegen bin, um Sacsayhuaman aufzusuchen. Hier erblickte ich als Schutzschild der Festung drei hintereinander gestaffelte Wälle, die sich wellenförmig im Zickzack über den Berg hinziehen und aus so gewaltigen Steinblöcken zusammengefügt sind, dass ich meinte, niemand könne sie von der Stelle bewegen. Und jetzt sehe ich, dass auch die Festung hier in meiner Hauptstadt ähnlich stark und uneinnehmbar wird. In der ersten Mauer von Sacsayhuaman befinden sich über fünf Ricra hohe, drei Ricra breite und über zwei Ricra tiefe Steinblöcke. Außerdem sind in die Mauer mehrere trapezförmige Tore eingelassen, die im Falle einer drohenden Gefahr durch Steinblöcke geschlossen werden können. Zu der Festung gehören auch drei große Türme, in der die Einheiten, die Cuzco verteidigen und bewachen, untergebracht werden. Im Zuge meiner militärischen Ausbildung habe ich einige Nächte in einem dieser Türme verbracht. Die Türme sind durch unterirdische Gänge miteinander verbunden. Die Gänge führen in das Hauptquartier des Inka, das Mujacmarca genannt wird. Wenn dem Inka unmittelbare Gefahr droht, kann er sich mit seiner Familie in diesen Mujacmarca flüchten, wo sie in Sicherheit sind. Es ist ebenfalls geplant, dass im Falle einer Bedrohung Cuzcos auch der Goldschatz aus dem Sonnentempel in die Mujacmarca gebracht wird. Darum hat man den Mujacmarca durch einen geheimen Gang mit den Palästen des Inka und dem Nationalheiligtum verbunden. Damit Unbefugte diesen Gang nicht benützen können, verläuft er aber nicht geradlinig und besteht nicht aus einem, sondern aus mehreren geheimen Wegen, die zu einem höchst komplizierten Labyrinth verbunden sind. Man beabsichtigt damit, dass Eindringlinge, falls sie in einen der Gänge vordringen sollten, die Orientierung verlieren und sich hoffnungslos verirren. Ich durfte mit Tupac Yupanqui kurz einem der Gänge folgen, aber wir sind nach einer kurzen Strecke wieder umgekehrt. Ohne ihn hätte ich nicht mehr herausgefunden. Ich plane, auch unsere Festungsanlage mit unterirdischen Geheimgängen auszustatten. Erstens bieten diese einen zusätzlichen Schutz und zweitens könnten wir im Falle einer Belagerung den ahnungslosen Feinden mit einem plötzlichen Ausbruch überraschend in den Rücken fallen."

Ollantay zeigte den verantwortlichen Bauleitern, wie er sich den weiteren Ausbau der Befestigungsanlage vorstellte. Contor und Titu Huaman, die ihren Suyuyoc Apucuna begleiteten, waren von den Plänen ihres Vorgesetzten begeistert. Die Mauern schmiegten sich nahezu perfekt an die steilen Berghänge und entmutigten durch ihr zyklopisches Aussehen einen Angreifer schon im Vorhinein. Die spärlichen Sträucher, die sich an den kargen Boden krallten, ließ Ollantay entfernen, um den Feinden jede Möglichkeit einer Deckung zu nehmen. Wie fleißige Ameisen schwärmten unzählige Arbeiter in der Großbaustelle umher. An den Mauern hatte man Rampen aufgeschüttet, um die riesigen Steinblöcke mit Hilfe langer Seile und Rundhölzer, die als Rollen eingesetzt wurden, hinaufzuschleppen. Viele Hundert Arbeiter zogen an den Seilen, um die Steine zu den richtigen Stellen in den Mauerlücken zu befördern. Das war eine knochenharte Tätigkeit. Oft dauerte es mehrere Tage, bis ein tonnenschwerer Stein zu seinem Zielpunkt befördert worden war. Daneben bearbeiteten Männer die riesigen Steinquader, indem sie mit größeren Steinen so lange auf Unebenheiten schlugen, bis diese fast verschwunden waren. Nun rieben andere mit kleinen Steinen und mit Sand die ebenen Flächen, bis diese glatt waren. So war die Baustelle von den verschiedensten Lauten erfüllt. Man hörte viele Rufe, das Ächzen der Männer bei ihrer schweißtreibenden Arbeit, das unablässige Hämmern und dazwischen die Befehle der Vorgesetzten. Doch inmitten dieses scheinbar unentwirrbaren Chaos konnte man erkennen, wie die Festung Tag für Tag wuchs und ihrer Vollendung entgegenstrebte. Schon jetzt wirkte das Bollwerk am Urubamba so stark und mächtig, dass man sich innerhalb seiner Mauern in Sicherheit vor jedem Angreifer wiegen konnte.

Verlassen und finster lagen die Straßen Cuzcos vor den Männern. Acoya-napa, Poma und vier bewaffnete Krieger schlichen vorsichtig von einem Haus zum nächsten, sorgsam darauf achtend, kein Geräusch zu verursachen. In den letzten Tagen hatten sie die Strecke von Pomas Haus zum Acclahuasi ein paarmal zurückgelegt und sich jeden Fußbreit des Weges genau eingeprägt. Heute war die Gelegenheit, in den Tempel der Sonnenjungfrauen einzudringen, günstig, denn es herrschte Neumond und die Nacht war stockfinster. Außerdem wehte von den nahen Bergen ein kalter Wind durch die Straßen der Stadt. Niemand würde sich freiwillig vor das Haus wagen, so waren die Männer vor unliebsamen Überraschungen relativ sicher. Aber vorsichtig waren sie trotzdem. Je näher sie ihrem Ziel kamen, desto achtsamer wurden sie. Schließlich erreichten sie Huacapata, den zentralen Platz der Metropole. Majestätisch erhoben sich im Hintergrund die Coricancha, deren vergoldete Wände trotz der Dunkelheit im Schein vieler Fackeln glänzten, und der Palast des Huillac Umu. Dahinter erkannte Acoya-napa die schemenhaften Umrisse des Tempels der Sonnenjungfrauen. Die sechs Männer blieben stehen. Sie verschmolzen in ihren grauen Umhängen beinahe mit dem Hintergrund.

Selbst ihre Gesichter und Hände hatten sie schwarz bemalt, um auch im Schein einer Fackel nahezu unsichtbar zu bleiben. Jetzt war der Zeitpunkt gekommen, an dem der Hatun Apo alleine weitergehen wollte. Seine Gefährten waren nur mitgekommen, um eine etwaige Flucht Acoya-napas zu erleichtern. Aber Poma wusste, dass es noch einen anderen Grund gab. Sollte der tapfere Offizier erwischt werden, musste Poma Ollantay von der misslungenen Mission berichten. Ein letztes kurzes Kopfnicken und schon hatte die Dunkelheit der Nacht den jungen Mann verschluckt.

Poma merkte plötzlich, dass sich seine Hände verkrampft in einen Mauervorsprung verkrallten. Angestrengt spähte er Acoya-napa nach, doch keine Bewegung und kein Laut verrieten, dass dieser sich an das Acclahuasi anschlich. Würde das gefährliche Unternehmen gutgehen? Lange waren sie in seinem Haus zusammengesessen und hatten beratschlagt, wie der Hatun Apo es bewerkstelligen könnte, mit der Prinzessin zu sprechen. Doch alle Vorschläge hatten sie schnell wieder verworfen. Es gab einfach keinen Weg, höchstens man bestach einen oder mehrere Wachsoldaten. Das würde aber nur dazu führen, dass noch mehr Leute von diesem geheimen Plan erfuhren. Und mehr Mitwisser bedeutete, die Möglichkeit des Verrates würde steigen.

Als sie vor einigen Abenden beisammensaßen, waren sie schon geneigt gewesen, das Vorhaben nicht durchzuführen, da wurde die Türe des Hauses leise geöffnet. Tanta Carhua, die alte Wahrsagerin trat ein und schaute Poma mit einem durchbohrenden Blick an. Langsam schlurfte sie in den Raum und murmelte dabei leise Worte, die die Männer nicht verstanden. Dabei rasselte die Frau mit einem Kürbis, den sie in ihrer rechten Hand auf und ab schwenkte. Das schlohweiße Haar hing wirr über die Stirn der Alten, während sie ihre geheimnisvolle Beschwörung durchführte. Poma lief es kalt über den Rücken, als er die Wahrsagerin bei ihrem Tun beobachtete. „Wie uralt sie ist", dachte er, „sie war schon uralt, als Ollantay geboren wurde. Vielleicht ist sie unsterblich und so alt wie Tahuantinsuyu selbst? An Ollantays Geburtstag kam sie in dieses Haus und prophezeite, dass Pachacuti die Chanca besiegen und neuer Inka werden würde. Wir haben damals nicht geglaubt, was sie vorausgesagt hatte, aber es ist alles eingetroffen. Was will sie diesmal hier? Ist es ein gutes Omen oder ein schlechtes, dass sie gerade in diesem Moment auftaucht." Weiter kam er mit seinen Überlegungen nicht, denn Acoya-napa berührte ihn leicht an der Hand und sah ihn fragend an. Poma zuckte fast unmerklich mit den Schultern und wandte das Gesicht wieder Tanta Carhua zu. Er wollte diesen unheimlichen Moment nicht stören. Wenn die Alte die Geister beschwor, lauerten viele Gefahren auf die Menschen. Am besten war es, man lenkte sie nicht ab, damit sich kein ungebetener Gast aus der Geisterwelt im Haus einnisten konnte.

Tanta Carhua tanzte mit kleinen Schritten auf die Herdstelle zu und warf ein paar Kräuter in das Feuer. Sofort schoss zischend eine dichte Rauchwolke in die Höhe und ein eigenartiger Geruch voll schwerer Süße erfüllte den Raum. Poma erschrak und zog den Kopf tief zwischen die Schultern. Auch die übrigen Männer zeigten eine ähnliche Reaktion. Das Rasseln steigerte sich zu einem wilden Furioso, bis es an seinem stürmischen Höhepunkt abrupt abbrach. Die plötzliche Stille schmerzte in den noch dröhnenden Ohren und erst allmählich vernahm Poma die hohe Stimme der Alten. „Da sitzen die Männer ratlos beisammen und wissen nicht, was sie tun sollen. Ich sage euch: Die Götter haben das Geschick der Menschen bereits seit langer Zeit vorherbestimmt und ihr könnt es nicht aufhalten. Aber in ihrer Weisheit haben es die Unsterblichen so eingerichtet, dass für uns Erdenbewohner die Möglichkeit besteht, das Schicksal zu beeinflussen. Wir können zwischen zwei Wegen wählen, einem einfachen und einem schwierigen."

Tanta Carhua schwieg und starrte in die Flammen. Acoya-napa ließ sich die Worte der Wahrsagerin durch den Kopf gehen. Sein einfacher Weg bestand darin, zurück nach Antisuyu zu gehen, der schwierige führte ihn hingegen in das Acclahuasi, um Prinzessin Cusi Qoylyor die Botschaft Ollantays zu überbringen. War die Alte deswegen aufgetaucht, um seine Zweifel zu zerstreuen? Mit ihren tiefen Falten im Gesicht, dem schlohweißen Haar und dem Kleid, das mit magischen Dreiecken und Kreisen verziert war, wirkte sie auf ihn unheimlich. Verstärkt wurde sein Eindruck durch die Tatsache, dass Tanta Carhua gerade in dem Moment aufgetaucht war, in dem sie alle Pläne hatten fallen lassen wollen. Wie konnte sie davon wissen, dass er den verbotenen Tempel der Sonnenjungfrauen betreten wollte? War sein Vorhaben von jemand verraten worden? Das konnte unmöglich geschehen sein.

Ein rasselndes Geräusch riss ihn aus seinen Gedanken. Tanta Carhua bewegte ihre Kürbisrassel langsam über das Feuer und beschrieb dabei mit den Armen beschwörende Kreise. Dabei begann sie wieder zu sprechen: „Not, Leid und Blut werden über das Reich der Sonnensöhne kommen, denn der Inka will seine Tochter nicht seinem besten Feldherrn zur Frau geben. Noch ehe der Mond wieder voll ist, zwingt er sie, einen Fürsten der unterworfenen Canari zu heiraten. Sie wird einwilligen, da sie glaubt, ihr Geliebter habe sie vergessen. Tag für Tag sitzt sie verzweifelt in ihrem Zimmer und wartet vergeblich auf eine Nachricht von ihm. Nur ihr Vater darf mit ihr reden, allen anderen hat er das bei härtester Strafe verboten. Jetzt wird er ihr erzählen, dass Ollantay eine edle Dame aus Antisuyu ehelichen wird. So versucht der Inka, Cusi Qoylyor gefügig zu machen. Wenn sie die Lüge hört, dass Ollantay der Ehemann einer anderen wird, bricht ihr Herz und sie wird die todunglückliche Frau des Canarifürsten. Vor lauter Gram und Liebeskummer wird sie bald sterben. Auch Ollantay erwartet ein ähnliches Schicksal. Wenn er erfährt, dass seine Cusi Qoylyor einen anderen heiratet, wird alle Freude aus seinem Herz verschwinden. Er wird krank darniederliegen und an gebrochenem Herzen sterben. Wenn das geschieht, gibt es zwei tote Liebende und ein paar trauernde Angehörige. Doch Inti wird sich von Pachacuti abwenden und Tahuantinsuyus Feinde werden in den Kriegen die Oberhand behalten und unser Reich ist dem Untergang geweiht. Das ist eine der Zukunftsvisionen, die mir die Götter eingegeben haben."

Die alte Frau schwieg neuerlich und eine beklemmende Stille breitete sich im Raum aus. Wenn Acoya-napa nicht zur Prinzessin vordringen konnte, würde Tahuantinsuyu also zerstört werden. Die Männer erschraken über die düsteren Zukunftsaussichten. Gab es noch eine Hoffnung für ihre Heimat? Poma fing sich als Erster und wandte sich an die Wahrsagerin: „Haben dir die Götter noch einen anderen Weg gezeigt? Bitte, Tanta Carhua, sage uns die Wahrheit. Nichts kann schlimmer sein als die Zerstörung unseres Reiches." Die Anwesenden nickten bei diesen Worten und sahen die Alte fragend und bittend zugleich an.

Tanta Carhua drehte sich nun zu den Männern um. „Ja", antwortete sie, „die Götter haben mich in ihrer Gnade auch einen anderen Weg schauen lassen." Noch bevor jemand eine Frage stellen konnte, rasselte sie neuerlich und beschrieb mit der linken Hand einen Kreis in der Luft. „Einer der hier anwesenden jungen Männer kann das furchtbare Unheil, welches das Reich der Sonnensöhne bedroht, abwenden. Doch haben mir die Götter nicht offenbart, was mit ihm geschehen wird. Sein Schicksal blieb in der Dunkelheit verborgen, doch befürchte ich für ihn das Schlimmste. Er muss ins Acclahuasi gelangen und der Prinzessin mitteilen, dass sie von Ollantay noch immer geliebt wird. Diese Aufgabe ist sehr gefährlich und könnte dem jungen Mann das Leben kosten. Gelingt es ihm aber, mit der Prinzessin Kontakt aufzunehmen, wird sie ihrem Vater nicht gehorchen und den fremden Fürstensohn nicht heiraten. Aber auch in diesem Fall sehe ich Blut und Unheil, denn nun wird in Tahuantinsuyu ein Bruderkrieg entbrennen. Am Ende sehe ich das Licht der Sonne über das Reich scheinen. Inti wird sein Volk nicht verlassen und den Kontrahenten die Augen zu einer friedlichen Lösung öffnen. Das ist der zweite Weg, den mir die Götter gezeigt haben. Welchen ihr wählt, bleibt euch überlassen." Noch ehe die Männer richtig zur Besinnung gekommen waren, eilte Tanta Carhua zur Tür hinaus und war im selben Augenblick in den winkeligen Gassen Cuzcos verschwunden.

„Ich muss es wagen", hörte man in der Stille die Stimme Acoya-napas, „denn die Zukunft unseres Reiches steht auf dem Spiel. Gehe ich nicht ins Acclahuasi, wird Tahuantinsuyu bald untergehen." „Aber du riskierst dein Leben", gab Poma zu bedenken. „Was ist schon mein Leben gegen das Leben vieler Menschen?", antwortete der Hatun Apo, „mein Entschluss steht fest. Morgen Abend werde ich mich auf den Weg machen. Da gerade Neumond herrscht, wird die Nacht dunkel sein. Vielleicht gelingt es mir, unerkannt hineinzugelangen und unbemerkt zu entkommen." „Wir werden mitkommen und deinen Fluchtweg decken", sprach Poma mit fester Stimme. Jetzt, da die Entscheidung gefallen war, schien es ihnen, als wäre eine schwere Last von ihrer Brust entfernt worden.

Nun stand Poma reglos im Schatten eines Mauervorsprungs und blickte angestrengt in die Dunkelheit. Von Acoya-napa war nichts mehr zu hören oder zu sehen. „Hoffentlich geht alles gut", dachte sich der Curaca von Quilliscancha, „möge ihm Inti gewogen sein." Er bedeutete den Männern, sich in ihrem Versteck ruhig zu verhalten. Nun begann die nervenzermürbende Wartezeit. Sie konnten nichts mehr tun, als zu allen Göttern zu beten, dass Acoyanapa seinen Auftrag erfolgreich ausführen könnte.

Der Hatun Apo schlich sich geräuschlos an den Tempel der Sonnenjungfrauen an. Er musste sehr vorsichtig sein, das leiseste Geräusch konnte ihn verraten. Einige Wachesoldaten saßen vor dem Eingang zum Sonnentempel, während andere entlang der Mauern patrouillierten. Das Licht der Fackeln erhellte den Platz vor dem Coricancha, doch etwas abseits davon herrschte eine dichte Schwärze. Acoya-napa tastete mit den Händen auf dem Boden, ob kein Hindernis im Weg lag. Er hielt sich im Schatten und bewegte sich langsam und vorsichtig. Als Soldat, der oft als Kundschafter unterwegs gewesen war, hatte er es gelernt, sich geräuschlos wie ein Jaguar anzuschleichen. Ein freudiges Lachen ließ ihn zusammenzucken. Hatten ihn die Wachen entdeckt? Vorsichtig spähte er in ihre Richtung. Was es sah, erfüllte ihn mit neuer Zuversicht. Ein Offizier hatte den Männern einen großen Krug mit Chicha gebracht. Nun eilten die Soldaten erfreut herbei und labten sich an dem Getränk, bevor sie ihre Rundgänge fortsetzten. Acoya-napa nützte die Gunst des Augenblickes und huschte schnell wie eine große Raubkatze über eine kleine, freie Fläche, die zwischen ihm und dem Tempel der Sonnenjungfrauen lag. Er hielt die Luft an, doch kein Alarmschrei ertönte. Die erste Hürde hatte er erfolgreich überwunden. Sogleich tauchte er in den Schatten der mächtigen Mauer ein und war im nächsten Augenblick für die Wachesoldaten unsichtbar geworden.

Ein paar Atemzüge lang rastete er in seinem Versteck, ehe er weiterschlich. Seine Sinne arbeiteten mit höchster Konzentration und die Muskeln vibrierten vor Anspannung. Acoya-napa wusste, dass die Wachen nicht nur den Sonnentempel, sondern auch das Acclahuasi scharf im Auge behielten, um ungebetene Gäste von den Damen abzuhalten. So wartete er, bis er die Schritte zweier Soldaten hörte, die ihren Rundgang durch den Coricancha-Bezirk absolvierten. Nachdem die Bewaffneten verschwunden waren, hastete der Hatun Apo zum Tempel. Vorsichtig glitt er die Mauer entlang bis zum Eingang. Dort saß ein Pförtner, der pflichtbewusst darauf achtete, dass kein Unbefugter in das Reich der Acclas eindringen konnte. Nur der Inka durfte als einziges männliches Wesen den Tempel der Sonnenjungfrauen betreten.

Trotz dieses Privilegs versuchte der Herrscher hin und wieder, sich am Pförtner vorbei zu schleichen, um eine Nacht mit einer Sonnenjungfrau zu verbringen. In einem solchen Fall sprach der Pförtner den Inka nicht sofort an, sondern tat so, als würde er ihn nicht sehen. Dass er seine Aufsichtspflicht nicht vernachlässigt hatte, bewies er zu einem anderen Zeitpunkt. So näherte er sich dem Herrscher beispielsweise im Rahmen einer öffentlichen Zeremonie und setzte sich neben ihn. In einem unbeobachteten Moment fasste er ihn am Gewand und flüsterte: „Inka, du hast gestern Abend das Haus der Sonne betreten und mit einer der Frauen zu tun gehabt." Ebenso leise bestätigte der Herrscher dies, worauf sich der erleichterte Pförtner in dem Bewusstsein zurückzog, seine Pflicht erfüllt zu haben.

Den Plan, welchen Acoya-napa verfolgte, war denkbar einfach und verwegen zugleich. Er musste selbstsicher auftreten und den Pförtner glauben machen, dass dieser es mit dem Inka zu tun habe. Dann wollte er im Acclahuasi so schnell wir möglich Cusi Qoylyor finden und ihr mitteilen, dass Ollantay sie nicht vergessen habe und für alle Zeit auf sie warten werde. Der junge Mann näherte sich der Eingangstür, die sich, charakteristisch für die Bauwerke der Inka, nach oben hin verjüngte. Der Pförtner, der in einem kleinen Häuschen neben dem Tor saß und den Platz vor dem Tempel beobachtete, bemerkte den Ankömmling, der ohne das geringste Anzeichen von Nervosität das Acclahuasi betrat. Unschlüssig, was er zu tun hatte, entschied der Aufpasser, dass Inka Pachacuti heimlich in das Haus der Sonne schleichen wollte. Daher beschloss er, sich ruhig zu verhalten, um den Herrscher nicht zu stören. Ein wenig verwundert blickte der Pförtner dem vermeintlichen Inka nach und murmelte leise: „Komisch, dass ihn heute keine Leibwache bis hierher begleitet hat. Na ja, vielleicht will er unerkannt bleiben. Seit Prinzessin Cusi Qoylyor im Acclahuasi wohnt, hat sich Pachacuti schon einige Male in das Haus begeben, um seine Tochter zur Vernunft zu bringen, wie man sagt. Womöglich will er keine Zeugen bei dieser Aussprache dabei haben." Kopfschüttelnd und nachdenklich blieb er auf seinem Platz und überlegte, wie er morgen mit dem Inka darüber sprechen sollte.

Acoya-napa konnte sein Glück kaum fassen. Durch sein forsches Auftreten hatte er tatsächlich den Pförtner täuschen können. Nun hieß es doppelt vorsichtig sein, damit ihn keine der Acclas überraschte. Der Gang vor ihm war dunkel und menschenleer. Wahrscheinlich würden die Acclas in ihren Zimmern sein und bereits schlafen. Das erleichterte sein weiteres Vorgehen. Langsam tastete er sich an einer Wand entlang, bis er die Tür zu einem kleinen Raum erreichte. Darin war niemand zu sehen. Er trat ein und atmete erleichtert auf. Jetzt würde der heikelste Teil seines Unternehmens beginnen. Er musste die Prinzessin finden, ohne von den anderen jungen Frauen bemerkt zu werden. Acoya-napa überlegte, wie er das am besten anstellen könnte. Vielleicht sollte er die Leiterin des Acclahuasi suchen und diese dann zwingen, ihm den Aufenthaltsort Cusi Qoylyors zu verraten. Das leise Klingen eines Glöckchens riss ihn aus seinen Überlegungen. Was konnte das bedeuten? Hatte man ihn vielleicht entdeckt und Alarm ausgelöst? Er beschloss sich ruhig zu verhalten und erst einmal abzuwarten. Plötzlich vernahm er vor der Tür Schritte. Im Schein einer Fackel eilte eine Frau an seinem Versteck vorbei und entfernte sich Richtung Eingang. Acoya-napa lauschte konzentriert, ob er etwas zu hören bekam, aber alles blieb still. Nach einiger Zeit näherte sich die unbekannte Person wieder. Die Frau sprach leise mit sich selbst: „Der Pförtner glaubt, dass der Inka im Hause ist. Wo mag er nur stecken? Vielleicht sucht er wieder Prinzessin Cusi Qoylyor auf? Ich werde vorsichtig nachsehen, ob der Herrscher in ihrem Zimmer ist."

Acoya-napa handelte sofort. Lautlos verließ er den Raum, in dem er sich versteckt gehalten hatte, und folgte der Frau. Sorgfältig achtete er darauf, kein Geräusch zu verursachen. Da die Frau eine Fackel in der Hand hielt, konnte er erkennen, wohin der Weg führte. Zweimal bog sie an Kreuzungen nach rechts ab, bis schließlich eine verschlossene Tür vor ihnen lag. Die Frau sah, dass der Riegel vorgeschoben war. „Hier kann er nicht sein", flüsterte sie, „denn sonst wäre die Tür geöffnet. Wahrscheinlich wird er zu einer der jungen Neuangekommenen gegangen sein, um sich ein wenig zu vergnügen." Noch ehe sich die Frau zum Gehen umwandte, war Acoya-napa auch schon den Gang zurückgeeilt, damit er von ihr nicht entdeckt werden konnte. Er wartete noch eine Zeit lang in dem kleinen Zimmer, dann machte er sich auf, um mit Cusi Qoylyor zu sprechen. Den Weg zu ihr kannte er nun ja.

Obwohl er auf dem dunklen Gang kaum die Hand vor den Augen sah, erreichte er das versperrte Zimmer ohne Zwischenfall. Behutsam schob er den Riegel weg und öffnete leise die Tür. Drinnen war es beinahe ebenso dunkel wie auf dem Gang, doch spendeten die glimmenden Reste eines fast verlöschten Feuers dem Eindringling ein wenig Helligkeit. Acoya-napa sah, dass eine wunderschöne, junge Frau in Decken gehüllt auf ihrem Bett schlief. Der Hatun Apo wollte seinen Auftrag so schnell wie möglich erledigen, aber er war so fasziniert von ihrem Anblick, dass er die Prinzessin genauer betrachten musste. „Ollantay ist ein wahrer Glückspilz", entfuhr es ihm. Die leise vor sich hin gesprochenen Worte genügten bereits, um die Schläferin zu wecken. Cusi Qoylyor riss ängstlich die Augen auf, als sie den unbekannten Mann in der Dunkelheit erkannte. Sie öffnete den Mund zu einem Schrei, doch Acoya-napa war schneller. Noch ehe ein Laut über ihre Lippen kam, hatte er bereits seine linke Hand auf ihren Mund gelegt, während er mit der rechten die sich verzweifelt wehrende junge Frau festhielt. „Verzeiht, Prinzessin", flüsterte er zu seiner Entschuldigung, „aber es geschieht zu Eurem Besten. Mich schickt mein Herr Ollantay. Ich soll Euch eine Nachricht von ihm ausrichten. Versprecht, nicht zu schreien, dann lasse ich Euch los!" Cusi Qoylyor nickte zaghaft und vorsichtig löste er den harten Griff, mit dem er sie gehalten hatte. Sofort sprudelte es aus ihr hervor: „Ollantay? Du kommst von Ollantay? Wie geht es ihm? Schnell, erzähle mir alles von ihm, was du weißt!" Acoya-napa antwortete: „Geduldet Euch! Und bitte seid leise! Niemand darf mich hier bei Euch finden, sonst sind wir des Todes."

Dann begann er zu erzählen und berichtete ihr, wie es Ollantay ergangen war, seit ihn der Inka aus Cuzco verbannt hatte. „Am Abend, wenn die Sterne am Himmel stehen, sagt er jedes Mal, dass Ihr der schönste aller Sterne seid. Alle Schätze der Welt würde er dafür geben, noch einmal seinen Lieblingsstern in die Arme zu nehmen. Er liebt Euch mehr als sein Leben und wird Euch immer lieben, egal, was auch geschieht. Niemals wird er eine andere zu seiner Ehefrau nehmen. Er hofft, den Inka umstimmen zu können und doch noch die Erlaubnis zu erwirken, Euch heiraten zu dürfen. Wenn er wüsste, dass auch Ihr ihn noch immer liebt, wäre er glücklich und könnte die Trennung von Euch leichter ertragen. Welche Antwort darf ich ihm ausrichten?"

Cusi Qoylyor schaute ihn glückselig an. „Er liebt mich. Er liebt mich", flüsterte sie immer wieder. „Dabei hat mir Vater erzählt, Ollantay habe zwar zuerst getobt, mich aber schnell vergessen. Nun weiß ich, dass mich Vater angelogen hat. Ollantay liebt mich." Tränen der Freude liefen ihr die Wangen herab und sie schlug schnell die Hände vor das Gesicht, damit der Besucher nicht merkte, wie sie weinte, denn das war einer Prinzessin unwürdig. Acoya-napa wandte sich verlegen ab und wartete, bis sich die junge Frau wieder einigermaßen beruhigt hatte. Als das Schluchzen nachließ, trat er auf Cusi Qoylyor zu und fragte: „Prinzessin, habt Ihr etwas, was ich Ollantay ausrichten kann? Er vergeht vor Sehnsucht und wartet voll Verlangen auf eine Nachricht von Euch. Ein paar Worte würden ihn aufheitern und glücklich machen." „Sagt ihm, dass ich ihn noch mehr liebe, als man mit Worten ausdrücken kann. Niemand kann mir meine Liebe verbieten, selbst der mächtigste Herrscher nicht. Egal, was die Zukunft bringen wird, ich werde Ollantay immer lieben. Mein Vater will mich zwingen, einen Fürsten vom Volk der Canari zu heiraten, aber das werde ich nicht tun. Lieber bleibe ich eine Accla und widme mein weiteres Leben dem Dienst Intis, als dass ich einen anderen zum Ehemann nehme als Ollantay. Und sage ihm noch etwas ungeheuer Wichtiges: Mama Quilla hat mich gesegnet. Ich erwarte ein Kind von Ollantay. Hier, nimm diesen Ring und überbringe ihn meinem Geliebten!" Dabei zog sie einen goldenen Ring vom Finger, der mit kleinen Splittern von kostbaren Edelsteinen verziert war. Acoya-napa steckte das Kleinod in seine Tasche und versprach der Prinzessin, den Auftrag zu erfüllen. „Jetzt muss ich Euch verlassen, Prinzessin", sagte der Hatun Apo mit leiser Stimme, verneigte sich und schritt zur Tür. Cusi Qoylyor blickte ihm mit Tränen in den Augen nach, doch hegte sie nach diesem Besuch eine kleine Hoffnung im Herzen, dass sie und Ollantay vielleicht doch noch ein Paar werden könnten.

Acoya-napa verschloss die Tür sorgfältig mit dem Riegel. Niemand sollte morgen ahnen, dass die Prinzessin unerlaubten Besuch bekommen hatte. Alles war ruhig. Der dunkle Gang lag vor ihm. Der Hatun Apo brauchte einige Augenblicke, um sich neu zu orientieren, dann machte er sich auf den Rückweg. Mit der linken Hand tastete er sich die Wand entlang, dabei zählte er leise bis zwölf mit. Nun musste die erste Kreuzung kommen. Richtig, er hatte sich nicht verzählt. Er bog ab und legte seine linke Hand wieder auf die Mauer. Vorsichtig schlich er sich weiter. Fußbreit um Fußbreit arbeitete er sich voran, bis er die nächste Kreuzung des Ganges erreicht hatte. Jetzt musste er nur noch geradeaus gehen, um aus dem Acclahuasi zu gelangen. Schon sah er den Schein des kleinen Feuers, das im Pförtnerhäuschen brannte. Acoya-napa zog den Kopf tief in die Schultern und ging leicht gebückt das letzte Stück des Weges bis zum Ausgang. Da trat plötzlich der Pförtner heraus: „Halt! Sofort stehen bleiben!", rief er mit lauter Stimme. Acoya-napa dachte aber nicht daran, sondern eilte mit angespannten Muskeln weiter, um sich gegen einen möglichen Angriff zu wappnen. Der Pförtner hob die Fackel, welche er trug und leuchtete dem Hatun Apo ins Gesicht. „Wer bist du? Du bist nicht der Inka! Du bist unerlaubt in das Acclahuasi eingedrungen. Damit ist dein Leben verwirkt. Bleib stehen, damit ich dich gefangen nehme!" Der Pförtner griff mit der rechten Hand nach Acoya-napa. Dieser war darauf vorbereitet gewesen. Er packte den Arm und drehte ihn mit einer blitzschnellen Bewegung auf den Rücken des überraschten Mannes. Der Pförtner stieß einen Schmerzenslaut aus und ließ die Fackel los. Im selben Augenblick wurde er vom Hatun Apo zur Seite geschleudert und prallte gegen eine Mauer. Der Weg für Acoya-napa war frei. So schnell er konnte, lief er aus dem Haus der Sonnenjungfrauen und versuchte zu entkommen.

Hinter sich hörte er bereits das laute Brüllen des überrumpelten Wächters: „Haltet ihn! Ein Mann ist in das Acclahuasi eingedrungen und hat die Ehre dieses heiligen Ortes entweiht. Fangt ihn!" Sofort wimmelte es auf dem Platz vor dem Tempel von Soldaten. Einer von ihnen entdeckte den flüchtenden Acoya-napa und rief seinen Kameraden zu: „Dort drüben läuft er! Ihm nach!" Die Männer nahmen die Verfolgung auf. Einige zu früh abgefeuerte Steine prallten hinter dem Hatun Apo auf den gepflasterten Boden. Mit keuchenden Lungen hastete der Offizier aus Antisuyu weiter. „Nur jetzt nicht mehr erwischen lassen!", dachte er, „hoffentlich sind Poma und meine Männer noch in der Nähe." Die Verfolger konnten nicht aufholen, obwohl sie sich alle Mühe gaben. Acoya-napa begann zu hoffen, dass ihm die Flucht gelänge. Da bogen aus einer Seitengasse eine Handvoll Soldaten auf den Platz und schnitt ihm den Weg ab. Sie hoben drohend ihre Waffen. „Stehen bleiben", rief ihr Kommandant, „oder du wirst von unseren Speeren durchlöchert!" Acoya-napa zögerte kurz, dann lief er weiter. Doch noch ehe die Soldaten die Wurfgeräte auf den Flüchtigen richten konnten, brachen drei von ihnen mit einem lauten Aufschrei nieder. Den beiden anderen blieb keine Zeit zum Überlegen, schon brachen auch sie getroffen zusammen. Poma und die vier Begleiter Acoya-napas traten aus dem Schatten eines Mauervorsprungs hervor und eilten ihrem Anführer nach.

Als die weiteren Verfolger nur einen kurzen Augenblick später zum Ort des Geschehens kamen, stockten sie vor ungläubiger Überraschung. Ihre fünf Kameraden lagen blutüberströmt auf dem Boden. Drei waren von Speeren durchbohrt, zwei von Steinschleudern am Kopf getroffen worden. Der Eindringling in das Acclahuasi hatte also Helfer gehabt. Während sich einige von den Wachesoldaten um die Verwundeten kümmerten, stellten die anderen fest, dass sie die Spur des Flüchtlings verloren hatten. In der Dunkelheit der engen Gassen Cuzcos erschien es ihnen nicht ratsam, die Verfolgung fortzusetzen und dabei ihr Leben aufs Spiel zu setzen. So zogen sie es vor, die Verletzten zu einem Arzt zu schaffen. Der Inka würde vor Zorn toben, wenn er von ihrem Versagen in Kenntnis gesetzt würde.

Acoya-napa, Poma und die vier Männer rannten unterdessen durch die Gassen der Hauptstadt. Immer wieder schlugen sie Haken, um mögliche Verfolger abzuschütteln und zu täuschen. Endlich mussten sie keuchend stehen bleiben und eine Rast einlegen. Sie lauschten angestrengt in die Dunkelheit, ob sie das Geräusch laufender Füße hörten. Doch alles blieb ruhig, nur hin und wieder störte der Ruf eines Nachtvogels die Stille. „Ich glaube, wir haben es geschafft", nickte Acoya seinen Helfern dankbar zu, „es ist nichts mehr zu hören. Es ist uns gelungen, die Verfolger abzuschütteln. Ohne eure Hilfe wäre mir das Unternehmen nie geglückt. Ihr seid gerade zum richtigen Zeitpunkt aufgetaucht." Dankbar lächelte er den fünf Männern zu. „Lasst uns nun in mein Haus gehen und abwarten, was weiter geschehen wird", schlug Poma vor. Die Männer stimmten ihm zu und so machten sie sich auf den Weg.

Pachacuti wütete vor Zorn, als ihn einer seiner Würdenträger über das unerhörte Geschehen informierte. Auf der Stelle ließ er seine prächtige Sänfte holen und zum Acclahuasi tragen. Der Pförtner bebte vor Angst, als der Inka auftauchte. Nach einem kurzen Bericht des unglücklichen Mannes winkte der Herrscher und seine Leibwache nahm den unaufmerksamen Türwächter gefangen. Würde man den Eindringling nicht finden, hatte er an dessen Stelle sein Leben verwirkt und würde bei lebendigem Leib verbrannt werden.

Die Vorsteherin des Acclahuasi kniete zitternd vor dem Herrscher und berührte mit ihrer Stirn den Boden. Sie wagte es nicht, den Blick auf den Inka zu richten. Mit weinerlichen Stimme beantwortete sie die Frage Pachacutis: „Verzeiht, mächtiger Herrscher, aber ich konnte nicht ahnen, dass ein Unwürdiger das Haus der Sonnenjungfrauen betreten hat. Der Pförtner ließ mich im Glauben, Ihr würdet eine der Damen aufsuchen. So habe ich mich diskret zurückgezogen, um Euch nicht zu stören. Erst als der Pförtner zu schreien begann, erfuhr ich, dass ein Fremder im Haus war. Wenn ich gewusst hätte, dass ein Fremder die Ehre der Acclas besudelt, ich …, ich …" Die Stimme der Frau stockte und sie brach in ein hysterisches Weinen aus. Pachacuti hatte rot vor Zorn zugehört und befahl nun: „Alle Acclas sollen sich sofort im Tempel versammeln! Ich will wissen, wo der Frevler war. Die Frau wird ihre ruchlose Tat büßen. Warum hat sie nicht um Hilfe gerufen, als ein Mann bei ihr aufgetaucht ist?" Die Vorsteherin erhob sich dienstfertig und schlurfte davon, um den Befehl unverzüglich in die Tat umzusetzen.

Schlaftrunken stolperten die meisten jungen Frauen aus ihren Zimmern und gingen mit fragenden Blicken zur großen Tempelhalle. Einige trugen auf Anweisung der Vorsteherin Fackeln und entzündeten in vorbereiteten Opferschalen kleine Feuer, die den großen Raum in ein spärliches Licht tauchten. Neugierig tuschelten die Acclas und die Schülerinnen, was das alles wohl zu bedeuten habe. Noch nie war es vorgekommen, dass sie sich zu dieser nachtschlafenden Zeit im Tempel versammelt hatten. Was nur die Vorsteherin von ihnen wollte? Als sie den Inka sahen, verstummten alle und formierten sich zu einem Halbkreis, in dessen Zentrum der Herrscher auf einem Hocker thronte. Als die Frauen vollständig in der Halle anwesend waren, wandte sich die Vorsteherin an den Inka und erklärte ihm, dass sie für das Verhör bereit seien. „Wer von euch hat heute Männerbesuch gehabt?", fragte Pachacuti mit strenger Stimme. Die jungen Frauen sahen einander ratlos an und drehten neugierig die Köpfe, um bei einer aus ihrer Mitte Anzeichen für die Antwort zu finden. Als es längere Zeit still blieb, wuchs die Unruhe unter den Sonnenjungfrauen. Der Inka donnerte in den Raum: „Ich will eine Antwort auf meine Frage bekommen! Bei wem war heute ein Mann?" Jetzt senkten alle verschämt und ängstlich zugleich die Blicke zu Boden. Von der würdevollen Ausstrahlung Pachacutis, die ihn sonst auszeichnete, war in diesem Augenblick nichts zu bemerken. Die Vorsteherin kannte die Launen des Herrschers besser als die übrigen Acclas, deshalb mischte sie sich ein: „Antwortet dem mächtigen Herrscher und lügt nicht! Inti wird euch schwer bestrafen, wenn ihr eure Schuld nicht zugebt!" Da die Frauen weiterhin betreten schwiegen, begann sie alle einzeln zu befragen. Aber keine wollte in dieser Nacht einen Mann gesehen, geschweige denn in ihrem Zimmer empfangen haben.

„Wo ist Cusi Qoylyor? Ich sehe sie nirgends!", fragte Pachacuti, „vielleicht hat sie heimlich Besuch empfangen?" „Sie ist in ihrem Zimmer eingeschlossen, wie Ihr es befohlen habt", antwortete die Oberste der Acclas. „Als ich am Abend das Glockenzeichen bekam, kontrollierte ich sogleich, ob der Riegel noch vorgeschoben war. Ich fand die Türe verschlossen und zog mich daher in meinen Raum zurück, da ich dachte, Ihr würdet eine der jungen Sonnenjungfrauen besuchen und nicht mit Eurer Tochter sprechen wollen." Der Inka nahm diese Antwort mit einem leisen Brummen zur Kenntnis und befahl den Frauen, sie mögen sich wieder in ihre Schlafräume zurückziehen. Nur die Vorsteherin blieb bei ihm. „Ich werde Cusi Qoylyor aufsuchen und mit ihr sprechen", meinte Pachacuti und strich mit den Fingern gedankenverloren über seinen reich verzierten Ohrstecker. Die Oberin führte ihn zum Zimmer der Prinzessin. Der Riegel befand sich vor der Tür. Nichts deutete darauf hin, dass Cusi Qoylyor in dieser Nacht Besuch bekommen hatte. Die Vorsteherin öffnete die Tür und verschloss sie auf Befehl des Herrschers hinter ihm.

Pachacuti trat ein und fand seine Tochter wach vor. Noch ehe er eine Frage stellen konnte, kam sie ihm zuvor. „Warum herrscht heute Nacht so ein Wirbel im Acclahuasi?", fragte sie. „Das wollte ich gerade dich fragen", antwortete Pachacuti unwirsch. „Wahrscheinlich kennst du die Antwort", entgegnete er, „ein Mann hat sich ins Acclahuasi eingeschlichen. War er bei dir?" „Bei mir? Wo ich doch eingesperrt und gut bewacht werde. Wie kann da ein Mann zu mir gelangen?", meinte die Prinzessin mit einem bissigen Lächeln. Der Inka blickte sich im kleinen Zimmer genau um, konnte aber nichts Verdächtiges bemerken. „Also", fragte er noch einmal,

„hast du Besuch empfangen?" „Warum soll ich dir darauf eine Antwort geben", höhnte Cusi Qoylyor, „wenn ich doch genau weiß, dass eine Accla, die von einem Fremden aufgesucht wird, ihr Leben verwirkt hat?" „Ich verspreche, dir wird nichts geschehen", stieß er mühsam beherrscht hervor. „So werde ich dem unwichtigen Canari nicht zur Ehefrau gegeben und darf das Acclahuasi wieder verlassen?", fragte sie mit dem unschuldigsten Blick, zu dem sie fähig war.

Früher einmal war ihr Vater bei diesem Augenaufschlag schwach geworden und hatte ihr dann alles erlaubt, was sie wollte. Aber jetzt war er zornig und schaute ärgerlich zur Seite, als ihn Cusi mit großen Augen ansah. „Ich sagte, dir wird nichts geschehen. Damit meinte ich, dass du nicht zum Tode verurteilt wirst, wenn ein Mann bei dir war. Doch den Fürsten aus dem Norden wirst du heiraten." „Ich werde ihn nicht heiraten, denn jetzt weiß ich, dass du mich belogen hast. Ollantay liebt mich nämlich noch immer." Erschrocken griff sie mit der Hand zu den Lippen und versuchte verzweifelt, sich den Mund zu verschließen. Aber die Worte, die ihr entschlüpft waren, ließen sich nicht mehr zurücknehmen. Pachacutis Augen funkelten vor Zorn und er schrie: „Ollantay war bei dir! Das wird er büßen! Er wird sterben wie alle Verräter!" Schon wandte er sich zum Gehen, da fiel sie ihm in den Arm und sagte mit Tränen in den Augen: „Nein, Ollantay war nicht bei mir." „Lüge nicht!", herrschte er sie an, „du hast es doch eben selbst zugegeben." „Nein", weinte sie, „Ollantay war nicht bei mir, aber einer seiner Männer hat mir eine Botschaft von ihm gebracht. Nun weiß ich, dass er mich liebt und immer lieben wird. Den Canarifürsten werde ich nicht heiraten, eher sterbe ich. Außerdem erwarte ich ein Kind von Ollantay. Wie sollte ich da die Frau eines anderen werden?" Schluchzend warf sie sich auf die wollenen Decken ihrer Schlafstätte.

Der Inka stand wie versteinert da und wollte ihr noch eine zornige Antwort geben, doch er verließ, nachdem er einige Augenblicke mit sich selbst gerungen hatte, den Raum und verschloss die Tür sorgfältig hinter sich. Die Vorsteherin erschrak, als er mit zornesrotem Gesicht auf den Gang heraus trat. Er stapfte an ihr vorbei und würdigte sie keines Blickes. Er würde sich mit seinen Beratern unterhalten müssen, wie er den aufsässigen Suyuyoc Apucuna aus Antisuyu, der seine göttliche Tochter geschwängert und somit endgültig entehrt hatte, am besten bestrafen sollte.

Acoya-napa und seine Begleiter eilten auf verborgenen Pfaden ins heimatliche Antisuyu zurück. In ihrer Gesellschaft befanden sich auch die Eltern Ollantays, Poma und Qoylyor, welche dem Zorn Pachacutis entgehen wollten. Denn sie waren sich einig, dass der Inka nach ihrem Eindringen in das Acclahuasi auch die Familie Ollantays verfolgen würde. Qoylyor und Poma wollten dem Zorn des Herrschers entgehen, nicht allein aus Furcht um ihr eigenes Leben, sondern um dem Inka keinen Angriffspunkt gegen ihren Sohn zu liefern, falls sie als Geiseln in seine Hände fielen. Darum benutzten sie auf der Reise nach Antisuyu auch nicht die Hauptstraßen, die der Herrscher überwachen ließ. Ihr Weg führte auf einsam gelegenen Saumpfaden über das Gebirge, bis sie nach vielen Tagen endlich die Niederungen des Urubamba erreichten. Jetzt, da sie glücklich in Antisuyu angekommen waren, setzten sie die Reise auf der Hauptstraße fort. Den Männern fiel auf, dass auf den Straßen eine hektische und unruhige Betriebsamkeit herrschte. Sie fragten in einer Raststation, warum so viele Leute unterwegs waren, und erhielten zur Antwort, dass der Suyuyoc Apucuna zahlreiche waffenfähige Männer einberufen hatte. Besorgt wanderten sie weiter, bis sie endlich die Hauptstadt des Reichsviertels erreichten.

Vor seinem Palast begrüßte Ollantay die Ankömmlinge herzlich und freute sich besonders, dass seine Eltern mitgekommen waren. Er hatte schon große Ängste um sie ausgestanden, da er zum Feind des Inka erklärt worden war. Nun musste Acoya-napa berichten, was er in Cuzco hatte ausrichten können. Ollantay hörte begeistert zu und band sich Cusi Qoylyors Ring an einer Schnur um den Hals. „Sie liebt mich", sprach er, "wie ich sie liebe. Ihren Ring werde ich so lange tragen, bis sie meine Frau geworden ist. Dann werde ich ihn ihr zurückgeben. Falls wir unser Leben getrennt voneinander verbringen müssen, bleibt der Ring als Zeichen ihrer Liebe bei mir und soll, wenn meine Zeit gekommen ist, mir in das Grab mitgegeben werden." Acoya-napa lächelte ein wenig verschmitzt, als er beiläufig meinte: "Die Prinzessin hat mir noch etwas mitgeteilt. Etwas überaus Wichtiges, sagte sie, aber urteile selbst." "So rede doch", herrschte ihn Ollantay an, "wenn es für sie wichtig ist, wird es für mich sicher auch wichtig sein, oder?" "Ich denke schon", entgegnete der Hatun Apo ruhig, "Cusi Qoylyor teilte mir mit, dass sie ein Kind von dir erwartet." Ollantay öffnete den Mund und griff sich gleichzeitig ans Herz. Vor Freude und Überraschung war es ihm unmöglich, irgendetwas auf diese Neuigkeit zu erwidern. Erst als er die Fassung wiedergewonnen hatte, brach er in Jubel aus und gelobte, nicht eher zu ruhen, bis die geliebte Frau und das Kind sicher bei ihm wären. "Und wenn ich gegen ganz Tahuantinsuyu alleine kämpfen muss, ich werde Cusi Qoylyor erringen und glücklich machen, oder ich will nicht mehr leben. Jetzt, da ich weiß, dass ich Vater werde, kann ich erst wieder ruhig schlafen, wenn ich dieses Ziel erreicht habe", schwor Ollantay vor seinen Eltern und seinen Freunden. Dabei hob er seine Augen zum Himmel, damit ihn Inti besser hören und sehen konnte. Voller Freude nahm er einen Becher Chicha und leerte ihn auf einen Zug. Er war so aufgeregt, dass er die nächste Frage kaum wahrnahm. Er schüttelte den Kopf und bat, die Frage zu wiederholen.

„Was ist in der Zwischenzeit in Antisuyu geschehen und warum sind so viele waffenfähige Männer hierher unterwegs?", wollten Acoya-napa und die anderen Männer wissen. Ollantay schaute sie an und fragte: „Wisst ihr tatsächlich nicht, wie es um Antisuyu steht?" „Nein", antworteten sie, „wir haben uns von den Ortschaften ferngehalten, da wir befürchteten, der Inka lasse uns verfolgen." „Da habt ihr klug gehandelt", lobte Ollantay, „denn der Inka hat überall nach euch suchen lassen. Erst dadurch habe ich erfahren, dass es Acoya-napa gelungen ist, mit Cusi Qoylyor zu sprechen. Doch setzt euch jetzt einmal her zu mir und trinkt Chicha auf eure glückliche Heimkehr."

Die Männer setzten sich mit dem Apo auf den Boden und erhielten einen Becher des alkoholischen Maisgetränkes. Zuerst opferten sie ein paar Tropfen den Göttern, dann nahmen alle einen tiefen Schluck. Poma blickte sich um und sah zahlreiche Bewaffnete, die die Handhabung ihrer Waffen übten. Hier bereitete man sich eindeutig auf einen Kriegszug vor. Gegen wen rüstete Ollantay seine Krieger? Poma hoffte, dass er bald die Antwort auf seine Frage bekommen würde.

Ollantay stellte den Becher zur Seite und begann zu erzählen: „Nachdem ihr aufgebrochen wart, befahl ich Titu Huaman und Contor, die Männer Antisuyus im Gebrauch von Pfeil und Bogen zu unterweisen. Ich wollte und will nicht unvorbereitet sein, wenn der Inka eine Strafexpedition gegen mich plant. So ließ ich auch die mächtige Festung weiter ausbauen und unternahm einige Streifzüge durch die Provinz, um ideale Plätze für die Verteidigung des Landes auszuspähen. Das half mir, die Wartezeit zu verkürzen, bis ich endlich Nachricht von deinem Unternehmen bekam. Wir hatten ja vereinbart, dass du mir keine Botschaft zukommen lässt. Wenn dein Kurier von den Männern des Inka abgefangen worden wäre, hätte das für dich sehr gefährlich werden können. So wartete ich gespannt auf deine Wiederkunft. Doch du kamst nicht, sondern ein Kurier des Inka. Pachacuti beschuldigte mich, in das Acclahuasi von Cuzco eingedrungen und seine Tochter Cusi Qoylyor entehrt zu haben. Da wusste ich, dass du deinen Auftrag erfolgreich erfüllt hattest. Ich sandte dem Herrscher die Antwort, dass ich nach seinem Bannspruch immer in Antisuyu gewesen sei und somit seine Tochter nicht habe entehren können. Wie erwartet, war er mit meiner Antwort nicht einverstanden. Sein nächster Bote brachte eine sehr schlimme Nachricht. Der Herrscher und seine Berater hatten über die Freveltat ihr Urteil gesprochen. Da der Eindringling in das Acclahuasi aus Pachamarca gekommen sei, müssten als Sühne alle Einwohner dieser Stadt getötet wären. So verlange es das Gesetz der Sonnensöhne. Der Inka habe sich aber dazu entschlossen, das Urteil ein wenig abzumildern und nur die erwachsenen Männer mit dem Tode zu bestrafen. Da ich die Gesetze Tahuantinsuyus studiert habe, weiß ich, dass der Inka im Recht ist. Nur werden die Einwohner der Ortschaft, aus der die entehrte Accla stammt, ebenfalls mit dem Tode bestraft. Diese Antwort ließ ich Pachacuti übermitteln. Wir Männer aus Pachamarca seien bereit zu sterben, wenn auch alle Männer Cuzcos, der Inka mit eingeschlossen, dasselbe Schicksal zu erleiden hätten. Natürlich schäumte Pachacuti vor Zorn, als er diese Nachricht von mir bekam. Aber seine Rechtsgelehrten werden wissen, dass meine Auslegung des Gesetzes seine Richtigkeit hat. Entweder sterben alle Einwohner Cuzcos und Pachamarcas oder niemand. Jetzt erwarten wir täglich die neue Anordnung des Herrschers. Es ist zu befürchten, dass er mit Waffengewalt in Antisuyu eindringt, um meiner habhaft zu werden. Da Cusi Qoylyor ein Kind von mir erwartet, wird er nicht eher ruhen, bis er mich in seiner Hand hat."

Acoya-napa nickte zustimmend und sagte: „Jetzt ist mir klar, warum du alle Männer nach Pachamarca rufst und bewaffnen lässt. Der Inka soll uns nicht unvorbereitet treffen. Aber vielleicht verzichtet er auf seine Rache, wenn ich mich freiwillig in seine Gewalt begebe und gestehe, dass ich im Acclahuasi war und mit Prinzessin Cusi Qoylyor geredet habe." „Nein", antwortete Ollantay, „der Inka will mich haben, weil Cusi in mich verliebt ist und sich weigert, einen Fürsten der Canari zu heiraten. Deine Opferbereitschaft ehrt dich, aber um größeres Blutvergießen zu vermeiden, müsste ich mich dem Herrscher stellen. Doch da er das Blut aller Männer Pachamarcas verlangt, werden wir unsere Haut so teuer wie möglich verkaufen. Jetzt aber lasst uns in Ruhe abwarten, was Pachacuti vorhat. Ich erwarte nämlich einen Chasqui aus Cuzco, der ein Angebot des Inka überbringen wird." Damit entließ der Apo seine Gefolgschaft und begab sich mit seinen Eltern auf ihr Zimmer, um dort familiäre Dinge zu besprechen. Acoya-napa inspizierte mit Titu Huaman und Contor die Truppen, um sich von den Fortschritten im Umgang mit Pfeil und Bogen zu überzeugen.

Am frühen Nachmittag lief ein Chasqui im Eiltempo die Straße auf den Palast zu. Sofort wurde er zu Ollantay geführt. Der Kurier berichtete, was der Herrscher von den Bewohnern Pachamarcas verlangte. Ollantay hörte mit steinerner Miene zu, bis der Bote geendet hatte. „Danke, du kannst gehen! Eine Antwort werde ich später nach Cuzco senden. Erst muss ich mich mit meinen Würdenträgern beraten." Der Chasqui verließ den Raum und wurde von einem Diener ins Freie geführt, wo er sich ausruhen und stärken konnte.

Im größten Saal des Palastes herrschte gedämpfte Stimmung, nachdem Ollantay seinen engsten Beratern das Ultimatum des Inka mitgeteilt hatte. Pachacuti bestand darauf, dass dem Gesetz gemäß geurteilt würde. Alle Einwohner Pachamarcas sollten als Sühne für das frevelhafte Eindringen in das Acclahuasi verbrannt werden. Auf den vorgebrachten Einwand, dass auch die Einwohner Cuzcos – das war ja der Heimatort der besuchten Accla – getötet werden müssten, entgegnete der Herrscher, dass der Inka als direkter Nachkomme des Sonnengottes von der Strafe ausgenommen sei. In seiner großen Gnade habe Pachacuti den Einwohnern der Hauptstadt das Leben geschenkt. Doch dafür verlangte Inti den Tod aller Bewohner Pachamarcas, auch die Frauen und Kinder sollten hingerichtet werden.

Entrüstet schrien die Berater Ollantays auf: „Nicht den Tod fürchten wir! Aber das Urteil ist ungerecht! Wenn die Einwohner Cuzcos begnadigt werden, müssen auch die Bewohner Pachamarcas mit dem Leben davon kommen." Ollantay teilte seinen Würdenträgern mit, dass er dieses Argument dem Inka mitgeteilt habe, doch Pachacuti habe nach langem Überlegen anders entschieden. Wieder protestierten die Männer lautstark: „Dann ist er nicht mehr unser Inka!

Wenn ein Herrscher ungerecht urteilt und das Wohl seiner Untertanen aus den Augen verliert, dann soll er nicht mehr unser Herrscher sein!" Immer lauter wurde der Tumult und die Männer entrüsteten sich über das ungerechte Urteil Pachacutis. Ollantay versuchte vergebens, sie zu beruhigen.

Erst nach einer geraumen Weile wurde es allmählich leiser im Raum und die eine Frage tauchte auf: „Was machen wir jetzt?" Alle blickten gebannt auf den Apo. Was würde er vorschlagen? Doch Ollantay saß auf seinem Hocker und schien in eine weite Ferne zu starren. Schließlich nahm Contor seinen Mut zusammen. Er erhob sich von seinem Sitz und fragte: „Ollantay, du bist unser Suyuyoc Apucuna. Welchen Ratschlag erteilst du uns? Wir sind es gewohnt zu gehorchen und fürchten den Tod nicht. Aber wir widersetzen uns dem Urteilsspruch des Inka, der die Bewohner Cuzcos in eine bevorzugte Stellung hebt. Doch alle Menschen des Sonnenreiches haben die gleichen Rechte und Pflichten. Die Männer und Frauen Antisuyus sind keine Menschen zweiter Klasse, sondern ebenso viel wert wie die Menschen in Contisuyu, Collasuyu, Chinchasuyu oder Cuzco. Wir fordern daher das gleiche Recht und die gleiche Bestrafung für alle. Wenn das der Inka nicht einsieht, soll er nicht mehr unser Inka sein. Aber was wird dann aus uns? Wenn wir keinen Inka haben, wird uns Inti verlassen und die Felder unseres Reichsviertels werden unfruchtbar und keine Ernten mehr hervorbringen."

Sinchi Yupanqui, der oberste Priester Pachamarcas und Vorsteher des Tempels, in dem die Herzen der verstorbenen Herrscher aufbewahrt wurden, erhob sich und trat in die Mitte des Saales. „Hört mich an, was ich zu sagen habe", bat er die versammelte Menge. Mit seinem würdevollen Gesicht blickte sich der alte Mann um und stellte zufrieden fest, dass ihm die ungeteilte Aufmerksamkeit sicher war. Die bunte Feder an seinem Haarband wippte leicht, als er sich Ollantay zuwandte. „Hört mich an, erhabene und weise Männer aus Antisuyu! Eine schwere und nicht so leicht wieder gutzumachende Freveltat hat Tahuantinsuyu erschüttert. Auf Wunsch unseres Suyuyoc Apucuna ist einer seiner besten Krieger in das Acclahuasi von Cuzco eingedrungen. Darauf steht nach dem Gesetz der Sonnensöhne die Todesstrafe. Und das Gesetz der Inka ist gut, denn sonst würden noch viel mehr schändliche Taten in unserem Reich passieren." Einige der Anwesenden sogen deutlich hörbar die Luft ein und zeigten dadurch, dass sie mit den Ausführungen des Priesters nicht zufrieden waren. Aber Sinchi Yupanqui ließ sich nicht stören und fuhr ungerührt fort: „Doch der Inka weiß nicht, wer der Übeltäter war. Er nimmt an, dass es Ollantay war, doch wir alle wissen, Ollantay kann es nicht gewesen sein, weil er die ganze Zeit über hier in Pachamarca war." Jetzt begleitete ein zustimmendes Gemurmel die Worte des Priesters, während er weitersprach: „Das Gesetz bestraft die Übeltäter, die man unerlaubt im Acclahuasi antrifft, mit dem Tod. Ebenso wird die Accla, welcher der Besuch galt, getötet. Weil dieses Verbrechen so schwerwiegend ist, bestraft man auch die Angehörigen der Gesetzesbrecher, sogar die Bewohner der Ortschaften, aus denen sie kommen, werden verurteilt. Das alles wisst ihr und es ist uns nicht neu. Wir sind gewohnt zu gehorchen. Gehorsam und Fleiß sind die obersten Pflichten, die wir dem Inka schulden. Aber dieses Mal fällt es schwer zu gehorchen. Denn der Inka hat beschlossen, nur den Eindringling zu bestrafen, während die betroffene Accla, die gleichzeitig seine Tochter ist, ohne Strafe davonkommen soll. Das ist ungerecht! Und Ungerechtigkeit führt zu Unzufriedenheit. Das hat mir bereits die Rede Contors bewiesen. Alle Menschen des Reiches müssen vom Herrscher gleich behandelt werden, dann sind wir auch bereit zu gehorchen. Die göttliche Ordnung, die Inti Tahuantinsuyu geschenkt hat, basiert auf Gerechtigkeit. Regieren plötzlich Willkür und Unrecht, verlieren wir den Schutz und Beistand des Sonnengottes. Schon im letzten Jahr blieb der Regen aus, die geköpften goldenen Statuen erinnern uns jeden Tag daran. Wie wird Inti sein Reich in diesem Jahr bestrafen, wenn der Inka das Recht mit den Füßen tritt? Wir brauchen einen Inka, der seine Untertanen schützt und das Gesetz achtet. Pachacuti aber missachtet das Gesetz. Er soll nicht mehr länger unser Herrscher sein!" Nach diesen anklagenden Worten, die bedeutungsschwer auf den versammelten Männern lasteten, setzte sich der Priester wieder auf seinen Hocker.

Einige Augenblicke des erstaunten Schweigens verstrichen, dann entstand im Raum ein unbeschreiblicher Tumult. Die Männer sprangen auf, schrien durcheinander und waren kaum zu beruhigen. Den Inka abzusetzen, wo hatte man dergleichen gehört? Das war doch unmöglich – oder vielleicht doch nicht? Schließlich verstummten die Männer nach und nach und nahmen wieder ihre Plätze ein. Gespannt blickten sie Ollantay an. Was würde er unternehmen? Nur Poma saß still da und seine Gedanken schweiften in die Vergangenheit zurück. Er erinnerte sich an den existenzbedrohenden Angriff der Chanca. Damals war es der Entschlossenheit Pachacutis zu verdanken gewesen, dass es das Reich der Sonnensöhne überhaupt noch gab. Inka Viracocha, der Vater Pachacutis, und sein Thronfolger Prinz Urcon, ein Halbbruder des jetzigen Inka, waren in ihrer Unfähigkeit nicht in der Lage gewesen, einen erfolgreichen Widerstand zu organisieren. Sie hatten sich bereits in das Unvermeidliche fügen und kapitulieren wollen. Pachacuti aber hatte die Initiative an sich gerissen und das Reich durch seine Entschlossenheit gerettet. Den Preis dafür hatte Viracocha bezahlen müssen, da er abgesetzt und später öffentlich gedemütigt worden war. Sinchi Yupanqui, der Priester, war ein Bruder Viracochas. Wahrscheinlich hatte er dessen Bestrafung dem Inka nie verzeihen können und sah jetzt einen günstigen Zeitpunkt für seine Rache gekommen, indem er Pachacuti absetzen wollte. Sollten die Anhänger Ollantays diesen Schritt wagen? Ein blutiger Krieg würde die Folge sein. Aber gab es für sie überhaupt eine andere Alternative? Fügten sie sich in den Urteilsspruch Pachacutis, war ihnen der Tod gewiss. Das Schlimmste war, dass nicht nur sie allein sterben sollten, sondern alle Einwohner Pachamarcas, auch die unschuldigen Frauen und Kinder. War in dieser Situation nicht ein

Krieg um die Freiheit die bessere Lösung. Sterben konnten sie alle dann immer noch, aber wenn sie kämpften, bestand wenigstens die Hoffnung auf den Sieg und auf das Überleben einiger von ihnen. Langsam löste er sich von seinen Träumereien und kehrte in die Gegenwart zurück, in der die Berater Ollantays wild diskutierten, was sie machen sollten.

„Wenn wir keinen Inka haben, wer eröffnet dann die Maisaussaat? Der Inka ist doch dafür verantwortlich. Tut er das nicht, wird Mama Huaco die Felder nicht fruchtbar machen und wir müssen hungern", wollte einer von ihnen wissen. Ein anderer rief: „Das Fest der Sonne wird ebenfalls vom Inka geleitet. Er bringt Inti ein Trankopfer dar, damit wir von unserem Gott nicht vergessen werden. Was geschieht, wenn wir keinen Inka haben, der diese Zeremonie leitet? Ziehen dann Hunger und Not in unser Land ein?" Wieder ein anderer fragte: „Wer vertreibt die Krankheiten, wenn der Inka die Beschwörungsfeier nicht eröffnet? Werden wir alle krank und sterben, weil niemand mehr da ist, der die bösen Geister vertreibt?" Viele von ihnen meinten: „Es ist unrecht, den Inka abzusetzen, das bringt nur Unglück über alle Menschen, Tiere und Pflanzen. Hunger und Tod sind die Folgen!"

Sehr viele Fragen wurden gestellt und nach jeder neuen nickten die Anwesenden und es schien, als ob ihnen erst jetzt bewusst würde, wie wichtig der Inka war, um die täglichen Angelegenheiten Tahuantinsuyus zu regeln. Ollantay ergriff das Wort, nachdem er lange nur zugehört hatte: „Den Inka abzusetzen ist ein gewagter Schritt, der genau überlegt werden muss. Wir brauchen einen Herrscher, der die Verbindung zu den Göttern aufrecht hält. Denn ohne den Schutz Intis und der anderen Götter ist ein Überleben unmöglich. Doch fügen wir uns dem Willen Pachacutis, müssen wir alle sterben. Sinchi Yupanqui hat Recht, wenn er sagt, dass ein Herrscher gerecht sein muss. Aber selbst wenn ein Herrscher ungerecht ist, scheint mir das für das Überleben der Menschen noch besser zu sein, als überhaupt keinen Herrscher zu haben."

Viele der Anwesenden nickten betroffen und stimmten der Aussage ihres Suyuyoc Apucuna zu, doch ein altes Augenpaar blitzte verärgert auf. Sinchi Yupanquis Blicke versprühten Feuer, als er sich neuerlich erhob. Poma sah ihn an und fühlte sich an Pachacuti erinnert, als dieser noch Prinz Cusi Yupanqui war und zum Kampf gegen die eingefallenen Chanca aufgerufen hatte. Der Priester trat in die Mitte des Raumes und wartete, bis alle Männer schwiegen. Dann donnerte er mit lauter Stimme los: „Was zaudert ihr? Seid ihr plötzlich lauter Feiglinge geworden? Ihr fürchtet euch, den Inka abzusetzen. Als ob es das noch nie gegeben hätte. Das beste Beispiel lieferte euch Pachacuti. Er war niemals als Inka vorgesehen! War er der Thronfolger? Nein, das war er nicht! Wenn er gehorsam gewesen wäre, hätte er nach seinem Sieg gegen die Chanca den Befehl über die Truppen wieder niederlegen und die Herrschaft Inka Viracochas anerkennen müssen. Das hat er aber nicht getan. Er hat gegen das Gesetz verstoßen, Vater und Bruder abgesetzt und sich selbst zum Inka krönen lassen. Was hat Inti getan? Hat der Sonnengott die Herrschaft Pachacutis verdammt? Nein, Tahuantinsuyu wurde immer mächtiger, sodass es heute keinen äußeren Feind mehr zu fürchten hat. Inti wusste, dass nur das energische Eingreifen Pachacutis den Fortbestand der Sonnensöhne gesichert hatte. Aber jetzt frevelt Pachacuti gegen das Gesetz. Inti hat das geahnt und bereits im vergangenen Jahr eine große Dürre über das Reich geschickt. Das soll für uns ein Zeichen sein. Wenn wir Pachacuti als Herrscher absetzen, wird uns Inti nicht übel mitspielen, sondern im Gegenteil unser Vorgehen gutheißen und Antisuyu seine göttliche Gunst erweisen. Darum zögert nicht länger und setzt Pachacuti als Herrscher ab! Der Segen des Sonnengottes wird uns gewiss sein. Das sage ich euch als oberster Priester Pachamarcas."

Die Männer sahen Sinchi Yupanqui an und ließen sich das Gehörte langsam durch den Kopf gehen. Je länger sie überlegten, desto mehr kamen sie zu der Überzeugung, dass er recht hatte. Ollantay verstärkte die ungeheure Spannung, die sich im Raum aufgebaut hatte, als er das Wort ergriff: „Erhabener Priester, vielleicht hast du recht. Wir alle hier fürchten den Tod nicht, doch wir alle wollen, dass unsere Kinder und Enkel leben können. Wenn du uns den Ratschlag erteilst, wir mögen Inka Pachacuti absetzen, weil er gegen die heiligen Gesetze Intis verstoßen hat, so ist das ein Schritt mit weitreichenden, ja unabsehbaren Folgen. Lassen wir uns von deinem Rat leiten und befreien uns von Pachacuti, ist das erst der Anfang. Wir brauchen dann einen neuen Inka, der über die Einhaltung der Gesetze wacht. Ist einer von uns würdig, ein Herrscher zu werden?"

Nach Ollantays Rede hielt es keiner mehr ruhig auf seinem Platz aus. Der oberste Priester hatte recht und der Suyuyoc Apucuna ebenfalls. Wenn sie sich dazu entschlossen, Inka Pachacuti zu entmachten, würden sie einen neuen Inka brauchen, damit nicht die Gesetzlosigkeit Einzug hielt in Antisuyu. Aber wer konnte ihr neuer Herrscher sein? Wer genoss das Vertrauen der Anwesenden? Wem würden sie blindlings folgen, wenn es zum Krieg gegen Pachacuti kommen würde. Denn kampflos würde dieser seine Absetzung nicht hinnehmen, das war ihnen allen bewusst. Doch zum Kampf würde es auch kommen, wenn Pachacuti der Herrscher blieb. Denn untätig würden die Männer nicht zusehen, wie die Richter ihre Frauen und Kinder töteten.

Da rief Contor mit lauter, dröhnender Stimme in die unruhige Ansammlung der Männer hinein: „Ollantay soll unser Anführer sein! Wir vertrauen Ollantay! Er ist der beste Feldherr des Inka und wird uns vor Pachacutis Rache zu schützen wissen. Daneben hat er schon oft bewiesen, dass er ein weiser Richter und Ratgeber ist. Er ist der Beste von uns allen und soll unser neuer Herrscher sein!" Noch ehe Ollantay etwas darauf erwidern konnte, stimmten die Männer in den Vorschlag Contors ein: „Ollantay! Ollantay! Ollantay soll unser Inka sein! Wir wollen Ollantay als Inka!" Der Lärm steigerte sich und während der lautstarken Begeisterung stürmten einige Männer zu Ollantay und hoben ihn auf ihre Schultern. So trugen sie ihn durch die Versammlung und schritten danach hinaus ins Freie, wo sich in der Zwischenzeit viele Neugierige eingefunden hatten, die wussten, dass die Würdenträger Antisuyus über ihre Zukunft berieten. „Ollantay! Ollantay!" Wie eine einzige Stimme hallte dieser Ruf über die Häuser Pachamarcas hinab zum Urubamba, hinauf zu den Bergen und zum sonnigen Himmel, damit die ganze Welt und die Götter von ihrem Beschluss Kunde bekamen.

Im Triumphzug trugen sie Ollantay durch die Stadt und riefen immer wieder seinen Namen. Er musste es geschehen lassen, obwohl er anfangs noch versucht hatte, sich gegen seine Erhöhung zu wehren. Aber schließlich gab er nach und fügte sich in sein unvermeidliches Schicksal. Der Jubelmarsch führte die Menge zum Tempel, wo sich alle Priester auf Geheiß ihres Oberen versammelt hatten. Man stellte Ollantay auf die Füße und geleitete ihn in den heiligen Raum, der die Herzen der verstorbenen Inka beherbergte. In einer feierlichen Zeremonie krönte ihn Sinchi Yupanqui zum Inka. Dabei beschwor er den Geist der toten Herrscher herab und bat sie, Ollantay als einen der ihren zu akzeptieren und ihm in den nun folgenden schweren Zeiten beizustehen. Der oberste Priester verneigte sich nun vor dem gekrönten Herrscher und hob die Arme. Flötenspieler begleiteten seine Bewegungen mit mythischen Melodien. Er hielt Zwiesprache mit den Göttern. Niemand wagte ihn zu stören, wenn er in die Geisterwelt entrückt war. Nachdem er eine Weile geheime Gebete gesprochen hatte, senkte er die Arme und wandte sich Ollantay zu. Er sprach laut und feierlich: „Die Götter waren gnädig und ich habe Botschaften von ihnen empfangen. Hört, was sie mir in ihrer Gnade mitgeteilt haben. Die Verbindung mit Cuzco ist beendet. Nichts soll mehr daran erinnern, dass Pachacuti ein Anrecht auf Antisuyu hat. Deshalb müssen wir den Namen Pachamarca vergessen. Unsere Hauptstadt soll auf Wunsch der Götter nach unserem Inka benannt werden und ab jetzt Ollantaytambo heißen. Dies haben mir die Götter offenbart. Wir müssen uns dem Willen der Götter beugen. Lang lebe

Ollantay! Ollantaytambo möge bis in alle Ewigkeit bestehen bleiben!" Die versammelten Würdenträger und Inka Ollantay wiederholten die Worte Sinchi Yupanquis: „Lang lebe Ollantay! Ollantaytambo möge bis in alle Ewigkeit bestehen bleiben." Anschließend opferte man reichlich den Göttern und feierte die Krönung des neuen Inka mit einem ausgiebigen Festessen.

Mit steinerner Miene hörte Inka Pachacuti, verborgen durch einen Vorhang, dem zitternden Chasqui zu, der ihm die neuesten Nachrichten aus Antisuyu zur Kenntnis brachte. Immer wieder ballte er die Faust, doch er beherrschte sich so lange, bis der Kurier den Saal verlassen hatte. Kaum war er mit seinen Beratern alleine, donnerte er mit gewaltiger Stimme los: „Wer schafft mir dieses aufständische Pack vom Hals? Ollantay und seine Rebellenbande müssen auf der Stelle unschädlich gemacht werden! Wie viele Regimenter stehen uns zur Verfügung, um das Gesindel aus Antisuyu schnell zu besiegen und zu bestrafen? Wo befindet sich Tupac Yupanqui? Kann er mit der Nordarmee rasch hierher marschieren und das Problem lösen?" Hatun Tupac, der als Garnisonskommandant von Cajamarca inzwischen abgelöst worden war und sich in Cuzco aufhielt, gab seinem Vater die gewünschte Antwort: „Tupac Yupanqui steht mit seinem Heer in Tumibamba. Bis er verfügbar ist, werden Monate vergehen. Aber ich kann innerhalb weniger Tage eine schlagkräftige Armee von mindestens fünfzigtausend Kriegern aufstellen und mit ihnen Ollantay besiegen. Mit diesem Ayusca habe ich noch einige Rechnungen zu begleichen." Pachacuti schaute seinen Sohn missmutig an: „Dir soll ich den Befehl über eine Armee geben. Du warst doch schuld, dass Tupac Yupanqui die Chimu nicht besiegen konnte und deshalb wieder im Norden ist." „Wenn mir Ollantay mit seinen Regimentern rechtzeitig zu Hilfe geeilt wäre, dann hätten wir die Chimu leicht besiegt", verdrehte Hatun Tupac die Tatsachen, „ich möchte meinen untadeligen Ruf wieder herstellen und diesen elenden Ayusca besiegen. So kann ich dir und meinem Bruder Tupac Yupanqui beweisen, dass ich ein würdiger Apo Quisquay bin. Ich werde Ollantay bezwingen, das schwöre ich!" Zur Bekräftigung des Gesagten streckte Hatun Tupac seine Hand nach oben und blickte gleichzeitig Richtung Sonne, so als wollte er die Götter des Himmels darum bitten, die Wahrhaftigkeit seiner Aussage zu bezeugen.

Pachacuti schüttelte leicht seinen Kopf. Er wollte nicht glauben, was er eben gesehen und gehört hatte, doch sein Sohn stand noch immer reglos da, die Hand nach oben gerichtet. Hatun Tupac schwor zu den Göttern, dass er Ollantay besiegen würde. Konnte er den Schwur nicht halten, bedeutete das unweigerlich den Verlust seiner Ehre. Der Inka griff nachdenklich an sein verlängertes Ohrläppchen und überlegte einige Augenblicke. „Ein Versuch kann nicht schaden", dachte er schließlich, „Hatun Tupac wird alles versuchen, um diesen Abtrünnigen zu besiegen. In der Zwischenzeit werde ich Tupac Yupanqui verständigen. Sollte Hatun Tupac kläglich scheitern, wird der Thronfolger erscheinen und den endgültigen Sieg erringen." Der Herrscher ließ das Ohrläppchen los und ein schelmisches, kaum sichtbares Lächeln huschte einen kurzen Wimpernschlag lang über sein Gesicht. „Gut, mein Sohn", sprach Pachacuti mit steinerner Stimme, „ich übertrage dir den Oberbefehl über die Truppen gegen Antisuyu. Aber wehe, du versagst! Wage dann nicht mehr, mir vor die Augen zu treten! Bist du erfolglos und gelingt es dir nicht, die Aufständischen rund um Ollantay zu besiegen, hast du dein Leben verwirkt!" Hatun Tupac löste sich aus seiner Stellung, lief zu seinem Vater und dankte ihm von ganzem Herzen: „Mächtiger und erhabener Inka, du wirst es nicht bereuen, mich zum Apo Quisquay ernannt zu haben. Ich verspreche, schon bald wird dieser niederträchtige Ayusca vor dir im Staub liegen und um sein elendes Leben betteln! Mit Intis Hilfe werde ich siegen und die Aufständischen bestrafen." Hatun Tupac verneigte sich tief und dankbar vor Pachacuti. „Endlich", frohlockte er, „endlich habe ich den Oberbefehl über eine Armee bekommen. Jetzt kann ich beweisen, dass ich ebenso tüchtig und tapfer bin wie mein hochgelobter Bruder Tupac Yupanqui. Wenn mein Sieg vollständig ist, vielleicht gelingt es mir dann auch noch, Vater zu überzeugen, dass ich ein besserer Herrscher als Tupac Yupanqui bin. Dieser Feldzug kann mir die Herrschaft über Tahuantinsuyu einbringen. Ich werde Ollantay besiegen und wie einen Wurm im Staub zertreten." Auf einen Wink des Inka entfernte er sich, um sogleich die logistischen Arbeiten zu erledigen, damit der Feldzug möglichst schnell ein erfolgreiches Ende nehmen konnte.

Als er den Raum verlassen hatte, eilten sofort einige Männer geschäftig und diensteifrig zum Herrscher, um dessen Befehle auszuführen. Schon kurze Zeit später verließ ein Chasqui die Residenz und eilte im Laufschritt nach Norden. In wenigen Tagen würde der Thronfolger die Nachricht erhalten, dass Hatun Tupac eine Armeeeinheit gegen Antisuyu anführen würde. Allerdings sollte sich der Thronfolger bereithalten, um seinem Bruder so schnell wie möglich zu Hilfe zu kommen, falls es diesem nicht gelänge, Ollantay zu besiegen. Fast gleichzeitig mit dem Chasqui nach Norden startete ein anderer Kurier, dieser aber heimlich, denn er musste seinem Herrn, dem neu ernannten Inka Ollantay die Meldung überbringen, dass bald eine mächtige Armee Richtung Antisuyu marschieren würde.

Das monotone Gebet der Sonnenjungfrauen erfüllte den großen Tempel. Wort um Wort, Zeile um Zeile rezitierten sie die Verse, mit denen die Gottheiten seit Menschengedenken verehrt wurden. Mitten unter den jungen Frauen betete Prinzessin Cusi Qoylyor scheinbar eifrig mit, aber ihre Gedanken schweiften immer wieder zum entfernten Geliebten, der unerreichbar schien. Der Inka hatte Antisuyu den Krieg erklärt. Nun galt Ollantay endgültig als Verräter und nur sein Tod konnte die Einheit Tahuantinsuyus wieder herstellen. Damit die Götter dieses Ziel wohlwollend unterstützten, waren alle Geistlichen aufgefordert worden, in ihren Tempeln und Heiligtümern zu beten und zu opfern.

Aus diesem Grund standen die Acclas schon seit Sonnenaufgang um den Altar versammelt und baten Inti und die anderen Götter um ihren Beistand. Aber Cusi Qoylyor brachte es nicht über das Herz, die Götter um Hilfe für einen Sieg gegen die Feinde anzuflehen. Denn der Feind war dieses Mal keine unbekannte, bedrohliche Masse, welche der Macht und Größe des Sonnenreiches entgegenstand. Nein, dieses Mal kannte sie den Anführer der Feinde. Und deshalb war ihr Herz schon seit Stunden in einem ungekannten Aufruhr. Durfte sie, als Prinzessin und direkte Nachfahrin der Götter, einen Feind des Sonnenreiches lieben? Musste sie nicht mit all ihrer Kraft den Untergang des Gegners herbeisehnen? Ja, das musste sie! Aber sie konnte nicht! Der Sieg Tahuantinsuyus bedeutete den unweigerlichen Tod des Geliebten. Doch die Prinzessin wollte nicht, dass Ollantay, dem Vater ihres ungeborenen Kindes, etwas Böses geschah. Deshalb flehte sie inbrünstig zu den Göttern, diese mögen diesmal, nur dieses eine Mal eine Ausnahme machen und den Feinden den Sieg schenken. Allein daran zu denken, war eine schwere Sünde und Cusi Qoylyor fühlte sich schuldig, weil sie ihrer verräterischen Gedanken nicht Herr werden konnte. „Wie eigensinnig ich bin", schoss es ihr in den Kopf, „ich wünsche mir nur Vorteile für mich allein. Warum sollte Inti meine Wünsche erhören und nicht die Wünsche aller anderen Einwohner des Reiches?" Ihre Augen füllten sich mit Tränen, als sie erkannte, wie aussichtslos der Konflikt in ihrem Inneren tobte. Herz oder Verstand, Liebe oder Pflicht, welches Gefühl würde die Oberhand behalten? Sie wusste es nicht, nur eines wusste sie mit Sicherheit: Wenn Ollantay sterben würde, dann wollte auch sie nicht mehr leben. Konnte sie mit dem Geliebten im Diesseits nicht glücklich werden, dann vielleicht im Jenseits.

Mit glasigen Augen starrte sie bewegungslos zum Altar, wo ein Priester Kräuter in eine Feuerschale warf. Ein schwerer, die Sinne betäubender Duft erfüllte den großen Raum und tauchte die Acclas in einen schemenhaften Nebel. Nur die Stimmen der Sonnenjungfrauen waren zu hören, die ein weiteres Gebet sprachen. Fern, so fern fühlte sich Cusi Qoylyor. Sie vermeinte sogar, mit den nebeligen Schwaden hoch in die Luft getragen zu werden. Träumte sie oder wachte sie? Sie vermochte es nicht mit Gewissheit zu sagen. Das lange Stehen im Tempel hatte die schwangere Frau geschwächt, hatte zu sehr an ihren Kräften gezehrt, und der Aufruhr in ihrem Inneren tat noch ein Übriges. Langsam senkte sich eine bleierne Müdigkeit über die Prinzessin herab und ihre Beine versagten den Dienst. Ohne einen Laut von sich zu geben, sackte Cusi Qoylyor zusammen und eine gnädige Ohnmacht umfing sie. Die Vorsteherin des Acclahuasi und zwei andere Frauen hoben die Prinzessin vom Boden auf, brachten sie in ihr kleines Zimmer zurück und legten die Bewusstlose auf ihre Bettstatt. Dann eilten sie zurück in den Tempel, um für den Sieg der Sonnensöhne zu beten.

Hatun Tupacs Streitmacht marschierte im Eiltempo über die kargen Hochebenen des Reiches. Die mächtigen, schneebedeckten Berggipfel der Anden ragten stolz und bedrohlich in die Höhe und begleiteten die unzähligen Krieger auf ihrem beschwerlichen Weg. Trotz der eisernen Disziplin des Heeres hörte man immer wieder Flüche aus rauen, durstigen Kehlen, wenn einer der Männer über einen Stein stolperte. Schadenfrohes Gelächter ließ sich allerdings nicht vernehmen, zu müde waren die Soldaten, die jetzt schon tagelang unterwegs waren. Alle sehnten den Einbruch der Dunkelheit herbei, um endlich Rast machen zu dürfen. Doch noch stand die Sonne hoch am Himmel und es würde geraume Zeit dauern, bis sie hinter den hoch aufragenden Felsspitzen versinken würde.
Der neu ernannte Feldherr saß eitel und zufrieden in seiner königlichen Sänfte, genoss einen Krug herrlich kühler Chicha und malte sich aus, wie er Ollantay, den er seit seiner Jugendzeit hasste, besiegen und anschließend demütigen würde. Dieser Emporkömmling sollte sich vor ihm im Staub winden und um sein Leben betteln, aber alles Flehen würde vergeblich sein. Hatun Tupac nahm einen weiteren Schluck

des erfrischenden Getränkes. Zufrieden leckte er sich über die Lippen und ein böses Lächeln huschte über sein Gesicht. Ollantay, schon der Name verursachte ein krampfhaftes Ziehen im Magen des Prinzen, war der Liebling des Inka gewesen. „Pachacuti, mein Vater, du hast diesen Nichtsnutz mehr geliebt als mich, deinen eigenen Sohn", dachte er bitter, „nun bekommst du deine Rechnung präsentiert. Ich, Hatun Tupac, werde es sein, der dir den Kopf Ollantays bringen wird! Ich werde der Held sein! Ich werde Tahuantinsuyu retten! Auch du, mein Vater, wirst mir den nötigen Dank nicht schuldig bleiben können! Allen werde ich beweisen, dass ich der beste deiner Söhne bin! Mir allein steht der Thron zu, denn ich bin älter als Tupac Yupanqui! Ich werde der nächste Inka sein! Aber zunächst muss ich Ollantay besiegen und Antisuyu befrieden!" Hatun Tupac trank den Krug in einem großen Zug leer, warf das Gefäß aus der Sänfte und befahl, dass man ihm noch mehr Chicha bringen möge. Entspannt spielte er mit dem kostbaren Anstecker in seinem rechten Ohr, während seine Gedanken in die Zukunft schweiften und er sich mit der Mascapaicha auf dem Haupt im Königspalast von Cuzco das Reich der Sonnensöhne regieren sah.

Niemand bemerkte die fünf Augenpaare, die jede Bewegung des vorüberziehenden Heeres registrierten. Verborgen hinter einigen einsamen Sträuchern hockten Kundschafter, die von Ollantay ausgesandt worden waren, um das heranmarschierende Heer zu beobachten. Die fünf Männer wunderten sich in ihrem Versteck, dass die Angreifer keine Vorsichtsmaßnahmen ergriffen, sondern wie in einem friedlichen Manöver durch die Gegend zogen. Die Späher aus Antisuyu hatten nur zwei gegnerische Pfadfinder beobachten können, die scheinbar sorglos den Weg ihres Heeres auskundschafteten. Aber es waren keine Spähtrupps unterwegs, um die Armee Ollantays auszuspionieren. So lagen die fünf Krieger aus Antisuyu verborgen unter der heißen Sonne Tahuantinsuyus und blickten aufmerksam auf die marschierenden Kolonnen vor ihren Augen. Mühselig und langsam stolperten die Männer aus Cuzco dahin. Obwohl auf einem Feldzug strengste Disziplin herrschte, sahen die Kundschafter, dass immer wieder einzelne Männer die Marschordnung verließen und ihrer Harnblase am Wegrand Erleichterung verschafften. Sie sahen Männer, die ihre wunden Füße behandelten, andere hockten sich einfach neben der Straße nieder und legten eine kurze Pause ein. Die meisten Krieger trugen nicht einmal ihre Waffen, diese hatten sie auf die Rücken der Lastlamas verstaut. Würde jetzt ein Überraschungsangriff gestartet, das Heer aus Cuzco müsste sich schleunigst zurückziehen, um nicht eine vernichtende Niederlage zu erleiden.

Mitten im sich träge dahinwindenden Heereswurm erblickten die fünf Kundschafter eine prächtige königliche Sänfte. Hin und wieder streckte sich eine Hand durch den Vorhang und schon eilte ein eifriger Diener heran und füllte mit einem großen Krug einen bereitgehaltenen Becher. Daraufhin verschwand die Hand wieder hinter dem Vorhang. In der Sänfte musste der Apo Quisquay des gegnerischen Heeres sitzen, dessen waren sich die fünf Männer sicher. Aber welcher Feldheer ließ solche Disziplinlosigkeiten seiner Untergebenen zu und kümmerte sich nicht ausreichend um die Sicherheit seines Heeres? Wer war der Anführer der Truppen aus Cuzco? Das wollten die fünf noch herausfinden, aber wie? Vorerst blieb nichts anderes übrig, als im Versteck abzuwarten und herauszufinden, wie viele feindliche Soldaten auf Antisuyu zumarschierten.

Die Sonne hatte ihren Zenit überschritten und brannte heiß auf die Männer hernieder. Immer öfter bemerkten die Späher, dass einzelne Krieger die Kolonne verließen und sich abseits des Weges vor Erschöpfung auf die Erde niederwarfen. Schließlich musste der Anführer des Heeres den Befehl erteilt haben, eine Pause einzulegen, denn wie auf ein Kommando setzten oder legten sich die Soldaten hin und begannen von ihren mitgenommenen Vorräten zu essen. Die Kundschafter aus Antisuyu konnten in ihrem Versteck deutlich die zufriedenen Laute der Männer hören, als diese ihre müden Füße von sich streckten und sich auf eine längere Pause vorzubereiten begannen. Plötzlich konnten die Späher ihren Augen kaum trauen, doch der zugleich einsetzende Jubel der rastenden Krieger vertrieb die letzten Zweifel: den Männern wurde aus großen Krügen Chicha ausgeschenkt. Ollantays Männer blickten sich ungläubig an. Konnte das, was sie sahen, tatsächlich die Wahrheit sein? Anscheinend feierten die Feinde bereits jetzt den Sieg und die Eroberung Antisuyus.

Langsam neigte sich die Sonne dem Westen entgegen und die Hitze des Tages wich einer erfrischenden Kühle, die von den nahen Bergen in das Tal getragen wurde. Die Leute aus Cuzco begannen, sich für den Weitermarsch vorzubereiten. So lange es noch einigermaßen hell blieb, konnte man vielleicht noch ein Tupu schaffen, ehe das schwarze Dunkel der Nacht ein Vorankommen unmöglich machte. Da trat einer der Männer zur Seite, um sich noch kurz in die Büsche zu schlagen. Ein paar andere grölten ihm unflätige Worte nach, worauf er sich lachend weiter von ihnen entfernte und eine kleine Senke aufsuchte, die in der Nähe des Versteckes der Kundschafter lag. Dort hob er seinen Kittel und hockte sich mit einem befreienden Seufzer nieder. Die Männer aus Antisuyu nickten nur kurz; das war die Gelegenheit, auf die sie gewartet hatten. Vorsichtig robbte einer von ihnen auf die Senke zu, während die anderen die Marschkolonne der Feinde nicht aus den Augen ließen. Sollte ihr Kamerad bemerkt werden, wollten sie unverzüglich die Flucht ergreifen. Doch war es kaum anzunehmen, dass die Leute aus Cuzco irgendetwas von ihnen ahnten oder im beginnenden Dämmerlicht plötzlich alle ihre Sinne beisammenhatten, um gefährlich zu werden. Weder nach links noch nach rechts schauend marschierten die Soldaten mit müden Schritten weiter. So kurz nach der Rast waren ihre Glieder noch recht steif und niemand wollte eine Bewegung zu viel machen. Daher fiel es keinem auf, dass der Mann hinter der Senke nicht mehr erschien. Der Späher hatte sich lautlos angeschlichen, dem Mann von hinten eine Schlinge um den

Hals geworfen und im selben Moment zugezogen, als sich dieser gerade wieder erheben wollte. Ein kurzes schreckhaftes Aufzucken war alles, schon lag der Mann bewusstlos am Boden. Die Krieger aus Antisuyu warteten, bis es völlig dunkel geworden war. Dann banden und knebelten sie ihren Gefangenen und trugen ihn vorsichtig davon, um ihn später ungestört und in Ruhe vernehmen zu können.

Inka Pachacuti brütete missmutig vor sich hin. Seine engsten Berater wagten es nicht, das kleinste Geräusch zu verursachen. Sie kannten den Herrscher und seine Stimmungen und hatten in den letzten Jahren gelernt, auf alle Launen des Königs entsprechend zu reagieren. Schon der kleinste Fehler im Verhalten gegenüber dem Herrscher konnte Ungnade und Strafe bedeuten. Kein Laut störte die Stille im Thronsaal, nur die keuchenden Atemzüge Pachacutis konnte man in regelmäßigen Abständen vernehmen. Schließlich ballte er unzufrieden seine Fäuste und stieß gequält hervor: „Ich hätte es nicht tun sollen! Nein, ich hätte es nicht tun sollen!" Dann war es wieder ruhig. Auf der Stirn des Herrschers trat eine große Zornesader deutlich sichtbar hervor und pulsierte heftig im Rhythmus des Herzschlages. „Warum war ich nur so verblendet und habe es zugelassen?", schrie er wütend in den Raum. Das war für die Männer seines Gefolges ein untrügliches Zeichen. Nun mussten sie eingreifen. „Was habt Ihr zugelassen?", fragte einer von ihnen. „Ich Narr habe Hatun Tupac zum Apo Quisquay ernannt und ihn beauftragt, die Aufständischen in Antisuyu zu bekämpfen. Das hätte ich nicht tun sollen. Hatun Tupac wird in seinem krankhaften Übereifer einen Fehler nach dem anderen begehen. Er ist Ollantay nie und nimmer gewachsen. Warum habe ich nur auf sein Flehen um den Oberbefehl gehört? Ich hätte Tupac Yupanqui kommen lassen sollen." Die Männer wagten dem Inka nicht zu widersprechen. Schließlich fasste einer seinen ganzen Mut zusammen und sprach: „Prinz Tupac Yupanqui ist mit seiner Armee im Norden gebunden. Wenn er abzieht, werden das die Chimu ausnützen und unsere

Grenzen bedrohen. Ihr konntet nicht anders handeln und musstest Prinz Hatun Tupac den Oberbefehl geben." „Nein, nein, und nochmals nein!", antwortete Pachacuti und schlug sich mit der flachen Hand gegen die Stirn. „Mit Überlegen und mit Geduld erreicht man die Ziele oft schneller als mit Hast. Wenn ich Tupac Yupanqui aus dem Norden abgezogen hätte, wäre die Nordarmee natürlich dort verblieben. Die Armee, die gegen Antisuyu aufgeboten ist, reicht völlig aus, um die Abtrünnigen zu besiegen. Aber wichtiger als die Soldaten ist der Oberbefehlshaber einer Armee. Ollantay hat bewiesen, dass er ein vorzüglicher Truppenführer ist. Er ist Hatun Tupac weit überlegen. Nur Tupac Yupanqui ist imstande, Ollantay zu besiegen." Einer der Berater warf zögernd ein: „Vielleicht hat Hatun Tupac aus seinen Fehlern gelernt und geht diesmal besonnener zu Werk als beim letzten Feldzug?" „Nein, das tut er eben nicht!", rief der Inka und schlug mit der Faust so kräftig auf einen kleinen Holztisch, dass die sich darauf befindenden Becher und Krüge in einem wilden Durcheinander auf den Boden stürzten und in Scherben zerbrachen. Der Inhalt ergoss sich auf den Boden und bildete dort eine Lache. Einen eilig herbeihastenden Diener wiesen die Männer aus dem Saal. Pachacuti sprach mit gepresster Stimme weiter: „Meine Boten berichten mir, dass Hatun Tupac bis heute noch keine taktischen Besprechungen mit seinen Unterführern durchgeführt hat, sich aber stattdessen jeden Tag mit Chicha volllaufen lässt. So wird er nie etwas gegen Ollantay und dessen Truppen ausrichten können. Ich hätte es wissen müssen, dass sich Hatun Tupac nicht ändern wird. Es war mein Fehler, ihn zum Apo Quisquay zu ernennen. Aber noch heute wird ein Chasqui nach Norden abgehen und Tupac Yupanqui zurück beordern. Ein weiterer Chasqui wird Hatun Tupac den Befehl übermitteln, zuzuwarten und keine voreiligen Angriffe zu unternehmen. Aber es kann viele Wochen dauern, bis Tupac Yupanqui wieder hier in Cuzco ist. Bis dahin wollen wir zu Inti beten, dass er Hatun Tupac mit einem kleinen Körnchen Weisheit ausstattet. Mein Sohn darf die Armee nicht leichtfertig aufs Spiel setzen, sonst ist das ganze Reich in Gefahr." Der Inka schwieg und kehrte hinter seinen Vorhang zurück. Ein paar Befehle hallten durch den Raum und im selben Augenblick traten auch schon zwei Königsboten ein und erhielten ihre Anweisungen. Jetzt begann ein Wettlauf gegen die Zeit. Würde Hatun Tupac so lange warten, bis sein erfolgreicher Bruder den Oberbefehl übernehmen konnte, oder würde er selbst den Kampf gegen Ollantay wagen? Von der Entscheidung des Prinzen konnte das ganze weitere Schicksal Tahuantinsuyus abhängen.

Die ausgeschickten Späher kamen im Laufschritt zurück. Gleichmäßig trommelten die Füße den Takt in den Boden, nicht zu schnell, aber auch nicht zu langsam. Die Kundschafter schienen keine übertriebene Eile zu haben. Daraus erkannten Ollantay und seine Unterführer schon von weitem, dass sie noch genug Zeit hatten, um sich auf den Angriff der Truppen des Inka Pachacuti vorzubereiten. Noch überlegte der Herrscher Antisuyus, ob er sich dem Feind in einer offenen Feldschlacht stellen sollte. Falls er sich zum Kampf entschließen würde, dann musste noch das für seine Truppen beste Kampfgelände gefunden werden. Eines war sich Ollantay bewusst: Die Soldaten Tahuantinsuyus würden, gemessen an der Zahl der Krieger, weit überlegen sein. Die Armee Antisuyus konnte dafür auf die bessere Kenntnis des Geländes und auf die vorzügliche Moral der Männer bauen. Doch welcher Vorteil würde der bessere sein? Wem würde sich die Waagschale des Kriegsglückes zuneigen? Ollantay hoffte, dass ihm die ausgesandten Kundschafter die erhoffte Antwort bringen würden. Titu Huaman sagte plötzlich ganz erstaunt: „Wir haben nur fünf Mann ausgeschickt, aber sechs kommen zurück. Was mag das wohl bedeuten?" Tatsächlich, nun konnten alle erkennen, dass es sechs Männer waren, die auf sie zukamen. Acoya-napa wandte sich zu Ollantay und sprach erfreut: „Es ist ihnen gelungen, einen Gefangenen zu machen. Der wird uns die erwünschten Informationen geben. Wenn er nicht freiwillig spricht, haben wir genug Möglichkeiten, sie aus ihm herauszupressen." Danach blickte er wieder zu den sich Nähernden und stellte zufrieden fest, dass die Kundschafter in der Tat einen gefangenen Feind in ihrer Mitte hatten.

Schließlich waren die sechs Männer da und warfen sich vor dem Herrscher zu Boden. Für sie war es unheimlich, den Inka persönlich zu sehen. Sie wussten, dass der Inka im fernen Cuzco nie sein Antlitz gewöhnlichen Sterblichen präsentiert hätte. Pachacuti war ständig von seinen Leibwächtern umgeben, die ihn gegen die Blicke seiner Untertanen abschirmten, oder er saß in seiner Sänfte, wo kostbare Vorhänge verhinderten, dass ein Unwürdiger ein Auge auf den obersten der Sonnensöhne richtete. Aber hier in Antisuyu war alles anders. Inka Ollantay gab sich volksnah und mischte sich oft unter die Menschen. Ihn umgab keine unnahbare Aura, sondern er war einer von ihnen. So empfanden es wenigstens seine Untertanen. Aber die anerzogene Scheu vor hochgestellten Persönlichkeiten hatte sich so tief in die Herzen der Menschen eingegraben, dass sie im Umgang mit Ollantay noch immer eine furchtsame Zurückhaltung an den Tag legten.

„Steht auf, Männer! Ich bin einer von euch. Ihr braucht vor mir nicht zu knien; in der Festung von Ollantaytambo nicht und noch weniger hier im Feld! Es ist eines tapferen Kriegers unwürdig! Außerdem kann ein feindlicher Kundschafter mit einem Blick feststellen, wie die Befehlshaber aussehen, wenn ihr euch vor ihnen in den Staub werft! Wie oft soll ich euch noch sagen, dass solche Ehrbezeugungen während eines Feldzuges gänzlich zu unterbleiben haben. Ich will nie wieder in meinem Heer sehen, dass jemand vor einem anderen die Knie beugt. Erstens verrät man sich dem Feind und zweitens geht wertvolle Zeit verloren. Schon viele Schlachten wurden durch mangelnde Schnelligkeit verloren. Nun erhebt euch und berichtet, was ihr ausgekundschaftet habt!"

Die Krieger erhoben sich vom Boden, auch der Gefangene wurde in die Höhe gezerrt. Sie wagten es aber immer noch nicht, den Kopf zu erheben und Ollantay anzublicken. „Ich sagte, ihr sollt die unpassenden Ehrbezeugungen unterlassen", fuhr er sie an, „schaut mir offen in die Augen und fasst endlich Vertrauen zu mir! Auch mir ist es viel lieber, eure Gesichter zu sehen. Das bin ich von den zahlreichen Feldzügen, die ich mitgemacht habe, gewohnt. Alle Soldaten fassen zu einem Vorgesetzten, der sich ihrer Nöte annimmt, ihre Mühsal, ihre Ängste und Sorgen teilt, viel eher Vertrauen als zu solchen, die sich immer absetzen und nur ihren Rangunterschied im Auge haben. Also schaut mich an und berichtet offen und ehrlich, was ihr in Erfahrung bringen konntet!"

Endlich rangen sich die fünf Männer durch, ihre Köpfe zu heben und dem Inka, der sie so freundlich ansprach, in das Gesicht zu sehen, nur der Gefangene stand weiterhin unbeweglich da und wagte es nicht aufzublicken. Unheimlich und seltsam war ihnen freilich noch immer zumute, als sie mit ihrem Bericht begannen: „Es gelang uns recht leicht, uns dem Heer aus Cuzco zu nähern. Anscheinend fühlen sich die Soldaten so siegessicher, dass sie kaum Kundschafter ausgeschickt haben. Wir haben nur zwei bemerkt, die sich obendrein noch so ungeschickt und sorglos benommen haben, dass sie schon von Weitem zu erkennen waren. Selbst diese beiden haben nicht mitbekommen, dass wir uns in ihrer Nähe aufhielten. Zuerst dachten wir noch an eine Finte des feindlichen Heeres, doch je näher wir kamen, desto größer wurde unsere Verwunderung. Die Sorglosigkeit war kein vorgegaukelter Trick, sondern eine unübersehbare Tatsache. Sie glauben, dass allein ihr Anblick genügen wird, uns in die Flucht zu schlagen. Sie sind uns an zahlenmäßiger Stärke sicher dreimal überlegen. Darauf bezieht sich auch ihr Gefühl der Unbesiegbarkeit. Die Bewaffnung besteht aus den üblichen Speeren, Streitkolben und Schilden. Viele der Männer hatten außerdem Schwierigkeiten in der Kolonne zu marschieren, deswegen ist ihr Tempo sehr gering. All das deutet darauf hin, dass kaum kampferprobte Männer dabei sind. Der Großteil des Feindes besteht aus jungen Rekruten, die das erste Mal einen Feldzug mitmachen. Auch unser Gefangener befindet sich das erste Mal in einem Krieg."

Ollantay nickte leicht und ein leises Lächeln huschte über sein Gesicht. Wenn Pachacuti so siegessicher war, würden seine Soldaten eine bittere Lektion erleben. „Habt ihr auch herausgefunden, wer der Oberbefehlshaber ist?", wollte er noch von den Kundschaftern wissen. „Ja, das haben wir auch erfahren", antwortete ihr Sprecher, der Apo Quisquay des Heeres ist Prinz Hatun Tupac. Es war beinahe lustig, wie wir diese Information bekommen haben. So etwas ist nur dann möglich, wenn unerfahrene Krieger den Großteil einer Streitmacht bilden und es mit der Disziplin nicht zum Besten steht." Dann erzählte er schmunzelnd, wie sie den feindlichen Soldaten abseits der Armee überrascht und von ihm alles erfahren hatten, was sie wissen wollten. „So hat er also bereits geredet", stellte Ollantay erfreut fest, „das ist gut für ihn. Bringt ihn in den Kerker der Festung! Dort soll er vorerst einmal nachdenken, wie sich Soldaten auf einem Feldzug zu verhalten haben." Sofort eilten ein paar Männer herbei und schafften den Gefangenen fort. Ollantay und seine hohen Offiziere setzten sich nach den erhaltenen Informationen zusammen und begannen, einen Plan für die Verteidigung Antisuyus und besonders Ollantaytambos zu schmieden. Dass Hatun Tupac die feindliche Armee anführte, war die beste Nachricht, die Ollantay erhalten hatte. Nun machte er sich berechtigte Hoffnungen, den Krieg gegen Cuzco nicht zu verlieren. Vielleicht bestand nun auch die Möglichkeit, eines Tages seine geliebte Cusi Qoylyor wieder in die Arme schließen zu können.

„Hatun Tupac rückt nur sehr langsam vor. Wenn die Informationen stimmen, dann nimmt er es auch mit der Disziplin nicht sehr genau, außerdem besteht seine Hauptbeschäftigung nur in der Vernichtung von Unmengen Chicha. Angeblich betrinkt er sich in seiner königlichen Sänfte von morgens bis abends und kann kaum noch einen klaren Gedanken fassen. Das bedeutet, dass er von Pachacuti den Befehl bekommen hat, auf keinen Fall vorschnell zu handeln. Wahrscheinlich soll er nur Zeit gewinnen und nicht kämpfen. Ich befürchte, Pachacuti hat Tupac Yupanqui beauftragt, gegen uns zu kämpfen, und Hatun Tupac soll uns nur bis zu dessen Eintreffen beschäftigen. Das erklärt, warum Hatun Tupac keinerlei Ehrgeiz an den Tag legt, uns schnell zu besiegen", stellte Ollantay bei der Besprechung mit seinen Offizieren fest.

„Wenn es wirklich stimmt, dass Tupac Yupanqui die feindlichen Truppen anführen wird, steht es nicht gut um uns", bemerkte Acoya-napa mit einem finsteren Gesicht, „dann müssen wir mit einer Niederlage rechnen." Auch Titu Huaman blickte mit einem Mal sehr besorgt drein. „Gegen Tupac Yupanqui zu bestehen, wird äußerst schwierig werden", meinte er, „damit wir in diesem Fall den Sieg erringen, müssten alle Götter auf unserer Seite sein." „Verzagt nicht sogleich", munterte Ollantay seine Gefährten auf, „gerade weil Hatun Tupac die feindliche Armee anführt, wird er nicht das tun, was Pachacuti von ihm erwartet. Er brennt vor Ehrgeiz und will sicher selbst den Sieg erringen, um sich im Glanz des Ruhmes zu sonnen. Hatun Tupac wird nicht auf seinen Bruder warten, sondern die Entscheidungsschlacht suchen. Wir müssen ihn provozieren, damit er vorschnell angreift, und dann seine Armee vernichten. Ohne überlegene Armee kann uns anschließend auch Tupac Yupanqui nicht besiegen. Der Schlüssel zum Erfolg liegt darin, dass wir Hatun Tupac schlagen, ehe es zu spät ist. Wir müssen ihn in Sicherheit wiegen und daran glauben lassen, gegen uns leichtes Spiel zu haben. Täuschen wir vor, schwach zu sein und Angst zu haben, dann wird er den Köder mit Sicherheit schlucken und in die Falle gehen. Ich bin mir ziemlich sicher, dass mein Plan gelingen wird. Noch ehe der Mond wieder voll wird, werden wir die Armee des Inka vernichtend geschlagen haben. Jetzt aber lasst uns an die Vorbereitung gehen! Wir haben noch ein gehöriges Stück Arbeit vor uns." Ollantays Zuversicht spornte die anderen an und nach seinen Worten glaubten sie wieder daran, ihre Freiheit siegreich erkämpfen zu können. Ihr neuer Inka hatte recht. Hatun Tupac würde in seinem blinden Ehrgeiz alle Vorsicht fallen lassen und von ihnen besiegt werden.

Cusi Qoylyor stürzte auf den Abort und würgte das Frühstück wieder hoch. Seit einigen Tagen war ihr morgens immer unwohl und neuerlich fühlte sie eine Übelkeit hochsteigen. Noch einmal beugte sie sich über den hölzernen Behälter und übergab sich. Zwar war ihr Körper schlank und die äußeren Zeichen ihrer Schwangerschaft noch nicht sichtbar, aber das morgendliche Unwohlsein zeigte deutlich, dass sie ein Kind erwartete. Was würde nur aus ihr und dem Kind werden, fragte sie sich besorgt. In seinem Zorn konnte Inka Pachacuti maßlosen Schrecken verbreiten. Cusi fürchtete in solchen Momenten um ihr Leben und das ihres ungeborenen Kindes. Erschöpft legte sie sich auf ihr Bett und hüllte sich in die weiche Decke aus Vikunjawolle. Tränen stiegen in ihre Augen, als sie mit den Fingerspitzen sanft über die feinen, langen Haare der Decke strich. Unsagbare Sehnsucht nach Ollantay und seinen zärtlichen Liebkosungen erfüllte ihr Herz. „Geliebter, werden wir uns jemals wiedersehen", flüsterte sie mit geschlossenen Augen immer wieder und malte sich aus, welche Liebeswonnen sie mit ihm teilen würde, könnte er in diesem Augenblick bei ihr sein. Ihr unerfülltes Verlangen stachelte den Widerstand gegen den Vater an. Wenn Pachacuti dem Kind etwas antun würde, dann wollte sie nicht eher ruhen, als bis ihre Rache gestillt wäre. Selbst den gewaltsamen Tod des Vaters schloss sie in ihren düsteren Gedanken nicht aus. Sollte sich die Gelegenheit ergeben, das schwor sie zu den Göttern, würde sie die erstbeste Gelegenheit ergreifen, um zu Ollantay zu fliehen. Aber zurzeit fühlte sie sich schwach, elend und matt und an eine Flucht war nicht zu denken. Aber vielleicht würden Inti oder Mama Quilla noch alles zum Besten wenden, ohne dass es zum Letzten käme. Cusi Qoylyor beschloss, in den Tempel zu gehen und den Göttern ein kostbares Opfer darzubringen.

Hatun Tupac und seine Männer strotzten voller Siegeszuversicht. Die wenigen Krieger, die ihnen Ollantay entgegengesandt hatte, waren schnell wieder verschwunden, als sie der überlegenen Streitmacht Cuzcos ansichtig geworden waren. Jetzt lagerten sie nur noch einen Tagesmarsch von Ollantaytambo entfernt. Links und rechts des Urubamba stiegen mit zahlreichen Ackerterrassen bebaute Hügel empor, die das enge Flusstal begrenzten. Einige verlassene Bauernhäuser boten den Angreifern Schutz vor der Kälte der Nacht. Überall loderten Lagerfeuer gegen den dunklen Himmel und reihten sich entlang des Flusses wie eine bedrohliche Kette aus feurigen Lichtpunkten. Der Duft von gekochten und gebratenen Kartoffeln verbreitete sich im ganzen Tal und kroch heimelig die Hänge der Hügel hoch.

Auf einer Anhöhe stand Ollantay mit seinen Offizieren und betrachtete das feindliche Heer der Invasoren. „Wir haben sie da, wo wir sie haben wollten", sprach er mit zufriedener Stimme zu seinen Vertrauten, „Hatun Tupac ist dem Urubamba blindlings gefolgt und so auf dem direkten Weg in Richtung unserer Hauptstadt marschiert. Er hat nicht bemerkt, dass seine Truppen von unserem Heer eingekreist worden sind. Jetzt sitzt er in der Falle! Morgen werden wir ihn zur Schlacht zwingen. In diesem engen Tal kann er seine zahlenmäßig überlegenen Einheiten nicht geschlossen einsetzen. Er wird sie aber gegen unser Zentrum hetzen und seine Flanken und seinen Rückzugsweg nicht genügend verstärken. Wenn dieser Zeitpunkt gekommen ist, schlagen wir zu und bereiten ihm dann eine vernichtende Niederlage." Die Begleiter Ollantays nickten zustimmend. Sie hatten alles mit vorbereitet. Ihr Heer war bereit zur Schlacht und hatte die vorgesehenen Stellungen längst bezogen. Falls Hatun Tupac tatsächlich blindwütig vorwärtsstürmen würde, war sein Schicksal besiegelt. Nur eine späte Einsicht des Heerführers aus Cuzco – was Inti verhüten möge – konnte jetzt noch seine Niederlage verhindern.

Wie eine melodische Klangwolke erhob sich das morgendliche Gezwitscher der Vögel über den feinen Nebelschwaden des Flusstales. Von einem Augenblick zum anderen erwachte die Natur zu neuem Leben. Doch an diesem Morgen würde nicht das üppige Leben die Oberhand behalten, sondern der Tod lauerte bereits unter den noch geschlossenen Augenlidern der schlummernden Krieger. Nur noch ein paar Atemzüge, dann würden sie erwachen, herzhaft gähnen und ihre verspannten Glieder dehnen. Langsam lichtete sich der Nebel und die Sonne brach durch die kleinen Wolkenfetzen. Doch dieses Mal wurden ihre noch sanften Strahlen von den Dämonen des Todes begleitet, die eine furchtbare Ernte des Grauens einbringen würden. Noch aber hielt der Kriegsgott den Atem an, vielleicht obsiegte die Vernunft oder die Barmherzigkeit. Zu spät, schon regten sich die ersten Schläfer und da und dort öffneten sich im Feldlager verschlafene Augen und blinzelten in die rote Morgensonne. Ein scharfer Befehl ertönte und die unerbittliche Maschinerie des Krieges begann in der mechanischen Perfektion des Tötens und Getötetwerden, zu arbeiten.

Wie von Geisterhand aus dem Boden hervorgezaubert standen plötzlich die Soldaten aus Antisuyu in Schlachtordnung vor Hatun Tupacs Lager. In dichten Reihen starrten sie mit grimmigen Gesichtern auf die feindlichen Truppen. Vollkommen still und bewegungslos, wie steinerne Statuen, standen sie da und beobachteten die Krieger aus Cuzco. Kein Lebenszeichen verriet, dass sie Menschen aus Fleisch und Blut waren.

Die grauenhafte Stille verbreitete im Lager Angst und Schrecken. Nur mit Mühe konnten Hatun Tupacs Offiziere die aufkommende Panik unterdrücken. Die unerfahrenen jungen Männer hielten den Atem an und wagten es kaum, sich zu rühren, die erfahrenen Krieger blickten ungläubig auf den Gegner. Sie waren es gewohnt, mit lautem Geschrei und an den Nerven der Feinde zerrenden Schlägen der Kriegstrommeln in die Schlacht zu ziehen. Die Stille des Feindes verwirrte sie. Ein unheimliches Gefühl der Ohnmacht und Hilflosigkeit kroch in ihre Glieder und sie wären vor den Feinden am liebsten davon gelaufen. Doch die Anführer hinderten sie daran, hinderten sie mit ihren lauten Befehlen, die sie den Männern entgegen brüllten. Die gewaltigen Stimmen beruhigten die verängstigten Krieger und langsam löste sich ihre Verkrampfung. Wie von selbst griffen sie zu den Waffen und begannen sich allmählich zu ihren Einheiten zu formieren. Der Kontakt zu den Nebenleuten und die Stimmen der Anführer flößten den Männern wieder Mut ein. Auch Hatun Tupac hatte sich von der Unsicherheit anstecken lassen. Als er jetzt sah, dass sich seine Leute in Schlachtordnung aufgestellt hatten, stellte er zu seiner großen Erleichterung fest, dass seine Armee der Streitmacht aus Antisuyu zahlenmäßig weit überlegen war. Befreit aufatmend ließ er sich auf einem bereitgestellten Hocker nieder und gab den Befehl zum Angriff.

Sofort setzte der ohrenbetäubende Lärm der rhythmischen Trommelwirbel ein, welcher von den schrillen Tönen der knöchernen Flöten verstärkt wurde. Die Krieger aus Cuzco begannen laut zu brüllen und setzten sich Richtung Feind in Bewegung. Schon zischten die ersten Steine durch die Luft, aber die Schleuderer hatten die Entfernung falsch eingeschätzt und die Geschosse landeten weit vor den Männern aus Antisuyu. Aber immer mehr Steine wurden abgeschossen und da und dort brach einer der Verteidiger getroffen zusammen. Das gab den Angreifern zusätzlichen Mut. Das unheimliche Angstgefühl, das während der gespenstischen Stille Hatun Tupacs Männer gelähmt hatte, war vergessen und wandelte sich allmählich in einen rachsüchtigen Zorn. Das sollten die verdammten Kerle aus Antisuyu büßen. Mit doppelter Tapferkeit wollte man die ausgestandene Furcht bekämpfen, um nicht mehr an die eigene Feigheit denken zu müssen. Der Mut kehrte noch schneller zurück, als die Leute aus Cuzco erkannten, dass sie dem Feind weit überlegen waren. Voller Siegeszuversicht verstärkten sie ihre Anstrengungen und stürmten blindlings auf den Gegner los.

Die Truppen Ollantays begannen langsam zurückzuweichen. Als Hatun Tupacs Männer dies wahrnahmen, verdoppelte sich ihr Geschrei. Schon waren die ersten Rufe: „Sieg!

Wir haben gewonnen! Der Feind flieht!", zu vernehmen. Das Zentrum der Schlachtordnung des Heeres aus Antisuyu wurde zurückgedrängt. Verzweifelt versuchten die zahlenmäßig unterlegenen Verteidiger den Ansturm aufzuhalten, doch all ihr Mut schien vergeblich, die Soldaten aus Cuzco rückten unerbittlich vor. Hatun Tupac stellte von seinem Beobachtungsposten aus zufrieden fest, dass der Angriff seiner Truppen erfolgreich verlief. Um den Feind endgültig zu vernichten, befahl er, auch die Reserven in die Schlacht zu schicken. Keiner der verhassten Feinde sollte entkommen. Er, der ungeliebte und oft geschmähte Sohn Pachacutis, würde heute einen großen Triumph feiern und das Reich der Sonnensöhne von einem gefährlichen Aufrührer befreien. Erst gestern war ein Eilbote des Inka bei ihm eingetroffen und hatte den Befehl übermittelt, auf keinen Fall eine Schlacht zu riskieren, denn Tupac Yupanqui war schon auf dem Weg nach Antisuyu und würde in spätestens zwei Wochen eintreffen. Doch er, Hatun Tupac, hatte diesen Befehl missachtet, denn er wollte als Sieger in die Geschichte Tahuantinsuyus eingehen.

Die Schlachtenreihe der Verteidiger wankte bereits bedenklich, als Hatun Tupacs Reserven in den Kampf eingriffen. Jetzt schien es nur noch eine Frage von wenigen Augenblicken, bis Ollantays Truppen in die Flucht geschlagen oder aufgerieben wurden. Mit lautem Gebrüll warfen sich die siegessicheren Krieger aus Cuzco auf die zurückweichenden Männer. Nur noch ein paar schreckliche Hiebe und der Aufstand gehörte der Vergangenheit an.

Da vernahmen die Soldaten plötzlich ein unheimliches Zischen und im selben Moment war der Himmel verdunkelt. Tausende Pfeile schwirrten an den beiden Flanken des angreifenden Heeres mit todbringender Präzision heran und hielten eine blutige Ernte. Getroffene schrien vor Schmerzen auf, als sich die scharfen Spitzen durch die Haut in die Muskeln oder in die lebenswichtigen Organe bohrten. Viele lagen mit gebrochenen Augen im Staub, der sich rasch blutig rot färbte. Den Männern blieb kaum Zeit zum Atemholen, da brauste auch schon eine zweite Welle der fürchterlichen Pfeile heran. Wieder sanken Hunderte Männer nieder und schon verdunkelte ein dritter Schwarm der gefiederten Geschosse den Himmel. Panik breitete sich in Hatun Tupacs Heer aus. Vor wenigen Atemzügen hatte man sich noch als sicherer Sieger gefühlt, doch jetzt wandten sich die Krieger aus Cuzco zur Flucht. Solche unheimlichen, mit unfehlbarer Präzision tausendfachen Tod bringenden Waffen hatten diese Soldaten noch nie kennengelernt. Selbst nur mit Steinschleudern und Speeren bewaffnet, konnten sie den Bogenschützen Ollantays keine wirksame Gegenwehr entgegensetzen.

Hatun Tupac und seine Offiziere blickten erstaunt zu den bedrohten Flanken des Heeres. Da, auf den Kämmen der Hügel standen dicht geschlossen die feindlichen Bogenschützen und feuerten unablässig auf die dunkle Masse der Angreifer. Die Soldaten aus Cuzco dachten nur noch daran, sich vor den tödlichen Pfeilen zu schützen und kauerten sich deshalb angstvoll unter ihre Schilde. Den Angriff auf Ollantays wankendes Zentrum fortzusetzen kam niemand mehr in den Sinn. „Rette sich, wer kann!", war jetzt das Motto der Männer.

Hoch oben auf einem Hügel stand Contor und befehligte stolz seine Krieger. Seitdem er der Hölle des Urwaldes entkommen war, hatte sein militärisches Sinnen danach getrachtet, eine Truppe aufzustellen und auszubilden, die ähnlich den Indianern des Regenwaldes mit Pfeil und Bogen kämpfte. Ollantay erkannte rasch den Vorteil von Contors Idee und unterstützte seinen Unterführer in dieser Sache, so gut es ging. Er hatte erlaubt, dass Contor vier Regimenter als Bogenschützen ausbilden konnte. Diese Einheiten waren ausschließlich mit Pfeil und Bogen bewaffnet. Solch ein Bogen war bis zu anderthalb Meter lang und aus dem Holz des einheimischen Mituy- oder Chontabaumes geschnitzt. Das jahrelange Üben der Männer machte sich nun, in der Stunde der Gefahr, bezahlt. Für Hatun Tupacs Inkatruppen kam der Einsatz dieser Waffe völlig überraschend. Weit außerhalb der Reichweite der Speere oder der Steinschleudern schossen die Bogenschützen ihre Pfeile mit immenser Geschwindigkeit und unheimlicher Zielgenauigkeit ab. Die Schlachtreihen Hatun Tupacs lösten sich auf und die Männer wandten sich zur Flucht. Aber sie kamen nicht weit. Auch hinter dem Heer aus Cuzco tauchten plötzlich todbringende Bodenschützen auf und schossen ihre Pfeile auf die Fliehenden ab. Hatun Tupacs Soldaten waren eingekreist. Der Fehler des Oberbefehlshabers, ausreichend Kundschafter auszuschicken, rächte sich nun bitter an den Männern. Wohin sie sich in ihrer Verzweiflung auch wandten, überall lauerten die gnadenlosen Bogenschützen. Ihre Salven mähten Hatun Tupacs Männer unbarmherzig nieder. Gelang es einem Krieger aus Cuzco den todbringenden Pfeilen zu entkommen, warteten schon die klassisch ausgerüsteten Regimenter Ollantays mit ihren Schlachtkeulen, um auf die Feinde einzuschlagen.

Das panische Geschrei der Sterbenden, Verwundeten und noch kampffähigen Männer steigerte sich zu einem höllischen Chor der Verzweiflung. „Gnade! Gnade!" Immer mehr Krieger warfen ihre Waffen weg und hoben beschwörend die Hände. Selbst Hatun Tupac wimmerte vor Angst und wusste nicht, was er machen sollte. Er sah sich schon tot auf dem Schlachtfeld liegen oder als Gefangener in Ollantays Händen. Welches Schicksal ihm erstrebenswerter erschien, vermochte er nicht zu sagen. Da tauchte einer seiner Offiziere im Zelt auf. „Kommt schnell, ehrwürdiger Prinz", stieß er zwischen den Zähnen hervor, „eine Abteilung hat entlang des Flusses eine Lücke in den Reihen der Feinde erkannt. Wenn Ihr Euch beeilt, könnt Ihr dort entkommen. Unsere Männer haben den Befehl, diesen Fluchtweg unter allen Umständen so lange zu halten, bis Ihr in Sicherheit seid." Kaum hatte Hatun Tupac diese erlösenden Worte vernommen, eilte er auch schon mit dem Offizier zu der besagten Stelle. Es stimmte. Wie durch ein Wunder gab es entlang des Flusses eine kleine, unwegsame Klamm, die außerhalb der Reichweite der feindlichen Bogenschützen lag. Ein kleiner Trupp aus Cuzco hatte diesen Weg auf der Flucht durch Zufall entdeckt. Jetzt rannten Hatun Tupac und sein Begleiter dorthin. Sie hatten Glück und erreichten den Ausweg, ohne von Pfeilen getroffen zu werden. Geschützt durch seine Leibwache floh der Prinz vom Schlachtfeld und ließ seine Männer im Stich.

Während Hatun Tupac die Flucht gelang, ging das Gemetzel weiter. Der Kampfplatz war übersät mit Sterbenden und Verwundeten, die auf dem blutgetränkten Boden lagen. Schließlich hatte Ollantay ein Einsehen und befahl seinen Kriegern, die Waffen zu senken und die Überlebenden gefangen zu nehmen. Widerstandslos und erleichtert ließen sich die Männer aus Cuzco mit Stricken fesseln und zu einem Sammellager für Gefangene abführen. Der Sieg Ollantays war überwältigend. Das Heer Hatun Tupacs war vollständig vernichtet. Tausende Männer waren verwundet oder gefallen, der Rest gefangen. Nur einem kleinen Rest war wie Prinz Hatun Tupac die Flucht gelungen.

Noch auf dem Schlachtfeld brachte Ollantay den Göttern ein Dankopfer dar. Sein Plan, durch eine vorgetäuschte Flucht seines Zentrums die feindlichen Truppen zu einem Generalangriff zu verleiten, war geglückt. Nur dem unüberlegten Vorgehen Hatun Tupacs war es zuzuschreiben, dass es gelingen konnte, das Heer aus Cuzco einzukreisen. Nachdem das geschehen war, konnten die Bogenschützen mit ihren überlegenen Waffen das feindliche Heer so erfolgreich bekämpfen, dass die Feinde in Panik gerieten und ein erfolgversprechender Widerstand nicht mehr möglich war.

Die eiserne Disziplin und der glückliche Verlauf der Schlacht hatten dazu beigetragen, dass im Heer aus Antisuyu nur wenige Todesopfer zu beklagen waren. Ollantay suchte noch vor dem Abend die Zelte auf, in denen die Ärzte die Verwundeten versorgten, lobte die Tapferkeit der Männer, spendete Trost und versprach allen Opfern umfangreiche Hilfe. Auch für die Angehörigen der Toten wollte er entsprechend Sorge tragen. Das Leid, das der Krieg über sein Land gebracht hatte, sollte die Betroffenen so gering wie möglich treffen. Zwar konnte auch er keinen Gefallenen wieder lebendig machen oder verlorene Gliedmaßen ersetzen, aber an Hunger leiden sollte keiner seiner Untertanen.

In Ollantaytambo fand einige Tage später eine riesige Siegesfeier statt. Die Bevölkerung feierte ausgelassen den Triumph über das mächtige Heer des Feindes. Noch einmal würde es Inka Pachacuti nicht mehr wagen, die Unabhängigkeit Antisuyus anzutasten. Nur bei Ollantay schien keine richtige Freude aufzukommen. Immer wieder wanderten seine Gedanken zu Cusi Qoylyor, seiner fernen, unerreichbaren Geliebten. Außerdem teilte er die Meinung seiner Untertanen, dass Pachacuti diese Niederlage ohne Widerspruch hinnehmen würde, nicht. Ollantay war sich sicher, dass schon bald eine neue Armee aus Cuzco aufbrechen würde, um Antisuyu zu unterwerfen. Aber bis dahin hatte man viel Zeit gewonnen, die dazu genutzt werden konnte, die mächtige Befestigungsanlage der Hauptstadt zu einem uneinnehmbaren Bollwerk auszubauen.

Inka Pachacuti saß wie vom Donner gerührt hinter dem dünnen Vorhang im prächtigen Audienzsaal seines Palastes. „Was ist geschehen?" Ungläubig beäugte er den Chasqui und seine Finger verkrampfen sich um die Armlehne seines Thrones. Mühsam stieß der Inka hervor: „Entweder Hatun Tupac oder Ollantay! Wenn einer von den beiden mir den anderen als Gefangenen bringt, soll ihm alles vergeben sein. Doch der Gefangene muss sterben!" Sämtliche Farbe wich nach diesen Worten aus seinem Gesicht und er kämpfte mühsam um Atemluft. Seine Augenlider begannen unrhythmisch zu flattern und mit einem leisen Aufstöhnen griff er sich ans Herz und sank bewusstlos zu Boden. Der dumpfe Aufprall seines Körpers alarmierte die wichtigsten Mitarbeiter. Sie liefen zu ihm und stellten mit Schrecken fest, dass der Inka unnatürlich verkrampft dalag. Sofort eilten die Leibärzte heran und stellten mit Bestürzung fest, dass ihr Herrscher schwer krank war. Unverzüglich ließen sie ihn in das Schlafgemach bringen und begannen mit den ärztlichen

Maßnahmen. Die Nachricht von der vollständigen Niederlage Hatun Tupacs hatte seine Gesundheit so stark angegriffen, dass die Mediziner um das Leben des Inka fürchteten. Aber noch durfte Pachacuti nicht sterben, denn sein Sohn und Nachfolger, Prinz Tupac Yupanqui, war nicht in Cuzco anwesend. Er befand sich auf dem Weg in die Hauptstadt und sollte in wenigen Tagen in der Metropole eintreffen. Bis dahin mussten die Ärzte das Leben des Herrschers unbedingt verlängern, wenn man bürgerkriegsähnliche Wirren um die Thronfolge verhindern wollte.

Die junge Frau konnte mit ihren Augen kaum die dichten Rauchschwaden durchdringen, die überall im Zimmer aus tönernen Gefäßen aufstiegen, in denen nebst den unverzichtbaren Kokablättern auch andere Heilkräuter verbrannt wurden. Ein schwaches Röcheln wies ihr den Weg zum Bett, in dem ein schwerkranker Mann fest eingehüllt in kostbaren Decken aus Vikunjawolle lag. „Vater", flüsterte sie ängstlich und tastete mit der Hand auf die Stirn des Kranken. Erschrocken stellte sie fest, dass die Haut des Mannes vor Fieber glühte. Die Gesichtszüge waren eingefallen und tiefe Falten hatten sich eingegraben. Der schwache Atem ging unregelmäßig und wurde immer wieder von einem verzweifelten Röcheln nach Luft begleitet. Noch vor wenigen Tagen war dieser todkranke Mensch der mächtigste Mann der Welt gewesen, doch dann hatte die Nachricht von Hatun Tupacs Niederlage den Inka zusammenbrechen lassen. Jetzt wartete er nur mehr auf einen gnädigen Tod.

Pachacuti zuckte leicht zusammen, als er die sanfte Hand auf seiner Haut spürte. Langsam öffnete er die Augen und starrte mit einem leeren Blick in den Raum. Als er Cusi Qoylyor erkannte, umspielte ein kurzes Lächeln seine Mundwinkel. Mühsam versuchte er einige Worte zu sprechen, die leise und stockend von seinen Lippen kamen: „Cusi, meine geliebte Tochter, wie gut, dass du gekommen bist. Ich möchte dir…" Ein heiserer Hustenanfall beendete den begonnenen Satz. Sogleich eilte ein Arzt herbei und reichte dem Inka eine Schale mit einem heißen, dampfenden Getränk. Auf den fragenden Blick der Prinzessin erklärte der Mediziner: „Das ist ein Aufguss aus den Blättern des Chokekanilla-Strauches. Damit wird Inka Pachacuti zum Schwitzen gebracht, um die bösen Geister, die in seinem Körper das hohe Fieber erzeugen, zu vertreiben. Dann kann der Herrscher vielleicht wieder gesund werden. Außerdem hilft der Aufguss, die verstopften Atemwege des Inka frei zu bekommen. Der Rauch im Raum stammt zum Teil ebenfalls von den Blättern dieses kleinen, stacheligen Busches. Er hilft gegen Kopfschmerzen und Fieber."

Vorsichtig flößte der Arzt dem Kranken ein paar Tropfen des Getränkes ein. Cusi Qoylyor sah, dass das Schlucken des Heilmittels ihrem Vater große Anstrengung bereitete. Links und rechts rannen zwei dünne, flüssige Fäden auf seine Brust nieder. Nach einigen mühseligen Versuchen gab er auf und ließ seinen Kopf ermattet zurückfallen. Cusi war sofort bei ihm und wischte vorsichtig die Flüssigkeit ab. „Ruh dich aus, Vater, dann geht es dir bald wieder gut", versuchte sie ihn aufzumuntern. „Nein, es geht mit mir zu Ende", stöhnte der Kranke. Er kämpfte darum, die Worte zu finden, doch das Sprechen machte ihm sehr große Mühe. Pachacuti keuchte und schloss erschöpft die Augen. Doch dann spannte er seinen Körper an und stieß zwischen den Lippen hervor: „Cusi, da warst immer meine Lieblingstochter." Wieder legte er eine Pause ein, bevor er leise weitersprach: „Ich wollte, dass du die neue Coya von Tahuantinsuyu würdest. Aber Amaru, dieser Narr, hat sich in eine Hofdame verliebt und meine Pläne zunichtegemacht."

Nach dieser Rede sackte der Inka in seine Decken zurück und rang nach Atem. „Nicht sprechen, du strengst dich zu sehr an", weinte die Prinzessin leise vor sich hin. „Doch, ich muss", keuchte der Inka, „ich wollte dein Bestes, doch ich habe versagt. Ich hätte dir erlauben sollen, dass du Ollantay zum Mann nimmst. Er ist der beste Feldherr der Sonnensöhne. Das alles wäre nicht passiert, wenn ich nicht so starrköpfig gewesen wäre." Laut aufstöhnend schloss der Herrscher die Augen und seine Glieder erlahmten. Erschrocken und Hilfe suchend blickte sich Cusi Qoylyor um, da bewegte Pachacuti noch einmal die Lippen. Ganz leise sprach er, so dass sich die Prinzessin tief zu ihm hinunter beugen musste: „Ist der Huillac Umu hier? Hole ihn, schnell!"

Cusi Qoylyor drehte sich um und versuchte mit ihren Augen die rauchigen Schwaden zu durchdringen. Sie musste einen Boten zum Tempel des Sonnengottes schicken. Pachacuti wollte seinen Bruder Tupac Huarochiri sehen, der seit vielen Jahrzehnten die würdevolle Stellung des obersten Priesters in Tahuantinsuyu bekleidete. „Rasch, der Inka wünscht den Huillac Umu zu sehen! Schickt sofort einen Diener los!"

Ein alter Mann, angetan mit seltsam verzierten, aber überaus kostbaren Kleidern, tauchte plötzlich aus dem dicken Rauch auf und kam auf die Prinzessin zu. „Das wird nicht nötig sein! Ich wache schon seit vielen Stunden an der Seite meines Bruders." Erleichtert erkannte Cusi Qoylyor den Halbbruder ihres Vaters. „Inti, sei Dank, Ihr seid hier! Inka Pachacuti möchte Euch etwas Wichtiges mitteilen. Bitte tretet rasch zu ihm!" Der Huillac Umu schritt zum Bett, beugte sich über Pachacuti und sprach: „Hier bin ich, mein Inka und mein Bruder. Was möchtest du mir sagen?" Der Herrscher öffnete die Augen und seufzte erleichtert, als er das altvertraute Gesicht des Huillac Umu erkannte. Mit zittrigen Fingern bedeutete er, dass sich der oberste Priester ganz nahe über ihn beugen sollte. Dann flüsterte er dem Bruder ganz leise etwas in das Ohr. So sehr sich Cusi Qoylyor auch anstrengte, mehr als ein verworrenes Lispeln bekam sie nicht mit. Tupac Huarochiri hörte gespannt zu, dann nickte er und versprach dem Herrscher, alles getreu diesem letzten Befehl, der auch eine Bitte war, zu erfüllen.

Inka Pachacuti war völlig erschöpft, nachdem er mit dem obersten Priester gesprochen hatte. Schwer atmend lag er in seinem Bett, während sich die Ärzte um ihn bemühten. Inzwischen hatte der Huillac Umu die Hände auf die Schultern der Prinzessin gelegt und schaute sie mit seinen klugen

Augen an. „Cusi Qoylyor, du musst jetzt wieder zurück in das Acclahuasi! Bete zu Inti und zu Mama Quilla, damit alles gut wird!" „Aber was ist mit Vater? Was hat er gesagt?", wollte die junge Frau wissen. „Wenn die Zeit gekommen ist, wirst du erfahren, was mir der Inka aufgetragen hat. Noch ist es aber zu früh, dich darüber in Kenntnis zu setzen. Jetzt sei gehorsam und geh zurück in das Acclahuasi!" Die Prinzessin verabschiedete sich ehrfurchtsvoll vom Huillac Umu. Sie wusste, Widerspruch war zwecklos, ja sogar ein schweres Vergehen in den Augen des obersten Priesters.

Gehorsam machte sie sich auf den Weg zurück in das Acclahuasi. Aber noch im Gehen begann sie darüber nachzudenken, was das alles zu bedeuten hatte. War ihr Vater wirklich so schwer krank, dass die Gerüchte von seinem baldigen Tod der Wahrheit entsprachen? So schwach, wie sie ihn heute auf dem Krankenlager gesehen hatte, musste sie sich schweren Herzens eingestehen, dass ihr Vater nur mehr wenige Tage, vielleicht nur noch Stunden zu leben hatte. Was würde dann aus ihr werden? Musste sie ihr ganzes weiteres Leben als Sonnenjungfrau den Göttern dienen? Würde Tupac Yupanqui rechtzeitig in Cuzco eintreffen, damit seine Thronfolge von niemandem hintertrieben werden konnte? Noch immer gab es zahlreiche Adelige, die viel lieber den sanften Amaru als neuen Inka gesehen hätten. Mit Amaru als Herrscher dachten sie, leichteres Spiel als unter Tupac Yupanqui zu haben und ihren Einfluss auf die Regierung erhöhen zu können. Zu welcher Gruppe gehörte der Huillac Umu? War er loyal zu Tupac Yupanqui oder unterstützte er im Geheimen Amaru? Aber die wichtigste Frage für sie lautete: Konnte sie jemals wieder Ollantay in die Arme schließen? So wie Pachacuti heute gesprochen hatte, hoffte sie, dass er es erlauben würde, dass sie die Ehefrau Ollantays würde. Aber lebte Vater noch lange genug, damit er die entsprechenden Befehle geben konnte? Was würde der neue Inka machen? Würde es der mutige Krieger Tupac Yupanqui erlauben, dass sie Ollantay heiratete oder gab der sanfte und edle Amaru eher die Zustimmung zu dieser Verbindung?

Beide kannten Ollantay, seitdem sie gemeinsam die Schule besucht hatten, sie waren dessen Freunde gewesen, bis es zum Bruch gekommen war und er nun die Rebellen aus Antisuyu als gewählter Inka anführte. Ach, konnte denn nicht alles wieder gut werden? Mit einem lauten Seufzer warf sie sich in ihr Bett und ließ ihren Tränen hemmungslos Lauf.

Hatun Tupac glotzte mit blutunterlaufenen Augen in den halbvollen Becher. Er hatte heute bereits drei Krüge Chicha geleert und seine Begleiter merkten ihm an, dass er betrunken war. Seit Tagen befanden sie sich auf der Flucht und der Prinz wusste nicht, vor wem er sich mehr fürchten sollte: vor seinem Vater, dem ob der Niederlage sicher wütenden Inka Pachacuti, oder vor Ollantay und der drohenden Kriegsgefangenschaft. Die Bewohner des kleinen Dorfes, in dem sie sich gerade aufhielten, versteckten sich ängstlich in ihren dunklen Hütten. Sie ahnten, dass der Inkaprinz schlechte Laune hatte, und wollten ihn nicht noch zusätzlich reizen. „Chicha", grollte er missmutig und schleuderte den leeren Becher von sich, „muss man sich um alles selbst kümmern. Wo bleibt die Chicha?" Eine zitternde ältere Frau brachte ihm das Gewünschte. Mit einer ehrfurchtsvollen Verbeugung stellte sie ihm einen großen Krug voll mit dem frischen Maisgetränk auf einen kleinen Tisch. Einer der Offiziere nahm den Krug, schenkte Hatun Tupac einen neuen Becher ein und reichte ihm den Prinzen. „Warum haben wir verloren?", lallte der erfolglose Apo Quisquay. Er hob einen Stein auf und schleuderte ihn gegen einen der zahlreichen auf der Straße herumstreunenden Köter. Der Hund jaulte auf, als er getroffen wurde, und suchte mit eingezogenem Schwanz schleunigst das Weite. „Wenigstens ein Hund läuft vor mir davon", sprach er mit grimmigem Gesicht mehr zu sich selbst als zu seinen Begleitern. „Warum haben wir die Schlacht verloren? Los antwortet! Wir hatten sie doch schon gewonnen. Die elenden Feinde wichen vor uns zurück. Was ist dann schiefgelaufen? Sagt es mir! Ich will es wissen." Tränen der Scham und der Enttäuschung liefen dem Prinz die

Wangen hinunter. Er wischte sie mit einer Hand weg, aber es nützte nichts, immer neue quollen aus seinen Augen hervor. In seinem angetrunkenen Zustand schämte sich Hatun Tupac seiner Tränen nicht. Er war verzweifelt und fürchtete den Tod. Wohin er sich auch wendete, überall wartete das Verderben auf ihn.

Fingen ihn die Häscher aus Antisuyu, war ihm eine schmähliche Gefangenschaft bei Ollantay, den er seit seiner Jugend hasste, sicher. Immer war dieser Emporkömmling bevorzugt behandelt worden. Nicht er, der leibliche Sohn des Inka, war gelobt und später befördert worden, nein, Ollantay war ihm stets vorgezogen worden. Selbst der missglückte Feldzug gegen die Chimu war ihm zur Last gelegt worden und nicht Ollantay. Der hätte ihm mit seinen Truppen ja die nötige Unterstützung bringen können. Oh, wie hasste er seinen Gegenspieler um die Gunst des Inka. Selbst Tupac Yupanqui hatte Ollantay zum Freund genommen und nicht ihn, seinen Bruder. Wenn Tupac erst Inka war, dann würde sich nichts daran ändern, dass er immer im Schatten der anderen stehen würde. Aber Hatun Tupac befürchtete noch Schlimmeres. Da er den Befehl des Inka missachtet und die Schlacht gesucht, aber verloren hatte, fürchtete er, als Verräter angeklagt und verurteilt zu werden. Dann war sein Leben verwirkt. Aus diesem Grund war er nach dem verlorenen Kampf nicht auf dem schnellsten Weg in die Hauptstadt geflüchtet. Er irrte mit seinen Getreuen in abgelegenen Gegenden herum, bis sich der erste Zorn Pachacutis gelegt haben dürfte. Erst dann wollte er seinem Vater wieder vor die Augen treten.

Er nahm neuerlich einen großen Schluck Chicha und jammerte: „Warum ist alles schiefgelaufen? Wir hatten den Sieg ja schon so gut wie errungen. Diese Teufelswaffe! Warum kämpfen diese Feiglinge auch mit Pfeil und Bogen? So haben sie uns aus sicherer Entfernung solch große Verluste zugefügt, dass wir nicht zum Nahkampf übergehen konnten. Wir hätten sie sicher besiegt, hätte Ollantay nicht Bogenschützen in rauer Zahl besessen. Damals, auf dem Feldzug gegen die Chimu besaß Ollantay nur eine Handvoll Bogenschützen, doch jetzt sind es tausende Männer. Warum haben die Kundschafter nichts davon berichtet, dass die Truppen aus Antisuyu fast vollständig mit Bögen bewaffnet sind?" Zornig herrschte er die Offiziere, die ihn begleiteten, an. Die blieben aber eine Antwort schuldig. Niemand wagte es, den Prinz darauf hinzuweisen, dass er es als unnötig befunden hatte, Kundschafter in ausreichender Zahl auszusenden, um möglichst viel über das feindliche Heer zu erfahren. Hatun Tupac hatte Ollantay unterschätzt und alle Ratschläge seiner Unterführer in maßloser Selbstüberschätzung ignoriert. Die blutige Rechnung hatten in erster Linie seine Soldaten bezahlen müssen, die von einem hervorragend organisierten Feind vernichtend geschlagen worden waren.

Während Hatun Tupac weiter nachgrübelte, warum er gegen Ollantay verloren hatte, näherte sich ein Mann dem Dorf. Er war über und über mit Staub bedeckt und man sah ihm an, dass er schon einige Tage unterwegs war. Vorsichtig spähte er immer wieder nach allen Seiten und blickte öfters zurück, um sich zu vergewissern, dass ihm niemand folgte. Als er schließlich die ersten Häuser erreichte, steuerte er sogleich zielstrebig den Platz an, wo der Prinz saß und trank. Dort beugte er sein Gesicht tief und ehrfürchtig zu Boden und begann zu sprechen: „Edler Hatun Tupac! Verzeiht, dass ich Unwürdiger Euch mit meinem Anblick beleidige. Schon tagelang bin ich auf der Suche nach Euch, um wichtige Botschaften aus Cuzco zu überbringen." Der Angesprochene freute sich über die schmeichelnden Worte und Hoffnung keimte in ihm auf. Wenn ein Kurier aus der Metropole ihn aufsuchte und mit allen Ehren, die einem Inkaprinzen zustanden, ansprach, konnte das bedeuten, dass er noch nicht völlig in Ungnade gefallen war. Vielleicht war sein Leben doch noch nicht verwirkt, wie er es seit der Niederlage befürchtete. Er stellte den Becher mit Chicha zur Seite und forderte den Boten neugierig auf: „Los, sprich! Was hast du mir mitzuteilen?" Der Mann hatte sich in der Zwischenzeit nicht gerührt und lag noch immer vor dem Prinz auf dem staubigen Boden. Nun hob er leicht den Kopf, wagte es aber nicht, Hatun Tupac dabei anzusehen: „Der Inka ist schwer erkrankt, nachdem er die Nachricht von eurer Niederlage erhalten hat. Einige seiner engsten Mitarbeiter befürchten sogar, dass er sterben könnte. Doch ehe er vor Enttäuschung zusammengebrochen ist, hat er noch folgendes geäußert: Hatun Tupac oder Ollantay! Wer von den beiden mir den anderen als Gefangenen bringt, dem soll alles verziehen werden! Doch der andere wird sein Versagen mit dem Leben büßen! Prinz Amaru hat mich daraufhin beauftragt, Euch zu suchen, um Euch mitzuteilen, was der Inka gesagt hat. Prinz Amaru meinte außerdem, dass es jetzt an Euch liege, alles noch zum Guten zu wenden." Ängstlich beendete der Bote seine Worte. Er fürchtete eine schwere Bestrafung, da er Hatun Tupac eine unangenehme Nachricht hatte überbringen müssen. Doch der Prinz wiegte nur nachdenklich den Kopf und sagte schließlich: „Bringt dem Mann zu essen und zu trinken. Dann soll er sich ausruhen. Vielleicht benötige ich seine Dienste." Der Bote erhob sich dankbar, ohne es zu wagen, Hatun Tupac anzusehen, und verschwand eiligst aus dem Blickfeld des Prinzen.

„Ich muss Ollantay gefangen nehmen", sinnierte dieser, „wie kann mir das gelingen?" Er wandte sich an seine Begleiter und fragte: „Wer hat einen Vorschlag, wie wir Ollantay zu unserem Gefangenen machen können?" Neue Hoffnung keimte in Hatun Tupac auf, dass er der Bestrafung entgehen könnte. Seine wachsende Begeisterung steckte die Offiziere an und gemeinsam begannen sie zu planen, wie sie Ollantay in eine Falle locken könnten.

Contor kniff seine Augen zusammen, um von der Sonne nicht geblendet zu werden. Zufrieden beobachtete er seine Männer, die gerade ihre Schießübungen absolvierten. Kaum ein Pfeil hatte die Zielscheiben verfehlt, die in großer Entfernung aufgestellt waren. Und schon wieder sauste eine neue Welle der Geschosse treffsicher auf die Strohpuppen zu. Die Bogenschützen zielten, schossen und legten sogleich einen neuen Pfeil in die Sehne. Das alles ging so schnell und perfekt vor sich, dass unablässig Pfeil um Pfeil in Richtung der Zielscheiben schwirrte. Die Bogenschützenregimenter Antisuyus waren zu einer gefährlichen Waffe gegen jeden Feind geworden, wenn dieser zahlenmäßig auch noch so überlegen schien.

Der Aufbau und die Ausbildung dieser Einheiten waren das Werk Contors. Nach dem missglückten Feldzug in den Urwald, der jetzt schon viele Jahre zurücklag, war in Contor die Idee herangereift, im Inkareich die zuvor nicht gebräuchlichen Pfeilbogen einzuführen. Als Ollantay zum Suyuyoc Apucuna Antisuyus ernannte worden war, hatte er Contor ermuntert und unterstützt, Männer zu Bogenschützen auszubilden. In der Schlacht gegen die Truppen Hatun Tupacs hatten die Regimenter ihre Feuertaufe erlebt und sich hervorragend bewährt. Nun konnte man zuversichtlich in die Zukunft blicken, selbst wenn der Inka eine neue, noch größere Armee gegen sie in Bewegung setzen sollte. Denn in den nächsten Wochen wollte Contor noch mehr Krieger zu gefürchteten Bogenschützen ausbilden, sodass Steinschleudern oder Speere als Fernwaffen ausgedient hätten.

Nach Beendigung der täglichen Übungen ging Contor in die Befestigungsanlage. Dort schritten die Bauarbeiten an den Wällen zügig voran. Schon jetzt war die Burganlage ein mächtiges Bollwerk, das für jede Armee ein beinahe unüberwindliches Hindernis darstellte. Hier traf Contor Ollantay, der sich von den Fortschritten der Arbeiten überzeugte, mit den Baumeistern sprach und die einfachen Arbeiter ermunterte. Überall war er zu finden, und die Männer freuten sich, wenn er ihre Leistungen lobte. Am Abend wartete auf die Männer als zusätzliche Belohnung für das geleistete Tagewerk immer eine Extraration Chicha. Das spornte die Arbeiter an, sich noch mehr für den Bau einzusetzen.

Contor beobachtete seinen Vorgesetzten eine Weile aus der Ferne. Zwar schien der neu erwählte Inka zufrieden, aber auf der Stirn hatte sich eine tiefe Sorgenfalte eingegraben. Contor ahnte, dass die Ängste nichts mit dem Bauwerk oder einer bevorstehenden Schlacht zu tun hatten. Ollantay dachte meist an seine unerreichbare Geliebte, Prinzessin Cusi Qoylyor, die von ihrem Vater in das größte Acclahuasi Cuzcos verbannt worden war. Contor merkte, dass Ollantay seine Augen starr in die Ferne gerichtet hatte und vor sich hinträumte. Wahrscheinlich musste er gerade wieder an Cusi denken. Ob es wohl ein glückliches Ende in dieser Liebesgeschichte gab, fragte sich Contor. Zu hoffen und zu wünschen wäre es, aber der Widerstand Pachacutis gegen diese Verbindung schien ein zu großes Hindernis zu sein. Sogar Krieg war zwischen dem Inka in Cuzco und Ollantay ausgebrochen, weil der Herrscher die Heirat seiner Lieblingstochter mit seinem besten Feldherrn verboten hatte. Darum war Ollantay hier in Antisuyu und nicht an der Nordgrenze des Reiches, um gegen die Chimu oder andere, noch nicht unterworfene Völker zu kämpfen. Wer würde aber im Herzen Tahuantinsuyus den Sieg davontragen? Inka Pachacuti oder Inka Ollantay. Die Menschen hier am Urubamba und in den anderen Regionen Antisuyus waren sich in dieser Frage einig: Sie waren bereit, mit ihrem Leben für Ollantay einzutreten.

Nachdem er eine Zeit lang gewartet hatte, trat Contor zu seinem Inka und berichtete von den abgehaltenen Schießübungen. „Die Männer werden immer besser. Wenn ich langsam bis zehn zähle, haben sie gezielt, den Pfeil abgeschossen und bereits einen neuen Pfeil in die Sehne eingelegt. Dabei treffen sie auch die Strohpuppen, die in fünffacher Steinschleuderweite aufgestellt sind. Nur ganz wenige Pfeile verfehlen das Ziel. Selbst die neuen Einheiten sind fast schon so zielsicher und schnell wie die altbewährten Regimenter." Ollantay lächelte breit und antwortete: „Das sind gute Neuigkeiten, die du mir bringst. Deine Idee, einige Einheiten als Bogenschützen ausbilden zu lassen, hat sich hervorragend bewährt. Jetzt ist Pachacuti nicht mehr so sicher, dass er uns besiegen wird. Ich bin schon gespannt, ob er uns ein Angebot macht, das allen einen ehrenvollen Friedensschluss ermöglicht." Contor schaute seinen Herrn zweifelnd an: „Du meinst wirklich, Pachacuti könnte in einen Frieden einwilligen?" Auch Ollantay runzelte die Stirn: „Ich glaube auch nicht, dass er nachgeben wird. Aber ein Bote hat aus Cuzco die Nachricht überbracht, der Inka sei zusammengebrochen, als er von Hatun Tupacs Niederlage gehört habe. Es gehe ihm ziemlich schlecht, und einige Ärzte befürchten sogar, er könnte sterben. Vielleicht ist seine Kraft erlahmt und er sehnt sich danach, das Reich der Sonnensöhne wieder zu einigen, bevor er stirbt. Wenn er uns nicht besiegen kann, kann er das Ziel der Einigung nur dann erreichen, wenn er uns einen ehrenvollen Frieden anbietet." „Inka Pachacuti ist todkrank", rief Contor erstaunt aus, „wann hast du diese Nachricht erhalten?" „Eben vorhin, als du mit den Bogenschützen geübt hast, ist ein Chasqui mit Neuigkeiten aus Cuzco angekommen", antwortete Ollantay. „Weiter hat er berichtet, dass alle aufgrund der Schwäche Pachacutis sehr nervös sind, denn Tupac Yupanqui befindet sich erst auf der Rückreise aus dem Norden. Im Palast gibt es eine Partei, die gerne Amaru als Thronfolger hätte. Ihre Mitglieder meinen, sie könnten bei einem schwachen Herrscher mehr Rechte für sich selbst gewinnen. So ist die Situation recht verworren. Doch so lange Pachacuti noch lebt, wagen die Anhänger Amarus nichts zu unternehmen. Daher hoffen die meisten Einwohner der Hauptstadt, Tupac Yupanqui möge noch rechtzeitig eintreffen, ehe Pachacuti stirbt. So wären Wirren um die Thronfolge ausgeschlossen. Für uns bedeutet das, in den nächsten Wochen werden wir unbehelligt bleiben. Entweder erholt sich Pachacuti wieder und der Krieg geht wahrscheinlich weiter. Oder wir müssen abwarten, wer sein Nachfolger wird und welche Entscheidung der neue Inka treffen wird."

In Pachacutis Palast herrschte eine gedrückte Stimmung. Wo sonst ein geschäftiges Treiben zu beobachten gewesen war, lähmte nun ein gespenstisches Schweigen alle Anwesenden. Der Tod lauerte bereits vor den Gemächern des Inka. Nur im Flüsterton wurden die Anweisungen der Ärzte weitergegeben, damit nicht durch unnötigen Lärm die Schmerzen Pachacutis vergrößert würden. Mit tief eingefallenem Gesicht lag der Herrscher auf seiner Bettstatt und röchelte schwach vor sich hin. Die lichten Momente, in denen er die Augen aufschlug und seine Anweisungen traf, wurden immer seltener. Doch ohne einen ausdrücklichen Befehl des Inka wagte niemand etwas zu unternehmen. Seine engsten Berater verharrten in einem untätigen Wartezustand. Das war auch der Grund, warum noch keine Einheit ausgeschickt worden war, um Prinz Hatun Tupac als Verräter nach Cuzco zu bringen. Und was war mit dem Krieg gegen Antisuyu und die dortigen Rebellen um Ollantay, der sich jetzt auch als Inka bezeichnete? Vor solch schwerwiegenden Entscheidungen schreckten die hohen Beamten zurück. Wenn man ihnen später auch Untätigkeit vorwerfen würde, wenigstens hatten sie keine falschen Anweisungen oder Befehle gegeben, was zu schweren Bestrafungen durch den amtierenden oder den neuen Inka führen könnte.

Tupac Huarochiri, der Huillac Umu, wachte ständig bei seinem todkranken Bruder. Der oberste Sonnenpriester verkörperte in diesen Tagen die höchste Autorität in Tahuantinsuyu. Unablässig murmelten seine Lippen Gebete zu Inti. Der jahrelange Streit, den er mit Pachacuti geführt hatte, weil dieser den Schöpfergott Pachacamac als höchsten Reichsgott eingesetzt hatte, war vergessen. „Sollen auch Pachacamacs Priester für den Inka beten", dachte sich der Huillac Umu, „Pachacuti kann es sicher nicht schaden." Doch in Zukunft würde er all seinen Einfluss einsetzen, dass Tupac Yupanqui wieder Inti seinen gebührenden Platz an der Spitze der Götter Tahuantinsuyus zuwies. Trotz seiner Sorgen um die Zukunft des Reiches musste Tupac Huarochiri lächeln, wenn er an die Diskussionen mit Pachacuti dachte. „Er wollte immer seinen Kopf durchsetzen und in allen Dingen recht behalten. Das war schon so, als er noch ein relativ unbedeutender Prinz war. Doch der Ehrgeiz, die Tapferkeit und der Stolz Pachacutis haben das Inkareich vor der Invasion der Chanca gerettet. Und auch später hat er mit Beharrlichkeit alle seine Pläne verfolgt. Cuzco ist nach den Regierungsjahren des Inka kaum mehr wiederzuerkennen, so viele Bauvorhaben sind durchgeführt worden." Aber eines trübte das Idealbild Pachacutis; das war sein unseliger Streit mit Ollantay, dem er seine Tochter nicht gönnen wollte.

Tupac Huarochiri blickte seinen Bruder nachdenklich an. Wie wären wohl die letzten Monate verlaufen, hätte Pachacuti nicht so starrköpfig reagiert und erlaubt, dass Cusi Qoylyor und Ollantay ein Paar würden? Wahrscheinlich würde der Inka dann nicht todkrank darniederliegen und auf sein Ende warten. Hoffentlich war Tupac Yupanqui klüger, wenn er als Inka das Sonnenreich beherrschte. Ollantay war immer der beste Freund des Thronfolgers gewesen, aber hatte die Freundschaft den Streit unbeschadet überdauert oder war das üble Gift der Zwietracht auch in die Herzen der beiden jungen Männer gekrochen? Der Huillac Umu wusste keine Antwort darauf. Aber er ahnte, dass eine erfolgversprechende und glückliche Zukunft Tahuantinsuyus entscheidend davon abhing, ob eine friedliche Lösung gefunden werden konnte.

Pachacuti liebte Cusi Qoylyor noch immer als seine Lieblingstochter und er hatte auch Ollantay in sein Herz geschlossen. Das wusste der oberste Priester. Doch der Inka hatte nicht mehr die Kraft oder den Willen, seinen Starrsinn zu bereinigen und den Widerstand gegen eine Verbindung der beiden Verliebten aufzugeben. Dieses verzwickte Problem musste der Nachfolger Pachacutis lösen. Der Huillac Umu schwor im Stillen, als er seinen Bruder fast regungslos vor sich liegen sah, dass er all seinen Einfluss anwenden würde, um das Reich der Sonnensöhne nicht zu schwächen, und zu einer vernünftigen Lösung beizutragen.

Cusi Qoylyor lag mit schmerzverzerrtem Gesicht auf ihrem Bett. An ihrer Seite standen die Vorsteherin des Acclahuasi und Hilpay, eine Sonnenjungfrau, die als Heilerin ihren Mitschwestern schon viele Dienste geleistet hatte. Hilpay sagte mit ruhiger, sachlicher Stimme: „Cusi verliert bereits ihr Wasser, das Kind wird bald kommen." Cusi stöhnte auf: „Aber es ist zu früh, die neun Monate sind noch nicht zur Gänze vergangen." Occlo, die Vorsteherin, sagte darauf: „Wahrscheinlich haben die Aufregungen der letzten Tage dazu beigetragen, dass dein Kind früher zur Welt kommt." Cusi wollte etwas antworten, doch Hilpay hinderte sie daran: „Ruhig! Nicht sprechen! Konzentriere dich auf die Geburt!" Hilpay wischte mit einem weichen Tuch den Schweiß von der Stirn der Prinzessin: „Wenn du zwischen den Beinen einen Druck verspürt, dann press so fest du kannst!" Cusi drückte, bis sie vermeinte, ihr Unterleib würde zerspringen. Der Bauch fühlte sich an, als ob glühende Messer ohne Unterbrechung hineingestoßen würden. Sie wand sich vor Schmerzen hin und her und schrie laut auf. Schließlich konnte sie nicht mehr, und sie ließ sich erschöpft nach hinten fallen. Ihr Atem raste und der Schweiß brach aus allen Poren.

Hilpay blickte Cusi zwischen die Beine. „Hör jetzt auf zu pressen", befahl sie nach einer Weile. „Atme schnell und flach! Ich mache es dir vor." Die Heilkundige keuchte, um Cusi zu zeigen, was sie meinte. Die Prinzessin tat es ihr nach, und es schien ihre Not für ein paar Minuten zu lindern. Dann schrie sie wieder. Occlo versuchte, Cusi zu beruhigen. Sie setzte sich neben sie und ergriff ihre Hand. Hin und wieder kam es vor, dass nach einem Besuch des Inka eine der Sonnenjungfrauen schwanger wurde und ein Kind gebar. Deshalb war es für Hilpay und Occlo nichts Neues, dass sie bei einer Geburt dabei waren und helfen mussten. Aber hier ging es um Inka Pachacutis Lieblingstochter. Ihr durfte nichts geschehen, wollte man sich nicht den Zorn des Herrschers zuziehen.

Cusi presste wieder mit aller Kraft. „Mach weiter, nicht aufhören", ermahnte sie Hilpay, doch die Prinzessin schien nichts zu hören. Aber die Anwesenheit der beiden Frauen übte eine beruhigende Wirkung aus und sie fühlte sich nicht so alleine und hilflos. Da durchfuhr sie ein namenloser Schmerz und sie brüllte auf. Hilpay sagte: „Gut so! Da kommt das Kind. Ich sehe es bereits." Occlo sah hin und konnte einen winzigen, behaarten Kopf erkennen, der aus Cusis Körperöffnung ins Freie drängte. Cusi presste mit aller Kraft und der Körper ihres Kindes rutschte in das Leben hinaus. An seinem Nabel hing eine pulsierende blaue Schnur. Der Säugling protestierte, dass er den warmen Leib der Mutter hatte verlassen müssen, öffnete seinen kleinen Mund und begann lautstark zu schreien. Hilpay wischte dem Neugeborenen sanft das Gesicht ab und säuberte zärtlich Ohren und Augen, Nase und Mund. Ein glückseliges Lächeln erschien im Gesicht der jungen Mutter, als Hilpay ihr das winzige Geschöpf an die Brust legte. Liebevoll schaute Cusi ihren kleinen Sohn an, der gierig die Brustwarze suchte, um seine erste Nahrung als Mensch zu sich zu nehmen.

„Ein gesunder Junge", sprach Occlo, und man merkte ihr die Erleichterung an, dass bei der Geburt alles gut gegangen und keine Komplikationen aufgetreten waren. Hilpay holte zwei kurze Fäden und band die Nabelschnur damit ab. Dann nahm sie ein kleines, scharfes Messer zur Hand und schnitt sie durch. Nun schnappte sie den Säugling, wusch ihn mit kaltem Wasser und wickelte ihn anschließend in bereitgelegte Schals.

In der Zwischenzeit hatte Cusi die Nachgeburt ausgestoßen. Occlo wickelte die blutige Masse in ein Wolltuch, um sie später im Tempel zu verbrennen. Jetzt aber sprachen die Acclas Gebete zu Mama Quilla und Inti, damit die Götter mit ihrem Beistand die bösen Geister vertrieben, die dem Neugeborenen übel mitspielen wollten. Bei Ehepaaren übernahm der Vater die Rolle des Beschützers, doch Cusi war unverheiratet. Darum wollten sich die Acclas in den nächsten Tagen ablösen, um der jungen Mutter zu helfen, mit Gebeten und Opfern die missgünstigen Gespenster vom Säugling fernzuhalten. Hier, im Acclahuasi, unter dem Schutz der Götter, würde ihnen das sicher gelingen.

Cusi Qoylyor hatte ihrem kleinen Sohn die Brust gereicht. Jetzt schlief das winzige Geschöpf geborgen im Schutz der Mutter. Auch die Prinzessin war erschöpft und müde. Glücklich schloss sie die Augen und war wenige Augenblicke später eingeschlafen. „Was sollen wir jetzt tun?", fragte Hilpay ihre Vorgesetzte. „Senden wir einen Boten in den Palast, um dem Inka eine Nachricht von der Geburt seines Enkels zukommen zu lassen?" Doch Occlo schüttelte nur stumm ihren Kopf. „Nein, vorerst lassen wir nichts nach draußen dringen. Der Herrscher liegt im Sterben. Ich möchte nicht, dass er sich durch diese Neuigkeit zu sehr aufregt. Jede Stunde, die er länger lebt, ist wichtig für den künftigen Fortbestand des Reiches. Der Huillac Umu hat mir befohlen, keine Botschaft in den Palast zu schicken. Wir sind ihm zu Gehorsam verpflichtet. Auch hier im Acclahuasi dürfen wir niemanden die Geburt des Sohnes Cusis mitteilen. Diese Sache muss ein Geheimnis blieben, bis der Herrscher befiehlt, was weiter zu geschehen hat." Der Ausdruck in Occlos Gesicht zeigte Hilpay, dass mit der Vorsteherin nicht zu spaßen war. Die heilkundige Sonnenjungfrau wusste, dass sie gehorsam bleiben würde.

Titu Huaman bückte sich zum sitzenden Ollantay, der gerade eine offizielle Bittaudienz für seine Untertanen abhielt, und flüsterte ihm ins Ohr: „Ein Kurier von Hatun Tupac möchte dich sprechen." Ollantay nickte seinem Freund zu. „Nur noch einen Augenblick, dann soll er kommen", antwortete er leise, damit kein Außenstehender etwas davon mitbekam. Geduldig hatte sich der Inka von Antisuyu angehört, welche Wünsche seine Untertanen hatten. Die meisten sehnten sich nach Frieden und machten sich Sorgen, die Götter könnten in diesem Jahr schlechtes Wetter schicken und die Ernte wegen des Krieges gegen Cuzco verderben lassen. Den einfachen Puric interessierte die Politik der Herrscher herzlich wenig. Sie wollten in Ruhe ihre Felder bestellen und ernten. Jedes Unglück hielten sie für eine Strafe der Götter. Und wenn die Sonnensöhne gegeneinander kämpften, befürchteten sie ein außerordentlich schweres Unheil, das sie und ihre Familien bedrohte. So hatte Ollantay die Bittsteller in erster Linie beruhigt und versprochen, möglichst bald mit dem Inka in Cuzco Frieden zu schließen, damit eine befürchtete Hungersnot oder eine schwere Seuche ausblieb.

Endlich verließ der letzte Puric den Saal und Ollantay gab Titu Huaman ein Zeichen, damit er den Abgesandten hereinschickte. Der Mann trat ein, warf sich vor dem sitzenden Herrscher auf den Boden und wartete, bis er aufgefordert wurde zu sprechen. Ollantay betrachtete den Kurier, der seinem Aussehen nach einige Tage unterwegs gewesen sein musste. Schließlich fragte er: „Was hast du zu sagen?" Ohne den Blick vom Boden zu erheben, antwortete der Kurier: „Edler Herrscher, vergebt mir Unwürdigen! Prinz Hatun Tupac lässt Euch durch mich die besten Grüße ausrichten." Verwundert blickten Ollantays Berater zuerst auf ihren Inka und dann auf den Sprecher. Dass Hatun Tupac Ollantay Grüße ausrichten ließ, damit hätten sie nicht gerechnet. Schon wollten sie miteinander zu tuscheln beginnen, da sprach der Mann weiter: „Prinz Hatun Tupac bittet Inka Ollantay um Frieden! Er möchte sich dem Herrscher von Antisuyu ergeben. Nur eine Bedingung stellt der Prinz: Nicht als Gefangener will er kommen, sondern als Untergebener! Welche Antwort darf ich Prinz Hatun Tupac ausrichten?" Der Mann blieb vor Ollantay liegen und rührte sich mit keiner Faser seines Körpers.

Nachdenklich fasste Ollantay seinen Ohrstecker an. Das Angebot seines Feindes kam für ihn unerwartet. Welche Antwort sollte er dem Prinzen geben? War es richtig oder war es falsch, wenn er sich mit Hatun Tupac versöhnte. Wie würde der Inka in Cuzco darauf reagieren? Aber ein zusätzlicher Verbündeter aus der königlichen Familie könnte natürlich nicht schaden. Gespannt blickten Contor, Acoyanapa und Titu Huaman zu Ollantay. Wie würde sich ihr Herrscher entscheiden. Sie alle wollten den unseligen Krieg gegen Cuzco beenden, doch nicht als Verlierer, die man hinrichten lassen würde, sondern als anerkannte Partner. Eine Versöhnung mit Hatun Tupac konnte den Friedensprozess beschleunigen. Noch immer zupfte Ollantay gedankenverloren an seinem Ohrstecker. Im Raum war es plötzlich ganz still geworden, nur das Atmen des noch immer auf dem Boden liegenden Abgesandten war zu hören.

Da spannte Ollantay seine Muskeln an und setzte sich aufrecht hin. „Hör mir gut zu!", wandte er sich an Hatun Tupacs Boten, „wir hier in Antisuyu wollen Frieden. Wenn es Hatun Tupac mit seinem Angebot ernst meint, dann ist er mir jederzeit willkommen. Ich werde ihn nicht als Gefangenen behandeln, sondern als einen edlen Prinzen begrüßen, wie es seiner Stellung geziemt. Teile deinem Vorgesetzten mit, dass wir es als große Ehre betrachten, wenn er sich nach Antisuyu begibt. Meine Untertanen und ich hoffen, dass dies als Geste unseres guten Willens anerkannt wird, und wir damit beitragen können, diesen widerwärtigen Streit innerhalb des Reiches der Sonnensöhne zu beenden. Mein getreuer Offizier Titu Huaman wird dich zu Hatun Tupac begleiten und die Details aushandeln, wann und wie der Übertritt des Prinzen nach Antisuyu stattfinden soll. Doch merke dir eines gut: Wenn das Ganze eine Falle ist, wird euch meine Rache treffen. Nun geh, lass dir zu essen und trinken geben! Wenn du zum Aufbruch bereit bist, melde dich bei Titu Huaman, damit er mit dir mitgehen kann."

Der Bote erhob sich langsam, wagte es aber nicht, Ollantay anzublicken. Er ging vorsichtig rückwärts Richtung Tür und verbeugte sich dabei unentwegt vor dem Herrscher. Endlich erreichte er den Ausgang. Dort drehte er sich um. Ein Diener geleitete ihn in ein kleines Zimmer, wo er sich ein wenig ausruhen und stärken konnte. Dort trank er einen Becher Chicha und warf sich anschließend auf das Bett. Seine Befürchtungen waren unbegründet gewesen, Ollantay wünschte Frieden und würde auf den Vorschlag, den ihm Hatun Tupac machen würde, eingehen. Der erste Schritt war getan, um das Ansehen des Prinzen wieder herzustellen. Dass ihn Titu Huaman begleitete, war mehr, als er sich erhofft hatte. So würde die Täuschung noch leichter gelingen. Hatun Tupac konnte mit ihm zufrieden sein. Die Chicha bewirkte, dass die Müdigkeit schneller von ihm Besitz ergriff. Mit einem Lächeln schloss er die Augen und war im nächsten Augenblick eingeschlafen.

Alle wichen dem kräftigen Mann aus, der im Laufschritt durch die Gänge des Palastes eilte. Die Fackeln verbreiteten nur ein spärliches Licht, doch Tupac Yupanqui kannte sich, obwohl er viele Jahre auf Kriegszügen fernab der Hauptstadt verbracht hatte, in dem Gebäude, in dem er seine Kindheit erlebt hatte, noch immer sehr gut aus. Noch eine letzte Kurve und er stand vor dem Zimmer seines Vaters. Der Geruch von verbrannten Kräutern drang auf den Gang heraus. „Habe ich es noch rechtzeitig geschafft?", fragte er sich und betrat im gleichen Atemzug den Raum. Dicke Rauchschwaden hingen in der Luft. Nur schemenhaft nahm er ein paar verschwommene Gestalten wahr. Eine trat auf ihn zu, blickte ihn mit erstaunten Augen an und sagte: „Prinz Tupac Yupanqui! Gut, dass Ihr gekommen seid! Vielleicht erinnert Ihr Euch an mich. Ich bin der oberste Arzt Eures Vaters. Der Inka wartet schon seit Tagen sehnsüchtig auf Euer Eintreffen." „Wo ist er und wie geht es ihm?", fragte der Prinz. Der Arzt antwortete leise: „Dem Inka geht es sehr schlecht. Wir warten stündlich darauf, dass er stirbt. Nur der Wille, Euch noch einmal zu sehen, hat ihn so lange aushalten lassen." Nach diesen Worten trat der Arzt zur Seite und führte Tupac Yupanqui zum Krankenlager. Dort begrüßte ihn der Huillac Umu mit einem erleichterten Kopfnicken. Tupac Huarochiri fiel ein Stein vom Herzen, als er den Thronfolger erblickte. „Jetzt wird alles gut gehen", dachte er sich, „nun wird es niemand mehr wagen, Tupac Yupanqui den Thron streitig zu machen. Inti sei Dank hat der Inka so lange gelebt, bis sein Sohn in Cuzco eingetroffen ist."

Inka Pachacuti atmete schwer und unregelmäßig. Unruhig wälzte er sich auf den Decken hin und her und stöhnte immer wieder auf. Wurden seine Schmerzen zu stark, verabreichten ihm die Ärzte eine Dosis Koka. Als Tupac Yupanqui zum Bett trat, hielt Pachacuti in seinen Bewegungen inne und öffnete die geschlossenen Lider. Langsam drehte er den

Kopf herum und ein Glänzen seiner Augen verriet, dass er seinen Sohn erkannt hatte. Er wollte etwas sagen, doch nur ein heiseres Krächzen kam über seine Lippen. „Wasser", murmelte er kaum hörbar. Der oberste Sonnenpriester nahm eine flache Schale und hielt sie ihm vorsichtig an den Mund. Mit kleinen Schlucken trank der Inka ein wenig, dann sank sein Kopf zurück auf die weiche Decke. Mit der rechten Hand bedeutete er seinem Sohn, sich dicht zu seinem Mund zu beugen. Tupac Yupanqui tat, was sein Vater von ihm verlangte und berührte mit seinem Ohr beinahe die Lippen Pachacutis. „Mein Sohn, mit mir geht es zu Ende", flüsterte er langsam und stockend. Verneinend schüttelte Tupac Yupanqui sein Haupt. „Nein, Vater, das ist nur eine vorübergehende Schwäche. Bald bist du wieder gesund." Doch der Inka widersprach: „Die Todesgeister sind bereits im Palast. In meinen Träumen habe ich sie schon gesehen. Sie haben mich bestraft, weil ich einen Fehler gemacht habe. Hatun Tupac hat mich bitter enttäuscht. Mache gut, was er verdorben hat." Ein Hustenanfall schüttelte Pachacuti und er griff mit schmerzverzerrtem Gesicht auf seine Brust. „Vater, sprich nicht so viel, schone dich ein bisschen!" „Nein, es ist nicht mehr viel Zeit", stammelte der Inka hervor. „Cusi Qoylyor und Ollantay! Versprich mir, dass …!" Ein neuerlicher Hustenanfall unterbrach Pachacuti. Verzweifelt mühte er sich ab, um den Satz fertig zu sprechen, doch kein Laut kam mehr über seine Lippen. Plötzlich bäumte er sich auf, dann sank er langsam zurück.

Tupac Yupanqui und der Huillac Umu schrien gleichzeitig nach dem Arzt. Dieser war sofort am Krankenlager und beugte sich über den Inka. Mit seiner Hand suchte er am Hals nach dem Puls, gleichzeitig legte er sein Ohr auf die Brust Pachacutis. In dieser Stellung verharrte er eine Weile, dem Thronfolger kam es wie eine Ewigkeit vor. Dann stand der Arzt auf und drehte sich langsam um. „Die Götter haben Inka Pachacuti zu sich gerufen. Inka Tupac Yupanqui, Ihr seid jetzt der Herrscher von Tahuantinsuyu!"

„Was wollte Vater noch zu mir sagen?", fragte der neue Inka laut. „Es muss sich um Cusi Qoylyor und Ollantay gehandelt haben. Diese beiden Namen habe ich verstanden, ehe er verstummt ist." „Ich glaube, ich weiß, was dir Pachacuti mitteilen wollte", ergriff der Huillac Umu das Wort, „Pachacuti hatte Angst, du könntest nicht mehr rechtzeitig in Cuzco eintreffen. Darum hat er mir vor einigen Tagen mitgeteilt, was er mit Cusi Qoylyor und Ollantay zu tun beabsichtigte. Ich werde dir seine Wünsche und Absichten verraten, aber was mit deiner Schwester und dem Aufständischen aus Antisuyu geschieht, musst nun du entscheiden, denn von diesem Augenblick an leitest du das Geschick Tahuantinsuyus. Doch ehe wir darüber sprechen, haben wir noch viele Pflichten. Die Totenfeier für den verstorbenen Inka muss geplant und anschließend die Zeremonie deiner Herrschaftsübernahme in die Wege geleitet werden. Wir haben in den nächsten Tagen viel zu tun. Lass uns gleich damit beginnen!"

Ollantay saß in einer prächtigen Sänfte und kam sich ein wenig verloren vor. So war er noch nie gereist, doch er musste den Schein waren. Zwar bewegten sich die kräftigen Träger sehr vorsichtig, doch seit sie die gut ausgebaute Straße verlassen hatten, kam es vor, dass er des Öfteren heftig durchgeschüttelt wurde. Doch das empfand er als nicht so schlimm, viel ärger war die quälende Langsamkeit, mit der man sich vorwärtsbewegte. Jetzt wusste er, warum das Heer Hatun Tupacs mit der Schnelligkeit seiner Truppen nicht hatte mithalten können. Eine Armee ist so schnell, wie die langsamste Einheit. Und wenn sich der Oberbefehlshaber in einer Sänfte tragen lässt, wie Prinz Hatun Tupac das gemacht hatte, dann legt man an einem Tag höchstens die Hälfte der Strecke zurück, die eine im normalen Tempo marschierende Truppe schaffen kann. Aber Ollantay war nicht in kriegerischer Absicht unterwegs. Er reiste durch Antisuyu, um sich in einem kleinen Dorf mit Hatun Tupac zu treffen. Der Prinz wollte sich ihm unterwerfen und ließ zu diesem Zweck ein Festessen für seinen künftigen Inka vorbereiten. Da Ollantay unbedingt Frieden schließen wollte, hatte er eingewilligt, obwohl er eine Falle befürchtete. Doch Titu Huaman, der mit dem Boten des Prinzen zu dessen geheimen Aufenthaltsort mitgezogen war, war Tage später wieder nach Ollantaytambo zurückgekehrt und hatte die Bedenken seines Vorgesetzten zerstreuen können. Der Prinz meinte es ehrlich, hatte Titu Huaman berichtet und Ollantay zu dem Festmahl, das die Unterwerfung des Prinzen offiziell besiegeln sollte, eingeladen. „Warum halten wir dann die Zeremonie nicht in meiner Hauptstadt ab?", wollte Ollantay wissen. Das habe er den Prinzen auch gefragt, hatte Titu Huaman versichert. Hatun Tupacs Antwort darauf lautete, er wolle erst dann Ollantaytambo aufsuchen, wenn die Friedensfeiern vorüber seien. Denn auch er befürchte, dass ihm Ollantay eine Falle stellen könnte. Aber ein Treffen in einem kleinen, abgelegenen Dorf sei für die beiden ehemaligen Kontrahenten noch die sicherste Variante.

Endlich kamen die Häuser der kleinen Ortschaft in Sicht. Ollantay war froh, dass die mühsame Reise vorüber war. Am Rand der Siedlung formierte sich der Reisezug neu und marschierte unter dem Pfeifen der Flöten und den Schlägen der Trommeln feierlich zum Hauptplatz, wo Hatun Tupac seinen Gast erwartete. Die Begrüßung wirkte trotz des Anscheins der Freude, den man erwecken wollte, etwas steif und war von gegenseitigem Misstrauen geprägt. Ollantay kam als Sieger über den Gegner und stellte das durch seine Gesten zur Schau, während sich Hatun Tupac als Angehöriger der vornehmsten Familie des Reiches und als direkter Nachfahre des Sonnengottes betrachtete und nur widerwillig den Schein wahrte, Ollantay als gleichberechtigten Verbündeten zu behandeln. Hatun Tupac reichte seinem Gast zur Begrüßung einen Becher Chicha. Beide opferten einige Tropfen dem Gott Inti, dann tranken sie sich zu. „Er ist noch immer so aufgeblasen wie als Kind, das sich immer in den Vordergrund drängen möchte", dachte sich Ollantay. Hatun Tupac lächelte sein Gegenüber säuerlich an. Er hatte nicht vergessen, dass ihm Ollantay immer vorgezogen worden war. „Dieser Emporkömmling hat es einst sogar gewagt, mich

Ayusca zu nennen", erinnerte sich der Prinz an eine schwere Beleidigung aus längst vergangenen Tagen. Die Augen Hatun Tupacs verengten sich zu schmalen Schlitzen. „Irgendwann wird er auf den Knien um Gnade winseln, wenn ich diese Schmähung rächen werde." Doch jetzt benötigte der Prinz die Hilfe Ollantays. Nur mit ihm war es möglich, sein Versagen rückgängig zu machen, und die Gunst des Inka in Cuzco zurückzugewinnen. So beherrschte Hatun Tupac seinen aufwallenden Zorn und sagte: „Sei gegrüßt, edler Ollantay! Mein Wunsch ist es, mich dir und deinem Reich anzuschließen. In Cuzco habe ich nichts mehr zu erwarten. Meine Leute und ich brennen darauf, dir dienen zu dürfen. Mit unserer Gefolgschaft steigen deine Macht und dein Ansehen und dir wird es in Zukunft noch leichter gelingen, deine Unabhängigkeit gegenüber dem Inka zu behaupten. Als Zeichen meiner Unterwürfigkeit habe ich mir erlaubt, dir zu Ehren ein großes Festmahl auszurichten. Nicht als Gast sollst du dich fühlen, sondern als unser neuer Herr." Mit einer einladenden Geste bat er den überraschten Ollantay, den Vorsitz bei der Feier zu übernehmen.

Auf dem Boden des Dorfes waren zahlreiche kostbare Teppiche ausgelegt worden, auf die sich die Männer zum Essen und Trinken niederließen. Aber ein Platz überstrahlte die anderen. Hier standen zwei hölzerne Hocker, die mit weichen Decken gepolstert waren, ein großer und zu dessen rechter Seite ein kleiner. Hatun Tupac führte Ollantay zum größeren der beiden Sitzmöbel, während er selbst mit dem kleineren vorliebnahm. Hinter den beiden standen zwei Männer, die jeder einen großen Sonnenschirm in den Händen hielten, um den hochgestellten Persönlichkeiten Schatten zu spenden. Die Schirme waren aus den Federn vieler bunter Vögel gefertigt und boten ein farbenprächtiges Bild.

Nachdem sich beide gesetzt hatten, klatschte Hatun Tupac in die Hände und sogleich begannen Musiker auf ihren Instrumenten zu spielen, während Männer und Frauen den Festgästen die Speisen vorsetzten. Hatun Tupac war für seinen erlesenen Geschmack berühmt und so hatte er dafür gesorgt, dass alle Köstlichkeiten Tahuantinsuyus auf dem Speisplan zu finden waren: Neben verschiedenen zubereiteten Gemüsearten, Maissorten und Kartoffelgerichten gab es das Fleisch weißer Lamas, Kaninchenbraten, Wildente und sehr viel Obst. Natürlich wurden dazu Unmengen Chicha getrunken, sodass die Stimmung zwischen den beiden Parteien schon bald gelöster wurde.

Nur Ollantay wusste nicht, was er mit Hatun Tupac besprechen sollte. Die Schulzeit und die spätere Ausbildung waren immer von Streitigkeiten überschattet gewesen und deshalb als Thema ungeeignet. Auch der Feldzug nach Norden gegen die Chimu wurde von beiden nicht erwähnt, da Prinz Hatun Tupac für den Fehlschlag verantwortlich gemacht wurde, während im Gegensatz zu ihm Ollantay damals das strategisch wichtige Jequetepeque-Tal hatte erobern können, was der einzige größere Erfolg dieses Krieges gewesen war.

Mit einem neugierigen Ausdruck in den Augen richtete Hatun Tupac das Wort an Ollantay: „Hast du Nachrichten von Cusi Qoylyor bekommen?" Sofort war der Angesprochene Feuer und Flamme. „Nein, seit der Krieg ausgebrochen ist, ist kein Chasqui aus Cuzco mehr in Antisuyu eingetroffen. Weißt du, wie es ihr geht?", fragte er den Bruder seiner geliebten Prinzessin. „Natürlich nicht die jüngsten Neuigkeiten", antwortete dieser ausweichend, „aber man hört Gerüchte." „Was ist mit ihr? Geht es ihr gut? So antworte doch und spann mich nicht auf die Folter!", beschwor Ollantay den Prinz. „Geduld! Geduld! Lass uns zuerst noch einen Becher Chicha auf meine schöne, heißbegehrte Schwester leeren." Hatun Tupacs Antwort troff voller Ironie, doch Ollantay bemerkte es nicht. Der Gedanke an Cusi Qoylyor nahm von seinem Körper so sehr Besitz, dass er an nichts anderes mehr denken konnte. Hatun Tupac beobachtete ihn aus den Augenwinkeln, während er Chicha trank. Er frohlockte, endlich hatte er die schwache Stelle seines Gegners gefunden. „Cusi Qoylyor und Ollantay, die zwei Lieblinge meines Vaters", dachte er voller Bitterkeit und nahm noch einen großen Schluck. Er rülpste, dann stellte er den Becher vor sich hin. Ollantay platzte schier vor Neugierde, dieses Gefühl der Überlegenheit wollte Hatun Tupac möglichst lange auskosten.

Scheinbar belanglos griff der Prinz wieder nach dem Becher, trank aber nicht, sondern spielte mit dem Gefäß in seiner Hand. „Wie es Pachacuti geht, scheint dich nicht zu interessieren. Du warst doch immer sein besonders geförderter Liebling." „Aber er hat sich gegen mich gestellt", brauste Ollantay auf. „Pachacuti sieht das anders", unterbrach ihn der Prinz, „er meint, du hast den königlichen Befehl missachtet, indem du in das Acclahuasi von Cuzco eingebrochen bist. Als Verräter wurdest zu zum Tod verurteilt. Und da die Schändung einer Sonnenjungfrau ein ganz besonders verabscheuungswürdiges Verbrechen ist, wurden die Bewohner deiner Hauptstadt mit dir mit verurteilt." „Darüber brauchen wir jetzt nicht zu streiten", meinte Ollantay mit trockener Kehle, „Inti ist mein Zeuge, dass ich nichts Unrechtes getan habe. Und wenn du dich bei den Gesetzen schon so gut auskennst, dann weißt du sicher auch, dass die Bewohner der geschändeten Accla ebenfalls mit dem Tod zu bestrafen wären. Das ist aber ein Ding der Unmöglichkeit, sonst müssten alle Einwohner Cuzcos, der Inka mit eingeschlossen, sterben. Doch ich kann dich beruhigen, Cusi Qoylyor wurde nicht geschändet. Ich war nicht im Acclahuasi. Einer meiner Gefolgsleute hat der Prinzessin eine Botschaft von mir überbracht. Doch darüber bin ich dir keine Rechenschaft schuldig. Aber du hast recht! Ich hätte mich auch nach Pachacuti erkundigen sollen. Also, wie geht es ihm?" Hatun Tupac blickte ein wenig verlegen drein, dann sprach er: „Inka Pachacuti ist schwer erkrankt. Dein Ungehorsam hat ihm das Herz gebrochen." Ohne mit der Wimper zu zucken, war die Lüge ausgesprochen worden. Ollantay merkte nicht, dass der Prinz die Unwahrheit gesagt hatte. Er schaute betroffen vor sich hin und murmelte: „Dass der Inka erkrankt, wollte ich nicht. Aber er hat mir keine Wahl gelassen. Ich musste mich wehren, sonst wären Tausende unschuldige Männer, Frauen und Kinder abgeschlachtet worden." Mit Schrecken dachte er daran, was wohl geschehen wäre, hätten seine Truppen die Schlacht gegen Hatun Tupac verloren. Ein furchtbares Gemetzel wäre die Folge gewesen und nie mehr in seinem Leben hätte er seine geliebte Cusi Qoylyor wiedergesehen.

Das erinnerte ihn daran, dass er sich eigentlich nach der Prinzessin erkundigen wollte. So nahm er den Faden wieder auf und fragte: „Du weißt Neuigkeiten über Cusi Qoylyor. Sag mir, wie es ihr geht! Hat sie sich wenigstens mit Pachacuti in der Zwischenzeit ausgesöhnt?" „Ach ja, die Prinzessin", antwortete Hatun Tupac beiläufig, „beinahe hätte ich jetzt vergessen, über sie zu sprechen. Wie schon vorhin gesagt, ich habe nur Gerüchte gehört. Ein paar meiner Männer habe ich einige Tupu von hier bei einer Raststation an der Straße, die Cuzco mit Antisuyu verbindet, postiert. Sie schnappen manchmal von Reisenden Nachrichten auf, die sie mir umgehend zukommen lassen. Ob alle Meldungen stimmen und ob viele Halbwahrheiten darunter sind, entzieht sich leider meiner Kenntnis. Aber meinen Männern ist zu Ohren gekommen, dass die Prinzessin am Krankenlager des Inka war. Allerdings ist sie nach der Unterredung mit Pachacuti wieder in das Acclahuasi zurückgekehrt." „Haben deine Männer noch mehr Nachrichten aus Cuzco aufgeschnappt?", wollte Ollantay wissen. Mit einem geheimnisvollen Ausdruck sagte der Prinz: „Ja! Die meisten Einwohner der Hauptstadt hoffen darauf, dass Tupac Yupanqui bald in Cuzco eintreffen wird. Denn man rechnet mit dem baldigen Tod des Inka. Ist erst der Thronfolger in der Stadt, geht die Übergabe der Herrscherwürde reibungslos vor sich." Ollantay erschrak. Dass Pachacuti sterben könnte, damit hatte er nicht gerechnet, als Hatun Tupac von einer Erkrankung des Inka gesprochen hatte. Vor lauter Erregung griff er nach einem Becher mit Chicha und leerte das Getränk mit einem Schluck. Sofort hielt er das Gefäß einem Diener hin, der nachfüllte. Wieder trank Ollantay den Becher aus. Die Nachricht vom baldigen Tod Pachacutis hatte ihn aufgewühlt. Wenn der Inka starb, konnte er sich nicht mehr mit ihm versöhnen. Der Kummer brachte Ollantay fast um den Verstand. Trotz des Verbotes, Cusi Qoylyor zu heiraten, verehrte er den alten Inka noch immer wie einen väterlichen Freund. Eine ängstliche Trauer schnürte sein Herz zusammen und er begann sich sinnlos zu betrinken, um die schlechte Nachricht, die er von Hatun Tupac erhalten hatte, zu vergessen. Der Prinz aber schaute in diesem Moment restlos zufrieden aus. Betrank sich Ollantay, war das seinen Plänen nur nützlich.

In einem kleinen Raum lag der tote Inka nackt auf einem steinernen Tisch. Um ihn herum standen einige Männer, die ein besonderes Geschäft ausführen mussten: die Mumifizierung des Leichnams. Zuerst öffnete der Einschneider mit einem scharfen goldenen Messer den Leib auf der Seite. Er führte den langen Schnitt ganz behutsam von oben nach unten, um die Haut des Toten nicht zu sehr zu beschädigen. Nun wurden der Reihe nach alle Eingeweide aus dem Körper geholt: die beiden Lungenflügel, die Leber, die Milz, die Nieren, der Magen und schließlich die Gedärme. Auch das Herz und das Gehirn wurden entfernt. Das Ausweiden verhinderte, dass die Säfte und Säuren, die der Körper beim Zerfall produzierte, ihn von innen heraus zersetzten.

Nachdem das geschehen war, stopften die Einbalsamierer die leere Leibeshöhle mit haltbaren Textilien aus. Die Männer kamen dabei gehörig ins Schwitzen, denn in dem Raum brannte ein starkes Feuer. In die Glut streuten sie immer wieder aromatische Kräuter, die durch ihre starke Rauchbildung die Mumifizierung beschleunigen sollten. Daneben verströmten die Pflanzen einen durchdringenden Duft, der die üblen Gerüche des Toten überdeckte. Hatte man die Stoffe so im Inneren des Körpers verteilt, dass kein Hohlraum mehr übrig blieb, nähte einer der Männer den Schnitt an der Seite des Leichnams sorgfältig zu. Dafür ließ er sich viel Zeit, denn auf den ersten Blick sollte der Tote von einem lebenden Menschen nicht zu unterscheiden sein.

In der Zwischenzeit war das Feuer bis auf die Glut niedergebrannt. Nun hängten die Männer den Leichnam über das schwelende Feuer. Das war eine überaus heikle Angelegenheit. Zu nahe durfte der Körper der Glut nicht kommen, sonst bestand die Gefahr, dass er in der Hitze Schaden leiden könnte. Wenn man ihn aber vom Feuer zu weit weg hing, konnte der Tote nicht vollständig austrocknen. Dann würde die Mumie bald verwesen. Aber die Männer waren Fachleute, die ihr Handwerk verstanden. Bald hing Pachacutis Leiche in der passenden Position. Jetzt verschlossen die Männer die Türe, doch einer von ihnen blieb in den nächsten Tagen immer anwesend, um das Feuer in der richtigen Temperatur am Schwelen zu halten.

Nach einer Woche war der Tote so weit getrocknet, dass man an ihm weiterarbeiten konnte. Zuerst ließen die Mumienmacher den Leichnam zu Boden und überprüften den Zustand. Der Meister berührte die Haut am ganzen Körper und nickte zufrieden. Einer seiner Leute kniete sich hinter den Kopf der Leiche, ergriff vorsichtig mit den Händen beide Schultern und hob sie langsam hoch. Als der Körper eine sitzende Position erreicht hatte, hielt er inne, lehnte sich gegen den Rücken und verhinderte so ein Umfallen. Zwei andere nahmen je ein Bein und zogen die Knie bis zur Stirn hinauf, worauf der Kopf leicht nach vorne gebeugt wurde und auf den Knien zu liegen kam. Die Unterarme des Leichnams wurden vor den Schienbeinen mit einem schmalen, bunten Tuch festgebunden. Nun sah es so aus, als wenn der Verstorbene im Sitzen schlafen würde.

Dann bestrich der Meister die Mumie mit roter Farbe, die als Symbol für das Lebens galt. Und damit der vornehme Tote so lebendig wie möglich aussah, wurden ihm neue, strahlende Augen eingesetzt, die aus dünnen Goldplättchen gefertigt waren. Auch die übrigen Körperöffnungen verschlossen die Männer mit Gold. War das geschehen, begannen sie, die Mumie mit Baumwollstreifen zu umwickeln. Zwischen die einzelnen Stofflagen steckten sie kleine, kostbare Schmuckstücke, die dem Verstorbenen zu Lebzeiten gehört hatten. Schließlich kleidete man den toten Inka in sein bestes Gewand und darüber hüllte man noch einen äußerst kostbaren Mantos, einen Leichenmantel. An diesem hatten die Acclas viele Jahre gesponnen, gewebt und ihn mit farbenprächtigen Mustern bestickt. Er war immerhin vier Meter breit und über dreißig Meter lang. Der Leichenmantel bestand aus ganz zartem Schleiergewebe und Brokat sowie aus allerbester Baumwolle. Darüber hinaus hatte man für den verstorbenen Inka die wertvolle Wolle der Alpakas und sogar menschliches Haar versponnen.

Nun wartete die aufs Reichste ausstaffierte Mumie, Mallqui genannt, darauf, von einer festlich gestimmten Menschenmenge abgeholt und in den Palast zurückgebracht zu werden. Der neue Herrscher, Inka Tupac Yupanqui, und der Huillac Umu führten den Festzug an. Im Palast wurde die Mumie wieder auf den Thron des Inka gesetzt. Tupac Yupanqui setzte sich auf einen zweiten Thron neben der Mallqui und nahm nun die Huldigung seiner Untertanen entgegen. Dabei dachte er kurz daran, dass Pachacuti diese Zeremonie nicht gefeiert hatte. Denn der gerade Verstorbene hatte ja noch zu Lebzeiten seines Vaters, nach dem siegreichen Abwehrkampf gegen die Chanca, die Herrschaft übernommen. Unter dem neuen Inka würde man aber die Verehrung der Ahnen wieder intensiver betreiben. Tupac Yupanqui nahm sich vor, bei allen wichtigen Entscheidungen sowie bei großen Festen und Staatsakten die Mumie Pachacutis an seiner Seite sitzen zu lassen. Damit begann er schon heute, denn beim anschließenden Festbankett bekam der mumifizierte Tote einen Ehrenplatz. Er wurde so aufmerksam bedient wie zu Lebzeiten und bekam nur erlesen zubereitete Gerichte vorgesetzt. Die Diener warfen die Speisen nach jedem Gang ins Feuer, die Getränke leerten sie in ein großes Gefäß. An der Seite der Mallqui standen sogar Frauen mit Fächern, um die Fliegen, die um den Leichnam herum schwirrten, zu verjagen.

In Zukunft würde die Mumie in Pachacutis Palast wohnen und Tupac Yupanqui musste sich eine eigene Herrscherresidenz errichten. Der Mumie gehörten auch ausgedehnte Latifundien, wo sogar eigene Landarbeiter beschäftigt waren, die ihre Felder bestellten, und Hirten, die die Lamaherden des Verstorbenen hüteten. Hielt die Mumie sich nicht in ihrem Residenzpalast auf, saß sie auf einem der kleinen Throne im Sonnentempel Cuzcos. Nur das Herz sollte in einem besonderen Gefäß nach Ollantaytambo zu den Herzen der übrigen verstorbenen Sonnensöhne, gebracht werden. Wegen des Kriegs gegen Antisuyu war das im Augenblick unmöglich. So blieb auch das Herz Pachacutis vorerst im Sonnentempel, in einer eigens dafür vorgesehenen Nische.

Mit dem alten Herrscher schieden auch viele seiner Frauen und fast alle seiner vertrautesten Diener aus dieser Welt. Sie hatten während der Zeremonie im Sonnentempel gewartet, bis die Mumie Pachacutis hierher gebracht wurde. Beim Anblick der Mallqui brachen sie in Tränen aus, riefen laut klagend den Namen des Verstorbenen und stießen sich schließlich Messer in die Herzen. Jene, die nicht den Mut fanden, sich selbst umzubringen, wurden mit Chicha berauscht und dann erdrosselt. Auch Cori Chulpa, die Mutter Cusi Qoylyors zählte zu den Frauen des verschiedenen Inka, die sich das Leben nahmen, um auch im Jenseits mit ihm zusammen zu sein.

Ollantay erwachte mit einem brummenden Schädel. Er fühlte sich an, als ob tausend Ameisen darin eine Schlacht schlagen würden. Und seine Kehle war staubtrocken, wie nach einem langen Marsch über eine Hochfläche, während die Sonne herniederbrannte. Mühsam öffnete er einen Spaltbreit die Augen, schloss sie jedoch sofort wieder. Das Licht schmerzte, obwohl es in dem kleinen Raum ziemlich dunkel war. Aber auch mit geschlossenen Augen besserte sich seine Lage kaum. Ihm war schwindlig, alles um ihn schien in einer drehenden Bewegung zu sein und der Durst plagte ihn unaufhörlich. „Das ist der Preis, wenn man zu viel Chicha in sich hineinschüttet", ekelte er sich, „nie mehr trinke ich so viel." Er überlegte, ob er noch einige Atemzüge lang liegen bleiben oder ob er aufstehen und Wasser trinken sollte. Da er in seinem Unterleib einen starken Drang verspürte sich zu erleichtern, entschloss er sich aufzustehen. Vorsichtig erhob er sich vom Bett. Einen Augenblick vermeinte er, die ganze Welt drehe sich um ihn. So holte er ein paar Mal kräftig Luft, dann ging er zur Tür. Das Sonnenlicht blendete ihn so stark, dass er die Augen schließen musste. Der Schmerz im Kopf verstärkte sich schlagartig. Doch der Drang, sich erleichtern zu müssen, war so stark, dass er weiterstolperte. Einem neugierigen Hund, der auf der Gasse umherstrolchte, versetzte er einen Tritt gegen die Seite. Der Köter protestierte jaulend, machte sich aber schnellstens aus dem Staub.

Endlich hatte er ein kleines Gebüsch, das ein bisschen abseits des Dorfes war, erreicht. Er hob seinen Kittel und fühlte sich das erste Mal an diesem Morgen ein wenig besser. Trotz der Erleichterung summte noch immer ein Bienenschwarm in seinem Kopf. Er drückte mit den Händen gegen seine Schläfen und schwor: „Nie wieder trinke ich so viel Chicha." Dann drehte er um und wollte wieder zurück in die Ortschaft. Mitten in der Bewegung erstarrte er, denn ein paar Krieger hatten ihre Speere auf ihn gerichtet. „Was soll das? Was wollt ihr von mir?", herrschte er sie an. Kaum hatte er zu sprechen begonnen, da zielten sie auch schon auf seine Brust. Panik breitete sich in Ollantays Gehirn aus. Was wollten diese Männer von ihm? Hier musste es sich um einen Irrtum handeln. Vielleicht waren es Wächter, die glaubten, er sei ein Eindringling. „Hört zu, ich bin Ollantay. Euer Apo Quisquay hat mich zu einem Treffen in diese Ortschaft eingeladen. Das müsst ihr doch wissen!", versuchte er die Männer aufzuklären. Doch die bedrohliche Situation entspannte sich nicht. Die Soldaten umringten ihn weiterhin und blickten entschlossen und gefährlich drein. Angstschweiß brach aus seinen Poren. Was, wenn dies gar keine Gefolgsleute Hatun Tupacs waren, sondern Männer, die Pachacuti geschickt hatte, um ihn gefangen zu nehmen.

Da teilte sich die Menge und ein Mann trat nach vorne. „Inti sei Dank", atmete Ollantay erleichtert auf, als er Hatun Tupac erkannte. „Los, sag deinen Leuten, dass ich dein Gast bin", forderte er den Prinz auf. Dieser aber entblößte seine Zähne zu einem bösen Lächeln. Er blieb in sicherer Entfernung stehen und sagte dann: „Gut gemacht, Männer! Fesselt und knebelt ihn!" Ollantay wollte lautstark protestieren, doch ein Schlag mit einer hölzernen Keule raubte ihm das Bewusstsein. Die Krieger banden den Wehrlosen und stopften ihm ein Stück Wolle in den Mund, damit er nicht mehr schreien konnte, aber gerade noch so viel Luft bekam, um atmen zu können. Daraufhin hievten sie den Gefangenen in die Sänfte des Prinzen und machte sich mit ihrer Beute auf den Weg nach Cuzco. Hatun Tupac begleitete sie vorerst nicht. Er wollte im Dorf bleiben und Ollantays Begleiter beruhigen, wenn diese merken würden, dass ihr Anführer verschwunden war.

Am späten Vormittag kam Ollantay wieder zu sich. Er lag gefesselt und geknebelt in der Sänfte. Um seinen Bauch hatte man einen Strick geschlungen, der in der engen Kabine festgebunden war. In seinem Kopf loderte ein Feuer, ob vom Schlag oder vom übermäßigen Genuss der Chicha, vermochte er im Moment nicht zu sagen. Alle Muskeln seines Körpers waren verspannt und schmerzten höllisch. Er versuchte vorsichtig, sich auf die andere Seite zu drehen, aber er war zu schwach dazu. Ein Soldat riss den Vorhang des Sänfte zur Seite und blickte herein. „Er ist zu sich gekommen", rief er den anderen Männern zu, dann verschloss er die Öffnung wieder. Ollantay wollte ihn etwas fragen, doch mit dem Knebel im Mund brachte er keinen Ton heraus. Er würgte verzweifelt, aber es nützte nichts, er blieb stumm. Durch die Anstrengung war der Wollknäuel ein wenig verrutscht und er konnte jetzt noch schwerer atmen. Panisch schnappte er nach Luft, die immer spärlicher seine Lungen füllte. Verzweifelt begann er mit den Füßen gegen die Seitenwände der Sänfte zu stoßen. Mühselig und langsam schaffte er es, einmal, zweimal, dreimal. Da schaute wieder ein Gesicht in den Innenraum herein. „Wirst du wohl ruhig sein, sonst schnüren wir dich so fest, dass du kein Glied mehr bewegen kannst." Ollantay zwang sich, mit seinen letzten Kräften den Mann anzusehen. Er schüttelte verzweifelt den Kopf und stieß mit den gefesselten Füßen gegen die Wand, so fest er es noch vermochte. Der Mann rief seinen Kameraden etwas zu, was Ollantay wegen seiner Panik, in der er sich infolge der Atemnot befand, nicht verstehen konnte. Die Träger stellten die Sänfte ab und ein Offizier trat zu Ollantay. „Nehmt ihm den Knebel ab!", befahl dieser und ein Soldat erlöste Ollantay aus seiner qualvollen Lage.

Kaum war der störende Gegenstand aus der Mundhöhle entfernt, schon sog Ollantay gierig den schmerzlich entbehrten Sauerstoff in seine Lungen. Nach ein paar kräftigen Atemzügen kehrten die Lebensgeister in seinen Körper zurück und sein Gehirn begann wieder zu arbeiten. Es mussten Hatun Tupacs Männer sein, erkannte der Gefangene, denn die Sänfte gehörte eindeutig dem Prinzen. „Was wollt ihr von mir? Wohin bringt ihr mich?", keuchte er zwischen zwei Atemstößen hervor. Doch der Offizier schüttelte nur den Kopf und zuckte mit den Schultern. Entweder wusste er nichts, oder er wollte Ollantay keine Antwort auf die Fragen geben. „Gebt ihm etwas zu trinken!", befahl der Anführer der Eskorte und man reichte dem Gefesselten einen Becher mit Wasser. „Wie soll ich trinken? Meine Hände sind gebunden. Ihr müsst mich zuvor befreien." Ein Soldat schaute den Offizier an, doch dieser winkte ab. „Er wird nicht losgebunden!" So nahm der Mann den Becher und hielt ihn an die Lippen des Gefangenen. Ollantay trank hastig von dem erfrischenden Nass, bis der Becher leer war. „So, das reicht! Jetzt geht es weiter", kommandierte der Anführer, „knebelt ihn wieder!" Ollantay blickte den Offizier bittend an und versprach: „Ich werde keinen Laut von mir geben. Aber verschont mich mit dem Knebel. Ich wäre vorhin beinahe erstickt. Mir brummt noch immer der Schädel. Wenn ich mich übergeben muss, dann werde ich ersticken. Bitte, knebelt mich nicht mehr!" Der Offizier überlegte einige Augenblicke, dann befahl er seinen Männern, Ollantay wieder in der Sänfte festzubinden, doch man verzichtete auf den Knebel. Jetzt, weit weg vom Dorf, aus dem man den Herrscher von Antisuyu entführt hatte, bestand keine Gefahr mehr, dass er durch lautes Geschrei seine Gefolgsleute alarmieren würde. Die Sänfte wurde angehoben und weiter ging der Marsch durch die gebirgigen Hochtäler, einem Ziel entgegen, das Ollantay unbekannt war.

Acoya-napa begann sich Sorgen zu machen. Ohne Zweifel hatte Ollantay gestern Abend viel zu viel getrunken, aber jetzt stand die Sonne beinahe in ihrem Zenit, und sein Inka war immer noch nicht aus seinem Quartier erschienen. Dass sein Herrscher so lange schlief, war für den Offizier, der die Eskorte aus Antisuyu befehligte, ein Rätsel. Sollte er es wagen, in der Hütte Nachschau zu halten, ob es Ollantay gut ging. Da auch die Männer langsam unruhig wurden, beschloss Acoya-napa nach dem Rechten zu sehen. Vor der niedrigen Eingangstüre blieb er kurz stehen, dann straffte er seinen Körper und trat ein. Verwundert starrte er zum Bett, es war leer. „Das kann doch nicht sein", dachte er sich, „draußen ist Ollantay auch nicht. Heute Morgen hat ihn noch niemand gesehen." Was sollte er tun? Nach kurzem Überlegen drehte er sich um und verließ den düsteren Raum. „Vielleicht ist Ollantay zu Hatun Tupac gegangen, um mit ihm etwas zu besprechen", überlegte Acoya-napa und gleichzeitig fiel ihm ein, dass er den Prinz heute auch noch nicht gesehen hatte. So lenkte er seine Schritte zur Behausung Hatun Tupacs.

Zwei Bewaffnete bewachten die Tür zu dessen Hütte und versperrten ihm den Weg. Ärgerlich rief er ihnen zu: „Lasst mich hinein! Ich suche Ollantay, meinen Herrn." Eine der beiden Wachen antwortete: „Bei Prinz Hatun Tupac ist niemand. Wir haben die Order, ihn nicht zu stören." Doch Acoya-napa ließ sich nicht so leicht abwimmeln. Er bestand darauf, vorgelassen zu werden. Die Wachen gaben aber nicht nach und so begannen die Männer lautstark zu streiten. Schließlich hörten sie eine Stimme aus dem Inneren der Hütte: „Wer wagt es, meine Ruhe zu stören?" Gleich darauf erschien Hatun Tupac in der Türöffnung und trat ins Freie. Acoya-napa kam es vor, als ob der Prinz erleichtert und zufrieden aussehen würde. Ganz anders noch als gestern, wo die Anspannung und die Niedergeschlagenheit tiefe Furchen in sein Gesicht gegraben hatten. Der Offizier verbeugte sich tief und sprach: „Verzeiht, edler Prinz, dass ich Euch störe. Wisst Ihr vielleicht, wo Inka Ollantay ist?" Mit einem überlegenen Lächeln betrachtete Hatun Tupac den Frager und grinste höhnisch: „Wo *I-n-k-a* Ollantay ist, weiß ich nicht. Es gibt keinen *I-n-k-a* Ollantay mehr! Aber der Verräter und Aufrührer Ollantay ist in meiner Gewalt." Acoya-napa erschrak: „Was bedeutet das? Wir sind gekommen, um Euch in Antisuyu Asyl zu gewähren. Ihr könnt doch Inka Ollantay nicht gefangen nehmen." Hatun Tupac herrschte ihn unwirsch an: „Ich sagte schon, es gibt keinen *I-n-k-a* Ollantay mehr. Und mit Aufständischen verhandeln Angehörige der Sonnensöhne nicht. Ollantay wird doch nicht im Ernst geglaubt haben, dass ich mich seiner Herrschaft unterwerfe. Ich, ein Sohn des Inka Pachacuti, soll der Untertan eines elenden Emporkömmlings werden. Niemals! Eher hätte ich mir das Leben genommen. Aber jetzt ist Ollantay mein Gefangener, und ich habe den Auftrag, den mir mein Vater erteilt hat, erfüllt."

Acoya-napa schrie vor Zorn und Schmerz auf. „Das ist Betrug!", brüllte er, dass der Prinz erschrocken einige Schritte zurückwich. „Wenn Ollantay nicht auf der Stelle wieder hier hergebracht wird, dann …" „Was dann?", unterbrach ihn Hatun Tupac, „ihr Verräter aus Antisuyu seid nicht mehr in der Lage, Forderungen zu stellen. Außerdem, wie kannst du es wagen, so mit mir, einem königlichen Prinzen zu sprechen? Hinab mit dir in den Staub! Verbeuge dich, wie es sich für einen Untertanen geziemt! Blicke mir nicht in die Augen, sonst wird Inti, mein göttlicher Vater, dein Antlitz verbrennen!"

Acoya-napa wurde von zwei Leibwächtern Hatun Tupacs auf die Knie gezwungen. Er wollte entrüstet wieder aufspringen, doch er fühlte die scharfen Spitzen ihrer Speere auf seiner Haut. Jeder weitere Widerstand war im Moment zwecklos und ohnmächtig vor Enttäuschung fügte er sich einstweilen in seine Niederlage. So beugte er den Kopf vor dem Prinz und wartete, darauf, was dieser mit ihm vorhatte. Der Offizier ärgerte sich, dass er keine Soldaten mitgenommen hatte, als er sich auf den Weg zu Hatun Tupac begeben hatte. Wäre er mit einem starken Gefolge erschienen, hätte es dieser feige Prinz nie gewagt, ihn so zu behandeln. So ballte er in seinem Zorn die Hände zu Fäusten und ließ den feinen Sand zwischen seine Finger rieseln.

Schließlich richtete Hatun Tupac wieder das Wort an ihn: „Du hast Glück, dass ich heute gnädig zu dir bin. Gehe mit deinen Begleitern zurück nach Antisuyu und berichte den Menschen dort, dass ihr Anführer, der Verräter Ollantay, sich in meinen Händen befindet. Ich werde ihn dem Inka zum Geschenk machen. Du weißt, welche Strafe auf Hochverrat steht. Das ist das Schicksal, das Ollantay erwartet. Wahrscheinlich werdet ihr Aufrührer bald ähnlich streng bestraft werden. Teile deinen Mitverschwörern mit, dass in Zukunft jeder Widerstand gegen den rechtmäßigen Inka zwecklos ist! Und nun verschwinde!"

Benommen stand Acoya-napa auf und wankte zu seinen Soldaten, die aus der Ferne das entwürdigende Schauspiel ungläubig hatten mit ansehen müssen. Kaum war der Offizier wieder bei ihnen, fassten sie ihre Waffen fester und wollten daran gehen, die Schmach zu tilgen. Doch Acoya-napa winkte ab: „Es ist sinnlos. Sie haben Ollantay als Geisel. Wenn wir kämpfen, werden sie ihn sofort töten. Lasst uns in die Heimat zurückkehren und dort beraten, wie wir uns weiter verhalten sollen."

Als die Männer erfuhren, dass ihr beliebter Inka ein Gefangener des verhassten Prinzen war, konnte sie Acoya-napa nur mit Mühe davon abhalten, gegen die Leute aus Cuzco zu kämpfen. Endlich sahen sie ein, dass damit nur das Leben Ollantays aufs Äußerste gefährdet wäre. Widerstrebend gehorchten sie ihrem Offizier und zogen mit ihm ab, murrend, grollend und ihren Feinden ewige Rache schwörend, falls Ollantay tatsächlich etwas zustoßen sollte.

Hatun Tupac atmete erleichtert auf, als die Soldaten aus Antisuyu abzogen, mit feindseligen Blicken zwar, aber immerhin, sie verschwanden allmählich aus seinem Blickfeld. Erleichtert ließ er sich auf einem hölzernen Hocker nieder und verlangte nach Chicha. Er hatte gesiegt! Spät, aber doch konnte er jetzt die betörende Süße des Triumphes auskosten. Während er das erfrischende Getränk zu sich nahm, malte er sich in den schönsten Farben aus, wie der Inka und alle anderen hohen Würdenträger in der Metropole ihn ungläubig anstarren und ihn dann zu seinem Erfolg beglückwünschen mussten. Er war kein Versager, nein, er war der Sieger. Das hatte er schon immer gewusst, aber erst heute war es ihm endlich gelungen, den dornigen Weg der Niederlage zu verlassen und die blumenreiche Straße des Erfolges zu betreten. Dieser Tag war der schönste in seinem bisherigen Leben. Nie würde er ihn vergessen.

In der Nähe von Cuzco, etwa eine Tagesreise von der Hauptstadt entfernt, warteten Hatun Tupacs Leute auf ihren Herren. Als der Prinz eintraf, war er guter Stimmung. Sofort eilte er zu seinem Gefangenen und musterte ihn zufrieden, allerdings ohne ein Wort mit Ollantay zu sprechen. Dann schickte er einen Boten in die Metropole, um dem Inka sein Kommen mit der kostbaren Beute anzukünden. Jetzt hieß es warten, bis ihn der Inka in den Palast einlud. Ob er wohl einen Triumphzug bekommen würde? „Verdient hätte ich ihn schon", dachte der Prinz, schließlich war es ihm gelungen, den größten Feind Tahuantinsuyus in seine Gewalt zu bringen. Ihres Anführers beraubt, würden die Aufrührer und Verräter aus Antisuyu die Sinnlosigkeit ihres Unternehmens erkennen und sich der Gnade oder Ungnade des Herrschers freiwillig ausliefern.

Als sich die Nacht auf die Männer herabsenkte, konnte Hatun Tupac vor Aufregung nicht schlafen. Morgen konnte er erstmals in seinem Leben dem mächtigen Vater entgegentreten, ohne als Versager zu gelten. Immer war er gedemütigt worden, nichts hatte er Pachacuti recht machen können. Aber jetzt meinte es das Schicksalsrad gut mit ihm, endlich war er oben. Während er einen Becher Chicha nach dem anderen trank, stellte er sich vor, wie ihn sein Vater und alle hohen Würdenträger bewundern mussten. Vielleicht waren einige neidisch und würden ihn anklagen, die Schlacht gegen Ollantay verloren zu haben. Doch er hatte darauf schon eine passende Antwort gefunden. Die verlorene Schlacht war nur ein Teil seines Planes gewesen, damit er Ollantay in Sicherheit wiegen und dann in die Falle locken konnte … Hätte nämlich das Heer aus Cuzco die Schlacht gewonnen, dann würde Ollantay mit seinen Leuten jetzt hinter den dicken Mauern seiner Festung sitzen und den vergeblichen Angriffen trotzen. Der Bürgerkrieg würde sich dann noch Jahre hinziehen und womöglich weitere unzufriedene Adelige zur Nachahmung verleiten. Dank Hatun Tupacs überlegener Strategie aber war dieses Problem gelöst. Endlich fiel er in einen unruhigen Schlummer, aus dem er beim ersten Morgenrot erwachte.

Auch Ollantay konnte nicht schlafen. Seine Wächter waren kein Risiko eingegangen und hatten ihn so fest gefesselt, dass der Strick tief in die Haut schnitt. Er konnte sich kaum rühren, und es war unmöglich, sich aus dieser Lage selbst zu befreien. Außerdem musste er zu seinem Bedauern feststellen, dass Hatun Tupac aus seinen Fehlern gelernt hatte. Zahlreiche Wachen umkreisten das Lager, damit schwand auch Ollantays Hoffnung, einer seiner Leute könnte ihn befreien. Aber an Flucht dachte er nicht, er dachte an das bevorstehende Treffen mit Inka Pachacuti. Morgen würde sich sein Schicksal besiegeln. Er war sich dessen bewusst, dass ihn der Herrscher zum Tode verurteilen lassen würde. Ollantay fürchtete nicht um sein Leben. Als gehorsamer Untertan war er auf dieses Opfer sein Leben lang vorbereitet worden. Aber wenn er an Cusi Qoylyor dachte, zerriss es ihm schier das Herz. Nie mehr sollte er die geliebte Prinzessin sehen. Er glaubte nicht daran, dass sie im Palast anwesend war.

Wahrscheinlich war Pachacuti längst von seiner Krankheit genesen und Cusi Qoylyor weiterhin in das Acclahuasi verbannt. Wenn er sie wenigstens nur einmal noch kurz sehen könnte, mit Freuden würde er dann in den Tod gehen. Aber je länger er nachdachte, desto geringer wurde die Hoffnung auf ein Wiedersehen mit der Prinzessin. Der Himmel über ihm war mit Sternen übersät, die ihn an die unerreichbare Geliebte erinnerten. „Cusi, mein funkelnder Stern", flüsterte er ihren Namen, „vielleicht denkst du in diesem Moment auch an mich."

So lag er auf dem harten Boden und betrachtete so lange den Sternenhimmel, bis in der beginnenden Morgendämmerung die leuchtend hellen Punkte langsam verblassten. Als das erste Licht der Sonne hinter den Berggipfeln sichtbar wurde, fragte sich Ollantay, wie oft er wohl noch einen Sonnenaufgang erleben würde. Es könnte leicht möglich sein, dass er heute zum letzten Mal das grandiose Schauspiel erlebte, wie die Berghänge im stärker werdenden Sonnenlicht ständig ihre Farbe änderten. Die Geräusche des aufwachenden Lagers rissen ihn aus seinen Träumereien und brachten ihn in die bittere Gegenwart zurück.

Hatun Tupac gab seine Befehle und die Männer stellten sich marschfertig auf. Der gefesselte Ollantay wurde von ihnen in die Mitte genommen. Aber noch rückten sie nicht ab, sie warteten noch auf die Rückkehr des Boten, den der Prinz gestern in die Hauptstadt gesandt hatte. Die Zeit verging und allmählich wurde Hatun Tupac unruhig. Sein Kurier musste doch längst zurück sein. Hatte es einen unliebsamen Vorfall gegeben? Während er über eine mögliche Ursache der Verzögerung nachdachte, meldete ihm einer seiner Männer, dass sich eine kleine Abteilung Soldaten dem Lager näherte. Was sollte das wieder bedeuten? Hatun Tupac ging bis zum Rand des Lagers und blickte in die Richtung der herankommenden Abteilung. Es waren etwa ein Dutzend Leute, zu wenig, um für ihn und seine Männer eine Bedrohung darzustellen. Trotzdem schärfte er den Soldaten ein, achtsam zu sein und die Waffen griffbereit zu halten.

Die Ankommenden trugen Kopfbedeckungen, die sie als Abgesandte des Inka kennzeichneten. Als sie das Lager erreichten, blieben sie stehen. Ihr Offizier schritt auf Hatun Tupac zu und verbeugte sich tief: „Seid gegrüßt, ehrwürdiger Prinz! Der Inka schickt Euch diese kleine Eskorte, um Euch und Eure Männer samt Eurem kostbaren Gefangenen sicher nach Cuzco zu geleiten. Wir erwarten Eure Befehle." Hatun Tupac lächelte zufrieden, als er die Botschaft gehört hatte. Seine Befürchtungen, die kurz aufgekeimt waren, hatten sich als grundlos erwiesen. Er war wieder ein ehrwürdiger Prinz und man ehrte sein Erscheinen durch die Begleitung einer königlichen Eskorte. Da er seinen triumphalen Einzug in Cuzco kaum mehr erwarten konnte, gab er sogleich den Befehl zum Aufbruch. Entspannt nahm er in seiner Sänfte Platz, schloss die Augen und stellte sich die neidischen Hofbeamten vor, die ihn heute bewundern mussten, ob sie wollten oder nicht.

Im großen Thronsaal des Palastes standen die hohen Würdenträger beisammen und tuschelten emsig miteinander. Vielerlei Gerüchte hallten durch die prächtigen Gemäuer, deren Wände mit grell bunten Teppichen aus exotischen Vogelfedern geschmückt waren. Angeblich war es Prinz Hatun Tupac gelungen, Ollantay gefangen zu nehmen. Doch hatte Pachacuti in seinen letzten Atemzügen nicht befohlen, Ollantay zu begnadigen? Nein, antwortete ein anderer, Pachacuti habe Tupac Yupanqui aufgetragen, Ollantay bis zu dessen Tod zu bekämpfen. Und was war mit Prinzessin Cusi Qoylyor? Musste sie nun sterben? Stimmte es, dass sie ein Kind geboren hatte? Gerüchte, Halbwahrheiten und Lügen machten die Runde und schwirrten um die Köpfe der Versammelten. Wer von ihnen hatte recht? Sie alle hofften, dass der unerträgliche Zustand der Unwissenheit bald weichen würde. Je länger sie gemeinsam warteten, desto größer wurde die Spannung, die sie gefangen hielt.

Da öffnete sich eine Seitentüre und eine große Anzahl von Leibwächtern des Herrschers betrat den Saal. Sie stellten sich links und rechts vor der Menschenmenge auf und bildeten mit ihren Leibern eine schmale Gasse, durch die die Besucher schreiten mussten, um vor den Thron, der diesmal von keinem Vorhang verhüllt war, zu gelangen. Dann hörte man draußen auf dem Gang leise Schritte und ein Offizier des Inka trat ein. Sofort wurde es im großen Raum still. Jeder erwartete mit Spannung das Schauspiel, das nun folgen würde.

Der Offizier blieb unterhalb des Thrones stehen und sprach mit lauter, klarer Stimme: „Der Prinz Hatun Tupac!" Kaum waren die Worte im Saal verklungen, trat der Angesprochene ein. Gemessenen Schrittes ging er durch das Spalier. Man konnte deutlich erkennen, dass er die Bewunderung der Menge genoss. Seine Haltung war aufrecht und den Kopf hatte er hoch erhoben. Während er sich durch den Raum bewegte, blickte er immer wieder nach links und rechts, so als wollte er allen sagen: „Seht her! Ich bin es, der große Sieger und Triumphator über den Verräter Ollantay." Seine Miene verdüsterte sich leicht, als er bemerkte, dass der Thron des Inka nicht besetzt war. Schließlich blieb er neben dem Offizier stehen.

Da erklangen die dumpfen Schläge mehrerer Trommeln, kurz darauf setzten die hohen, sanften Töne von Flöten ein. Aus einem Nebenraum betraten die Musikanten den Thronsaal, hinter ihnen folgten einige Priester mit duftenden Gefäßen in den Händen. Endlich erschien der Inka, der zusammengekauert auf einem reich geschmückten Hocker saß. Hinter ihm gingen Diener, die riesige Fächer aus Vogelfedern trugen. Hatun Tupac musste zweimal hinstarren, bis er erkannte, dass auf dem Hocker die Mumie Pachacutis saß. Was sollte das? Verwundert blickte er sich um, da öffnete sich die Seitentüre neuerlich und Tupac Yupanqui trat ein, gekleidet wie der regierende Inka und mit der Mascapaicha auf dem Haupt. Sofort fielen alle Anwesenden auf die Knie und priesen den Herrscher. Auch Hatun Tupac warf sich vor dem Inka auf den Boden. In seinem Kopf drehte sich alles. „Was ist geschehen?", fragte er sich und langsam dämmerte ihm die Wahrheit. Pachacuti musste in der Zwischenzeit verstorben sein und Yupanqui war der neue Herrscher. Während er sich versteckt gehalten hatte, war diese bedeutsame Änderung des politischen Lebens in Tahuantinsuyu eingetreten. Und er hatte in seinem selbst gewählten Versteck nichts davon mitbekommen. Ein schwerer Fehler, erkannte er, denn würde Tupac Yupanqui ebenso entscheiden wie sein verstorbener Vater? Er zerstreute seine Bedenken, denn der Inka hatte ihm doch einen ehrenvollen Einzug in die Hauptstadt gestattet. Er ärgerte sich aber über den Offizier der Eskorte, der mit keinem Wort erwähnt hatte, welches epochenhafte Ereignis sich in Cuzco ereignet hatte. Wie in Trance hörte er hinter und neben sich die Huldigungen der Würdenträger. Er stimmte mit ein, damit der neue Herrscher keinen Grund fand, ihm zu misstrauen.

Schließlich winkte der Inka und die Anwesenden verstummten. Alle Augen richteten sich auf Tupac Yupanqui, der sich mit würdevoller Miene auf seinem Thron niederließ. Gespannte Erwartung herrschte im ganzen Saal, während der Herrscher seinen vor ihm knienden Bruder interessiert betrachtete. Nervös rutschte Hatun Tupac hin und her, als er diese Musterung über sich ergehen lassen musste. Er fühlte sich unbehaglich, denn mit Tupac Yupanqui hatte er sich schon als Kind und später als Jugendlicher nicht sonderlich gut verstanden. Dass er seinen Bruder so bald als regierendem Inka gegenübertreten würde, damit hatte er nicht gerechnet. Die Argumente, die er für Pachacuti vorbereitet hatte, waren mit einem Male gegenstandslos geworden. Langsam begannen seine Knie zu schmerzen, denn als Prinz war er es nicht gewohnt, lange in dieser Stellung zu verharren. Er biss verzweifelt die Zähne zusammen, damit kein Schmerzenslaut über seine Lippen kam.

Endlich sprach der Inka: „Hatun Tupac, du darfst dich erheben! Wie ich höre, hast du einen wertvollen Gefangenen bei dir." Das war eher eine Feststellung als eine Frage. Der Prinz rappelte sich mühsam hoch und antwortete stolz: „Ja, ehrwürdiger Huachacuya, der Verräter Ollantay ist in meine Falle gegangen und ich bringe dir den Aufrührer als Geschenk. Er soll für seine Taten die Strafe erhalten, welche das Reich der Sonnensöhne in dem Fall vorsieht." Mit funkelnden Augen hatte Hatun Tupac diese Forderung vorgebracht. Jetzt erwartete er den Dank des Herrschers dafür, dass er den gefährlichen Feind bezwungen hatte. Tupac Yupanqui hatte ohne Regung zugehört. Von seiner Miene war nicht abzulesen, ob er mit seinem Bruder zufrieden war oder nicht. Er verschränkte seine Hände ineinander und lehnte sich zurück. „Nun bringt endlich den Gefangenen!", befahl er mit lauter Stimme.

Sofort eilten zwei Soldaten hinaus und kamen kurz darauf mit dem gefesselten Ollantay zurück. Sie stießen ihn zu Boden, wo er mit gebeugtem Kopf auf das Kommende wartete. Tupac Yupanqui rief ärgerlich aus: „Löst ihm die Fesseln!" Einer der Soldaten trat hinter den Gefangenen und schnitt mit einem scharfen Messer die Stricke durch. Prinz Hatun Tupac wollte dagegen protestieren, doch als er den Gesichtsausdruck seines Bruders sah, verbiss er sich eine Bemerkung und schloss widerwillig den bereits geöffneten Mund.

Ollantay verharrte weiterhin in seiner demütigen Haltung, obwohl er sich nun bewegen konnte. Erst als ihm der Inka erlaubte, sich aufzurichten, stand er langsam und vorsichtig auf und massierte die Hände an der Stelle, wo die Stricke tief in das Fleisch eingeschnitten hatten. „Warum erlaubt Ihr dem Gefangenen diese Vergünstigung?", fragte einer der hohen Staatsbeamten. „Er ist ein Verräter und wurde von Inka Pachacuti bekämpft." Prinz Hatun Tupac seufzte erleichtert auf, als er das hörte. Selbst hatte er nicht gewagt, diese Frage zu stellen. Sofort schlossen sich einige andere der Würdenträger dieser Meinung an. „Ollantay gehört bestraft!", „Tod dem Verräter!", ertönte es von allen Seiten des Saales. Der Inka aber blieb unbeweglich und hörte sich die Beschwerden seiner Männer geduldig an.

Nach einer Weile machte er eine entschiedene Handbewegung und sofort verstummten alle. Tupac Yupanqui erhob sich majestätisch und blickte ruhig in die Runde, zuletzt blieb sein Auge an Ollantay haften. „Ihr habt alle recht!", donnerte er in den Saal und zeigte mit seiner ausgestreckten Hand auf den Gefangenen, „Ollantay wurde von meinem Vater als Verräter angeklagt und hat dann gegen das Reich der Sonnensöhne Krieg geführt. Wir haben uns hier versammelt, um über ihn unser gerechtes Urteil zu sprechen. Damit kein Irrtum geschieht, ist auch die Mumie meines verstorbenen Vaters hier anwesend, die uns mit ihrem Geist beraten soll." Dabei drehte er sich um und verbeugte sich tief vor der Mallqui Pachacutis.

Ollantay war bis jetzt bewegungslos vor dem Inka, seinem ehemaligen besten Freund, gestanden. Je länger er im Raum war, desto stärker wurde seine Hoffnung, das Urteil könnte ein mildes sein. Als er die Worte Tupac Yupanquis gehört hatte, lief ein kaum merkbares Zittern durch seinen Körper. Der Inka wollte im Sinne des verstorbenen Pachacuti Recht sprechen. Das konnte nur bedeuten, dass auf ihn eine grausame Todesstrafe warten würde. Aber er würde jede Qual ertragen, wenn nur Cusi Qoylyor ohne Strafe davonkommen könnte. Alle Schuld wollte er auf sich nehmen, damit der Prinzessin kein Haar gekrümmt würde. Das schwor er sich im Stillen, sonst wollte er nicht mehr Ollantay heißen.

Auch Hatun Tupac hatte die Worte seines königlichen Bruders vernommen. Wenn der Geist Pachacutis die Urteilsfindung beeinflussen sollte, musste Ollantay zum Tode verurteilt werden. „Und ich werde wieder in Ehren aufgenommen, da ich den Verräter gefangen genommen und nach Cuzco gebracht habe", dachte sich der Prinz. „Womöglich gewährt mir der Inka auch einen Triumphzug und ich bekomme den Oberbefehl über eine Armee", träumte er weiter vor sich hin. Der heutige Tag würde ein ganz wichtiger im Leben des Hatun Tupac werden, das fühlte der Prinz und seine Zuversicht begann zu steigen.

Der Herrscher richtete sich wieder auf und nahm auf seinem hölzernen Hocker Platz. „Nun kommen wir zu den Taten, die Ollantay zur Last gelegt werden. Da haben wir einmal den Einbruch in das Acclahuasi von Cuzco. Er soll in diesem heiligen Haus eine junge Accla entehrt haben. Stimmt diese schwere Anschuldigung, dann haben sowohl Ollantay als auch die Sonnenjungfrau, der der Besuch galt, sowie alle Bewohner der Ortschaften, in denen beide Beschuldigte wohnen, dem Gesetz nach ihr Leben verwirkt! Die Vorsteherin der Acclas hat davon berichtet, dass ein Unbekannter vor einigen Monaten in das verbotene Haus eingedrungen ist. Sie nimmt an, dass es sich dabei um Ollantay handelte. Was hat der Angeklagte dazu zu sagen?"

Ollantay richtete sich kerzengerade auf und antwortete mit lauter Stimme: „Mächtiger Huachacuya, danke, dass Ihr mir Unwürdigem zu sprechen erlaubt! Ich möchte meine Sicht der Dinge dem Inka und den hohen Würdenträgern darlegen. Wie alle hier Anwesenden wissen, kann ich nicht im Acclahuasi gewesen sein, da ich zu diesem Zeitpunkt in Antisuyu weilte. Aber in Sorge um meine verschwundene Geliebte sandte ich einen meiner Männer aus, um ihren Aufenthaltsort ausfindig zu machen. Nach einigen erfolgreichen Nachforschungen entdeckte er, dass sie von ihrem Vater in das Acclahuasi eingewiesen worden war. In meinem Auftrag überbrachte er ihr eine Nachricht von mir. Ich bekenne mich dessen schuldig. Doch wurde keine einzige Accla entehrt."

Nach Ollantays Worten ging ein leises Raunen durch den Saal, welches Tupac Yupanqui mit einer energischen Handbewegung unterband. „Du bestreitest also, im Acclahuasi gewesen zu sein, gibst aber zu, dass einer deiner Männer in deinem Auftrag im Haus der Sonnenjungfrauen war. Die Untersuchung des Vorfalles hat ergeben, dass du zu diesem Zeitpunkt tatsächlich in Antisuyu warst. Einige Priester sind der Meinung, dass schon das unerlaubte Eindringen in das Acclahuasi zu einer Entehrung der Sonnenjungfrauen führt und die schwerste Strafe nach sich ziehen soll. Das bedeutet also entweder deinen Tod oder den Tod deines Abgesandten. Ebenso bedeutet das den Tod aller Einwohner Ollantaytambos, da du in dieser Stadt wohnst." Ein zorniges Aufflackern in Ollantays Augen war zu bemerken, während Hatun Tupac triumphierte. Andere Würdenträger vernahmen diese Worte ungläubig, bedeuteten sie doch den Tod vieler tausend Menschen.

Noch ehe Ollantay antworten konnte, fuhr der Inka mit seiner ruhigen Stimme fort: „Wer war nun die Dame, der dieser Besuch galt? Die Vorsteherin des Acclahuasi nannte den Namen Prinzessin Cusi Qoylyor. Stimmt das?" Ollantay nickte leicht: „Ja, Prinzessin Cusi Qoylyor ist meine Geliebte. Ich wollte sie heiraten, aber Inka Pachacuti verbot unsere Liebe. Deswegen wurde ich von ihm aus Cuzco verbannt und Cusi Qoylyor musste in das Acclahuasi eintreten." Tupac Yupanqui ergriff wieder das Wort: „Das ist nun eine sehr heikle Geschichte. Wenn die Priester, die eine strenge Auslegung des Gesetzes verlangen, bei ihrer Meinung bleiben, muss Cusi Qoylyor als Ehebrecherin sterben. Da sie in Cuzco wohnt, haben auch alle Einwohner der Hauptstadt ihr Leben verwirkt. Ich sage alle und damit meine ich auch alle Würdenträger, die sich hier in diesem Saal befinden. Wenn wir das Gesetz streng auslegen, wird Cuzco in wenigen Tagen eine Geisterstadt sein und eine neue Hauptstadt des Sonnenreiches muss gefunden werden. Ich persönlich finde, dass Cusi Qoylyor nicht entehrt wurde und deswegen braucht niemand bestraft zu werden. Aber fragen wir die Prinzessin selbst." Er winkte einem Diener zu, dieser verließ den Saal und kam kurz darauf mit der Prinzessin zurück.

Ollantays Herz hüpfte vor Freude, als er die Geliebte wiedersah. Sie war noch viel schöner, als er sie in Erinnerung hatte. Auch Cusi Qoylyor strahlte, denn endlich konnte sie nach so langer Zeit wieder einen Blick auf den Geliebten werfen. Auf die Frage des Herrschers antwortete sie, dass ihr ein Bote Ollantays eine Nachricht überbracht hatte. Von einer Entehrung ihrer Person könne keine Rede sein.

Inka Tupac Yupanqui richtete nun das Wort an die hohen Würdenträger, die als Hilfsrichter fungierten: „Wer der Ansicht ist, dem Gesetz müsse mit all seiner Strenge Genüge getan werden, erhebe die Hand!" Dann blickte er sich stumm im Saal um. Alle Hände blieben unten. Niemand wollte Ollantay und Cusi Qoylyor schuldig sprechen, denn das bedeutete auch den eigenen Tod. Der Herrscher stand auf: „Somit verkünde ich das Urteil in dieser Angelegenheit. Sowohl Prinzessin Cusi Qoylyor als auch Ollantay werden freigesprochen."

Den beiden fiel ein Stein vom Herzen. Besonders Ollantay konnte die Tränen der Freude kaum zurückhalten, bedeutete dieses Urteil doch, dass seiner Geliebten nichts geschehen würde. Der Vorwurf der Rebellion betraf ihn allein und nicht die Prinzessin. Hatun Tupac hingegen kochte innerlich vor Wut. „Dieser Bastard von Tupac Yupanqui hat diese Sache schlau eingefädelt. Er wusste, dass niemand sein eigens Leben aufs Spiel setzen würde, darum konnte er Ollantay von dieser Anschuldigung freisprechen. Aber noch gilt er als Verräter und schon deswegen muss er hingerichtet werden."

In die Stille nach der Urteilsverkündung hinein erklang plötzlich die Stimme des Huillac Umu: „Der Inka hat ein weises Urteil gesprochen. Der Geist Pachacutis hat seine Sinne nicht vernebelt, sondern ihn klar und deutlich denken lassen. Auch Inti wird mit diesem Urteil sehr zufrieden sein. Der Sonnengott wäre entsetzt gewesen, hätten so viele Menschen sterben müssen. Das hätte das Ende Tahuantinsuyus bedeutet."

Inka Tupac Yupanqui hörte die Worte des alten, angesehenen Priesters mit Freude. Dass Inti auf seiner Seite stand, war ein Beweis dafür, dass er richtig gehandelt hatte. Die Würdenträger und alle Untertanen, die Ollantay gerne wegen des Eindringens in das Acclahuasi verurteilt hätten, mussten das einsehen. Einige Leute schauten nach dieser Entscheidung zufrieden drein, aber es gab auch welche, die nur schwer ihren Unmut verbergen konnten; Hatun Tupac gehörte zu dieser Gruppe von Männern, die auf die Erfolge Ollantays eifersüchtig gewesen waren. „Warum wollte Ollantay eigentlich Cusi Qoylyor heiraten? Ein Emporkömmling die Tochter eines Sonnensohnes und Herrschers?", wagte Hatun Tupac nun doch eine Frage zu stellen.

Auf ein Zeichen des Inka ergriff Ollantay das Wort und beantwortete die Frage: „Inka Pachacuti hat meine Leistungen immer gewürdigt. Zu meinem eigenen Bedauern sogar mit so hohen Ehren, dass leicht der Neid übergangener Männer entstehen konnte. Ich war noch so jung und wurde schon zum Suyuyoc Apucuna Antisuyus ernannt, gegen meinen Willen, doch der Wunsch des Herrschers ist Befehl und so fügte ich mich. Wegen des Lobes des Inka, das ich seit meiner frühen Jugend genießen durfte, fühlte ich mich verpflichtet, mit vollstem Einsatz dem Herrscher zu dienen und ihn nie zu enttäuschen. Alle hier Anwesenden wissen, dass sich Inka Pachacuti und sein Sohn, der heute regierende Inka Tupac Yupanqui, immer auf mich verlassen konnten. Eines Tages lernte ich auf einem Spaziergang durch die Gärten des Königspalastes Prinzessin Cusi Qoylyor kennen. Wir beide fanden Gefallen aneinander und verliebten uns. Das erste Mal in meinem Leben habe ich gegen ein Gebot verstoßen, weil ich mich, ohne dass der Herrscher es wusste, mit seiner Tochter getroffen habe. Ich versuchte dagegen anzukämpfen, doch die Macht der Liebe war stärker als das Pflichtbewusstsein. Schließlich fand ich den Mut, den Inka um die Hand der Prinzessin zu bitten. Tupac Yupanqui ist mein Zeuge, er war bei diesem Gespräch anwesend." Alle blickten zum Herrscher, der zustimmend nickte. Ollantay fuhr fort: „Inka Pachacuti forderte mich nämlich auf, mir etwas zu wünschen, und er würde diesen Wunsch erfüllen. Ich bat ihn, Cusi Qoylyor heiraten zu dürfen. Daraufhin wurde der Herrscher zornig und verbannte mich nach Antisuyu, während die Prinzessin in das Acclahuasi von Cuzco geschickt wurde, was ich erst später durch einen meiner Leute erfahren habe. Ich habe mich an diesen Bannspruch gehalten und das mir zugewiesene Reichsviertel seitdem nie verlassen. Hier bin ich nur, weil mich Prinz Hatun Tupac, der in frevelhafter Weise das Gastrecht gebrochen hat, heimlich entführen ließ."

Der Prinz zuckte verlegen zusammen, während ihn die anderen Männer abfällig musterten. Hatte er doch die Gefangennahme Ollantays als eine heldenhafte Tat geschildert. „Aus, vorbei, jetzt kann ich meinen Triumphzug vergessen", schoss es Hatun Tupac durch den Kopf, „aber immerhin ist es mir gelungen, den Verräter gefangen zu nehmen. Das ist doch auch ein Verdienst." Inka Tupac Yupanqui fragte seinen Bruder: „Wie hast du Ollantay gefangen?" Der Gefragte versuchte sich zu rechtfertigen: „Soll man in einem Krieg nicht Listen anwenden? Das hast du als berühmter Feldherr schon oft gemacht. Ich habe Ollantay zu einem Festessen eingeladen, ihn betrunken gemacht, von seinen Leuten getrennt, gefesselt und noch Cuzco gebracht. An dieser Tat ist doch nichts Schlechtes, oder?" „Doch", donnerte ihn Tupac Yupanqui an, „wenn man einen Gast oder einen Unterhändler gefangen nimmt, verliert man das Vertrauen aller Menschen, sowohl das der eigenen Leute als auch das der Feinde. Darum ist uns Inka das Gastrecht heilig und niemand, höre genau zu, Hatun Tupac, niemand darf dieses heilige Recht missachten!" Nachdem er seinen Bruder zurechtgewiesen hatte, sprach der Inka weiter: „Ich kann die Worte Ollantays nur bestätigen. Ich war dabei, als ihn mein Vater aufforderte, einen Wunsch auszusprechen. Der Wunsch eines Untertanen, die Tochter eines Inka zu heiraten, ist tatsächlich ungewöhnlich. Doch ich bin der Ansicht, es ist immer noch besser, eine Prinzessin heiratet einen verdienstvollen Suyuyoc Apucuna oder einen siegreichen Apo Quisquay, als dass sie einem unterlegenen Fürsten zur Frau gegeben wird. Doch in diesem Punkt hatten Inka Pachacuti und ich verschiedene Ansichten. Die Mallqui Pachacutis neben mir kann die Richtigkeit bezeugen."

„Aber warum hat Ollantay gegen uns Krieg geführt? Ist er nicht ein Verräter gegen das Reich der Sonnensöhne? Außerdem hat er sich den Titel *Inka* angemaßt?", fragte einer der Würdenträger. Zustimmendes Gemurmel erfüllte sogleich den Raum und man betrachtete Ollantay mit geringschätzigen Blicken. „Richtig", bemerkte der Inka, „Ollantay hat gegen Tahuantinsuyu Krieg geführt. Wir wollen hören, was er dazu zu sagen hat."

Ollantay hörte die Frage und begann zu erzählen: „Ja, das Volk aus Antisuyu hat gegen Tahuantinsuyu Krieg geführt, doch wir haben nicht mit den Feindseligkeiten begonnen. Ich wurde beschuldigt, in das Acclahuasi von Cuzco eingebrochen und eine der Sonnenjungfrauen entehrt zu haben. Daraufhin verurteilte mich das Gericht des Inka zum Tode. Doch nicht nur ich alleine sollte sterben, sondern auch alle Einwohner von Ollantaytambo. Meine Berater und ich sowie Sinchi Yupanqui, der oberste Priester und Hüter der königlichen Herzen, kamen überein, dass das Urteil ungerecht war, denn die Einwohner Cuzcos sollten von der Todesstrafe verschont bleiben. So beschlossen wir uns dagegen zur Wehr zu setzen. Da die Überlieferung uns lehrt, dass der Inka das alte Recht wahren soll, fand Sinchi Yupanqui, Inka Pachacuti habe unrecht an Antisuyu gehandelt. Aber ein anderer Grund als das harte Urteil fraß sich noch bedrohender in die Herzen der Menschen. Der Inka bittet die Götter um eine reiche Ernte und spendet seinen Segen über alle Untertanen. Das wollte Inka Pachacuti den Bewohnern Antisuyus nicht mehr gewähren. Doch ohne die Vermittlung des Inka werden die Götter die Felder verdorren lassen und Krankheiten und Tod über das Land senden. Dieses schreckliche Schicksal drohte nun Antisuyu. Wir brauchten einen Inka, der das Land und seine Bewohner vor dem drohenden Untergang bewahren würde. Deshalb haben mich die Würdenträger Antisuyus zu ihrem Inka erwählt. Die Götter waren gnädig und haben uns vor Naturkatastrophen beschützt. Aber Inti ist unzufrieden, darum hat er den Bürgerkrieg nicht verhindert." Ein ungläubiges Raunen ging durch den Saal und alle schauten mit ernster Miene zum Huillac Umu und fragten sich, was dieser dazu sagen würde.

Auf ein Zeichen des Inka trat der oberste Sonnenpriester ein paar Schritte vor und hob seine Arme zum Himmel: „Inti, du liebst deine Kinder! Inti, du liebst dein Land! Mit Wehmut blickst du auf uns hernieder und schüttelst besorgt dein weises Haupt. Wie konnte es nur so weit kommen, dass Sonnensöhne gegeneinander zu den Waffen greifen? Wir

Menschen können deine Weisheit nicht verstehen, aber du sendest uns zur rechten Zeit Zeichen, die uns vor dem Verderben bewahren sollen. Jetzt hast du Krieg über Tahuantinsuyu geschickt und viele Menschen sind gestorben. Aber die Ernte auf den Feldern wird überreichlich ausfallen, sogar in Antisuyu. Das sagt mir, dass du den Leuten in Antisuyu nicht mehr zürnst als den Bewohnern der übrigen Reichsviertel. Doch wenn der Krieg fortgeführt wird, dann wirst du dein Wohlwollen endgültig abwenden und das Reich Tahuantinsuyu wird untergehen. Die Menschen in Antisuyu haben richtig und im Sinne Intis gehandelt, dass sie einen Stellvertreter des Inka gewählt haben, um Naturkatastrophen abzuhalten. Doch jetzt ist es an der Zeit, sich wieder zu versöhnen, ansonsten hat das Reich der Sonnensöhne keine Zukunft mehr."

Stille herrschte im Saal, nachdem der Huillac Umu zurück auf seinen Platz gegangen war. Viele der Anwesenden konnten das, was sie eben gehört hatten, kaum glauben. Inti hatte tatsächlich gebilligt, dass Ollantay auch zum Inka erwählt worden war. Wenn der Huillac Umu das behauptete, musste es stimmen. Er hatte schließlich mit dem Sonnengott im Tempel Zwiesprache gehalten und Antworten auf diese Frage bekommen. Was und wie würde der Inka entscheiden? Diese Frage stellten sich alle. Hatun Tupac starrte verkrampft auf den Herrscher, Cusi Qoylyor bangte um das Leben des Geliebten und zitterte am ganzen Körper, nur Ollantay wirkte erleichtert, seitdem er wusste, dass seiner Prinzessin nichts geschehen würde. Keiner der Anwesenden wagte auch nur die kleinste Bewegung, und die gespannte Erwartung, was nun kommen würde, schlug alle in ihren Bann. Das Flackern der brennenden Fackeln tauchte die ganze Szenerie in ein geheimnisvolles Licht.

Da stand der Inka langsam auf, schritt zur Mallqui, beugte sich hinunter und legte sein Ohr an den Mund des verstorbenen Pachacuti. Einige Atemzüge lang verharrte er in dieser Position, nickte schließlich mit dem Kopf und ging zu seinem Platz zurück. Mit angespannten Mienen hatten alle seine Handlung verfolgt, nur auf dem Gesicht des Huillac Umu spiegelte sich ein kurzes Lächeln. „Hört mich an", begann der Inka, doch er hätte niemand dazu auffordern müssen, denn alle hingen gebannt an seinen Lippen, „hört mich an, was euch Inka Pachacuti durch meinen Mund zu verkünden hat."

Ollantay fragte sich, ob er richtig verstanden hatte. Tupac Yupanqui wollte etwas sagen, was ihm Pachacuti mitgeteilt hatte. Aber ein Toter konnte doch nicht reden! Auf alle Fälle ahnte Ollantay nichts Gutes. Bisher hatte Tupac Yupanqui Recht gesprochen und er hatte ihn nicht verurteilt. Wenn er aber jetzt die Worte Pachacutis verkündete, fürchtete Ollantay, so würde das wohl sein Todesurteil sein, denn der verstorbene Inka hatte sich ihm gegenüber ja unversöhnlich gezeigt. Die Stimme Tupac Yupanquis riss ihn aus seinen düsteren Gedanken, denn der Inka sprach weiter: „Ich kam vor einigen Tagen hier in Cuzco an, gerade noch rechtzeitig, bevor mein Vater seine Augen für immer verschloss. So konnten wir noch voneinander Abschied nehmen. Inka Pachacuti wollte mir etwas Wichtiges mitteilen, aber die Worte erstarben an seinen Lippen. Sein Herz hörte zu schlagen auf, ohne dass ich seinen letzten Willen erfuhr. Ich verstand nur die Namen Ollantay und Cusi Qoylyor. Seine Gedanken mussten bei den beiden gewesen sein. Wollte er mir sagen, dass ich sie töten lassen soll? Oder wollte er mir einen anderen Ratschlag geben? Ich weiß es nicht, denn in diesem Augenblick kehrte er zu seinem göttlichen Vater zurück."

Tupac Yupanqui legte eine Pause ein und ließ seinen Blick forschend über die Anwesenden schweifen. Ollantay stand würdevoll da und achtete darauf, nicht den Respekt des Herrschers zu verlieren. Man merkte ihm an, dass sein ganzer Körper so gespannt war wie die Sehne eines Bogens. Hatun Tupac hingegen konnte nicht ruhig dastehen. Immer wieder verlagerte er sein Gewicht von einem Fuß auf den anderen und rutschte unruhig hin und her. Cusi Qoylyor musste ständig Ollantay anschauen und wäre am liebsten in die Arme des Geliebten geeilt. Aber sie riss sich zusammen und wartete darauf, was der Inka zu verkünden hatte. Sie musste daran denken, wie sie den todkranken Vater zum letzten Mal gesehen hatte. Da hatte er doch davon gesprochen, wie starrköpfig er gewesen sei und dass dies alles nicht geschehen wäre, wenn er ihre Hochzeit mit Ollantay erlaubt hätte. Sie wagte kaum zu hoffen, dass Pachacuti dem neuen Herrscher mitgeteilt hatte, er habe ihr und Ollantay vergeben. Dann könnte vielleicht alles gut werden. Sie sandte ein leises Gebet zu Inti und zu Mama Quilla, um den Beistand der beiden Götter zu erflehen.

„Vorhin ging ich zur Mallqui meines verstorbenen Vaters und bat ihn um seinen Rat", fuhr Inka Tupac Yupanqui nach einer Pause fort, „und er hat mir einen Rat erteilt. Ich weiß nun, was mir Pachacuti mit seinen letzten Atemzügen verkünden wollte. Er hat es mir gerade wieder bestätigt. Tupac Huarochiri, der Huillac Umu, ist mein Zeuge, dass ich den letzten Willen meines Vaters zu erfüllen habe, denn er kennt die Wahrheit ebenso wie ich. Ist das richtig?" „Ja", antwortete der oberste Priester, „was der Inka gesagt hat, stimmt! Wenige Tage bevor Tupac Yupanqui in Cuzco eintraf, befürchtete Pachacuti, er könnte nicht mehr lange genug leben, um mit seinem Nachfolger zu sprechen. Darum teilte er mir seinen letzten Wunsch mit. Dem Herrscher obliegt es nun, ob er diesen Wunsch respektiert und in die Tat umsetzt. Ich habe in der Zwischenzeit mit den Göttern gesprochen und sie um Rat gebeten. Inti teilte mir in seiner grenzenlosen Gnade mit, dass man Pachacutis letzten Wunsch erfüllen solle, damit in Tahuantinsuyu wieder Frieden einkehre und die Zukunft des Reiches der Sonnensöhne gesichert sei. Inka Tupac Yupanqui möge nun den anwesenden hohen Würdenträgern seine Entscheidung bekannt geben. Wir alle werden dieses Urteil respektieren, damit Inti kein Unheil über seine Söhne sendet!" Der Huillac Umu verneigte sich tief vor Tupac Yupanqui und schritt dann ehrfurchtsvoll vor die Mumie Pachacutis, wo er mit gesenktem Haupt auf die Knie fiel.

Kaum war das geschehen, erhob Tupac Yupanqui neuerlich seine Stimme: „Ihr habt vernommen, was der Huillac

Umu gesagt hat. Denkt also daran, dass nicht nur der letzte Wille des Inka Pachacuti erfüllt werden soll, sondern dass die Zukunft und die Sicherheit Tahuantinsuyus auf dem Spiel stehen!"

Prinz Hatun Tupac griff sich nervös an den prächtigen Ohrstecker. Er wagte kaum zu atmen. Endlich würde er seinen verdienten Lohn bekommen. Er hatte doch auf eine Aussage Pachacutis hin Ollantay gefangen nehmen lassen. Der letzte Wille des Verstorbenen konnte nur den Tod des Aufrührers und die Hinrichtung der Prinzessin bedeutet. Hatun Tupac lächelte zufrieden und freute sich auf die kommenden Worte des Inka. Cusi Qoylyors Lippen bewegten sich, denn unablässig sprach sie ein Gebet nach dem anderen. Sie zitterte vor Furcht und Aufregung. Ihr Vater hatte doch auf dem Krankenlager so versöhnlich geklungen, vielleicht würde Ollantay begnadigt werden. Aber wenn er sterben musste? Bei diesem Gedanken wurden ihre Knie weich und sie wäre beinahe zu Boden gestürzt. Nein, das durfte nicht sein. Musste Ollantay sterben, dann wollte sie den Tod mit ihm teilen. Nur Ollantay stand weiterhin ruhig und aufrecht da. Was mit ihm geschehen würde, spielte für ihn keine Rolle mehr. Er wusste, dass Cusi Qoylyor nichts passieren würde. Das war die Hauptsache. Wenn sie leben konnte, dann wollte er gerne sein Leben dafür geben. „Wie wunderschön sie aussieht", dachte er, als er einen Blick in ihre Richtung warf. Sie erwiderte den Blick und lächelte ihn zuversichtlich an. Sein Herz tat weh bei dem Gedanken, sie vielleicht nie wieder zu sehen, aber er tröstete sich damit, dass er sie in Sicherheit wusste.

Tupac Yupanquis Stimme erfüllte den ganzen Saal: „Inka Pachacuti hat auf dem Sterbebett in seiner Weisheit erkannt, dass er aus falschem Ehrgefühl heraus einen großen Fehler gemacht hat. Prinzessin Cusi Qoylyor war seine Lieblingstochter und er war eifersüchtig, weil sie einen eigenen Willen entwickelte und Ollantay heiraten wollte. Deswegen wurde er zornig und verbannte beide aus seiner Umgebung. Ollantay wurde nach Antisuyu geschickt, Cusi Qoylyor musste in das Acclahuasi ziehen. Aus seinem Starrsinn entstand großes Unheil, das im Krieg gegen Antisuyu gipfelte. Er wollte aber nicht nachgeben und sandte eine starke Armee aus, um Ollantay zu besiegen. Die Armee wurde vernichtet und damit beinahe auch das Reich der Sonnensöhne. Er erkannte, dass es besser gewesen wäre, wenn er der Hochzeit Cusi Qoylyors mit Ollantay zugestimmt hätte. Sein letzter Wunsch war nun, dass ich beiden erlauben sollte zu heiraten und dass beide wieder ihre Ehren in Tahuantinsuyu erhalten sollten. Ich füge mich gerne diesem Wunsch, denn ich möchte Ollantay, meinen besten Freund, gerne wieder in die Arme schließen und mit ihm noch den einen oder anderen Krug Chicha leeren. Außerdem brauche ich einen tüchtigen Feldherren, der mir hilft, noch viele Völker in das Reich der Sonnensöhne einzuverleiben." Bei seinen letzten Worten war Tupac Yupanqui zu Ollantay geeilt und nun lagen sich beide in den Armen. Da brach im ganzen Saal grenzenloser Jubel aus, nur Hatun Tupac wendete sich mit steinernem Gesicht ab und fürchtete nun sein nahes Ende.

Der Inka zog Ollantay mit zu seinem Thron und ließ ihn auf einem kleinen Hocker neben sich Platz nehmen. Dann sprach Tupac Yupanqui weiter: „Prinz Hatun Tupac hat durch seinen vorschnellen und verbotenen Angriff auf Ollantays Truppen eine vernichtende Niederlage erlitten, die eines Sonnensohnes unwürdig ist. Er wird, um zu lernen, als Statthalter nach Cajamarca geschickt. Im Norden wird es in nächster Zukunft zu schweren Kämpfen kommen. Vielleicht kann sich Hatun Tupac dort bewähren." Da begannen auch die Augen des Prinzen zu leuchten und er stimmte in das allgemeine Jubelgeschrei mit ein. Er war nicht mit dem Tod bestraft worden, sondern erhielt die Stelle eines Statthalters in einer unruhigen, kriegerischen Region. Es war noch nicht aller Tage Abend und er würde seinem Bruder beweisen, dass auch er ein tapferer und besonnener Soldat sein konnte.

Nachdem der Lärm verebbt war, erteilte der Inka den Befehl, alles für ein großes Festmahl herzurichten. Dann zwinkerte er Ollantay zu und sagte: „Dort hinten wartet jemand auf dich. Ich nehme an, du brennst darauf, sie in deine Arme zu schließen. Also geh schon!" Ollantay ließ sich das nicht zweimal sagen und eilte auf seine Geliebte zu. Sie erwartete ihn mit weit ausgebreiteten Armen. Doch bevor er sie umarmte, löste er eine bunte Schnur, die um seinen Hals gebunden war und zeigte Cusi den Ring, den sie ihm aus dem Acclahuasi zukommen hatte lassen. „Den habe ich immer bei mir gehabt und er hat mir Glück gebracht", flüsterte Ollantay seiner Geliebten ins Ohr. Dann schloss er sie in seine Arme und sie gaben sich ganz ihrer Liebe hin. Immer wieder küssten sich die beiden und achteten nicht auf die Umstehenden. Die Tränen rannen ihnen über die Wangen, während sie ihr Glück nicht fassen konnten. „Komm mit", flüsterte sie ihm zu, „ich will dir jemanden vorstellen." Cusi nahm ihn an der Hand und führte ihn in ihr Zimmer. Dort waren ein paar Frauen, die sich um einen Säugling kümmerten. Verwundert blickte Ollantay zu dem Kind. „Das ist dein Sohn!", hörte er die Stimme Cusis. Mit einem Freudenschrei war er bei der Wiege und betrachtete voller Stolz den Kleinen.

Das Festessen dauerte bis tief in die Nacht. Tupac Yupanqui war bester Dinge und plante bereits, welche Völker er als Nächstes zu erobern gedachte. Dabei trank er mehr Chicha, als ihm gut tun würde. Ollantay hingegen hielt sich beim Genuss des alkoholischen Getränkes zurück. Er erinnerte sich nur ungern daran, dass er deswegen in die Hände Hatun Tupacs gefallen war. Aber er hatte noch einen viel besseren Grund, nüchtern zu bleiben: Seine Frau Cusi Qoylyor erwartete ihn. Vor lauter Sehnsucht und Verlangen hielt er es nicht lange bei den Feiernden aus. Er bat den Inka, ihn zu entlassen. Tupac Yupanqui lächelte ihm neckisch zu und sagte: „Seit wann sind dir die Freuden der Liebe lieber als deine Freunde. Aber meinetwegen, geh nur zu ihr! Du hast lange genug auf sie verzichten müssen." Damit drehte sich der Inka um und leerte einen weiteren Becher, Ollantay aber machte sich auf den Weg zu seiner Frau.

Sie erwartete ihn schon sehnsüchtig. Ihre Frauen hatte sie mitsamt dem Säugling in einen anderen Raum geschickt. Heute Nacht wollte sie mit ihm alleine sein und alles nachholen, was sie in den vergangenen Monaten versäumt hatten.

Ollantay umfing Cusi Qoylyors Gesicht mit beiden Händen, küsste sie auf die Augenlider und ließ dann lange Blicke auf der jungen Frau ruhen, die er schöner fand als jede andere, die er je gekannt hatte. Ihre dunklen Augen, die ihn anstrahlten, wurden gesäumt von dichten Wimpern und das Gesicht war von wunderbar langem, glänzendem Haar umrahmt. Er küsste sie noch einmal und merkte, dass sie vor Lust erschauerte. Er hob den Kopf wieder und betrachtete sie von Neuem. Dann küsste er die Spitze ihrer Nase und den Winkel ihres vollen Mundes.

Er spürte ihr Angespanntsein. Einem auf der Stelle schwirrenden kleinen Vogel gleich, regungslos und doch erfüllt von zitternder Unruhe, die er selbst nicht sehen konnte, sondern nur ahnen, so genoss sie den Augenblick. Dann küsste er sie auf den Mund, machte den seinen auf, suchte Einlass mit der Zunge und fühlte, wie sie sie aufnahm. Kein Drängen, nur sanftes Suchen und Auf-sie-Eingehen.

Er setzte sich auf und sah, wie sie die Augen aufschlug und ihn anlächelte. Er streifte das Obergewand ab und half ihr aus dem ihren. Sie wieder sanft auf den Rücken legend, lehnte er sich über sie, nahm eine harte Brustwarze in den Mund und saugte daran. Sie holte vernehmlich Luft, als Erregung sie durchfuhr. Sie spürte ein warmes feuchtes Prickeln zwischen den Beinen und fragte sich, wieso Ollantays um ihre Brustwarzen geschlossenen Lippen es fertig brachten, sie an einer Stelle Erregung verspüren zu lassen, wo er sie überhaupt nicht berührt hatte.

Behutsam liebkoste und knabberte er, bis sie sich ihm entgegenstemmte; daraufhin saugte er richtig. Sie stöhnte vor Lust leise auf. Er griff nach der anderen Brust, fuhr liebevoll über die pralle Rundung und die hochgereckte Spitze. Ihr Atem ging bereits keuchend. Er ließ ihre Brust los und bedeckte Hals und Kehle mit Küssen, rutschte hinüber zu ihrem Ohr und knabberte am Ohrläppchen, blies dann sanft hinein und streichelte ihre Arme und Brüste mit beiden Händen. Schauer der Freude und Lust überliefen sie. Er küsste sie auf den Mund und ließ dann die warme Zunge langsam über ihr Kinn und ihre Kehle hinunterwandern, zwischen ihren Brüsten hindurch und bis hinunter zu ihrem Nabel. Seine Männlichkeit hatte sich mittlerweile gereckt und wehrte sich mit Entschiedenheit gegen die Einengung durch den Lendenschurz. Er zog sich und Cusi Qoylyor vollständig aus, dann fing er wieder beim Nabel mit dem Küssen an und setzte die Reise nach unten weiter fort. Er spürte weiches Haar und dann fand seine Zunge das obere Ende ihres warmen Schlitzes. Er merkte, wie es sie durchzuckte, als er ein kleines, hartes, erbsengroßes Ding erreichte. Als er innehielt, gab sie einen leisen Laut der Enttäuschung von sich.

Cusi Qoylyor setzte sich auf und nahm sein pochendes Glied in die Hand, ließ diese seine ganze Länge hinauf- und hinuntergleiten und ertastete die warme Haut und die strotzende Fülle darunter. Er freute sich, dass seine Größe sie nicht schreckte. Sie neigte sich zu ihm hinunter und er spürte, wie ihr warmer Mund ihn umschloss.

„Mein geliebter Stern, ich möchte mit dir die Freuden der Liebe erleben", hauchte er ihr zärtlich, aber auch verlangend zu. Mit weit geöffneten, dunkel schimmernden Augen sah sie ihn an und nickte nur. Er hielt sie bei den Schultern umfasst und drückte sie sanft zurück auf die weichen Decken. Dann bedeckte er ihren Mund und ihre Kehle wieder mit Küssen und bereitete ihr köstliche Schauer. Er umfasste beide Brüste mit den Händen, drückte sie behutsam zusammen und ging naschend von einer empfindsamen Brustwarze zur anderen und küsste auch den Spalt dazwischen. Dann fand seine heiße Zunge wieder den Nabel, umkreiste ihn mit einer immer weiter werdenden Spirale, bis er das weiche Haar ihres Hügels erreichte.

Er legte sich zwischen ihre Schenkel, drückte diese auseinander, zog dann mit den Fingern die Schamlippen zurück und kostete in aller Gemächlichkeit einen würzig schmeckenden Kuss aus. Ein Schauder durchrann sie, sie setzte sich halb auf, schrie leise, und er fühlte, wie es in ihm wieder aufwallte. Was seine eigene Lust noch erhöhte, war das Wissen, der Erste gewesen zu sein, der ihr jemals die Freuden der Liebe bereitet hatte. Zartfühlend erforschte er sie, erkannte, wo ihr Lustempfinden besonders ausgeprägt war, reizte diese Stelle mit der Zunge und mit seinen feinfühligen Fingern und drang dann langsam und vorsichtig ein. Sie fing an, sich ihm entgegenzuheben, leise Schreie von sich zu geben und den Kopf hin- und herzuwerfen. Da wusste er, dass sie bereit war. Er fand die harte Liebesperle und begann sie zu bearbeiten. Ihr Atem ging rascher und seine eigene pochende Männlichkeit verlangte nach ihr. Dann stieß sie einen Schrei aus, er spürte die Feuchtigkeit ihrer Freudenquelle und sie griff nach ihm.

„Ollantay … ahhh … Ollantay!" Sie war in Ekstase, hatte für nichts mehr Sinn außer für ihn. Es verlangte sie nach ihm, verlangte sie, seine Fülle in sich zu spüren. Er war über ihr, sie half ihm, führte ihn, dann glitt er hinein und verspürte ein Emporgehobenwerden, das einem unbeschreiblichen Höhepunkt zusteuerte. Sie bäumte sich ihm entgegen und umfing sein Glied in ihrer warmen und feuchten Liebeshöhle. Ihre Augen zuckten voll Verlangen und ihre Beine öffneten sich weit, unendlich weit für ihn. Sie umschloss ihn mit ihren Schenkeln und zog ihn in sich hinein, immer tiefer, bis sie einen Schrei des Entzückens ausstieß. Er zog sich aus der Tiefe heraus und stieß wieder hinein und noch einmal und noch einmal. Er wollte es in die Länge ziehen, ihm Dauer verleihen. Er wollte, dass es nie ein Ende hätte, doch gleichzeitig konnte er eben dieses Ende kaum abwarten. Mit jedem sanften und mächtigen Stoß zugleich kam er dem Höhepunkt näher. Schweiß glänzte im flackernden Licht auf ihren Leibern und sie stellten sich zeitlich und rhythmisch aufeinander ein, fanden den Gleichklang und bewegten sich im Takt des Lebens.

Keuchend ging ihr Atem und sie boten alles auf, um bei jedem Stoß alles zu geben, zu nehmen, zu pochen und zu pulsieren, ganz Wille zu sein, alles Denken und Fühlen nur auf eines gerichtet. Dann, fast unerwartet, steigerte sich die Intensität noch und sie warfen sich dem Gipfel entgegen. In einem Ausbruch, über den sie beide nicht mehr gebieten konnten, erreichten sie die Spitze und erklommen sie. Sie verharrten einen Moment, gleichsam als versuchten sie, eins mit dem anderen zu werden, dann ergoss er sich in sie wie ein Vulkan, der zu lange auf den Ausbruch hatte warten müssen. Sie warf sich vor und zurück, versuchte seitlich auszubrechen, da sie die Eruption des Glückes kaum zu ertragen vermeinte. Sie biss ihn in die Brust und ihre Nägel bohrten sich in seinen Rücken, während er sein Glied ruhig hielt, ganz ruhig, um überhaupt den Erguss zu Ende bringen zu können. Dann beruhigten sich die aufgestauten Gefühle langsam und sie begannen zu weinen vor lauter Glückseligkeit, das Zusammensein mit dem geliebten und so lange vermissten Menschen wieder erleben zu dürfen. Eng aneinander geschmiegt schliefen sie ein, köstlich erfüllt von ihrer großen Liebe.

Historisches und Erfundenes

Der hervorragende Organisator Pachacuti brachte es tatsächlich fertig, Entscheidungen für die Zeit nach seinem Ableben zu treffen. Daher bestieg nach ihm sein Nachfolger Tupac Yupanqui den Thron von Cuzco, ohne gegen Widersacher kämpfen zu müssen.

Tupac Yupanqui veränderte die Welt nicht in der Weise wie sein Vater, er gab dem Reich nicht mehr so viele neue Gesetze, regelte nicht dessen gesellschaftliche Verhältnisse, führte keine religiösen Reformen durch, philosophierte nicht und gestaltete auch den Kalender nicht um. Er blieb aber dem Vermächtnis seines Vaters treu, indem er alle Regelungen Pachacutis als auch für sich verbindlich betrachtete. Die Errungenschaften der Inka wollte er allen Völkern zu deren eigenem Nutzen bringen. Deshalb erreichte die militärische Expansion Tahuantinsuyus unter Tupac Yupanqui ihren Höhepunkt. Von den Urwäldern am Rio Maranon bis an die Gestade des Pazifiks erscholl das Geklirr der Inka-Schwerter.

Und der sagenhafte Feldherr Tupac Yupanquis war Ollantay, der mit seiner Frau, der königlichen Prinzessin Cusi Qoylyor in Ollantaytambo lebte. Allerdings bezweifeln viele Forscher die Existenz des tapferen Feldherrn, nicht aber die Einwohner dieser Stadt.

Um 1450 wuchs Ollantaytambo zur Hauptstadt der ganzen Gegend am Urubamba heran, einem für die Wirtschaft und für die militärischen Belange des Reiches äußerst wichtigen Ort. Der Kern der Stadt bestand aus achtzehn Wohnblöcken mit jeweils zwei Wohngebäuden. Hoch über der eigentlichen Stadt, dicht am Ufer des Urubamba, von den Häusern durch eine Reihe kunstvoll angelegter Andenes-Terrassen getrennt, erhebt sich die zum großen Teil in den Fels gehauene Zitadelle.

Dass Ollantaytambo zuvor Pachamarca geheißen haben soll, ist eine dichterische Freiheit von mir, um den Bruch

Ollantays mit Pachacuti noch augenscheinlicher zu gestalten. Es stimmt allerdings, dass in dieser Stadt die Herzen der verstorbenen Inkaherrscher aufbewahrt wurden. Ebenfalls historisch erwiesen ist die phantastisch klingende Anekdote, dass Inka Pachacuti hundert goldene Statuen köpfen ließ, weil sie es auf seinen Befehl hin binnen dreier Tage nicht hatten regnen lassen.

Bewerten
Sie dieses **Buch**
auf unserer
Homepage!

www.novumpro.com

Der Autor

Hannes Blaschek, geboren 1958, studierte Literaturwissenschaft, Politikwissenschaft und Geschichte. Er ist im Lehrberuf tätig und lebt mit seiner Frau und seinen beiden Töchtern in Aich-Assach.

novum — EIN HERZ FÜR AUTOREN

Der Verlag

Der im österreichischen Neckenmarkt beheimatete, einzigartige und mehrfach prämierte Verlag konzentriert sich speziell auf die Gruppe der Erstautoren.
Die Bücher bilden ein breites Spektrum der aktuellen Literaturszene ab und werden in den Ländern Deutschland, Österreich, Schweiz und Ungarn publiziert.
Das Verlagsprogramm steht für aktuelle Entwicklungen am Buchmarkt und spricht breite Leserschichten an.
Jedes Buch und jeder Autor werden herzlich von den Verlagsmitarbeitern betreut und entwickelt.
Mit der Reihe „Schüler gestalten selbst ihr Buch" betreibt der Verlag eine erfolgreiche Lese- und Schreibförderung.

Manuskripte herzlich willkommen!

novum publishing gmbh
Rathausgasse 73 · A-7311 Neckenmarkt
Tel: +43 2610 43111 · Fax: +43 2610 43111 28
Internet: office@novumpro.com · www.novumpro.com

AUSTRIA · GERMANY · SWITZERLAND · HUNGARY